U0719985

教育部人文社会科学重点研究基地山东师范大学
齐鲁文化研究院、齐鲁文化传承与山东文化强省
建设协同创新中心资助成果

泰山学者工程专项经费资助项目（NO.tsqn20161024）
阶段性成果

孟子与汉代四家诗

李 华 著

中华书局

图书在版编目(CIP)数据

孟子与汉代四家诗/李华著. —北京:中华书局,2021.10
ISBN 978-7-101-15352-1

Ⅰ.孟… Ⅱ.李… Ⅲ.①《孟子》-研究②诗歌研究-中国-
汉代 Ⅳ.①B222.55②I207.22

中国版本图书馆 CIP 数据核字(2021)第 193138 号

书　　　名	孟子与汉代四家诗
著　　　者	李　华
责任编辑	王传龙
出版发行	中华书局
	(北京市丰台区太平桥西里 38 号　100073)
	http://www.zhbc.com.cn
	E-mail:zhbc@zhbc.com.cn
印　　　刷	北京瑞古冠中印刷厂
版　　　次	2021 年 10 月北京第 1 版
	2021 年 10 月北京第 1 次印刷
规　　　格	开本/920×1250 毫米　1/32
	印张 18½　插页 2　字数 420 千字
国际书号	ISBN 978-7-101-15352-1
定　　　价	95.00 元

　　李　华　山东师范大学齐鲁文化研究院教授,山东省首批泰山学者青年专家。主要从事先秦两汉诸子与经学研究。近年来主持并完成国家社科基金项目一项。在《光明日报》《东岳论丛》等报刊发表论文五十余篇。

目　录

序　言……………………………………………… 王志民　1

绪　论……………………………………………………………… 1

第一章　孟子与周秦两汉《诗》学发展关系溯源 ……………… 31

第一节　"恒久至道"：《诗》承渊源严秉孔学 ……………… 31

第二节　"江山之助"：《诗》《孟》流传并济齐楚 ………… 94

第三节　"时运交移"：《孟子》辅经地位在汉代的确立…… 145

第二章　孟子与鲁诗 ……………………………………………… 166

第一节　孟子《诗》说与鲁诗的经学化 ………………… 168

第二节　鲁诗诗义阐释中的绍孟倾向 ………………… 187

第三节　司马迁对孟子的推尊："粲若经传，

　　　　继乎六籍" ……………………………………… 218

第四节　赵岐对孟子的推尊："孟子后而能深知

　　　　其学者，莫如赵氏" ………………………………… 235

第三章　孟子与齐诗 ……………………………………………… 251

第一节　齐诗与孟子的地缘关系 ………………………… 252

第二节　齐诗"四始""五际"与孟子渊源 ………………… 258

第三节　诗义阐释对孟子的采纳 ………………………… 277

第四节　齐诗的经学特征与孟子的《诗》学定位 ………… 300

第四章　孟子与韩诗…………………………………… 308

第一节　韩诗与《外传》的尊孟倾向 ………………… 309

第二节　韩婴《诗》学的宗孟特点 …………………… 318

第三节　韩婴对孟子的思想承传 ……………………… 355

第四节　韩诗学者对孟子的接受与承传 ……………… 388

第五章　孟子与毛诗…………………………………… 401

第一节　"毛诗诸序与孟子多合" …………………… 406

第二节　《毛诗故训传》对孟子的吸纳 ……………… 459

第三节　郑玄《笺》《谱》"专用孟子之法以治《诗》"…… 497

结语　孟子与汉代《诗》学关系重估 ………………… 535

参考文献 ………………………………………………… 560

序　言

　　李华教授的《孟子与汉代四家诗》即将出版,这对孟子研究和汉代经学研究,都是一个新的开拓,很值得祝贺。

　　孟子是先秦儒学主要的传承人,以"学孔子"为毕生所愿,他对孔子编订的"六经"的传承和贡献不言而喻。他招"天下英才而教育之",仅游历齐国时就"后车数十乘,从者数百人",弟子徒属之众可以想见。而教授生徒的教材当是以"六经"为主的,在《孟子》中大量引用《诗》《书》即是明证。孟子晚年主要与弟子们"序《诗》《书》,述仲尼之意"(《史记·孟子荀卿列传》),以传承"六经"为人生最大责任与重要追求。《庄子·天下》中曾说到:"其在于《诗》《书》《礼》《乐》者,邹、鲁之士、搢绅先生多能明之。"庄子晚于孟子二十余年,庄子之时,孔孟故里的经学传承风气如此之盛,这更多反映出孟子的传经活动在其家乡邹鲁之地的盛况。邹本为鲁国之附庸,但自孟子开始,文化上却邹、鲁并称,且邹在鲁前。此后两千余年,孔孟故乡的文化被称为"邹鲁文化";且读经崇儒之风,概称为"邹鲁之风"。由此足见孟子传经贡献之大及对邹鲁经学高地形成的影响之深。

　　孟子一生致力于弘儒传经,其对汉代经学传承与繁荣的贡献应该是巨大的。孟子与经学传承的研究,也应是儒学与经学研究中的一个重大问题。但是，恰恰这个方面，却是自古及今一个非常薄弱的环节。东汉赵岐《孟子题辞》在肯定"孟子通《五经》，尤长于《诗》《书》"之余，指出"孟子既没之后，大道遂绌，逮至亡秦，焚灭经术，坑戮儒生，孟子党徒尽矣"。即：孟子传经，后继无人，其学遂泯。《孟子题辞》是秦火后记载孟子及孟学传承的最重要文献，此说对后世影响巨大，似成"定见"。此后，历史上论及汉代经学传承，多唯荀是举，而少言孟子传经之功。特别是清代学者汪中在《荀子通论》中详细梳理了荀子的传经系统，认为"六艺之传赖以不绝者，荀卿也。周公作之，孔子述之，荀卿子传之，其揆一也"。皮锡瑞《经学历史》言及经学传承，也指出汉代五经之学均与荀子密切相关，"荀子能传《易》《诗》《礼》《乐》《春秋》，汉初传其学者极盛"。前贤对荀子经学传承贡献的评说对后世影响甚大，孟子传经之功也因此较少被论及。

20世纪以来，孟子对汉代经学传承的影响和贡献，虽然受到了学界较多关注，也有学者对此进行过探讨，但学界主流观点依然是重荀轻孟。如20世纪30年代，蒙文通先生即曾撰文《汉儒之学源于孟子考》，提出了"孟氏言礼、言《春秋》为今文祖"的观点。然而更多学者依然更多关注荀子传经之功。如钱穆《国学概论》言及汉初贾谊"其书多出入于黄、老、荀卿，盖汉初学风如此"，即承续清儒的说法。郭沫若的《十批判书·荀子的批判》也承清人之论："汉人所传的《诗》《书》《易》《礼》以及《春秋》的传授系统，无论直接或间接，差不多都和荀卿有关。"甚至直到90年代，还有学者提出汉代"孟子之学不传，真正对传经做出贡献的乃是荀子"（见赵吉惠等《中国儒学史》）。先秦大儒，孟、荀并称，但在汉代经学传承问题上，唯荀是举、重荀轻孟、以荀否孟的观念，始终占据上风。

从实说来，近几十年间有些学者已经关注到孟子对汉代《诗》学的影响,如郭绍虞《中国文学批评史》就曾专节从文论角度充分肯定了孟子对汉代《诗》学的影响。相关讨论主要是从《孟子》的引《诗》与汉儒的解《诗》进行比较,其中对孟子"以意逆志""知人论世"《诗》学观对汉代《诗》学影响的探讨尤多。这些研究从一定程度上推动了孟子与汉代《诗》学关系研究的深入。但总体看,全面、深入、系统地研究孟子与汉代经学关系的论著尚属少见。还原历史真实,深入探讨孟子对汉代经学传承的影响和贡献,乃是儒学和经学研究中一个带有"公案"性质的重大学术问题,有待学术界的更大突破。正是从这个方面看,《孟子与汉代四家诗》的出版问世,具有重要意义。

十几年前,李华读博士期间,知难而进,立志于孟子与经学关系的研究,其博士论文《孟子与汉代〈诗经〉学研究——以四家诗为主要对象》洋洋洒洒四十余万字,获当年学校优秀博士论文奖。留校任教三年后,李华赴美国加州大学伯克利分校,师从著名汉学家齐思敏教授,访学期间,也一直关注着这一问题。此后,她围绕孟子与秦汉时期的思想建构、文化学术、政治体制等方面进行了一系列拓展研究,创获不小。这次《孟子与汉代四家诗》的出版,既是其博士论文的深化与整理,也是她十几年来科研工作的一个总结性成果。

综看《孟子与汉代四家诗》,以个人之见,至少从以下几个方面拓展和深化了孟子与汉代《诗经》学的研究。

其一,这是一本多角度、全方位、系统性地深入探讨孟子与汉代《诗经》学的力作。该书详细梳理孟子与汉代《诗》学发展之间的脉络渊源,通过思想倾向、师承渊源、地缘关系、典籍流传、学者构成等多个方面的综合分析,在经学化进程、《诗》学主旨、诗义阐释等诸多方面深入探讨了二者的深层关联;同时还关注到四家诗学者对孟子

《诗》学地位的判定、著述倾向以及士人精神中的孟学因素,并对汉代《诗》学阐释中的政教特征及性情倾向与孟子的渊源作了专题性考查。这些综合的开拓性探索,从多个方面深化了孟子与汉代《诗》学关系的研究。

其二,对传统的四家诗源于荀子的主流观点提出了一些新见解。面对汉儒之学源于荀子的定见,该书从四家诗最重视的"四始"说入手,提出鲁诗乃至其他三家诗的"四始"设置正是对孟子"王者之迹熄而诗亡"观的切实反映,"四始"对孟子的承袭,反映出孟子《诗》学在汉代《诗》的经学化进程中的基础作用。该书还通过对文本的深入分析,认为韩诗在《诗》学发展脉络中对孔子、孟子的《诗》学地位存在等量齐观的现象,这意味着韩诗对孟子《诗》学渊源地位的高度认可。此外,该书还指出孟子的心性论和性情观应是《诗》"发乎情"说的思想渊源等。限于资料的匮乏,这些新见中的部分立说虽稍显单薄,但其新的视角和着意创新的探讨却弥足珍贵。

其三,该书细致搜集、梳理、吸纳了与孟子、汉代《诗》学相关的出土文献及最新研究成果,并与传世文献相互印证,从而丰富了一些重要问题的探讨,许多论断极具创新性。例如结合马王堆汉墓帛书和郭店楚简《五行》篇,探讨思孟五行与齐诗"四始""五际"的渊源关系。再如通过将孟子以性情解《诗》与《孔子诗论》及郭店简《性自命出》涉及性、情、德、命之说的部分相比较,为两汉时期《诗》学阐释中性情因素的溯源提供了充分、可靠的文献依据,使得儒家《诗》学传承脉络从孔子到孟子得以连贯,也使得孟子在儒家《诗》学传承中的坐标位置更为清晰。

其四,该书对孟子解《诗》重政教、重性情的双重阐释特点进行了深入论说,探讨了孟子对汉代《诗》学影响的重要途径:首先,孟子高度关注《诗》的字句释义，以直接诉诸文本的阐释方式使《诗》得以摆脱乐、舞的辅助与限制，而拥有了独立的政教意义；其次，"以意逆志"的阐释方法又确立了说《诗》者的主体性地位，《诗》不再仅仅是创作者意旨的表达，也成为阐释者表达意图的重要途径和工具，这为汉人阐释《诗》的政教价值提供了可能性。同时，孟子《诗》学中的心性论和情性观，也为汉代《诗》学阐释所继承，并突出表现为《诗》"发乎情"的观点。性情之学和政治之学共同构成孟子《诗》学的两翼。

另外，作者在经过深入分析和综合探讨的基础上，还提出了一些新的观点。例如：认为汉诗对荀子的承袭多在文本师承传袭方面，是行之于表面的；而孟子则是从《诗》的政教意义和情性的阐释两方面深深影响到汉代《诗》学价值体系的建构，作者称之为汉代《诗》学承传中的"荀皮孟骨"现象，认为孟子也应是汉代《诗经》学的重要渊源。作者还提出《诗》不仅是记录王道政教的载体与教科书，也是孟子仁政学说与性善思想形成的根基与源泉。对这些见解如何看待和评判，还请诸君评说指正。

王志民　2021年5月28日

于山东师范大学齐鲁文化研究院

绪　论

一、缘起

（一）孟子学研究进一步深化的需要

《孟子》自其产生至今，尽管地位代有升降，但始终没有离开过研究者的关注视野，相关成果如夏夜繁星，难以尽数。关于历代孟子研究的情况，《重纂三迁志》卷三有较为详细的记载①，孙大年《历代孟子研究著作综述》考证亦详②。以20世纪为分界线，20世纪之前的研究多集中于对孟子思想的阐释、生平事迹的研究、批评与反批评、《孟子》的译注以及相关内容的考据等方面。20世纪以来，随着新的考古发现的陆续涌现、西方研究方法的引入、高规格学术会议的频繁召开、新的研究平台的陆续建立③以及诸多力量的共同推

---

① 孟广均纂，陈锦、孙葆田重纂. 重纂三迁志［M］. 成都：四川大学出版社，2005.
② 济宁市政协文史资料委员会，邹县政协文史资料委员会. 孟子家世［M］. 北京：中国文史出版社，1991：237—244.
③ 相关网站和研究机构的大量出现使得孟子研究的传播途径愈发多元化。相关的网站主要有：中国儒学网思孟学派研究专题（http://www.confuchina.com/zhuanti/index.simeng.htm）、简帛研究网（http://www.jianbo.org）等。此外，以儒学、国学、齐鲁文化等为主题的研究机构的相继成立也为孟子研究提供了坚实的平台。

进①,孟子研究有愈来愈热的趋势②。研究范围不仅涉及孟子的思想、生平、文学价值、逻辑思维、学派归属等诸多领域,更有从语言、管理、经济、西方哲学的角度进行的阐释。研究成果也井喷般涌现:20世纪以来,仅国内学者的成果就有专著近300部,论文2400余篇。因此,仅就数量而言,这百余年来的成果已经高于20世纪以前孟子研究成果的总和。

百余年来,无论就其数量还是质量而言,孟子研究都创获非凡。新的考古成果的出现、研究向度的多样化也促进了相关论题的进一步深入。讨论焦点主要集中在《孟子》诠释、孟子思想研究、孟子学史几个层面。

其一,在《孟子》诠释方面,钱穆、冯友兰、徐复观、唐君毅、牟宗三等先生为其中翘楚;李明辉、袁保新、杨儒宾、信广来、黄俊杰、蒙培元、杨泽波、梁涛等先生亦贡献卓著、成果斐然;日本学者池田知久、近藤正则和美国学者安乐哲、齐思敏等一流汉学家的关注也为孟子学的研究提供了新的向度。他们倾向于从哲学、观念史的角度阐释孟子哲学,亦不乏从历史、思想史的角度进行把握③。研究成果集中在孟子的"性善说""心性说""养气说"等方面。主要成果包括冯友兰

---

① 除学术界的集中关注以外,政府和民间机构也是推进孟子研究的主要力量。在这两种力量的共同作用下,孟子故里邹城每年都会开展以孟子及孟母教子为主题的系列文化活动。

② 20世纪以来孟子研究的整体状况,可参李华,王志民.二十世纪以来大陆孟子与思孟学派研究综述[A].山东师范大学齐鲁文化研究中心,美国哈佛大学燕京学社.儒家思孟学派论集[C].济南:齐鲁书社,2008:431—482.

③ 黄俊杰在《中国孟学诠释史论》中所言甚详,此处不再赘述。见黄俊杰.中国孟学诠释史论[M].北京:社会科学文献出版社,2004:1—56.

的《孟子哲学》①、钱穆的《孟子要略》②、牟宗三的《心体与性体》③、黄俊杰的《孟学思想史论》④、袁保新的《孟子三辨之学的历史省察与现代诠释》⑤、杨儒宾的《中国古代思想中的气论及身体观》⑥、杨泽波的《孟子性善论研究》⑦、池田知久的《马王堆汉墓帛书五行篇研究》⑧等。以上诸位先生的研究也往往影响着孟子学界的研究好尚，故而心性、养气等问题素来是孟子研究领域的研究重点。

其二，对孟子早期思想史地位的判定是近年来的研究热点。马王堆汉墓帛书和郭店楚简等一系列考古成果的涌现，把周秦时期的孟子研究推向了一个新的高度。许多长久以来的定论因此而颠覆，其中最具代表性的研究成果包括如下两点。首先，对思孟⑨五行问

---

① 冯友兰.孟子哲学[J].哲学评论.1930（2）.
② 钱穆.孟子要略[M].上海：大华书局，1934.
③《心体与性体》共分三册，分别于1968年5月、10月和1969年6月由台北正中书局出版.
④ 黄俊杰.孟学思想史论[M].台北：东大图书股份有限公司，1991（此书后以《中国孟学诠释史论》之名在大陆出版。）
⑤ 袁保新.孟子三辨之学的历史省察与现代诠释[M].台北：文津出版社，1992.
⑥ 杨儒宾主编.中国古代思想中的气论及身体观[M].台北：巨流图书公司，1993.
⑦ 杨泽波.孟子性善论研究[M].北京：中国社会科学出版社，1995.
⑧ 池田知久.马王堆汉墓帛书五行篇研究[M].东京：汲古书院，1993.
⑨ "思孟学派"得名于《荀子·非十二子》，荀子把孔子嫡孙子思与孟子放在一起批判，这启发了后人将子思、孟子合而观之。思孟学派的研究并不是一个新的研究领域，20世纪以来一直有研究者予以关注。在新文献出土之前，关于思孟五行说主要存在以下几种观点。其一是指"仁、义、礼、智、信"，这种观点的代表者为章太炎。其二为"金、木、水、火、土"，如栾调甫的《梁任公五行说之商榷》。其三认为五行即五伦，以谭戒甫为代表。其四是"仁、义、礼、智、诚"，以郭沫若的《十批判书·儒家八派的批判》为代表。但是由于资料所限以及疑古思潮的影响，相关研究只是停留在表层问题上。在近（转下页）

题的探讨得到了深入。相关研究成果主要有庞朴自1998年起陆续发表的论文，如《孔孟之间》[①]《古墓新知》[②]《竹帛〈五行〉篇比较》[③]等。李学勤先生在《郭店楚墓竹简》出版后较短时间内连续发表《荆门郭店楚简中的〈子思子〉》[④]《先秦儒家著作的重大发现》[⑤]《郭店楚简与儒家经籍》[⑥]。其他成果还有廖名春先生的《思孟五行说新解》[⑦]，梁涛先生的《荀子对思孟"五行"说的批判》[⑧]《思孟学派考述》[⑨]，陈来先生的《竹帛〈五行〉篇为子思、孟子所作论——兼论郭店楚简〈五行〉篇出土的历史意义》[⑩]等。以上研究不仅肯定了思孟学派的存在，而且从不同的哲学背景分析了荀子批判思孟学派的价值和意义。其次，《孟子》等早期儒学作品中存在着"心""性""情"因素的观点得到了学界的广泛认同。其中最具代表性的成果如下：杜维明

（接上页）几十年里，由于马王堆帛书以及郭店楚简这两次非常重要的考古发现，相关研究才得以摆脱疑古思潮的影响而成为人们研究的热点内容之一。

① 庞朴. 孔孟之间——郭店楚简的思想史地位[J]. 中国社会科学. 1998（5）.

② 庞朴. 古墓新知[J]. 读书杂志. 1998（9）.

③ 庞朴. 竹帛《五行》篇比较[A]. 中国哲学（第20辑）[C]. 沈阳：辽宁教育出版社，1999.

④ 李学勤. 荆门郭店楚简中的《子思子》[J]. 文物天地. 1998（2）.

⑤ 李学勤. 先秦儒家著作的重大发现[A]. 中国哲学（第20辑）[C]. 沈阳：辽宁教育出版社，1999.

⑥ 李学勤. 郭店楚简与儒家经籍[A]. 中国哲学（第20辑）[C]. 沈阳：辽宁教育出版社，1999.

⑦ 廖名春. 思孟五行说新解[J]. 哲学研究. 1994（11）.

⑧ 梁涛. 荀子对思孟"五行"说的批判[J]. 中国文化研究. 2001（2）.

⑨ 梁涛. 思孟学派考述[J]. 中国哲学史. 2002（3）.

⑩ 陈来. 竹帛《五行》篇为子思、孟子所作论——兼论郭店楚简《五行》篇出土的历史意义[J]. 孔子研究. 2007（1）：22—29.

的《郭店楚简与先秦儒道思想的重新定位》①肯定了孟子的性情之学;蒙培元的《〈性自命出〉的思想特征及其与思孟学派的关系》②提出对"情"的重视决定了儒学的基本特征;郭沂的《思孟心性论及相关问题》③则指出"情"是孟荀人性论的共同基础。这些问题的提出对孟子在早期儒学发展过程中的定位具有重要启发意义。

　　其三,与以上孟子学研究的整体热潮所不相称的是,孟子学史的研究较少被学界关注,而汉代孟子学的研究又尤为寂寥,"《孟子》至汉后,始盛传于世"④的观点始终在学术界占据主导地位,目前所见的孟子学相关研究也依然集中在周秦时期和《孟子》升入经学之后的宋元明清时代⑤。经学发展与昌明的汉代是孟子学术地位发生潜在转变的关键时期,《孟子》得以由周秦时期的诸子学而逐渐在宋代以后升格为经学绝非偶然,其间经历了一个长期的"出于幽谷,迁于乔木"的过程:《孟子》与诸经之间的关联,由此而端倪初现;《孟子》在宋代以后升经运动中所必备的文化心理及学术基础也赖此而定。因

① 杜维明.郭店楚简与先秦儒道思想的重新定位[A].中国哲学(第20辑)[C].沈阳:辽宁教育出版社,1999.
② 蒙培元.《性自命出》的思想特征及其与思孟学派的关系[J].甘肃社会科学.2008(2).
③ 郭沂.思孟心性论及相关问题[A].山东师范大学齐鲁文化研究中心,美国哈佛大学燕京学社.儒家思孟学派论集[C].济南:齐鲁书社,2008.
④ 朱彝尊著,游均晶等点校.点校补正经义考(三)[M].台湾:"中央研究院"中国文哲研究所筹备处,1997:130.
⑤ 以黄俊杰先生的《中国孟学诠释史论》为例,虽然此书着力于梳理整个孟学发展史,但是其主要着眼之处在于先秦、两宋、明、清、近代以及当代儒家部分,忽略了整个汉唐时代的孟子研究部分。当然,由于其主要目的在于把握整个孟子学发展历程,选取孟子学发展史中最具有代表性的时代亦无可厚非。不过这也恰恰反映出了传统孟子学研究中汉代部分相对寂寥的状况。

此,要系统把握孟子学的整个发展脉络,便不得不重视汉代,作为汉代学术核心的经学,更是研究汉代孟学发展状况时应当予以首先关注的部分。

　　然而目前所见的汉代孟学研究,或是把目光集中于汉代《孟子》注疏的研究①而少言学术,或是虽然把孟子学研究拓展到了思想、学术领域,但却回避了孟子与汉代经学关系的探讨。从单篇论文来看,杨海文的《孟子与汉代思想史的散点透视》②首先指出孟子学研究不仅限于章句之学,而是包括传记博士、孟学思想史和章句学三个层面的内容,其研究视角的拓展使得汉代孟学研究出现了新的局面。但在考察孟子在汉代的学术影响时,该文却只是选取《史记》《盐铁论》《法言》《论衡》作为问题的切入点。丁原明《两汉的孟学研究及其思想价值》③主张从传记博士、盐铁会议和注《孟》风潮三个角度把握孟子在汉代学术地位的判定问题,这一观点虽然把握了孟子学在汉代学术发展的主要脉络,但对孟子与经学之间的深层关联及其学术意义同样没有涉足。目前最值得关注的也是仅见的以汉代孟子学为主要研究对象的专著是李峻岫的《汉唐孟子学述论》④,打破了传统孟子研究的藩篱,把思想影响、学术地位纳入汉代孟子学的研究领

---

① 董洪利先生的《孟子研究》最先把汉代孟子学放在整个孟子学史的过程中研究,虽然是从文献学的角度入手仅把汉代《孟子》的相关注疏作了梳理,然而筚路蓝缕之功不容忽视。受此影响,其后的一些研究成果也是从《孟子》注疏的角度入手探讨汉代孟子学的相关问题。例如赵麦茹的硕士学位论文《汉唐孟子学研究》和张绪峰的硕士学位论文《两汉孟学简史》均是在董洪利先生基础上的进一步拓展。

② 杨海文.孟子与汉代思想史的散点透视[J].齐鲁学刊.1998(3).

③ 丁原明.两汉的孟学研究及其思想价值[J].文史哲.2000(2).

④ 李峻岫.汉唐孟子学述论[M].济南:齐鲁书社,2010.

域,系统关注孟子在汉代的地位变迁、思想影响诸多方面。然而从孟子在汉代的学术评价角度看,该书同样回避了孟子与汉代经学关系的探讨,这不能不说是其中的一个缺憾。诚然,由于着眼点的不同,以上诸位如此选取切入点也是有其用意所在的,但是由此也不难看出以往的汉代孟子学研究中学者的关注焦点与价值取向。

不仅如此,目前的研究也始终无法拨开汉代孟子学中的一些迷雾。例如与"《孟子》至汉后,始盛传于世"的思想相表里,人们在言及汉儒学术渊源时往往首推荀子,认为汉儒之学源于荀子,而宋儒之学源于孟子。然而审视这一观点,却发现诸多于理不通之处:其一,汉代诸子虽然较少直接援引《孟子》,却多对孟子以"子"敬称,虽对《荀子》多有引用,但很少提及荀子之名,以"子"敬称者更是寥寥无几。其二,汉代所通行的诸子之书中,汉儒唯独对《孟子》的注疏备感兴趣,甚至在汉末形成了注疏《孟子》的热潮。其三,汉代以后,《荀子》逐渐淡出了经学视野,而《孟子》却逐渐升格为经学著作。以上种种,仅从后世学术风气的转向解释孟子学术地位的升格未免失之偏颇。这一系列的现象均提示我们,目前对孟子在汉代学术地位的判定或有疏失。这也再次证明离开孟子与汉代经学的关联而仅从诸子和注疏的角度出发,很难真正把握汉代孟子学发展的深层脉络和学术影响。

因此,关注孟子在汉代学术发展中的定位,首先应关注孟子与汉代经学之关联,而作为汉代经学"喉衿"的《诗》学,更是应当首先着眼的地方。由此可见,理清孟子与汉代《诗》学的关系,不仅有助于理清汉代《诗》学的发展渊源,而且,孟子与汉代经学的整体关系、孟子在汉代的学术地位等一系列问题亦可由此得以重新审视。

（二）对汉代《诗》学渊源问题的重新审视

无论是从经学发展还是从文学史溯源的角度来看，对汉代《诗》学渊源的研究有毋庸置疑的必要性。其一，经学是汉代学术最具特色的部分，皮锡瑞的《经学历史》认为经学的流传、发展和极盛贯穿了整个汉代的学术发展过程，"经学盛于汉；汉亡而经学衰"[①]，且汉代经学尤以《诗》学为代表。这不仅是因为《诗》最早列入官学并设置博士，也因为《诗》学为汉代经学之"钤键"，《诗》学的发展在很大程度上代表了汉代经学发展的整体走向。因此，把握汉代学术发展的整体走势应首先关注汉代《诗》学发展。其二，先秦《诗》学发展至汉代产生了巨大转变，《诗》的经世致用价值被推向极致，而《诗》的原始意义却在主流学术视野中几近消失[②]，这一转变影响后世《诗》学发展走向两千余年。因此，深入梳理汉代《诗》学发生转变的原因和趋势，对了解《诗》学发展的整体脉络不无裨益，故而历来为研究者所重视。

由于年代久远、文献缺失和固有定见等诸多限制，虽然后世对汉代《诗》学渊源问题的关注不绝如缕，但许多问题素来争讼不绝，难成定见。正如清柯汝锷所言："千古聚讼，盖未有能断斯狱者。"[③]其中，由于荀子距离汉世较近、引《诗》最多，且汉《诗》的诗义承袭与《荀子》多有相合等原因，前贤时修多倾向于将汉代四家诗溯源至

---

① 皮锡瑞著，周予同注释. 经学历史 [M]. 北京：中华书局，2004：95.
② 顾颉刚先生在《诗经的厄运与幸运》中，把汉代诗学的经学化特点比喻成缠附在石碑上的葛藤，认为其掩盖了《诗经》的本来面目（顾颉刚. 诗经的厄运与幸运 [J]. 小说月报. 1923〔3〕：1）。
③ 刘毓庆. 诗骚论稿 [M]. 北京. 商务印书馆，2017：100.

荀子①。甚至在此基础上提出了汉儒之学源于荀子、宋儒之学源于孟子的观点。汉诗源于荀子的观点流布广泛,似成定见。然而深入推敲,其中尚有诸多缺漏:秦火之后,汉初典籍亡佚严重,《荀子》因种种原因得以完整流传至汉世,汉儒在有限的典籍之中对《荀子》多有取用,原无可厚非;然而,深入探究荀子与四家诗之间的深层关联,却会发现四家诗与荀子的关联主要体现在诗义承袭上,而在《诗》学定位和思想倾向等方面却与荀子有诸多不合。由此可见,为了止息争讼而把汉代《诗》学渊源简单归因于荀子的做法并不可取,对汉代的《诗》学渊源仍有进一步审视的必要。

在汉代《诗》学的传授谱系中,孔子、子夏、孟子、荀子历来被视为汉代《诗》学授受的主要渊源。然而由于种种原因,相较于其他三者,孟子与汉代《诗》学的关系却长期处于被学界忽视的状态。研

---

① 如汪中《述学·荀卿子通论》认为鲁、韩、毛三家诗同源异流,共祖荀子。清人王先谦明确指出鲁诗之学本于荀子:"《鲁诗》授受源流,《汉书》章章可考。申公受《诗》于浮丘伯,伯乃荀卿门人也。刘向校录《孙卿书》,亦云浮丘伯受业于孙卿,为名儒。是申公之学出自荀子。"清人陈乔枞在《鲁诗遗说考·鲁诗叙录》中也持相同观点:"申公之学出自荀子。"皮锡瑞亦持论相同称:"《鲁诗》出于申公,则《鲁诗》亦荀子所传。"刘师培《经学教科书》第六课《孔子之传经》则指出鲁诗与毛诗共祖荀子:"《诗经》之学,由孔子授子夏,六传而至荀卿,荀卿授《诗》浮丘伯,为《鲁诗》之祖。复以《诗经》授毛亨,为《毛诗》之祖。"刘汝霖《汉晋学术编年》的《鲁诗传授表》首列荀卿。范文澜《群经概论》第四章亦持相同观点。而言及韩诗渊源,严可均、汪中均把荀子作为韩诗的主要源头:"《韩诗外传》引《荀子》以说《诗》者四十余事,是韩婴亦荀子私淑弟子也。""其引《荀卿子》以说《诗》者四十有四,由是言之,《韩诗》,《荀卿子》之别子也。"与此同时,荀子亦被列入毛诗的传授谱系,如陆玑《毛诗草木鸟兽虫鱼疏》:"孔子删《诗》授卜商,商为之序,以授鲁人曾申,申授魏人李克,克授鲁人孟仲子,仲子授根牟子,根牟子授赵人荀卿,荀卿授鲁国毛亨。"这一观点对当代学者的研究影响深远。

究主要集中在"知人论世""以意逆志"等方面,相关研究重复者众多且较少新见。然而一系列关乎孟子与汉代《诗》学关系的问题却亟待探讨。例如:孟子对汉代《诗》学的经学化进程产生了哪些具体作用?孟子与四家诗之间是否存在着更为深入的思想渊源?孟子的性情思想与四家诗对"情"的关注有无关联?孟子对研习四家诗的汉儒除了《诗》学影响之外,是否存在着其他层面的影响?四家诗学者对孟子的《诗》学地位持怎样的态度?因此,重新审视孟子与汉代《诗》学发展之关联,也是反思汉代《诗》学渊源的必然要求。

(三)重大考古发现提供了新的研究契机

由于时代久远、典籍难征加之20世纪早期疑古思潮的影响,汉代《诗》学和孟子的相关研究虽然始终没有离开学界的关注视野,但是相关探讨却少有新见。20世纪后期,大地献宝,一系列重大考古成果的发现,为相关研究提供了宝贵资料,学界关于周秦两汉时期的一些定见得以深化或改观,学术史上一些久悬不决的问题得到了解答,孟子与汉代《诗》学之间的深层关系也得以端倪初现,相关研究由此出现了新的契机。

20世纪以来的百余年间,出土文献颇丰。据骈宇骞、段书安统计,仅简帛文献的发现已达一百六十余处[①],而彝器铭文、碑文石刻的统计尚不在此列。诸多考古成果之中,商周甲骨鼎彝、敦煌《诗经》写本、甘肃武威汉简、山东银雀山汉简、湖南马王堆汉墓帛书、安徽阜阳汉简、湖北郭店楚墓竹简、清华简、安大简等稀世之宝的重见天日和整理问世,每每震动中外学林。而这些重大发现又往往与汉代《诗》学研究和孟子研究关系密切。今择其要者,胪列如下。

---

① 骈宇骞,段书安.二十世纪出土简帛综述[M].北京:文物出版社,2004.

1. 1972年,阜阳双古堆一号汉墓中发现《诗经》残简170多片,经胡平生、韩自强整理出版,题名为《阜阳汉简诗经研究》。阜阳汉简《诗经》被认为是现存最早的汉代《诗经》写本,不同于汉代四家诗的任何一家,尤其是其记录有"后妃"字样的《诗序》与现存《诗序》出入不大,再次佐证了《诗序》并非为毛诗所独有的观点。这一发现使得汉代四家诗皆有序的观点为学界所认同,《诗序》创作时间的推定也因此而大大提前。

2. 1973年底至1974年初,在长沙市马王堆三号汉墓中出土了一批具有重要历史价值的古代竹简和帛书,年代被认定为汉文帝时期。其中出土的帛书《老子》甲本卷后古佚书被定名为《五行》篇。《五行》篇的出现打破了思孟五行研究长期以来的僵局。不仅思孟学派的存在得以落实[①],思孟五行说的内涵为"仁、义、礼、智、圣"的观点也多为学界接受[②]。

3. 1993年,郭店楚墓竹简出土于湖北荆门,包含了儒、道两家为主的多种古籍。1998年5月,由荆州市博物馆编写的《郭店楚墓竹简》公布于世。学界迅速出现了一股研究热潮,孟子研究也因此出现了新的热点,新见频频出现。

其一,大批儒家简被界定为子思、孟子学派的作品,孔孟之间的思想发展缺环得以联结,孟子本身以及孟子学派的作品及思想倾向也由此更为明晰。

其二,思孟学派的存在不仅再次被学界肯定,并且思孟五行说的相关研究也在此基础上得以继续。对荀子批判思孟五行说的动因的

---

① 庞朴. 马王堆汉墓解开了思孟五行说古谜[J]. 文物.1977(10):63—69.
② 值得注意的是,日本学者池田知久等对此持反对意见。另外邢文先生主张通过"五行两系说"来阐释思孟五行说。

探讨也被纳入学者的关注视野①。

其三,思孟学派思想中存在着"性情观",这一论断得到了学界公认。在郭店楚墓竹简发现之前,蒙培元曾指出,早期儒家思想中存在着对"情"的强调,此说曾被学界质疑。郭店楚墓竹简的出土使得大量论及性情因素的早期儒家论著得以重见天日,性情是思孟学派思想中一个重要组成部分的观点为学界广泛接受,《孟子》"心""情""气"等问题的研究也由此得到了进一步的深化和细化②。

其四,郭店楚简为战国时期南北文化的交流提供了实证。战国时期儒家学说的传播之广,尤其是楚地对思孟典籍的高度重视,大大超出学者的预想。这也启示我们,《孟子》在后世的广为流传并非偶然,早在战国时期,孟子学说的流布就已经打破了地域限制,远达楚地,这为汉代对《孟子》的接受奠定了基础。

对于郭店楚简的学术史价值,杜维明先生甚至提出了重写中国学术史的观点:"郭店楚墓竹简出土以后,整个中国哲学史、中国学术史都需要重写","这些和死海所出的《圣经》的早期资料一样的重要,在很多地方可能更重要,因为它们可以帮助建立起先秦儒家传承

① 其中以廖名春、李景林、梁涛诸位先生为代表。相关论文主要有:廖名春.思孟五行说新解[J].哲学研究.1994 (11);李景林.思孟五行说与思孟学派[J].吉林大学社会科学学报.1997 (1);梁涛.荀子对思孟"五行"说的批判[J].中国文化研究.2001 (2);魏启鹏.思孟五行说的再思考[J].四川大学学报(哲学社会科学版).1988 (4) 等。

② 诚如杜维明先生所言:"孟子学说的价值是一个很复杂而且值得深扣的领域,曾经有学者认为,孟子的学说非常简单,在政治上有点抗议精神而已,并没有什么深刻的心性之学。但现在可以说,我们如此说是把孟学简单化了,我们把这些资料中有'心'意的字都放在一起,就可以发现思孟学派有关性情的资源非常丰富。"(杜维明.郭店楚简与先秦儒道思想的重新定位[A].中国哲学〔第20辑〕[C].沈阳:辽宁教育出版社,1999:5—6)

的谱系和线索。通过这批资料,我们要对战国末期直到汉代的许多资料,重新进行定位。我们对孔、孟之间先秦儒家资料的认识会有质的飞跃,也会有许多新的发现"①。这些判断也预示着从新文献的角度对孟子进行研究的必要。

4. 1994年,上海博物馆从香港购回1200多支盗挖竹简,经过整理发现,其中的29支竹简为战国时期比较系统的《诗》学评论,后被定名为《孔子诗论》并于2001年底出版。竹书《孔子诗论》是迄今为止所发现的最早的一部《诗》学论著,这对弥补先秦至汉代的《诗》学发展环节具有不容忽视的价值和作用。夏传才称《孔子诗论》的"发现将改写中国学术史的部分章节"②。它的出现不仅让人们对于《诗》的一些定见发生了改观,也为理清周汉时期的《诗》学发展脉络提供了契机。

其一,《孔子诗论》的序文具有明显的以性情说《诗》的特点,这一特点使得两汉时期《诗》学阐释中性情因素的溯源成为可能。

其二,《孔子诗论》中出现了对《讼(颂)》《大夏(大雅)》《小夏(小雅)》《邦风(国风)》诗旨的最早概括,这为理清周秦两汉时期《诗》的经学化脉络提供了新的视角。

其三,《孔子诗论》的产生时间被定为子思之后、孟子之前,这一承上启下的环节使得儒家的《诗》学传承脉络得以连贯,也使得孟子在儒家《诗》学传承中的坐标位置更为清晰。

5. 2015年初,安徽大学出土文献与中国古代文明研究协同创新中心入藏一批竹简,经测定为战国早中期文献。2019年8月,《安徽大学藏战国竹简》出版第一辑。安大简涉及经、史、子、集各类文献。

① 杜维明.杜维明文集(第五卷)[M].武汉:武汉出版社,2002:59—60.
② 夏传才.《诗经》出土文献和古籍整理[J].河北师范大学学报.2005(1):72.

其中《诗经》类文献是目前可见的最早抄本。同时还涉及楚国历史、孔子语录等诸子类文献（尚未公布）。这些文献为了解儒家学说在战国时期的传播与发展，提供了新的材料。

6. 临沂银雀山汉简（1964年）、张家山汉墓竹简（1982年）的相继问世和整理发布，也为我们了解西汉时期的文化、律令、好尚等提供了难得的文献佐证。此外，相关出土文献中出现了大量有关兵阴阳、式法等与阴阳五行内容高度相关的资料，为我们了解兵阴阳家，尤其是《汉书·艺文志》中"兵阴阳《孟子》一卷"的真实面目提供了有利的思想佐证和材料支持，也为我们进一步厘清早期《孟子》乃至战国中后期儒家典籍的思想渊源、真实面貌提供了重要佐证

7. 敦煌卷子《诗经》（1900年）、吐鲁番《毛诗》残卷（1930年）、汉魏洛阳故城太学遗址汉石经残石（1962年）、汉鲁诗镜（1978年）等一系列考古成果的出现，也可为相关研究提供佐证。

8. 除出土文献资料外，出土器物也为我们进一步了解先秦两汉时期人们的思维模式与宇宙观构建等问题提供了可贵的线索。例如安徽含山凌家滩玉片、安徽阜阳双古堆漆木式、甘肃武威磨咀子漆木式、湖南慈利石板村铜镜以及战国初期玉器"行气铭"等。

1925年，王国维在清华大学作演讲时就曾明确提到出土文献对中国学术发展影响巨大："古来新学问起，大都由于新发见。"[①] 一系列重要考古成果的发现为周秦两汉时期孟子与《诗》学发展的相关问题提供了大量的一手资料，有关孟子及《诗经》的一些定见由此而改写，相关研究也出现了新的向度。随着出土文献的逐步丰富与相关

---

① 王国维. 最近二三十年中中国新发见之学问［A］. 王国维文集（第四卷）［C］. 北京：中国文史出版社，1997：33.

研究的进一步深入,在此基础上依据传世文献和考古成果重新审视孟子与汉代《诗》学之关联,评价孟子在汉代学术发展中的地位和作用,已是当务之急。

二、研究现状

虽然孟子学及汉代《诗》学均是学术研究的重镇,然而由于种种原因,迄今为止,学界尚未出现专门研究两者关系的专著。不过在经学、孟子学和汉代《诗》学研究中,相关问题已有关注。近些年来,也出现了相应的期刊文章。此外,学术史、《诗》学史与文学史对此也有所涉及。这些都为孟子与汉代《诗》学关系研究的深入奠定了基础。

目前,相关问题的探讨主要集中在以下三个方面。

(一) 孟子与汉代《诗》学关系的宏观把握

孟子、汉代《诗》学均兼涉经学与文学两个方面,前贤时修在关注孟子与汉代《诗》学关系时,往往从经学角度着眼。傅斯年在1927年担任中山大学教授时,为学生讲授《诗经》,在言及汉初《诗》学发展走向时,于开篇之初首列孟子"迹熄诗亡"说,称"这简直是汉初年儒者的话"[①]。虽然傅斯年并没有对此进行更为深入的探讨,然而此论却初步奠定了孟子与汉《诗》经学化发展关系的整体基调。这一观点在蒙文通那里得到了初步细化,蒙文通的《汉儒之学源于孟子考》从经学发展角度出发,指出了汉代今文经学与孟子之间的关联,其中尤以今文经学之中的齐学,即春秋公羊学和齐诗对孟子的承袭最为明显[②]。蒙文通的这一观点,打破了汉儒之学源于荀子的定见,引

---

① 傅斯年. 诗经讲义稿 [M]. 北京:中国人民大学出版社,2004:7—8.
② 蒙文通. 汉儒之学源于孟子考 [J]. 论学. 1937 (3):14—24.

发了后人对于孟子与汉代《诗》学关联的思考。陈桐生的《孟子是西汉今文经学的先驱》①和《论孟子对西汉今文经学的特殊贡献》②从今文经学发展的角度指出，孟子对《诗》的经学定位奠定了汉代经学独尊的理论基础。这对我们多方位思考孟子与汉代《诗》学，尤其是与鲁、齐、韩今文经三家诗的整体关联具有重要的启发意义。

也有学者从文学角度审视孟子与汉代《诗》学的关联。20世纪30年代，顾颉刚最早从《诗》学发展的角度批判了孟子的说诗方式，称孟子"乱断诗"，开汉人"信口开河"与"割裂时代"的先声③。此说虽不无过激之处，然而却在客观上指出了孟子与汉儒过于推重《诗》经世致用的特点，承认了孟子诗说对汉代乃至整个后世《诗》学发展的影响。郭绍虞在《中国文学批评史》中专列"从孟子到汉人诗说"一节，较早从文论角度对孟子与汉代《诗》学关联予以关注，指出对汉代《诗》学阐释产生深远影响的是孟子而非荀子，并尤其指出孟子的"以意逆志""知人论世"观与《诗序》《诗谱》的创作关系密切。这种说法把孟子影响汉代《诗》学发展的观点推向深化，可惜这一观点并没有展开论述。此外，张伯伟的《汉儒以美刺说诗的新检讨》④是同类研究中最具特色的一篇，张伯伟指出孟子的"以意逆志""知人论世"观最初并非针对《诗》学提出，正是汉儒把"以意逆志""知人论世"放在一起共同观照的做法，才在《诗》学阐释层面真正赋予

① 陈桐生. 孟子是西汉今文经学的先驱 [J]. 汕头大学学报 (人文科学版). 2000 (2)：44—50, 71.
② 陈桐生. 论孟子对西汉今文经学的特殊贡献 [J]. 孔子研究. 2001 (2)：56—63.
③ 顾颉刚. 古史辨 (第三册) [M]. 上海：上海古籍出版社, 1982：360—364.
④ 张伯伟. 汉儒以美刺说诗的新检讨 [J]. 南京大学学报 (哲学·人文·社会科学). 1985 (5)：11—17.

二者以全新的意义与价值,汉代《诗》学的讽谏体系由此得以构建。这一论述打破了以往论及孟子《诗》学在汉代影响时泛泛而谈的情况,把孟子诗论与汉代《诗》学讽谏体系的建构密切结合在了一起。

　　从经学与文学相结合的角度探讨这一问题而又成就突出者,当首推刘立志、刘毓庆两位。刘立志的《孟子与两汉〈诗〉学》不仅分别列举了孟子与鲁、齐、韩、毛四家诗之间的具体关联,而且指出孟子与汉代《诗》学的关联不仅存在于诗论部分,也与汉代《诗》学体系的框架构建密切相关:"孟子的诗论则初步限定了汉代《诗经》学体系的框架,奠定了汉儒说《诗》的规范,至此,'仁义'理念成为诗学的焦点与亮点。"[①] 该文点面结合,持论中肯,标志着孟子与汉代《诗》学研究的深化。刘毓庆、郭万金两位的著作《从文学到经学——先秦两汉诗经学史论》[②],详细阐释了周秦两汉《诗》学发展脉络,是研究先秦两汉《诗》学发展的典范之作。该书不仅在《诗》学发展脉络上多次凸显了孟子的地位与作用,且尤其指出孟子与《诗序》之间的深入关联。然而由于其着眼于整个《诗》学发展的史学进程,因此孟子与汉代《诗》学之间的深层关联少有整体的分析与关注。另外,陈桐生在其《〈孔子诗论〉研究》[③]中指出,《孟子》和《孔子诗论》分别代表了战国时期南北不同地域文化的《诗》学发展路径,并尤其强调指出孟子的王道思想与《孔子诗论》的性情观共同构成了汉代《诗》学发展的两条进路。虽然限于主题,书中关于孟子的王道思想与汉代《诗》学发展关联没有详作评论,然而这一观点的提出,却为汉代

---

① 刘立志.孟子与两汉《诗》学[J].盐城工学院学报(社会科学版).2002(1):1.
② 刘毓庆,郭万金.从文学到经学——先秦两汉诗经学史论[M].上海:华东师范大学出版社,2009.
③ 陈桐生.《孔子诗论》研究[M].北京:中华书局,2004.

《诗》学渊源的深入探讨提供了新的看法与路径。

（二）孟子与四家诗关联的具体判定

关于孟子与四家诗之间的具体关联，人们的探讨主要集中在齐诗、韩诗与毛诗三者。而孟子与鲁诗的关联，目前所见论文或专著中罕有专门提及者。

学界对齐诗的探讨主要依托于齐学系统与孟子之间的关联。由于齐诗隶属于齐学系统，所以人们的关注也主要从相关角度入手。庞俊在《齐诗为孟子遗学证》[①]一文中，首次明确论及齐诗与孟子的渊源关系。该文列出二十余条证据，从地域渊源、诗义理解、思想取向等多个方面综合佐证了齐诗与孟子的渊源，虽然其中一些证据不免有强作关联之嫌，然而这种从多个方面探讨孟子与齐诗关联的做法尚属首次，其筚路蓝缕之功不可忽视。蒙文通的《汉儒之学源于孟子考》与之大体相似。另外，潘春艳的《汉代〈齐诗〉学考论》[②]在探讨齐诗的渊源问题时也涉及孟子，这一观点同样依托于汉代齐学与孟子之间的关系而生发。

目前对孟子与韩诗关联的探讨主要集中在思想史领域，并且由于目前韩诗的相关典籍保存较为完整者仅存《韩诗外传》一部，故而人们多从此书入手探讨二者之关联。《韩诗外传》的性情论、法先王、礼义等思想与孟子的关联得到了较多的关注与肯定，例如许维遹便曾明确指出"韩婴遵孟子法先王之说"[③]。然而较多学者更倾向于认同《韩诗外传》兼宗孟荀的特点，很少专门指出《韩诗外传》与孟子之间的具体关联。例如徐复观的《两汉思想史》便认为"韩婴由荀

---

① 庞俊.齐诗为孟子遗学证[J].国立四川大学季刊.1935（1）:1—5.
② 潘春艳.汉代《齐诗》学考论[D].北京:北京师范大学,2006.
③ 韩婴撰,许维遹校释.韩诗外传集释[M].中华书局,1980:175.

子而兼涉孟子"，李峻岫的《汉唐孟子学述论》也明确指出《韩诗外传》具有"兼宗孟荀"的特点①。从《诗》学角度关注《韩诗外传》与孟子关联的研究也多持论相似。例如房瑞丽的《〈韩诗外传〉传〈诗〉论》②虽然肯定了《韩诗外传》的《诗》学特征与孟子的关联，但其主旨仍在肯定《韩诗外传》与荀子的承传关系。

　　四家诗中，孟子与毛诗的关联得到了较多关注，研究也相对深入。首先，关于《毛诗序》来源问题，千年以来一直争讼不绝。由于《诗序》与孟子之间存在诸多相合之处，清儒丁晏、刘宝楠曾提出《诗序》作于孟子的观点③。20世纪以来，亦有学者持此观点。例如20世纪30年代，王大韶曾在《诗序的作者——孟子》一文中，列举《诗序》与孟子的诸多相合之处力证此说。另外王承略④、刘毓庆⑤也有类似观点，即认为《诗序》的创作与孟子学派或孟子⑥关

① 李峻岫.汉唐孟子学述论[M].济南:齐鲁书社,2010:19—30.
② 房瑞丽.《韩诗外传》传《诗》论[J].文学遗产.2008（3）:18—25.
③ 清儒刘宝楠《愈愚录》卷一指出:"《孟子列传》:'退而与万章之徒，序《诗》《书》，述仲尼之意。'按:《诗》《书》序多与《孟子》合，岂孟子作序而后儒增润之与? 此虽孤证，姑存一说。丁氏晏曰:'《毛郑诗释序》以《诗序》为子夏作而孟子述之。'"（刘宝楠.愈愚录[M].上海:上海古籍出版社,2002:230）
④ 王承略.论《诗序》的主体部分可能始撰于孟子学派[A].诗经研究丛刊（第三辑）[C].北京:学苑出版社,2002:137—158.
⑤ 刘毓庆.《诗序》与孟子[A].第五届诗经国际学术研讨会论文集[C].北京:学苑出版社,2002:93—108.
⑥ 刘毓庆先生在其《从文学到经学——先秦两汉诗经学史论》中又对此观点作了进一步调整，认为:《诗大序》作于子夏，《诗小序》成于孟子。相关章节包括《子夏家学、诗学及其对孔子诗论的发展》《孟子〈诗〉学与王道政治》《〈诗小序〉的产生与诗"美刺"评价体系的确立》，见刘毓庆,郭万金.从文学到经学——先秦两汉诗经学史论[M].上海:华东师范大学出版社,2009:68—77,132—139,157—165.

系密切。这为我们审视毛诗与孟子渊源提供了新的视角。而关于《毛诗笺》《毛诗谱》与孟子之关联,王国维在《〈玉溪生诗年谱会笺〉序》中一语而定:"及北海郑君出,乃专用孟子之法以治诗。其于诗也,有谱、有笺。谱也者,所以论古人之世也;笺也者,所以逆古人之志也。"① 郭绍虞在《中国文学批评史》"从孟子到汉人诗说"一节中沿用此说,也突出强调了孟子诗论与《诗序》《诗谱》之关系。然而所论甚略,学界的后续关注也较为薄弱。除此以外,刘宁结合考古成果对毛诗诗教观与孟子关联的重新探讨② 也应引起关注。该文比较了毛诗王道政教思想及性情观与孟子之间的关联,指出了两者之间的渊源关系。虽然其中不免强作比附之嫌,然而这种把考古发现纳入孟子《诗》学研究的做法却非常值得借鉴。

(三)孟子《诗》学特点的多维关照

另外一部分关注孟子《诗》学特点的成果,虽然没有直接论及孟子与汉代《诗》学的关联,然而由于对孟子《诗》学特点的界定也影响着对孟子与汉代四家诗关联的整体把握,故而相关研究也应纳入研究视野。目前人们对孟子《诗》学特点的把握呈现出多维趋势。概而言之,主要包括了对孟子《诗》学特点的整体通观,对孟子诗论的多维分析,对孟子《诗》学思想内涵的探讨,对孟子引《诗》特点的微观研究等。择其要者,相关研究成果如下。

对孟子《诗》学特点的宏观探讨主要有:钟肇鹏先生的《孟子与

---

① 王国维.《玉溪生诗年谱会笺》序[A]. 王国维文集(第一卷)[C]. 北京:中国文史出版社,1997:76.

② 刘宁. 论毛诗诗教观与思孟学派的联系[A].杜维明主编.思想·文献·历史:思孟学派新探[C].北京:北京大学出版社,2008:280—296.

经学》①、孙开泰先生的《孟子与五经》②、糜文开先生的《孟子与诗经》③。其中前两篇文章仅是罗列《孟子》中引用《诗》《书》《礼》《易》《春秋》的情况而较少规律性的总结。最值得重视的是糜文开的《孟子与诗经》，其中对孟子引《诗》倾向、孟子诗论的具体含义、孟子在《诗经》学上的贡献等诸多方面均有涉及，是对孟子《诗》学特点研讨最为详备者。另外，洪湛侯在《诗经学史》中有"孟子论读《诗》的方法"④一节，从孟子论《诗》、解《诗》、引《诗》、《诗》学特点四个层面对孟子《诗》学进行了宏观把握。洪湛侯的这一分类模式影响到了21世纪以来的孟子《诗》学研究模式，许多论文对孟子《诗》学特点的把握均是从以上四个角度。

　　孟子的"知言养气""知人论世""以意逆志""迹熄诗亡"观是孟子诗论的核心内容，也是人们从文学、文论、哲学等角度关注最多的部分。郭绍虞《中国文学批评史》第一章"先秦的文学批评"中曾专列"孟子诗说"，主要强调了孟子的"以意逆志""知人论世""知言养气"。顾易生的《孟子的文艺思想》⑤则首先从思想、文学相结合的角度分析了孟子的思想根源与其诗论主张之间的关联，这一做法开后继者从思想、哲学、文学的多维角度阐释孟子《诗》学观点的先河。北京大学董洪利的《孟子研究》⑥则对孟子的"知人论世""以意逆志"以及对阐释学带来的影响进行了较为详细的探讨。以上研究，

---

① 钟肇鹏.孟子与经学 [J].齐鲁学刊.1987（2）:3—7,40.

② 孙开泰.孟子与五经 [J].管子学刊.1998（4）:51—60.

③ 糜文开,裴普贤.诗经欣赏与研究（续集）[M].台北:三民书局,1988:389—421.

④ 洪湛侯.诗经学史 [M].北京:中华书局,2002:77—91.

⑤ 顾易生.孟子的文艺思想 [J].复旦学报（社会科学版）.1985（2）:58—67,92.

⑥ 董洪利.孟子研究 [M].南京:江苏古籍出版社,1997:100—117.

均为深入探讨孟子诗论提供了新的思维向度。

关于孟子的养气说，罗根泽的"文气说"最得孟子本心①。此外，由于孟子的养气说最初并非专门言《诗》，因此近年来也有研究者返回思想领域反思孟子的养气观。相关问题的专门研究主要集中在台湾学者的文章中，例如傅蕙真②、林轩钰③、徐嘉贞④的相关论文。

此外，孟子的"以意逆志"说同样是哲学、文学、文论诸多领域广泛关注的命题。游国恩、章培恒、袁行霈等知名学者主编的《中国文学史》均把"以意逆志"对《诗经》阐释学的影响作为重点强调，历来研究亦不绝如缕。李壮鹰教授把文学与思想研究结合在一起指出了"以意逆志"说与孟子心性学之间的关联，认为孟子"以意逆志"的观点是建立于"心同"基石之上的⑤。张伯伟《孟子"以意逆志"说的现代意义》⑥一文也从哲学角度指出孟子此论的哲学基础在于儒家人性论，并尤其点明"以意逆志"之"逆"源于孟子心性论中的"求放心"和"推恩"思想。以上从哲学角度对"以意逆志"说的审视，把这一问题的探讨引向深入。另外，常森在《〈诗〉的崇高与汩没：两汉〈诗经〉学研究》的"阐释者之主导地位的确立"⑦一节中评价了孟子"以意逆志"观对汉儒说《诗》的积极与消极影响，并尤其指出孟子此说之所以影响深远在于其突出了"阐释者的地位"。此外，美

---

① 罗根泽.中国文学批评史[M].上海:上海书店出版社,2003:30—47.

② 傅蕙真.孟子知言养气论研究[D].台北:玄奘人文社会学院,2003.

③ 林轩钰.由孟子"心性论"论《知言养气》章[D].台北:中正大学,2004.

④ 徐嘉贞.《孟子》"知言养气章"研究[D].台北:佛光大学,2008.

⑤ 李壮鹰.中国诗学六论[M].济南:齐鲁书社,1989.

⑥ 张伯伟.中国诗学研究[M].沈阳:辽海出版社,2000:173—201.

⑦ 常森.《诗》的崇高与汩没:两汉《诗经》学研究[D].北京:北京大学,1999:240—247.

国伊利诺依大学东亚语言文化系的蔡宗齐、金涛所撰《从"断章取义"到"以意逆志"——孟子复原式解释理论的产生与演变》① 一文则围绕汉代及以后的注《诗》、评《诗》家对"以意逆志"的运用,作出了细致的分析。

关于孟子的"知人论世"说,探讨较为深入的首推马银琴。马银琴在《孟子诗学思想二题》中指出,"知人论世"观的提出使得"诗人"被正式纳入了研究者的视野,这是中国文论思想得以确立的标志②。另外亦有研究着眼于孟子的"知人论世"说对后世文学的具体影响③,对"知人论世"的具体解读④ 等层面。

孟子"王者之迹熄而诗亡"的观点被认为是"千古道脉所关"⑤,从赵岐开始就一直备受学界关注,孔颖达、朱熹、顾镇、黄仲炎、李如箎等历代大儒均对此有不同的解读。对于"诗"的具体含义,如何判定"王者之迹熄"的时间,如何理解"诗亡"等诸多问题,至今众说纷纭、难有定论。近几十年又添新见,以刘怀荣、马银琴、杨兴华最为代表。刘怀荣在《孟子"迹熄〈诗〉亡"说学术价值重诂》中指出:"'《诗》亡'并非指《诗经》文本的消亡,而是指《诗》在王者政治活动中所发挥的实际功能的消亡。"⑥ 马银琴则认为:"孟子之'诗',是

① 蔡宗齐,金涛.从"断章取义"到"以意逆志"——孟子复原式解释理论的产生与演变[J].中山大学学报(社会科学版).2007(6):44—50,131.
② 马银琴.孟子诗学思想二题[J].文学遗产.2008(4):25—31.
③ 李畅然.清人以"知人论世"解"以意逆志"说平议[J].理论学刊.2007(3):111—113.
④ 吕华明."知人论世"与"以意逆志"考论[J].文艺理论与批评.2006(6):130—133.
⑤ 转引自:张孟伦.中国史学史[M].兰州:甘肃人民出版社,1982:20.
⑥ 刘怀荣.孟子"迹熄《诗》亡"说学术价值重诂[J].齐鲁学刊.1996(1):64.

在指代讽谏劝正之辞的意义上使用的",因此"迹熄诗亡"说实质上陈述的是献诗讽谏制度荡然不存、讽谏劝正之辞不再的事实①。《孟子"诗亡"之论新解》则另辟蹊径,认为"孟子'诗亡'之论,所指为文体之'诗'而非文本之'《诗》'"②。另外,李春青的《诗与意识形态》中亦专列一节探讨这一问题,与以上诸家不同的是,该文认为应当更多关注"迹熄诗亡"说所蕴含的象征意义③。

还有一批学者从思想层面入手,对孟子《诗》学特征作知人论世的观照。相关成果主要集中在两个层面:一种观点认为孟子的《诗》学特质与政教思想相关;另一种观点则主张孟子的《诗》学特征源于其心性学说。其中主张政教说的成果主要有陆晓光的专著《中国政教文学之起源——先秦诗说论考》,其中独辟一章名为"孟子的政治理想与其《诗》说"④,反对把孟子《诗》学的认识"局囿于纯《诗》学的范围",而主张从孟子政教思想的角度来把握孟子的《诗》学发展脉络。这一观点主张把孟子的《诗》学特征视为孟子政教思想发展进程的一个部分,是较早从思想角度对孟子《诗》学特点的观照。与陆晓光持论相似的还有陈桐生、叶文举,陈桐生认为孟子是汉代《诗》学阐释王道政教倾向的直接源头⑤,叶文举也在文章中指出"孟

① 马银琴.孟子"《诗》亡然后《春秋》作"重诂[J].上海师范大学学报(哲学社会科学版).2002(3):74—79.
② 杨兴华.孟子"诗亡"之论新解[J].学术论坛.2007(8):100.
③ 李春青.诗与意识形态[M].北京:北京大学出版社,2005:255—277.
④ 陆晓光.中国政教文学之起源——先秦诗说论考[M].上海:华东师范大学出版社,1994:112—124.
⑤ 陈桐生.《孔子诗论》研究[M].北京:中华书局,2004.

子诗学则着眼于政教性,推动了儒家诗学向经学化方向发展"①。另外,主张从心性学研读孟子《诗》学特质的,除了前文提到的主张以性情解读"以意逆志"的张伯伟,还有李春青教授。他的《诗与意识形态》主张从孟子的心性思想特质入手,对孟子《诗》学思想作知人论世的观照②。赵新也主张从性情的角度研读孟子《诗》学③。以上探讨,为我们从思想的角度理解孟子《诗》学提供了不同的观照视角。

此外,还有学者从阐释学角度解读孟子《诗》学特征,相关成果以杨海文的《〈孟子〉与〈诗〉〈书〉的相互权威性》最为代表。杨海文指出,孟子的解《诗》、用《诗》过程,已经为《诗》的权威性奠定了基础④。

通过以上所述不难看出,孟子与汉代四家诗的相关研究已经取得了一些令人瞩目的成就:一方面孟子与汉代四家诗发展之间的一些具体关联已经引起了研究者的重视;另一方面对孟子《诗》学主张的相关探讨也已较为深入。但是其中也存在着以下缺失:

1. 较少就孟子与汉代四家诗学发展的整体关联进行全面而深入的探究。目前对孟子与汉代《诗》学的相关探讨多为孟子学研究或汉代《诗》学研究的子目录,人们很少把孟子与汉代《诗》学作为一个独立领域予以研究。有限的研究多为宏观概述而少深入把握,且研究课题重复现象严重。

---

① 叶文举. 从孔、孟、荀引诗、说诗看儒家《诗》的经学化进程 [J]. 东疆学刊.2006 (2):31.
② 李春青. 诗与意识形态 [M]. 北京:北京大学出版社,2005.
③ 赵新. 诗与性情之学——论思孟学派诗学旨趣的思想史内涵及其意义 [D].北京:北京师范大学,2007.
④ 杨海文.《孟子》与《诗》《书》的相互权威性 [J]. 甘肃社会科学. 1996 (6):33—37.

2. 相关研究尚未打破各种学科藩篱,交叉研究不够。由于周秦两汉典籍本身兼涉文学、经学、哲学等诸多领域,这就决定了对孟子与汉代四家诗的把握不能仅从单一的文学或思想角度出发,而应兼涉学术、思想、文学与经学发展等诸多方面。综合研究,应当是这一研究的的主流态势。

3. 多横向对比,而少纵深结合。目前对孟子与汉代《诗》学的探讨多集中在有限的几个静态研究点,而很少从整个《诗经》发展的角度来整体把握孟子的坐标定位。然而《诗》学发展在周秦汉时期经历了数次转向,其肩负的"政典教化"的历史使命也曾有所转变,要深入了解孟子与汉代四家诗之间的关联,不应仅把目光局限于孟子与汉代四家诗的横向比较,还应通观先秦两汉《诗》学发展的整体脉络及其背后根基磐深的思想与文化世界。

4. 对新的考古成果的吸收不够及时。近几十年来,重大考古成果的频繁发现为周秦两汉时期的典籍研究提供了良好的契机,对孟子与《诗》的相关问题的认识也因此而深化。埋藏于地下的典籍往往是没有经过汉儒及后儒增改的原始版本,这为客观把握当时的文献状况提供了珍贵的第一手资料。然而具体到孟子与汉代《诗》学关系的探讨上,人们运用考古成果来审视两者关联的研究却少之又少,这不能不说是一个很大的遗憾。这也进一步凸显了这一研究的重要性与紧迫性。

三、所据文献与目标要求

(一)研究所据文献

由于本书不仅限于从文献或文学某一角度观察孟子与汉代《诗》学之间的关联,而是选择从思想史、学术史、文学史的角度把握其全貌,故而所需文献也并不限于孟子及四家诗的相关文献,而是力图囊括先秦两汉时期举凡与孟子及汉代四家诗发展问题相关的一切资料。其中包括了《孟子》的版本、流传区域、孟子的重要弟子、秦火之后《孟子》及《诗》的流传整理情况、四家诗著作等方面的传世经典文献,如正史、五经、诸子类文献,此处不赘。

另外,予以重点关注的文献还包括如下几个方面:

1.出土文献及相关发掘报告。

主要包括马王堆汉墓帛书、阜阳汉简《诗经》、郭店楚墓竹简、上博简《孔子诗论》、清华简等,如:国家文物局古文献研究所编著的《马王堆汉墓帛书》,湖南省博物馆、复旦大学出土文献与古文字研究中心编撰的《长沙马王堆汉墓简帛集成》(全7册),银雀山汉墓竹简整理小组编《银雀山汉墓竹简》,张家山二四七号汉墓竹简整理小组编《张家山汉墓竹简 (二四七号墓)》,荆门市博物馆编《郭店楚墓竹简》,甘肃省博物馆、中国科学院考古研究所编《武威汉简》,谢桂华等著《居延汉简释文合校》,清华大学出土文献研究与保护中心编《清华大学藏战国竹简》(第1-10辑),安徽大学汉字发展与应用研究中心编《安徽大学藏战国竹简 (一)》等。相关著作有:岛森哲男《马王堆出土儒家古佚书考》、庞朴《帛书〈五行篇〉校注》、池田知久《马王堆汉墓出土老子甲本卷后古佚书五行篇译注》、马承源《上海博物馆藏战国楚竹书》、胡平生与韩自强合著《阜阳汉简〈诗经〉研究》、李学勤《上海博物馆楚竹书〈诗论〉分章释文》等。

此外亦包括相关考古成果的发掘报告:如《武威磨咀子三座汉墓发掘简报》《阜阳双古堆西汉汝阴侯墓发掘简报》等。

2.碑刻。

主要是汉碑及孟子林庙中的碑刻部分,相关内容包括:屈万里

《汉魏石经残字》、杨昶《汉石经〈鲁诗〉残碑校史一则》、钱泳《汉碑大观》、高文《汉碑集释》、刘培桂《孟子林庙历代石刻集》等。

3.史志。

如清儒孟广均纂、陈锦与孙葆田合纂的《重纂三迁志》及山东邹县地方史志编撰委员会的《邹县旧志汇编》等。

4.辑佚成果。

主要包括了对四家诗、《孟子外书》及《七略》的辑佚部分：如马国翰的《玉函山房辑佚书》、王仁俊的《玉函山房辑佚书续编三种》、王先谦的《诗三家义集疏》、陈寿祺与陈乔枞的《三家诗遗说考》、陈乔枞的《诗经四家异文考》、阮元的《三家诗补遗》、冯登府的《三家诗遗说》、陈乔枞的《诗纬集证》、宋绵初的《韩诗内传征》、陈乔枞的《齐诗翼氏学疏证》、李调元的《逸孟子》、宋翔凤的《孟子赵注补正》、姚振宗的《七略佚文》《七略别录佚文》以及日本学者安居香山、中山璋八辑录的《纬书集成》等。

5.其他研究成果。

包括朱彝尊《孟子弟子考》、崔述《洙泗考信录》、钱穆《先秦诸子系年》、崔灏《四书考异》、金德建《古籍丛考》、江藩《汉学师承记》、张金吾《两汉五经博士考》、胡秉虔《汉西京博士考》、杨侃《两汉博闻》、洪迈《容斋随笔》、陈澧《东塾读书记》、朱彝尊《经义考》、皮锡瑞《经学通论》《经学历史》等。

此外，王国维、蒙文通、刘师培、钱穆、章太炎、顾颉刚、钱基博、屈守元、梁漱溟、余英时、葛兆光、夏传才、董治安、糜文开、裴普贤、刘跃进、黄俊杰、刘毓庆等的成果亦多有涉猎，不再一一尽指。

本书期望能以第一手资料为依据，在前贤时修成果的基础上，对孟子与汉代四家诗之间的关联作出系统的梳理与客观的评价，以使得该领域的研究得以深入。

（二）方法选择与研究目标

1.本书拟采用王国维先生提出的"二重证据法"①及傅斯年先生文献考证与文物考证相结合以"重建"古史的做法。同时注重论证环节的严密性,避免材料的罗列与先入为主的论断。立足于史料,最大限度做到论必有征、言必有据、不为空言,从而力图找到孟子与汉代《诗》学关系中的一些规律性特征。

2.鉴于孟子及汉代四家诗与学术史、文学史、思想史密切相连的特性,本书同时采用学术史、文学史和文献学相结合的方法,以孟子与四家诗关系的横向比对为主,兼顾孟子在周秦两汉《诗》学发展脉络中的坐标作用,把汉代四家诗对《孟子》的习得放到一个较为广阔的学术思想史进程中作整体通观②,从而对孟子与汉代四家诗的具体关联作出比较全面的分析与整体性的把握。

本书将着重考察以下几个方面的内容:

1.结合出土文献与传世文献,详细梳理孟子与秦汉《诗》学发展之间的脉络渊源,通过思想倾向、师承渊源、地缘关系、典籍流传、学者构成等多个方面的综合把握分析二者的深层关联。

---

① 王国维.古史新证[M].北京:清华大学出版社,1994:2—3.
② 此处受到郑振铎先生《插图本中国文学史》的启发,在半个世纪之前郑振铎先生就已经指出了文学史研究存在范畴过窄的弊端:"许多中国文学史,取材的范围往往未能包罗中国文学的全部。其仅以评述诗古文辞为事者无论了,即有从诗古文辞扩充到词与曲的,扩充到近代的小说的,却也未能使我们满意。近十几年来,已失的文体与已失的伟大的作品的发现,使我们的文学史几乎要全易旧观,决不是抱残守缺所能了事的。若论述元剧而仅致力于《元曲选》,研究明曲而仅以《六十种曲》为研究的对象,探讨宋、元话本,而仅以《京本通俗小说》为探讨的极则者,今殆已非其时。"

2. 深入探析汉代《诗》学在经学化进程、《诗》学主旨、诗义阐释等诸多方面与孟子的深层关联。同时关注四家诗学者对孟子《诗》学地位判定、著述倾向和士人精神中的孟学因素,以期对孟子与汉代四家诗的整体关联有一个兼及宏观进程及微观特征的综合性把握,并对孟子与汉代《诗》学的渊源关联有新的体认和评价。

3. 对汉代《诗》学阐释中的政教特征及性情倾向与孟子的渊源作专题性考察,以期对孟子与汉代《诗》学关系的整体把握有所助益。

第一章 孟子与周秦两汉《诗》学
发展关系溯源

"凡学不考其源流,莫能通古今之变;不别其得失,无以获从入之途。"[1]诚哉斯言,探讨孟子与汉代四家诗的关联,也应首先从其渊源处着眼[2]。故而在展开对孟子与汉代四家诗具体关系的分析之前,应首先回溯至周秦时代,对孟子与战国秦汉时代的《诗》学发展关系作一简要梳理。

第一节 "恒久至道":《诗》承渊源严秉孔学

汉代《诗》学与孟子相关绝非偶然,而是周秦两汉学术变迁、地域因素影响和时代风云际会共同作用的结果。

从学脉渊源上来看,孟子严秉孔门正传。虽然这一特点在战国

---

① 皮锡瑞著,周予同注释.经学历史[M].北京:中华书局,2004:19.
② 先秦《诗》学是汉代《诗》学的源头,在文本、诗说和思想倾向上,汉代《诗》学无不与先秦《诗》学存在着密不可分的渊源关系。

时期只给孟子带来了与孔子相似的偃蹇而狼狈的游历生活①。然而当时间推移至汉代，孔子被汉儒推尊至极致时②，忠诚继承孔子之学的孟子及其《诗》学主张也因之得到了汉儒的高度关注。后世甚至有"求观圣人之道，必自孟子始"③的评价。

汉代《诗》学正是先秦儒家《诗》学的延续，更确切地说，是孔门《诗》学的继续和发展，这点从汉代四家诗的溯源上能够窥见一斑。汉代四家诗无不与孔子及孔门后学密切相关。据史料

---

① 《史记·孟子荀卿列传》："(驺衍) 其游诸侯见尊礼如此，岂与仲尼菜色陈、蔡，孟轲困于齐、梁同乎哉！"

② 汉代学者对孔子极端推崇，不仅称孔子为"素王"，而且普遍认为孔子作《春秋》是为汉代立法。汉儒梅福就曾因此奏请成帝封赏孔子子孙："据仲尼之素功，以封其子孙。"《风俗通义·穷通注》引杜预《春秋左氏传·序》对汉儒推崇孔子的情况有集中描述：

《正义》曰："麟是帝王之瑞，故有素王之说。言孔子自以身为素王，故作《春秋》，立素王之法；丘明自以身为素臣，故为素王作《左氏》之传。汉、魏诸儒，皆为此说。董仲舒《对策》云：'孔子作《春秋》，先正王而系以万事，是素王之文焉。'贾逵《春秋序》云：'孔子览史记，就是非之说，立素王之法。'郑玄《六艺论》云：'孔子既西狩获麟，自号素王，为后世受命之君，制明王之法。'卢钦《公羊序》云：'孔子自因鲁史记而修《春秋》，制素王之道。'是先儒皆言孔子立素王也。《孔子家语》称齐太史子余叹美孔子言曰：'天其素王之乎！'素，空也，言无位而空王之也。彼子余美孔子之深，原上天之意，故为此言耳，非是孔子自号为素王，先儒盖因此而谬，遂言《春秋》立素王之法，左丘明述仲尼之道，故复以为素臣。其言丘明为素臣，未知谁所说也。"今案《淮南·主术》篇："专行教道，以成素王。"《论衡·超奇》篇："孔子作《春秋》以示王意，然则孔子之《春秋》，素王之业也；诸子之传书，素相之事也。"又《定贤》篇："孔子不王，素王之业，在于《春秋》。"太史公《自序》："壶遂曰：'孔子作《春秋》，垂空文以断礼义，当一王之法。'"《史记·儒林传》："因史记作《春秋》，以当王法，其辞微而旨博。"

③ 韩愈撰，马其昶校注. 韩昌黎文集校注[M]. 上海：上海古籍出版社，1998：262.

记载，鲁诗《诗》学承继脉络为：荀子——浮丘伯——申培公。这一脉络流传最早见于《汉书》，并得到了后世学者的广泛认可。例如清人王先谦称："《鲁诗》授受源流，《汉书》章章可考。申公受《诗》于浮丘伯，伯乃荀卿门人也。刘向校录《孙卿书》，亦云浮丘伯受业于孙卿，为名儒。是申公之学出自荀子。"[①] 清人皮锡瑞："《鲁诗》出于申公，则《鲁诗》亦荀子所传。"[②] 刘师培《经学教科书·孔子之传经》论述汉代《诗》学源头最为详备，称："《诗经》之学，由孔子授子夏，六传而至荀卿，荀卿授《诗》浮丘伯，为《鲁诗》之祖；复以《诗经》授毛亨，为《毛诗》之祖。"[③] 根据如上记载，鲁诗的渊源谱系与儒家的孔子、荀子等人密切相关。再如齐诗，庞俊在《齐诗为孟子遗学证》一文中力证齐诗为孟子遗学。蒙文通的《汉儒之学源于孟子考》、陈桐生的《论孟子对西汉今文经学的特殊贡献》等亦持论相同。再如韩诗，虽然《韩诗外传》并没有直接指明其渊源所自，但是《韩诗外传》在借用先秦学者之口对《诗》进行价值定位时，却独取孔、孟二人，这也在一定程度上证明了韩诗源于孔门《诗》学。毛诗同样与孔门《诗》学关联密切，目前可见最早的有关毛诗渊源的记载见于《经典释文·序录》：

> 《毛诗》者，出自毛公，河间献王好之。徐整云：子夏授高行子，高行子授薛仓子，薛仓子授帛妙子，帛妙子授河间人大毛公，毛公为《诗故训传》于家，以授赵人小毛公。小毛公为河间献王博士，以不在汉朝，故不列于学。一云：子夏传曾申，申传魏人李

① 王先谦.诗三家义集疏[M].北京：中华书局，1987：6.
② 皮锡瑞著，周予同注释.经学历史[M].北京：中华书局，2004：29.
③ 刘师培.刘申叔遗书[M].南京：江苏古籍出版社，1997：2076.

> 克,克传鲁人孟仲子,孟仲子传根牟子,根牟子传赵人孙卿子,孙卿子传鲁人大毛公。①

其中提到了徐整《诗谱序》和陆玑《毛诗草木鸟兽虫鱼疏》中的观点,两者均把毛诗的传播世系上承至子夏,而子夏正是孔子弟子中以"文学"闻名的弟子②。虽然关于四家诗传承渊源的界定依然存在诸多争议,然而在更新、更确凿的资料出现之前,这些论述对于判定汉代《诗》学渊源与孔门《诗》学的关系,依然具有不容忽视的辅助作用。

汉代四家诗均把《诗》学溯源至孔门《诗》学,这一特点也启示我们:如要深入研究汉代四家诗与孟子的关联,便不得不首先关注孔子对《诗》的整体价值界定。这是汉代《诗》学研究中一个不容回避的话题,任何一部涉及汉代《诗》学发展的研究著作均把孔子作为汉代《诗》学发展最初、也是最重要的影响者。不过今人对于孔子在汉代《诗》学发展过程中的作用和地位的评价并非过誉,汉代流行的孔子编《诗》、作《春秋》的观点,恰恰佐证了汉代学者对孔子在汉代《诗》学发展进程中地位和作用的高度认可。

关于孔子编订《诗》的记载,最早见于《论语·子罕》:

> 子曰:"吾自卫反鲁,然后乐正,《雅》《颂》各得其所。"③

《论语》中的这一记载,其重点在于讲述孔子对《诗》、乐一体的礼乐制度所进行的取舍,而并非仅限于文本本身。然而这一论述却在汉

---

① 陆德明.经典释文[M].北京:中华书局,1983:10.
②《论语·先进》载:"子曰:'从我于陈、蔡者,皆不及门也。'德行:颜渊,闵子骞,冉伯牛,仲弓。言语:宰我,子贡。政事:冉有,季路。文学:子游,子夏。"
③ 刘宝楠.论语正义[M].北京:中华书局,1990:345.

代被逐渐演绎成了孔子删定《诗》《书》的观点，这也从一个侧面有力地证明了汉儒对于孔子《诗》学地位的认可。例如《史记·孔子世家》记载：

> 古者《诗》三千余篇，及至孔子，去其重，取可施于礼义，上采契后稷，中述殷周之盛，至幽厉之缺，……三百五篇孔子皆弦歌之，以求合《韶》《武》《雅》《颂》之音。礼乐自此可得而述，以备王道，成六艺。①

司马迁在《史记》中提到的《诗》，并非指代礼乐制度下的《诗》乐传统，而是指代文本之《诗》。即便如此，此处司马迁仍然着重肯定了《诗》对礼乐制度的承载作用是经由孔子之手厘定的。这一观点继而又被发展为删《诗》说，王充和班固均主张这一观点，王充在《论衡·正说》中提到：

> 《诗经》旧时亦数千篇，孔子删去复重，正而存三百篇，犹二十九篇也。谓二十九篇有法，是谓三百五篇复有法也。②

班固《汉书·叙传》也进一步指出孔子与五经的关联：

> 虞夏商周，孔纂其业，纂《书》删《诗》，缀《礼》正《乐》。③

这种删《诗》的观点，已经不再涉及《诗》中蕴含的礼乐因素，而倾向于探讨孔子对以文本形式的《诗》的流传所作出的巨大贡献。孔子

---

① 司马迁. 史记[M]. 北京：中华书局，1982：1936—1937.
② 王充著，黄晖撰. 论衡校释[M]. 北京：中华书局，1990：1129.
③ 班固. 汉书[M]. 北京：中华书局，1962：4244.

删《诗》的观点在后世影响深远,《隋书·经籍志》就仍然采纳这一观点:"孔子删诗,上采商,下取鲁,凡三百篇。"① 这一观点具有诸多明显疏漏,历代均有学者从不同角度指出删《诗》之说不可尽信②,仅朱彝尊《经义考》中著录的不同观点便多达十余家,但欧阳修、王应麟、马端临等诸多大儒却依然坚持孔子删《诗》的观点。而这种坚持,又恰恰证明了历代学者对于孔子在汉《诗》的经学化进程中的地位和作用的高度认同,以及对孔子奠定汉代《诗》学发展基础的贡献的肯定。

尽管孔子删《诗》一说不可尽信,但是汉代《诗》学基调的奠定确实有赖于孔子及孔门后学之力,这主要体现在如下方面。

一、"述礼乐,备王道"——孔子对《诗》的经典地位的重新确立

《诗》的出现与结集可以追溯到西周时期,东周中后期的礼崩乐坏使得《诗》的经典地位式微。《诗》逐渐从燕飨会盟、礼乐教化的列国公卿生活中淡出③。而孔子的出现又使得《诗》重新回到了人们的视野,其经典地位也得以再次确立:鲁哀公十一年,孔子自卫返鲁,开

---

① 魏征等.隋书[M].北京:中华书局,1973:918.
② 最具代表性的观点如清儒王士禛在《池北偶谈》中所指出的:"孔子但正乐,使各得其所而已,未尝删诗,观'自卫返鲁'云云可见。且一则曰诗三百,再则曰诵诗三百,《家语》对哀公问郊,亦曰:'臣闻诵诗三百,不可以一献。'知古诗本来有三百篇,非孔氏自删定也。"
③《论语·微子》中便记载了礼崩乐坏时周朝乐师四散的情况:"大师挚适齐,亚饭干适楚,三饭缭适蔡,四饭缺适秦,鼓方叔入于河,播鼗武入于汉,少师阳、击磬襄入于海。"由于西周时期《诗》、乐、舞共同承载着礼乐教化作用,所以礼崩乐坏的重要影响和表现之一便是《诗》的式微。

始了对《诗》的重新整理与编订,《诗》的经典地位由此得以重新确立。此时距离春秋时期最后一次赋《诗》(鲁定公四年,即公元前506年)已经相隔二十余年。然而不得不指出的是,此时的《诗》虽然重新获得了经典地位,但是其文化角色已经发生了根本性转变:《诗》从燕飨会盟等礼乐教化活动中脱离出来,其本身所承载的文化意义开始得到以孔子为首的儒家学者的强调和彰显。

对于孔子在这一过程中的重要作用,司马迁的《史记·孔子世家》描述甚详:

> 孔子之时,周室微而礼乐废,《诗》《书》缺。追迹三代之礼,序《书传》,上纪唐虞之际,下至秦缪,编次其事。曰:"夏礼吾能言之,杞不足征也。殷礼吾能言之,宋不足征也。足,则吾能征之矣。"观殷夏所损益,曰:"后虽百世可知也,以一文一质。周监二代,郁郁乎文哉。吾从周。"故《书传》《礼记》自孔氏。
>
> 孔子语鲁太师:"乐其可知也。始作翕如,纵之纯如,皦如,绎如也,以成。""吾自卫反鲁,然后乐正,《雅》《颂》各得其所。"
>
> 古者《诗》三千余篇,及至孔子,去其重,取可施于礼义,上采契后稷,中述殷周之盛,至幽厉之缺……三百五篇孔子皆弦歌之,以求合《韶》《武》《雅》《颂》之音。礼乐自此可得而述,以备王道,成六艺。①

司马迁对孔子《诗》学贡献的概括是颇中肯綮的,即"礼乐自此可得而述,以备王道,成六艺"。郑玄:"是时道衰乐废,孔子来还,乃正之,故《雅》《颂》各得其所。"郑玄指出孔子整理《诗》的背景是"道衰

---

① 司马迁.史记[M].北京:中华书局,1982:1935—1937.

乐废",而这恰恰与司马迁评价孔子"述礼乐""备王道",重新确立
《诗》的经典地位的描述相互照应。目前记载孔子言论最为可靠的文
献——《论语》,也证明了这一点。虽然在《论语》中孔子对《诗》的
定位与评价仅有二十条,但是这些论述却从根本上重新规定了《诗》
的文化角色和其经学走向,为汉代《诗》学的经学化历程奠定了基础。

(一)"述礼乐"

查看《论语》能够发现,六经之中孔子尤其注重对《诗》的阐发:
《论语》中涉及《书》三处,涉及《易》两处,涉及《诗》却有二十处。
对于《论语》的这一特点,姚际恒曾尤其点明:《易》《诗》《书》三者,
"夫子之独重于《诗》,岂无故哉"①。而孔子于六经之中最重《诗》的
原因之一,正在于孔子把《诗》视为礼乐制度的重要载体。这点在
《论语》等有关孔子的典籍记载中可以窥见端倪。

《论语·季氏》记载了孔子与其子孔鲤的一段对话:

> 鲤趋而过庭。曰:"学诗乎?"对曰:"未也。""不学诗,无以
> 言。"鲤退而学诗。他日,又独立,鲤趋而过庭。曰:"学礼乎?"
> 对曰:"未也。""不学礼,无以立。"鲤退而学礼。②

历来人们在分析这段话时,都把《诗》与礼分开理解,认为孔子分别
强调了《诗》与礼的重要性。然而将这一段话统而观之却会发现其
中体现了孔子对《诗》、礼作用的高度重视——《诗》与礼并非两个
问题,而是一个问题的两个方面。换而言之,在孔子看来,《诗》的重
要文化使命之一在于对礼乐教化的承载作用,《论语·泰伯》记载孔

① 姚际恒.姚际恒著作集[M].台北:"中央研究院"中国文哲研究所,1996:14.
② 刘宝楠.论语正义[M].北京:中华书局,1990:668.

子"兴于《诗》,立于礼,成于乐"的观点便是孔子这一定位的进一步佐证。对此,《礼记》也有类似的记载:

> 孔子闲居,子夏侍。子夏曰:"敢问《诗》云'凯弟君子,民之父母',何如斯可谓民之父母矣?"孔子曰:"夫民之父母乎!必达于礼乐之原,以致五至,而行三无,以横于天下。四方有败,必先知之。此之谓民之父母矣。"子夏曰:"民之父母,既得而闻之矣,敢问何谓五至?"孔子曰:"志之所至,《诗》亦至焉;《诗》之所至,礼亦至焉。礼之所至,乐亦至焉;乐之所至,哀亦至焉。哀乐相生。是故正明目而视之,不可得而见也。倾耳而听之,不可得而闻也。志气塞乎天地。此之谓五至。"①

《礼记·孔子闲居》中记载的这段话能够进一步佐证孔子对于《诗》礼关系的看法。孔子提出为民父母其首要任务便是修齐礼乐,而修齐礼乐的根本目的在于"致五至""行三无"。而所谓"五至",便是志、《诗》、礼、乐、哀的一体化。孔子尤其指出:"《诗》之所至,礼亦至焉。"这一论断再次证明了孔子的《诗》、礼、乐三位一体的观点,或者说以《诗》载礼的观点。类似的观点在晚于孔子的郭店楚墓竹简《性自命出》中也有出现:"诗书礼乐,其始出皆生于人。诗,有为为之也。书,有为言之也。礼乐,有为举之也。圣人比其类而论会之,观其先后而逆顺之,体其义而节文之,理其情而出入之,然后复以教。"② 此说可以看作对孔子《诗》学定位的进一步阐发。

礼乐是西周政治文化的基石,孔子却恰恰处于礼崩乐坏的时代,

---

① 孙希旦.礼记集解[M].北京:中华书局,1989:1274—1275.
② 李零.郭店楚简校读记[M].北京:北京大学出版社,2002:106.

西周王道政治和礼乐制度的权威性在春秋末期早已风光不再。据《史记·太史公自序》记载,当时"弑君三十六,亡国五十二,诸侯奔走不得保其社稷者不可胜数"。礼乐征伐也不再出于天子,而是出于大夫。《论语》中就屡见大夫擅用天子之礼的记载:

> 孔子谓季氏:"八佾舞于庭,是可忍也,孰不可忍也?"①

季氏是鲁国的大夫,但是却使用不合于大夫身份的天子之礼,"八佾舞于庭"。对此,孔子大为光火,称"不可忍"。鲁国三家贵族彻祭运用天子所用的《雍》乐,也被孔子依据《诗》而进行批判:"'相维辟公,天子穆穆',奚取于三家之堂?"②由于礼崩乐坏的现象在春秋末期已不是特例,而成了社会的普遍现象,故而深切向往西周礼乐制度的孔子③,便把恢复礼乐制度作为其一生的追求。

在孔子看来,《诗》是西周礼乐制度的重要载体,欲兴礼乐首先便要重新确立《诗》的权威地位。故而孔子自卫反鲁,重修礼乐,使得"《雅》《颂》各得其所"。孔子编《诗》取其"可施于礼义""合《韶》《武》《雅》《颂》之音"的初衷,希望通过《诗》的复兴而再致礼乐盛世:"礼乐自此可得而述,以备王道,成六艺。"即通过对《诗》的经典性地位的确立而达到对周代礼乐制度的恢复,通过对《诗》的整理和传播而达成对西周礼乐制度的承传。这种以礼乐文化载体面貌出现的《诗》,自然得到了孔子的重视,在孔门学术中也享有最高地

---

① 刘宝楠.论语正义[M].北京:中华书局,1990:77.
② 刘宝楠.论语正义[M].北京:中华书局,1990:80.
③ 恢复西周的礼乐制度是孔子毕生的追求,孔子曾明确表示出其对周代礼乐制度的向往,称:"周监于二代,郁郁乎文哉!吾从周。"且孔子指出礼乐教化对士人的重要作用:"人而不仁,如礼何? 人而不仁,如乐何?"

位。曹元弼《礼经学·会通》就曾提到战国时期礼崩乐坏，唯独孔门弟子仍然保持着对于礼的高度重视："考之《左氏》，卿大夫论述礼政，多在定公初年以前。自时厥后，六卿乱晋，吴、越迭兴，而论礼精言，惟出孔氏弟子，此外罕闻。"[①]而与礼密切相关的《诗》的地位，在孔门学术中的地位自不待言。

　　由此可见，孔子在《诗》的编订上具有不容忽视的文化使命。对此，司马迁的概括甚确——"述礼乐"。孔子对《诗》中"礼"的因素的强调，影响了孔门弟子，而其中最为代表的便是荀子。荀子不仅着重强调了《诗》中所蕴含的"礼"，并且着重阐发了孔子哲学中有关"礼"的部分。汉儒把《诗》溯源至荀子也多是因为荀子对于《诗》、礼关系的密切关注。不过"述礼乐"虽然是孔子整理《诗》的初衷，然而其目的却并不仅限于此，孔子对《诗》价值的界定还包括了"备王道""成六艺"等多个方面。

　　（二）"备王道"

　　傅斯年指出："大约孔子前若干年，《诗三百》已经从各方集合在一起，成当时一般的教育。"他分析孔子用《诗》的特点和贡献主要体现在如下几个方面：以《诗》为修养之用，为言辞之用，为从政之用等[②]。诚哉斯言，孔子对《诗》的另一价值要求便体现在《诗》的王道政教层面。虽然最早明确提出"王者之迹熄而诗亡"观点的是孟子，但是《诗》对王道制度承载作用的判断，在孔子之时便已端倪初见。

　　《论语》中，孔子曾强调《周南》《召南》的重要性："人而不为《周南》《召南》，其犹正墙面而立也与。"也就是说，读《诗》而不读《周

---

① 曹元弼.礼经学[M].北京：北京大学出版社，2012：251.
② 傅斯年.诗经讲义稿[M].北京：中国人民大学出版社，2004：7.

南》《召南》,无异于面墙而立、一无所获。在《论语》中并不缺乏强调《诗》重要性的句子,如孔子对其子孔鲤所说的"不学诗,无以言"等。然而像对《周南》《召南》一样明确强调其重要意义的观点,在《论语》中却仅此一处。《周南》《召南》是列于《国风》之首的两个部分,那么是什么原因导致孔子对这两部分如此重视呢?《孔丛子》中关于孔子的一则记载或许可以说明原因:"孔子读《诗》,及《小雅》,喟然而叹曰:'吾于《周南》《召南》,见周道之所以盛也。'"①虽然《孔丛子》的真伪问题向来不乏争议,然而其记载孔子言行的真实性却是毋庸置疑的。结合这两处记载,能够明显地看出孔子着重强调《周南》《召南》的原因所在——《周南》《召南》承载着西周王道制度兴盛的因素。正是由于《周南》《召南》是《诗》中与王道废兴关联最为密切的部分,故而孔子尤为重视。上述判定,代表了孔子对于《诗》承载的王道废兴原因的整体价值判断和意义强调。由此可见,孔子称《诗》"可以兴,可以观,可以群,可以怨。迩之事父,远之事君"②,其所"观"的内容之一,便是王道废兴盛衰之由。孔子的这一界定直接开启了孟子《诗》为政教的先声。孔子对《诗》王道意义承载价值的强调,在先秦典籍中还能找到其他佐证:

> 郑子产有疾,谓子大叔曰:"我死,子必为政。唯有德者能以宽服民,其次莫如猛。夫火烈,民望而畏之,故鲜死焉。水懦弱,民狎而玩之,则多死焉,故宽难。"疾数月而卒。大叔为政,不忍猛而宽。郑国多盗,取人于崔苻之泽。大叔悔之,曰:"吾早从夫子,不及此。"兴徒兵以攻崔苻之盗,尽杀之,盗少止。

---

① 孔鲋撰,王钧林等译注. 孔丛子 [M]. 北京:中华书局,2009:44.
② 刘宝楠. 论语正义 [M]. 北京:中华书局,1990:299.

仲尼曰:"善哉! 政宽则民慢,慢则纠之以猛;猛则民残,残则施之以宽。宽以济猛,猛以济宽,政是以和。《诗》曰:'民亦劳止,汔可小康。惠此中国,以绥四方。'施之以宽也。'毋从诡随,以谨无良。式遏寇虐,惨不畏明。'纠之以猛也。'柔远能迩,以定我王。'平之以和也。又曰:'不竞不絿,不刚不柔。布政优优,百禄是遒。'和之至也。"①

据《左传》记载,孔子曾高度评价郑国子大叔的"猛"政,也就是严明法令刑罚的政治举措。其间孔子两度引《诗》,包括《大雅·民劳》《商颂·长发》两篇,以证明"宽以济猛,猛以济宽"这种刚柔相济的政治策略深得为政之旨。很明显,此处孔子便把《诗》作为了行政政策的判断标准。同样的情况也见于《论语》,孔子曾在批判鲁国公族滥用天子之礼乐的时候,引《诗》称:"'相维辟公,天子穆穆',奚取于三家之堂?"而《诗》之所以具备这种资格,在孔子看来恰恰是因为《诗》具有承载西周王道制度的文化使命。

孔子不仅规定了《诗》对礼乐的承载作用,而且把重新确立西周社会规范的期望寄托于《诗》的流传。在礼崩乐坏、礼失之野的春秋战国时期,《诗》的发展遭遇困厄,《诗》的经典性地位不再。正是有赖于孔子之力,《诗》的权威性地位在儒家学派中得以恢复。经过孔子编订的《诗》被赋予了新的文化使命:《诗》不再是燕飨和各国交往过程中的辅助性因素,转而成为承载着西周礼乐制度、王道思想的教科书。孔子对《诗》的这些界定从根本上影响到汉代《诗》学乃至整个古代《诗》学发展的整体进路:不仅孟子、荀子的《诗》学观点源于对孔子《诗》学观点的进一步解释和阐发,并且,他们对孔子《诗》

---

① 洪亮吉.春秋左传诂[M].北京:中华书局,1987:747—748.

学的进一步发展又影响到了汉代《诗》学的整体发展进程。

表1—1 《论语》中的用《诗》评《诗》①

序号	出处	功用	原　文
1	学而	引、评	子贡曰:"贫而无谄,富而无骄,何如?"子曰:"可也;未若贫而乐,富而好礼者也。"子贡曰:《诗》云:'如切如磋,如琢如磨。' 其斯之谓与?"子曰:"赐也,始可与言《诗》已矣,告诸往而知来者。"
2	为政	评	子曰:"《诗》三百,一言以蔽之,曰:'思无邪'。"
3	八佾	引	三家者以雍彻。子曰:"'相维辟公,天子穆穆',奚取于三家之堂?"
4	八佾	评	子夏问曰:"'巧笑倩兮,美目盼兮,素以为绚兮。'何谓也?"子曰:"绘事后素。"曰:"礼后乎?"子曰:"起予者商也! 始可与言《诗》已矣。"
5	八佾	评	子曰:"《关雎》,乐而不淫,哀而不伤。"
6	八佾	评	子谓《韶》,"尽美矣,又尽善也"。谓《武》,"尽美矣,未尽善也"。
7	泰伯	引	曾子有疾,召门弟子曰:"启予足! 启予手!《诗》云:'战战兢兢,如临深渊,如履薄冰。' 而今而后,吾知免夫! 小子!"
8	泰伯	评	子曰:"兴于《诗》,立于礼,成于乐。"
9	泰伯	评	子曰:"师挚之始,《关雎》之乱,洋洋乎盈耳哉!"
10	子罕	评	子曰:"吾自卫反鲁,然后乐正,《雅》《颂》各得其所。"
11	子罕	评	"唐棣之华,偏其反而。岂不尔思? 室是远而。"子曰:"未之思也,夫何远之有?"

① 此表主要参照了董治安先生的《战国文献论〈诗〉引〈诗〉综录》部分,只是其中有几处董治安先生没有涉及:孔子评价《韶》乐尽善尽美,评价郑声淫、郑声之乱雅乐等涉及乐教的部分。由于春秋时期存在《诗》乐不分的现象,故而此处也把与乐相关的部分纳入此表。

续表

序号	出处	功用	原　　文
12	子罕	引	子曰："衣敝缊袍，与衣狐貉者立，而不耻者，其由也与？'不忮不求，何用不臧？'"子路终身诵之。子曰："是道也，何足以臧？"
13	先进	评	南容三复白圭，孔子以其兄之子妻之。
14	子路	评	子曰："诵《诗》三百，授之以政，不达；使于四方，不能专对；虽多，亦奚以为？"
15	宪问	引	子击磬于卫。有荷蒉而过孔氏之门者，曰："有心哉，击磬乎！"既而曰："鄙哉，硁硁乎！莫己知也，斯己而已矣。深则厉，浅则揭。"子曰："果哉！末之难矣。"
16	卫灵公	评	颜渊问为邦。子曰："行夏之时，乘殷之辂，服周之冕，乐则《韶》《舞》。放郑声，远佞人。郑声淫，佞人殆。"子曰："人无远虑，必有近忧。"
17	季氏	引	齐景公有马千驷，死之日，民无德而称焉。伯夷、叔齐饿于首阳之下，民到于今称之。其斯之谓与？
18	季氏	评	陈亢问于伯鱼曰："子亦有异闻乎？"对曰："未也。尝独立，鲤趋而过庭。曰：'学诗乎？'对曰：'未也。''不学诗，无以言。'鲤退而学诗。他日，又独立，鲤趋而过庭。曰：'学礼乎？'对曰：'未也。''不学礼，无以立。'鲤退而学礼。闻斯二者。"陈亢退而喜曰："问一得三，闻诗，闻礼，又闻君子之远其子也。"
19	阳货	评	子曰："小子何莫学夫诗？诗，可以兴，可以观，可以群，可以怨。迩之事父，远之事君，多识于鸟兽草木之名。"子谓伯鱼曰："女为《周南》《召南》矣乎？人而不为《周南》《召南》，其犹正墙面而立也与？"
20	阳货	评	子曰："恶紫之夺朱也，恶郑声之乱雅乐也，恶利口之覆邦家者。"
21	述而		子所雅言，《诗》《书》、执礼，皆雅言也。

二、"乃所愿，则学孔子也"——孟子对孔门学术的坚守

虽然孔子弟子众多，但在孔子思想的后世承传上，孟子之力不

容轻视。历代学者都把孟子当作延续孔子道统的第一人。孟子对孔子之教的传承作用也被作为孟子最主要的学术贡献而为人们津津乐道。例如韩愈就曾提到:"自孔子没,群弟子莫不有书,独孟轲氏之传得其宗……故求观圣人之道,必自孟子始。"① 宋代记载孟子始有封爵的牒文《尚书省牒》在提议为孟子封爵时,也把孟子对孔子的继承和对儒学的发展作为最重要的理由:"缘孟子传道于圣人,而为后世宗师,非诸子之比,谓宜封公,以示褒显……《兖州孟轲·牒·奉敕》:'自孔子没,先王之道不明。发挥微言,以绍三圣,功归孟氏,万世所宗。……宜特封邹国公。'"② 焦循评价孟子学术地位时,同样从其对孔门学术的接续处着眼:"惟孟子挺名世之才,秉先觉之志,拔邪树正,高行厉辞。导王化之源,以救时弊;开圣人之道,以断群疑。其言精而赡,其旨渊而通,致仲尼之教,独尊于千古。非圣贤之伦,安能至于此乎!"③

历朝历代对于孟子承继孔学的倾力推崇绝非偶然,对孟子承继孔子道统的判断也并非过誉。在"周衰之末,战国纵横,用兵争强,以相侵夺,……先王大道,陵迟堕废"④,红紫乱朱、学术不归杨则归墨的战国中后期,曾经与墨家并为显学的儒家思想面临着前所未有的式微局面。高扬礼乐、仁义与道德的儒家思想与"上古竞于道德,中世逐于智谋,当今争于气力"⑤ 的社会现状,也显得格格不入。而在

---

① 韩愈撰,马其昶校注. 韩昌黎文集校注[M]. 上海:上海古籍出版社,1998:261—262.

② 刘培桂. 孟子林庙历代石刻集[M]. 济南:齐鲁书社,2005:4—5.

③ 焦循. 孟子正义[M]. 北京:中华书局,1987:1.

④ 焦循. 孟子正义[M]. 北京:中华书局,1987:9.

⑤ 韩婴撰,王先慎集解. 韩非子集解[M]. 北京:中华书局,1998:445.

这个时候,仍然忠实到近乎"迂阔"的继承孔门学术、宣扬儒家思想的学者,确实首推孟子一人。《牟子》有言:"昔杨、墨塞群儒之路,车不得前,人不得步,孟轲辟之,乃知所从。"① 这如实道出了孟子奋起而争、重振孔门道统的重要意义。孟子不仅固守着由孔子开创的儒家学术传统,而且以继承孔子之业、承传儒家道统为毕生所愿,其至在其生平经历等诸多方面也与孔子存在着许多的相似之处。

(一) 宗族渊源

首先,从宗族渊源上看,孟子的先祖曾有求教于孔子的记载,这为孟子与孔子在学术上的天然亲近性奠定了基础。

根据记载,孟子是邹人,然而关于孟子的先祖,人们却多追溯至鲁国"三桓"之一的孟孙氏,认为其为"鲁公族孟孙之后"② 。孟孙氏家族成员与孔子之间有着千丝万缕的密切关联。

在孔子的学生中,有两位是孟孙氏家族成员:孟懿子和南宫敬叔。《论语》中载有孔子与孟孙氏家族的学业交流关系。孟懿子的儿子孟武伯曾向孔子求教,如《论语·为政》载:"孟武伯问孝。子曰:'父母唯其疾之忧。'"③ 孟武伯的儿了孟敬子和孔子弟子也有密切联系:"曾子有疾,孟敬子问之。"④ 不仅如此,孟献子不以金玉为贵以有贤德之士为富的做法也曾得到孔子的赞美。也正是这位孟献子,对孔子的父亲叔梁纥有过"有力如虎"的称赞。虽然在《孟子》中孟子对孟孙氏家族成员的提及不多,但也偶有称赞。例如孟子在论及如何结交朋友时曾以孟献子的"友其德"作为榜样。尽管以上所采

---

① 转引自:康有为.孔子改制考[M].北京:中华书局.2012:378.

② 焦循.孟子正义[M].北京:中华书局,1987:5.

③ 刘宝楠.论语正义[M].北京:中华书局,1990:48.

④ 刘宝楠.论语正义[M].北京:中华书局,1990:292.

撷的史料碎片难以拼成一个完整的孟孙氏家族成员求学于孔子以及对孔子的尊重在家族内部流传继而影响到孟子的图案,但是在鲁国"三代之姓,于今为庶"的情况下,孟孙氏家族与孔子的师承关系班班可考,且历代学者均以非常坚定的口吻肯定孟子与孟孙氏家族之间的关联,这就足以证明孟子对孔子的承袭有深厚的家学渊源的影响。

(二)学承脉络

再者,从学术脉络上来看,孟子最得孔门思想正传。

关于自己的师承渊源,孟子曾有如下论述:"乃所愿,则学孔子也。""君子之泽,五世而斩;小人之泽,五世而斩。予未得为孔子徒也。予私淑诸人也。"①孟子渴望得到孔子正传而又无缘亲自师事孔子的心情跃然纸上。不过,孟子虽然无缘亲事孔子,但是却通过孔子之孙孔伋得到了孔学正传。

孔子之孙名伋,字子思,曾在邾国(即邹地)讲学,当地至今仍然留有子思讲堂故址。元人刘泰在《中庸精舍书籍之记》中对于子思讲堂的记载也证明了这一点:"邹乃孟子之乡国也,斯地乃子思倡道传心处也。"②而子思的传道之所正紧邻着孟母三迁之处,根据有关孟母三迁的记载,孟母最终选择了一个"真可以居吾子"的地方,而"舍学宫之傍"③。此处的学宫正是子思在邹地讲学的地方。目前在邹城的遗存中,三迁祠和子思学宫毗邻,其中子思学宫正是由元代在子思讲堂故址处兴建的"中庸精舍"改建而来。对此,元代潘迪在《子思书院新庙之记》中曾有明确记载:"邑东隙地乃子思讲堂故基。即

---

① 焦循.孟子正义[M].北京:中华书局,1987:577.
② 刘培桂.孟子林庙历代石刻集[M].济南:齐鲁书社,2005:44.
③ 刘向.列女传[M].沈阳:辽宁教育出版社,1998:7.

孟子幼被母训三徙其侧就学遗址。"① 明朝许彬在《重修子思书院记》中也提到:"鲁之邹邑孟子故宅之侧,旧有子思书院,即当时传道之所。"② 子思讲堂的遗址与孟母三迁之所的毗邻也从文化地理的角度证明了孟子与子思之间的嫡传关系。当年孟母把家迁至子思学宫旁,就已然奠定了孟子与子思之间的学术渊源,使得孟子得到子思一派的浸染,为他对孔子、子思思想的接受和继承奠定了基础,也为他以后"继往圣,开来学"承传孔子思想创造了条件。

由于孟子和子思的特殊渊源,人们不仅把孟子视为孔门思想最正宗的传人,甚至得出了孟子曾亲事子思的结论。荀子在《非十二子》中就已经把子思、孟子视为一派,后世因之称其为"思孟学派"。汉代学者言及孟子师承时,唯独司马迁明言孟子"受业子思之门人",除此以外,汉代学者无不指称孟子受业于子思。例如班固称孟子为"子思弟子"③,应劭称"孟轲受业于子思"④,赵岐称孟子"长师孔子之孙子思,治儒术之道"⑤,《淮南子·氾论训》高诱注也谓"孟子受业于子思之门"⑥。《孔丛子·杂训》《孔丛子·居卫》二篇也对子思、孟子之间的问对有所记载⑦。这一观点得到了后世学者的极大认同,陈庆偕在《重葺邹县述圣子思子庙记》提到:"昔子思讲学于此,孟子因得亲受业于其门。……其三迁秉母教之日,即受业子思之日,

① 刘培桂.孟子林庙历代石刻集[M].济南:齐鲁书社,2005:73.
② 刘培桂.孟子林庙历代石刻集[M].济南:齐鲁书社,2005:134.
③ 班固.汉书[M].北京:中华书局,1962:1725.
④ 应劭撰,王利器注.风俗通义校注[M].北京:中华书局,1981:318.
⑤ 焦循.孟子正义[M].北京:中华书局,1987:7.
⑥ 刘安编,何宁撰.淮南子集释[M].北京:中华书局,1998:940.
⑦ 晁公武《郡斋读书志》所载《子思子》,汪晫编《子思子全书》均载子思与孟子之间的问对。

或无疑也。"①唐大章的《重修中庸精舍记》有言:"昔韩退之序尧舜以来学脉,直谓'孔子以是传之孟轲'。然孔传曾,曾传思,思乃传孟,则洙泗脉络也……《阙里世谱》称,子思困于宋作《中庸》,授记弟子孟子舆辈。而邹邑东南隅为孟氏故宅。元邹尹司居敬为筑精舍,祠子思而侍孟子,以表师承。"②对于孟子的师承问题,清人毛奇龄《四书賸言》、焦循《孟子正义》、崔述《孟子事实录》均从相距年代上有详细考证,指出司马迁的观点更具合理之处,其中尤以焦循《孟子正义》的考证最具代表性③。孟子师事子思的观点从西汉开始一直延续至清代,才开始有学者提出质疑。这种情况恰恰证明历代学者并非不具备证明这一观点不成立的能力,而是对孟子师事子思观点的默认与肯定,反映了从西汉开始历代学者对于孟子继承孔门正统思想、得儒家学术正传地位的高度认可和肯定。

(三)"尊崇圣字"

韩愈在《读荀》中曾经指出在诸子蜂起、百家争鸣的战国时期,

---

① 刘培桂.孟子林庙历代石刻集[M].济南:齐鲁书社,2005:426.
② 刘培桂.孟子林庙历代石刻集[M].济南:齐鲁书社,2005:271—272.
③ 焦循《孟子正义》:"按《史记·鲁世家》:哀公十六年,孔子卒。二十七年卒于有山氏,悼公立。三十七年卒,子元公立。二十一年卒,子显立,是为穆公。穆公立三十三年卒。自穆公元年,上溯至孔子卒之年,当有六十八年。孔子未卒,子思已生,而孟子明言子思当穆公时,则子思之年,不止六十二明矣。穆子共公立,二十二年卒;子康公立,九年卒;子景公立,二十九年卒;子叔立,是为平公。平公元年,上溯穆公卒之年,当有六十年;再溯穆公初年,则九十年矣。则孟子不能亲受业于子思又明矣。草堂之说是也。乃《六国表》鲁穆公元年,即周威烈王十九年,魏惠王元年,当周烈王六年,相距三十八年。惠王三十五年,孟子来大梁,上溯鲁穆公时,已有七十余年,如以亲受业子思言之,则子思年必大耋,而孟子则童子时也。"清儒对子思、孟子之间是否存在直接学术承传关系的判定多与此相似:通过指出二者在时间衔接上的困难判定两者并不存在直接的师承关系。

孟子对孔子的尊崇之功："始吾读孟轲书，然后知孔子之道尊，……孔子之徒没，尊圣人者，孟氏而已。"①孟子对孔子的推崇既表现在对孔子思想的继承、发展和传播上，也表现在言语之中对孔子的高度认同上。

孟子不仅多次明确表达出"乃所愿，则学孔子也""予未得为孔子徒也。予私淑诸人也"的愿望和感慨，而且又最早通过对"圣"字的界定称孔子为"圣""圣人"，突出表达了对孔子的高度推崇。尽管孔门弟子也曾称孔子为圣人，如子贡曾说："夫子既圣矣！"但是，同样尊孔子为"圣"，相同的字在孟子那里却具有了更深刻的含义。《容斋随笔·尊崇圣字》就指出了孟子的这一特点："自孔子赞《易》、孟子论善信之前，未甚以圣为尊崇，虽《诗》《书》《礼》经所载亦然也。……以故鲁以臧武仲为圣人，伯夷、伊尹、柳下惠皆曰圣，而孟子以为否。"②洪迈认为，从《尚书》开始就有了对"圣"字的运用，但是"圣"字本身并没有特殊的含义。《诗经》《左传》中的"圣"字也"混于诸字中，了无所异"，只有到了孟子那里"圣"字始有尊崇的意味。《孟子》中提到"圣"字53次，可见孟子已经将"圣"这一概念广泛应用于其思想。同时孟子对"圣"给予了明确界定："可欲之谓善，有诸己之谓信，充实之谓美，充实而有光辉之谓大，大而化之之谓圣，圣而不可知之之谓神。"③在孟子的判断标准中，"圣"仅次于"神"而居于第二位，但事实上，《孟子》中从未出现过用"神"对人进行评价的状况。所以，"圣"是孟子对人的最高评价。

另外，孟子对"圣人"的概念也有很高的界定："圣人，人伦之至

① 韩愈撰，马其昶校注. 韩昌黎文集校注 [M]. 上海：上海古籍出版社，1998：36.
② 洪迈撰，孔凡礼点校. 容斋随笔 [M]. 北京：中华书局，2005：605—606.
③ 焦循. 孟子正义 [M]. 北京：中华书局，1987：994.

也"①,"圣人百世之师也"②。并且认为圣人是与儒家最高理想天道相关联的:"仁之于父子也,义之于君臣也,礼之于宾主也,知之于贤者也,圣人之于天道也。"③ 因此,从孟子的尊崇"圣"字,及对孔子称"圣",便可见对孔子的推尊程度。当然,在《孟子》中,被称为圣人的并不止孔子一人,比如伯夷、周公等人也曾被孟子提及。孟子将圣人分为"古圣人"、后世"复起"圣人等类,而最为孟子推崇的是孔子:《孟子》中提到"圣人"共25次。孔子作为确指的"圣人"出现的情况最多,被提到8次;其他称"圣人"的还有周公1次、尧舜2次。由此可见,孟子认为孔子功过于尧舜并非一时之言,将孔子推尊到"古今一人"是孟子一以贯之的做法。

不仅在出现频率上孔子远远多于古代的圣贤,在被孟子称"圣"的先贤中,孔子也被给予了至高的地位。孟子指出,孔子是圣人之中的圣人:"伯夷,圣之清者也;伊尹,圣之任者也;柳下惠,圣之和者也;孔子,圣之时者也。孔子之谓集大成。集大成也者,金声而玉振之也。"④ 孔子被认为是圣人中的集大成者。虽然孟子认为伯夷、伊尹和孔子都是"古圣人",但是在他看来都不如孔子:"乃所愿,则学孔子也。"除此以外,孟子进一步强调说:"自有生民以来,未有孔子也。"⑤ 孟子给孔子的地位以极大肯定,认为他是古代圣人中最为出类拔萃的人物。

---

① 焦循.孟子正义 [M].北京:中华书局,1987:490.
② 焦循.孟子正义 [M].北京:中华书局,1987:976.
③ 焦循.孟子正义 [M].北京:中华书局,1987:991.
④ 焦循.孟子正义 [M].北京:中华书局,1987:672.
⑤ 焦循.孟子正义 [M].北京:中华书局,1987:216.

（四）自任甚重

孟子不仅给孔子以极高评价,把"学孔子"为其终极旨归,并且自我期许很高,认为自己是那个时代中能够延续孔子道统的唯一传人。孟子在他的思想体系中构建了一个圣人体系,并颇为自信地把自己作为其中的一个环节,在《孟子·尽心下》中,孟子曾明确地流露出这一思想:

> 由尧舜至于汤五百有余岁,若禹、皋陶则见而知之,若汤则闻而知之。由汤至于文王五百有余岁,若伊尹、莱朱则见而知之,若文王则闻而知之。由文王至于孔子五百有余岁,若太公望、散宜生则见而知之,若孔子则闻而知之。由孔子而来至于今百有余岁,去圣人之世若此其未远也,近圣人之居若此其甚也,然而无有乎尔,则亦无有乎尔! ①

朱熹对此的评价深得孟子之旨:"此言,虽若不敢自谓已得其传,而忧后世遂失其传,然乃所以自见其有不得辞者,而又以见夫天理民彝不可泯灭,百世之下,必将有神会而心得之者耳。故于篇终,历序群圣之统,而终之以此,所以明其传之有在,而又以俟后圣于无穷也,其指深哉!"② 朱熹明确指出孟子提出的五百年而有圣人出的观点。虽然孟子没有直接把自己列入这一谱系之中,但是从孟子的叙述中已经能够明确看出其接续圣人之道的自我期许。孟子明确指出自己距离孔子仅百余年,尚能接续圣人之泽,且与孔子的家乡鲁地非常邻近,深得孔子之正传,暗示自己正是能够承担起孔子之业的人物。

---

① 焦循.孟子正义[M].北京:中华书局,1987:1034—1037.
② 朱熹.四书章句集注[M].北京:中华书局,1983:377.

类似的自我期许在《孟子》之中并不鲜见。在《孟子·告子上》中，孟子就曾指出"人皆可以为尧舜"①，"圣人与我同类者。……圣人先得我心之所同然耳。故理义之悦我心，犹刍豢之悦我口"②。这种说法消解了圣人的神秘性，也为孟子将自己作为圣人系统中的一个环节创造了先决条件。在《孟子·滕文公下》中，孟子更是明确指出了自己对孔子之业的继承：

> 孟子曰："我岂好辩哉，予不得已也。天下之生，久矣一治一乱。……世衰道微，邪说暴行有作，臣弑其君者有之，子弑其父者有之，孔子惧，作《春秋》。《春秋》，天子之事也。是故孔子曰：'知我者其惟《春秋》乎，罪我者其惟《春秋》乎？'圣王不作，诸侯放恣，处士横议，杨朱墨翟之言盈天下，天下之言，不归杨则归墨。……杨墨之道不息，孔子之道不著，是邪说诬民，充塞仁义也。仁义充塞，则率兽食人，人将相食。吾为此惧，闲先圣之道，距杨墨，放淫辞，邪说者不得作。作于其心，害于其事；作于其事，害于其政。圣人复起，不易吾言矣。昔者禹抑洪水而天下平，周公兼夷狄、驱猛兽而百姓宁，孔子成《春秋》而乱臣贼子惧。《诗》云：'戎狄是膺，荆舒是惩，则莫我敢承。'无父无君，是周公所膺也。我亦欲正人心，息邪说，距诐行，放淫辞，以承三圣者，岂好辩哉，予不得已也。能言距杨墨者，圣人之徒也。"③

孟子指出，孔子最大的功业在于在西周王道制度崩坏的情况下，述《春秋》，距邪说，承继圣王之道，其功绩可与安定天下的周公相比肩。

---

① 焦循.孟子正义［M］.北京：中华书局，1987：810.
② 焦循.孟子正义［M］.北京：中华书局，1987：763—765.
③ 焦循.孟子正义［M］.北京：中华书局，1987：446—461.

而孟子之时，邪说复起、暴行又作，因此他"亦欲正人心，息邪说，距诐行，放淫辞，以承三圣"，接续孔子之道，承传儒家思想和西周的王道精神。孟子此处当仁不让地把自己作为周公、孔子之后的又一力挽狂澜的圣人。为《孟子》作注的赵岐深得孟子之旨，其总结孟子述作《孟子》的原因为"孟子闵悼尧、舜、汤、文、周、孔之业将遂湮微"①，故而奋起继承三圣之绪，捍卫先圣之道，以孔子之功业相自许。

（五）相似际遇

通观孔子和孟子的一生，两人在人生际遇上非常相似。司马迁最早对孟子和孔子的相似性给予肯定："（邹衍）其游诸侯见尊礼如此，岂与仲尼菜色陈、蔡，孟轲困于齐、梁同乎哉。故武王以仁义伐纣而王，伯夷饿不食周粟，卫灵公问陈，而孔子不答，梁惠王谋欲攻赵，孟轲称大王去邠。此岂有意阿世俗苟合而已哉！持方枘欲内圜凿，其能入乎？"②其他两汉学者亦多以孔孟行事类举而述，如《盐铁论·相刺》："坚据古文以应当世，犹辰参之错，胶柱而调瑟，固而难合矣。孔子所以不用于世，而孟轲见贱于诸侯也。"③班固在《汉书·叙传》中不仅将两者并称，并且将两者的相似性推进至学术层面："是故仲尼抗浮云之志，孟轲养浩然之气，彼岂乐为迂阔哉？道不可以贰也。"④今人蒋伯潜的《诸子通考》也不止一次提到二者的相似之处："其始而设教，继而周游，终而归老，一生行事极似孔子。"⑤"孟子之周

① 焦循.孟子正义[M].北京:中华书局,1987:10.
② 司马迁.史记[M].北京:中华书局,1982:2345.
③ 桓宽撰,王利器校注.盐铁论校注[M].北京:中华书局,1992:255.
④ 班固.汉书[M].北京:中华书局,1962:4227—4228.
⑤ 蒋伯潜.诸子通考[M].浙江:浙江古籍出版社,1985:147.

游,极似孔子。"①赵岐的《孟子题辞》对孟子与孔子生平际遇的相似性记载最为详备:

> 孔子自卫反鲁,然后乐正,《雅》《颂》各得其所,乃删《诗》定《书》,系《周易》,作《春秋》。孟子退自齐、梁,述尧、舜之道而著作焉,此大贤拟圣而作者也。七十子之畴,会集夫子所言,以为《论语》。《论语》者,《五经》之馆鎋,《六艺》之喉衿也。《孟子》之书,则而象之。卫灵公问陈于孔子,孔子答以俎豆;梁惠王问利国,孟子对以仁义。宋桓魋欲害孔子,孔子称:"天生德于予。"鲁臧仓毁鬲孟子,孟子曰:"臧氏之子,焉能使予不遇哉?"旨意合同,若此者众。②

赵岐指出孔子和孟子在学术倾向、生平际遇、论著特点和行为处事方面存在着诸多相似之处:孔子所遇不合则退修六经,孟子政治失意而著书明志;《论语》为解读六经的密匙,《孟子》亦有相同的功能等。这一系列的相似,一方面源于孟子所固守的儒家思想与社会需求的矛盾,另一方面,也与孟子"学孔子"的志愿密切相关。

从功利的角度来看,孟子与孔子的诸多相似,源于两者对儒家之道不合时宜的坚守和迂阔。正如《齐鲁思想文化史》所述:"孟子所处的时代已经是各国变法运动全面完成的时期,中国包括邹鲁地区的社会结构和政治制度已经发生深刻的变化,……但是这些变化对孟子似乎没有太大的触动,他对尧舜以来的德治主义道统和自己'平治天下'的能力依然充满自信,……孟子的著名论点——施仁政、

---

① 蒋伯潜.诸子通考[M].浙江:浙江古籍出版社,1985:153.
② 焦循.孟子正义[M].北京:中华书局,1987:13—15.

得民心即可使人民'制梃（木棒）以挞秦楚之坚甲利兵'，是典型的不切实际的高调，《吕氏春秋·简选》就曾痛予驳斥。孟子的思想确乎比荀学更为纯粹、更富于理想主义色彩……孟子以儒家理想抗拒社会变局的作风，极易使人联想到在刘邦大兵围困中仍坚持诵习礼乐的'鲁中诸儒'和坚守古道、拒绝与叔孙通合作的两位鲁儒生，他们都是固守邹鲁文化传统和儒家理想，既高尚、悲壮又不免拘执、封闭的人物。"[1]在战国中后期儒学式微的大环境下，孟子以一个理想主义者的身份固守着孔子之道，经历着孔子所经历过的遭遇，这也再次证明了孟子对孔子之道的高度推崇和认可。

三、"继往圣，开来学"——孟子对孔子《诗》学的继承与发展

孟子的《诗》学特点亦与孔子多有相同，而其中一个最重要的表现是，孔子于六经之中最重《诗》，孟子亦然。根据统计，《论语》中涉及《诗》的部分达21处，而涉及《书》仅4次。孟子继承发扬了孔子的做法，《孟子》中引《诗》有37处，评《诗》4处[2]，为孟子同时及之前的诸了之最。如《管子》言《诗》5次，《书》3次；《邓子》《公孙龙子》不言《诗》《书》……正是如此，后代学者尤其是汉儒对《孟子》中《诗》《书》的大量引用表示了关注。例如司马迁就曾一再言及孟子"尤长于《诗》《书》"的特点，并评价孟子的学术特色为："序《诗》《书》，述仲尼之意。"[3]这一论断是对孟子继承孔子遗意、以《诗》《书》承传儒

---

[1] 孟祥才,胡新生.齐鲁思想文化史（先秦两汉卷）[M].济南:山东大学出版社,2002:275—276.

[2] 详参本书第一章表1—3。

[3] 司马迁.史记[M].北京:中华书局,1982:2343.

道学术特色的高度概括。赵岐的评价亦与司马迁相类,称孟子"长师孔子之孙子思,治儒术之道,通《五经》,尤长于《诗》《书》"①。清人焦循对此作了进一步的解释和数据上的说明:"赵氏以为'通《五经》',七篇中言《书》凡二十九,言《诗》凡三十五。"②洪迈的《容斋随笔·晁景迁经说》也称:"孟子……论说及《诗》多矣。"③后世学者对孟子引《诗》用《诗》的赞美并非过誉,这体现出汉代学者对于孟子《诗》学地位的高度肯定与一致认同。

关于孟子对《诗》的重视及其深远影响,清代岭南学者陈澧《东塾读书记》卷三中的评价,正是中的之论:

> 《孟子》引《诗》者三十,论《诗》者四,引《书》者十八,论《书》者一,又有似引《书》而不言"《书》曰"者。所谓尤长于《诗》《书》者,于此可以窥见矣。其引《蒸民》之诗以证性善,性理之学也。引"雨我公田"以证周用助法,考据之学也。"《小弁》之怨,亲亲也。亲亲,仁也。"此由读经而推求性理,尤理学之圭臬也。盖性理之学,政治之学,皆出于《诗》《书》,是乃孟子之学也。④

陈澧不仅对《孟子》中引用五经的情况进行了统计,指出孟子尤其重《诗》的特点,并且对《孟子》中引《诗》的具体情况进行了分析,提出了"性理之学,政治之学,皆出于《诗》《书》,是乃孟子之学"的观点。《诗》中涵盖着对性情的强调以及对王道政教思想的宣扬,这恰恰是

---

① 焦循. 孟子正义 [M]. 北京:中华书局,1987:7.
② 焦循. 孟子正义 [M]. 北京:中华书局,1987:9.
③ 洪迈撰,孔凡礼点校. 容斋随笔 [M]. 北京:中华书局,2005:428.
④ 陈澧. 东塾读书记 [M]. 北京:三联书店,1998:46—47.

汉代《诗》学的阐释倾向中表现最突出的两个部分,也是后世《诗》学阐释的两条主要路径。陈澧指出这两种《诗》学阐释特点均由孟子而开,甚至可以将之视为孟子之学。这一论断直接把汉代《诗》学的肇始者接续至孟子,相当中肯地指出了孟子在汉代及后世《诗》学发展中的作用与地位。

(一)"政治之学"

顾颉刚先生曾经指出,经世致用特点之于《诗经》,是幸运亦是厄运。由于这一特点,《诗》得以流传至今。但也正是由于这一特点,《诗》的文艺审美特质被王道理论和政教思想的"藤蔓"层层掩盖,难现真容。并明言如上感慨源于"感受汉儒诗学的刺戟"[①]。然而《诗》的"厄运与幸运",并非始于汉儒,而是源于孟子对孔子《诗》学的王道政教色彩的集中发展和宣扬。换而言之,两千年来《诗经》被政教思想和伦理王道的"蔓草和葛藤"满满攀着而难见其文学审美特质的状况,肇始于孟子对《诗》的教化作用,即对王道政教色彩的极端推崇。

前文曾经提到,孔子对《诗》的教化意义的界定主要集中于王道政教意义与个人的人格建构两个方面,其中包括了"述礼乐""备王道"和"成六艺"三个层次,孟子着重发展了孔子《诗》学观中"备王道"的一面。纵观孟子的《诗》学定位和引《诗》用《诗》,其中无时无刻不体现出"诗载王道"的思想,而这恰恰是联结孔子《诗》学与汉代《诗》学发展至关重要的环节之一。

1. 孟子对《诗》王道政教功能的文化定位

纵观孟子的《诗》学主张,最负盛名的是"知人论世""以意逆

---

① 顾颉刚.诗经的厄运与幸运 [J].小说月报.1923(3):1—2.

志"和"迹熄诗亡",这三个主张均对后世《诗》学发展影响深远。不过人们往往从文艺评论的角度出发对"知人论世"和"以意逆志"关注较多,而对"迹熄诗亡"的关注相对较少。然而孟子"迹熄诗亡"的观点恰恰是孟子《诗》学主张中最应引起重视的部分,这一观点从总体上界定了《诗》对西周王道政治的承载作用,它不仅统摄着孟子用《诗》引《诗》的整体过程,而且为汉儒以《诗》为教、以《诗》为谏的经世致用的经学化阐释奠定了基础。

孟子"迹熄诗亡"的《诗》学主张,源于《孟子·离娄下》的一则记载:

> 孟子曰:"王者之迹熄而诗亡,诗亡然后《春秋》作。晋之《乘》,楚之《梼杌》,鲁之《春秋》,一也。其事则齐桓、晋文,其文则史,孔子曰:'其义则丘窃取之矣。'"①

历来人们论及此处时,往往会突出强调孔子作《春秋》的意义,汉代《春秋》地位之尊、孔子为汉代立法的观点正是由此提出的。孟子的这一界定关乎汉代学术发展史上的两大重要事件,或许正是因此,人们反而忽略了孟子与《诗》的深层关联。把这段话与孟子的"道统"说并列分析,却能发现孟子尤其看重《诗》的深层原因:

> 天下之生,久矣一治一乱。当尧之时,水逆行,泛滥于中国,蛇龙居之,民无所定,下者为巢,上者为营窟。《书》曰:"洚水警余。"洚水者,洪水也。使禹治之,禹掘地而注之海,驱蛇龙而放之菹,水由地中行,江淮河汉是也。险阻既远,鸟兽之害人者消,然后人得平土而居之。

---

① 焦循.孟子正义[M].北京:中华书局,1987:572—574.

尧舜既没,圣人之道衰,暴君代作,坏宫室以为污池,民无所安息;弃田以为园囿,使民不得衣食;邪说暴行又作,园囿污池沛泽多而禽兽至。及纣之身,天下又大乱。周公相武王,诛纣伐奄,三年讨其君,驱飞廉于海隅而戮之,灭国者五十,驱虎豹犀象而远之,天下大悦。《书》曰:"丕显哉! 文王谟。丕承哉! 武王烈。佑启我后人,咸以正无缺。"

世衰道微,邪说暴行有作,臣弑其君者有之,子弑其父者有之,孔子惧,作《春秋》。《春秋》,天子之事也。是故孔子曰:"知我者其惟《春秋》乎,罪我者其惟《春秋》乎?"

圣王不作,诸侯放恣,处士横议,杨朱墨翟之言盈天下,天下之言,不归杨则归墨。杨氏为我,是无君也。墨氏兼爱,是无父也。无父无君,是禽兽也。公明仪曰:"庖有肥肉,厩有肥马,民有饥色,野有饿莩,此率兽而食人也。"杨墨之道不息,孔子之道不著,是邪说诬民,充塞仁义也。仁义充塞,则率兽食人,人将相食。吾为此惧,闲先圣之道,距杨墨,放淫辞,邪说者不得作。作于其心,害于其事;作于其事,害于其政。圣人复起,不易吾言矣。

昔者禹抑洪水而天下平,周公兼夷狄、驱猛兽而百姓宁,孔子成《春秋》而乱臣贼子惧。《诗》云:"戎狄是膺,荆舒是惩,则莫我敢承。"无父无君,是周公所膺也。我亦欲正人心,息邪说,距诐行,放淫辞,以承三圣者,岂好辩哉,予不得已也。能言距杨墨者,圣人之徒也。①

前文提到,孟子构建了一个从尧舜至孔子的道统体系,并把自己纳入这一道统体系之中,强调自己是接续孔子之道的唯一传人。在孟

---

① 焦循. 孟子正义 [M]. 北京:中华书局,1987:446—461.

子的这段论述中,儒家道统体系中的几位圣人悉数在列,既包括了禹、周公这样的先圣,也包括了孔子这位集圣人之大成者。孟子指出儒家发展存在着几次困厄:尧舜时期的洪水、周公时代的夷狄、孔子时代的礼崩乐坏、世道衰微以及孟子自己所处的战国后期的红紫乱朱、杨墨之言充盈天下的局面。而这几次困厄解除均有赖于先圣之力:禹抑制洪水;周公平定夷狄之乱;孔子整理《春秋》,挽大厦之将倾。重要的是,孟子在依次指出先圣的功绩之后,又特别指出三圣之后,儒学发展面临着新的困厄,即杨墨之学充盈天下、儒学发展式微的现状,并当仁不让地把承继"三圣"之功作为自己学术的终极目的。

表1—2　孟子"圣人"谱系表

圣人	功　绩
禹	抑洪水,而天下平。
周公	兼夷狄,驱猛兽,而百姓宁。
孔子	成《春秋》,而乱臣贼子惧。
孟子	正人心,息邪说,距诐行,放淫辞,以承三圣。

孟子此处把自己的所作所为接续至孔子,还具有更深层次的意图。

孟子把孔子"成《春秋》"的功绩与禹抑制洪水、周公安定天下相并列。禹与周公为华夏文明的稳定与发展奠定了基础,而孟子将孔子整理《春秋》的功绩与禹、周公相比肩,这就意味着孔子对《春秋》的整理同禹抑制洪水、周公驱逐夷狄一样,具有拯济天下的文化功能。由此,《春秋》的文化功能得到了极大的推崇与提升。

前文指出,"学孔子"是孟子最大的愿望。孟子在生平经历、学术主张等诸多方面均与孔子颇为相似。不仅如此,孟子在孔子"作《春秋》"一事上也存在着对孔子的刻意承袭。孟子把自己纳入了圣人道统谱系,仅仅是指出了自己"正人心,息邪说,距诐行,放淫辞,以承三圣"的文化抱负,却没有言明自己拯济天下的具体举措。不过这一具体举措在"迹熄诗亡"一节得以阐明:

> 王者之迹熄而诗亡,诗亡然后《春秋》作。晋之《乘》,楚之《梼杌》,鲁之《春秋》,一也。其事则齐桓、晋文,其文则史。孔子曰:"其义则丘窃取之矣。"

此处孟子的主要目的并非在于强调《春秋》的文化价值,而是通过对"诗亡然后《春秋》作"的界定,将《诗》的文化功能提升至与《春秋》相并列的地位。根据孟子的观点,孔子述作《春秋》具有"道济天下之溺"的文化功能,对于与《春秋》相比肩的《诗》的引用与强调,势必具有同样的文化功能。孟子首先把《诗》提升到了与《春秋》相并列的位置,继而仿效孔子"作《春秋》",通过"序《诗》《书》"来构建自己的学术体系,从而达成其道济天下的目的。过去学者论及"迹熄诗亡"说多止步于孟子对《诗》与《春秋》的价值提升,却忽略了其中蕴含着的孟子试图通过"序《诗》《书》"而"济天下之溺"的政治抱负。

2. 孟子引《诗》用《诗》的王道政教意图

孟子对《诗》的定位体现出了鲜明的王道政教倾向。"王者之迹熄而诗亡,诗亡然后《春秋》作"的《诗》学观点,把《诗》明确视为王道制度的承载者,使得《诗》与王道盛衰密切联系在一起。孟子的《诗》学主张也多围绕这一观点展开。例如,孟子在《诗》学阐释过程中,创造性地提出了"以意逆志"的观点。这一观点的提出,不仅有效地解决了《北山》之诗中"普天之下，莫非王土"的文本阐释问题①，也标志着说《诗》者主体性地位的确立，《诗》不再是创作者的意图表达，而主要成为传达《诗》学阐释者观念和意图的途径与工具。这种对说《诗》者主体地位的确定，又使得《诗》的文本阐释中对王道政教意义的赋予变得理所当然。同时，孟子"知人论世"的《诗》学阐释观点又把《诗》纳入王道阐释的历史序列之中。常森②、洪湛侯③、刘毓庆④诸位在其论著中均有详细阐释，此处不赘。

不仅如此，孟子对《诗》的具体运用，也时时围绕着王道政教意图展开。在对《诗》的使用场合和意义赋予上，孟子多侧重于对王道政教思想的集中阐发，使王道制度的宣扬与诗义阐释若合符契地结合在一起，相关例证胪列如下。

---

① "普天之下，莫非王土"的阐释歧义，很能说明《诗》的文本阐释过程中由备受质疑到经典化地位确立的过程。例如《韩非子·忠孝》便针对此诗对《诗》的权威地位提出了质疑，认为诗中所言不可尽信："诗云：'普天之下，莫非王土，率土之滨，莫非王臣。'信若《诗》之言也，是舜出则臣其君，入则臣其父，妾其母，妻其主女也。"这一观点与孟子弟子咸丘蒙的观点类似。而《吕氏春秋·孝行览》中则从把《诗》视为信史的角度指出，《北山》之诗源于舜的自作："舜自为诗曰：'普天之下，莫非王土。率土之滨，莫非王臣。'"孟子则从修辞学的角度指出对《诗》的阐释应当采取以意逆志的态度，选择符合说诗者旨意的部分。这一论调看似消解了《诗》作为史料的权威性，然而正是这一观点的提出恰到好处地消解了《诗》、乐结合过程中《诗》的文本中所存在的一些过分修辞的内容，从而巩固了《诗》在诗义阐释过程中的权威性。

② 常森.《诗》的崇高与汩没：两汉《诗经》学研究[D]. 北京：北京大学，1999：240—250.

③ 洪湛侯. 诗经学史[M]. 北京：中华书局，2002：80—83.

④ 刘毓庆，郭万金. 从文学到经学——先秦两汉诗经学史论[M]. 上海：华东师范大学出版社，2009：137—140.

首先,孟子引《诗》常常与对周朝重要人物的褒贬结合在一起。孟子主动用《诗》28次①,其中仅涉及文王就达11次之多,涉及周公5次,涉及公刘、太王等周朝先祖3次。而这些人物恰恰是儒家王道思想中最为推崇的先圣,他们所开创的时代也正是儒家学者所津津乐道的西周王道秩序井然的时期。从这些人物出现的频率来看,孟子引《诗》和用《诗》的主要意图之一便在于对西周王道制度的记载与宣扬。

其次,从孟子引《诗》和用《诗》的场合来看,在孟子用《诗》的28次中,涉及诸侯王便有11次。其中在与齐宣王的对话中用《诗》7次,滕文公3次,梁惠王1次。而这种用《诗》次数的分布恰恰与孟子对诸侯国的重视程度密切相关。孟子把齐国作为自己游历生活的主要场所,其原因便在于齐国具备了推行仁政的有利条件:"'以齐王,由反手也。'……齐人有言曰:'虽有智慧,不如乘势;虽有镃基,不如待时。'今时则易然也。夏后殷周之盛,地未有过千里者也,而齐有其地矣。鸡鸣狗吠相闻,而达乎四境,而齐有其民矣。地不改辟矣,民不改聚矣,行仁政而王,莫之能御也。且王者之不作,未有疏于此时者也。民之憔悴于虐政,未有甚于此时者也。饥者易为食,渴者易为饮,孔子曰:'德之流行,速于置邮而传命。'当今之时,万乘之国行仁政,民之悦之,犹解倒悬也。故事半古之人,功必倍之,惟此时为然。"②在孟子看来,齐国国力强盛,在齐国推行仁政可谓事半功倍之举。因此孟子抱着平治天下、解民倒悬的政治期待来到齐国,相当自负地认为如加上自己的学说就能使得齐国"莫之能御",甚至"岂

---

①《孟子》中除了孟子对《诗》的引用和评价,还包括孟子弟子用《诗》、诸侯国君臣引《诗》等诸多情况。为了区分以上情况,此处称"主动"用《诗》。

② 焦循.孟子正义 [M].北京:中华书局,1987:176—186.

徒齐民安,天下之民举安"①。故而孟子在与齐宣王的对话中,多次引《诗》用《诗》,以证明齐王应当效法周王,使得西周王道制度得以在齐国得到推行。

齐宣王向孟子请教"德何如则可以王矣",孟子引用《大雅·思齐》中的"刑于寡妻,至于兄弟,以御于家邦",称"古之人所以大过人者,无他焉,善推其所为而已矣"②,即要求齐王仿效周代圣王推恩于百姓。齐宣王问与邻国的相处之道时,孟子则引用《大雅·绵》及《大雅·皇矣》中"文王事混夷"的记载,认为齐王应当"以大事小",像文王那样采用怀柔的方式对待弱国,又引用《周颂·我将》中有关文王的记载,指出齐王应当具备大勇,不以征伐为业,而是以仁政一统天下,如文王一样"一怒而安天下之民"③。当齐王问及孟子所津津乐道的王政问题时,孟子则几乎完全依照《诗》中的记载作答:

> 王曰:"王政可得闻与?"
>
> 对曰:"昔者文王之治岐也,耕者九一,仕者世禄,关市讥而不征,泽梁无禁,罪人不孥。老而无妻曰鳏,老而无夫曰寡,老而无子曰独,幼而无父曰孤,此四者天下之穷民而无告者。文王发政施仁,必先斯四者。《诗》云:'哿矣富人,哀此茕独。'"
>
> 王曰:"善哉言乎!"
>
> 曰:"王如善之,则何为不行?"王曰:"寡人有疾,寡人好货。"

---

① 焦循. 孟子正义 [M]. 北京:中华书局,1987:307.

② 焦循. 孟子正义 [M]. 北京:中华书局,1987:87.

③ 焦循. 孟子正义 [M]. 北京:中华书局,1987:114.

对曰："昔者公刘好货,《诗》云:'乃积乃仓,乃裹糇粮,于橐
于囊,思戢用光,弓矢斯张,干戈戚扬,爰方启行。'故居者有积
仓,行者有裹囊也,然后可以爰方启行。王如好货,与百姓同之,
于王何有?"王曰:"寡人有疾,寡人好色。"

对曰:"昔者太王好色,爱厥妃,《诗》云:'古公亶甫,来朝走
马,率西水浒,至于岐下;爰及姜女,聿来胥宇。'当是时也,内无
怨女,外无旷夫,王如好色,与百姓同之,于王何有?"①

孟子引用《小雅·正月》"哿矣富人,哀此茕独"的记载,以证文王
时期所推行的王道政策,即轻赋税、开放关市、减轻刑罚、善待鳏寡
孤独无所依靠之人。而当齐王以好货和好色等问题相推脱时,孟
子再次引用西周先祖的做法予以劝勉。孟子解释《大雅·公刘》
中"乃积乃仓,乃裹糇粮,于橐于囊,思戢用光,弓矢斯张,干戈戚
扬,爰方启行",其意义便在于对公刘好货的赞扬。孟子又引《大
雅·绵》,以周太王古公亶甫为例指出,有关注百姓的好色之心依然
能成圣主。

同样的情况在孟子与滕文公的对话中也多有出现,滕文公询问
如何治理国家,孟子提出了三项举措:注重农事农时、推行井田制度、
设立庠序学校以教化百姓。这三条举措的提出,均与儒家理想中的
西周王道制度密切相符,孟子三次引用《诗》中的相关记载,以证明
自己的举措源于对西周王道制度的承袭:

滕文公问为国,孟子曰:"民事不可缓也。《诗》曰:'昼尔
于茅,宵尔索绹,亟其乘屋,其始播百谷。'民之为道也,有恒产

---

① 焦循.孟子正义[M].北京:中华书局,1987:133—139.

者有恒心,无恒产者无恒心;苟无恒心,放辟邪侈,无不为己,及陷乎罪,然后从而刑之,是罔民也。焉有仁人在位,罔民而可为也!……

"夏后氏五十而贡,殷人七十而助,周人百亩而彻,其实皆什一也。彻者,彻也。助者,藉也。龙子曰:'治地莫善于助,莫不善于贡。贡者,校数岁之中以为常,乐岁粒米狼戾,多取之而不为虐,则寡取之;凶年粪其田而不足,则必取盈焉。'为民父母,使民盼盼然,将终岁勤动不得以养其父母,又称贷而益之,使老稚转乎沟壑,恶在其为民父母也?

"夫世禄,滕固行之矣。《诗》云:'雨我公田,遂及我私。'惟助为有公田。由此观之,虽周亦助也。设为庠序学校以教之。庠者,养也。校者,教也。序者,射也。夏曰校,殷曰序,周曰庠,学则三代共之,皆所以明人伦也。人伦明于上,小民亲于下。有王者起,必来取法,是为王者师也。《诗》云:'周虽旧邦,其命惟新。'文王之谓也。子力行之,亦以新子之国。"①

孟子引用《豳风·七月》以证"民事不可缓";引《小雅·大田》以证周代便存在着井田制度;引用《大雅·文王》以勉励滕文公应如文王一样。

从孟子与齐宣王、滕文公关于王道政治的问答中,我们能够清楚地发现孟子完全把《诗》作为了推行王道政教思想的教科书,把周文王作为西周王道政治的代表人物。而这种引《诗》用《诗》过程中密切联系西周王道制度的做法,完全与孟子对《诗》的文化功能的界定若合符契。汉儒以《诗》为史、以《诗》为谏的风气无不与孟子对

---

① 焦循. 孟子正义 [M]. 北京:中华书局,1987:332—348.

《诗》的王道政教作用的界定密切相关。关于汉代《诗》学阐释中的
王道政教倾向与孟子的具体关联将在下文详述。

表1—3 孟子引《诗》的场合、对象及意图统计表

篇名	章节	《诗经》引文	《诗》中人物	谈话对象	谈话主题	孟子说解
大雅·灵台	梁惠王上	《诗》云:"经始灵台,经之营之,庶民攻之,不日成之。经始勿亟,庶民子来。王在灵囿,麀鹿攸伏,麀鹿濯濯,白鸟鹤鹤。王在灵沼,於牣鱼跃。"	文王	梁惠王	与民偕乐	文王以民力为台为沼,而民欢乐之,谓其台曰灵台,谓其沼曰灵沼,乐其有麋鹿鱼鳖。
大雅·思齐	梁惠王上	《诗》云:"刑于寡妻,至于兄弟,以御于家邦。"	文王	齐宣王	德何如则可以王矣? ……言举斯心加诸彼而已。故推恩足以保四海,不推恩无以保妻子	古之人所以大过人者,无他焉,善推其所为而已矣。
大雅·绵	梁惠王下	文王事混夷	文王	齐宣王	仁者为能以大事小	文王事混夷
大雅·皇矣	梁惠王下	《诗》云:"王赫斯怒,爰整其旅,以遏徂莒,以笃周祜,以对于天下。"	文王	齐宣王	"交邻国有道乎?"(王请无好小勇)	此文王之勇也。文王一怒而安天下之民。

续表

篇名	章节	《诗经》引文	《诗》中人物	谈话对象	谈话主题	孟子说解
大雅·公刘	梁惠王下	《诗》云:"乃积乃仓,乃裹糇粮,于橐于囊,思戢用光,弓矢斯张,干戈戚扬,爰方启行。"	公刘	齐宣王	"王政可得闻与?"(王如好货,与百姓同之)	昔者公刘好货
大雅·绵	梁惠王下	《诗》云:"古公亶甫,来朝走马,率西水浒,至于岐下;爰及姜女,聿来胥宇。"	大王	齐宣王	王如好色,与百姓同之	昔者大王好色,爱厥妃。……当是时也,内无怨女,外无旷夫。
大雅·文王有声	公孙丑上	《诗》云:"自西自东,自南自北,无思不服。"	文王	——	以德行仁者王	以德服人者,中心悦而诚服也。
大雅·文王	公孙丑上	《诗》云:"永言配命,自求多福。"	文王	——	今国家闲暇,及是时,般乐怠敖,是自求祸也。	祸福无不自己求之者。
大雅·文王	滕文公上	《诗》云:"周虽旧邦,其命惟新。"	文王	滕文公	滕文公问为国(设为庠序学校以教之)	文王之谓也。子力行之,亦以新子之国。
大雅·假乐	离娄上	《诗》云:"不愆不忘,率由旧章。"	周代先王	——	行先王之道	徒善不足以为政,徒法不能以自行。……遵先王之法而过者,未之有也。

续表

篇名	章节	《诗经》引文	《诗》中人物	谈话对象	谈话主题	孟子说解
大雅·板	离娄上	《诗》曰："天之方蹶，无然泄泄。"	厉王	——	是以惟仁者宜在高位；不仁而在高位，是播其恶于众也。	泄泄犹沓沓也。事君无义，进退无礼，言则非先王之道者，犹沓沓也。故曰责难于君谓之恭，陈善闭邪谓之敬，吾君不能谓之贼。
大雅·荡	离娄上	《诗》云："殷鉴不远，在夏后之世。"	厉王	——	欲为君尽君道，欲为臣尽臣道，二者皆法尧舜而已矣。	孔子曰："道二，仁与不仁而已矣。（《论语》未见）暴其民，甚则身弑国亡，不甚则身危国削。名之曰幽厉，虽孝子慈孙，百世不能改也。"
大雅·文王	离娄上	《诗》云："永言配命，自求多福。"	——	——	行有不得者，皆反求诸己，其身正而天下归之。	行有不得者，皆反求诸己，其身正而天下归之。
大雅·文王	离娄上	《诗》云："商之孙子，其丽不亿，上帝既命，侯于周服。侯服于周，天命靡常，殷士肤敏，裸将于京。"	文王	——	夫国君好仁，天下无敌。	师文王，大国五年，小国七年，必为政于天下矣。……孔子曰："仁，不可为众也。夫国君好仁，天下无敌。"
大雅·桑柔	离娄上	《诗》云："谁能执热，逝不以濯？"	——	——	夫国君好仁，天下无敌。	今也欲无敌于天下而不以仁，是犹执热而不以濯也。

续表

篇名	章节	《诗经》引文	《诗》中人物	谈话对象	谈话主题	孟子说解
大雅·桑柔	离娄上	《诗》云："其何能淑,载胥及溺。"	——	——	得天下有道,得其民,斯得天下矣。得其民有道,得其心,斯得民矣。得其心有道,所欲与之聚之,所恶勿施,尔也。	苟不志于仁,终身忧辱,以陷于死亡。
大雅·云汉	万章上	《云汉》之诗曰："周余黎民,靡有孑遗。"	——	咸丘蒙	故说诗者,不以文害辞,不以辞害志,以意逆志,是为得之。	信斯言也,是周无遗民也。
大雅·下武	万章上	《诗》曰："永言孝思,孝思惟则。"	——	咸丘蒙	故说诗者,不以文害辞,不以辞害志,以意逆志,是为得之。	孝子之至,莫大乎尊亲;尊亲之至,莫大乎以天下养。
大雅·烝民	告子上	《诗》曰："天生蒸民,有物有则。民之秉夷,好是懿德。"	——	公都子	仁义礼智,非由外铄我也,我固有之也,弗思耳矣。	孔子曰："为此诗者,其知道乎!故有物必有则,民之秉夷也,故好是懿德。"
大雅·既醉	告子上	《诗》云："既醉以酒,既饱以德。"	——	——	欲贵者,人之同心也。人人有贵于己者,弗思耳。	言饱乎仁义也,所以不愿人之膏粱之味也。令闻广誉施于身,所以不愿人之文绣也。
大雅·绵	尽心下	"肆不殄厥愠,亦不殒厥问"	文王	貉稽	士憎兹多口	(言)文王也。

续表

篇名	章节	《诗经》引文	《诗》中人物	谈话对象	谈话主题	孟子说解
小雅·伐木	滕文公上	（孟子化用）"伐木丁丁，鸟鸣嘤嘤，出自幽谷，迁于乔木。"	——	陈相	今也南蛮鴃舌之人，非先王之道，子倍子之师而学之，亦异于曾子矣。	吾闻出于幽谷，迁于乔木者，未闻下乔木而入于幽谷者。
小雅·车攻	滕文公下	（赵简子臣王良引）《诗》云："不失其驰，舍矢如破。"	宣王			
小雅·正月	梁惠王下	《诗》云："哿矣富人，哀此茕独。"	文王	齐宣王	"王政可得闻与？"	昔者文王之治岐也，耕者九一，仕者世禄，关市讥而不征，泽梁无禁，罪人不孥。老而无妻曰鳏，老而无夫曰寡，老而无子曰独，幼而无父曰孤，此四者天下之穷民而无告者。文王发政施仁，必先斯四者。
小雅·小弁	告子下	（弟子问诗）——	幽王	公孙丑	高子曰："《小弁》，小人之诗也。"	《小弁》之怨，亲亲也。亲亲，仁也。
小雅·巧言	梁惠王上	（齐宣王引诗）"他人有心，予忖度之。"	幽王	孟子	德何如则可以王矣？	——
小雅·大东	万章下	《诗》云："周道如底，其直如矢，君子所履，小人所视。"	——	万章	不见诸侯，何义也？	夫义，路也。礼，门也。惟君子能由是路，出入是门也。

续表

篇名	章节	《诗经》引文	《诗》中人物	谈话对象	谈话主题	孟子说解
小雅·北山	万章上	（弟子问诗）《诗》云："普天之下，莫非王土；率土之滨，莫非王臣。"	舜	咸丘蒙	而舜既为天子矣，敢问瞽瞍之非臣如何？	是诗也，非是之谓也；劳于王事，而不得养父母也。……故说诗者，不以文害辞，不以辞害志，以意逆志，是为得之。
小雅·大田	滕文公上	《诗》云："雨我公田，遂及我私。"	周人	滕文公	滕文公问为国（井田）	夏后氏五十而贡，殷人七十而助，周人百亩而彻，其实皆什一也。……惟助为有公田。由此观之，虽周亦助也。
周颂·我将	梁惠王下	《诗》云："畏天之威，于时保之。"	文王	齐宣王	"交邻国有道乎？"（惟仁者为能以大事小）	乐天者保天下，畏天者保其国。
鲁颂·闵宫	滕文公上	《鲁颂》曰："戎狄是膺，荆舒是惩。"	周公僖公	陈相	今也南蛮𫘧舌之人，非先王之道，子倍子之师而学之，亦异于曾子矣。	周公方且膺之，子是之学，亦为不善变矣！
鲁颂·闵宫	滕文公下	《诗》云："戎狄是膺，荆舒是惩，则莫我敢承。"	周公	公都子	我岂好辩哉，予不得已也。	无父无君，是周公所膺也。我亦欲正人心，息邪说，距诐行，放淫辞，以承三圣者，岂好辩哉，予不得已也。能言距杨墨者，圣人之徒也。

续表

篇名	章节	《诗经》引文	《诗》中人物	谈话对象	谈话主题	孟子说解
邶风·柏舟	尽心下	《诗》云："忧心悄悄，愠于群小。"	——	貉稽	士憎兹多口	（言）孔子也。
魏风·伐檀	尽心上	（弟子问诗）诗曰："不素餐兮"	——	公孙丑	君子之不耕而食，何也？	君子居是国也，其君用之，则安富尊荣；其子弟从之，则孝弟忠信。不素餐兮，孰大于是！
齐风·南山	万章上	（弟子问诗）《诗》云："娶妻如之何，必告父母。"	——	万章	舜之不告而娶，何也？	君子可欺以其方，难罔以非其道。彼以爱兄之道来，故诚信而喜之，奚伪焉？
豳风·七月	滕文公上	《诗》曰："昼尔于茅，宵尔索绹，亟其乘屋，其始播百谷。"	周公	滕文公	滕文公问为国（民事）	民事不可缓也。
豳风·鸱鸮	公孙丑上	《诗》云："迨天之未阴雨，彻彼桑土，绸缪牖户。今此下民，或敢侮予。"	周公	——	仁则荣，不仁则辱。……莫如贵德而尊士，贤者在位，能者在职，国家闲暇，及是时明其政刑	孔子曰："为此诗者，其知道乎？能治其国家，谁敢侮之。"

（二）"性理之学"

历代学者无不把孟子对《诗》政治教化功能的阐发作为孟子《诗》学的主要或唯一贡献。然而，人们却普遍忽视了孟子对《诗》中性情因素的阐发之功：孟子不仅把《诗》看作记载周朝王道政教制度的载体，视《诗》为承载王道思想的政治之学，而且把《诗》看作承载西周一切智慧的哲学教科书,视其为承载性情思想的性理之学。孟子性情思想以及由此生发的仁政观点无不可以溯源至《诗》。从这一角度来看,《诗》不仅是孟子宣扬王道政教思想的重要工具,更是构建孟子哲学大厦的理论基石。

在《孟子·告子上》中,孟子集中论述了其性情思想:

> 公都子曰:"告子曰:'性无善无不善也。'或曰:'性可以为善,可以为不善,是故文武兴则民好善,幽厉兴则民好暴。'或曰:'有性善,有性不善,是故以尧为君而有象,以瞽瞍为父而有舜,以纣为兄之子且以为君而有微子启、王子比干。'今曰性善,然则彼皆非与?"
>
> 孟子曰:"乃若其情,则可以为善矣,乃所谓善也。若夫为不善,非才之罪也。恻隐之心,人皆有之。羞恶之心,人皆有之。恭敬之心,人皆有之。是非之心,人皆有之。恻隐之心,仁也。羞恶之心,义也。恭敬之心,礼也。是非之心,智也。仁义礼智,非由外铄我也,我固有之也,弗思耳矣。故曰求则得之,舍则失之,或相倍蓰而无算者,不能尽其才者也。《诗》曰:'天生蒸民,有物有则。民之秉夷,好是懿德。'孔子曰:'为此诗者,其知道乎! 故有物必有则,民之秉夷也,故好是懿德。'"①

这段论述向来被视为孟子性情思想的集中阐发。公都子于此提出了性善论的三种不同看法。告子指出,如果"性善",尧这样的明君怎么会有象这样的佞臣,舜这样的孝子怎么会有瞽瞍这样的恶父? 纣怎么会有微子启和王子比干这样忠心耿直的臣下与叔父? 面对公都

---

① 焦循.孟子正义[M].北京:中华书局,1987:748—758.

子的这一疑问,孟子指出:"乃若其情,则可以为善矣。"此处赵岐释
"乃若其情"曰:"若,顺也。性与情,相为表里,性善胜情,情则从之。
《孝经》曰:'此哀戚之情。'情从性也,能顺此情,使之善者,真所谓
善也。"①换而言之,孟子此处并没有从"性善"的角度直接回答公都
子的问题,而是采用了"以情验性"的做法,从"情"的角度入手阐释
"性"善的本质。孟子指出:恻隐之心、羞恶之心、辞让之心、是非之
心,这四种感情是人人都具备的情感因素,而这四情恰恰正是仁、义、
礼、智的发端②。向善的"情"既然是与生俱来的,那么性善出于天生
也由此可证。孟子性情思想中以情验性、性生于情的观点引发了历
代学者的关注③。然而对于此处蕴含的孟子《诗》学定位、孟子在性情
思想阐释过程中对《诗》与孔子的述及,及其在《诗》学发展过程中

---

① 焦循.孟子正义[M].北京:中华书局,1987:752.
② 孟子在《公孙丑上》篇中指出:"恻隐之心,仁之端也。羞恶之心,义之端也。
辞让之心,礼之端也。是非之心,智之端也。人之有是四端也,犹其有四体
也。"这是对性生于情思想的进一步阐释。
③ 据焦循《孟子正义》引程瑶田《通艺录论学小记》:"孟子以情验性,……情
以晓人。如言恻隐、羞恶、辞让、是非之情,为仁义礼智之端。"
　　诸说之中最引人注目的是朱熹对孟子"乃若其情"观点的解说:"'乃若
其情,则可以为善。'性无定形,不可言。孟子亦说:'天下之言性者,则故而
已矣。'情者,性之所发。问'乃若其情'。曰:'性不可说,情却可说。所以告
子问性,孟子却答他情。盖谓情可为善,则性无有不善。所谓'四端'者,皆
情也。仁是性,恻隐是情。恻隐是仁发出来底端芽,如一个谷种相似,谷之生
是性,发为萌芽是情。所谓性,只是那仁义礼知四者而已。四件无不善,发出
来则有不善,何故? 残忍便是那恻隐反底,冒昧便是那羞恶反底。"
　　张岱年先生则从心性的角度解读孟子的性情思想,指出:"关于心与性
之关系,孟子似以为性在于心;作为人之本性的仁义礼智四端,都含于人之心
中。"因此,"性根于心,尽心则能知性"。张先生又云:"恻隐,羞恶,恭敬,是
非,孟子都认作是心之内涵;可见孟子所谓心,又包括后世所谓情。"

的作用和意义,人们却较少论及。

1.《诗》为孟子性情哲学的基石

首先,孟子将性善思想的理论源头追溯至《诗》,从《大雅·烝民》中找到了性情论的最初依据。在阐释性生于情、情之善源于天性时,孟子专门引用《大雅·烝民》中的"天生烝民,有物有则。民之秉夷,好是懿德"①一句以证明这一观点源于《诗》中的记载。同时还引用了孔子"为此诗者,其知道乎! 故有物必有则,民之秉夷也,故好是懿德"以证明其观点渊源有自。值得注意的是,孟子此处对自己性情思想渊源的阐释并非简单的托名古人,而确实与性情思想的发展脉络若合符节。

虽然性情观中最有影响力的观点"性善说"由孟子提出,宋儒理学思想中的性情思想也多溯源至孟子,但是孟子却并非性情思想的创始者②,而只是其中的主要传承者之一。性情观中德化天命的思想,在《诗》《书》等先秦典籍中已有记载:

> 《诗》曰:"天生蒸民,有物有则。民之秉彝,好是懿德。"孔
> 子曰:"为此诗者,其知道乎! 故有物必有则,民之秉彝也,故好

---

① 王先谦.诗三家义集疏[M].北京:中华书局,1987:967.
② 性情思想,尤其是对性善性恶的争辩贯穿自西周至汉代。根据王充《论衡·本性篇》的记载,对性情思想有所讨论的包括周人世硕、密子贱、漆雕开、公孙尼子等:"周人世硕以为'人性有善有恶,举人之善性,养而致之则善长;[恶]性,[恶]养而致之则恶长。'如此,则[情]性各有阴阳,善恶在所养焉。故世子作《养[性]书》一篇。密子贱、漆雕开、公孙尼子之徒,亦论情性,与世子相出入,皆言性有善有恶。"近代学者章炳麟先生也在《辨性上》篇中列举了儒家性情说观点不同的诸家:"儒者言性有五家:无善无不善,是告子也;善是孟子也;恶是孙卿也;善恶混,是杨子也;善恶以人异,殊上中下,是漆雕开、世硕、公孙尼、王充也。"

是懿德。"

　　"惟皇上帝,降衷于下民,若有恒性,克绥厥猷惟后。"①

　　孔子曰:"大哉! 尧之为君也。巍巍乎! 唯天为大,唯尧则
之。荡荡乎! 民无能名焉。巍巍乎! 其有成功也。焕乎! 其有
文章。"②

人人皆得天赋之秉性,这种观点在先秦典籍中并不罕见。与《大
雅·烝民》相类似的思想还包括《尚书·汤诰》与《论语·泰伯》中
所传达的观点。"天生烝民""惟皇上帝,降衷于民""惟天为大,惟尧
则之"的记载,不仅蕴含着西周时期的天命观点,而且蕴含着"民性
天生"的萌芽。在"民性天生"由"萌蘖之生"到枝繁叶茂的过程
中,孟子是其中一个不容忽视的环节。在阐释性情思想的过程中,孟
子不仅突出强调了恻隐之心、羞恶之心、辞让之心、是非之心源于天
性③,而且在《孟子·告子上》中,孟子又直接把这种性生于情、性情
本善源于天性的观点溯源至《大雅·烝民》的"天生烝民,有物有则。

---

① 阮元校刻. 十三经注疏·尚书正义[M]. 北京:中华书局,2009:342.
② 刘宝楠. 论语正义[M]. 北京:中华书局,1990:308.
③ 孟子以孺子将入井为例,指出:看到小孩子将要落入井中时,人人皆会产生恻
　隐之心,这种自然感情并非源于要结交孩子的父母,也并非要在乡间邻里争
　取虚名,也并非讨厌孩子的啼哭之声。孟子由此证明恻隐之心、羞恶之心、
　辞让之心、是非之心等感情均是人的自然天性,正如人有四肢一样:"人皆有
　不忍人之心……今人乍见孺子将入于井,皆有怵惕恻隐之心,非所以内交于
　孺子之父母也,非所以要誉于乡党朋友也,非恶其声而然也。由是观之:无恻
　隐之心,非人也;无羞恶之心,非人也;无辞让之心,非人也;无是非之心,非人
　也。恻隐之心,仁之端也。羞恶之心,义之端也。辞让之心,礼之端也。是非
　之心,智之端也。人之有是四端也,犹其有四体也。"

民之秉彝,好是懿德"的天命观①。不仅如此,孟子还进一步指出,其性情思想不仅上承《诗》,而且直接继承了孔子②的精神。孔子"惟天为大,惟尧则之"的观点,同样是在天命的角度上探讨人性之道。孟子把自己性善论的源头直接上溯至《诗》与孔子民性天生的天命思想,从而为其性情思想找到了一个牢固的理论基石。

更为重要的是,从《诗》学发展的角度来看,孟子把自己性理之说的根源引申至《诗》的做法将《诗》的权威性推向了极致。虽然相较于对《诗》的王道政教阐释,孟子性情思想中涉及《诗》的地方在

---

① 《孟子·尽心上》中"尽其心者,知其性也。知其性,则知天矣"的判断,便是从这一角度对心、性、天之间关系的再次阐述。

② 孟子性善说与孔子的哲学关联,历代学者多有论及。

宋代学者朱熹曾经指出:《中庸》"乃孔门传授心法,子思恐其久而差也,故笔之于书,以授孟子。"虽然是针对《中庸》而言,但也启发我们:孟子性情之学、心性之学的源头之一在于孔子。

清代学者陈澧也曾经指出孟子的性善说源于孔子"性相近,习相远"的思想,虽然并不是从天命思想的角度入手来阐释两种思想的关联,却也为了解孟子的性善说与孔子之间的学术渊源提供了不同的观察视角:"'性善'之说,与'性相近,习相远',正相发明。'心之所同然者何也?谓理也,义也',性善也。'圣人先得我心之所同然耳',性相近也。'富岁,子弟多赖;凶岁,子弟多暴;非天之降才尔殊也,其所以陷溺其心者然也',习相远也。'所欲有甚于生者,……所恶有甚于死者',性善也。'非独贤者有是心也,人皆有之',性相近也。'贤者能勿丧耳',习相远也。'虽存乎人者,岂无仁义之心哉'?性善也。'平旦之气,其好恶与人相近也者几希',性相近也。'梏之反覆,……则其违禽兽不远矣',习相远也。孔孟之言,若合符节也。"

清代学者焦循持论与陈澧相同:"仁义礼智之性,其端见于恻隐、羞恶、辞让、是非之情者,虽下愚之人,未尝不皆有也。由是言之,孟子'性善'之说,以情验性之指,正孔子'性相近'之义疏也。"

今人张岱年先生也曾提到:"孟子对于情的态度,与孔子大致相同。孟子认为恻隐之心、羞恶之心、辞让之心、是非之心,是仁义礼智之端。恻隐,羞恶,辞让,可以说都是情,这几种情乃是道德的基本,可见情是应当有的。"

数量上并不占据优势,孟子也并没有以《诗》学定位的形式直接界定《诗》中蕴含着的性情思想,但是孟子把自己哲学思想的核心内容溯源至《诗》,从《大雅·烝民》中寻找性善论依据的做法,不仅大大提升了《诗》在《孟子》中的地位,也足以证明《诗》在孟子哲学和《诗》学范畴中的分量,反映出孟子对于《诗》的极端推崇。性情之学是孟子哲学体系的根本和内核,孟子的整个理论大厦的根基便构建于此,甚至孟子的养气说、仁政思想,也是在性善思想基础上的进一步阐发①。孟子直接把性情思想溯源至《烝民》的做法无疑肯定了《诗》不仅具备承载王道政教思想的文化功能,也是其哲学思想的根源,从而在哲学思想层面接受了《诗》中蕴含的天命性情观点。这样孟子不仅把《诗》作为一部记载周代历史的史料,也把《诗》作为承载西周②一切智慧的哲学教科书。《诗》不仅是孟子用于推行其王道政教思想

————————————

① 徐复观先生曾经指出:"亲亲而仁民,仁民而爱物……这是孟子性论的真正内容,也即是孟子性论的起点与终点。"张杰先生在其博士学位论文中也曾明确提到性善论是孟子仁政思想的根基:孟子的"性善论"实际上包含了"仁政"的思想,是由"不忍人之心"向"不忍人之政"的自然扩充。"'性善论'当为'仁政'理论的基础与前提。孟子曰:'以善养人,然后能服天下。'"

② 《诗》主要成于周代,是对周代社会历史文化的综合反映。对此,洪湛侯先生在《诗经学史》中的阐释可以参证:"(1)当时(周朝)各诸侯国以及周土朝的太师和乐工是诗的搜集者和保存者,自然只有他们才有条件从音乐角度进行整理并编选成书。在当时要掌握全国各地那么多诗歌,并把它集中起来,也只有朝廷的太师(乐师)才有条件做到。(2)从《左传》'季札观乐'的记载来看,各国风诗,已被统称为'周乐',可见这些诗篇已为周王朝集中掌管。(3)周太师不仅是诗的保管者、教习者、演奏者、整理者,而且是《诗三百篇》的最后编订者。《周礼》述'太师'之职,《乐记》师乙答子贡问乐之言,皆可印证。他如《国语·鲁语下》'正考父校商之名颂十二篇于周太师'的记载,也是周太师在《诗三百篇》的整理、编订工作中有举足轻重的地位的一个旁证。"(洪湛侯.诗经学史[M].北京:中华书局,2002:18)

的工具,还是孟子构建其哲学大厦的理论基石。这种对《诗》的权威性的多角度多层面的界定,在战国末期红紫乱朱、儒家地位式微的情况下,无疑是对《诗》的价值与地位的再度肯定和提升。

通过上述分析可见,孟子最根本的哲学观点无不与《诗》息息相关:孟子的仁政主张多从《诗》中寻找依据;孟子的性情思想以《诗》为其根本渊源。《诗》之于孟子,不仅是承载王道思想的政治之学,还是承载性情思想的性理之学。历来人们所论多集中于前者,而于后者却极少论及。然而这恰是孟子《诗》学思想的两翼,缺一不可。汉儒对孟子《诗》学的承袭也多围绕着这两点展开:汉代学者把《诗》视为政治之学之余,又以《诗》作为性情之学的源头。

关于汉代《诗》学对于孟子《诗》学中王道政教思想的阐发,后文将有详细论述。此处仅就汉代四家诗的性情思想与孟子的《诗》学关联作一简要概括。

2. 汉代《诗》学的性情思想由此而定

虽然孟子对《诗》为性情之说源头的界定并没有"诗载王道"说影响广泛,但是孟子对《烝民》的这一界定却使得《烝民》与性情思想的阐释紧密联系在一起。汉儒在接受性情思想的同时无不把其源头溯源至《诗》。

孟子性生于情、以情论性、性情之善源于天生的性情哲学,不仅开宋代理学之端,也开汉代《诗》学阐释中关注性情思想的先河。这主要体现在微观和宏观两个方面。

首先,从微观上看,汉代四家诗在阐释《烝民》时无不从孟子的性情思想着手。其中最具代表性的是韩诗,韩诗对《烝民》一诗的解释甚至可以当作孟子性情思想的注解:

子曰："不知命，无以为君子。"言天之所生，皆有仁义礼智顺善之心。不知天之所以命生，则无仁义礼智顺善之心。无仁义礼智顺善之心，谓之小人。故曰："不知命，无以为君子。"《小雅》曰："天保定尔，亦孔之固。"言天之所以仁义礼智，保定人之甚固也。《大雅》曰："天生蒸民，有物有则。民之秉彝，好是懿德。"言民之秉德以则天也。不知所以则天，又焉得为君子乎？[①]

韩婴在此着重强调了仁、义、礼、智四种顺善之心源于天命的思想，这种看法与孟子的性情思想高度一致。孟子以情证明性善的本质，韩婴此处则直接引用了孟子的理论结果，把仁、义、礼、智中蕴含着天赋的顺善之心作为其论述的起点，并且尤其强调了性善思想中天命观的重要性。韩婴的这种阐释深得孟子性情思想之旨，后人在评价此处时无不击节而赞。王先谦在论及韩诗思想的丰富性时，开篇便言韩婴对孟子性情思想的承袭："上推天人性理，明皆有仁义礼智顺善之心；下究万物情状，多识于鸟兽草木之名。"[②] 韩婴对孟子性情之善源于天生观念的承袭被认为是韩婴《诗》学的一个重要特点。今人屈守元也曾引及臧琳的观点称："孟子之后，程、朱以前，知性善者，韩君一人而已。"[③] 此言诚为确论，韩婴对孟子性情思想的承袭并非仅此一处，而是体现在多个方面。例如《韩诗外传》中涉及言"情性"或"情"二十余处，对人的自然感情进行了广泛的称赞和颂美，并且把"情"作为人性和社会制度的共同起点[④]。这种在《诗》学阐释中强

① 韩婴撰，许维遹校释.韩诗外传集释[M].北京:中华书局,1980:219.
② 王先谦.诗三家义集疏[M].北京:中华书局,1987:11.
③ 韩婴撰，屈守元笺疏.韩诗外传笺疏[M].成都:巴蜀书社,2012:3.
④ 对孟子《诗》学中情本思想的论述，可参拙文《"发乎情，止乎礼义"——论〈诗大序〉情志说与思孟学派性情思想的精神契合》。

调"情"的做法亦与思孟学派性情思想中的重情思想密切相关①,体现了韩诗乃至汉初《诗》学对孟子性情思想的关注与重视。

　　与韩诗相似的是,毛诗在《烝民》的阐释过程中也尤其突出孟子的性情思想,尤以郑玄为最。郑玄在阐释"天生蒸民,有物有则。民之秉彝,好是懿德"时,非常自觉地采用了性情之善源于天生的观点:"秉,执也。天之生众民,其性有物象,谓五行仁、义、礼、智、信也;其情有所法,谓喜、怒、哀、乐、好也。然而民所执持有常道,莫不好有美德之人。"②郑玄同样肯定了性情思想的天命观,并指出"性"有五种体现,即仁、义、礼、智、信五行。虽然这一论述与孟子以仁、义、礼、智四端言性的说法略有出入,但恰恰证明了郑玄以性情之说解释《烝民》的做法与孟子的渊源。现代学者普遍认为汉代仁、义、礼、智、信的五行思想与孟子五行观存在学脉关联③,如郑玄对五行的理解,郑玄的论述步骤与孟子相同,首先以仁、义、礼、智、信五行来解释性,以自然人情来阐释情,同时提出"民所执持有常道,莫不好有美德之人",即性与情均源于天命,人们对美德的喜好源于天生的天命观。

---

① 在郭店竹简发现之初,杜维明先生便曾指出:"思孟学派的有关性情的资源非常丰富。"蒙培元先生也曾多次强调:"正是对情感的重视,决定了儒学的基本特征。"

② 毛亨传,郑玄笺,孔颖达疏. 毛诗正义[M]. 北京:北京大学出版社,1999:1218.

③ 现代学者对孟子五行思想的推论恰恰可以证明孟子的仁、义、礼、智之说与汉代五行思想之间存在着一定的思想渊源。当今学界一致认可孟子也有五行之说,为:仁、义、礼、智、圣。推论孟子"五行"的文献基础之一正是《孟子·告子下》中的"乃若其情"章。其说产生于战国马王堆汉墓帛书及郭店楚墓竹简出土以后,以庞朴诸位先生最为代表(庞朴. 马王堆帛书解开了思孟五行说之谜——帛书《老子》甲本卷后古佚书之一的初步研究[J]. 文物.1977〔10〕)。

与孟子略有出入的是郑玄把仁、义、礼、智、信和自然情感分别作为性的表现和情的依据而非性情本身，但这丝毫不影响郑玄承袭孟子性情思想的判断。

鲁诗不仅肯定性情思想的天命观，而且展现出了对孟子性情思想的深入探究和承袭。在四家诗中，以鲁诗对孟子性情思想的阐释最为完善。虽然鲁诗已经散佚，但是从鲁诗学者的相关论述上，也可窥见其对孟子性情说的承袭痕迹。赵岐被认为是鲁诗的代表学者之一，在其对《孟子》的释义中能明确找到对孟子性情思想的理解与继承。在《孟子·告子上》"乃若其情"章，赵岐的阐释深得孟子之旨，称："言天生众民，有物则有所法则，人法天也。民之秉夷，夷，常也。常好美德。孔子谓之知道，故曰人皆有善。"[①] "人法天也"指出了性与情源于天命，"常好美德"指出了孟子所突出强调的性情之善并无差等，而是源于天生，这恰恰是孟子性情思想中所试图传达的主要内容。当然，由于这一观点源于赵岐对《孟子》的释义，因而两者相同似乎并不足以证明其思想上的一致性。但在《孟子·告子上》对"先立乎其大者，则其小者弗能夺也"的阐释中，赵岐则独立传达了其性情思想："天所与人情性，先立乎其大者，谓生而有善性也。"[②] 而"天与人性情""生而有善性"恰恰是孟子性情思想的核心内容。

当然，鲁诗学者对于性情思想的承袭并不仅仅体现在赵岐一人身上。被认为反映鲁诗学者著作的《白虎通》《潜夫论》中，体现了对孟子性情思想更为深入的继承：

---

① 焦循.孟子正义 [M].北京：中华书局，1987：758.
② 焦循.孟子正义 [M].北京：中华书局，1987：792.

> 六情者,何谓也? 喜怒哀乐爱恶谓六情,所以扶成五性。①
>
> 《诗》云:"民之秉夷,好是懿德。"故民有心也,犹为种之有
> 园也。遭和气则秀茂而成实,遇水旱则枯槁而生蘖。民蒙善化,
> 则人有士君子之心;被恶政,则人有怀奸乱之虑。故善者之养天
> 民也,犹良工之为曲豉也。起居以其时,寒温得其适,则一荫之
> 曲豉尽美而多量。其遇拙工,则一荫之曲豉皆臭败而弃捐。今
> 六合亦由一荫也,黔首之属犹豆麦也,变化云为,在将者尔。遭
> 良吏则皆怀忠信而履仁厚,遇恶吏则皆怀奸邪而行浅薄。忠厚
> 积则致太平,奸薄积则致危亡。是以圣帝明王,皆敦德化而薄威
> 刑。德者所以修己也,威者所以治人也。②

《白虎通》继承了孟子性生于情的观点,指出喜怒哀乐爱恶六种自然
情感是仁、义、礼、智、信五性的源头。而《潜夫论》的观点则更具代
表性,《潜夫论》认为"民之秉夷,好是懿德"指出了人性中存在着向
善的潜质,但是这种向善的倾向还需要合适的环境作为引导才能展
现出来。如果以善的因素作引导,那么人就会表现出向善的一面;而
如果被恶的诱因影响,那么人善良的一面就会为恶行所取代。正如
种植庄稼一样:遇到风调雨顺的时候,则会枝繁叶茂、果实丰美;而遇
到恶劣气候,则会枯槁不兴。人也具有同样的特点。由此,《潜夫论》
指出,应当由圣主以德化引导百姓,使其性情之善得到充分的发挥,
这才是治理天下之道。《潜夫论》中不仅肯定了性情之善源于天性
的观点,而且对孟子由性情观而生发的教化思想作了更加深入的引

---

① 班固撰,陈立疏证.白虎通疏证[M].北京:中华书局,1994:382.
② 王符撰,汪继培笺,彭铎校正.潜夫论笺校正[M].北京:中华书局,1985:
    377—378.

申①。而《潜夫论》在后天环境对人性的影响上，认为性情受后天环境的影响严重，甚至以庄稼比喻人性。但是两者在最终的处理方式上却选择了不同的路径：孟子主张从内在修养的建构出发，走内圣的道路；以《潜夫论》为代表的鲁诗学者则着重于强调圣主的德化，这是两者最大的不同。

对于齐诗"六情"说与孟子性情思想之间的关联，蒙文通曾有如下判断："齐诗家言五行在人为性，六律在人为情。性者，仁、义、礼、

① 孟子在提出性情之善源于天性的同时，也多次强调了外部环境对于人的性情的影响作用，并由此提出了养心说：

孟子曰："富岁子弟多赖，凶岁子弟多暴，非天之降才尔殊也，其所以陷溺其心者然也。今夫麰麦，播种而耰之，其地同，树之时又同，浡然而生，至于日至之时，皆熟矣。虽有不同，则地有肥硗，雨露之养，人事之不齐也。故凡同类者举相似也，何独至于人而疑之……"(《孟子·告子上》)

孟子曰："牛山之木尝美矣。以其郊于大国也，斧斤伐之，可以为美乎！是其日夜之所息，雨露之所润，非无萌蘖之生焉，牛羊又从而牧之，是以若彼濯濯也。人见其濯濯也，以为未尝有材焉，此岂山之性也哉？虽存乎人者，岂无仁义之心哉？其所以放其良心者，亦犹斧斤之于木也。旦旦而伐之，可以为美乎？其日夜之所息，平旦之气，其好恶与人相近也者几希，则其旦昼之所为，有牿亡之矣。牿之反覆，则其夜气不足以存。夜气不足以存，则其违禽兽不远矣。人见其禽兽也，而以为未尝有才焉者，是岂人之情也哉！故苟得其养，无物不长；苟失其养，无物不消。孔子曰：'操则存，舍则亡，出入无时，莫知其乡。'惟心之谓与？"(《孟子·告子上》)

孟子指出，性情虽均为天赋，但后天的环境影响同样重要。但正如庄稼一样：同样的种子和播种时令，最后的收成也会因为土地肥沃程度、雨水充沛与否等差异而有所差别。由此可见，外在条件的影响作用同样不容忽视。孟子在"牛山之木"章持论与此相同，孟子以牛山为例指出人的性情如牛山一样，如果经过无休止的砍伐和放牧，山中的林木必然会消失殆尽。因此，应当像保养林地一样保养良心。孟子为性情思想找到的最终途径是由内而外的保养。

智、信也;情者,喜、怒、哀、乐、好、恶也。……性自内出,情自外来,情性之交,间不容系。夫以仁、义、礼、智、信言性,此即孟子以四端言性善之说,荀氏无此旨也。"① 虽然蒙文通肯定了齐诗性情思想与孟子之间的渊源关系,但由于目力所限,笔者目前所见的相关资料中并不见有齐诗明言"性"为仁、义、礼、智、信的记载。在确凿证据出现之前,蒙文通的论断虽难以尽信,但也尚无理由推翻。不过《汉书》中的记载已足以证明齐诗与孟子在性情思想上的关联。关于齐诗的性情思想,人们往往以翼奉的"六情"说为代表:

> 臣闻之于师,治道要务,在知下之邪正。人诚乡正,虽愚为用;若乃怀邪,知益为害。知下之术,在于六情十二律而已。北方之情,好也;好行贪狼,申子主之。东方之情,怒也;怒行阴贼,亥卯主之。贪狼必待阴贼而后动,阴贼必待贪狼而后用,二阴并行,是以王者忌子卯也。《礼经》避之,《春秋》讳焉。南方之情,恶也;恶行廉贞,寅午主之。西方之情,喜也;喜行宽大,巳酉主之。二阳并行,是以王者吉午酉也。《诗》曰:"吉日庚午。"上方之情,乐也;乐行奸邪,辰未主之。下方之情,哀也;哀行公正,戌丑主之。辰未属阴,戌丑属阳,万物各以其类应。……以律知人情,王者之秘道也,愚臣诚不敢以语邪人。②

根据《汉书》记载,翼奉与萧望之、匡衡同师,均治齐诗,而翼奉好阴阳占卜之道。平昌侯王临曾向翼奉请求向其学习,但却被翼奉拒绝,在向汉宣帝阐释原因时,翼奉提出了"六情"说。根据《汉书》中翼

---

① 蒙文通.汉儒之学源于孟子考[J].论学.1937(3):15—16.
② 班固.汉书[M].北京:中华书局,1962:3167—3168.

奉对六情的解释,这六情根据所对应方位的不同,又分为好、怒、恶、喜、乐、哀。这种界定与鲁诗以喜、怒、哀、乐、爱、恶为六情的观点相比,仅在"好"与"爱"的描述上存在差别,然而"好"与"爱"又释义相同,由此可见齐诗与鲁诗在六情概念界定上的一致性。那么齐诗与孟子性情思想的观点是否也存在相似之处呢? 答案是肯定的。翼奉提出的六情虽然与方位相对应,但是却依然没有脱离自然人情的范畴。而重要的是,翼奉的六情说,目的在于"以律知人情",即通过"十二律"来观察人的"乡正""怀邪"。所谓"乡正""怀邪",即人的"善""恶",恰恰是儒家性情论中所津津乐道的"善"与"不善"。换而言之,翼奉提出的通过六情识别善恶的做法,正是对性生于情观点的具体应用。与其他三家诗不同的地方在于,翼奉的天命观中糅合了阴阳术数思想。但是揭开其阴阳学说的面纱,齐诗六情说的根底仍然是对孟子性生于情观点的进一步发挥。

从以上的简单分析能够看出,四家诗对孟子的性情思想均有不同程度的承袭。不过,孟子的性情思想对汉代的影响远不止于此。

3. 孟子性情哲学开秦汉《诗》学以《诗》化性之端

从宏观上讲,孟子的性情思想不仅影响到汉代性情哲学的发展,而且开秦汉之际《诗》学以《诗》化性之端,从而通过《诗》乐达成教化的观点渐成主流,且这一观点又为《诗序》的情本思想导夫先路,开"《诗》缘情"说之端。

查考记载秦汉之际《诗》乐制度的典籍能够发现,秦汉之际的学者往往从性情角度立论以探讨《诗》乐发展的教化作用。例如《礼记·礼运》《礼记·乐记》《汉书·礼乐志》无不认为《诗》乐的创作目的之一,在于圣贤根据性情发展需要对性情施以合理的引导,这种思想正是对孟子性情思想中"养心"思想的进一步生发。

礼者,因人之情而为之节文,以为民坊者也。①

夫民有血气心知之性,而无哀乐喜怒之常,……是故先王本之情性,稽之度数,制之礼义,合生气之和,道五常之行,使之阳而不散,阴而不密,刚气不怒,柔气不慑,四畅交于中而发作于外,皆安其位而不相夺也。……故曰:"乐观其深矣。"土敝则草木不长,水烦则鱼鳖不大,气衰则生物不遂,世乱则礼慝而乐淫。……

是故君子反情以和其志,广乐以成其教。乐行而民乡方,可以观德矣。德者,性之端也。乐者,德之华也。金石丝竹,乐之器也。诗,言其志也。歌,咏其声也。舞,动其容也。三者本于心,然后乐器从之。是故情深而文明,气盛而化神,和顺积中,而英华发外,唯乐不可以为伪。……

乐者,心之动也。声者,乐之象也。文采节奏,声之饰也。君子动其本……

先王耻其乱,故制《雅》《颂》之声以道之,使其声足乐而不流,使其文足论而不息,使其曲直、繁瘠、廉肉、节奏足以感动人之善心而已矣,不使放心邪气得接焉。是先王立乐之方也。②

《礼记》在记载礼乐来源时,多有因性情而制礼乐的观点。《礼记·坊记》中指出"因人之情而为之节文"。《礼记·乐记》中则有"夫民有血气心知之性,而无哀乐喜怒之常,……是故先王本之情性,稽之度数,制之礼义""先王耻其乱,故制《雅》《颂》之声以道之。……使其曲直、繁瘠、廉肉、节奏足以感动人之善心而已矣,不使放心邪气得接焉"的观点。两处均涉及一个共同思想,那就是礼义出于性情。这

① 孙希旦. 礼记集解[M]. 北京:中华书局,1989:1281.
② 孙希旦. 礼记集解[M]. 北京:中华书局,1989:998—1032.

种观点在汉代礼乐思想中较为普遍，《汉书·礼乐志》中对此有多次体现，其中不仅指出了礼乐的"正情性"特点，也强调了礼乐依照性情而作的特征：

> 《六经》之道同归，而《礼》《乐》之用为急。……人函天地阴阳之气，有喜怒哀乐之情。天禀其性而不能节也，圣人能为之节而不能绝也，故象天地而制礼乐，所以通神明，立人伦，正情性，节万事者也。
>
> 人性有男女之情，妒忌之别，为制婚姻之礼；有交接长幼之序，为制乡饮之礼；有哀死思远之情，为制丧祭之礼；有尊尊敬上之心，为制朝觐之礼。哀有哭踊之节，乐有歌舞之容，正人足以副其诚，邪人足以防其失。……
>
> 夫乐本情性，浃肌肤而臧骨髓，虽经乎千载，其遗风余烈尚犹不绝。①

《汉书·礼乐志》指出人天生所具有的自然感情难以单纯依靠"性"来节制，所以圣人依照性情的不同特点制定了不同的礼乐制度，从而"正性情，节万事"，使得性情得到礼乐的控制和规整。例如：人有男女之情且难以抑制心中的嫉妒，所以用婚姻之礼来引导节制；人有思念亡人的哀伤，所以有丧葬祭祀的礼仪等。

查考以《礼记·乐记》和《汉书·礼乐志》所代表的秦汉时期的礼乐制度，其中主要传达了两层意思：性情源于天生，礼乐是依据性情而制定的，其目的在于规整引导性情。很显然，性情源于天生的观点与孟子"天生烝民"的性情天赋说同源。那么因性情而制礼乐、因

---

① 班固.汉书[M].北京：中华书局,1962：1027—1039.

礼乐而节性情的思想与孟子有没有关系呢？历来人们多把这一观点溯源至荀子的礼乐思想，然而通过对性情思想的追根溯源能够发现，秦汉时期因性情而制礼乐的思想与孟子存在着深厚的渊源。

首先，从"因礼乐而节性情"的角度来看，这恰恰是对孟子养心思想的进一步阐释。孟子的性情思想引发了保证性情之善的"养心"说。孟子指出虽然性情之善为天性，但是这种天性却并非永久不变的，而会受到多方面的影响和制约：如相同的庄稼在不同的生长环境中，其天性的发挥也会受到各种条件的制约和影响。人们应当学会"养心"而避免"放心"，这样才能永葆性情之善。孟子在提出性情天生的同时，也指出了性情之善会受到外部条件的影响，也需要外部条件的支撑。面对这一问题，孟子主张走内圣的道路，通过"养气"等方式来保存善性。从这一角度反观秦汉时期因礼乐而节性情的观点，能够清楚地看出，虽然秦汉礼乐观没有像孟子一样主张从内圣的角度来引导性情之善的问题，但是却明确接受了孟子性情会受到外在条件制约的观点。例如《乐记》中的"民有血气心知之性，而无哀乐喜怒之常"，《汉书·礼乐志》中的"人性有男女之情，妒忌之别，为制婚姻之礼；有交接长幼之序，为制乡饮之礼"等，均是从性情的不稳定性出发来探讨解决办法。这种因礼乐而节性情的做法与孟子"养心"的做法看似判若参商，实则殊途同归，恰是针对同一问题的不同解决方案。

其次，"因性情而制礼乐"的思想亦与孟子难脱关联。产生于孟子之前，被认为反映了孔、孟之间学脉渊源的郭店楚简《性自命出》，已为秦汉因性情而制诗乐思想的萌蘖之端：

道始于情……

> 道四术,唯人道为可道也……诗、书、礼、乐,其始出,皆生于
> 人。诗,有为为之也。书,有为言之也。礼、乐,有为举之也。[①]

学界普遍认为《性自命出》是子思、孟子学派的代表作。《性自命出》中多次提到"道生于情"的观点,并且把情作为《诗》《书》、礼、乐产生的根源。关于《性自命出》中所反映出的情本观点,最早提出儒家存在重情思想的蒙培元的评价可谓中的之论:"诗、书、礼、乐与仁、义、礼、智虽然所指不同,但是皆取之人情,这一思路则是相同的。""不仅礼出于情,仁、义、礼、智皆出于人情。……而仁、义、礼、智'取之人情'之说,与后来孟子之说直接有关。"[②]蒙培元指出孟子性情思想的一个重要根源在于对《性自命出》"道生于情"说的吸纳,即无论是仁、义、礼、智还是《诗》《书》、礼、乐,均存在着对情的本体思想的肯定,也就是"情"本思想。蒙培元的这一判断不仅指出了孟子性情思想的渊源,也暗示汉代的礼乐发于情、《诗》发于情的情本思想应当与孟子性情思想存在关联。从秦汉诗乐思想中的本性情而作礼乐的思想到《诗序》中《诗》"发乎情"的观点,实际上均是在肯定天赋性情的前提下对孟子性情思想的进一步延伸。可以说,孟子的性情思想不仅开秦汉因性情而作《诗》乐思想之端,也为《诗》"发乎情"的情本思想的近源。

从王道和性情角度观照《诗》在孟子哲学建构中的作用及孟子对《诗》的哲学定位,可知孟子的仁政主张多从《诗》中寻找依据。而孟子的性情思想,又以《诗》为其渊源。历来人们所论多集中于前者,而于后者却极少论及。然而这恰是孟子《诗》学思想的两翼,缺

---

① 刘钊. 郭店楚简校释[M]. 福州:福建人民出版社,2005:88—89.
② 蒙培元.《性自命出》的思想特征及其与思孟学派的关系[J]. 甘肃社会科学. 2008（2）:41.

一不可,汉代《诗》学的发展,也主要围绕着这两点展开。

诚然,孟子与汉儒之间尚且隔着一个重要的儒家学者,便是荀子。然而,汉儒虽然在具体的诗义阐释上多与荀子相合,但是在《诗》学的根本主张上却多是与荀子背道而驰的。例如荀子明确反对《诗》的阐释和解读,并把关注诗义阐释和传播的学者称为"腐儒"和"陋儒",这正与汉代诗分四家、均重阐释的《诗》学现象相悖。同时,荀子反对取法前代、效法先圣,但是汉代《诗》学的基本宗旨之一却是从《诗》中寻找前贤治国的经验和教训。如此之类不胜枚举,汉代《诗》学总体上呈现出了一种表面师法荀子,而实则继承孟子的《诗》学现象,笔者将之称为汉代《诗》学中的"荀皮孟骨"现象。关于这一现象,本书将有详细的比较和述及。此处仅从孟子的角度,继续观照其与汉代《诗》学发展之间的关联。

第二节 "江山之助":《诗》《孟》流传并济齐楚

从孟子《诗》学至汉代四家诗,其间经历了一个漫长的过程:从孟子辞世(约公元前304年)到西汉王朝的建立(公元前206年)已经相隔百年;而距汉代四家诗的初立(公元前130年前后)则有一百七十余年的时间。如果从孟子《诗》学的传播开始算起,到汉代四家诗脱离无序状态、获得官方认可,两者大约相隔了二百年。在这样一个漫长且变化频仍的时间跨度中,孟子《诗》学是如何逾越时间上的障碍而对汉代四家诗产生影响的呢? 综合来看,这主要得益于两者在空间传播上的密切关联。《诗》得以保存和传播的两大区域恰恰是孟子影响最为显著的两大区域。这种地域传播的高度契合并非巧合,而是对孟子与汉代《诗》学深层渊源的如实呈现。两者拥有相同的传播地域,继而拥有了共同的传播途径、流传脉络和传承者,这为两者在秦汉年间的汇流奠定了坚实的文化基础。

一、《诗》的保存与流传:"惟齐楚两国颇有文学"

从《诗》的流传和保存来看,《诗》虽然涉及周朝诸多邦国的诗篇,但是其主要的流传区域却主要集中在两处——齐鲁和楚地。在言及今日所见《诗》之来源时,傅斯年就曾明确指出,现在所见之《诗》并非源于东周王室,而是别有来源,"一是南国,二是鲁"①,而南国,也就是后来的楚国②。虽然傅斯年所言的时间范围主要集中在春秋时期,然而通过史料记载和出土文献的对照来看,自春秋至西汉末年这一《诗》学发展发生最剧烈变化的漫长时期,齐鲁和楚地均为《诗》的流传和保留提供着最大助力,《诗》学在战国秦汉之间传播和

---

① 傅斯年. 诗经讲义稿 [M]. 北京:中国人民大学出版社,2004:27.

② 据《诗》与《荀子》的记载,南国所在的江汉之域正是后来楚地的所在。《诗·小雅·四月》明确指出:"滔滔江汉,南国之纪。"而通过战国后期《荀子·议兵》"汝、颍以为险,江、汉以为池"的记载可见南国即后来之楚地可明。虽然关于南国的地域判定目前存在不同说法,但是支持南国后为楚地,处于江汉之间,与傅斯年先生持论相同的观点,目前仍然占据多数。例如陈奂的《诗毛氏传疏·序》载:"南,南国也,在江汉之域。"《诗谱》也提到:"……文王命治南国,江、汉、汝旁之诸侯。"清人廖元度所编的《楚风补·旧序》曾提到:"楚何以无风? 楚之风——'江永汉广',《周南》已载之。"这一论述,明确肯定了南国与楚的关系。陆侃如、冯沅君二位先生在《中国诗史·二南》中依据"江汉汝渍祀沱"河流认为"南"指江汉流域。此外,清人陈乔枞、今人杨伯峻、孙以楷也持论相同,此处不赘。相关资料参考:陈寿祺,陈乔枞. 三家诗遗说考·卷八[M]. 上海:上海古籍出版社,2002;杨伯峻注. 春秋左传注[M]. 北京:中华书局,1981;孙以楷.《论语·子路》中"南人有言"之"南人"考[J]. 孔子研究. 2001 (6):110—112.

承传的地域性特征非常明显。

（一）"齐鲁之间于文学,自古以来其天性也"

追根溯源,齐鲁地区的《诗》学发展与齐鲁之地在先秦时期便已经形成的文化重心地位密切相关。

诚如傅斯年所说:"《诗》《书》从鲁国出来的必很多。鲁国和儒者的关系,儒者和六艺的关系,是不能再密切的了。战国初年的儒学,多是由所谓七十子之徒向四方散布,汉初年的儒学,几乎全是从齐鲁出来,这些显然的事实还都是后来的。"[①]鲁国在建国之初,便已然奠定了其文化上的重心地位。鲁国是周公同姓首封的邦国,这使得鲁地成为西周礼乐制度的另一个中心[②],周朝之礼也由此在东方延续。这一文化优势不仅催生了孔子及儒家学派,也使得《诗》《书》等六艺得以在鲁国广泛承传,成为邹鲁地区特有的风俗。例如:鲁哀公曾称"鲁多儒士""举鲁国而儒服"[③];庄子素讥儒,但也承认"其在于《诗》《书》《礼》《乐》者,邹、鲁之士、搢绅先生多能明之"[④];《淮南子·齐俗训》也盛赞:"鲁国服儒者之礼,行孔子之术。"[⑤]这种尚儒之风使得《诗》《书》等六艺得以保存和承传。钱穆早已窥破其中秘密,对于儒家经典与鲁国的渊源联系,他曾有精到论述:"此为其时儒者传习礼乐,故谓礼乐书曰儒书。而儒书多传于

---

① 傅斯年. 诗经讲义稿[M]. 北京:中国人民大学出版社,2004:30.
② 据《史记·鲁周公世家》载:"鲁公伯禽之初受封之鲁,三年而后报政周公。周公曰:'何迟也?'伯禽曰:'变其俗,革其礼,丧三年然后除之,故迟。'"伯禽替周公受封至鲁,完全革除当地的风俗而以西周的礼乐文化取代。这一做法,为鲁地最终成为西周在东方的礼乐中心奠定了文化基础。
③ 王先谦撰,沈啸寰点校. 庄子集解[M]. 北京:中华书局,1987:180.
④ 王先谦撰,沈啸寰点校. 庄子集解[M]. 北京:中华书局,1987:288.
⑤ 刘安编,何宁撰. 淮南子集释[M]. 北京:中华书局,1998:781.

鲁。故仲孙湫曰：'鲁秉周礼。'祝佗言：'伯禽封鲁，分器备物而有典册。'韩宣子言：'周礼尽在鲁。'《礼运》：'孔子曰：吾观周道，幽厉伤之，吾舍鲁何适矣。'《中庸》孔子对鲁哀公，亦曰：'文武之道，布在方策。'故知鲁存周礼，其书即礼书，后世之所谓六艺也。而鲁之学人，则传习其书，娴熟其事……"① 诚如钱穆所言，虽然《诗》《书》等典籍并非产生于鲁国，然而其研习和承传却多赖鲁人之力。更为重要的是，不仅这种儒学传统在鲁地得到了长久保存，当地的《诗》礼风气也随之延续至汉代。司马迁在总结各地风俗时，不仅把邹鲁地区对儒学的传承作为当地的一个主要风俗看待："邹、鲁滨洙、泗，犹有周公遗风，俗好儒，备于礼"②，《史记·孔子世家》突出强调了汉代鲁地孔门之学延绵不绝的现象："鲁世世相传以岁时奉祠孔子冢，而诸儒亦讲礼乡饮大射于孔子冢。……至于汉两百余年不绝。"③ 汉代邹鲁地区的重儒风气被当时的学者反复强调，汉儒韦贤便曾提到："济济邹鲁，礼义唯恭，诵习弦歌，于异他邦。"④ 汉儒邹阳亦有"邹鲁守经学，齐楚多辩知"⑤ 的看法。这一诗礼传承风气甚至直至明代依然延绵不绝。明代碑刻《重修庙垣记》载："邹实古邾，密迩鲁邦。乃邹国亚圣公所生之里，号称诗礼之乡。"⑥

　　与鲁国延绵不绝的重儒风气相表里的是，战国时代的齐国因稷下学宫的设立而成为当时天下学术发展的一大文化重心，《诗》《书》

① 钱穆. 先秦诸子系年 [M]. 北京：商务印书馆，2001：106.

② 司马迁. 史记 [M]. 北京：中华书局，1982：3266.

③ 司马迁. 史记 [M]. 北京：中华书局，1982：1945.

④ 班固. 汉书 [M]. 北京：中华书局，1962：3106.

⑤ 班固. 汉书 [M]. 北京：中华书局，1962：2353.

⑥ 刘培桂. 孟子林庙历代石刻集 [M]. 济南：齐鲁书社，2005：120.

之学也随之得以在齐国延续。齐国于稷门之下设立学宫,"为开第康庄之衢,高门大屋,尊宠之。览天下诸侯宾客,言齐能致天下贤士也"①。并给予诸子优厚的政治和经济待遇,勉其著书立说,讲习议论,任由诸子"不任职而论国事"②,"是以齐稷下学士复盛,且数百千人"③。稷下学宫吸引天下士人纷纷来齐,授徒讲学,相互争鸣,一时间这里成了诸子荟萃的学术园地、百家争鸣的讲坛和列国的文化中心。当时的重要学者均有游于稷下的经历。诚如郭沫若所言:"周秦诸子的盛况是在这儿形成了一个最高峰的。"④ 同样,儒家的六经之学亦在其中占据一席之地,诚如蒙文通先生所言:"太史谈把战国学术分成六家,稷下先生六家都是有的。孔子的六经,在稷下只好占个小部分。"⑤ 更为重要的是,稷下学宫勉励著书立说的学术政策也使得各个学派学说的著述、流传成为可能,儒家的六经自然亦在此列。而稷下学宫允许教授生徒的规定,又为《诗》《书》等六经的承传提供了后继之人。直至汉代,"稷下"一词仍然被视作对博学六经之士的褒奖。据《史记》记载,汉王刘邦曾拜凭借儒家经书而为汉代制定礼仪的叔孙通为博士,并赐以"稷嗣君"的封号:"汉王拜叔孙通为博士,号稷嗣君",而之所以封赐"稷嗣君",正是对其承继稷下风流的褒扬:"盖言其德业足以继踪齐稷下之风流也。"⑥

　　齐鲁两地注重经学的风气不仅在战国之世长盛不衰,并且在秦

---

① 司马迁. 史记 [M]. 北京:中华书局,1982:2347—2348.

② 桓宽撰,王利器校注. 盐铁论校注 [M]. 北京:中华书局,1992:149.

③ 司马迁. 史记 [M]. 北京:中华书局,1982:1895.

④ 郭沫若. 十批判书 [M].北京:人民出版社,1954:134.

⑤ 蒙文通. 经史抉原 [M]. 成都:巴蜀书社,1995:26.

⑥ 司马迁. 史记 [M]. 北京:中华书局,1982:2722.

汉之际,诸国疲于征战、礼乐废弛的乱世,齐鲁之地成为保存先秦典籍文化,尤其是保存儒家六经之学的一叶方舟,儒家六经由此得以绵延不绝。汉代学术也由此得以迅速恢复:"天下并争于战国,儒术既绌焉,然齐鲁之间,学者独不废也。"①西汉初年,战国末年的许多齐鲁士人都还健在,例如齐浮丘伯、鲁申培公、济南伏生、胶东盖公等。在秦代的焚书之祸中,他们或藏书壁间或隐匿林下等待时机以图再起。也正是他们,成为汉代六经之学得以恢复的中坚力量,使得"六艺"之学得到最大程度的保全。再如陈涉反秦之际,孔子后裔率领鲁国儒生携带孔子礼器投奔为臣;叔孙通率子弟投靠了刘邦成为汉代礼制的制定者等,这样的例子不胜枚举。正是齐鲁之地儒家学脉的延绵不绝,使得汉代初年士人、文献、学术均出齐鲁②,汉代的五经之学也最早在齐鲁得以恢复。根据卢云先生的研究,汉代经书的出土和授受主要集中在齐鲁地区。卢云先生指出:"齐鲁一带重经术,

---

① 司马迁. 史记 [M]. 北京:中华书局,1982:3116.

② 据卢云先生的《汉晋文化地理》研究,西汉时期,尤其是西汉前期的知识分子分布、出土文献分布均主要集中在战国时期的齐国、鲁国故地一带:"经秦焚书之后,至西汉前期,经学的保持、流传与发展,主要就在齐鲁地区,汉初五经八师,齐鲁地区占了六位,他们的弟子,也主要为齐鲁人士。""西汉前期距先秦未远,在这种状况下,先秦时代的文化传统,首先表现出了巨大的影响。凡先秦时代文化发达之处,西汉早期各类知识分子最先活跃起来。"从西汉前期的学术文化恢复、发展趋势看,西汉前期的知识分子"西汉武帝以前的列传、附传、专载士人,主要集中在河南、陈留、沛郡、梁国、鲁郡、齐郡、千乘、楚国、临淮、九江、赵国、信都等郡国,……武帝以前所出书籍最多的是鲁国、齐郡、河南、九江、会稽、信都。……绝大多数都出于齐鲁周宋地区""很显然,西汉时代的文化重心应在齐鲁及其周围地区。具体说来,大致相当于《汉书·地理志》齐郡、济南、千乘、高密、甾川、北海、胶东、东莱、泰山、平原、东郡、城阳、琅邪、鲁国、东海、山阳、东平、沛郡、梁国、楚国等二十个郡国。"(卢云. 汉晋文化地理 [M]. 西安:陕西人民教育出版社,1991:13—52)

是儒家文化盛行之地。以齐鲁一带的齐郡、济南、千乘、泰山、东莱、琅邪、鲁国、东海八郡而计,出书可考者68种,其中六经、《论语》、《孝经》与诸子儒家类有52种,占四分之三以上。西汉初年五经的保存与传授都在齐鲁地区,《汉书·儒林传》记载已详。《孝经》、《论语》的保存也在齐鲁一带,据《汉书·艺文志》,汉初《论语》有齐鲁之说,传《孝经》者江翁、后仓、翼奉等都是鲁地人士。"[1] 甚至整个两汉时代,经学发展的所有重大事件也均与齐鲁相关:"西汉末逐渐形成的经今古文学两大派别,日益繁炽的师法家法,均与齐鲁及其周围地区有着密切关系。东汉初所立的十四经博士,有十三家为西汉齐鲁及其周围地区人士所创。《汉书·儒林传》所载西汉一代的儒生,籍贯可考193人,齐鲁地区所出最盛。如按郡国依次排列,鲁国、琅邪、东海、沛郡、梁国、齐郡囊括了前六位,泰山、山阳也居于第八、第九位。"[2] 由此可见,无论是社会变乱还是天下一统,齐鲁地区的文化根基均没有从根本上动摇过,六经的传承也没有中断过。这不仅于汉代经学是一大幸事,于汉代《诗》学的发展也是一大幸事。

(二)"汉之师儒,齐鲁为盛"[3]

蒙文通先生在总结汉代经学发展的区域性特点时,曾有一段精辟

---

① 卢云.汉晋文化地理[M].西安:陕西人民教育出版社,1991:41.

② 卢云.汉晋文化地理[M].西安:陕西人民教育出版社,1991:54.

③ 据卢云先生的《汉晋文化地理》统计,齐鲁所占区域面积非常小,在人口数量上也不占优势,但是无论在文献出土还是研习五经士人方面,齐鲁却占据着绝对性的优势:"在全国各地的文化发展中,齐鲁及其周围地区最为突出。这一地区面积约有184,140平方公里,仅占当时全国总面积的0.046%。元始二年人口约14,073,075,也仅占当时全国总人口的24.40%。但这一地区所出各类知识分子及书籍却占了相当大的比重。就《汉书》列传士人与所载士人而论,属于这一地区的分别为162人与249人,占总数的54.4%与49%;(转下页)

论述："儒学固以齐鲁为宗,其波及于他方者,齐鲁之余也;汉之师儒,齐鲁为盛,虽流之既远,尚保其一贯之传。"[①]这一论断同样适用于汉代四家诗的发展。汉代《诗》学的发展同样呈现出了明显偏重齐鲁的特性。

从西汉初年便已经纳入官方视野的今文经三家诗来看,齐、鲁、韩三家诗中,齐鲁两家诗的得名虽然源于其最初授受者的籍贯,"言《诗》于鲁则申培公,于齐则辕固生,于燕则韩太傅"[②],但是,齐鲁地域与三家诗的关系却并不仅限于此。齐诗、鲁诗乃至韩诗的主要传承者、最有成就者以及师法家传的重要人物,其籍贯无不集中在齐鲁及其辐射区域之内,并尤其以齐鲁地区为主。

首先从鲁诗来看。根据后文所附的《汉代四家诗学者籍贯一览表》的统计:鲁诗学者共54人,其中6人籍贯不可考。《史记》《汉书》等相关典籍中明见记载西汉时期的鲁诗学者有33人。其中,齐鲁地区有17人,占据鲁诗学者的半壁江山;齐鲁周边辐射区域内的有9人;籍贯与齐鲁毫无关联的仅4人;另有4人籍贯不可考。而如果统计其中成就最为显著者,西汉的鲁诗学者中为博士或任帝师、王师的共计19人,其中齐鲁籍的学者占了12人,在相关学者中的比例为63%。而如果把齐鲁文化辐射区域也算在内,算上籍贯为齐鲁周边地区的士人计4人,这一比例则高达84%,在鲁诗学者中占据着绝对优势。不仅如此,鲁、齐、韩

（接上页）就所出书籍而论,这一地区达109种,占总数的38.7%;所出博士与私家教授的状况更具有明显优势,西汉一代博士可考者96人,这一地区占了66人,将近总数的70%,从事私家教授可查者206人,这一地区也占了128人,是总数的62%。齐鲁及其周围地区文化之发达,于此可见一斑。"这一学术上的地域文化倾向,在汉代四家诗的发展过程中,其影响力量同样不可小视。

① 蒙文通.汉儒之学源于孟子考 [J].论学.1937（3）:15.
② 司马迁.史记 [M].北京:中华书局,1982:3118.

三家诗尤重师传与家法①。诚如皮锡瑞先生所言:"师法者,溯其源;家法者,衍其流也。"② 洪湛侯先生继而解释说:"汉人治经,最重师法。师之所传,弟之所受,一字不敢出入,违背了师说,则废弃不用。大致来说,前汉重师法,后汉重家法。所谓师法,即指师之所授;所谓家法,即师弟传授专守一家之学……《诗》有《鲁》《齐》《韩》,此为师法。《鲁诗》有韦氏学,又有张、唐、褚氏之学,《齐诗》有翼、匡、师、伏之学,《韩诗》有王食、长孙之学,则家法也。"③ 根据洪湛侯先生所列鲁诗的家法之学,我们能够清晰地看到:韦氏之学的代表人物韦贤、韦玄成等均为鲁国邹人;张氏之学的开创者张长安为齐鲁故地山阳人;唐氏之学的开创者唐长宾亦为齐鲁故地东平人。褚少孙虽为沛人,但沛与齐鲁紧邻,在齐鲁文化的辐射区域之内。由此可见,鲁诗的家学开创者中,五家中有四家为齐鲁籍人士,唯一的非齐鲁籍人士,其籍贯亦与齐鲁相近。从数据统计上来看,西汉时期鲁诗"齐鲁为盛"的局面并非虚言④。

---

① 皮锡瑞尤其强调了师法与家法的重要性:"《后汉书·儒林传》云:'立五经博士,各以家法教授。'《宦者蔡伦传》云:'帝以经传之文,多不正定,乃选通儒谒者刘珍及博士良史诣东观,各校雠家法。'是博士各守家法也。《质帝纪》云:'令郡国举明经,年五十以上,七十以下,诣太学。自大将军至六百石,皆遣子受业。……四姓小侯先能通经者,各令随家法。'是明经必守家法也。《左雄传》云:雄上言郡国所举孝廉,请皆诣公府,诸生试家法。注曰:'儒有一家之学,故称家法。'是孝廉必守家法也。"(皮锡瑞著,周予同注释.经学历史[M].北京:中华书局,2004:91—92)
② 皮锡瑞著,周予同注释.经学历史[M].北京:中华书局,2004:91.
③ 洪湛侯.诗经学史[M].北京:中华书局,2002:113—114.
④ 鲁诗学者中"齐鲁为盛"的局面直到东汉时期随着齐鲁文化辐射区域的扩大及鲁诗的式微而逐渐消失。东汉时期鲁诗学者共计18人,齐鲁籍士人仅有3人,周边3人,而齐鲁及其影响范围之外的士人则占到12人之多;在东汉鲁诗博士5人中,齐鲁士人仅占2人,比例已经在半数以下。可见,东汉时期鲁诗学者中齐鲁士人的比例已经不再占据绝对性优势。

　　齐诗的情况与鲁诗非常相似。根据统计,西汉时期,史籍明载的齐诗学者共计13人,其中齐鲁籍学者有10人,占总人数的77%。而其中仅齐地就占8人,占据总人数的62%。东汉时期,虽然齐诗齐鲁籍学者的绝对性优势不如西汉明显,但也占据着齐诗学者的半壁江山:6位齐诗学者中,齐鲁籍学者计有3人,且全部为齐人,仍然占总数的50%。从家法的创制者来看,齐诗的翼、匡、师、伏之学,其代表人物翼奉、匡衡、师丹、伏理分别是东海下邳、东海承、琅邪东武、琅邪东武人士。由此可见,齐诗学者的地域性特征表现得更为突出。

　　韩诗的初传者韩婴并非齐鲁籍人士,韩诗最初的流传也在远离齐鲁的燕地,从后文表格中所展现的韩诗早期的流传脉络来看,韩诗首先从燕地传到了齐鲁周边的河内地区,继而又为齐鲁士人所承袭发展。齐鲁学者在韩诗早期的流传过程中并不占据优势:西汉学者13人中,齐鲁士人仅有4人,占据31%。然而随着韩诗向周边地带的逐步蔓延,齐鲁士人在韩诗承传上的优势地位开始展现出来。东汉韩诗学者39人中,齐鲁学者9人,占据了总数的23%,可见东汉时期齐鲁籍士人已经成为影响韩诗发展的一支主要力量。根据葛剑雄先生的统计,齐鲁地区的面积约有184,140平方公里,仅占当时全国总面积的0.046%,元始二年人口约14,073,075,也仅占当时全国点人口的24.40%[①]。如果说齐诗、鲁诗承传过程中齐鲁学者的大量涌现,源于齐鲁地区学术发展的相对封闭性,那么地域面积和人口数量上并不占优势的齐鲁士人,却在远离齐鲁地区出现的韩诗承传中逐渐占据学术性优势,这足以证明齐鲁地区对《诗》学承传与发展的天然亲近感。

---

① 葛剑雄.西汉人口地理 [M].北京:人民出版社,1986:19—30.

相对后起的毛诗,学者21[①]人,其中籍贯不可考者2人。西汉时期的毛诗学者10人,其中齐鲁学者3人,齐鲁周边地区学者3人,两者合计占据毛诗学者的60%;东汉时期毛诗学者10人,仅齐鲁学者就占5人,占据了毛诗学者的半数。而尤其应当注意的是,毛诗的初传者毛亨便是鲁国人,且重要的毛诗典籍如《毛诗故训传》《毛诗序》《毛诗谱》的作者均被认为是齐鲁学者。例如《毛诗故训传》被认为是毛亨,而毛亨为鲁国人;被认为著《毛诗序》的卫宏是东海人;调和四家诗旨,编写《诗谱》,奠定毛诗在后世《诗》学地位的郑玄是北海人。换而言之,毛诗学者中,从传授者到主要影响者均是齐鲁之人。如此看来,无论是在数量还是在贡献上,齐鲁士人在两汉时期的毛诗发展领域占据着绝对优势。

综上所述,《诗》的地域传承特性,在汉代尤其是西汉时期仍然表现得十分明显。无论是偏重于本土承传的齐诗和鲁诗,还是产生于燕地的韩诗,抑或民间流传、相对后起的毛诗,四家诗中齐鲁学者无论是在数量上还是在贡献上,都占据着绝对性的优势。毫无疑问,这一明显的地域性倾向恰恰是战国时期齐鲁文化区域的重心地位和五经承传之功在汉代的延续。东汉时期,随着大一统局面的稳定,这种文化重心的影响作用则相对弱化。反映在四家诗中,此时齐鲁及其周边地区的学者虽然仍占多数,但是西汉时期的绝对性优势已经不再那么明显。而这恰恰暗示我们,在并未统一且战乱频仍的战国秦汉之际,处于相对封闭的学术氛围之中的齐鲁之地,在《诗》学的交流、授受乃至承传过程中,其地域特性应当更为明显。而《诗》学

[①] 由于郑玄兼习三家诗,且在毛诗发展上有显著影响,故而毛诗的学者统计中再次把郑玄纳入。

传承脉络中,备受齐鲁文化浸染的齐鲁士人,有一批甚至正是齐鲁诸子的后学,他们在《诗》学授受的过程中,不仅会把《诗》学的理念带入诸子文献的传播过程中,更为重要的是,他们还会把齐鲁地区的本土文化融入《诗》学的承传,使之具有一定的地域性质。而孟子《诗》学与《诗》学发展在秦汉时期的交融,在很大程度上便是在这一基础上实现的。这一问题下文将有详细论述。

表1—4　汉代四家诗学者籍贯一览表[①]

学派	姓名	籍贯[②]		
		齐鲁之地	齐鲁周边	其他区域
鲁	浮丘伯	齐		

[①] 本表在四家诗学者的范围确定上主要参考了刘立志先生《汉代〈诗经〉学史论·汉代〈诗经〉学者图表》(刘立志. 汉代《诗经》学史论[M]. 北京:中华书局,2007:182—191)。

[②] 籍贯的区域判定主要参照《汉书·地理志》及《后汉书·地理志》中的汉代郡、国设置而判定,同时参考清人顾祖禹的《读史方舆纪要》。根据《汉书·地理志》记载:"齐地,……东有菑川、东莱、琅邪、高密、胶东,南有泰山、城阳,北有千乘,清河以南,勃海之高乐、高城、重合、阳信,西有济南、平原,皆齐分也。""鲁地……东至东海,南有泗水,至淮,得临淮之下相、睢陵、僮、取虑,皆鲁分也。"齐、鲁、宋三地所涵盖的区域大致与战国时代的齐、鲁之地及其影响区域相当,故而汉代郡国设置中所包含的部分均纳入考察范畴。根据西汉时期的州郡设置,战国时期的齐鲁之地覆盖了汉代十三州中的兖州、冀州、青州、徐州四个州的部分郡国,分别有兖州的东郡、陈留郡、济阴郡、山阳郡;冀州的清河郡;青州的平原郡、千乘郡、济南郡、泰山郡、齐郡、北海郡、东莱郡;徐州的东海郡等。另有菑川国、胶东国、高密国、城阳国、东平国、鲁国、泗水国等亦在范围之中。东汉时期包括王莽当政时期,区划设置在名称上有略微变动,但其范围上的变动较小,此处不再一一列举其不同。而图表中的士人籍贯,正是根据汉代的区划设置和《史记》《汉书》等资料中的生平记载来考订其籍贯、学行的。

续表

学派	姓名	籍贯		
		齐鲁之地	齐鲁周边	其他区域
鲁	申公	鲁		
鲁	刘郢		沛	
鲁	刘戊		沛	
鲁	孔安国	鲁		
鲁	周霸	鲁		
鲁	王臧	兰陵		
鲁	赵绾			代
鲁	夏宽			——
鲁	鲁赐		砀	
鲁	缪生	兰陵		
鲁	徐偃			——
鲁	阙门庆忌	邹		
鲁	江公			瑕丘
鲁	许生	鲁		
鲁	徐公			免中
鲁	韦贤	鲁国邹		
鲁	韦玄成	鲁国邹		
鲁	韦赏	鲁国邹		
鲁	王式	东平新桃		
鲁	张长安	山阳		
鲁	唐长宾	东平		
鲁	褚少孙		沛	
鲁	王扶	琅邪		
鲁	许晏	陈留		

续表

学派	姓名	籍贯		
		齐鲁之地	齐鲁周边	其他区域
鲁	薛广德		沛郡相	
鲁	龚舍		楚	
鲁	刘交		沛	
鲁	刘辟疆		沛	
鲁	丁姓			——
鲁	荣广	鲁		
鲁	龚胜		楚	
鲁	卓茂			南阳宛
鲁	义倩			——
鲁	鲁恭			扶风平陵
鲁	鲁丕			扶风平陵
鲁	高嘉	平原般		
鲁	高容	平原般		
鲁	高诩	平原般		
鲁	许晃			——
鲁	李业			广汉梓潼
鲁	右师细君			长安
鲁	包咸			会稽曲阿
鲁	魏应	任城		
鲁	陈重			豫章宜春
鲁	雷义			豫章鄱阳
鲁	李咸			汝南西平
鲁	李昺		酂	
鲁	陈宣		沛国萧	

续表

学派	姓名	籍贯		
		齐鲁之地	齐鲁周边	其他区域
鲁	蔡朗	陈留圉		
鲁	武荣		汝南	
鲁	鲁峻	山阳昌邑		
鲁	黄谠子			——
鲁	王伉	千乘		——
齐	辕固	齐		
齐	夏侯始昌	鲁		
齐	后苍	东海郯		
齐	白奇	鲁国奄里		
齐	翼奉	东海下邳		
齐	萧望之	东海兰陵		
齐	匡衡	东海承		
齐	师丹	琅邪东武		
齐	伏理	琅邪东武		
齐	满昌			颍川
齐	张邯			九江
齐	皮容	琅邪		
齐	班伯			扶风
齐	马援			扶风
齐	任末			蜀郡繁
齐	景鸾			广汉梓潼
齐	伏湛	琅邪东武		
齐	伏黯	琅邪东武		
齐	伏恭	琅邪东武		

续表

学派	姓名	籍贯		
		齐鲁之地	齐鲁周边	其他区域
韩	韩婴			燕
韩	韩商			燕
韩	贲生			淮南
韩	韩生			琢郡
韩	赵子		河内	
韩	食子公		河内	
韩	王吉		河内	
韩	栗丰	泰山		
韩	长孙顺	淄川		
韩	张就	山阳		
韩	发福	东海		
韩	蔡义（亦作"谊"）		河内温	
韩	王骏		河内	
韩	郅恽			汝南西平
韩	刘宽			弘农华阴
韩	薛汉			淮阳
韩	薛方丘			淮阳
韩	杜抚			犍为武阳
韩	澹台敬伯			会稽
韩	韩伯高		巨鹿	
韩	召训			九江寿春
韩	廉范			京兆杜陵
韩	尹勤			南阳
韩	赵晔			会稽山阴

续表

学派	姓名	籍贯		
		齐鲁之地	齐鲁周边	其他区域
韩	张匡	山阳		
韩	杨仁			巴郡阆中
韩	李恂			安定临泾
韩	唐檀			豫章南昌
韩	公沙穆	北海胶东		
韩	廖扶		汝南平舆	
韩	夏恭	梁国蒙		
韩	冯绲			巴郡宕渠
韩	杜乔		河内林虑	
韩	梁商			——
韩	顺帝梁皇后			扶风
韩	韦著			——
韩	朱勃			平陵
韩	胡硕			——
韩	崔炎	清河东武城		
韩	祝睦	济阴己氏		
韩	侯包（"苞"）		巨鹿	
韩	田君	东平阳		
韩	武梁			——
韩	马江	乘氏		
韩	樊安			南阳湖阳
韩	孟孝琚			——
韩	定生			犍为
韩	王阜			蜀郡

续表

学派	姓名	籍贯		
		齐鲁之地	齐鲁周边	其他区域
韩	冯良			——
韩	丁鲂			——
韩	张恭祖	东郡		
毛	毛亨	鲁		
毛	贯长卿		赵	
毛	解延年			——
毛	徐敖			—-
毛	陈侠			九江
毛	瑕中翁	东海		
毛	毛苌		赵	
毛	王璜	琅邪		
毛	涂恽			平陵
毛	桑钦		河南	
毛	谢曼卿			九江
毛	卫宏	东海		
毛	贾徽			扶风平陵
毛	孔安国	鲁		
毛	孔僖	鲁		
毛	孔子建	鲁		
毛	徐巡	济南		
毛	尹敏			南阳堵阳
毛	贾逵			扶风平陵
毛	马融			扶风茂陵
毛/韩	郑玄	北海高密		

(三) 楚地"颇有《诗》《礼》"

齐鲁之外,汉代《诗》学发展的另一个不容忽视的区域在楚地。汉代文化受楚文化沾溉甚远①,汉代的文风好尚也受到了楚风浸染②。在这种情况下,楚地由来已久的《诗》学传承也为汉代《诗》学的复苏和蓬勃发展导夫先路。

不仅如此,汉代《诗》学的最早恢复和传播也出现在楚地。根据

---

① 由于汉代君臣主要来自楚地,因此,汉朝建立之后,虽然在中央集权等政治制度上"承秦制",但是在思想、文化等诸多方面仍是舍秦效楚。楚国的歌诗、乐舞乃至风俗好尚均展现出了鲜明的楚文化色彩。例如楚人尚赤,汉高祖起兵时,制服便为赤色,这一传统一直延续至汉武帝前期。汉代的祥瑞有朱草,使节有赤旄,通侯乘朱轮,九锡有彤弓朱钺,这一切均是楚人尚赤传统的具体体现。再如西汉初年流行楚服,便与刘邦的楚人风尚密切相关。据《史记·刘敬叔孙通列传》载:"叔孙通儒服,汉王憎之;乃变其服,服短衣,楚制,汉王喜。"对此司马贞《史记索隐》引孔文祥语对此解释道:"短衣便事,非儒者衣服。高祖楚人,故从其俗裁制。"此外,汉代的绘画创作也受到了楚风影响,对此邓以蛰先生的判断最具说服力:"世人多言秦汉,殊不知秦所以结束三代文化,故凡秦之文献,虽至始皇力求变革,终属于周之系统也。至汉则焕然一新,迥然与周异趣者,孰使之然? 吾敢断言其受'楚风'之影响无疑。汉赋源于楚骚,汉画亦莫不源于'楚风'也。何谓楚风,即别于三代之严格图案式,而为气韵生动之作风也。"李泽厚先生甚至就汉、楚文化的密切关联说:"汉文化就是楚文化,楚汉不可分。"

② 关于汉代文学与楚文化的关系,葛晓音先生曾以"汉代承袭楚俗"以蔽之。(葛晓音. 汉唐文学的嬗变[M].北京:北京大学出版社,1990:12)。姜亮夫先生也认为:"汉家文物、制度,大体是体用两方,都是三楚之所传。高祖定都关中,统一北土,是政治上的得手,而其下文武全材多有楚人,又移楚三姓于关中,'三姓'正是三户之民,所以汉兴以后的文学,从《大风歌》、唐山夫人《房中乐》《郊祀乐》到武帝《秋风辞》《瓠子歌》,广被天下,而楚辞传习也不断地在提倡,也可以说是楚化。汉代的赋家(大赋),只不过是语言文字之学进入楚辞体内的一种新资料,注入楚的旧酒瓶而已。"(吕慧鹃,刘波,卢达.中国历代著名文学家评传:第一卷[M].济南:山东教育出版社,2009:46)

刘歆的《移书让太常博士》记载,汉代《诗》学承传的最早萌芽始于汉文帝时代,而汉文帝元年相距汉代初立已有近三十年的时间。汉代《诗》学的兴起在武帝建元时期,此时相距汉代初立已有六七十年之遥:"孝文皇帝,……《诗》始萌牙。……至孝武皇帝,然后邹、鲁、梁、赵颇有《诗》《礼》《春秋》先师,皆起于建元之间。"①刘歆所言是就西汉《诗》学发展的整体规模而论。事实上,如果就汉代《诗》学的初起而论,早在西汉建立之初,楚地的《诗》学传承就开始恢复与承传。

其中最具代表性的例子便是《诗》在楚元王家族的承传与发展:

> 楚元王交字游,高祖同父少弟也。好书,多材艺。少时尝与鲁穆生、白生、申公俱受《诗》于浮丘伯。伯者,孙卿门人也。及秦焚书,各别去。……
>
> 汉六年,既废楚王信,分其地为二国,立贾为荆王,交为楚王……
>
> 元王既至楚,以穆生、白生、申公为中大夫。高后时,浮丘伯在长安,元王遣子郢客与申公俱卒业。文帝时,闻申公为《诗》最精,以为博士。元王好《诗》,诸子皆读《诗》,申公始为《诗》传,号《鲁诗》。元王亦次之《诗》传,号曰《元王诗》,世或有之。②

据《汉书·楚元王传》载,楚元王年轻时曾与鲁穆生、白生、申公同时学《诗》于浮丘伯。根据服虔的注释,白生也是鲁国人:"白生,鲁国奄里人。"而浮丘伯又是荀子的门人。由此可见,楚元王刘交的

① 班固.汉书[M].北京:中华书局,1962:1968—1969.
② 班固.汉书[M].北京:中华书局,1962:1921—1922.

《诗》学承传正是来自于素有"诗礼之乡"称号的齐鲁之地。在刘交任楚王之后,与之共同学《诗》的穆生、白生、申公等人皆被列为中大夫伴其左右。楚元王刘交不仅学《诗》,而且就鲁诗创始人申公之后为《诗》作传,并有《元王诗》流传于世。不仅如此,楚元王"诸子皆读《诗》",甚至由此形成了《诗》《礼》传家的家族传统。楚元王的儿孙中,承袭楚王之位的刘郢一脉中,刘郢、刘戊得以直接学《诗》于申公,前后长达二十余年①。除此而外,楚元王的儿子刘富一支也体现出了明显的《诗》《礼》传家特点:元王裔孙辟彊"亦好读《诗》,能属文。武帝时,以宗室子随二千石论议,冠诸宗室。清静少欲,常以书自娱"。元王三世孙刘向"通达能属文辞,与王褒、张子侨等并进对","讲论《五经》于石渠"②,并采纳《诗》《书》作《列女传》以劝谏时主③。楚元王治下的《诗》学发展,先于汉代《诗》学繁盛六十余年,其间不仅涌现出诸多兼善《诗》《书》的重要学者,对于鲁诗的早期传播与发展亦贡献匪浅。时主好尚影响到了世风、学风,如鲁诗最早置博士以及作《诗传》均有赖于元王好尚。

(四)"兰陵郁其茂俗"

楚元王对《诗》的重视除了其自身的学术影响,还得益于楚地由来已久的《诗》学传统。据傅斯年先生考证,西汉之后,《诗》的保

---

① 据《汉书·儒林传》记载:"吕太后时,浮丘伯在长安,楚元王遣子郢与申公俱卒学。元王薨,郢嗣立为楚王,令申公傅太子戊。戊不好学,病申公。及戊立为王,胥靡申公。"也就是说,申公在楚地教授元王子孙的时间应始于吕后当政而终于刘戊即楚王王位之时,据此及《史记·汉兴以来诸侯年表》推算,申公在楚地教授的时间至少有十四年。如果算及申公任楚元王中大夫的时间,则申公在楚地的时间至少有二十七年之久。

② 以上分见班固.汉书[M].北京:中华书局,1962:1926,1928,1929.

③ 班固.汉书[M].北京:中华书局,1962:1957—1958.

留主要有赖于两大区域,"一是南国,二是鲁"。而南国正是后来的楚地。对于南国之于《诗》,尤其是之于《大雅》《小雅》的保存作用,傅斯年先生曾有详细考订。南国灭亡之后,其文化的优势地位仍然具有顽强的生命力:"周室既乱,南国既亡,召伯之遗爱犹在,南国之衰历历在《周南》《召南》、大、小《雅》中见之。亡于楚后,南人文化尤为中原所称,如《论语》:'南人有言,人而无恒,不可以作巫医,信夫。'又如《中庸》:'南方之强也,而君子居之。'"① 南国《诗》学的强势地位从列于国风之首的《周南》《召南》中亦可见一斑。

> 子谓伯鱼曰:"女为《周南》《召南》矣乎？ 人而不为《周南》《召南》,其犹正墙面而立也与？"②

据《论语》记载,孔子对于《周南》《召南》曾有如下评价:"人而不为《周南》《召南》,其犹正墙面而立也与？"朱熹注曰:"正墙面而立,言即其至近之地,而一物无所见,一步不可行。"③ 如果不懂二《南》,人就会茫然失措、寸步难行。而据相关学者考证,二《南》正是产生于南国的诗篇。由此,孔子对于南国《诗》学地位的高度推崇可见一斑。

不仅《诗》的最初保存与流传得益于南国,楚地在战国时期的文学发展亦绝非偶然。刘勰《文心雕龙·时序》在言及战国时期的学术发展时,唯独以楚与齐并举,称战国时期,诸国疲于征战,"唯齐、楚两国,颇有文学":

> 春秋以后,角战英雄；六经泥蟠,百家飙骇。方是时也,韩、

---

① 傅斯年. 诗经讲义稿 [M]. 北京:中国人民大学出版社,2004:30.
② 刘宝楠. 论语正义 [M]. 北京:中华书局,1990:690.
③ 朱熹. 四书章句集注 [M]. 北京:中华书局,1983:178.

> 魏力政,燕、赵任权;五蠹、六虱,严于秦令。唯齐、楚两国,颇有
> 文学;齐开庄衢之第,楚广兰台之宫。孟轲宾馆,荀卿宰邑;故稷
> 下扇其清风,兰陵郁其茂俗。①

汉代曾专设兰台之官②以内掌典籍、外司监督,其命名便源于楚国兰台的文化功能。刘勰将楚国的兰台与齐国吸引诸子毕至的稷下并提,认为楚国的兰台同样是影响当时文学发展的重要场所之一。不仅如此,战国时期最具特色的作品,也集中在楚地。虽然诸说之中明确论述楚国文化在战国秦汉时期地位的仅此一处,查考旧典,关于《诗》学在楚地发展的描述则更加语焉不详,然而近些年来,有关战国秦汉之交的《诗》学典籍的考古成果发现,却无不集中在楚地旧址之上,择其要者,就有郭店楚简、上博简《孔子诗论》与阜阳汉简《诗经》。

郭店楚简于1993年10月出土于湖北荆门,考古专家根据墓葬形制和器物特征判断其下葬年代在公元前4世纪中期至公元前3世纪初,竹简字体具有明显的战国时期楚国文字的特点③。郭店楚简中与《诗经》有关的有《缁衣》《五行》《性自命出》《六德》《语丛一》《语丛三》6篇。其中既有引《诗》证说的部分,也有对《诗》义的具体阐述。更为重要的是,其中已经出现了同早期儒家诗教思想相似的解《诗》方法④。例如《性自命出》篇第15至18简说:

---

① 刘勰著,陆侃如、牟世金译注.文心雕龙译注[M].济南:齐鲁书社,2009:561.
② 据《汉书·百官公卿表》载,汉代曾专门设有兰台之官:"有两丞,秩千石。一曰中丞,在殿中兰台,掌图籍秘书,外督部刺史,内领侍御史员十五人,受公卿奏事,举劾按章。"《后汉书·班固传》注引《汉官仪》曰:"兰台令史六人,秩百石,掌书劾奏。"《论衡·对作》篇亦载:"汉立兰台之官,校审其书,以考其言。"
③ 王传富,汤学锋.荆门郭店一号楚墓[J].文物.1997(7):35—48,98—99.
④ 廖名春.郭店楚简与《诗经》[J].文学前沿.2000(1):46—48.

> 诗、书、礼、乐，其始出，皆生于人。诗，有为为之也。书，有
> 为言之也。礼、乐，有为举之也。[①]

《语丛一》第38、39简称：

> 诗，所以会古今之志也。[②]

其中诗、书、礼、乐"皆生于人"的观点已经体现出了早期《诗》学发展过程中的人本思想，为后世"《诗》缘情"说张目，也出现了与"《诗》言志"观点极为相似的论断。这些论断不仅与后世的《诗》学思想存在着密切关联，而且也有力地联结了先秦至汉代儒家《诗》学发展的缺环。尤其值得注意的是，郭店楚简不仅出现在楚国故地，而且用楚国文字写成，这就证明了战国时代《诗》在楚地的发展痕迹，也有力地说明了楚地对于《诗》的传承与发展的贡献。

郭店楚简以外，1994年上海博物馆从香港购回了1200余支盗挖的战国楚简，其中的29支是战国时期较为系统的《诗》学评论，简文同样是用战国楚文字抄写而成的，后被定名为《孔子诗论》，作为《上海博物馆藏战国楚竹书（一）》中的一部分，已于2001年底出版。这不仅是第一部《诗》学研究的专著，而且在说诗方法、诗旨提炼及理论模式等诸多方面均为后人提供了富有价值的线索。尤其是其中关于《诗》的性情与礼义关系的阐述相当丰富，被认为触动了中国诗论的核心问题[③]。先秦《诗》学理论如何从只言片语至汉代突然变成了体例统一、结构完整的《诗》学著作，这一困扰学界多年的难题亦由

---

① 刘钊.郭店楚简校释[M].福州：福建人民出版社，2005：89.
② 刘钊.郭店楚简校释[M].福州：福建人民出版社，2005：181.
③ 陈桐生.《孔子诗论》研究[M].北京：中华书局，2004：2—32.

此迎刃而解。这样一部前所未见的《诗》学巨著却用战国楚文字抄写,发现在南楚的土地上,代表了"战国南楚的《诗》学成就"①。传世文献中既无相关记载,北方的土地上亦无相似或相关文献的出土的现状也在一定程度上证明了,楚地在先秦至汉代这一历史发展过程中,曾经担负的重要使命以及所起到的重要作用。

即便是在秦代焚书之祸中,楚地的《诗》学发展也得到了较大程度的保存。这点从汉代以后所出土的阜阳汉简《诗经》以及最早恢复的楚元王《诗》学承传中可见一斑。同时,从秦代的一则政令中也可窥见其文化传承的生命力。《睡虎地秦墓竹简·语书》是秦王嬴政二十年(前227年)四月初二南郡太守腾发的一篇文告:

> 古者,民各有乡俗,其所利及好恶不同,或不便于民,害于邦。……今法律令已具矣,而吏民莫用,乡俗淫失(佚)之民不止,是即法(废)主之明法也,而长邪避(僻)淫失(佚)之民,甚害于邦。②

其中强调,古代人民各有风俗好尚,但这种情况并不利于邦国的发展。当时的法律已经健全,但是人们依然随俗行事而无视法律制约,这是对邦国的极大危害。南郡处于楚国故地,秦昭王二十八年(前279年)就已经被秦所占,距离文告发布的时间已逾半个世纪,然而其风俗依然如故,即便用法律来强制也难以更改。虽然其时距离秦朝焚书(前213年)尚有十余年的时间,但是可以想见:如此固执而顽强的楚国民风,秦朝的严刑峻法都无法在五十年间将其改变,文

① 陈桐生.《孔子诗论》研究[M].北京:中华书局,2004:2—3.
② 睡虎地秦墓竹简整理小组.睡虎地秦墓竹简[M].北京:文物出版社,1990:15.

化上的习俗好尚又岂会随着一道短暂的焚书命令而骤然消失？由此，秦汉之际的《诗》学典籍多在楚地出土也便在情理之中了。

　　与以上出土典籍可以相互佐证的是，1977年发现的阜阳双古堆一号汉墓《诗经》残简代表了汉代《诗》学传承过程中四家诗之外流传于楚地的另一《诗》学体系[①]。这不仅是现存最早的汉代《诗经》写本，而且其中所记录"后妃"字样的《诗序》与现存《诗序》的出入不大，也再次佐证了《诗序》并非为毛诗所独有。这一发现使得汉代四家诗皆有序的观点为学界所认同，《诗序》创作时间的推定也因此而得以大大提前。值得注意的是，阜阳所处的位置同样与楚地密切相关。据《史记·六国年表》载，战国末年楚考烈王迁都于巨阳[②]，即今天的阜阳太和县，阜阳也由此一度成为战国末年楚国政治、军事和经济中心。这些出土文献已经足以证明战国秦汉之间，楚地的《诗》学发展传承所具有的相对独立且延绵不绝的承传脉络。其与汉代《诗》学发展的作用亦不容小视。

　　同样应当引起重视的是，在楚地大批出土的儒家文献中，有关子思、孟子一派（思孟学派）的数量不少，这就证明了楚地不仅是儒家《诗》学的保存传承之地，儒家诸多学派，尤其是思孟的著作也赖此而存。也正是这样，孟子《诗》学与汉代《诗》学的汇流在此得以部分完成。尤其是孟子《诗》学中的性情部分与楚地《诗》学的性情主张多有相似也佐证了这一猜测。关于两者关系的具体情况，将在下文详述。

[①] 李学勤先生推测它是"楚国流传下来的另一种本子"；洪湛侯先生也有同样的观点（洪湛侯. 诗经学史 [M]. 北京：中华书局，2002：148）。

[②] 参《史记·楚世家》相关记载。

二、孟子与《诗》学传播在齐鲁与楚地的汇流

在了解了《诗》的保存和承传的区域性特点之后,再回头整理孟子其人其书产生影响的地域,我们会发现两者的流传地域极为吻合。战国秦汉之间,孟子活动和产生影响的主要区域也集中在齐鲁和楚地。而孟子《诗》学思想与秦汉《诗》学发展的汇流也主要在此间完成。

(一)"传道之所":孟子学说在稷下的流布

虽然关于孟子游齐时间的判定各家有所不同,但是诸家却一致认可孟子在齐的时间占据了其游历生活的主要部分:如任兆麟的《孟子时事略》记载孟子两次在齐共计十六年;林春溥的《孟子时事年表》载孟子在齐六年;梁涛先生的《孟子行年考》计算孟子两次至齐有八年时间。钱穆先生的统计尤其值得我们重视,据钱穆先生推断,孟子首次至齐,在齐国呆了至少十八年,再次至齐,又至少呆了八年①。这样算来,孟子前后在齐的时间长达二十六年之久。

诸多学者对孟子长期游齐的判断并非空穴来风,孟子游齐占据了他整个游历时间的最大比重,这点在《孟子》一书中很容易找到佐证。例如,《孟子》中提到齐国的次数最多,"齐"作为国名出现了62次。齐国统治者的出现频率也是最高的,被提到的分别有齐宣王、齐景公、齐桓公,其中以齐宣王为最,有12次之多。另外,我们能够通过《孟子》看到齐国形形色色的人物:和孟子有过不同程度接触的齐国大夫,如胡龁、庄暴、景丑、孔距心、王驩、沈同等人;与孟子谈辩的稷下先生淳于髡、宋钘、告子等人;与孟子交游的匡章;被孟子批评的陈仲子;孟子最为得意的齐人弟子公孙丑;向东郭墦间乞人祭余并回

---

① 钱穆. 先秦诸子系年 [M]. 北京:商务印书馆,2002:366.

家骄其妻妾的齐人;临淄城中善弈的弈秋等。除此以外,《孟子》中还向我们展现了齐国的不同风物,例如齐宣王的行宫——雪宫,齐国风物"太山""北海",临淄城南的名山牛山,齐国下邑琅邪、平陆、昼邑、崇地、范,齐街里名庄岳等①。孟子不但对齐国的历史相当熟悉,如齐景公、晏子、管仲这些历史人物在其文中出现了多次,而且孟子对齐国现实政治也有深刻了解。如在盆成括参与齐国政治之后,孟子作出了准确的预测:"死矣盆成括。"②孟子甚至能在论辩的过程中熟练地运用齐地的方言,其思想中也具有鲜明的齐文化色彩。因此焦循有"齐事莫详于《孟子》,史公尝自言读《孟子》书而作《田完世家》"③的评价。也正是如此,《后汉书》甚至以"齐卿孟子"来称呼他。类似的例子在孟子游历他国时并不多见,种种迹象表明孟子对齐国相当熟悉并且曾经在齐国久居。

　　然而吸引孟子长期滞留齐国的原因何在? 据钱穆先生考证,孟子两次游齐都"正当稷下盛时"④,想必这并非巧合那么简单。孟子之时的齐国已经取代了鲁国成为当时东方的政治文化中心,而稷下正是战国时代的文化高地,"周秦诸子的盛况是在这儿形成了一个最高峰的"。齐国设立稷下学宫,并给予优厚的政治和经济待遇,勉其著书立说,讲习议论,任由诸子"不任职而论国事"。这一政策吸引天下士人纷纷来齐授徒讲学、相互争鸣,一时间这里成了诸子荟萃的学术园地、百家争鸣的讲坛和列国的文化中心。而当时"尧、舜、汤、文、周、孔之

① 以上分见焦循. 孟子正义 [M]. 北京:中华书局,1987:118,85,775,119,826,302,312,933,438.

② 焦循. 孟子正义 [M]. 北京:中华书局,1987:1003.

③ 焦循. 孟子正义 [M]. 北京:中华书局,1987:76.

④ 钱穆. 先秦诸子系年 [M]. 商务印书馆,2002:272.

业将遂湮微,正途壅底,仁义荒怠,佞伪驰骋,红紫乱朱",儒家学派的显学地位已经在诸家的冲击下岌岌可危,作为儒家学派的代表人物,孟子以辟杨墨为己任,"慕仲尼周流忧世,遂以儒道游于诸侯"①。此时的稷下,融汇百家,恰恰为孟子学说的传播和推行提供了一个有利的平台。

虽然关于孟子是否列于稷下的问题,学术界出现了截然相反的两种观点,然而即便反对孟子列于稷下观点最为鲜明的白奚先生也不得不承认:"我们说孟子不是稷下先生,并不等于说孟子的思想同稷下学术没有关系。事实上,孟子久居于齐,同稷下先生们常有交往。"② 稷下学士之中,仅姓名可考者有淳于髡、彭蒙、宋钘、尹文、兒说、告子、季真、接予、田骈、慎到、环渊、王斗、荀况、田巴、徐劫、鲁仲连、邹衍等十九人,其中与孟子同时的有告子、淳于髡、彭蒙、季真、环渊、宋钘、田骈、慎到、尹文、接子等十人,并且他们所属的学派几乎包含了儒、墨、法、道(黄老)、兵等当时的各家各派。稷下学宫推行来去自由的学术政策,大量短暂游历过稷下的学者没能留下姓名,但几乎各个学派在当时都有其代表人物在稷下,这种局面势必会造成各家思想的相互激荡和吸收。刘歆对"九流十家"之间的关系曾有一段精彩的评论:"其言虽殊,辟犹水火,相灭亦相生也。仁之与义,敬之与和,相反而皆相成也。"③这一论断如实道出了稷下学宫中学术争鸣激荡的实质:通过论辩的形式达成与不同派别之间观点的交流与切磋,从而吸收论敌的合理观点完善自己的学说。而稷下诸子也正是在这种"相灭相生""相反相成"的对立统一过程中,通过互相批

---

① 焦循. 孟子正义 [M]. 北京:中华书局,1987:10.
② 白奚. 稷下学研究:中国古代的思想自由与百家争鸣 [M]. 北京:三联书店,1998:160.
③ 班固. 汉书 [M]. 北京:中华书局,1962:1746.

评和驳难、互相吸收和学习而完成各自的发展与交融的。后于孟子的邹衍曾在总结稷下的目的和意义时说："胜者不失其所守,不胜者得其所求。"①儒家、道家、阴阳家以及其他各家,都表现了一种兼收并蓄、融合各家之长的倾向。"如慎到,是道家黄老学派,又是法家;宋钘既接近墨家,又能街谈巷议,是小说家;淳于髡是儒而法;邹衍是儒而阴阳;荀子则是把儒、墨、道、法诸家熔为一炉的新儒家"②。荀子把这种学风总结为"有兼听之明而无奋矜之容,有兼覆之厚而无伐德之色"③,而这种"兼听"和"兼覆"恰恰是各家通过论辩而在切磋中相互交流、相互学习的过程。

前文已经提到,《诗》是孟子政治哲学和心性哲学的核心与根基。在这种风雷激荡的过程中,孟子的《诗》学思想势必会随着稷下的论争交流而对其他诸子产生或多或少的影响——被他们吸收或通过他们而流传于后世。例如《孟子·告子下》中曾有一则孟子弟子公孙丑就诗义向孟子求教的记载:

> 公孙丑问曰:"高子曰:《小弁》,小人之诗也。"
> 孟子曰:"何以言之?"
> 曰:"怨。"
> 曰:"固哉,高叟之为诗也!有人于此,越人关弓而射之,则己谈笑而道之,无他,疏之也。其兄关弓而射之,则己垂涕泣而道之,无他,戚之也。《小弁》之怨,亲亲也。亲亲,仁也。固矣

---

① 司马迁.史记[M].北京:中华书局,1982:2370.
② 蔡德贵,侯拱辰.道统文化新编[M].济南:山东大学出版社,2000:384.
③ 王先谦撰,沈啸寰,王星贤点校.荀子集解[M].北京:中华书局,1988:424.

夫,高叟之为诗也!"①

此处记载的公孙丑问《诗》于孟子的契机源于高子对《小弁》的误读。据本段焦循注,其中公孙丑所言的高子正是齐人。据此推断,公孙丑与告子关于《小弁》一诗的交流,应当就发生在诸子备至的稷下。由此可见,《诗》学的交流应当也是稷下学术的组成部分之一。更为重要的是,虽然先秦时代关于《小弁》的释义存在多种见解,然而汉代四家诗学者却不约而同地采纳了孟子关于《小弁》的阐释,这也在一定程度上为孟子《诗》学借由稷下流传提供了佐证。更加直接的证据是高子在汉代四家诗的著述中曾多次出现。例如《韩诗外传》中便有高子就卫女得以编入《诗》一事向孟子求教的记载:

> 高子问于孟子曰:"夫嫁娶者非己所自亲也,卫女何以编于《诗》也?"孟子曰:"有卫女之志则可,无卫女之志则怠。若伊尹于太甲,有伊尹之志则可,无伊尹之志则篡。夫道二:常之谓经,变之谓权。怀其常道而挟其变权,乃得为贤。夫卫女行中孝,虑中圣,权如之何?"《诗》曰:"既不我嘉,不能旋反。视我不臧,我思不远。"②

显然,韩诗学者在此处肯定了高子在《诗》学传承方面与孟子的关联。不仅如此,《毛诗序·丝衣序》中也涉及高子:"《丝衣》,绎宾尸也。高子曰:'灵星之尸也。'"③查考先秦典籍,高子仅在《孟子》中出现两次,而这也恰恰是孟子《诗》学通过稷下诸子及其再传弟子流传至汉代的明证。

① 焦循. 孟子正义 [M]. 北京:中华书局,1987:817—818.
② 韩婴撰,许维遹校释. 韩诗外传集释 [M]. 北京:中华书局,1980:34.
③ 马瑞辰. 毛诗传笺通释 [M]. 北京:中华书局,1989:1111.

稷下随着齐国的灭亡而衰落,但是这一文化中心地位却并没有骤然消失。孟子的诸多弟子及其再传弟子使得孟子思想的承传得以延续。战国后期战乱频仍,齐国却全身远祸几十年:"战国末年,别国人民,都是成千成万的死伤,而齐国却守局外中立四十余年,邹鲁诸国,受他的荫庇。所以这地方的文化,不受摧残,得以从容发展,根深蒂固,虽有秦代短时间的禁学,影响并不甚大。到了天下太平,自然就会发展出来。所以西汉一代经学大师,多出于齐鲁一带。"①这使得各派的学说与典籍在齐国得到了较为完好的保存。虽然有秦代的焚书坑儒之祸,但是《孟子》一书在孟子"徒党尽"的情况下尚能保存其"篇籍得不泯绝"②,这不能不说与战国时代孟子学说在稷下的广布有关。正是由于齐地对孟子学说与典籍的保留与承传,孟子《诗》学思想流传百年至汉代才成为可能。

(二)"诗礼之乡":孟子传播与《诗》学发展在邹鲁的汇流

1. 孟子在邹鲁的活动及影响

孟子生于邹,其地近鲁,素有"邹鲁密迩"之称。邹鲁地区是孟子的桑梓之邦,也是孟子学说传播和《孟子》一书保存的主要场所。孟子不仅于此师从孔子之孙孔伋的门人,得孔门嫡传,而且把邹鲁地区作为其学术活动的第一站,其影响之深远,延续至今。

孟子在四十岁之前一直生活在家乡,讲学于邹鲁之间,并且在当时已小有声名。孔令源的《孟子年谱》就有孟子三十五岁左右,乐正克等人请为弟子的记载:"万章、徐辟之徒俱来学,弟子益进。"③此

---

① 刘汝霖.汉晋学术编年[M].北京:中华书局,1987:97.
② 焦循.孟子正义[M].北京:中华书局,1987:16.
③ 济宁市政协文史资料委员会,邹县政协文史资料委员会编.孟子家世[M].北京:中国文史出版社,1991:17.

外,孟子的政治生涯也从邹开始①。周广业在《孟子四考·孟子出处时地考》中就曾指出:"孟子之仕,自邹始也。时方隐居乐道,穆公举之为士。孟子乃传赘为臣,得见于公。会于鲁哄,有司多死者,公问如何而可。孟子以行仁政勉之。"②关于孟子在邹地的活动,史籍中仅有这次孟子劝导邹公施行仁政的记载,但值得注意的是,孟子的这次劝谏非常成功,邹公后来果真施行仁政举措并大获民心③。对于孟子在邹地的这一影响,焦循曾有"孟子一言悟主,乃侧身修行,发政施

①《经义考》引谭贞默《孟子编年略》指出,根据当时的礼法要求,士人的游历生涯应当从本国开始:"礼,士居本国必君先就见,然后往见异国君。"(朱彝尊著,游均晶等点校.点校补正经义考〔七〕[M].台湾:"中央研究院"中国文哲研究所筹备处,1997:226)

②周广业.孟子四考·孟子古注考[M].续修四库全书第158册.上海:上海古籍出版社,2002:107.

③《孟子》书中真正提到孟子对于邹国的政治建议仅见一条。据《孟子·梁惠王下》记载,邹穆公曾就自己治下的百姓见到官吏死难而漠不关心一事向孟子求教,孟子指出这是仁政不施的缘故,"君行仁政,斯民亲其上,死其长矣"。尽管《孟子》中并没有记载这次谈话的后续影响,但是,孟子的话显然对邹穆公产生了很大的作用,贾谊《新书》、刘向《新序》均载邹穆公实行"仁政"的故事:"邹穆公有令,食凫雁者必以秕,毋敢以粟。于是,仓无秕而求易于民,二石粟得一石秕。……公曰:'去!非而所知也。夫百姓煦牛而耕,曝背而耘,苦勤而不敢堕者,岂为鸟兽也哉?粟米,人之上食也,奈何其以养鸟也?且汝知小计而不知大会,周谚曰:"囊漏贮中",而独弗闻与?夫君者,民之父母也。取仓之粟,移之于民,此非吾粟乎?鸟苟食邹之秕,不害邹之粟而已。粟之在仓,与其在民,于吾何择?'邹民闻之,皆知其私积之与公家为一体也。……邹穆公死,邹之百姓,若失慈父,行哭三月,四境之邻于邹者,士民乡方而道哭,抱手而忧行。……期年而后始复。故爱出者爱反,福往者福来。"邹穆公用秕谷喂食燕雀,并且要求以两倍粮食的价格换来秕谷,他通过这种方式施行仁政、藏富于民。这一行为为其赢得了巨大的声誉,甚至在其身故之后,百姓的悲恸三月不止。

仁"①的评价。孟子在鲁国的活动也不多,甚至在臧仓的阻挠下,连鲁
平公都未能得见②。但值得注意的是,孟子通过其学生乐正子间接地
影响了鲁国③。此外,孟子在其周游列国的过程中,又有多次返回邹鲁
的记载,并且晚年结束游历回到故乡"述尧、舜之道而著作"④,在邹
鲁地区著述讲学直至终老。孟子在邹鲁地区产生了很大的影响,并
且许多影响一直延绵至今。例如由于孟子在冬至那天去世,出于对
孟子的尊重与缅怀,当地的人们取消了贺冬之礼,并因此成俗流传至
今:"邹人因哭孟子而废贺冬之礼,遂以成俗。"⑤现在,邹、鲁故地所在
的济宁地区在冬至这天仍然没有吃水饺的习俗。

2."邹鲁之士多能讽诵":《孟子》传播与《诗》学发展的交集

孟子的遗风余韵在邹鲁之地长期流传为孟子思想与《诗》学发

---

① 焦循.孟子正义[M].北京:中华书局,1987:159.
② 《孟子·梁惠王下》载:"鲁平公将出,嬖人臧仓者请曰:'他日君出,则必命
有司所之;今乘舆已驾矣,有司未知所之,敢请?'公曰:'将见孟子.'曰:'何
哉! 君所为轻身以先于匹夫者,以为贤乎? 礼义由贤者出,而孟子之后丧
逾前丧。君无见焉.'曰:'诺.'"(焦循.孟子正义[M].北京:中华书局,
1987:167—168)
③ 《孟子·告子下》有乐正子将为政于鲁,孟子闻之喜而不寐的记载。孟子道
出自己欣喜的原因,正是因为自己的仁政思想得以由此在鲁国推行:"鲁欲使
乐正子为政。孟子曰:'吾闻之,喜而不寐.'……'其为人也好善.'……'好
善优于天下,而况鲁国乎! 夫苟好善,则四海之内皆将轻千里而来告之以善,
夫苟不好善,则人将曰訑訑,予既已知之矣。訑訑之声音颜色,距人于千里之
外。士止于千里之外,则谗谄面谀之人至矣。与谗谄面谀之人居,国欲治,可
得乎?'"(焦循.孟子正义[M].北京:中华书局,1987:861—863)
④ 焦循.孟子正义[M].北京:中华书局,1987:13.
⑤ 山东邹县地方史志编撰委员会.邹县旧志汇编[M].济宁:山东邹县地方史
志编撰委员会办公室,1986:144.

展的汇流提供了前提——邹鲁之士既是《诗》的传承者①,也是孟子
思想的濡染者,这就意味着《诗》与《孟子》因为承传者的相同而在
邹鲁地区出现了交集。

　　战国中后期,儒学式微,儒家《诗》学也因之中衰。据董治安先
生统计②,战国时期《诗》学传承主要集中在儒家学派内部,其他学
派或很少言《诗》,如法家,或对《诗》的承传者充满了讥讽,如庄子。
而在天下学术"不归杨,则归墨"之时,孟子以承继孔子之业为己任,
成为当时承传儒家《诗》学的主要力量,也是战国中后期至汉代邹鲁
地区儒家《诗》学传承的首要人物。孟子在邹鲁之地曾经教授生徒
四十余年,且《诗》学又是其思想学说的根本支柱,由此孟子与邹鲁
《诗》学发展的密切关联可以想见。另外,邹鲁之士素来是战国时期
研习《诗》的主要成员,既然孟子在邹鲁的影响之巨足以改变当地的
风俗,那么作为其思想基石的《诗》学主张势必也会得到当地百姓、
士人的认可与承传。秦汉之际,刘邦兵临鲁国城下而"鲁中诸儒尚
讲诵习礼,弦歌之音不绝"③,除了当地的风俗使然,还与孟子在儒学
式微的情况下对孔门《诗》学的接续及在邹鲁地区的承传存在密切
关联。由此,兼习孟子《诗》学和诵读《诗》的邹鲁士人在讽诵承传
的过程中难免会接受孟子《诗》学潜移默化的影响,并将之用于诗义
阐释和《诗》学承传。汉代四家诗中有两家出于齐鲁之地,并且四家
诗的学者多与齐鲁相关。追根溯源,其中当有孟子的部分贡献。诸

───────────────

① 《庄子》中曾有"其在于《诗》《书》《礼》《乐》者,邹、鲁之士、搢绅先生多能
　　明之"之叹(王先谦撰,沈啸寰点校.庄子集解[M].北京:中华书局,1987:
　　288)。

② 董治安.先秦文献与先秦文学[M].济南:齐鲁书社,1994:64—88.

③ 班固.汉书[M].北京:中华书局,1962:3592.

多学者在受齐鲁学风浸染之余,恐怕也很难言明其诗义阐释与孟子毫无关联。

　　《孟子》在汉初得以列入学官,但是《孟子》一书在汉初的流传非常有限。《汉书》中记载了汉成帝时期,东平王来朝"上疏求诸子及《太史公书》"①而遭拒绝一事。此时是公元前31年,已经处于西汉后期,而此时诸子之书仍在禁绝之列,《孟子》的流布亦可想而知。据《东观汉记》载,后汉章帝曾经让黄香参观当时的藏书机构东观,并且"赐黄香《淮南》《孟子》各一通"②。以《孟子》一书为赏赐,《孟子》在后汉时期的流布范围之窄亦可窥见一斑。然而与《孟子》在汉代的流布情况不相符合的是,在汉代初年便已逐渐兴起的汉代四家诗中存在着对《孟子》的大量征引与承袭。郑樵就曾指出"毛公时《左传》《孟子》《国语》《仪礼》未盛行而先与之合"③的情况。《孟子》尚未盛行而诸家诗已经与之先合,甚至均把孟子《诗》学主张作为其核心《诗》学思想④,这一现象似难理解,但其原因在前文中便有所涉及。虽然鲁诗最早列为博士,但是此时鲁诗的主要《诗》学特点已然成型,必然不会因为后来得见《孟子》才将其纳入其《诗》学核心内容中去。而毛诗则在后汉才被纳入官方视野,其承袭《孟子》的途径何在呢? 从汉代四家诗的创始学者中三家源于齐鲁之地,并且

---

① 班固.汉书[M].北京:中华书局,1962:3324.

② 刘珍等撰,吴树平校注.东观汉记校注[M].北京:中华书局,2008:763.

③ 王先谦.诗三家义集疏[M].北京:中华书局,1987:13.

④ 参拙文《论鲁诗"四始"设置的经学意图》《孟子〈诗〉说与汉代〈诗〉的经学化——以鲁诗"四始"说为例》《鲁诗诗义阐释中的绍孟倾向——鲁诗渊源新探》《齐诗经学特征渊源考——论孟子诗学在汉代的影响》《孟子〈诗〉说与齐诗的经学化——齐诗"匡扶邦家"的经学特征探源》《"多记古文,备详前典"——论河间献王的文化政策对〈毛诗故训传〉的取材影响》。

其学术构成也多为齐鲁之士的角度来看,孟子与汉代四家诗的《诗》学渊源早在汉代之前就已经奠定了。而奠定这一渊源的关键环节正是共同承袭孟子思想与《诗》的邹鲁之士,尤其是孟子的诸多弟子。

3. "从者数百人":孟子弟子对孟子与汉代《诗》学的接续

尤其值得注意的是,孟子弟子构成了孟子《诗》学在齐鲁地区承传的中坚力量。孟子37次引《诗》论《诗》,仅明确标明其弟子姓名的便有11处,约占孟子《诗》学授受对象的三分之一。另有13处虽然并未言及与何人论《诗》,可以想见,除却稷下诸子,其中当有一部分是他的弟子。如果把这一部分算上,孟子的诸多弟子应是其《诗》学最主要的授受对象。而且孟子弟子众多,甚至一度高达数百人。仅其中最为著名的弟子就有十余人,且均为齐鲁人士,其周游学行也集中于齐鲁地区:"历代封先贤爵士,多因其生卒居游之地而定之。故孟子门人,封不出京东一路,以诸子皆齐鲁人也。"[1]据赵岐统计,孟子弟子知其名者共十九人[2],宋代从祀孟庙的弟子有十八人[3],元代吴来在《存心堂集·孟子弟子考序》中认为孟子弟子十九人,朱彝尊考证为十一人[4],清代孟庙中得以从祀的有十六人[5],而其中齐人至

---

① 孟衍泰.三迁志[M].成都:四川大学出版社,2005:651.

② 据《孟子家世》记载,他们分别是:乐正子、公孙丑、陈臻、公都子、充虞、季孙、子叔、高子、徐辟、咸丘蒙、陈代、彭更、万章、屋庐子、桃应、孟仲子、告子、滕更、盆成括(孟广均纂,陈锦,孙葆田重纂.重纂三迁志[G].成都:四川大学出版社,2005:167—169)。

③ 济宁市政协文史资料委员会,邹县政协文史资料委员会.孟子家世[C].北京:中国文史出版社,1991:7.

④ 朱彝尊.孟子弟子考[M].上海:商务印书馆,1939:1—4.

⑤ 东庑从南至北分别是高子、公都子、盆成括、屋庐连、浩生不害、公孙丑、陈臻、叔疑、季孙氏;西庑从南至北分别是桃应、孟仲子、万章、充虞、彭更、徐辟、咸丘蒙(孟衍泰.三迁志[M].成都:四川大学出版社,2005:652—653)。

少有五人,邹鲁人士至少有九人。如此高的比例也证明了孟子弟子中齐鲁人士之众多。他们在孟子生前学习追随,在孟子身后散布各地,这就为孟子学说及《诗》学思想在齐鲁地区的传播与承传奠定了广泛的基础。

孟子弟子之中,公孙丑、万章、咸丘蒙等人是向孟子问《诗》最为频繁的弟子。公孙丑曾向孟子问《小弁》《凯风》之诗,孟子以亲疏之感解释怨与不怨的差别。公孙丑也曾引用《伐檀》一诗中的"君子不素餐"一句向孟子的行为提出质疑。公孙丑着重以《诗》为用,即习惯以《诗》来指导自己对某一问题的理解。而这种以《诗》为用的做法,恰恰是汉代《诗》学经学化特征的一个主要表现。孟子及其后学与汉《诗》的关系在此已经端倪初现。

孟子弟子万章曾就《齐风·南山》一诗向孟子询问舜不告父母而娶妻一事的不合理性:

> 万章问曰:"《诗》云:'娶妻如之何? 必告父母。'信斯言也,宜莫如舜。舜之不告而娶,何也?"
>
> 孟子曰:"告则不得娶。男女居室,人之大伦也。如告则废人之大伦,以怼父母,是以不告也。"[①]

值得注意的是,万章此处已经把《诗》中所言奉为圭臬,并由此来判断规整古圣人的得失,其中已经蕴含着《诗》的经学化解读的萌芽。孟子不仅引《小雅·大东》以向万章说明仁义之间的关联,并且其"知人论世"说也主要是面对万章所言的:

> 孟子谓万章曰:"一乡之善士斯友一乡之善士,一国之善士

---

① 焦循. 孟子正义 [M]. 北京:中华书局,1987:618.

斯友一国之善士,天下之善士斯友天下之善士。以友天下之善士为未足,又尚论古之人,颂其诗,读其书,不知其人可乎? 是以论其世也。是尚友也。"①

姑且不论孟子此处论《诗》的因由是否由于万章问《诗》,仅从其论述道理时以《诗》作比,便能够明确看出孟子对万章《诗》学素养的肯定。

除万章外,咸丘蒙是得孟子《诗》学之传最多的弟子,孟子"以意逆志"的《诗》学观点,便是针对咸丘蒙所质疑的"普天之下,莫非王土;率土之滨,莫非王臣"一诗的解答:

咸丘蒙曰:"舜之不臣尧,则吾既得闻命矣。《诗》云:'普天之下,莫非王土;率土之滨,莫非王臣。'而舜既为天子矣,敢问瞽瞍之非臣如何?"

曰:"是诗也,非是之谓也。劳于王事,而不得养父母也。曰此莫非王事,我独贤劳也。故说诗者,不以文害辞,不以辞害志,以意逆志,是为得之。如以辞而已矣,《云汉》之诗曰:'周余黎民,靡有孑遗。'信斯言也,是周无遗民也。孝子之至,莫大乎尊亲;尊亲之至,莫大乎以天下养。为天子父,尊之至也。以天下养,养之至也。《诗》曰:'永言孝思,孝思惟则。'此之谓也。《书》曰:'祇载见瞽瞍,夔夔齐栗,瞽瞍亦允若。'是为父不得而子也。"②

孟子不仅在此提出了"以意逆志"说,并且以《云汉》之诗为例,以《下武》之诗为理论依据,由此展开了对咸丘蒙的《诗》学教授。其间

---

① 焦循.孟子正义 [M].北京:中华书局,1987:725—726.
② 焦循.孟子正义 [M].北京:中华书局,1987:637—641.

包含了孟子的《诗》学定位以及读《诗》用《诗》的特点等多层内容。

　　值得注意的是,不仅在孟子周游过程中孟子弟子多随其游历,在孟子最后返回邹鲁的日子里,孟子的诸多弟子也伴其左右。《孟子》的成书和孟子《诗》学思想的承传,也主要有赖于万章、公孙丑等弟子之力。司马迁曾明文记载,孟子"退而与万章之徒序《诗》《书》,述仲尼之意,作《孟子》七篇"①。并且,在孟子身殁之后,万章又在孟子墓旁结庐而居,直至终老。据《邹县县志》记载,在邹城西南三公里处,尚保存有万章墓。同样的情况也发生在公孙丑身上,据《孟子大略》记载:"公孙子墓在邹县西北十里。《齐乘》云:'滕州北公村有公孙丑墓,即其地,今名南宫村。'"②两者皆为齐人,最终却均未归葬齐地反而葬身邹鲁,这足以体现出他们对孟子的敬重和生死追随的志愿。孟子弟子徒属众多,一度达到"后车数十乘,从者数百人"③的地步,具有这种精神的应当也不止公孙丑、万章二人。这就使得孟子身故之后其学行依然得以在齐鲁地区继续流布,孟子《诗》学思想的发展与承传也因此得以延续。而且从年龄上来看,孟子的一些主要弟子比孟子年轻四十余岁,他们及其再传弟子对孟子思想的承传,已经足以使得孟子的《诗》学思想接续至汉代。虽然其间有秦代焚书坑儒之祸,但是从秦末汉初刘邦攻到鲁国时,"鲁中诸儒尚讲诵习礼,弦歌之音不绝"的记载来看,包括《孟子》在内的儒家典籍在邹鲁均得到了较好的保存和承传。这同样为孟子《诗》学在秦汉之间的保存和流传提供了必要条件。

① 司马迁. 史记 [M]. 北京:中华书局,1982:2343.

② 刘培桂. 孟子大略 [M]. 济南:泰山出版社,2007:310.

③ 焦循. 孟子正义 [M]. 北京:中华书局,1987:427.

表1—5　孟子弟子表①

姓名	籍贯	年龄	备注
乐正克	鲁	约少孟子二十岁	为鲁国相,治理鲁国;并曾向鲁平公力荐孟子,但为臧仓所阻挠。
公孙丑	齐	约少孟子三十岁	诗、道、政、教无所不问,曾问孟子《小弁》《凯风》《伐檀》之诗等。
万　章	齐	约少孟子四十岁	喜读《诗》《书》,有多次问《诗》《书》的记载;问舜号泣于天事,后为《毛传》所引用;常言及尧舜禹三代之事。后随孟子归邹著述,葬于邹地,今邹县城西南六里仍有万章墓。
公都子	邹	约少孟子三十岁	随孟子游齐,归邹。曾向孟子请教性之善恶的问题,与孟季子有关于义之内外的探讨等。
屋庐连	任	——	多次问礼。
陈　臻	邹,一说齐人	——	随孟子周游,兼顾钱粮给养。
陈　代	——	——	就士人何仕两次求教孟子。
徐　辟	邹	——	试图引见墨家信徒夷之就见孟子。
充　虞	——	——	随孟子游齐,归邹。
高　子	齐	——	随孟子游齐。
浩生不害	邹,一说齐人	约少孟子四十岁	问孟子为何器重乐正克。
彭　更	——	——	随孟子周游列国。
咸丘蒙	鲁,一说齐人		好读《诗》《书》,曾向孟子请教尧舜孝道之事。
桃　应	——	——	以舜为例,请教孝与法的问题。

————————

① 孟子弟子的籍贯、年龄主要参考了《孟子大略·孟子弟子列传》(刘桂培.孟子大略[M].济南:泰山出版社,2007:304—332)以及金梅园的《孟子家世·孟庙两庑从祀的"先贤""先儒"》(济宁市政协文史资料委员会,邹县政协文史资料委员会.孟子家世[M].北京:中国文史出版社,1991:153—162)。

续表

姓名	籍贯	年龄	备注
盆成括	或为齐人	——	《三迁志》载："尝学于孟子,闻道未达而去。"后如孟子所料为齐人所杀。
孟仲子	邹	——	多次试图调和孟子与齐宣王的矛盾,在离开齐国时,曾极力劝阻。
曹　交	邹	——	赵岐注："曹君之弟",但后人多疑此说。
滕　更	滕	——	赵岐注："滕君之弟,来学于孟子。"
周　霄	魏	——	问古代君子的出仕问题。
宋勾践	宋	——	求学于孟子。
景　春	魏	——	问对纵横之士的评价。
貉　稽	——	——	诉说自己口碑不好的困扰。孟子以《柏舟》《绵》相劝。

（三）"多能讽诵"：孟学南传及性情、王道思想在楚地的融汇

战国秦汉年间,虽然邹鲁之地的好儒风尚以及齐国稷下的百家争鸣都在很大程度上起到了保留孟子思想、传播孟子《诗》学的作用,但是孟子的影响并不限于齐鲁之间,孟子《诗》学的传承途径也并非仅此一条。楚文化对于孟子思想与《诗》学观点的传承,也是孟子《诗》学影响得以最终出现在汉代四家诗中的重要原因之一。这点从《孟子》的记载、楚地出土文献中有关思孟学派著作、楚地《诗》学著作与孟子《诗》学的相似性上均能得到确证。

1. 齐楚交流的频繁与思孟学说的南传

从春秋时期开始,楚地与齐鲁之间的交流一直存在,而儒家文化更是楚人承袭北方之学的主要内容之一。据《史记·儒林列传》记载,孔子殁后其弟子便散游各地,其中"子张居陈,澹台子羽居楚"①。

---

① 司马迁. 史记[M]. 北京：中华书局,1982:3116.

而陈国在孔子辞世后一年便为楚所灭,因此子张所居的陈实为楚地。如此,在春秋末期儒家文化已经开始了在楚地的流布。随着楚国的日趋强盛,到孟子所在的战国时期,楚已北侵"广地至泗上"①。威王时,楚"伐齐,败之于徐州"②。自此,齐楚疆土相接,两国交流的空间障碍得以进一步消除,从而齐楚文化的交流更为频繁。尤其此时齐国强大的政治经济实力③,以及稷下学宫的文化中心地位,吸引了大量楚人至齐。稷下学宫中所招致的学者就有楚地学者:"自如驺衍、淳于髡、田骈、接予、慎到、环渊之徒七十六人,皆赐列第,为上大夫,不治而议论。"④其中环渊便是楚人,而慎到后来也曾到过楚地,他们在经历过稷下的争鸣与学术的切磋之后,齐鲁地区的儒家思想也难免会随之南传。

不仅如此,《孟子》中还有楚国大夫希望其孩子学习齐语的记载:

> 孟子谓戴不胜曰:"子欲子之王之善与? 我明告子:有楚大夫于此,欲其子之齐语也,则使齐人傅诸,使楚人傅诸?"

① 司马迁. 史记 [M]. 北京:中华书局,1982:1719.
② 司马迁. 史记 [M]. 北京:中华书局,1982:1721.
③ 孟子曾评价齐国的强盛说:"天下固畏齐之强也。"从军事力量上看,齐人伐燕时齐国军队的势如破竹甚至连齐宣王自己都觉得不可思议:"以万乘之国伐万乘之国,五旬而举之,人力不至于此。"攻伐国力并不弱小的燕国能做到"五旬而举之",可见当时齐国的军事实力已经达到了很高的水平。同时,齐国的国力之强盛已经使得齐国的都城成为当时的一个国际大都市,《战国策·齐策》记载齐国国都的盛况说:"临淄之中七万户……临淄甚富而实,其民无不吹竽、鼓瑟,击筑、弹琴,斗鸡、走犬,六博、蹋鞠者;临淄之〔途〕,车〔毂〕击,人肩摩,连衽成帷,举袂成幕,挥汗成雨,家敦而富,志高而扬。"
④ 司马迁. 史记 [M]. 北京:中华书局,1982:1895.

曰:"使齐人傅之。"

曰:"一齐人傅之,众楚人咻之,虽日挞而求其齐也,不可得矣。引而置之庄、岳之间数年,虽日挞而求其楚,亦不可得矣。"①

语言是文化交流的最基本工具,而楚国大夫希图自己的子弟学习齐语,其最重要的目的之一便是有利于对齐地文化的学习与交流。虽然孟子此处言及此事的目的在于强调诸侯王身处的政治环境的重要性,却因此透露了一个重要的文化现象,那就是楚国公族在当时确实有把子弟送往齐国求学的现象。被孟子盛赞就学于北方的楚人陈良就是其中的杰出代表:

> 吾闻用夏变夷者,未闻变于夷者也。陈良,楚产也。悦周公、仲尼之道,北学于中国,北方之学者,未能或之先也。彼所谓豪杰之士也。子之兄弟事之数十年,师死而遂倍之。昔者孔子没,三年之外,门人治任将归,入揖于子贡,相向而哭,皆失声,然后归。子贡反,筑室于场,独居三年,然后归。他日,子夏、子张、子游以有若似圣人,欲以所事孔子事之。强曾子,曾子曰:"不可,江汉以濯之,秋阳以暴之,皜皜乎不可尚已!"今也南蛮鴃舌之人,非先王之道,子倍子之师而学之,亦异于曾子矣。吾闻出于幽谷,迁于乔木者,未闻下乔木而入于幽谷者。《鲁颂》曰:"戎狄是膺,荆、舒是惩。"周公方且膺之,子是之学,亦为不善变矣!②

孟子向陈良的弟子许行盛赞陈良是"豪杰之士",虽然孟子因文化优势自居而视楚人为"南蛮鴃舌"之人,然而对北上学习孔子之道的楚

---

① 焦循.孟子正义[M].北京:中华书局,1987:438.
② 焦循.孟子正义[M].北京:中华书局,1987:393—397.

人陈良却称赞有加。孟子指出陈良因仰慕孔子之道而北上求习儒学于齐鲁之地,其学行之精甚至连当地学者都难以与之争锋。从孟子对陈良的这种评价来看,当时已经出现了楚国士人到齐鲁之地研习儒学的现象,甚至部分学者的学术水平高于齐鲁本地的学者。值得注意的是,从时间上推算,陈良求教儒学之时,应当在孟子稍前或与孟子同时,而此时齐鲁地区授受讲学的儒家学派,正是曾子、子思、孟子一派的人物[①]。孟子对陈良的高度称赞,或许部分原因正是出于同门之谊。而陈良学成南返至楚地,授受生徒,也自然使得儒家学说——很可能是子思、孟子一派的学说——得以南渐。

以上所记载的儒学南移,尤其是思孟学派思想南移的现象,随着郭店楚墓中大量竹简的重见天日而得到了印证。郭店楚简之中发现了大量战国时期的儒、道典籍,其中《缁衣》《鲁缪公问子思》《穷达以时》《五行》《唐虞之道》《忠信之道》《成之闻之》《尊德义》《性自命出》《六德》《语丛》诸篇,被认为是儒家典籍,代表了儒家学派中子思、孟子一派思想观点[②]。尤其值得注意的是,竹简之中不仅有呈现"战国时代齐鲁儒家经典文字的原始风貌"的文献,还有"新近自齐国传抄、引进""保留较多齐国文字的形体结构与书法风格"的"儒

---

① 根据《史记·儒林列传》的记载,孔子去世之后,孔子的主要弟子散布各地:"故子路居卫,子张居陈,澹台子羽居楚,子夏居西河,子贡终于齐。"留在齐鲁之地且名声显赫的仅存子贡、曾子两派。而其中最得孔子嫡传并最有机会把孔子之学在当地发扬光大的,正是曾子、子思、孟子一系。曾子授业于孔子之孙子思,而子思曾在郑国即邹地长期讲学授受,当地留有子思讲堂故址。这不仅奠定了子思、孟子学派最早的学脉渊源,也为孔子之学的进一步传播奠定了基础。

② 国际儒联学术委员会编.中国哲学(第20辑)[C].沈阳:辽宁教育出版社,1999:399—400.

家典籍"①。而这正是孟子学派的典籍通过稷下南渐至楚地的实证。学界曾对墓主身份有过热烈的讨论,或谓陈良,或谓屈原或慎到②,而这几位又恰恰均是与孟子生活在同一时代的战国学者。李学勤先生就曾在学术思想史层面上明确指出,郭店竹简的出土正是南北文化交流的实证,尤其对思孟学派的研究意义非凡:郭店楚墓竹简展示出了一个公元前4世纪的哲学世界,透过竹简,我们看到了战国中期至秦汉之间学术思想史上的巨大变迁过程。"这些儒书……代表了由子思到孟子之间儒学发展的链环……体现出早期儒家的哲学趋向。郭店简……给我们展示了当时中国哲学的繁盛景象,在学术史研究上的价值,实在是不可低估的。特别是竹简不属于儒学盛行的中原一带,而出自南方的楚国都邑,更值得注意。"③钟肇鹏先生在其《荆门郭店楚简略说》一文中也提出了同样的观点:"如果从地域上区分,则先秦学术有南、北两大派系。北方之学以齐鲁为中心,《庄子·天下篇》所谓'邹鲁之士',以儒学为代表。南方之学则是以老子为代表的道家。……郭店楚简的发现,证明了南北学术文化的交融。"④大量思孟学派文献在楚国贵族墓葬中的发现,证明子思、孟子学派的著作南传至楚地之后,楚国贵族对其著述的看重与珍视,这也在一定层面上如实反映了子思、孟子思想在楚地的地位与价值。

---

① 周凤五.郭店楚简的形式特征及其分类意义[A].武汉大学中国文化研究院编.郭店楚简国际学术研讨会论文集[C].武汉:湖北人民出版社,2000:500.

② 黄崇浩.郭店一号楚墓墓主不是屈原而是慎到[N].光明日报.2000-1-21.

③ 李学勤.先秦儒家著作的重大发现[A].中国哲学(第20辑)[C].沈阳:辽宁教育出版社,1999:16—17.

④ 钟肇鹏.荆门郭店楚简略说[A].中国哲学(第21辑)[C].沈阳:辽宁教育出版社,2000:234—235.

2. 性情、王道思想在南楚的汇融

与孟子学派的相关典籍一起入楚的,还包括孟子的《诗》学思想。前文曾经指出,《诗》是孟子政治哲学和心性哲学的核心与基础。孟子对《诗》的高度推崇,使得楚地的文化传承者在传承孟子思想的过程中很难避开孟子言《诗》的部分。孟子的《诗》学思想也因此得以在南楚的土地上生根发芽,并随着汉初楚文化的兴盛而影响汉代《诗》学。

需要说明的是,战国末期秦将白起攻入郢都焚烧楚先王陵墓,迫使顷襄王退守陈城。王室贵族及大批楚都学者应当也追随楚王迁徙至陈地,其间当有大批的典籍因之散佚缺失。这使得孟子《诗》学与汉代《诗》学的传承在楚地暂时难以衔接成为一个完整的环节,因而只能暂时从孟子《诗》学中的王道思想与性情思想在秦汉之间楚地的流传来进行初步判断。孟子的性情思想、王道思想与楚地《诗》学多有交集甚至存在渊源联系,而这恰恰是孟子《诗》学在战国秦汉年间在南楚栖身、流传的力证。

其一,郭店楚简发现的思孟学派典籍中蕴含着大量有关"性""情"的思想因素[1],这与孟子《诗》学中言及性情的部分若合符契[2]。

---

[1] 郭店楚简的一个重要发现,便是早期儒家思想中曾经存在着大量的"性""情"思想的因素。最早坚持儒家思想中存在着"性""情"成分的蒙培元先生,曾就郭店楚简中的《性自命出》一篇指出:以情说性,是思孟学派的特点之一,《性自命出》已经明确提出"性善"的主张,"在先秦甚至整个中国思想史上,占有独特的地位,是儒家性情论的开创之作","情感问题是儒家思想中的一个非常重要的问题,不同于西方哲学,正是对情感的重视,决定了儒学的基本特征"(蒙培元.《性自命出》的思想特征及其与思孟学派的关系[A].山东师范大学齐鲁文化研究中心,美国哈佛大学燕京学社.儒家思孟学派论集[C].济南:齐鲁书社,2008:24—25)。

[2] 相关论证参本书第五章第一节的相关论述。

由于郭店楚简的时间断代被定为孔子与孟子之间,这也就意味着楚地《诗》学中性情因素的学术基础在《孟子》流入南楚之前便已出现。虽然目前的传世文献中,《孟子》涉及"性""情"的部分很少,然而在《孟子》及相关著作的早期流传中[①],其性情思想却是非常丰富的。这些有关孟子的性情论思想的丰富来源虽然没有在北方得到保存却在楚地得以流传,并与楚地的《诗》学承传结合在一起,共同影响了汉代《诗》学的发展。

　　最能体现孟子《诗》学与楚地联系的著作之一,便是《孔子诗论》。而两者的契合之处正是郭店楚简。李学勤先生指出,《孔子诗论》"涉及性、情、德、命之说,可与同出《性情论》(郭店简《性自命出》)等相联系"[②]。这一论断已经明确指出《孔子诗论》与郭店楚简中的儒家思孟学说的同源性质。与之相表里,孟子的性情思想也与郭店楚简中的儒家典籍同源。学界甚至普遍认为,郭店楚简构成了联系孔子与孟子之间学术发展的缺环,例如庞朴先生就曾明确指出:"楚简在孔子的'性相近'和孟子的性本善之间,提出了性自命出、

①《孟子》一书除《孟子外书》四篇之外当仍有佚文存在。这其中可能包括了目前发现的竹帛《五行》篇,或许还包括其他一些未能得以证明的典籍和文献。关于孟子与《五行》的关联,可以参看陈来先生的观点(竹帛《五行》篇为子思、孟子所作论——兼论郭店楚简《五行》篇出土的历史意义[J]. 孔子研究. 2007〔1〕:22—29)。关于《孟子》中存在佚文的观点,可以参看本书齐诗部分。有关孟子与阴阳五行关系的探讨,《汉书》中曾记载"阴阳家《孟子》一卷",而此处的孟子可以确证正是今日探讨之孟子。考虑到刘向、歆对先秦典籍的整理过程等诸多因素对于《孟子》最终七篇成书的影响,在汉代当有与《孟子》及《孟子外书》相并列的其他有关孟子的典籍存在,而其中应当不乏有关性情和阴阳的因素。

② 李学勤. 诗论的体裁和作者[A]. 上博馆藏战国楚竹书研究[C]. 上海:上海书店出版社,2002:54.

命自天降、道始于情、情生于性、性一心殊等等说法,为《中庸》所谓
的'天命之谓性,率性之谓道,修道之谓教'命题的出场做了充分的
思想铺垫,也就补足了孔孟之间所曾失落的理论之环。"① 共同的思
想来源,也使得性情因素在各自的《诗》学典籍中得以以不同的形式
展现。据陈桐生先生推断,《孔子诗论》先于《孟子》出现,这也就意
味着《孟子》及与之相关的思孟学派典籍入楚之时,《孔子诗论》已
经开始在楚地产生影响了。可以说,《孔子诗论》的出现为孟子《诗》
学中性情思想在楚地的传播奠定了思想基础。虽然二者皆言性情,
然而汉代四家诗在承袭性情思想时却与孟子的思想更为接近,而这
不得不应部分归因于《孔子诗论》早期在楚地的传播与影响。例如,
《孔子诗论》对"情"的阐发,已然是把"情"作为诗乐传统的结果来
看待:

> 诗亡(无)离志,乐亡(无)离情,文亡(无)离言②

"诗亡离志"是《诗论》的开宗明义之论,也是《诗论》的纲要,这一观
点与《礼记·孔子闲居》之"志之所至,诗亦至焉"③相协。而"乐亡
离情"则点明了孔子对《诗》与"情"关系的认识,即认为"情"与乐
教关系更为密切,是对乐教的真实反映。而孟子明确指出应把"情"
作为《诗》的根本缘起来看待。从对"情"的《诗》学价值的根本性
与重要性的角度来看,孟子显然走得更远,也更接近于《诗大序》中

---

① 庞朴著,刘贻群编. 庞朴文集第2卷古墓新知[M]. 济南:山东大学出版社,
  2005:1.
② 马承源. 上海博物馆藏战国楚竹书(一)[M]. 上海:上海古籍出版社,2001:
  123.
③ 孙希旦撰,沈啸寰,王星贤点校. 礼记集解[M]. 北京:中华书局,1989:1275.

《诗》"发乎情"的观点。这也在一定程度上证明了孟子《诗》学的性情因素与楚地及与汉代《诗》学的关联在其传入南楚之时便已然奠定。

其二,孟子《诗》学中的王道政教思想也在楚地得到了一定程度的承传。

陈桐生先生指出,《孟子》和《孔子诗论》分别代表了先秦《诗》学在南北的地域特点,共同构成了汉代《诗》学的两大来源,由孟子而开的《诗》学思想更重视对《诗》的王道政教意义的阐明,而由《孔子诗论》所开的南楚诗教思想却更加重视对《诗》的性情因素的阐发[①]。虽然这在一定程度上指明了先秦两汉《诗》学发展的渊源所自,然而事实却并非如此简单。例如,前文已证,虽然《孔子诗论》与《孟子》中同样出现了对《诗》中性情因素的阐发,然而《孟子》与汉代《诗》学性情阐发的学脉关联却更显密切,这就证明孟子《诗》学的性情阐释成分很有可能在汉代之前便已占据优势性地位,并影响到汉代的《诗》学发展。同样的情况也出现在孟子《诗》学的王道政教思想在楚地的传播方面。虽然楚地《诗》学以性情阐发为主要特点,但是在汉代初年出现的楚地阜阳汉简《诗经》中,却赫然出现了以王道政教思想来阐释《诗》的做法,而这恰恰是孟子《诗》学在楚地流传并产生影响的明证。

阜阳汉简《诗经》出土于1977年安徽阜阳双古堆一号汉墓,被认为代表了汉代《诗》学传承过程中除四家诗之外、流传于楚地的另一《诗》学体系。阜阳所处的位置不仅处于楚国旧地,而且也处于战

---

① 陈桐生.《孔子诗论》研究[M].北京:中华书局,2004:212.

国末年楚国都城的旧址之上。战国末年楚考烈王迁都于巨阳[①]，而巨阳即今日阜阳太和县。李学勤先生推测它是"楚国流传下来的另一种本子"[②]并非虚言。因此这也是秦汉之间最能代表楚地《诗》学承传的版本之一。然而在阜阳汉简《诗经》中，却并没有明显展现出《孔子诗论》中所体现出的鲜明的性情因素，而是出现了大量对《诗》的王道政教意义的阐发。例如阜阳汉简《诗经》附录中所收录的三片残简，论者均将之视为《诗序》残文：

"后妃献□"（S附2·1）

"风（讽）□□□风□"（S附2·2）

"风（讽）君□□□"（S附2·2）

洪湛侯先生指出虽然此处仅剩残文，但此处所言之"后妃""风（讽）"等术语，与《诗序》中的以后妃之德阐释诗义、标明《诗》的美刺立场的做法非常相似[③]。而这也恰恰是毛诗等汉代四家诗中经世致用意义的突出展现。由此可见阜阳汉简《诗经》与主要产生于齐、鲁、燕、赵之地的汉代四家诗在《诗》学本质上已经没有根本性的差别。那么，楚地《诗》学中的王道政教性因素应当源于何处呢？我们推测，这与孟子《诗》学早期在楚地的传播存在着密切的关联。汉代楚地《诗》学的代表性著作阜阳汉简《诗经》中王道政教成分的集中出现，足以证明楚地《诗》学发展过程中曾大量吸收了儒家《诗》学中的王道政教成分并对此进行了进一步发展。结合孟子《诗》学对

---

① 司马迁. 史记 [M]. 北京：中华书局，1982：1736.

② 湖北省社会科学院历史研究所编. 楚文化新探 [M]. 武汉：湖北人民出版社，1981：34.

③ 洪湛侯. 诗经学史 [M]. 北京：中华书局，2002：153.

王道政教意义的最早阐释以及思孟学派文献在楚地的流传,我们可以推断这应是孟子《诗》学的王道政教思想在楚地流传和发展的一种表现。

由此可见,汉代四家《诗》学兼顾王道政教思想和性情思想的特点,很有可能在秦汉之间就已然完成了。虽然典籍不传,更加具体的传承脉络已经难以具现,然而以上论述却足以表明楚地《诗》学阐释中的王道、性情特点与楚地对孟子《诗》学思想的保留与承传密切相关。楚地对孟子《诗》学思想的保存不仅使得孟子的《诗》学思想得以与当地的《诗》学观念汇流,同时汉代初年楚文化的强势性地位也为流传于楚地的孟子《诗》学被汉儒所接受提供了文化心理条件。

《诗》的流传与孟子学说流传在区域上如此契合的状况,在先秦诸子中仅此一例[1]。战国秦汉之间《孟子》与《诗》在齐鲁与楚地两大文化区域的汇流得以完成。这为孟子在汉代《诗》学发展中的影响提供了先机。汇流的结果和表现,便是汉代四家诗在《诗》学主张、诗义阐释乃至思想等多个方面对孟子的《诗》学地位进行了全方位的承袭与肯定。

第三节　"时运交移":《孟子》辅经地位在汉代的确立

胡适先生曾赞同《淮南子·要略》之说,称"学术之兴皆本于世变之所急"[2]。这一结论用于汉代孟子之学的初兴同样适合。在天下

---

[1] 虽然史书记载荀子也曾游于稷下,终老兰陵,然而就其《诗》学承传方面的贡献而言,文献支持却严重不足。
[2] 胡适. 中国哲学史大纲[M]. 北京:东方出版社,2004:312.

"红紫乱朱"、诸侯"争于气力"的时代,孟子学说的推行面临着种种困难,"游事齐宣王,宣王不能用。适梁,梁惠王不果所言"①。在其有生之年,孟子的学说始终没有如其所期待的那样,得到诸侯的重视。然而孟子对自己学说的最终流行于世却颇为自信,他曾经多次指出"圣人复起,必从吾言"②,"圣人复起,不易吾言矣"③。孟子殁后仅百余年,他的这一预言即变为现实。汉代在政治、思想、学术等多个方面都表现出了对孟子的关注与认可——虽然人们多把孟子地位提升的时间界定在唐宋年间,以孟子的升格运动④为标志,也曾有"《孟子》至汉后,始盛传于世"⑤的观点。然而早在汉代,孟子就已经被时人重视,并且其地位也已经远在诸子之上了。在学术方面,这不仅表现为《孟子》被汉儒广为关注、多家《孟子》注疏的涌现上,最重要的表现还在于终汉一世《孟子》一直与汉代经学的发展相始终。而以上一切均为孟子《诗》学地位的确立及汉代四家诗对孟子的承袭提供了基础和条件。

---

① 司马迁. 史记 [M]. 北京:中华书局,1982:2343.
② 焦循. 孟子正义 [M]. 北京:中华书局,1987:212.
③ 焦循. 孟子正义 [M]. 北京:中华书局,1987:458.
④ 孟子的升格运动开始于唐代,唐韩愈、皮日休等人已经开始了对孟子的推崇,而孟子升格运动的最终完成是在北宋。宋代神宗时期,《孟子》一书被正式列入科举范围,也是第一次被官方列为经书。宋元丰六年,神宗下诏封孟子为邹国公,这是孟子第一次得到封谥。元丰七年,礼部上疏请求将孟子神位供奉在学庙之中,配祀孔子,与颜回地位相同。宣和年间,《孟子》首次刻为石经,成为实际的十三经之一。
⑤ 朱彝尊著,游均晶等点校. 点校补正经义考 (七) [M]. 台湾:"中央研究院" 中国文哲研究所筹备处,1997:130.

一、汉代孟子的学术地位："黜诸子而尊孟子"

虽然遭受秦火之厄，但是《孟子》却因"篇籍得不泯绝"[①]而得以在汉初继续流传。关于其篇籍不绝的原因，赵岐指出这是秦火之祸不及诸子之故[②]，然而查考文献，《孟子》等诸子杂说遭受秦火的记载却赫然在列。推其原因，或有孟子后学在秦汉之间的党徒众多之故，也与诸子书"时语易晓，而口耳相传者众"[③]存在一定关联。因此汉文帝时"天下众书往往颇出，皆诸子传说"[④]，而《孟子》也因保存完备，得以在汉代初年列入传记博士。

（一）"孟子首置博士"

东汉赵岐在《孟子题辞》中言及汉代《孟子》浮沉时，曾经尤其突出了《孟子》在汉初被列入传记博士一事：

> 汉兴，除秦虐禁，开延道德，孝文皇帝欲广游学之路，《论语》《孝经》《孟子》《尔雅》皆置博士。后罢传记博士，独立《五经》而已。[⑤]

据赵岐所言，在汉代包括《诗》在内的五经[⑥]之学列入官学之前，《孟子》已经率先被纳入官方视野，因列入"博士"而得以保存和流传。

---

① 焦循.孟子正义[M].北京:中华书局,1987:16.
② 赵岐《孟子题辞》载:"孟子既没之后,大道遂绌,逮至亡秦,焚灭经术,坑戮儒生,孟子徒党尽矣。其书号为诸子,故篇籍得不泯绝。"(焦循.孟子正义[M].北京:中华书局,1987:16)
③ 钟肇鹏.焚书考[A].求是斋丛稿[C].成都:巴蜀书社,2001:136—138.
④ 班固.汉书[M].北京:中华书局,1962:1969.
⑤ 焦循.孟子正义[M].北京:中华书局,1987:17.
⑥ 汉武帝时,才将《诗》《书》《易》《礼》《春秋》法定为五经之学。

虽然此时五经之学尚未得立,《孟子》也并不具备"经"的身份,然而从赵岐的记载来看,在文帝时期,《孟子》得以列入"博士"而与《论语》《孝经》相并列,已可见其在汉初的地位之尊。在一定程度上,这也表现出汉代对孟子的重视。对此,南宋学者王应麟就曾指出孟子在汉代首列博士,代表着孟子在汉代的地位高于诸子之上:"嫩哉,汉之尊经呼!儒五十三家,莫非贤传也,而《孟子》首置博士。"① 翟灏的《四书考异》也从类似的角度,指出了《孟子》与《论语》《孝经》地位的相似性:"《孟子》尊立最久,时《论语》《孝经》通谓之'传',而《孟子》亦谓之'传'。"②

虽然关于传记博士何时罢免,史家向来存在争议③,但是不可否认的是,汉初对《孟子》的尊立,不仅初步确定了孟子与汉代经学之间的关联,也为其思想和学说在汉代的流布奠定了基础。据《史记·封禅书》记载,文帝时曾"使博士诸生刺《六经》中作《王制》"④。而查考《王制》中的诸篇,又多与《孟子》相合,近人金德建先生就曾指出《礼记·王制》深受孟子影响达34处之多⑤。而焦循也在其《孟子正义》中侧面肯定了《孟子》传记博士之立与汉代经学之间的关

① 陈志坚.诸子集成(第一册)[M].北京:北京燕山出版社,2008:336.
② 崔灏.四书考异[M].上海:上海古籍出版社,2002:221.
③ 钱大昕认为传记博士的罢免始于汉武帝时期,在其《潜研堂答问》提到:"《汉书》赞武帝云:'孝武初立,卓然罢黜百家,表章六经。'以本纪考之,建武五年,置五经博士,则传记博士之罢,当在是时矣。"(钱大昕撰,吕友仁标校.潜研堂集[M].上海:上海古籍出版社,1989:134)而周桂钿先生的《秦汉思想史》则认为,传记博士应当罢于武帝元光元年之后(周桂钿.秦汉思想史[M].石家庄:河北人民出版社,2000:122—132)。
④ 司马迁.史记[M].北京:中华书局,1982:1182.
⑤ 金德建.古籍丛考·孟子王制所述制度相通之论[M].昆明:中华书局,1941:94—101.

联:"今《王制》篇中,制禄爵关市等文,多取诸《孟子》,则孝文时立《孟子》审矣。"① 不仅如此,《孟子》在汉代初立为博士也使得《孟子》在汉代有了专门的儒生承传。虽然所立时间不长,但足以为《孟子》在汉代的流布奠定基础。"博士"的设置,始于战国齐之稷下,而"博士"作为学官,则始于秦朝。《汉书·百官公卿表》载:"博士,秦官,掌通古今,秩比六百石,员多至数十人。"② 汉初沿袭秦制,此时所列的传记博士应当仍然是对秦制的沿革,而非后来所推行的"专经博士"制度。从这一记载来看,传记博士不仅享有俸禄且徒属甚众。如此来看,孟子之学的传承不仅得以躲过秦火之厄,并且孟子之学在汉代的流传也有了专门的承传者。

(二) 盐铁之论"多本孟子之言"③

昭帝始元六年 (前81年),朝廷的丞相御史与"贤良""文学",也就是从各地所举荐的儒生,就国家的经济政策展开了一场论辩,论辩主要围绕国家的盐铁专卖等问题展开:"举贤良文学,问民所疾苦,于是罢酒榷而议盐铁矣。"④ 这次论辩被桓宽所记载,成为《盐铁论》一书。而这次讨论的思想主题,正围绕着《孟子》中由来已久的"义、利"之辩展开的:御史大夫从朝廷的利益出发,主张继续施行武帝时期的盐铁政策;而贤良文学则反对这种与民争利的做法,主张还利于民⑤。正如桓宽所评价的那样:"余睹盐、铁之义,观乎公卿、文学、贤良

① 焦循.孟子正义 [M].北京:中华书局,1987:17.

② 班固.汉书 [M].北京:中华书局,1962:726.

③ 焦循.孟子正义 [M].北京:中华书局,1987:18.

④ 班固.汉书 [M].北京:中华书局,1962:3624.

⑤ 班固.汉书 [M].北京:中华书局,1962:2175—2177.

之论,意指殊路,各有所出,或上仁义,或务权利。"①

　　盐铁之议不仅在争论的主题上与《孟子》密切相关,并且在具体的论辩过程中,也多次引用《孟子》,双方仅对《孟子》的直接引用和化用,就达66次②之多。《孟子》中所提倡的税法制度、井田制度、重农思想等均被贤良文学援引为依据。例如"不违农时"的观点,被孟子视作王道之治的基础:

> 不违农时,谷不可胜食也。数罟不入洿池,鱼鳖不可胜食也。斧斤以时入山林,材木不可胜用也。谷与鱼鳖不可胜食,材木不可胜用,是使民养生丧死无憾也。养生丧死无憾,王道之始也。③

不违农时、农渔有度既是孟子提出的保护民生邦本的基础,也是孟子所指出的王道政教措施的根本。孟子指出,唯有通过这些方式,才能使得木材足够使用,衣食可以无忧。唯有百姓的衣食温饱都得到了满足,王道政治才迈出了第一步。孟子的这一观点并未被梁国所重视,如司马迁所言:"梁惠王不果所言,则见以为迂远而阔于事情。"④然而孟子的这一观点却在盐铁会议中被多次提及,并被贤良文学视为反驳盐铁制度的主要依据:

> 文学曰:"孟子云:'不违农时,谷不可胜食。蚕麻以时,布帛不可胜衣也。斧斤以时,材木不可胜用。田渔以时,鱼肉不可胜

---

① 桓宽撰,王利器校注.盐铁论校注[M].北京:中华书局,1992:613.
② 何志华,陈雄根编.先秦两汉典籍引《周易》《论语》《孟子》资料汇编[M].香港:香港中文大学出版社,2007:343—435.
③ 焦循.孟子正义[M].北京:中华书局,1987:54—55.
④ 司马迁.史记[M].北京:中华书局,1982:2343.

食.'若则饰宫室,增台榭,梓匠斫巨为小,以圆为方,上成云气,下成山林,则材木不足用也。男子去本为末,雕文刻镂,以象禽兽,穷物究变,则谷不足食也。妇女饰微治细,以成文章,极伎尽巧,则丝布不足衣也。庖宰烹杀胎卵,煎炙齐和,穷极五味,则鱼肉不足食也。当今世,非患禽兽不损,材木不胜,患僭侈之无穷也;非患无旃罽橘柚,患无狭庐糠糟也。"①

　　贤良文学把孟子之论奉为圭臬,指出:如果如御史大夫所言,广建宫室,那么木材不足为用;百姓被征于劳役,则无暇耕织,那么衣食不足为用;而沉溺于口腹之欲,鱼鳖就不足以食用。如此则使得百姓困于饥寒,少于衣食。这是对孟子所倡导的王政思想的最大背离。非常明显,此处所引的孟子观点已经形同经书,成为儒生判断政策施行是否符合王道政教要求的标准。类似的情况在《盐铁论》中不一而足,此处不再一一赘述。值得注意的是,即便是反对贤良文学观点的御史大夫,也在言语中多次提及孟子及其主张。这场关于盐铁政策的讨论,甚至演变成为双方关于孟子思想的探讨。正如赵岐所指出的那样"如《盐铁论》载贤良文学对丞相御史,多本孟子之言"②。

　　这次会议是孟子在汉代地位提升的一次集中表现。诚如黄式三先生在《敬居集》中所言:"读《盐铁论》,讥重敛,讥酷刑,上叙唐、虞、三代,下引孔子、孟子之言,粹然一出于儒。以汉初之时,黜诸子而尊孟子,其识尤卓。"③黄先生指出:盐铁会议正是孟子地位高于诸子的一次集中表现。今人金春峰先生曾特别强调了盐铁会议对孟子地位

———————

① 桓宽撰,王利器校注.盐铁论校注 [M].北京:中华书局,1992:43—44.

② 焦循.孟子正义 [M].北京:中华书局,1987:18.

③ 黄式三.敬居集·读盐铁论 [M].光绪十四年续刻本.

的影响:"孟子思想取得了主导地位,这是汉代儒家思想值得注意的变化。"① 徐复观先生也认为这是孟子地位上升的一个显著标志:"两方多次孔孟并称,说明汉初荀子的地位,已由孟子取而代之。"② 虽然诸家评判存在着细微的差别,但是有一点却达成了共识,那就是盐铁会议是孟子在汉代地位高于诸子而近乎经学的一次集中彰显。

(三)《孟子》注本的频现

值得注意的是,两汉时期涌现出了数家注《孟》之作:刘向《孟子注》③、赵岐《孟子章句》、程曾《孟子章句》④、郑玄《孟子注》⑤、高诱《孟子章句》⑥、刘熙《孟子注》⑦。较之后世注《孟》之作,汉代《孟子》注疏在数量上确实不占优势,然而与汉代的诸子相比,《孟子》是除五经典籍之外,被汉代学者注疏次数最多的一部典籍⑧。在"遗子

---

① 金春峰. 汉代思想史 [M]. 北京:中国社会科学出版社,1997:301.

② 徐复观. 两汉思想史(第三卷)[M]. 上海:华东师范大学出版社,2001:127.

③《汉书·艺文志》载刘向整理诸子典籍,曾有条录:"刘向校经传诸子诗赋,……向辄条其篇目,撮其指意,录而奏之。"(班固. 汉书 [M]. 北京:中华书局,1962:1701)

④《后汉书·儒林列传》:"程曾字秀升,豫章南昌人也……著书百余篇,皆《五经》通难,又作《孟子章句》。"(范晔. 后汉书 [M]. 北京:中华书局,1965:2581)

⑤《隋书·经籍志》和《新唐书·艺文志》均有郑玄作《孟子注》的记载。

⑥ 高诱在其《吕氏春秋·序》中提到:"诱正《孟子》章句,作《淮南》《孝经》解毕讫。"(吕不韦撰,陈奇猷校释. 吕氏春秋新校释 [M]. 上海:上海古籍出版社,2002:2)

⑦《隋书·经籍志》和《新唐书·艺文志》对此均有著录。

⑧ 根据《隋书·经籍志》的记载,诸子典籍中得以被汉儒注疏的除《孟子》之外,流传至隋代的仅有河上公注的《老子道德经》二卷,高诱注《吕氏春秋》二十六卷,高诱注《淮南子》二十一卷。

黄金满籝,不如一经"①的功利心态下,汉儒对五经的高度关注和注疏的频出自在情理之中。然而被列入诸子之学的《孟子》却在东汉时期涌现出六家注疏之作,这是一个值得关注的现象。

注疏的原因一般有两种:一种是典籍晦涩难通,流传至汉世已有注疏的必要;另一种则如五经之学,因为起着关乎学术发展的关键作用,并且研习者众,有进一步阐释和解读的必要。然而就《孟子》而言,其语言之晓畅即便今天读来也并不存在太大的障碍,诸家纷纷为《孟子》作注的原因何在呢?

赵岐的《孟子章句》是汉代诸家注疏中流传至今的唯一一部完整的著作,关于注解《孟子》的原因,赵岐曾有如下解释:

> 惟六籍之学,先觉之士,释之辩之者既已详矣。儒家惟有《孟子》,闳远微妙,缊奥难见,宜在条理之科。于是乃述己所闻,证以经传,为之章句,具载本文,章别其指,分为上下,凡十四卷。②

赵岐指出:儒家的六经典籍已经被条埋分析甚详而难以置喙,但是儒家典籍中的《孟子》却"闳远微妙,缊奥难见,宜在条理之科",也就是说《孟子》中蕴含的微言大义需要进一步阐释才能使后人了解。与赵岐的这一解释相佐证的是,在言及孟子的"以意逆志"说时,赵岐又指出,孟子的"以意逆志"观并不仅是针对《诗》学阐释提出的,在对《孟子》的阐释过程中,为了深入了解《孟子》之中所蕴含的深妙意义,这一理论同样适用:"斯言殆欲使后人深求其意,以解其文,

---

① 班固.汉书[M].北京:中华书局,1962:3107.
② 焦循.孟子正义[M].北京:中华书局,1987:25—26.

不但施于说《诗》也。"那么《孟子》之深妙体现在何处呢?《孟子章句》中对此有明确阐释:

> 七十子之畴,会集夫子所言,以为《论语》。《论语》者,《五经》之馆鎋,《六艺》之喉衿也。《孟子》之书,则而象之。①

赵岐明确指出,《孟子》正如记载孔子之言的《论语》一样,是"《五经》之馆鎋,《六艺》之喉衿"。也就是说,《孟子》是理解儒家经学典籍的关键环节,因而大有注疏之必要。

由于典籍的缺失②,赵岐之外的其他诸家的注《孟》原因,我们已经不得详知。然而从郑玄对《孟子》的使用上,我们也可窥见郑玄的注《孟》原因与赵岐颇有相似。郑玄的《孟子注》今已难见完本,但是从郑玄对《孟子》的使用上我们却可以发现,郑玄对《孟子》的使用主要集中在其注疏儒家经典的过程中,在郑玄的《三礼》注、《尚书大传》注、《毛诗传笺》中,郑玄引用《孟子》原文以辅助诗义阐释的情况就达28次。例如郑玄对于《周礼·考工记·匠人》篇中的"九夫为井,井间广四尺,深四尺,谓之沟"一句,郑玄引用孟子对井田的描述,注曰:

> 此畿内采地之制。九夫为井,井者,方一里,九夫所治之田也。……滕文公问为国于孟子,孟子曰:"夏后氏五十而贡,殷人七十而助,周人百亩而彻,其实皆什一。彻者,彻也;助者,藉

① 焦循. 孟子正义 [M]. 北京:中华书局,1987:14.
② 赵岐之外的各家《孟子》注本虽然亡佚,但其遗文仍可见于其他著作,如马国翰的《玉函山房辑佚书》就辑有程曾《孟子章句》一卷,郑玄《孟子注》一卷,高诱《孟子章句注》一部,刘熙《孟子注》一卷。此外,清王仁俊、王谟、宋翔凤等亦有相关辑录。

也。龙子曰："治地莫善于助,莫不善于贡。"贡者校数岁之中
以为常。"文公又问井地。孟子曰:"请野九一而助,国中什一
使自赋。卿以下必有圭田,圭田五十亩,余夫二十五亩。死徙
无出乡,乡田同井,出入相友,守望相助,疾病相扶持,则百姓亲
睦。方里而井,井九百亩,其中为公田。八家皆私百亩,同养公
田。公事毕,然后敢治私事,所以别野人也。"又曰:"《诗》云:
'雨我公田,遂及我私。'惟助为有公田。由此观之,虽周亦助
也。"……以《诗》《春秋》《论语》《孟子》论之,周制,邦国用殷
之助法,制公田,不税夫。……周之畿内,税有轻重。诸侯谓之
彻者通其率以什一为正。《孟子》云:"野九夫而税一,国中什
一。"是邦国亦异外内之法耳。①

郑玄此处论及周代井田制度时引用了《孟子·滕文公上》的记载,除
了注文中引"助"为"勶"以外,几乎与《孟子》中的语言完全相同。
而更为关键的是,郑玄此处明确把《孟子》与《诗》《春秋》《论语》这
三种儒家典籍相并列,共同引用其中的记载以证明井田制度曾在周
代施行一事。从这种把《孟子》与五经典籍并列使用的态度上来看,
郑玄虽没有视《孟子》为经书,但是却把其看作重要的辅经著作,其
地位亦远在诸子之上。类似的例子在郑玄的《毛诗笺》中也时有发
生。焦循就曾明确指出郑玄在作《毛诗笺》的过程中对《孟子》有诸
多采纳:"郑康成注《礼》笺《诗》,……皆引之。"②从这一角度来看,
郑玄作《孟子注》的原因亦可推测,其出发点应与赵岐并无本质上的
差别,即视《孟子》为重要的辅经著作。其他三家的注《孟》原因虽

———————

① 孙诒让.周礼正义[M].北京:中华书局,2015:4212—4213.
② 焦循.孟子正义[M].北京:中华书局,1987:18.

不见明载,但应当也包括了这方面的因素。

值得注意的是,为《孟子》作注的六家学者中,确定为汉代四家诗学者的就有赵岐、郑玄两家。他们不仅把《孟子》当作辅经著作,还一度将之与儒家经典相比肩。这一系列做法,也恰恰证明了研习汉代经学尤其是汉代《诗》学的学者对《孟子》经学地位的肯定与推重。

二、《孟子》与汉代经学的深层关联:"有六经,不可以无《孟子》"

以上所论,是孟子与汉代经学之间行之于表面的关联,历来汉代孟学研究者论及孟子地位时也主要从以上角度入手①。然而,汉代被皮锡瑞先生定位为经学昌明和极盛的时代,经学又是汉代学术的核心与根源,要总体查考孟子在汉代的学术地位和文化影响,理清孟子与四家诗的渊源,就必须要探讨其与汉代经学的深层关联。

秦火之后的汉代,经学典籍的缺失自不待言。而其中被祸最深的正是《诗》《书》等儒家典籍。据《史记·秦始皇本纪》载,秦始皇三十四年李斯曾上书称:"非博士官所职,天下敢有藏《诗》《书》、百家语者,悉诣守、尉杂烧之。有敢偶语《诗》《书》者弃市。"②从这一奏议可以看出秦朝对《诗》《书》等儒家文献的排斥态度。这种对儒家文献的敌视以及相应的焚书政策,不仅意味着儒家学说与秦朝政治的彻底绝缘,也给儒家六艺的承传带来了巨大的损失:"燔《诗》

① 例如董洪利先生的《孟子研究》便主要从《孟子》注本的角度来探讨孟子在汉代的地位。丁原明先生的《两汉的孟学研究及其思想价值》也主要是从上面的角度入手探讨的。
② 司马迁. 史记[M]. 北京:中华书局,1982:255.

《书》，杀术士，六学从此缺矣。"① 汉代初立，儒生为汉王朝寻找长治久安之计，开始反思秦二世而亡的原因，诸儒均把秦朝对《诗》《书》的燔灭、对儒家典籍的禁绝，作为秦世短祚的主要原因②。汉儒的这种观点，不仅为汉代推崇六艺的学术走向奠定了基础，也决定了孟子与汉代经学的必然关联。

首先，儒家六艺被汉儒视为王道政教思想的渊源，也被视为指导汉代政治走向的法典。而孔子又被汉儒推尊为为汉代立法的圣贤。例如《汉书·儒林传》在提到六艺的时候指出古代儒者博学六艺，并把六艺看作"王教之典籍，先圣所以明天道，正人伦，致至治之成法"③。汉儒还指出，六艺"成一王法"源于孔子对六艺的整理编订，即汉儒认为孔子是汉代统治秩序的制定者，孔子也由此被推尊为"素王"。这不仅使得《诗》《书》的流传在汉代最早得到恢复，孔子的地位也逐渐被推向独尊的位置。

其次，严秉孔门正传的孟子因此受到了最为广泛的关注。儒家典籍虽然被汉儒推尊至极致，但是由于秦火之祸，先秦典籍多有散佚，六艺的承传出现了断层："陵夷至于暴秦，燔经书，杀儒士，设挟书之法，行是古之罪，道术由是遂灭。汉兴，去圣帝明王邈远，仲尼之道又绝，法度无所因袭。"④ 汉代初年，因焚书政策所造成的学术凋敝现象尚未得到恢复，典籍的大量缺失使得儒家之道的承传面临着"无

---

① 班固. 汉书 [M]. 北京：中华书局，1962：3592.
② 例如《韩诗外传》中便曾把秦亡原因，归结为仁义的缺失和礼乐的不兴："秦之时，非礼义，弃《诗》《书》，略古昔，大灭圣道，专为苟妄，以贪利为俗，以告猎为化，而天下大乱。"（韩婴撰，许维遹校释. 韩诗外传集释 [M]. 中华书局，1980：183—184）
③ 班固. 汉书 [M]. 北京：中华书局，1962：3589.
④ 班固. 汉书 [M]. 北京：中华书局，1962：1968.

所因袭"的状态。在这种情况下,素来被认为秉承孔门学术传统、最得孔子真传的儒家学者①孟子的著作,却"篇籍得不泯绝",这势必会引起汉儒的广泛关注与高度重视。而汉儒关注的首要方向便是其与五经的关联及其对六艺的说解。

(一)《孟子》在汉代的学术定位:"序《诗》《书》"

历代学者言及孟子的学术特点时,均会强调其与五经②的关系。例如唐代推尊孟子最盛、极力主张列《孟子》入经学的皮日休,便将《孟子》与六经并称:"圣人之道,不过乎经;经之降者,不过乎史;史之降者,不过乎子;子不异乎道者,《孟子》也。《孟子》之文,粲若经传,继乎六籍,光乎百氏,真圣人之微旨也。"③皮日休明确指出了《孟子》在继承圣人之意上与六经的相似之处。宋代孙奭在《孟子注疏》篇首对孟子学术贡献进行定位时也明确指出,孟子的最大贡献在于对六经思想的继承:"夫揔群圣之道者,莫大乎六经。绍六经之教者,莫尚乎《孟子》。"④宋儒苏辙则直接把对《诗》《春秋》的解读与孟子联系在一起:"不观于《诗》,无以知王道之易;不观于《春秋》,无以知王政之难。若孟子可谓深于《诗》,而长于《春秋》者矣。"⑤明代著名学

---

① 韩愈在《送王秀才序》中曾经提到孟子对孔门学术与汉代学术的衔接之功:"自孔子没,群弟子莫不有书,独孟轲氏之传得其宗,故吾少而乐观焉。"(韩愈著,阎琦校注.韩昌黎文集注释[M].西安:三秦出版社,2004:396)

② 六经所指为《易》《乐》《诗》《礼》《书》《春秋》。但由于《乐》很早亡佚,后世的学者在论述的时候又往往以"五经"而言之。故而本书在引述的时候不免出现"五经""六经"交互出现的情况,所指实则一致,后文不再一一注明。

③ 朱彝尊著,游均晶等点校.点校补正经义考(七)[M].台湾:"中央研究院"中国文哲研究所筹备处,1997:111.

④ 阮元校刻.十三经注疏(清嘉庆刊本)[M].北京:中华书局,2009:5789.

⑤ 朱彝尊著,游均晶等点校.点校补正经义考(七)[M].台湾:"中央研究院"中国文哲研究所筹备处,1997:112.

者郝敬,有《周易正解》《易领》《尚书辨解》《毛诗原解》等经学著作传世,可以说对经学研究颇有心得,他对《孟子》与诸经的关系也给予极高评价,认为《孟子》最得六经之旨,并强调说如果要研读六经,就不能不读《孟子》:"……则是知《易》诚未有如孟子者矣。……则知《书》诚未有如孟子者矣。……然则知《诗》未有如孟子者矣。……则知《春秋》孰有如孟子者乎! ……故达《礼》《乐》之情,又孰有如孟子者乎? 是故有六经不可以无《孟子》也。"① 以上观点均强调了孟子的重要学术地位在于其与诸经之间的密切关联。然而需要指出的是,上述观点均集中在《孟子》正式升入经学② 前后,这一时期对孟子与经学关联的大力强调或许与孟子的学术地位提升有关。然而追根溯源却能发现,这一观点最早并非在孟子升格运动前后出现,而恰恰是在汉代——汉代学者在言及孟子学术特点时,无不把孟子对五经,尤其是对《诗》《书》的承传作为孟子的主要学术特点和学术贡献。

　　最早明言孟子传播诸经之功的是汉武帝时期的司马迁③,他在《史记·孟子荀卿列传》中述及孟子身世生平之后,对孟子的学术地位作出了如下评价:"而孟轲乃述唐、虞、三代之德,是以所如者不合。退而与万章之徒序《诗》《书》,述仲尼之意,作《孟子》七篇。"④ 司马

───────────

① 朱彝尊著,游均晶等点校.点校补正经义考 (七) [M].台湾:"中央研究院"中国文哲研究所筹备处,1997:118—119.

② 后蜀时期,《孟子》已被列入十三经。然而直到宋代,《孟子》才正式被纳入科举考试范畴。在唐代至宋代这段时间,《孟子》的地位由子学正式升入经学,这一历程被史家命名为《孟子》的升格运动。

③ 与孟子同时而稍后的庄子曾提到战国后期诸经的传播情况:"其在于《诗》《书》《礼》《乐》者,邹、鲁之士、搢绅先生多能明之。"(《庄子·天下》) 但是由于没有明言所指,且在其著作中也不曾涉及孟子,故此处不录。

④ 司马迁.史记 [M].北京:中华书局,1982:2343.

迁指出,孟子在学术史上具有三大贡献:"述唐、虞、三代之德""序《诗》《书》""述仲尼之意"——即对唐虞三代历史的记录,对《诗》《书》等五经的传播以及对孔子的儒家思想的继承。事实上,前两者又恰恰是服务于孔门学术的传播要求。由此可见,在司马迁看来,孟子的主要学术贡献之一便是对《诗》《书》等五经经义的承传。

司马迁之后的汉代大儒在言及孟子的学术取向时无不坚持同样的观点。刘向在《列女传》关于孟母三迁的记载中提到:"及孟子长,学六艺,卒成大儒之名。"[①]在刘向看来,孟子最主要的学术贡献也在于其对六经的承传。刘向在汉成帝时校中秘书,专门负责校经传诸子诗赋,即整理、校雠先秦西汉典籍,《孟子》亦在校订之列。由于刘向对当时所保存的先秦至西汉的典籍有过最广泛的接触,他对于孟子"学六艺""成大儒"的论断足以代表汉代学者对孟子学术地位的中肯评价。

东汉赵岐所作的《孟子章句》是唯一一部作于汉代且流传至今的《孟子》注本,他在该书《孟子题辞》中言及孟子学术特点时,尤其提到孟子对五经的精通,并突出强调了孟子擅于《诗》《书》的特点:"治儒术之道,通《五经》,尤长于《诗》《书》。"[②]不仅如此,赵岐还对孟子在《诗》《书》传播方面的贡献进行了反复强调:"孔子自卫反鲁,然后乐正,《雅》《颂》各得其所,乃删《诗》定《书》,系《周易》,作《春秋》。孟子退自齐、梁,述尧、舜之道而著作焉,此大贤拟圣而作者也。"[③]赵岐把《孟子》视为孟子仿效孔子整饬六经而著的

---

① 刘向撰,王照图补疏,虞思徵点校.列女传补注[M].上海:华东师范大学出版社,2012:34.
② 焦循.孟子正义[M].北京:中华书局,1987:7.
③ 焦循.孟子正义[M].北京:中华书局,1987:13.

"拟圣"之作,并明确强调了两种著作的相继性:"《论语》者,五经之錧鎋,六艺之喉衿也。《孟子》之书,则而象之。"①孔颖达注疏曰:"此叙孟子作此七篇之书而仪象《论语》之书,是亦(五经)錧鎋、(六艺)喉衿。"赵岐对孟子的看法与司马迁的看法有一致之处,但赵岐对孟子传经之功的强调更加突出,孟子之于五经,不仅仅是简单传承者,更是孔子之后五经的又一个整饬者和审定者。可以说,赵岐的观点是继司马迁、刘向之后,汉代学者对孟子传经地位的再一次肯定和提升。

对《诗》《书》的承传,是汉代学者所公认的孟子的主要学术特色。在这种情况下,汉儒把《孟子》定位为辅翼五经的经典,或通过《孟子》来理解五经,或把其作为与五经相比肩的另一部经典而广泛称引,便成为他们的必然之举。

(二)汉儒对《孟子》的承袭:"诸经通义,得引《孟子》以明事"

汉儒把《孟子》定位为辅翼五经的经典,其表现之一是把《孟子》视为经典来广泛称引。《孟子题辞》中记载了汉代"诸经通义,得引《孟子》以明事"的现象,焦循《孟子正义》对此有更为详细的解释:

> 《孟子》虽罢博士,而论说诸经,得引以为证,如《盐铁论》载贤良文学对丞相御史,多本《孟子》之言。而郑康成注《礼》笺《诗》,许慎作《说文解字》,皆引之。其见于《史记》《两汉书》《两汉纪》,如邹阳引"不舍怒不宿怨",终军引"枉尺直寻",倪宽引"金声玉振",王褒引"雕娄、公输",贡禹引"民饥马肥",梅福引"位卑言高",冯异称"民之饥渴,易为饮食",李淑引"缘木求

---

① 焦循.孟子正义[M].北京:中华书局,1987:14.

鱼"，郅恽言"强其君所不能为忠，量君所不能为贼"，冯衍言"臧仓言泰山北海"，班彪引"梼杌春秋"，崔骃言"登墙搂处"，申屠蟠言"处士横议"，王畅言"贪夫廉，懦夫有立志"，傅燮言"浩然之气"，亦当时引以明事之证。[①]

焦循指出，虽然《孟子》不再列入传记博士，但是其影响广泛存在，不仅盐铁会议上儒生多用孟子之言，郑玄注《三礼》、作《毛诗笺》对《孟子》亦有诸多采纳，而且邹阳、终军等十五位汉代学者对《孟子》也多有引用。查考诸家所引内容，几乎涵盖了士人精神、民本思想、史学观点等孟子思想的诸多方面。然而汉代学者对《孟子》的称引远不限于以上所列的部分，这点从两汉著述对《孟子》语句的称引次数中便可见一斑：

表1—6　两汉著述援引《孟子》次数一览表[②]

著述	援引《孟子》次数
《毛诗正义》[③]	34
《韩诗外传》	41
《尚书大传》	9

[①] 焦循. 孟子正义 [M]. 北京：中华书局，1987：17—18.

[②] 本表主要根据《先秦两汉典籍引〈孟子〉资料汇编》一书的成果统计（何志华，陈雄根编. 先秦两汉典籍引《周易》《论语》《孟子》资料汇编 [M]. 香港：香港中文大学出版社，2007：343—435）。统计的范围主要包括语句的称引，以及明显化用的部分。至于不行诸文字的相似之处，例如思想的承袭等方面，并未列入此表的统计范畴之内。

[③] 仅统计《毛诗故训传》和《毛诗笺》中援引《孟子》的次数，孔颖达注疏部分因不属两汉范畴，不计入此列。以下五经的相关典籍也仅取与汉代儒生相关的部分，后文不再特别说明。

续表

著述	援引《孟子》次数
《春秋繁露》	18
《周礼注》	30
《礼记》	61
《大戴礼记》	14
贾谊《新书》	6
刘安《淮南子》	40
司马迁《史记》	53
陆贾《新语》	8
桓宽《盐铁论》	66
刘向《古列女传》	10
刘向《新序》	21
刘向《说苑》	37
扬雄《法言》	10
班固《白虎通》	6
班固《汉书》	83
荀悦《前汉纪》	38
赵晔《吴越春秋》	5
袁康《越绝书》	7
许慎《说文解字》	14
王充《论衡》	71
应劭《风俗通义》	27
刘珍等《东观汉记》	7
王符《潜夫论》	7
荀悦《申鉴》	5
徐干《中论》	8

通过以上统计可以明显看出，汉代著述对《孟子》均有不同程度的引用。其中，汉代与《诗》《礼》《春秋》相关的著作，占据了援引《孟子》的最主要部分。这不仅意味着《孟子》与汉代五经之学的密切联系，也意味着汉代经学家在经学释义过程中对《孟子》的普遍关注。从诸子类著作来看，对《孟子》称引较多的首推儒家类典籍，如《盐铁论》《论衡》等。这不仅意味着《孟子》在汉代仍多有后学承传，也反映了《孟子》在儒家学者眼中的地位之重。其次是汉代的史学典籍，汉代最重要的两部史书《史记》《汉书》，均对《孟子》多有涉及，且称引频率远在诸子之上。记载两汉历史的《前汉纪》对《孟子》也多有称引。汉代史书是对当时政治、经济、社会、文化等生活的全方位反映，史家典籍中《孟子》频现，在一定程度上证明了《孟子》对汉代社会影响的深远而广泛。此外，被后世归入道家类典籍的《淮南子》对《孟子》的关注也相对较多，这进一步说明了孟子在汉代影响的深远。

关于汉代诸儒广泛称引《孟子》的深层原因，王应麟的评价最为肯綮：

> 自木铎声寝，经与道榛塞，孟子辟邪距诐，羽翼孔道，七篇垂训，法严义精，知性知天，《易》之奥也；以意逆志，《诗》之纲也；言称尧舜，《书》之要也；井田爵禄之制，可以知《礼》；王霸义利之辨，可以知《春秋》。儒者称之曰"通《五经》"。噫！若孟氏，斯谓之通矣。懿哉，汉之尊经呼！儒五十三家，莫非贤传也，而《孟子》首置博士；九流百八十九家，莫非诸子也，而通义得述《孟子》。斯文之统纪以壹，多士之趋向以纯，非徒缀训、故诵、

占毕而已。^①

　　王应麟是南宋著名学者,他颇通六经,深得其中要旨,一生关于经学、史学的著述颇丰,达六百余卷,至今仍有《诗考》《困学纪闻》《六经天文篇》《周易郑康成集注》等著作传世。因此,他对经学问题的相关论述应是较为中肯的。王应麟指出,《孟子》在汉代能够"首置博士"并被诸经通义所援引重视,其根源在于孟子在儒术式微的时代继承了孔子之道并对五经要旨进行了进一步的阐发与弘扬。诸经通义"述孟子""非徒缀训、故诵、占毕而已",即汉儒对《孟子》的承袭并不是简单的称引与缀集,而是有着更为深远的经学意图和学术目的:诸经的承传过程中对《孟子》的"述",蕴含着对《孟子》的经学地位的高度肯定,以及对《孟子》的深入思考;汉儒采撷《孟子》往往具有"匡扶邦家"的寄托与深意所在,即"斯文之统纪以壹,多士之趋向以纯",也就是"壹"斯文、"纯"士人,使得汉初复杂纷乱的学术观点与思想倾向趋于统一。而这种学术贡献,在汉代正是由五经之学所承担的。由此可见,汉儒对《孟子》的广泛引用,其根源正在于对《孟子》辅翼经学的学术地位的高度肯定。

　　而汉代儒生是如何"述《孟子》",如何在经学发展尤其是《诗》学发展过程之中采撷《孟子》的呢? 这正是下面所论述的重点。

------

① 朱彝尊著,游均晶等点校.点校补正经义考(七)[M].台湾:"中央研究院"中国文哲研究所筹备处,1997:116.

第二章　孟子与鲁诗

汉代的今文诗有鲁、齐、韩三家,鲁诗、齐诗因其最初流传的地区而得名,韩诗因其初传者而得名。三家诗中,鲁诗出现最早、流传最广①、影响最大。陈乔枞在《鲁诗遗说考》中评价说:"终汉之世,三家并立学官,而鲁学为极盛。"②

鲁诗的流传与汉代思想学术密切相关。鲁诗最著名的传授者是鲁人申培公,曾任楚元王太子的太傅,并于文帝时被立为博士。鲁诗门徒颇盛③,仅申公门下弟子就多达千人,为博士官者就有十余

---

① 陈乔枞在《鲁诗遗说考·自叙》中评价说:"《史记·儒林传》言汉高祖过鲁,申公以弟子从师入谒于鲁南宫。又言申公以《诗》教授,弟子自远方至受业者千余人。是三家之学,鲁最先出,其传亦最广。有张唐褚氏之学,又有韦氏学、许氏学,皆家世传业,守其师法。"(王先谦.诗三家义集疏[M].北京:中华书局,1987:5)

② 王先谦.诗三家义集疏[M].北京:中华书局,1987:6.

③《经典释文·注解传述人》对于鲁诗在汉代的流传情况记载较详:"汉兴,传者有四家。鲁人申公受《诗》于浮丘伯,以《诗经》为训故以教,无《传》,疑者则阙不传,号曰'《鲁》诗'。弟子为博士者十余人,郎中令王臧、御史大夫赵绾、临淮太守孔安国、胶西内史周霸、城阳内史夏宽、东海太守鲁赐、长沙内史缪生、胶西中尉徐偃、胶东内史阙门庆忌,皆申公弟子也。申公本以《诗》《春秋》授,瑕丘江公尽能传之,徒众最盛。鲁许生、免中徐公皆守学教授。丞相韦贤受《诗》于江公及许生,传子玄成。又王式受《诗》于免中徐 (转下页)

人。亦不乏地位显赫的弟子,其中多有为博士官和为帝王师者,西汉几代帝王和藩主均曾研习鲁诗。这种特殊的学术群体和传播结构使得鲁诗与汉代的政治、学术密切关联。不仅如此,鲁诗又因其承传先秦《诗》学的严谨性而被视为汉代《诗》学正宗。《汉书·艺文志》称三家诗的诗义阐释以"鲁最为近之"。东汉官书《白虎通论》引《诗》就以鲁诗为主,东汉末年国家提供的经学标准版本熹平石经,也以鲁诗为主而只录齐、韩异字。即便到了魏晋,毛诗已经开始取代三家诗地位,魏国皇族曹植所习仍为鲁诗。清末廖平在《今古学考》中评价"鲁为今学正宗"①,并非虚言。鲁诗不仅是四家诗中产生最早、影响最大者,也是学术承传最为严谨、稳定,与先秦《诗》学联系最为紧密的一家。因此,研究汉代经学,首要之点在于《诗》学,而了解汉代《诗》学,则不得不重鲁诗。

从《诗》学渊源来看,鲁诗的学术渊源似乎争议最少,自从《汉书·楚元王传》记载:"(楚元王)少时尝与鲁穆生、白生、申公俱受《诗》于浮丘伯。伯者,孙卿门人也。"②后世学者多沿袭此说,把荀子视为鲁诗的最早渊源。由于鲁诗与荀子的关系一直以来已成定论,鲁诗与孟子的《诗》学渊源便被长期为前贤时修忽略。尽管鲁诗亡佚严重、十不存一,但是从现存辑佚资料来看,鲁诗最具代表性的特点无不与孟子关系密切:鲁诗不仅在思想倾向上与孟子联系更为紧

(接上页)公及许生,以授张生长安及唐长宾、褚少孙。张生兄子游卿以《诗》授元帝,传王扶。扶授许晏。又薛广德受《诗》于王式,授龚舍。"(陆德明撰,吴承仕疏证,张力伟点校. 经典释文序录疏证[M]. 北京:中华书局,2008:72)

① 李耀仙主编. 廖平学术论著选集(一)[M]. 成都:巴蜀书社,1989:73.
② 班固. 汉书[M]. 北京:中华书局,1962:1921.

密,其《诗》学纲领和诗义阐释也多与孟子相合,并且,鲁诗后学的学术倾向也深受孟子影响。

第一节　孟子《诗》说与鲁诗的经学化

闻一多先生曾说:"汉人功利观念太深,把《三百篇》做成了政治课本。"①这一判断准确揭示出汉代《诗》学重视政治功用的经学化特征。汉代《诗》学重视社会现实功用的特质,主要表现在如下几个方面:首先,《诗》的"四始说"规定了《诗》"匡扶邦家"的政治功能;其次,以美刺解《诗》的方式赋予了《诗》以讽喻现实政治的社会功用;再者,"以诗为谏"的形式把诗义阐释与朝廷劝谏结合在一起。这三个方面,从不同层面上界定了《诗》干预现实政治的社会功用,也在不同程度上与孟子的《诗》学定位存在关联。

鲁诗是四家诗中产生最早、影响最大的一家,既被认为是最能代表今文特点的"今学正宗",又是四家诗中最早开始并完成经学化的一家,在《诗》的经学化历程上具有重要的开创性意义。因此,从鲁诗入手探讨孟子对《诗》的经学化影响,对了解孟子与整个汉代《诗》的经学化历程的关系具有不容忽视的重要意义。

一、鲁诗"四始"与孟子渊源

据《汉书》记载,鲁诗在汉代的著述曾有七种,而流传至今者仅存旧题"汉鲁人申培撰"的《诗说》一卷。今日所见的鲁诗资料主要

① 闻一多著,朱自清等编.闻一多全集[M].上海:上海书店出版社,1991:356.

依赖清人的辑佚得以保存。而汉儒对师学、家法的重视是清人辑佚汉代《诗》学著作的主要依据："汉儒治经,最重家法,学官所立,经生递传,专门命氏,咸自名家。三百余年,虽《诗》分为四,《春秋》分为五,文字或异,训义固殊,要皆各守师法,持之弗失,宁固而不肯少变,斯亦古人之质厚,贤于季俗之逐波而靡也。"① 正是基于这一原因,王先谦在辑佚三家诗遗说的《诗三家义集疏》中把司马迁、刘向、蔡邕、徐璈等人的《诗》学观点纳入鲁诗的《诗》学范畴。

目前所见的鲁诗《诗》学观点中,"四始"说尤应引起重视。汉代四家诗皆有"四始"②,以鲁诗"四始"说出现为最早。鲁诗"四始"说不仅最能概括鲁诗《诗》学宗旨的代表性观点,并且在整个《诗》学发展史上也有其独特的价值。陈桐生曾对鲁诗的"四始"说给予极高评价:"它是我国第一个完整的《诗》学体系。……《鲁诗》通过'四始'的概念,将《诗经》四类诗概括为四大主题,并将其统摄在礼义思想之下,这标志着《诗》学批评已经结束了赋诗断章的历史,说《诗》开始走向体系化,这确实是《诗》学批评史上的一个里程碑。"③ "解开《鲁诗》'四始'之谜……可以理清从先秦到汉代儒家诗论发展的脉络。"④ 因此,通过鲁诗"四始"说来把握鲁诗的《诗》学宗旨,其意义自不待言。

---

① 王先谦.诗三家义集疏·序例[M].北京:中华书局,1987:8.
② 第三章第二节《齐诗"四始""五际"与孟子渊源》有详述,此处不赘。
③ 陈桐生.《鲁诗》"四始"的再解读[A].第三届诗经国际学术研讨会论文集[C].中国诗经学会,1998:91.
④ 陈桐生.从《鲁诗》"四始说"到《毛诗序》[A].第四届诗经国际学术研讨会论文集[C].北京:学苑出版社,1999:294.

鲁诗"四始"说目前可见的最早记载见于《史记·孔子世家》①：

> 古者《诗》三千余篇，及至孔子，去其重，取可施于礼义，上采契后稷，中述殷周之盛，至幽厉之缺，始于衽席，故曰："《关雎》之乱以为《风》始，《鹿鸣》为《小雅》始，《文王》为《大雅》始，《清庙》为《颂》始。"三百五篇孔子皆弦歌之，以求合《韶》《武》《雅》《颂》之音。礼乐自此可得而述，以备王道，成六艺。②

这一记载明确指出，《诗》三百篇所涉及的内容"上采契后稷，中述殷周之盛，至幽厉之缺"，即涉及从周朝始祖后稷到西周末世君主周幽王、周厉王整个西周时期的历史，而其选诗的目的和标准则在于"可施于礼义"，"礼乐自此可得而述，以备王道，成六艺"。这段论述是鲁诗对于《诗》的宗旨的根本性界定，可见以《诗》贯穿西周历史、宣扬礼义思想和王道观点是鲁诗传授的主要意图，而被列于《风》《大雅》《小雅》《颂》之首的四篇诗则是辅助解读鲁诗"四始"的关键。

---

① 司马迁所采为鲁诗，王先谦、陈乔枞等清儒均持此论，以陈乔枞的观点最具代表性："《史记·叙传》自言讲业齐鲁之都，子长宜习《鲁诗》。又，《儒林传》言韩婴为《诗》与齐鲁间殊，似不深信韩氏，且子长时《诗》惟鲁立博士，故《史记》所引《诗》皆鲁说也。乔枞谨案，全氏祖望云：太史公尝从孔安国问古文《尚书》，安国为《鲁诗》者也。史迁所传当是《鲁诗》。乔枞今即以《史记》证之。其传《儒林》首列申公，叙申公弟子首数孔安国。此太史公尊其师传，故特先之。据是以断，《史记》所载《诗》必为鲁说无疑矣。"（陈寿祺，陈乔枞.三家诗遗说考[M].上海：上海古籍出版社，2002:43）
② 司马迁.史记[M].北京：中华书局，1982:1936—1937.

（一）"四始"释义

1."《关雎》之乱以为《风》始"。

首先看"为《风》始"的《关雎》。鲁诗关于《关雎》的解释虽然略有不同，但均把《关雎》的创作意图与周朝的王道衰落联系在一起。为了叙述的方便，这里将鲁诗对《关雎》的相关阐释用表格方式呈现：

表2—1　鲁诗对《关雎》的相关理解

人物	出处	对《关雎》的阐释
司马迁	《史记·十二诸侯年表》	"周道缺，诗人本之衽席，《关雎》作。仁义陵迟，《鹿鸣》刺焉。"[①]
郑玄[②]	《史记·十二诸侯年表》集解	"周道衰微，郑卫之音作，正乐废而失节，鲁太师挚识《关雎》之声，首理其乱也。"[③]
班固	《汉书·杜周传赞》	"及钦浮沉当世，好谋而成，以建始之初深陈女戒，终如其言，庶几乎《关雎》之见微，非夫浮华博习之徒所能规也。"
刘向	《列女传》	"周之康王夫人晏出朝，《关雎》起兴，思得淑女以配君子。"
王充	《论衡·谢短》	"周衰而《诗》作，盖康王时也。康王德缺于房，大臣刺晏，故《诗》作（也）。"[④]

---

① 司马迁. 史记［M］. 北京：中华书局，1982：509.

② 表中所列多为鲁诗传授者对鲁诗的看法，但将郑玄与薛汉的观点也列于其中，原因在于：郑玄虽终以毛诗名家，但最初曾授受鲁诗，他对《诗》的阐释融合了鲁诗的看法，故而此处有所引用；薛汉的《韩诗章句》虽然代表了韩诗的诗学思想，但由于人们多认为韩诗与鲁诗同源，故而此处也把韩诗的诗义阐释纳入表中，以资参照。

③ 司马迁. 史记［M］. 北京：中华书局，1982：510.

④ 王充著，黄晖撰. 论衡校释［M］. 北京：中华书局，1990：562.

续表

人物	出处	对《关雎》的阐释
杨震	《后汉书·杨震传》	"康王一朝晏起,《关雎》见几而作。"①
李贤引《前书》	《后汉书·杨震传》	"佩玉晏鸣,《关雎》叹之。"②
李贤引《音义》	《后汉书·杨震传》	"后夫人,鸡鸣佩玉去君所。周康王后不然,故诗人叹而伤之。此事见《鲁诗》,今亡失也。"③
郎𫖮	《后汉书·郎𫖮传》	"故《周南》之德,《关雎》政本。本立道生,风行草从,澄其源者流清,浑其本者末浊。"④
冯衍	《显志赋》	"美《关雎》之识微兮,悯王道之将崩。"⑤
张超	《诮青衣赋》	"周渐将衰,康王晏起,毕公喟然深思古道。感彼关雎性不双侣,但愿周公妃以窈窕,防微消渐,讽喻君父。"
薛汉	《韩诗章句》	"诗人言关雎贞洁慎匹,以声相求,必于河之洲,隐蔽于无人之处。……今时大人内倾于色,贤人见其萌,故咏关雎,说淑女,正容仪,以刺时也。"⑥

通过上表可以看出,尽管具体阐释略有出入,但鲁诗普遍把《关雎》的创作原因与周朝王道制度的衰微联系在一起。例如司马迁所提到的:"纣为象箸而箕子唏。周道缺,诗人本之衽席,《关雎》作。仁义陵迟,《鹿鸣》刺焉。"就是把商纣王的骄奢淫逸与周道的缺失相并列,指出《关雎》是因为王道制度衰微而引起的讽喻之作。《集解》引郑玄注持论相同,即把《关雎》作为周朝王道制度衰微时用以

① 范晔. 后汉书[M]. 北京:中华书局,1965:1776.
② 范晔. 后汉书[M]. 北京:中华书局,1965:1777.
③ 范晔. 后汉书[M]. 北京:中华书局,1965:1777.
④ 范晔. 后汉书[M]. 北京:中华书局,1965:1054.
⑤ 严可均. 全上古三代秦汉三国六朝文[G]. 北京:中华书局,1958:1157.
⑥ 马国翰. 玉函山房辑佚书[M]. 上海:上海古籍出版社,1990:532.

劝谏讽喻的理乱之作:"周道衰微,郑卫之音作,正乐废而失节,鲁太师挚识《关雎》之声,首理其乱也。"王充也从周道衰微的角度指出了《诗》的创作与王道发展之间的关系:"周衰而《诗》作。"冯衍的《显志赋》:"美《关雎》之识微兮,悯王道之将崩",也是从这一角度道出了《关雎》所预示的"周道缺"的内涵。另一部分观点虽然把《关雎》解释为讽刺康王沉迷女色、一朝晏起的作品,但与前面的观点并无根本上的不同。在鲁诗学者看来,康王晏起正是周朝衰落的一个标志性事件,或是周朝王道发展的一个转折点。正是从周康王沉湎女色、一朝晚起的事件上,诗人看到了周朝衰败的征兆,故而作《诗》以讽喻劝谏。如《后汉书·杨震传》中记载杨震上书的内容中提到:"康王一朝晏起,《关雎》见几而作。"李贤注曰:"《前书》曰:'佩玉晏鸣,《关雎》叹之。'《音义》曰:'后夫人,鸡鸣佩玉去君所。周康王后不然,故诗人叹而伤之。此事见《鲁诗》,今亡失也。"参照王充对"刺康王晏起"的说法提出的质疑,更能看出"刺康王"的说法恰恰源于对"周道衰而《关雎》作"观点的具体化:"问《诗》家曰:'《诗》作何帝王也?'彼将曰:'周衰而《诗》作,盖康王时也。康王德缺于房,大臣刺晏,故《诗》作(也)。'夫文、武之隆,贵在成、康,康王未衰,《诗》安得作?"可见,把《关雎》的创作原因与周朝王道制度的发展联系在一起是鲁诗学者的普遍看法。

2."《鹿鸣》为《小雅》始"。

再看"为《小雅》始"的《鹿鸣》。《诗三家义集疏》中所提到的鲁诗对《鹿鸣》的解释为:"《鲁》说曰:仁义陵迟,《鹿鸣》刺焉。又曰:《鹿鸣》者,周大臣之所作也。王道衰,君志倾,留心声色,内顾妃后,设酒食嘉肴,不能厚养贤者,尽礼极欢,形见于色。大臣昭然独见,必知贤士幽隐,小人在位,周道陵迟,自以是始。故弹琴以风谏。"王先

谦此处所引鲁诗释义源于蔡邕的《琴操》,而略有改动,《琴操》原文如下:

> 鹿鸣操者,周大臣之所作也。王道衰,君志倾,留心声色,内顾妃后,设旨酒嘉肴,不能厚养贤者,尽礼极欢,形见于色。大臣昭然独见,必知贤士幽隐,小人在位,周道凌迟,必自是始。故弹琴以讽谏,歌以感之,庶几可复。歌曰:"呦呦鹿鸣,食野之蓱。我有嘉宾,鼓瑟吹笙。吹笙鼓簧,承筐是将。人之好我,示我周行。"此言禽兽得美甘之食,尚知相呼,伤时在位之人不能,乃援琴而刺之,故曰鹿鸣也。①

对比可见,王先谦对鲁诗的注解中删去了"此言禽兽得美甘之食,尚知相呼,伤时在位之人不能,乃援琴而刺之,故曰《鹿鸣》也"一句,而此句包含了在位之人不能礼贤,贤者因此作《鹿鸣》以刺的意义。王先谦所删掉的内容中恰恰包含了鲁诗学者蕴含其中的个人生命体验:据《汉书·楚元王传》及《汉书·儒林传》载,申培等人曾被楚元王所尊礼,专门置醲酒、设醴以待,而其子刘戊继任之后,却忘记了设醴以待,穆生从这一小事上看出了刘戊的失礼,而主动离开。申公没有因这点小过失而离开刘戊,最终果然因劝谏刘戊不要参与刘濞的叛乱而触怒了他,落到"衣之赭衣,使杵臼碓舂于市"②的尴尬境地。显然,申公在《鹿鸣》的诗义阐释中融入了自己的生命体验,把现实遭遇与诗旨传授结合在一起,通过时主不能以酒食佳肴厚待贤者这一细节暗示了王道衰微的实质。可见《鹿鸣》看似吟咏个人得失,

---

① 蔡邕撰.琴操(丛书集成初编本)[M].北京:中华书局,1985:2.
② 班固.汉书[M].北京:中华书局,1962:1497.

实则寄寓着关系国运盛衰的重大内涵。

3. "《文王》为《大雅》始"。

《文王》被鲁诗家视为颂美文王之作。在《大雅》中并不乏赞美周朝始祖如后稷、公刘、古公亶父等人的诗篇，如《绵》《公刘》等，然而为什么选择《文王》冠于《大雅》之首？其原因可以从鲁诗对《文王》的阐释中找到。鲁诗主要强调了《文王》中的"新"字，孟子曾称《文王》"其命维新""乃新在文王也"，鲁诗学者赵岐对此解释说："诗，《大雅·文王》之篇。言周虽后稷以来旧为诸侯，其受王命，惟文王新复修治礼义以致之耳。以是劝勉文公，欲使庶几新其国也。"[1]"受命"（受上帝抚有四方的命）与"革命"（革去前代天子所受的命）是先秦时期便流传下来的关于朝代更迭原因的阐释[2]，而《文王》之"新"，显然指代商而治、建立西周、礼义之治由此开始一事，这是儒家设想的王道社会的开始，因此鲁诗将《文王》列于《大雅》之首。

4. "《清庙》为《颂》始"。

在鲁诗家看来，《清庙》是周朝后世君主歌颂文王之德的作品。蔡邕《独断》存有鲁诗《周颂》三十一篇之《序》，蔡邕总结《颂》诗说："宗庙所歌《诗》之别名。"[3]《论衡·须颂篇》则进一步解释说："是故《周颂》三十一，《殷颂》五，《鲁颂》四，凡《颂》四十篇，诗人所以嘉上也。"[4]"嘉上"，实际就是颂扬祖先的功德。具体到《清庙》一诗，蔡邕《独断》曰："《清庙》一章八句。洛邑既成，诸侯朝见，宗祀文王

---

[1] 焦循. 孟子正义 [M]. 北京：中华书局，1987：347.

[2] 顾颉刚. 汉代学术史略 [M]. 北京：人民出版社，2008：2.

[3] 蔡邕. 独断 [M]. 北京：中华书局，1985：13.

[4] 王充著，黄晖撰. 论衡校释 [M]. 北京：中华书局，1990：849.

之所歌也。"① 陈乔枞指出:"此即鲁诗《周颂》之序也。"② 《诗三家义集疏》载:"周公咏文王之德而作《清庙》,建为《颂》首。"③ 可见吟咏赞美文王之德是《清庙》的主要内容。

(二) 鲁诗"四始"与孟子的"迹熄诗亡"说

以上已对鲁诗"四始"的释义分而论之,考虑到鲁诗将"四始"并称,那么对"四始"的理解也当合而观之。根据鲁诗释义,把《关雎》《鹿鸣》《文王》《清庙》结合在一起来理解会发现,"四始"恰恰与周朝发展的重大历史事件相照应。

在鲁诗学者看来,《关雎》对应了康王晏起这一周朝王道制度衰落的标志性事件。从史料记载来看,周康王时代正是周朝发展的鼎盛时期,似乎与王道衰落关系不大。对于"康王德缺于房,大臣刺晏,故《诗》作(也)"的说法,王充就曾有所质疑:"夫文、武之隆,贵在成、康,康王未衰,《诗》安得作?"④ 然而从鲁诗"周道缺……《关雎》作"的判断可以看出,鲁诗正是从周朝鼎盛时期仁义缺失的细节中看到了周朝由盛而衰的必然。可见《关雎》所对应的正是周朝社会发展过程中盛极而衰的重要转折点。司马迁解释《关雎》《鹿鸣》说:"周道缺,诗人本之衽席,《关雎》作。仁义陵迟,《鹿鸣》刺焉。"如果说《关雎》对应了周朝王道制度由盛而衰的转折时期,那么《鹿鸣》所对应的则是"仁义陵迟"、王道崩坏的历史阶段。鲁诗将《文王》置于《大雅》之首的原因前文已经有所论及,即在于文王受命之"新",他的受命标志了西周王朝王道社会的开始。《清庙》所对应的则是周

---

① 蔡邕. 独断 [M]. 北京:中华书局,1985:13.
② 王先谦. 诗三家义集疏 [M]. 北京:中华书局,1987:999.
③ 王先谦. 诗三家义集疏 [M]. 北京:中华书局,1987:999.
④ 王充著,黄晖撰. 论衡校释 [M]. 北京:中华书局,1990:563.

朝迁都洛邑、诸侯觐见的背景下,周代后世君王对文王德行的颂美与传承。而这正是西周王道社会的稳步发展时期。

如果把鲁诗"四始"所对应的周朝王道制度不同发展时期的标志性事件略作调整,我们就可以更明晰地看出,这四首诗所对应的标志性事件恰恰贯穿了周朝从初建到极盛再到衰落的整个发展过程。如下表所示:

表2—2　鲁诗"四始"设置意图

《诗》	"始"	时期	主题	标志性事件	发展阶段
《大雅》	《文王》	文王	文王受命	"文王初为西伯,有功于民,其德著见于天,故天命之以为王,使君天下也。"	开始
《颂》	《清庙》	周公	颂文王	"洛邑既成,诸侯朝见。"	发展
《风》	《关雎》	康王	周道缺	"康王德缺于房,大臣刺晏。"	鼎盛
《小雅》	《鹿鸣》	——	仁义陵迟	"王道衰,君志倾,留心声色,内顾妃后,设酒食嘉肴,不能厚养贤者,尽礼极欢,形见于色。"	衰落

《诗》最初的编辑者在对《诗》进行编辑的时候,并没有按照时间顺序进行编排,例如《关雎》所言是周朝的鼎盛时期,而《文王》所言才是周朝的初始阶段。但是鲁诗"四始"却通过赋予四首诗以初始意义,巧妙地把《诗》中最具代表性的篇章与周朝兴衰的标志性事件密切相接,从而赋予《诗》以阐释王道兴衰原因的诗学意义,使《诗》成为王道政治的范本,具有了承担教化责任的经学化内涵。

"慎始敬终"观念在儒家学说中占据着重要地位,鲁诗的"四始"设置代表了其对《诗》的整体价值和作用的判定。结合司马迁所引"四始"说的总论,我们就能够对上述问题有进一步理解:"古者《诗》

三千余篇,及至孔子,去其重,取可施于礼义,上采契后稷,中述殷周之盛,至幽厉之缺。"① 这一记载明确指出《诗》三百篇所记载的内容涉及从周朝始祖后稷到西周末世君主周幽王、周厉王整个西周时期的历史,这恰恰与鲁诗"四始"的设置意图相照应。这也再次佐证了,鲁诗正是通过把《诗》中的具体篇章与西周的王道盛衰密切相连的方式来确定《诗》与王道制度之间的密切关系,把《诗》纳入了礼乐思想的轨道,从而使《诗》具有了承载王道制度的意义,成为王道政治的范本。后于鲁诗的齐诗明确赋予《诗》"扶持邦家"的经学目的:"在于敦厚之教,自持其心,讽刺之道,可以扶持邦家者也。"② 毛诗"四始"说直接提出"始者,王道兴衰之所由"的观点。二者都是从《诗》与王道制度的角度进一步确立了《诗》的经学化意义,这无疑都受到了鲁诗的影响。

不过鲁诗对《诗》的这一界定并非首创,最早把《诗》的价值定位用于推行王道思想,把宣扬礼义、王道思想的意图广泛用于《诗》学传播上的第一人正是孟子。顾颉刚曾指出,孟子引用《诗经》的目的在于"要借《诗经》来推行他的王道"③。这一判断准确地指出,孟子赋予了《诗经》以承载王道思想的社会价值。而孟子所提出的"王者之迹熄而诗亡"说则更直观地反映出孟子把《诗》与王道思想密切结合的特点,这一观点最早明确指出了《诗》与王道制度之间的关联:

---

① 司马迁. 史记[M]. 北京:中华书局,1982:1936.
② (日)安居香山,中山璋八辑. 纬书集成[G]. 石家庄:河北人民出版社,1994:464.
③ 顾颉刚. 古史辨(第三册)[M]. 上海:上海古籍出版社,1982:360.

　　王者之迹熄而诗亡,诗亡然后《春秋》作。晋之《乘》,楚之
《梼杌》,鲁之《春秋》,一也。其事则齐桓、晋文,其文则史,孔子
曰:"其义则丘窃取之矣。"①

　　前文曾经提到"慎始敬终"是儒家学者非常重视的一个观点,孟子的
"迹熄诗亡"说也贯彻了这一观点。孟子指出"王者之迹熄而诗亡",
即王道制度的消亡和《诗》的创作终止是相始终的。这一观点不仅
界定了《诗》创作时间的下限,也把《诗》的创作与王道制度的发展
密切联系在一起,认为《诗》是对王道制度的记录。这反映出孟子对
《诗》的价值定位在于其对王道制度的保存,肯定了《诗》具有"史"
的性质。与孔子视《诗》为礼乐载体的观点相比,孟子更进一步地强
调了《诗》与王道的密切关系,是对《诗》的意义的又一提升。鲁诗
继承了这一观点并有所发挥,通过把具体诗篇与西周王道制度发展
整体阶段的对应,从而界定了《诗》的创作时间,传达出《诗》承载王
道的创作目的,并确定了《诗》与王道制度之间的密切联系。

　　当然,鲁诗"四始"说对孟子的承袭并不仅限于对《诗》的产生
时间的界定,还进一步继承了孟子的"诗载王道"观:孟子通过对《春
秋》的定位,强调了《诗》与《春秋》所共同具有的承载王道、匡扶世
事的意义和价值,这一观点也被鲁诗吸收。孟子指出:"世衰道微,
邪说暴行有作,臣弑其君者有之,子弑其父者有之。孔子惧,作《春
秋》。《春秋》,天子之事也,是故孔子曰:'知我者,其惟《春秋》乎;罪
我者,其惟《春秋》乎。'"可见孟子认为《春秋》是孔子在世道衰微
的乱世记载王事的拨乱反正之作,正如此段下尹氏注言:"言孔子作
《春秋》,亦以史之文载当时之事也,而其义则定天下之邪正,为百王

———————
① 焦循.孟子正义[M].北京:中华书局,1987:572—574.

之大法。"《春秋》不仅具备史书的功能,还兼具"为百王之大法"的匡扶世事的社会价值。孟子通过"诗亡然后《春秋》作"的界定赋予《诗》以同样的意义和价值,即《诗》同《春秋》一样是记载当时史事而用于匡扶世事,"为百王之大法"的政治教科书。鲁诗对《诗》的界定也有相似之处,鲁诗虽然没有提及孔子作《春秋》的意义,但直接提出了孔子整理《诗》的观点,从而指出通行版本的《诗》经过了孔子的修订而蕴含着儒家的礼乐思想和王道内涵,具有匡扶政治的社会现实意义。从这一点上来看,鲁诗对《诗》的价值界定与孟子的观点如出一辙。

通过上述分析可见,鲁诗的"四始"说与孟子对《诗》的价值界定存在着明显的前后相继关系。并且孟子的学说距离鲁诗的传播不过百年,孟子弟子也主要散布于齐鲁地区,孟子学说的影响又以齐鲁地区为最,在这种情况下,鲁诗接触到孟子的学说并将其纳入鲁诗的"四始"说并非没有可能。

(三)鲁诗"四始"与汉代《诗》的经学化

通过对鲁诗"四始"的宗旨以及对四篇"始"诗的探讨,我们能够清楚看到,鲁诗"四始"说是汉代《诗》从独立文学样式走向与政治教化相结合的经学化过程的一个关键因素。由于鲁诗出现最早、影响最大,齐、韩、毛三家诗的"四始"观不同程度地受到了鲁诗"四始"说的影响。四家诗均把《诗》与王道制度密切关联起来,并通过《诗》的产生时间与王道社会发展相结合的方式,建立了诗与王道制度间的密切关联:韩诗不仅提出了"关雎为《风》之始"的观点,还把孟子的《诗》学地位与孔子相并列[①];齐诗也提出了"四始"说,并通

---

① 详细论述可参第四章第二节中的"对孟子《诗》学渊源地位的肯定"。

过阴阳五行思想进一步加深了《诗》与王道制度的联系，使得这一联系更加神秘化又更具实用性；毛诗也在此基础上，把《诗》的阐释落实到与西周社会发展相关联的具体事件上，从而最终完成了《诗》的经学化。即便在汉代经学衰微以后，《诗》的这一经学化特点也随着毛诗的保留而流传至今，而《诗》的原始意义却因为经学意义的掩盖而变得面目模糊最终为人们所忽略和遗忘，以至于后世出现了专门推求《诗经》原始意义的《诗经原始》等作品。这也从一定程度上证明了《诗》的经学化影响之深远。而这一切的源头，在一定程度上得益于鲁诗对孟子"迹熄诗亡"说的采纳。因此，在这一层面来看，孟子是鲁诗以及整个汉代《诗》的经学化过程中的一个重要环节，汉儒在诗义阐释中对"迹熄诗亡"说的接受，在一定程度上推进甚至决定了汉代《诗》的经学化发展方向。

二、鲁诗"以诗为谏"的经世致用方式对孟子的继承

《诗》从产生之初便被以"断章取义"的方式广泛运用于社交场合。但是把《诗》广泛应用于劝谏则始于孟子。据董治安先生的《战国文献论〈诗〉引〈诗〉综录》①统计，战国时期的诸子中，孟子的引《诗》和论《诗》均不是最多的，但却是最早把《诗》广泛应用于劝谏来推行自己的王道政治理想的。首先，《孟子》全书涉及《诗》共35处，其中孟子自己用《诗》28处，仅与诸侯王的对话中就涉及10处，约占《孟子》用《诗》情况的三分之一。其次，在《孟子》中，我们经常看到孟子为了增强其王道主张的说服力而用《诗》的情况。如孟子游说齐王施行仁政，被其以"寡人有疾，寡人好色"来搪塞，孟子则选

---

① 董治安. 先秦文献与先秦文学 [M]. 济南：齐鲁书社，1994：64—88.

用《大雅·绵》一节称:"昔者太王好色,爱厥妃,诗云:'古公亶甫,来朝走马,率西水浒,至于岐下;爰及姜女,聿来胥宇。'当是时也,内无怨女,外无旷夫。王如好色,与百姓同之,于王何有?"①孟子巧妙地把周太王"好色"与齐王"好色"联系在一起,强调齐王也可以像周太王古公亶父那样,推己"好色"之心,泽加于民,使天下大治。此外孟子在对待齐王的"好货""好勇"等问题上也采用了同样的方法,把公刘好货和文王之勇与齐王相联系,强调齐王应当效法前王,施行王政,泽加于民。从以上用《诗》的倾向性选择上,均可见孟子对其"迹熄诗亡"观点的贯彻,即始终把用《诗》与王道思想密切结合在一起。再如孟子在滕国宣扬如何治理国家的理念时曾强调井田制度在达成王政理想方面具有的重要作用,为了证明井田制度曾在周代施行,孟子引《小雅·大田》称:"《诗》云:'雨我公田,遂及我私。'惟助为有公田。由此观之,虽周亦助也。"②孟子采用了断章取义的方法,仅取《小雅·大田》中涉及周代井田制度的一句用以佐证自己的观点,从而王道理想的宣扬和诗旨阐发达到了密不可分的状态。通过以上分析可见,孟子引《诗》的目的并不在解《诗》,而是通过赋予《诗》以王道政治意义以达成其劝谏目的。孟子"以诗为谏"的用《诗》方式,是继孔子的"兴观群怨"说之后对《诗》的价值和功能的进一步深化。因此,从这一角度来看,顾颉刚对孟子用《诗》的评价颇为中肯。

而孟子这一经世致用的用《诗》特点,首先被四家诗中的鲁诗所继承,这主要表现在"以美刺言诗"和"以三百五篇谏"两个方面。

---

① 焦循.孟子正义[M].北京:中华书局,1987:139.
② 焦循.孟子正义[M].北京:中华书局,1987:342.

（一）"以美刺言诗"

程廷祚曾概括汉儒说《诗》的特点说："汉儒言《诗》，不过美、刺二端。"[①]以美刺言诗的情况在先秦时期并不多见，尤其是以"刺"说诗的情况在战国时代更是不曾出现，鲁诗的美刺说是汉代四家诗中出现最早的，也是与鲁诗"四始"说紧密相连的一个环节。鲁诗"四始"说是四家诗中最早把"诗载王道"的经学目的系统化的《诗》学观点，而美刺说则在这一《诗》学定位的基础上，通过赋予《诗》或赞美或讽喻主题的方式来传达《诗》对王道制度的承载意义，从而达到对现实的讽谏作用，可见美刺说正是通过诗义阐释而把《诗》与王道社会和现实政治联系在一起的一种《诗》学手段。

也正是因为这样，以美刺说诗所涉及的内容虽然看似事无巨细，但均与社会现实生活有着密切关联。正如张伯伟所指出："汉儒说经的方法是借古讽今。换言之，他们是完全站在现实的立场上去把握经学，理解经学，并运用经学的。"[②]最明显的例子如鲁诗以《关雎》为刺诗来讽喻康王。前文已经提到，这首诗所展现的正是周朝由盛而衰的转折点，而导致王道衰微的具体事件，是康王宠爱后妃一事。因此鲁诗多从这一角度来阐释《关雎》，如司马迁《史记·十二诸侯年表》中所言："周道缺，诗人本之衽席，《关雎》作。"[③]杨震上书语："康王一朝晏起，《关雎》见几而作。"[④]张超《诮青衣赋》："周渐将衰，康王晏起，毕公喟然深思古道，感彼关雎性不双侣，但愿周公妃以窈窕，防

---

① 程廷祚.青溪集·青溪文集·卷二［M］.合肥:黄山书社,2004:38.

② 张伯伟.汉儒以美刺说诗的新检讨［J］.南京大学学报（哲学·人文·社会科学）.1985（5）:14.

③ 司马迁.史记［M］.北京:中华书局,1982:509.

④ 范晔.后汉书［M］.北京:中华书局,1965:1776.

微消渐,讽喻君父。"① 可见,鲁诗中讽喻的正是由于对后妃过度沉迷
而导致的失政现象。结合汉代的政治现实,我们能够更清晰地看出
鲁诗以《关雎》刺康王晏起的缘由,汉代后妃外戚影响朝政的事情屡
有出现,鲁诗正是通过这种方式来提醒统治者警惕祸起萧墙。对此,
研习今文经的皮锡瑞曾明确指出:"《关雎》一诗,实为陈古刺今。"②
鲁诗之后,毛诗把《关雎》定位为美诗,虽然与鲁诗的定位截然相反,
但是它所强调的主旨却与鲁诗一致,即"咏后妃之德"。可见无论是
美是刺,汉代四家诗皆把《关雎》与后妃之德相比附,这与他们的劝
谏目的是相一致的。再如《鹿鸣》,前文已经提到,《鹿鸣》所讽喻的
"在位之人不能礼贤"一事,也是结合了鲁诗授受者的个人生命体验
和对时事的总结。类似的例子还有很多,此处不再一一列举。从上
面分析可见,鲁诗的美刺说是与社会现实紧密相连的,诗义阐释是他
们传达政治观点的一种途径。从这一角度来看,鲁诗的诗学传授反
而退居次要地位,而鲁诗中所蕴含的政治观点和思想的推行反而成
为鲁诗传授的主要目的。从这一角度来看,鲁诗结合社会现实而赋
予《诗》以相应意义的美刺说与孟子根据劝谏需要而赋予《诗》以王
道政治意义的"以诗为谏"的做法存在很大相似。所不同的是,鲁诗
通过"四始"说的统筹和对《诗》的阐释而使得《诗》学阐释变得更
具系统性。

(二)"以三百五篇谏"

以美刺言诗的最终目的是把《诗》用于现实政治生活。如果说
以美刺言诗是把《诗》与王道政治联系在一起的《诗》学手段,那么

---

① 章樵注. 古文苑 [M]. 北京:中华书局,1985:159.
② 皮锡瑞著,周予同注释. 经学通论 [M]. 北京:中华书局,1954:9.

"以诗为谏"则是鲁诗经世致用的经学化特点在实践层面上完成的标志。

鲁诗的承传者多是位高权重的当政者或经学博士,例如:师承申公的王臧曾授鲁诗于汉景帝的太子,任太子少傅;韦贤授《诗》昭帝;韦玄成、韦赏授《诗》哀帝;王式为昌邑王师;张游卿、高嘉授《诗》元帝。仅史籍明文记载的鲁诗博士就有申公、孔安国等二十一人。由此可见鲁诗学者拥有得天独厚的学术环境和政治环境,这使得他们有充分的可能在诗学传授过程中,把儒家的政治观点通过诗义阐释直接传达给当政者并以此达成劝谏的目的。尽管史籍有阙,鲁诗"以诗为谏"的具体过程已不得而知,但是从《汉书·儒林传》中所保留的一则记载中,我们能够看到鲁诗传授者持有明确的"以诗为谏"的经学目的。据《汉书·儒林传》记载:

> 王式字翁思,东平新桃人也。事免中徐公及许生。式为昌邑王师。昭帝崩,昌邑王嗣立,以行淫乱废,昌邑群臣皆下狱诛,唯中尉王吉、郎中令龚遂以数谏减死论。式系狱当死,治事使者责问曰:"师何以亡谏书?"式对曰:"臣以《诗》三百五篇朝夕授王,至于忠臣孝子之篇,未尝不为王反复诵之也;至于危亡失道之君,未尝不流涕为王深陈之也。臣以三百五篇谏,是以亡谏书。"使者以闻,亦得减死论,归家不教授。[①]

王式曾做昌邑王的老师,但是昌邑王继位之后,却因荒乱行淫而被废黜。由于作为老师而没有及时提供谏书以劝阻昌邑王的荒乱行淫,王式下狱受审。对于这件事,王式明言说自己以《诗》为谏言,已

---

① 班固.汉书[M].北京:中华书局,1962:3610.

经通过《诗》向昌邑王宣扬了忠臣孝子的道理,并警醒昌邑王不要做失道之君。所需劝谏的内容已全部体现在了《诗》中,其传《诗》过程正是劝谏昌邑王的过程。王式的这一说法,恰恰是对鲁诗"以诗为谏"的最好诠释。虽然由于典籍不征,关于鲁诗"以诗为谏"的记载仅见一例,但是这已足以表明鲁诗学者的《诗》学立场,鲁诗的诗义阐释并不仅仅是对过去王道制度的简单记载,也充满了对现实政治的密切关怀。

鲁诗中所表现出的重视《诗》的现实功用性的特点与孟子的《诗》学定位之间存在着密切关联。一方面,孟子通过"迹熄诗亡"说和"以诗为谏"的用《诗》方式,分别在理论和实践两个层面上确立了《诗》对王道理想的承载作用,从而推动了《诗》的经学化过程。另一方面,鲁诗的经学化过程则是通过构建一个完整的《诗》学系统完成的:首先,鲁诗的"四始"说在理论上强调了《诗》与王道制度的密切关联及《诗》的社会功用性;其次,鲁诗率先以美刺言诗,通过赋予《诗》的具体篇章以美刺的意义,而把鲁诗的价值观念融入《诗》中;最后,鲁诗在传《诗》实践中,直接采用了"以三百五篇谏"的方式,通过诗义阐释传达出蕴含其中的儒家王政理想,来达成劝谏目的,从而实现了《诗》的现实功用价值,也完成了鲁诗经世致用的经学化进程。

可见鲁诗无论在论《诗》还是在用《诗》方面,都对孟子《诗》学有所借鉴,而这些借鉴之处又恰恰是影响鲁诗经学化过程的关键因素。同时鲁诗对孟子的借鉴,也标志着汉代《诗》学对孟子《诗》学借鉴过程的展开。

第二节 鲁诗诗义阐释中的绍孟倾向

鲁诗虽然有时也不免发挥经文的"微言大义",但其传授重点在"训诂",即对经文字句的解释。如鲁诗的创始人申培,在文帝时就"独以《诗经》为训故以教"[①]。也正是由于鲁诗重视训诂的特点,人们多把比较用字的异同作为探讨鲁诗渊源的重要途径之一。

一、"颇重训诂":字句使用对《孟子》的背离与承袭

(一) 背离:鲁诗与《孟子》用字差异辨析

人们多因孟子用《诗》与鲁诗存在较多异文而否定孟子与鲁诗之间的《诗》学渊源,鲁诗与《孟子》引《诗》在用字上的确颇多异文。据笔者统计,《孟子》中引《诗》或化用《诗》共计37次[②],而与鲁诗在用字上的不同就达到9处,如下表所示:

表2—3　鲁诗引《诗》与《孟子》相异表

《诗经》篇目	《孟子》引文	鲁诗
《小雅·正月》	《孟子·梁惠王下》:"哿矣富人,哀此茕独。"	"茕"作"惸"[③]

---

① 班固. 汉书[M]. 北京:中华书局,1962:3608.

② 此观点与董治安先生在《先秦文献与先秦文学》中的统计略有不同。一个是对"逸诗"观点持保留态度,此处不录。另一个是"文王事混夷"的部分采纳了赵岐注释中的观点,认为孟子此说是对《大雅·绵》《大雅·皇矣》《小雅·采薇》的化用,故而将这三篇诗也纳入讨论范围,重复者复计。

③ 王先谦. 诗三家义集疏[M]. 北京:中华书局,1987:673.

续表

《诗经》篇目	《孟子》引文	鲁诗
《小雅·大东》	《孟子·万章下》:"周道如底,其直如矢;君子所履,小人所视。"	"底"作"砥"①
《大雅·绵》	《孟子·告子上》:"肆不殄厥愠,亦不殒厥问。"	"殒"作"陨"②
《大雅·皇矣》	《孟子·梁惠王下》:"王赫斯怒,爰整其旅,以遏徂莒,以笃周祜,以对于天下。"	"以按徂旅,以笃于周祜"③
《大雅·灵台》	《孟子·梁惠王上》:"麀鹿濯濯,白鸟鹤鹤。王在灵沼,於牣鱼跃。"	"鹤"作"翯"④
《大雅·下武》	《孟子·万章下》:"永言孝思,孝思惟则。"	"惟"作"维"⑤
《大雅·公刘》	《孟子·梁惠王下》:"乃积乃仓,乃裹糇粮,于橐于囊,思戢用光,弓矢斯张,干戈戚扬,爰方启行。"	"乃"作"廼";"戢"作"辑"⑥
《大雅·板》	《孟子·离娄上》:"天之方蹶,无然泄泄。"	"泄"作"呭"⑦
《鲁颂·閟宫》	《孟子·滕文公上》:"戎狄是膺,荆舒是惩。"	"膺"作"應";"舒"作"荼"⑧

然而仅凭鲁诗与《孟子》用《诗》之间的异文就否认孟子与鲁诗之间的关联,这种做法的严谨性值得怀疑。

首先,汉代典籍的文字使用本身颇为混乱。例如《绥民校尉熊

---

① 王先谦. 诗三家义集疏 [M]. 北京:中华书局,1987:727.
② 王先谦. 诗三家义集疏 [M]. 北京:中华书局,1987:840.
③ 王先谦. 诗三家义集疏 [M]. 北京:中华书局,1987:856.
④ 王先谦. 诗三家义集疏 [M]. 北京:中华书局,1987:863.
⑤ 王先谦. 诗三家义集疏 [M]. 北京:中华书局,1987:867.
⑥ 王先谦. 诗三家义集疏 [M]. 北京:中华书局,1987:898.
⑦ 王先谦. 诗三家义集疏 [M]. 北京:中华书局,1987:914.
⑧ 王先谦. 诗三家义集疏 [M]. 北京:中华书局,1987:1084.

君碑》云:"欧羊尚书"①,实则应为"欧阳尚书";《相府小史夏堪碑》把"仲尼"记作"仲泥"②。正是由于这种文字使用的混乱,在东汉灵帝熹平四年,继上古的仓颉、秦代李斯之后,中国书法史上再次出现了"书同文"的努力,即蔡邕书刻石经。蔡邕刻石经的一个最主要的目的就在于规整汉代典籍文字使用的混乱——"邕以经籍去圣久远,文字多谬,俗儒穿凿,疑误后学"③,因而奏请灵帝正定六经文字。于是儒臣定六经文字,由蔡邕用标准隶体书写,刻碑于鸿都太学门外。石经完工后,洛阳城内前来观赏和摹写的人"车乘日千余两,填塞街陌"④,当时的太学生们更是日习夜摹。这一盛况不仅如实反映了汉人对"书同文"要求的迫切,更是直接反映出汉代典籍文字使用的混乱现象。

其次,鲁诗自身承传过程中也难以避免异文现象。在鲁诗师承谱系范围之内,也多有异文出现。例如,《汉书·东平王宇传》记载元帝赐谕曰:"《诗》不云乎?'毋念尔祖,述修厥德,永言配命,自求多福。'"⑤陈乔枞注称此处元帝所引为鲁诗异文:"《汉书·儒林王式传》:山阳张长安式,为博士,由是鲁诗有张氏学。张生兄弟游卿为谏大夫,以《诗》授元帝。是元帝习鲁诗,此引鲁异文也。"⑥可见,即便师承鲁诗学者的汉代帝王在其引《诗》过程中也难免出现异文现象。如果把异文现象作为判断师承的重要标准,那么在尤其注重师法家传的鲁诗中,出现众多的异文现象便是难以理解的。故而以异

① 严可均. 全上古三代秦汉三国六朝文 [G]. 北京:中华书局,1958:2080.
② 严可均. 全上古三代秦汉三国六朝文 [G]. 北京:中华书局,1958:2080.
③ 范晔. 后汉书 [M]. 北京:中华书局,1965:1990.
④ 范晔. 后汉书 [M]. 北京:中华书局,1965:1990.
⑤ 班固. 汉书 [M]. 北京:中华书局,1962:3321.
⑥ 王先谦. 诗三家义集疏 [M]. 北京:中华书局,1987:827.

文的出现作为区别师承渊源的标准是不客观的。

从这个角度反观《孟子》与鲁诗之间的用《诗》差异能够看出，在以上九处异文中，鲁诗与《孟子》的差异主要集中在用字的不同上，而字句运用上的出入却微乎其微。存在差异的仅有《大雅·皇矣》一处，鲁诗的"以笃于周祜"比《孟子》用《诗》多出一个"于"字。除此之外，鲁诗与《孟子》在《诗》的字句使用上无不相合。通过上表我们能够清晰地看到，如果不计较文字的差异，鲁诗与《孟子》在字句使用上的相同远远大于相异。这也就意味着，二者在《诗》的字句使用方面高度一致。对于经历了秦火之厄的《诗》与《孟子》来说，已经足以证明二者关系的非同一般。

（二）承袭：孟子开鲁诗以字义释《诗》先河

前文已经提到，鲁诗传授的特点之一在于对训诂的重视，如鲁诗的创始人申公"独以《诗经》为训故以教"①。在现存的鲁诗遗说中，这种现象也尤为突出。如鲁诗学者赵岐在解释《大雅·思齐》"刑于寡妻，至于兄弟，以御于家邦"时称："刑，正也。寡，少也。言文王正己适妻，则八妾从，以及兄弟。御，享也。享天下国家之福，但举己以加于人而已。"②再如在解释《小雅·正月》中的"哿矣富人，哀此茕独"时，赵岐也是从字义的阐释入手继而涉及全诗："《诗·小雅·正月》之篇。哿，可也。诗人言居今之世可矣。"再如阐释"乃积乃仓，乃裹糇粮，于橐于囊，思戢用光，弓矢斯张，干戈戚扬，爰方启行"③时，赵岐的解释也是从字义入手的："乃积谷于仓，乃裹盛干食之粮于橐囊也。思安民，故用有宠光也。戚，斧；扬，钺也。又以武备之，曰

---

① 班固. 汉书 [M]. 北京：中华书局，1962：3608.

② 阮元校刻. 十三经注疏（清嘉庆刊本）[M]. 北京：中华书局，2009：5808.

③ 阮元校刻. 十三经注疏（清嘉庆刊本）[M]. 北京：中华书局，2009：5821.

方启行道路。"① 这种在诗义阐释中,从《诗》的最基本单元开始着手理解的方式,体现了鲁诗在诗义阐释过程中的严谨态度,马宗霍先生所指出的鲁诗"迂谨"的特色也应当主要是基于此而言的。

然而追根溯源却能发现,这种从字义入手阐释全诗的《诗》学特色,正是由孟子首开其端的。最明显的例子就是孟子对《大雅·板》的解读,孟子引用"天之方蹶,无然泄泄"时,首先对"泄泄"二字进行了阐释,称"泄泄,犹沓沓也",即"喋喋多言"之义,之后才对《诗》义进行整体的阐释:"事君无义,进退无礼,言则非先王之道者,犹沓沓也。故曰责难于君谓之恭,陈善闭邪谓之敬,吾君不能谓之贼。"② 类似的例子并非仅此一处,孟子在诗义阐释时重视字义训诂的特点在《小雅·北山》中亦有表现,孟子在对"普天之下,莫非王土;率土之滨,莫非王臣"进行阐释的过程中称:"是诗也,非是之谓也;劳于王事,而不得养父母也。曰此莫非王事,我独贤劳也。"后人在阅读至此时,对孟子此处的字义阐释之精颇为赞叹,称:"训'贤'为'劳',正《传》所本。"③ 通过以上两例可以看出,孟子在诗义阐释时会对关系诗义理解的关键字词进行阐发。洪迈曾对孟子在《诗》的阐释中所呈现出的这种紧扣字义、简明扼要阐释主旨的特点有过高度称誉:"解释经旨,贵于简明,惟《孟子》独然。其称《公刘》之诗'乃积乃仓,乃裹糇粮,于橐于囊,思戢用光,弓矢斯张,干戈戚扬,爰方启行',而释之之词但云:'故居者有积仓,行者有裹囊也,然后可以爰方启行。'其称《烝民》之诗'天生烝民,有物有则,民之秉夷,好是懿德'而引孔子之语以释之,但曰:'故有物必有则,民之秉夷也,故好是懿

---

① 阮元校刻.十三经注疏(清嘉庆刊本)[M].北京:中华书局,2009:5821.
② 焦循.孟子正义[M].北京:中华书局,1987:489.
③ 王先谦.诗三家义集疏[M].北京:中华书局,1987:740.

德.'用两故字,一'必'字,一'也'字,而四句之义昭然。"①孟子这种备受称誉的从训诂入手的诗义阐释方法早于鲁诗百余年,由此可见,从时间的先后上来看,孟子应是鲁诗重视训诂的诗义阐释特点的远源。

二、"尤重先秦古义":诗义阐释对《孟子》的重视

在诗义阐释上,鲁诗的处理方式与齐诗、韩诗截然不同:齐、韩两家均注重对诗义的阐发,发挥《诗》的微言大义;而鲁诗则着重于诗义训诂,尤其是对先秦古义的承传。三家诗的不同在汉代就已经为时人所关注。班固在《汉书·艺文志》中就曾指出:"汉兴,鲁申公为《诗》训故,而齐辕固、燕韩生皆为之传。或取《春秋》,采杂说,咸非其本义。与不得已,鲁最为近之。"②从人们对三家诗学者说诗特点的评价上也可窥见三家诗在解《诗》方式上的不同。匡衡为齐诗学派的代表人物,"齐诗始于辕固,而盛于匡衡"③。时人评价匡衡言诗的特点为:"无说《诗》,匡鼎来;匡说《诗》,解人颐。"④也就是说,匡衡对诗义的解说更受时人欢迎。而这里面除了技巧性的因素以外,匡衡善于结合现实情况进行诗义阐释、善于迎合受众心理应当也是其中的一个重要因素。《韩诗外传》是齐鲁韩三家诗流传至今的唯一一部著作,甚至被后人质疑其目的并不在于解《诗》,究其原因也在于它对诗义的阐发脱离了先秦古义。正如《四库全书总目》中的评价:"其

---

① 洪迈撰,孔凡礼点校.容斋随笔[M].北京:中华书局,2005:9—10.
② 班固.汉书[M].北京:中华书局,1962:1708.
③ 朱彝尊著,游均晶等点校.点校补正经义考(七)[M].台湾:"中央研究院"中国文哲研究所筹备处,1997:752.
④ 班固.汉书[M].北京:中华书局,1962:3331.

书杂引古事古语,证以《诗》词,与经义不相比附,故曰外传。……精
理名言,往往而有,不必尽以训诂绳也。"① 也就是说,《诗》在韩诗那
里已经并非传诗的主旨,而成为韩婴传达其思想观点的一种辅助工
具,"不必尽以训诂绳"恰恰表明了韩诗对《诗》的训诂的忽视。鲁
诗在诗义阐释上与齐、韩两家迥异。鲁诗最接近先秦古义,后世学鲁
诗者也严守师传,对先师授受的诗义阐释有着严格的继承:"难者必
明其据,说者务立其义,浮华无用之言不陈于前。"②《史记》亦称:"申
公独以《诗》经为训以教,无传(疑),疑者则阙不传。"③ 这体现出鲁
诗严谨的治学态度。鲁诗对诗义承传的固守,恰恰为我们从鲁诗的
诗义阐发的角度来了解鲁诗的承传渊源提供了可能。然而比较鲁诗
与孟子对诗义的阐释,能够发现两者存在着大量相合之处。

　　据《汉书》记载,鲁诗在汉代的著述曾有七种,即《诗经》二十八
卷、《鲁故》二十五卷、《鲁说》二十八卷、《诗说》一卷、《鲁诗传》《鲁
诗韦氏章句》《鲁诗许氏章句》。而流传至今者,仅存旧题"汉鲁人申
培撰"的《诗说》一卷。今日所见的鲁诗资料主要依赖清人的辑佚
而得以保存。根据汉儒重视师学、家法的特点,清人把研习鲁诗的学
者有关诗义阐释的见解和看法均纳入辑佚范围。因此,以工先谦为
代表的辑佚三家诗遗说的《诗三家义集疏》把司马迁、刘向、王充、赵
岐、蔡邕、徐璈、王逸、王符等人皆视为鲁诗家,并把他们的《诗》学观
点纳入鲁诗范畴④。而笔者此处所依据的主要也是清人的这一看法和
辑佚成果。

---

① 永瑢等.四库全书总目[M].北京:中华书局,1965:136.
② 范晔.后汉书[M].北京:中华书局,1965:884.
③ 司马迁.史记[M].北京:中华书局,1982:3121.
④ 王先谦.诗三家义集疏[M].北京:中华书局,1987:410.

　　据笔者统计,《孟子》中涉及《诗》共计37次,重复诗句按1处计算,共涉及《诗》32处(其中含论《诗》2处),而用《诗》和解《诗》部分共计30处。以王先谦的《诗三家义集疏》中的资料为主进行考察,鲁诗诗义阐释与《孟子》相合之处就达20处[①],不合者4处,鲁诗中未见或因资料不全难以确指者仅有6处。由此可见,孟子与鲁诗的诗义阐释相似性非常高。而鲁诗的诗义阐释又尤重先秦古义,这意味着鲁诗与孟子在《诗》学理解上或者同源,或者存在着对孟子的承袭。此外鲁诗的诗义阐释与《孟子》相合,还体现在鲁诗对孟子诗义中一些特定含义和思想的采纳上。

(一)对孟子独特释义的承袭

　　孟子在回答弟子咸丘蒙对《诗》的疑问时,曾经涉及对《小雅·北山》一诗的解读,这是《孟子》中仅有的一例专门针对《诗》本身而作出的诗义解读。孟子弟子问"普天之下,莫非王土;率土之滨,莫非王臣"是否意味着舜的父亲应当臣服于自己的儿子。对此,孟子的解释为:"是诗也,非是之谓也;劳于王事,而不得养父母也。曰此莫非王事,我独贤劳也。故说诗者,不以文害辞,不以辞害志,以意逆志,是为

---

① 赵岐曾为《孟子》作注,《孟子》中牵涉到《诗》的地方,赵岐无一不涉及,而且诗义阐释也无一不与孟子相符,因此赵岐被清儒认定为鲁诗的重要承传者之一。如果从赵岐的角度来看鲁诗与《孟子》的关系,会发现二者无一处不一致。赵岐对孟子的37次引《诗》、评《诗》的阐释,无不与《孟子》阐发《诗》的目的相合,不仅在《诗》学意义的阐述上与孟子相类,甚至连赵岐所传达出的思想观点也无一不与孟子相同。虽然这是观照鲁诗与孟子在诗义阐释上的关系的一个极佳视角,但是由于赵岐为《孟子》作注的这样一个特殊的身份,仅从赵岐对《诗》的理解来探讨鲁诗与孟子的关系,似有难以服人之嫌。故而此处在探讨鲁诗的诗义阐发的渊源过程中,把主要目光放在赵岐以外的鲁诗学者对孟子诗义的阐发与承袭上。

得之。"①孟子指出，读《诗》的时候不应当只关照《诗》的表面意义，而应当注重对《诗》的深层含义的发掘。这首诗所传达出的含义并非对儒家人伦思想的质疑，而是传达出为王者之事而疲于奔波，以至于无法孝敬父母的感叹。然而，咸丘蒙的质疑并非特例，在孟子之后不久的法家代表著作《韩非子》中，便采用了与咸丘蒙相似的观点解读《北山》，以质疑儒家的忠孝观：

> 是故贤尧、舜、汤、武而是烈士，天下之乱术也。瞽瞍为舜父而舜放之，象为舜弟而杀之。放父杀弟，不可谓仁；妻帝二女而取天下，不可谓义。仁义无有，不可谓明。《诗》云："普天之下，莫非王土；率土之滨，莫非王臣。"信若诗之言也，是舜出则臣其君，入则臣其父，妾其母，妻其主女也。②

韩非指出，如果按照儒家的说法，把舜推到至高无上、天下独尊的地位，那么从家庭伦理的角度来看，他的行为不仅不能作为楷模，而且违背了家庭关系的伦常。即便是荀子——儒家内部《诗》学传播过程中的另一个关键人物，他对《北山》的释义也倾向于咸丘蒙和韩非子的观点：

> 天子也者，执至重，形至佚，心至愈，志无所诎，形无所劳，尊无上矣。《诗》曰："普天之下，莫非王土；率土之滨，莫非王臣。"此之谓也。③

荀子此处对《北山》的阐释仍然着重于强调天子至高无上的地位。

---

① 焦循. 孟子正义 [M]. 北京:中华书局,1987:637—638.
② 王先慎撰,钟哲点校. 韩非子集解 [M]. 北京:中华书局,1998:467.
③ 王先慎撰,沈啸寰,王星贤点校. 荀子集解 [M]. 北京:中华书局,1988:450.

换而言之,荀子在这里也肯定了咸丘蒙和韩非子非议儒家忠孝思想的大前提,也就是对天子至高无上地位的肯定。通过韩非和荀子对《北山》的理解可见,在战国时代,像咸丘蒙这样解读《北山》的情况不在少数,甚至应当代表了当时较为流行,或较有代表性的观点,其流传的广度和影响的深度或许远远大于孟子对《北山》的解说。

不过,鲁诗在对《北山》的理解上却摒弃了在范围上影响较大、时间上距离鲁诗较近的咸丘蒙、荀子、韩非的观点,而直接在诗义阐释上接续至孟子。赵岐在孟子的基础上指出对《北山》的理解应为:"诗言皆王臣也,何为独使我以贤才而劳苦,不得养父母乎,是以怨也。"[①]即抒发对劳役分配不均的怨忿之情。东汉鲁诗学者杨震在奏疏中也称:"劳逸无别,善恶同流,《北山》之诗,所为训作。"[②]即认为《北山》的创作原因为"劳逸无别,善恶同流",这与孟子、赵岐的观点一致,同样抒发了因分工的不均而自己独自辛劳的抱怨之情。

(二)对孟子诗义中哲学观点的采纳

鲁诗在承传孟子特有的诗义理解过程中,最具代表性的是对《大雅·烝民》的理解。孟子在提出性善论的过程中,引用《大雅·烝民》中的"天生蒸民,有物有则。民之秉夷,好是懿德"用以证明性善乃人之天性:

> 乃若其情,则可以为善矣,乃所谓善也。若夫为不善,非才之罪也。恻隐之心,人皆有之。羞恶之心,人皆有之。恭敬之心,人皆有之。是非之心,人皆有之。恻隐之心,仁也。羞恶之心,义也。恭敬之心,礼也。是非之心,智也。仁义礼智,非由外

---

① 焦循. 孟子正义 [M]. 北京:中华书局,1987:638.
② 范晔. 后汉书 [M]. 北京:中华书局,1965:1778.

铄我也,我固有之也,弗思耳矣。故日求则得之,舍则失之。或相倍蓰而无算者,不能尽其才者也。《诗》曰:"天生蒸民,有物有则。民之秉夷,好是懿德。"孔子曰:"为此诗者,其知道乎! 故有物必有则,民之秉夷也,故好是懿德。"①

孟子把性善论的渊源溯源至《诗经》,指出《大雅·烝民》中蕴含着人性本善的内容。赵岐的注释深得孟子之旨:"言天生众民,有物则有所法则,人法天也。民之秉夷,夷,常也。常好美德。孔子谓之知道,故曰人皆有善。"②通过孟子的描述和赵岐的注释,我们能够看出孟子的性善论源于对《大雅·烝民》的进一步阐发。据孟子的解释,《大雅·烝民》中已经界定了常好美德为人的天性,孟子在此基础上进一步提出恻隐之心、羞恶之心、恭敬之心、是非之心均为人的本性,而仁、义、礼、智也正是四种人之常情的外化。人之所以有善恶的不同,完全是后天所遭遇的环境使然。鲁诗学者不仅继承了孟子对《大雅·烝民》的诗义阐释,也像孟子那样把《烝民》作为性善论的渊源和依据:

姓者,生也。此人所禀六气以生者也。③

《诗》云:"民之秉夷,好是懿德。"故民有心也,犹为种之有园也。遭和气则秀茂而成实,遇水旱则枯槁而生孽。民蒙善化,则人有士君子之心;被恶政,则人有怀奸乱之虑。故善者之养天民也,犹良工之为曲豉也。起居以其时,寒温得其适,则一荫之曲豉尽美而多量。其遇拙工,则一荫之曲豉皆臭败而弃捐。今

① 焦循.孟子正义[M].北京:中华书局,1987:752—758.
② 焦循.孟子正义[M].北京:中华书局,1987:758.
③ 班固撰,陈立疏证.白虎通疏证[M].北京:中华书局,1994:381.

六合亦由一荫也,黔首之属犹豆麦也,变化云为,在将者尔。遭良吏则皆怀忠信而履仁厚,遇恶吏则皆怀奸邪而行浅薄。忠厚积则致太平,奸薄积则致危亡。是以圣帝明王,皆敦德化而薄威刑。德者所以修己也,威者所以治人也。上智与下愚之民少,而中庸之民多。中民之生世也,犹铄金之在炉也,从笃变化,惟冶所为,方圆薄厚,随熔制尔。①

《白虎通》对"天生烝民"的理解与孟子相同,认为这句诗证明了人的秉性为天性使然。而《潜夫论》中的观点则更具代表性。《潜夫论》中"民之秉夷,好是懿德"指出了人性中存在着向善的潜质,但是这种向善的倾向还需要合适的环境作为引导才能展现出来。如果以善的因素作引导,那么人就会表现出向善的一面;而如果被恶的诱因影响,那么人善良的一面就会为恶行所取代。虽然《潜夫论》最终的落脚点在强调圣主德化,但是其对《大雅·烝民》的理解和由此生发的对人性本质的判断却与孟子如出一辙。这证明了孟子与鲁诗《诗》学承传之间的密切关联。

三、"颇守典章之遗"②:对孟子王道政治思想的高度关注

前面已经提到,鲁诗的《诗》学定位存在着密切联系王道制度的特点。而在《诗》学阐释过程中,鲁诗对《孟子》中提到的关涉王道制度的部分也有完整承袭。凡是《孟子》中涉及赞美文武之治、公刘太王之德的篇章,鲁诗的诗义阐释无一不与《孟子》相类。而这也

---

① 王符撰,汪继培笺,彭铎校正.潜夫论笺校正[M].北京:中华书局,1985:377—378.
② 马宗霍.中国经学史[M].上海:上海书店,1984:46.

在一定程度上表明了鲁诗对《孟子》诗义阐释的承袭,其原因之一就在于对孟子所秉承的儒家思想的正统性的肯定以及对孟子的儒家《诗》学正传地位的认可。兹以数例为证。

　　在先秦典籍中引用《大雅·灵台》并明确指出其为赞美文王之德者,仅《孟子》一例①,而鲁诗的诗义阐释与《孟子》对《大雅·灵台》诗旨的阐发存在一致之处。孟子见梁惠王时,梁惠王在自己的园囿中怡然自得,并问贤者是否也有机会享受这种乐趣,孟子趁此机会向梁惠王指出作为君主施行仁政、"与民偕乐"的重要性,并引用《大雅·灵台》以证:"经始灵台,经之营之,庶民攻之,不日成之。经始勿亟,庶民子来。王在灵囿,麀鹿攸伏;麀鹿濯濯,白鸟鹤鹤。王在灵沼,於牣鱼跃。"孟子对此诗的理解为:

> 　　文王以民力为台为沼,而民欢乐之,谓其台曰灵台,谓其沼曰灵沼,乐其有麋鹿鱼鳖。②

也就是说,文王虽然使用民力,但是因为其恩泽遍及草木鸟兽,所以人们乐于为其驱使。查考现存鲁诗诸学者对此的解释,无不与孟子的阐释相符。贾谊的《新书》对《大雅·灵台》的理解,简直可以为《孟子》引用《大雅·灵台》的目的作一注解:

> 　　文王志之所在,意之所欲,百姓不爱其死,不惮其劳,从之如集。《诗》曰:"经始灵台","庶民攻之,不日成之。经始勿亟,庶民子来。"文王有志为台,令近规之。民闻之者麕裹而至,问业

---

① 据董治安先生的《战国文献论〈诗〉引〈诗〉综录》统计,参董治安.先秦文献与先秦文学[M].济南:齐鲁书社,1994:64—88.
② 焦循.孟子正义[M].北京:中华书局,1987:47.

而作之,日日以众。故弗趋而疾,弗期而成。命其台曰灵台,命
其囿曰灵囿,谓其沼曰灵沼,爱敬之至也。《诗》曰:"王在灵囿,
麀鹿攸伏,麀鹿濯濯,白鸟皜皜,王在灵沼,於牣鱼跃。"文王之
泽,下被禽兽,洽于鱼鳖,咸若攸乐,而况士民乎? [1]

首先,从字面上来看,贾谊在引用《大雅·灵台》的时候,化用了孟子
"文王以民力为台为沼,而民欢乐之,谓其台曰灵台,谓其沼曰灵沼,
乐其有麋鹿鱼鳖"一句,把"民欢乐"的状态作了进一步的强调。"民
闻之者麕裹而至,问业而作之,日日以众。故弗趋而疾,弗期而成",
也就是说,文王治下的百姓听到文王的号令之后,不仅自备粮食过来
劳作,还非常愉快和自觉,不必催促就能按期完工。而百姓称文王的
园囿为灵台和灵沼,正是出于对文王的敬爱之心。贾谊进一步揭示
了人们为文王所用却对文王充满敬爱之心的原因在于文王的仁政
不仅恩泽于人民,还涉及禽兽鱼鳖。可见,贾谊对《大雅·灵台》的
理解不仅在主旨上与孟子一致,还有对孟子理解的进一步阐发。这
种情况并非孤证,研习鲁诗的刘向在其《说苑》《新序》中曾两次涉
及《大雅·灵台》,这两次所传达出的诗旨均没有脱离孟子对《大
雅·灵台》的意义规定:

积恩为爱,积爱为仁,积仁为灵。灵台之所以为灵者,积仁
也。神灵者,天地之本,而为万物之始也。是故文王始接民以
仁,而天下莫不仁焉。文德之至也。德不至,则不能文。[2]

周文王作灵台及为池沼,掘地得死人之骨,吏以闻于文王。

---

[1] 贾谊撰,阎振益,钟夏校注. 新书校注[M]. 北京:中华书局,2000:288.
[2] 刘向撰,向宗鲁校证. 说苑校证[M]. 北京:中华书局,1987:476.

文王曰："更葬之。"吏曰："此无主矣。"文王曰："有天下者，天下
之主也；有一国者，一国之主也。寡人固其主，又安求主？"遂
令吏以衣棺更葬之。天下闻之，皆曰："文王贤矣，泽及枯骨，又
况于人乎？"或得宝以危国，文王得朽骨，以喻其意，而天下归
心焉。①

《说苑》《新序》均涉及《大雅·灵台》，虽然从诗义上看两处似全然
不同，然而这两则传达出的旨意均是对文王仁德的称颂，与孟子的观
点并不背离。《说苑》明确指出："灵台之所以为灵者，积仁也。"也就
是说，灵台之名所传达出的是对文王之仁的称颂；《新序》则通过讲
文王在灵台建造过程中，厚待发掘出的死人遗骨的故事，指出文王的
仁义恩泽不仅施于活着的百姓，而且被及境内枯骨，借此以强调文王
的仁义之至。从诗旨的角度来看，《说苑》《新序》对《大雅·灵台》
的理解，与孟子并无二致。

　　在目前可见的战国典籍中，《孟子》也是最早引用《大雅·公刘》
并明言其旨意为颂美周族始祖公刘的。在《孟子·梁惠王下》中，面
对自称有"好货"缺点的齐王，孟子指出如果能把"好货"的爱好泽
及百姓，就做到了仁政之一端："乃积乃仓，乃裹糇粮，于橐于囊，思
戢用光，弓矢斯张，干戈戚扬，爰方启行。"孟子引《大雅·公刘》称：
"昔者公刘好货，……故居者有积仓，行者有裹囊也，然后可以爰方
启行。"②指出公刘把他爱好财物的特点施于百姓，使得百姓有余粮，
远行者有资用，国家有武器足以御辱安邦。而这种"好货"恰恰是公
刘施行仁政最重要的贡献。司马迁在记录周朝历史的《史记·周本

──────────

① 卢元骏注译. 新序今注今译 [M]. 天津：天津古籍出版社，1987：156—157.
② 焦循. 孟子正义 [M]. 北京：中华书局，1987：137.

纪》中,对公刘的记载与《孟子》的描述完全一致:

> 公刘虽在戎狄之间,复修后稷之业,务耕种,行地宜,自漆、沮度渭,取材用,行者有资,居者有畜积,民赖其庆。百姓怀之,多徙而保归焉。周道之兴自此始,故诗人歌乐思其德。①

关于这一记载的来源,此段后《索隐》明言曰:“即《诗·大雅》篇‘笃公刘’是也。”司马迁指出,公刘处于戎狄两个部族的威胁之下,却能重视农业,使得百姓有余粮,行者有资用,国家有了抵御外辱保护百姓的能力。正是由于公刘的这一政策,吸引了大量百姓前来投靠,周朝由此而走向了兴盛,《史记·周本纪》在记载公刘功绩的时候,就公刘因“好货”而致周朝兴盛的功绩特书一笔,并指出这是公刘对周氏族发展的最大贡献。

在《大雅·文王有声》的阐释上,鲁诗再次体现出了这一特点。

孟子在谈到“以德行仁者王”的话题时称:

> 以德行仁者王,王不待大,汤以七十里,文王以百里。以力服人者,非心服也,力不赡也。以德服人者,中心悦而诚服也。如七十子之服孔子也。《诗》云:“自西自东,自南自北,无思不服。”此之谓也。②

孟子通过以“此之谓也”作结,强调了《文王有声》中蕴含着“以德服人者,中心悦而诚服也”的含义,也就是说,《文王有声》的诗旨在于对文王德行的赞美。鲁诗的阐释亦与孟子一致:

---

① 司马迁. 史记[M].北京:中华书局,1982:112.
② 焦循. 孟子正义[M].北京:中华书局,1987:221—222.

天下有道,则礼乐征伐自天子出。夫功成制礼,治定作乐。
礼乐者,行化之大者也。孔子曰:"移风易俗,莫善于乐;安上治
民,莫善于礼。"是故圣王修礼文,设庠序,陈钟鼓。天子辟雍,
诸侯泮宫,所以行德化。《诗》云:"镐京辟雍,自西自东。自南自
北,无思不服。"此之谓也。①

鲁诗对《文王有声》的阐释,甚至可以看作围绕孟子"以德行仁者王"
的思想所展开的。孟子从《文王有声》看出了"以德行仁"在王天下
过程中的重要性,而鲁诗则把礼乐作为天子施行德化、从而达成长治
久安目的重要手段。鲁诗在诗义阐释的过程中与孟子唯一的不同,
就是增加了重视礼乐教化的环节。

不仅如此,鲁诗还在孟子的基础上对《诗》的颂美内容进行了更
进一步的阐释,例如《孟子·梁惠王下》中,在涉及"交邻国有道乎"
的话题时,孟子提出"惟仁者为能以大事小,是故汤事葛,文王事混
夷"②。此处孟子化用了《大雅·绵》的第八章,现今的《诗经》版本是
"混夷駾矣,维其喙矣",其中的"混夷"便是孟子所指的"昆夷"。虽
然四家诗均肯定了《大雅·绵》的意图在于对周王仁义之德的赞美,
然而周王究竟如何"以大事小",汉代四家诗中唯有鲁诗详言此事③,
鲁诗代表学者蔡邕在《琴操》中详细论述了"以大事小"一事:

---

① 刘向撰,向宗鲁校证. 说苑校证 [M]. 北京:中华书局,1987:476.
② 焦循. 孟子正义 [M]. 北京:中华书局,1987:111.
③ 毛诗虽然也涉及文王与昆夷之间的关系问题,但是所言与"以大事小"并
无关联,仅仅是言及文王闭门不出,不与混夷作战,与"以大事小"毫无关联:
"《诗》正义引《帝王世纪》云:'文王受命四年,周正丙子,混夷伐周,一日三至
周之东门,文王闭门修德,而不与战。'王肃同其说,以申毛义。以为柞棫生柯、
叶拔然时,混夷伐周。"(焦循. 孟子正义 [M]. 北京:中华书局,1987:111)

> 太王居豳,狄人攻之,仁思恻隐,不忍流血,选练珍宝犬马皮币束帛与之。狄侵不止,问其所欲得土地也。太王曰:"土地者,所以养万民也,吾将委国而去矣,二三子亦何患无君!"遂杖策而出,逾乎梁而邑乎岐山。①

据鲁诗记载,太王之时,由于狄人入侵,心怀仁义恻隐之念的太王并不选择与其作战,而是以珠玉宝马厚待之,但边乱并没有因此而停止,为了百姓的福祉,太王舍弃自己的权力以国家相赠。太王所辖的范围不可谓不大,而为了平息边患,太王所作出的努力,正是对"以大事小"的最好阐释。

总之,鲁诗与孟子的相合,不单单是诗义阐释上的采纳,其深层原因在于鲁诗对孟子的儒家《诗》学正宗地位的认可。有关鲁诗在诗义阐释上与孟子的相合之处,此处不再一一赘举。关于两者的对照,详见下表。

---

① 王先谦. 诗三家义集疏 [M]. 北京:中华书局,1987:834.

表2—4 鲁诗与孟子诗义阐释异同对照表 ①

	篇名《诗经》	《诗经》引文	对应章节	孟子说解	鲁诗释义	同	异	未见存疑
1	邶风·柏舟	忧心悄悄,愠于群小。	尽心下	士憎兹多口。……孔子也。	是以群小窥见间隙,缘饰文字,巧言丑诋,流言飞文,哗于民间。故《诗》云:"忧心悄悄,愠于群小。"(《汉书·楚元王传》)	同		
2	齐风·南山	娶妻如之何?必告父母。	万章上	男女居室,人之大伦也。如告则废人之大伦,以怼父母,是以不告也。	男不自专娶,女不自专嫁,必由父母,须媒妁何?远耻防淫佚也。《诗》云:"娶妻如之何?必告父母。"(《白虎通·嫁娶篇》)	同		

① 《孟子》所依版本为焦循.孟子正义 [M].北京:中华书局,1987。鲁诗相关典籍的判定依照清阮元《三家诗遗说考》、清陈乔枞《鲁诗遗说考》、清王先谦《诗三家义集疏》的观点所录,后文不再一一注明。另外,为了保证表格的连贯性,除特别需要注解的部分,不再一一注明出处。

续表

篇名	《诗经》引文	对应章节	孟子说解	鲁诗释义	同	异	未见存疑
3 魏风·伐檀	不素餐兮	尽心上	君子居是国也，其君用之，则安富尊荣；其子弟从之，则孝悌忠信。不素餐兮，孰大于是！	伐檀者，魏国之女所作也。伤贤者隐避，素餐者位，闵伤怨旷，失其嘉会。夫圣王之制，能治人者食于人，治于人者食于田。今贤者隐退伐木，小人在位食禄，悬珠奇，积百谷，并包有土，泽不加百姓。伤痛上之不知，王道之不施，仰天长叹，援琴而鼓之。(蔡邕《琴操》) 儒生受长吏之禄，报长吏以道；文吏空胸，无仁义之学，居位食禄，终无以效，所谓"尸位素餐"者也。"素"者，空也，空虚无德，餐人之禄，故曰"尸位"。"素餐"，与尸无异，默坐朝廷，不能言事，与尸无异，故曰"尸位"。(《论衡·量知篇》) 天地四方者，男子之所有事也，必有意其所有事也，然后敢食谷也。《诗》之谓也。(《说苑·修文》) 《诗》云："彼君子兮，不素餐兮。"由此观之，未有以无功而得禄者也。(《潜夫论·三式篇》)	同		
4 豳风·七月	昼尔于茅，宵尔索绹，亟其乘屋，其始播百谷。	滕文公上	民事不可缓也。	鲁说曰："言教民昼取茅草，夜索以为绹，绞也。及尔闲暇，亟而乘尔野外之屋，春事起，尔将始播百谷矣。"	同		

续表

	篇名	《诗经》引文	对应章节	孟子说解	鲁诗释义	同	异	未见存疑
5	豳风·鸱鸮	迨天之未阴雨，彻彼桑土，绸缪牖户。今女下民，或敢侮予？	公孙丑上	孔子曰："为此诗者，其知道乎？能治其国家，谁敢侮之。"	武王崩，周公当国，管、蔡、武庚等率淮夷而反，周公乃奉成王命兴师东伐，遂诛管叔，杀武庚，放蔡叔，宁淮夷，东土二年而毕定。周公归赔王，乃为诗赔王，命之曰《鸱鸮》。（《史记》化用）	同		
6	小雅·伐木	出自幽谷，迁于乔木。	滕文公上	吾闻用夏变夷者，未闻变于夷者也。……吾闻出于幽谷，迁于乔木者，未闻下乔木而入于幽谷者。	古之交者，其义敦以正，其誓信以固。迨夫周德始衰，颂声既寝，《伐木》有"鸟鸣"之刺，《谷风》有"弃予"之怨，其所由来，政之失也。（蔡邕《正交论》）小人尚明鉴，君子尚至言。至言也，非贤友则无取之，故君子必求贤友也。《诗》曰："伐木丁丁，鸟鸣嘤嘤。"言朋友之义，务在切直，以升于善道也。（徐干《中论·贵验篇》）		异	
7	小雅·车攻	不失其驰，舍矢如破。	滕文公下	如以利，则枉寻直尺而利，亦可为与？	御者不失其驰驱之法，则射者必中之。顺毛而入，顺理而出，一发贯臧，应失而死者如破矣，此君子之射也。（《孟子章句》）			未见

续表

	篇名	《诗经》引文	对应章节	孟子说解	鲁诗释义	同	异	未见存疑
8	小雅·正月	茕矣富人，哀此茕独。	梁惠王下	老而无妻曰鳏，老而无夫曰寡，老而无子曰独，幼而无父曰孤。此四者天下之穷民而无告者。文王发政施仁，必先斯四者。	未见			未见
9	小雅·小弁	——	告子下	《小弁》之怨，亲亲也。亲亲，仁也。	又曰：《履霜操》者，尹吉甫之子伯奇所作也。吉甫娶后妻，生子曰伯邦，乃谮伯奇于吉甫，放之于野。伯奇清朝履霜，自伤无罪见逐，乃援琴而鼓之。宣王出游，吉甫从之。王闻之，曰：此孝子之辞也。吉甫乃求伯奇于野而感悟，遂射杀后妻。（蔡邕《琴操》） 尹吉甫子伯奇至孝，后母谮之，自投江中，衣带藻，忽梦见水仙赐其美药，唯念养亲，扬声悲歌，船人闻而学之。作《子安》之操。（《太平御览》引琴部引杨雄《琴清英》） 琼上疏曰："伯奇至贤，终于放流。"李贤注引《说苑》曰："王国子前母子伯奇，后母子伯封，饮其母立为太子，谗王曰：'伯奇好妻。'王不信。	同		

续表

篇名	《诗经》引文	对应章节	孟子说解	鲁诗释义	同	异	未见存疑
				其母曰:'今伯奇好于后园,妾过其旁,王上台视之,即可知。过伯奇之边曰:'蜂螫我。'伯奇就衣中取蜂杀之,王遥见之,乃逐伯奇也。"(《后汉书·黄琼传》)王充谓伯奇放流作《小弁》诗。(刘履恂《秋槎札记》)			
10	小雅·巧言	他人有心,予忖度之。	梁惠王上	—	—			未见
11	小雅·大东	周道如砥,其直如矢,君子所履,小人所视。	万章下	欲见贤人而不以其道,犹欲其入而闭之门也。夫义,路也。礼,门也。惟君子能由是路,出入是门也。	故显名存于今,是之谓公。《诗》云:"周道如砥,君子所履。"此之谓也。其直如矢,大公生明,偏生暗,端悫生达,诈伪生塞,诚信生神,夸诞生惑。此六者,君子之所慎也。(《说苑》)今野无《鹤鸣》之叹,朝无《小明》之悔,拟踪往古,比德哲王,岂不休哉!(《后汉书·杨震传》)		异	

续表

	篇名	《诗经》引文	对应章节	孟子说解	鲁诗释义	同	异	未见存疑
12	小雅·北山	普天之下，莫非王土，率土之滨，莫非王臣。	万章上	是诗也，非是之谓也。劳于王事，而不得养父母也。	劳逸无别，善恶同流，《北山》之诗所为作。（《后汉书·杨震传》）天下太平，乃封亲属者，示不私也。即不私封之何？普天之下，莫非王土，率土之实，莫非王臣。海内之众已尽得使之，不忍使亲属无短足之居，一人使封之，亲亲之义也。（《白虎通·封公侯·论封诸侯亲贤之义》）	同		
13	小雅·大田	雨我公田，遂及我私。	滕文公上	夏后氏五十而贡，殷人七十而助，周人百亩而彻，其实皆什一也。……由此观之，虽周亦助也。	—			未见
14	大雅·文王	①③永言配命，自求多福。②周虽旧邦，其命维新。④商之孙子，其丽不亿。上帝既命，侯于周服。……永言配命，自求多福。	①公孙丑上②滕文公上③④离娄上	①祸福无不自己求之者。③行有不得者，皆反求诸己，其身正而天下归之。②文王之谓也。④师文王，大国五年，小国七年，必为政于天下矣。	①③ "受命称王。" ②文王闻善如不及，宿不善不祥，非谓日不足也，其忧寻推之也。故《诗》曰：周虽旧邦，其命维新。（《淮南子·缪称训》）④《诗》美 "宜鉴于殷，自求多福"。是故世主诚能使六合之内，举世公正之人，无浅薄之恶，各奉公正之心，而无奸险之意，复怀驾凤，复畜于郑矣。（《潜夫论·德化篇》）	同		

续表

	篇名	《诗经》引文	对应章节	孟子说解	鲁诗释义	同	异	未见存疑
15	大雅·绵	古公亶甫,来朝走马,率西水浒,至于岐下,爰及姜女,聿来胥宇。	梁惠王下	昔者大王好色,爱厥妃也,……当是时也,内无怨女,外无旷夫,王如好色,与百姓同之,于王何有?	梁惠王谓孟子曰:"寡人有疾,寡人好色。"孟子曰:"若之何好色可以王?"孟子曰:"昔公亶父,爱厥妃。《诗》曰:'古公亶父,来朝走马,率西水浒,至于岐下,爰及姜女,聿来胥宇。'当是时,内无怨女,外无旷夫。王若好色,与百姓同之,民唯恐王之不好色也。"(《新序·杂事第三》)	同		
16	大雅·思齐	刑于寡妻,至于兄弟,以御于家邦。	梁惠王上	言举斯心加诸彼而已。故推恩足以保四海,不推恩无以保妻子。	—			未见
17	大雅·皇矣	王赫斯怒,爰整其旅,以遏徂莒,以笃周祜,以对于天下。	梁惠王下	此文王之勇也。文王一怒而安天下之民。	王曰:"寡人有疾,寡人好勇。"孟子曰:"王若好勇?"曰:"王赫斯怒,爰整其旅,以遏徂莒。"此文王之勇也。文王一怒而安天下之民,今王亦一怒而安天下之民也。(《新序·杂事第三》)惟据鲁齐之说,皆直言此诗为陈文王之德。	同		

续表

篇名	《诗经》引文	对应章节	孟子说解	鲁诗释义	同	异	未见存疑
18 大雅·灵台	经始灵台，经之营之，庶民攻之，不日成之。经始勿亟，庶民子来。王在灵囿，麀鹿攸伏，麀鹿濯濯，白鸟鹤鹤。王在灵沼，於牣鱼跃。	梁惠王上	文王以民力为台为沼，而民欢乐之，谓其台曰灵台，谓其沼曰灵沼，乐其有麋鹿鱼鳖。	文志之所在，意之所欲，百姓不爱其死，不惮其劳，从之如集。《诗》曰："经始灵台"，"庶民子来"，文王有志为台，不日成之。经始勿亟，民闻之者瘏瘁而至，问业而成。作之，日日以众，故弗趋而成。命其台曰灵台，命其沼曰灵沼，谓其囿曰灵囿，麀鹿攸伏，麀鹿濯濯，白鸟鹤鹤，沼于鱼鳖，咸若攸乐，而况士民乎？（《新书·君道》）积恩为爱，积爱为仁，积仁为灵。灵台之所以为灵者，积仁也。神灵者，天地之本，而为万物之始也。是故文王始接民以仁，而天下莫不仁焉。文德之至也。德不至，则不能文。天子所以有灵台者何？所以考天人之心，察阴阳之会，揆星辰之证验，为万物获福无方之元。《诗》云："经始灵台。"（《白虎通·辟雍篇》）周文王作灵台及为池沼，掘地得死人之骨，吏以闻于文王。文王曰："更葬之。"吏曰："此无主矣。"文王曰："有天下者，天下之主也；有一国者，一国之主也。寡人固其主，又安求主？"遂令吏以衣棺更葬之。天下闻之，皆曰："文王贤矣，泽及枯骨，又况于人乎？"或得宝以危国，文王得朽骨以喻其意，而天下归心焉。（《新序·杂事第五》）	同		

续表

篇名	《诗经》引文	对应章节	孟子说解	鲁诗释义	同	异	未见存疑
19	大雅·下武	永言孝思，孝思惟则。	万章上	孝子之至，莫大乎尊亲；尊亲之至，莫大乎以天下养。		异	
20	大雅·文王有声	自西自东，自南自北，无思不服。	公孙丑上	以德服人者，中心悦而诚服也。	天下有道，则礼乐征伐自天子出。夫功成制礼，治定作乐。礼乐者，行化之大者也。孔子曰："移风易俗，莫善于乐；安上治民，莫善于礼。"是故圣王修礼文，设庠序，陈钟鼓，天子辟雍，诸侯泮宫，自西自北，无思不服。自西自东，自南自北，无思不服。"此之谓也。（《说苑·修文》）	同		
21	大雅·既醉	既醉以酒，既饱以德。	告子上	言饱乎仁义也，所以不愿人之膏粱之味也。令闻广誉施于身，所以不愿人之文绣也。	凡人之有患祸者，生于淫泆暴慢之本，生于饮酒。故古者慎重饮酒之礼，使年所雅者，目视正仪，足行正道，心论正道。故终日饮酒而无过失。近者数月，远者数月，皆以益善。《诗》云："既醉以酒，既饱以德。"此之谓也。（《说苑·修文》）		异	
22	大雅·假乐	不愆不忘，率由旧章。	离娄上	徒善不足以为政，……徒法不能以自行，遵先王之法而过者，未之有也。	犹《诗》言"子孙千亿"矣，美周宣王之德，能慎天地，天地祚之，子孙众多，至千千亿。（《论衡·艺增篇》）鲁哀公问于子夏曰："必学而后可以安国保民	同		

续表

篇名	《诗经》引文	对应章节	孟子说解	鲁诗释义	同	异	未见存疑
			平？"子夏曰："不学而能安国保民者，未尝闻也。"……此十一圣人未遭此师，则功业不著乎天下，名号不传乎千世。《诗曰》："不愆不忘，率由旧章。"此之谓也。夫不学不明古道，而能安国家者，未之有也。（《新序·杂事第五》）			
23	大雅·公刘　乃积乃仓，乃裹糇粮，于橐于囊，思戢用光，弓矢斯张，干戈戚扬，爰方启行。	梁惠王下	昔者公刘好货……故居者有积仓，行者有裹囊也，然后可以爰方启行。	"公刘虽在戎狄之间，复修后稷之业，务耕种，行地宜，自漆、沮度渭，取材用，行者有资，居者有畜积，民赖其庆。百姓怀之，多徙而保归焉。周道之兴自此始，故诗人歌乐思其德。"《索隐》云：'即《诗·大雅》篇'笃公刘'是也。"（《史记·周本纪》）	同		
24	大雅·板　天之方蹶，无然泄泄。	离娄上	泄泄犹沓沓也。事君无义，进退无礼，言则非先王之道者，犹沓沓也。故曰责难于君谓之恭，陈善闭邪谓之敬，吾君不能谓之贼。	窃闻长水司马武宣、开阳城门候羊迪等，无它功德，初拜便真。此虽小失，而渐坏旧章。先圣法度，所宜坚守，政教一跌，百年不复。《诗》云："上帝板板，下民卒瘅。"刺周王变祖法度，故使下民尽病也。今陛下之有尚书，犹天之有北斗也。斗为天喉舌，尚书亦为陛下喉舌。斗斟酌元气，运平四时，尚书出纳王命，赋政四海，权尊势重，责之所归。若不平心，灾眚必至。诚宜审择其人，以毗圣政……由此言之，本朝号令，岂可蹉跌？（《后汉书·李固列传》）	同		

续表

篇名	《诗经》引文	对应章节	孟子说解	鲁诗释义	同	异	未见存疑
25 大雅·荡	殷鉴不远，在夏后之世。	离娄上	欲为君尽君道，欲为臣尽臣道，二者皆法尧舜而已矣。不以舜之所以事尧事君，不敬其君者也。不以尧之所以治民治民，贼其民者也。孔子曰："道二，仁与不仁而已矣。"暴其民甚则身弑国亡，不甚则身危国削。名之曰幽厉，虽孝子慈孙，百世不能改也。"	国之所以存者治也，其所以亡者乱也。人君莫不好治而恶乱，乐存而恶亡。不以来，亡代有三，秽国不免亡，夫何故哉？皆由君常好其所治，而恶其所亡。隔九州，殊俗千里，稽节合符。故曰：虽有尧，约之恶，必讥于《版》《汤》。殷鉴不远，在夏后之世。(《潜夫论·思贤篇》)	同		
26 大雅·桑柔	①谁能执热，逝不以濯？②其何能淑，载胥及溺。	①②离娄上	①今也欲无敌于天下而不以仁，是犹执热而不以濯也。②得天下有道，得其民，斯得天下矣。得其民有道，得其心，斯得民矣。……苟不志于仁，终身忧辱，	①②昔周厉王好专利，芮良夫谏而不入，退赋《桑柔》之诗以讽。言是大风也，必将有隧；是贪民也，必将败其类。王又不悟，故遂流死于彘。(《潜夫论·遏利篇》)	同		

续表

序号	篇名	《诗经》引文	对应章节	孟子说解	鲁诗释义	同	异	未见存疑
27	大雅·云汉	周余黎民，靡有孑遗。	万章上	以陷于死亡。《诗》云："其何能淑，载胥及溺。"此之谓也。　信斯言也，是周无遗民也。	《诗》道周宣王遭大旱矣。《诗》曰："周余黎民，靡有孑遗"言无有可（孑）遗一人不被害者。（《论衡·治期篇》）　《诗》曰："维周黎民，靡有孑遗。"是谓周宣王之时，遭大旱之灾也，诗人伤旱之甚，民被其害，言无孑遗一人愁痛者。……夫旱甚，则有之矣；言无孑遗一人，增之也。（《论衡·艺增篇》）	同		
28	大雅·烝民	天生蒸民，有物有则。民之秉彝，好是懿德。	告子上	乃若其情，则可以为善矣，乃所谓善也。若夫为不善，非才之罪也。恻隐之心，人皆有之；羞恶之心，人皆有之；恭敬之心，人皆有之；是非之心，人皆有之。恻隐之心，仁也；羞恶之心，义也；恭敬	《诗》云："民之秉彝，好是懿德。"故民有心也，扰为和之园也。遭和气而成实，遇水旱则枯槁而生孽。民蒙善化，则人有士君子之心；被恶政，则人有奸乱之虑。起居以其时，故居者以其多量。今六合之由一荫，则一荫之曲政尽美而弃捐。其遇迟，则一荫之曲政皆臭败而豆麦也，变化云为，在将者尔。遭良吏则怀忠信而履仁厚，遇恶吏则怀奸邪而行浅薄。忠厚积则致太平，奸薄积则致危	同		

续表

	篇名	《诗经》引文	对应章节	孟子说解	鲁诗释义	同	异	未见存疑
				之心，礼也。是非之心，智也。仁义礼智，非由外铄我也，我固有之也，弗思耳矣。故曰求则得之，舍则失之，或相倍蓰而无算者，不能尽其才者也。……孔子曰："为此诗者，其知道乎！故有物必有则；民之秉彝也，故好是懿德。"	亡。是以圣帝明王，皆敦德化而薄威刑。德者，所以修己也，威者，所以治人也。上智与下愚之民少，而中庸之民多，在炉冶之世也，陶冶变化，唯治所为，方圆薄厚，随熔制尔。（《潜夫论·德化篇》）姓者，生也。人禀天气所以生者也。《诗》曰："天生烝民。"姓所以有百者何？以为古者圣人吹律定姓，以纪其族。人含五常而生，正声有五，宫、商、角、徵、羽，转而相杂，五五二十五，转生四时异气，殊音悉备，故姓有百也。（《白虎通·姓名》）			
29	周颂·我将	畏天之威，于时保之。	梁惠王下	乐天者保天下，畏天者保其国。	《诗》又曰："畏天之威，于时保之。"皆谓不惧者凶。（《汉书·孔光传》）"惧之则吉。""《我将》一章十句，祀文王明堂之所歌也。"		异	
30	鲁颂·閟宫	①②戎狄是膺，荆舒是惩，（则莫我敢承。）	①②滕文公	①周公方且膺之，子是之学，亦为不善变矣！②无父无君，是周公所膺也。	—			未见

第三节　司马迁对孟子的推尊："粲若经传，继乎六籍"

一、司马迁与鲁诗

司马迁所习为鲁诗,学界已成定论。王充在《论衡·书解篇》中明确指出司马迁对于鲁诗的发展与流传具有不容忽视的推动作用:"世传《诗》家鲁申公,《书》家千乘欧阳、公孙,不遭太史公,世人不闻。"①清儒全祖望、陈乔枞、王先谦等在《三家诗遗说考》《诗三家义集疏》中,均把司马迁列入鲁诗家,今人金德建先生亦持此论②。他们立论的依据主要有:其一,据《汉书·儒林传》记载,司马迁曾向习鲁诗的孔安国学习《古文尚书》,司马迁当传其学;其二,司马迁时,朝廷所列《诗》学博士中,出现最早、影响最大的为鲁诗;其三,据《史记》自言,司马迁曾"讲业齐、鲁之都"③,表明司马迁所尚为齐、鲁之学。陈桐生在《史记与诗经》一书中,从鲁诗的角度立论,认为司马迁所学之《诗》源于申公④。刘立志的《汉代〈诗经〉学史论》虽然并不赞同以上观点,但也承认《史记》中司马迁所引之《诗》与鲁诗多有相合之处⑤。

---

① 王充著,黄晖撰. 论衡校释 [M]. 北京:中华书局,1990:1151.

② 金德建. 司马迁所见书考 [M]. 上海:上海人民出版社,1963.

③ 司马迁. 史记 [M]. 北京:中华书局,1982:3293.

④ 陈桐生. 史记与诗经 [M]. 北京:人民文学出版社,2002:23—30.

⑤ 刘立志. 汉代《诗经》学史论 [M]. 北京:中华书局,2007:120—121.

还有一点以上诸位学者均未论及,即司马迁在《史记·儒林传》中明确指出战国之世齐鲁之地对儒家思想和典籍的传播功不可没:"儒术既绌焉,然齐鲁之门,学者独不废也。"① 而经历了秦代的焚书之祸和汉初的战乱以后,鲁中依然"尚讲诵习礼乐,弦歌之音不绝"②。在《诗》学承传上,司马迁也独举齐鲁:"夫齐、鲁之间于文学,自古以来,其天性也。"③ 司马迁对齐鲁之地保存儒学之功的评价,不仅能够解释司马迁求学于齐鲁之地的原因,也在一定程度上辅助证明了司马迁的学术倾向和鲁诗学者的身份。故而笔者此处采取多数学者的观点④,视司马迁为鲁诗学者。

有关司马迁在诗义阐释上对孟子的接续,前文已有涉及,此处不赘。此处仅从《诗》学渊源入手探讨司马迁在学术承传角度对孟子的接续与承袭。

二、司马迁对孟子《诗》学地位的肯定

司马迁在为战国诸子所作的传记中,于儒家诸子仅推举子夏、孟子、荀子三人,而其中又尤其标举孟子的《诗》学承传之功,这也是最早对孟子传《诗》之功的明确记载:

> 孟轲,驺人也。受业子思之门人。道既通,游事齐宣王,宣

---

① 司马迁. 史记[M]. 北京:中华书局,1982:3116.

② 司马迁. 史记[M]. 北京:中华书局,1982:3117.

③ 司马迁. 史记[M]. 北京:中华书局,1982:3117.

④ 董治安先生认为《史记》引《诗》出入四家,并未专主一派(董治安.《史记》释《诗》平议[A]. 第四届诗经国际学术研讨会论文集[C]. 北京:学苑出版社,2000),此说推翻前人成说,昭示后学。然而前说亦有一时难以推翻的证据,故而此处依然沿袭前人旧说视司马迁为鲁诗学者。

王不能用。适梁,梁惠王不果所言,则见以为迂远而阔于事情。当是之时,秦用商君,富国强兵。楚、魏用吴起,战胜弱敌。齐威王、宣王用孙子、田忌之徒,而诸侯东面朝齐。天下方务于合从连衡,以攻伐为贤,而孟轲乃述唐、虞、三代之德,是以所如者不合。退而与万章之徒序《诗》《书》,述仲尼之意,作《孟子》七篇。①

在这段记载中,司马迁不仅详细记载了孟子的生平、学术活动、学术观点、著作等情况,并且特别指出了孟子在《诗》学承传过程中的地位和作用:"序《诗》、《书》,述仲尼之意,作《孟子》七篇。"

《史记·儒林列传》开篇所言即是儒家五经的传播状况,而最为主要的便是《诗》的传播情况:

夫周室衰而《关雎》作,幽厉微而礼乐坏,诸侯恣行,政由强国。故孔子闵王路废而邪道兴,于是论次《诗》《书》,修起礼乐。适齐闻《韶》,三月不知肉味。自卫返鲁,然后乐正,《雅》《颂》各得其所。……

自孔子卒后,七十子之徒散游诸侯,大者为师傅卿相,小者友教士大夫,或隐而不见。故子路居卫,子张居陈,澹台子羽居楚,子夏居西河,子贡终于齐。如田子方、段干木、吴起、禽滑釐之属,皆受业于子夏之伦,为王者师。是时独魏文侯好学。后陵迟以至于始皇,天下并争于战国,儒术既绌焉,然齐、鲁之门,学者独不废也。于威、宣之际,孟子、荀卿之列,咸遵夫子之业而润

————————
① 司马迁. 史记[M]. 北京:中华书局,1982:2343.

色之,以学显于当世。①

按照《儒林列传》所列,儒家的《诗》学承传谱系应当为孔子、孔子诸弟子以及齐鲁之地的孟子与荀子。而在《乐书》《仲尼弟子列传》中,司马迁于《诗》学承传,却仅仅标举子夏②、孟子两人。

子夏于《诗》的地位自不待言。他是继孔子之后,儒家《诗》学传承过程中的重要人物,《论语》中就有子夏问《诗》于孔子而得到孔子称赞的记载:

子夏问曰:"'巧笑倩兮,美目盼兮,素以为绚兮。'何谓也?"子曰:"绘事后素。"曰:"礼后乎?"子曰:"起予者商也! 始可与言《诗》已矣。"③

① 司马迁. 史记[M]. 北京:中华书局,1982:3115—3116.
②《史记·乐书》中有子夏论《诗》的记载:"子夏答曰:郑音好滥淫志,宋音燕女溺志,卫音趣数烦志,齐音骜辟骄志,四者皆淫于色而害于德,是以祭祀不用也。《诗》曰:'肃雍和鸣,先祖是听。' 夫肃肃,敬也。雍雍,和也。夫敬以和,何事不行? 为人君者,谨其所好恶而已矣。君好之则臣为之,上行之则民从之。《诗》曰:'诱民孔易',此之谓也。然后圣人作为鼗鼓椌楬埙篪,此六者,德音之音也。然后钟磬竽瑟以和之,干戚旄狄以舞之。此所以祭先王之庙也,所以献酬酳酢也,所以官序贵贱各得其宜也,此所以示后世有尊卑长幼序也。钟声铿,铿以立号,号以立横,横以立武。君子听钟声则思武臣。石声磬,磬以立别,别以致死。君子听磬声则思死封疆之臣。丝声哀,哀以立廉,廉以立志。君子听琴瑟之声则思志义之臣。竹声滥,滥以立会,会以聚众。君子听竽笙箫管之声则思畜聚之臣。鼓鼙之声欢,欢以立动,动以进众。君子听鼓鼙之声则思将帅之臣。君子之听音,非听其铿鎗而已也,彼亦有所合之也。"(司马迁. 史记[M]. 北京:中华书局,1982:1224—1225)《史记·仲尼弟子列传》中的《索隐》也提到子夏对于诗学承传的贡献:"子夏文学著于四科,序《诗》,传《易》。"(司马迁. 史记[M]. 北京:中华书局,1982:2203)
③ 刘宝楠. 论语正义[M]. 北京:中华书局,1990:89—90.

不仅如此,子夏还被认为是孔子弟子中最擅长文学的弟子之一。而荀子在汉代也被认为是《诗》学承传过程中的一个重要人物。据《汉书·楚元王传》记载:"(楚元王)少时尝与鲁穆生、白生、申公俱受《诗》于浮丘伯,伯者,孙卿门人也。"① 人们根据这一记载得出了荀子——浮丘(邱)伯——楚元王这样一个鲁诗承传谱系。也就是说,司马迁在《史记》中涉及的战国儒家的三个关键人物中,子夏、荀子的《诗》学承传地位,是得到了汉儒的普遍肯定的。

在汉代,荀子被汉儒推尊为汉诗的重要渊源之一,而孟子与《诗》的关系,目前所见资料中所论最少。值得注意的是,在《史记》中,司马迁仅记载了子夏和孟子对《诗》的研习承传之功,而在涉及荀子的学术特点时于荀子与《诗》的关系却绝口不提:"荀卿嫉浊世之政,亡国乱君相属,不遂大道而营于巫祝,信礼祥,鄙儒小拘,如庄周等又猾稽乱俗,于是推儒、墨、道德之行事兴坏,序列著数万言而卒。"② 虽然《史记》并非专门序列《诗》学承传的著作,但是在《史记》中能够见到对子夏、孟子《诗》学承传之功的记载却不见荀子与《诗》学的关联,这在一定程度上已经表明了司马迁的学术倾向:作为鲁诗学者的代表人物之一,司马迁对荀子的《诗》学承传地位持否定态度。而与之形成明确对比的是,司马迁在述及孟子学术地位的过程中,尤其推崇孟子的《诗》学承传之功,司马迁把孟子在《诗》学承传上的功劳作为其最主要的学术贡献:"序《诗》《书》,述仲尼之意,作《孟子》七篇。"在司马迁看来,孟子的主要学术贡献便在于序次《诗》《书》,并在序《诗》《书》的过程中传承孔子的儒学思想。孟子继承

---

① 班固.汉书[M].北京:中华书局,1962:1921.
② 司马迁.史记[M].北京:中华书局,1982:2348.

孔子以来的儒家《诗》学,被认定为他的最主要的学术贡献。虽然司马迁并没有明确地指出孟子为鲁诗的《诗》学渊源,但是,从《史记》中所传达出来的信息中,我们不难看出司马迁对子夏和孟子的儒家《诗》学地位的肯定。尤其是孟子,被司马迁视为这一承传谱系中的关键环节。

三、司马迁与汉代孟子地位的提升

司马迁不仅特别标举孟子在《诗》学承传过程中的地位与作用,也是系统记载其生平、学术活动的第一人。

司马迁在《孟子荀卿列传》中详细地记载了孟子的身世生平、学术活动和思想成就,并且对孟子的遭遇表示了感同身受的认同:"梁惠王谋欲攻赵,孟轲称大王去邠。此岂有意阿世俗苟合而已哉。持方枘欲内圜凿,其能入乎?"不仅如此,司马迁也特别指出了孟子的儒家承传者地位,称:"后陵迟以至于始皇,天下并争于战国,儒术既绌焉,然齐、鲁之间,学者独不废也。于威、宣之际,孟子、荀卿之列,咸遵夫子之业而润色之,以学显于当世。"并特别指出自己推举孟子的原因在于希望由此传达出"猎儒墨之遗文,明礼义之统纪,绝惠王利端,列往世兴衰"的教化作用。

然而,司马迁对孟子的最大推崇,则是在《史记》中首次将孟子与孔子并称,指出孟子是绍继孔子的第一人:"(驺衍)其游诸侯见尊礼如此,岂与仲尼菜色陈、蔡,孟轲困于齐、梁同乎哉!……卫灵公问陈,而孔子不答;梁惠王谋欲攻赵,孟轲称大王去邠。"[①]司马迁突出强调了孟子与孔子在学术渊源上的承传关系,即"遵夫子之业而

---

① 司马迁. 史记 [M]. 北京:中华书局,1982:2345.

润色之"。可见孟子最大的贡献在于其对孔子以来的儒家思想的继承。换句话说,《孟子》最重要的价值在于其对孔子之学的继承。而赵恒在此基础上进一步解释说,太史公将孔孟并称原因在于孟子的"师友渊源之出于孔子""立身行道之出于孔子""著书立言之出于孔子""困厄不遇之不异于孔子"①。即指出司马迁将孔孟并称,实则指明了孟子在师承渊源、身世经历、学术承传上与孔子的比肩地位。尽管这里只是只字片语的论及,然而其学术意义却不容轻视,这在孟子学史上是一次影响深远的升格。尽管在《孟子》文末,孟子曾有把自己和尧舜、周公、孔子等圣人相并列的期待,但是真正将孔孟并称,还是司马迁的这一判断。也正是从此之后,文人才逐渐将孔孟并称,如赵岐就曾强调:"《论语》者,五经之馆鎋,六艺之喉衿也。《孟子》之书,则而象之。"②而这种升格的最终完成,却已是宋代的事情了。

也正是因为司马迁这种凿破鸿蒙的学术前瞻性,司马迁对孟子的推尊赢得了后世学者的高度赞誉。前文已经提到,司马迁是汉代最早推尊孟子的学者。赵翼认为"尊孟子亦自史迁始"③,赵恒也指出司马迁"推尊孟子之意至矣"④,宋代黄震亦对司马迁推尊孟子给予极高评价:"太史公之传孟子,首举不言利之对,叹息以先之,然后为之传,而传自受业子思之外复无他语,惟详述一时富国强兵之流,

① 泷州资言考证,水泽利忠校补. 史记会注考证附校补[M].上海:上海古籍出版社,1986:1430.
② 焦循. 孟子正义[M].北京:中华书局,1987:14.
③ 赵翼. 陔余丛考[M].上海:商务印书馆,1957:86.
④ 泷州资言考证,水泽利忠校补. 史记会注考证附校补[M].上海:上海古籍出版社,1986:1430.

与驺衍迂怪不可究诘以取重当时之说,形孟子之守道不变,与仲尼菜色陈、蔡者同科。奇哉迁之文,卓哉迁之识欤!"① 明人张之象序《盐铁论》称:"孔子欲行王道,东西南北,七十说而无所遇;孟子亦奔走齐、梁,所如不合;道之不行,岂孔、孟之罪哉?"② 明代柯维骐也说:"太史公《序传》虽举并论,然其传中所叙,推尊孟子与孔子同,而断其异于谈说之阿世取荣者。"③ 清人恽敬则把司马迁推尊孟子的意义推崇至极致:"盖太史公于孔子之后,推孟子一人而已。"④

四、《史记》在主旨与选材上对孟子的重视

《史记》是倾注了司马迁毕生心血的作品,从他的《太史公自序》以及《报任少卿书》中能够清楚地看到司马迁对《史记》视如生命般的重视。撰写《史记》不仅是为了完成父亲司马谈的临终嘱托。他不仅广泛收集逸史旧闻,并且在遭遇李陵之祸时"就极刑而无愠色"⑤,其目的均在于完成《史记》的撰写,并尽最大努力保证《史记》的流传。在这部作品中,我们发现其创作主旨和史料选择均与孟子有着密不可分的联系。

(一)"孔子惧而作《春秋》":孟子对《史记》创作宗旨的影响

从司马氏父子对《史记》的评价能够看出,《史记》的创作目的在于对《春秋》的接续。首先,《史记》最初的创作,源于司马谈的临终遗愿:

---

① 黄震撰.慈溪黄氏日钞·古今纪要[M].北京:北京图书馆出版社,2005:255.
② 桓宽著,王利器校注.盐铁论校注[M].北京:中华书局,1992:791.
③ 柯维骐.史记考要·卷八[M].明嘉靖年间刻本.
④ 杨燕起等编.历代名家评史记[M].北京:北京师范大学出版社,1986:589.
⑤ 班固.汉书[M].北京:中华书局,1962:2735.

幽厉之后,王道缺,礼乐衰,孔子修旧起废,论《诗》《书》,作《春秋》,则学者至今则之。自获麟以来四百有余岁,而诸侯相兼,史记放绝。今汉兴,海内一统,明主贤君忠臣死义之士,余为太史而弗论载,废天下之史文,余甚惧焉,汝其念哉! ①

司马谈指出,自孔子创作《春秋》至汉初已经四百余年,而其间重大事件的记载却因诸侯纷争而付之阙如,在这种情况下,创作一部接续《春秋》的史书是势在必行之事。这一目的在《史记·太史公自序》中也得到了明确呈现:

太史公曰:"先人有言:'自周公卒五百岁而有孔子。孔子卒后至于今五百岁,有能绍明世,正《易传》,继《春秋》,本《诗》《书》《礼》《乐》之际?'意在斯乎!意在斯乎!小子何敢让焉。"②

司马迁于此再次强调了《史记》的创作目的在于"继《春秋》",即对《春秋》的接续。

其次,从司马氏父子对《史记》的定位来看,这种接续并非单纯的时间点上的承接,最重要的还是对孔子作《春秋》的意义和目的的承袭。而孔子创作《春秋》的意义,其最初的发凡者却是孟子,据《孟子·滕文公下》载:

世衰道微,邪说暴行有作,臣弑其君者有之,子弑其父者有之,孔子惧,作《春秋》。《春秋》,天子之事也。是故孔子曰:"知

---

① 司马迁. 史记 [M]. 北京:中华书局,1982:3295.
② 司马迁. 史记 [M]. 北京:中华书局,1982:3296.

我者其惟《春秋》乎,罪我者其惟《春秋》乎?"

……

昔者禹抑洪水而天下平,周公兼夷狄、驱猛兽而百姓宁,孔子成《春秋》而乱臣贼子惧。①

孟子把《春秋》视为孔子试图拯济天下的政治教科书,并且把孔子的这一功绩与大禹治水、周公治国相并列,孔子由此被提升到了"素王"的高度,《春秋》也成为被后世承袭的百世之法。孟子的这一思想不但启发了以董仲舒为代表的春秋公羊学家提出孔子通过《春秋》制定百王之法的思想,也深深地影响到了司马氏父子。《史记·太史公自序》中提到的接续《春秋》的意图,正是源于孟子对《春秋》的价值定位。例如司马谈对《春秋》的判断:"幽厉之后,王道缺,礼乐衰,孔子修旧起废,论《诗》《书》,作《春秋》,则学者至今则之。"在这一叙述中可以看出孔子序列《春秋》一事被视为接续王道、拯济天下的行为,而《春秋》也被视为天下学人的处世法则,这一思想显然与孟子对《春秋》的定位如出一辙。

不仅如此,《史记》中还有一个细节,再次表明了司马氏父子在《史记》创作意图上对孟子的接受。司马谈父子在言及续作《春秋》的意义时,多次提到了从孔子至司马迁时的时间跨度问题,即五百年(岁)的问题。如司马谈所言:"自获麟以来四百有余岁,而诸侯相兼,史记放绝。今汉兴,海内一统,明主贤君忠臣死义之士,余为太史而弗论载,废天下之史文,余甚惧焉,汝其念哉!"而司马迁在复述其创作主旨时再次提到:"自周公卒五百岁而有孔子。孔子卒后至于今五百岁,有能绍明世,正《易传》,继《春秋》,本《诗》《书》《礼》《乐》

---

① 焦循.孟子正义[M].北京:中华书局,1987:452—459.

之际?"而这种自孔子至司马迁的时间跨度的计算,并非出于偶然,而是源于孟子"五百年必有王者兴"的理论。

> 五百年必有王者兴,其间必有名世者。①
>
> 由尧舜至于汤五百有余岁,若禹、皋陶则见而知之,若汤则闻而知之。由汤至于文王五百有余岁,若伊尹、莱朱则见而知之,若文王则闻而知之。由文王至于孔子五百有余岁,若太公望、散宜生则见而知之,若孔子则闻而知之。由孔子而来至于今百有余岁,去圣人之世若此其未远也,近圣人之居若此其甚也,然而无有乎尔,则亦无有乎尔!②

"五百年必有王者兴"的理论最早发凡于孟子,孟子不仅规定了圣人的出现时间,还详细论列了圣人的传承谱系,尧、舜、汤、文王、孔子等人均被纳入这一谱系之中。更为重要的是,孟子还根据这一规律指出,孔子之后仍会有接续孔子功绩的圣人出现。而司马氏父子多次提到孔子距离他们的时代恰好五百年,其目的也正在于以孔子等历代圣人的继任者身份自许。司马迁在《太史公自序》中曾清楚地表明了这一意图:"先人有言:'自周公卒五百岁而有孔子。孔子卒后至于今五百岁,有能绍明世,正《易传》,继《春秋》,本《诗》《书》《礼》《乐》之际?'意在斯乎!意在斯乎!小子何敢让焉。"师古注曰:"言己当述先人之业,何敢自谦值五百岁而让之也。"③司马迁此处以孔子自况的史学创作态度可明。

通过这两处对比可以清楚看到,司马迁不仅以《史记》作为接续

---

① 焦循. 孟子正义[M]. 北京:中华书局,1987:309.
② 焦循. 孟子正义[M]. 北京:中华书局,1987:1034—1037.
③ 司马迁. 史记[M]. 北京:中华书局,1982:3297.

《春秋》的著作,还把自己作为绍继孔子之德的下一位圣人。而无论是司马迁的自况还是对《史记》的定位,又均源于孟子对《春秋》的定位和孟子的圣人理论。由此可见,《史记》的创作意图与孟子的史学观密不可分,而司马迁与孟子的渊源也由此可窥见一斑。

(二)"祖述唐虞三代之德":《史记》对《孟子》尧舜题材的采纳

《史记》与孟子的渊源,不仅表现为司马迁的史学观受到了孟子的影响,还有一个非常重要的表现在于,《史记》的史料选择也与孟子存在密切关联。

其最重要的表现体现在《五帝本纪》的史料选择对《孟子》的承袭。《史记·五帝本纪》不仅是《史记》的首篇,也是《史记》中为后世称誉颇多的一章。明代学者陈仁锡评价说:"《五帝本纪》乃太史公所极用意之文,其叙次征诛、揖让、朝觐、会同、圣人经世大典,严整慎重,一切齐谐怪语之书,不能轻入,所以为史中之经。"① 周先民也说:"细读该纪,通观全书,深感陈氏之评并非过誉,《五帝本纪》当之无愧。"② 值得注意的是,在司马迁最为重视、用力最勤的一篇中,《孟子》与儒家的经典《尚书》一起,成为司马迁撰写五帝历史的主要取材来源。清人赵翼最先窥破此点,他在《陔余丛考》中指出:"按《史记》多采《尚书》《孟子》……等书,或全书其文,或摘叙其事。"③ 徐复观先生进一步指出:司马迁的《五帝本纪》,"除以《五帝德》《帝系姓》及《尚书》之《尧典》《舜典》《皋陶谟》等为骨干外,更采用《左

---

① (日)有井范平. 补标史记评林(卷一)[M]. 台北:兰台书局影印本,1992.
② 周先民. 尽善尽美的理想帝王:读《史记·五帝本纪》[J]. 文学遗产. 1995 (3):13.
③ 赵翼. 陔余丛考[M]. 上海:商务印书馆,1957:886.

传》者六,采用《国语》者三,采用《孟子》者七……"①在对距离当朝年代较为久远的史料的选择中,司马迁审慎地选择各种较为确凿的史料,徐复观先生肯定了司马迁撰写历史的这一审慎态度,并认为这是了解史公、研读《史记》的第一要点。然而对于司马迁为何在诸子之书中独选《孟子》,以及在《五帝本纪》中大量采用《孟子》的意义,前贤时修却没有进行更为深入的探讨。笔者认为司马迁在《五帝本纪》中对《孟子》相关史料的采纳,不仅表明了司马迁在选择史料上的审慎,也传达出其对《孟子》的儒家经典地位的肯定。

1.《史记·五帝本纪》史料多选《孟子》。

通过比较《史记·五帝本纪》与《孟子》能够发现,关于尧、舜事迹的叙述,不仅在经历上是一致的,甚至在遣词造句方面也存在着极大的相似。

表2—5 《史记》《孟子》尧、舜事迹对照表

事例	《孟子》	《史记·五帝本纪》②
荐之于天	昔者尧荐舜于天而天受之。舜相尧二十有八载,非人之所能为也,天也。	尧立七十年得舜,二十年而老,令舜摄行天子之政,荐之于天。
帝尧对舜的赏赐和观察	帝使其子九男二女,百官牛羊仓廪备,以事舜于畎亩之中。天下之士多就之者,帝将胥天下而迁之焉;为不顺于父母,如穷人无所归。尧之于舜也,使其子九男事之,二女女焉,百官牛羊仓廪备,以养舜于畎亩之中,后举而加诸上位,故曰王公之尊贤者也。	于是尧乃以二女妻舜以观其内,使九男与处以观其外。舜居妫汭,内行弥谨。尧二女不敢以贵骄事舜亲戚,甚有妇道。尧九男皆益笃。舜耕历山,历山之人皆让畔;渔雷泽,雷泽上人皆让居;陶河滨,河滨器皆不苦窳。一年而所居成聚,二年成邑,三年成都。尧乃赐舜𫄨衣,与琴,为筑仓廪,予牛羊。

① 徐复观.两汉思想史(三)[M].北京:九州出版社,2014:312.
② 司马迁.史记[M].北京:中华书局,1982:1—48.

续表

事例	《孟子》	《史记·五帝本纪》
舜得帝位	尧崩，三年之丧毕，舜避尧之子于南河之南，天下诸侯朝觐者不之尧之子而之舜，讼狱者不之尧之子而之舜，讴歌者不讴歌尧之子而讴歌舜，故曰天也。夫然后之中国，践天子位焉。	尧崩，三年之丧毕，舜让辟丹朱于南河之南。诸侯朝觐者不之丹朱而之舜，狱讼者不之丹朱而之舜，讴歌者不讴歌丹朱而讴歌舜。舜曰"天也"，夫而后之中国践天子位焉，是为帝舜。
舜父兄欲杀舜	"父母使舜完廪，捐阶，瞽瞍焚廪；使浚井，出，从而揜之。象曰：'谟盖都君咸我绩。牛羊父母，仓廪父母。干戈朕，琴朕，弤朕，二嫂使治朕栖。'象往入舜宫，舜在床琴。象曰：'郁陶思君尔。'忸怩。舜曰：'惟兹臣庶，汝其于予治。'不识舜不知象之将杀己与？"曰："奚而不知也？象忧亦忧，象喜亦喜。"	瞽叟尚复欲杀之，使舜上涂廪，瞽叟从下纵火焚廪。舜乃以两笠自扞而下，去，得不死。后瞽叟又使舜穿井，舜穿井为匿空旁出。舜既入深，瞽叟与象共下土实井，舜从匿空出，去。瞽叟、象喜，以舜为已死。象曰："本谋者象。"象与其父母分，于是曰："舜妻尧二女，与琴，象取之。牛羊仓廪予父母。"象乃止舜宫居，鼓其琴。舜往见之。象鄂不怿曰："我思舜正郁陶！"舜曰："然，尔其庶矣！"舜复事瞽叟爱弟弥谨。
舜事瞽叟	舜尽事亲之道而瞽瞍厎豫，瞽瞍厎豫而天下化，瞽瞍厎豫而天下之为父子者定，此之谓大孝。	瞽叟爱后妻子，常欲杀舜，舜避逃；及有小过，则受罪。顺事父及后母与弟，日以笃谨，匪有解。

《孟子》中记载了有关尧、舜的两个重大事件。其中一件是尧传位于舜的过程。孟子认为此事包含了三个层面的意义：他首先指出，尧传位于舜，是顺应天命的行为，舜取代尧而治天下，得到了天命的认可；其次，孟子记录了尧对舜的培养和观察，包括令自己的子女去辅助服侍舜、令舜耕作于田野之中，这最终使得舜具备了能够承担治理天下的重任的能力；再次，孟子指出，尧去世之后，舜并不准备接替尧的位置而准备让位于尧的儿子，然而朝觐者却追随舜而不追随尧的儿子，由此说明舜接替尧的位置已经是人心所向。在这一个传位

的过程中,孟子的记载颇具系统性,他通过三次叙述一步步指出:尧传位于舜是顺应天命、尧意、民心的行为。另一件事,是着力宣扬舜的个人品格。孟子提到舜的父亲、兄弟对待舜非常的恶劣,几次欲置舜于死地,然而舜却重视父子之情和兄弟之义,依然孝顺父亲,亲近手足。孟子不仅通过舜传达出儒家最基本的道德伦理观念,也塑造出了一个道德伦理层面的圣人。

再看《史记》中有关尧、舜,尤其是关于舜的记载,我们能够发现两者在结构的设置、层次的安排上惊人的一致。司马迁也是分两件大事、五个层次来分别描写舜的受命过程和赞美舜在道德伦理层面上的圣人地位。唯一与《孟子》有所出入的地方是《史记》在叙述相关历史的时候比《孟子》的描写更加周详。例如在描述尧对舜的培养、舜渐渐成为民心所向的过程中,孟子仅言“天下之士多就之者”,而司马迁则详细地描述了舜渐渐得到人们认可和归顺的过程:“舜耕历山,历山之人皆让畔;渔雷泽,雷泽上人皆让居;陶河滨,河滨器皆不苦窳。一年而所居成聚,二年成邑,三年成都。”再如孟子并未提及尧之子的名字,而司马迁则明确指出,尧之子为丹朱。在对舜的弟弟企图加害舜的事件描写中,司马迁更是增添了不少笔墨。由此可见,《史记》几乎完全照搬了《孟子》中的内容,而仅仅是在细节上存在着些微的增益。正是如此,清代的吴见思才评价说:“尧、舜二纪,纯用《尚书》《孟子》,略改字面,便是太史公之文。”[①]

《史记》不仅在遣词造句上与《孟子》几乎完全一致,而且对《孟子》通过尧舜所传达出的儒家思想观点有着完整的采纳。例如孟子

---

① 吴见思,李景星著,陆永晶点校. 史记论文 史记评议 [M].上海:上海古籍出版社,2008:11.

指出,舜的受命是顺应了天命和民心的,"尧荐舜于天而天受之",这一叙述传达出了儒家学派的天命思想。《五帝本纪》也把"天与之"的观点忠实地继承了下来,称:"(尧)令舜摄行天子之政,荐之于天。"而《孟子》称赞舜重视父母手足的血肉亲情、为万世表率的观点也被《五帝本纪》完整地承传下来。

司马迁在尧、舜事迹的描述上完全取材于《孟子》的做法,甚至引起了后世学者的非议:"孟子之书, ……唯记舜事多误, ……若司马迁《史记》、刘向《列女传》所载,盖相承而不察耳。"①

而司马迁《五帝本纪》在尧舜题材的描述中独选《尚书》和《孟子》中的有关尧、舜题材的做法,恰恰反映了司马迁对于《孟子》在儒家经典传承过程中地位与作用最先加以正视,以及对《孟子》儒家正统学术经典地位的肯定。孟子被视为接续孔子正传的儒家学者,而尧、舜又是儒家学说圣人谱系中最重要的两个人物,他们身上承载了儒家最根本的政教观点和道德理想。因此,司马迁在记载尧舜事迹的时候对《孟子》"相承而不察"式的完全采纳,不仅反映了司马迁对于《孟子》中关于尧舜记载的认可,也是司马迁肯定孟子儒家学术正统地位的必然做法,也能够解释司马迁在《诗》学承传上尊崇孟子的原因。

在司马迁看来,《孟子》为儒家的学术经典,而非诸子典籍,所以,孟子能够忠诚地记录由孔子开创的儒家学说,孟子所记载的尧舜事迹也自然应当具有不容忽视的史料价值,具有与《尚书》同等程度的可信性和有效性。所以,司马迁能够取材孟子对尧舜的记载而不改一词。而当孟子叙述自己亲身经历的事件时,孟子本身所具有的

① 洪迈撰,孔凡礼点校.容斋随笔[M].北京:中华书局,2005:477.

承传儒学的学术身份便因此而淡化。因而,在《史记》中孟子本人的亲身经历反而没有孟子对儒家上古传说的记载更具可信性。由此可见,司马迁的《五帝本纪》采纳《孟子》中的尧舜题材并非如一些学者所评价的那样,是忽视史实真实性的不负责任之举,而是源于司马迁对《孟子》儒家学术正统地位的高度肯定。

2.《史记》采纳孟子的学术意义。

通过以上分析我们能够发现,司马迁对孟子地位的推尊不仅存在行之于语言的部分,其对《孟子》地位的认可更存在于其史学观的定位和史料选择过程中。作为一部史书,这是两处最能体现史学家用心所在的地方。而司马迁的史学观的确立不仅与孟子息息相关,并且在最能体现其著述意图的篇章里,司马迁又完全采纳了《孟子》的材料和观点,把《孟子》与儒家的经典《尚书》置于同样的地位。

在《孟子》的经学地位尚未得到承认的汉代,司马迁这一做法是对《孟子》接续孔学的学术价值的最高肯定。到了唐代,皮日休对《孟子》的评价可以说深得司马迁采纳《孟子》之旨:“《孟子》之文粲若经传,继乎六籍,光乎百氏,真圣人之微旨也。”[①] 这也恰恰证明了,司马迁在《史记·五帝本纪》中率先视《孟子》为经书的学术前瞻性和不容忽视的学术史意义。

---

① 朱彝尊著,游均晶等点校.点校补正经义考(七)[M].台湾:“中央研究院”中国文哲研究所筹备处,1997:1436.

第四节　赵岐对孟子的推尊："孟子后而能深知其学者,莫如赵氏"

一、赵岐与鲁诗

继司马迁之后,汉代推崇孟子最甚的另一学者赵岐同样是鲁诗学者[①]。前文已经提到,司马迁是最早将孔孟并称的汉代学者,而赵岐则在司马迁的基础上对孟子在汉代的地位进行了再一次的提升,这主要包括四个方面。其一,赵岐首先把孟子推举到仅次于孔子的"亚圣"的地位,称孟子有"命世亚圣之大才",开后世尊孟子为"亚圣"的先河。虽然"亚圣"一词并非赵岐所独创,在汉代也并不专指孟子[②],但是后世"亚圣"殊荣由孟子所独居却多赖赵岐之力。其二,赵岐对孟子的学术生平进行了最为系统的整理和总结。其三,赵岐是汉代最早为孟子作注的学者之一,并且赵岐的《孟子章句》又是唯一一部流传至今且保存完整的汉代《孟子》注本。其四,孟子的《诗》义理解和《诗》学观点的阐释与流传也在一定程度上得益于赵岐之力。正是由于赵岐对于《孟子》的传播之力,清代学者焦循给予赵岐

---

① 关于赵岐的鲁诗学者身份,汉代史籍并无明载,不过两汉经学传承极重师承家法,经义阐释严守师教,甚至达到了"一字不敢出入"的地步,因此,清代学者陈寿祺、陈乔枞父子等在稽考三家遗说时,根据赵岐《孟子章句》中的论《诗》用《诗》情形,断定了赵岐的鲁诗学者身份。例如陈氏父子在《鲁诗遗说考》卷一中提到,其"以《小弁》诗为伯奇作,与王充《论衡》合,以《文王》诗'殷士'为微子与刘向疏及《白虎通》合,是用鲁诗之验"等。

② 李峻岫.汉唐孟子学述论 [D].北京:北京大学,2006:84.

以极高的评价,称:"古之精通易理、深得伏羲、文王、周公、孔子之旨者莫如孟子,生孟子后而能深知其学者莫如赵氏。"①

有关赵岐与孟子的研究,是汉代孟子学研究中的一大热点。前人的研究著作及成果中,如董洪利的《孟子研究》②、黄俊杰的《中国孟学诠释史论》③、Mencian Morality in a Political Form:Chao Ch'i's Commentary on the Mencius and Its Place in Later Han Scholarship(《孟子赵氏注及其在后汉儒学中的地位》)④、李峻岫的《汉唐孟子学研究》⑤及若干有关汉代孟子学研究的硕博学位论文等,对《孟子章句》的研究已经较为详备,尤其是有关赵岐对孟子思想的认识、阐发,赵岐对孟子其人其书的评价,《孟子章句》的体例及特色⑥,《孟子章句》在孟学史上的地位与影响等问题已所论甚详。笔者继踵而作,难免有叠床架屋之嫌,故而前贤时修所论详备之处仅作简单提及,这里主要从赵岐对孟子学术的整体定位和对孟子的《诗》学承传角度展开论述。

---

① 焦循. 孟子正义 [M]. 北京:中华书局,1987:目录7.
② 董洪利. 孟子研究 [M]. 南京:江苏古籍出版社,1997.
③ 黄俊杰. 中国孟学诠释史论 [M]. 北京:社会科学文献出版社,2004.
④ 参 黄 俊 杰,CHUN-CHIEH HUANG. Mencian Morality in a Political Form:Chao Ch'i's Commentary on the Mencius and Its Place in Later Han Scholarship(孟子赵氏注及其在后汉儒学中的地位)[J]. 汉学研究. 1982(1):219—258.
⑤ 李峻岫. 汉唐孟子学研究 [D].北京:北京大学,2006.
⑥ 相关论述可参黄亚平、张量、张宝三的相关论述。参黄亚平.试论《孟子章句》的注释特点[J]. 古籍整理研究学刊.1996(2);张量.赵岐《孟子章句》研究[D]. 北京:北京大学,2002;张宝三.汉代章句之学论考[J]. 台大中文学报. 2001(5).

二、赵岐身世与注《孟》动机

赵岐,字邠卿,东汉末年京兆长陵人,《后汉书》称其"少明经,有才艺",因"廉直疾恶",得罪京兆尹唐玹、唐衡兄弟而避祸出逃,后遇安丘孙嵩,藏匿于其家复壁中多年,后遇赦乃出。据推测《孟子章句》很有可能创作于赵岐逃亡期间[①]。而据赵岐《孟子题辞》所言,赵岐为《孟子》作传的原因在于:

> 今诸解者,往往摭取而说之,其说又多乖异不同。孟子以来五百余载,传之者亦已众多。余生西京,世寻丕祚,有自来矣。少蒙义方,训涉典文。知命之际,婴戚于天,遘屯离蹇,诡姓遁身,经营八纮之内,十有余年,心剿形瘵,何勤如焉!尝息肩弛担于济、岱之间,或有温故知新,雅德君子,矜我劬瘁,眷我皓首,访论稽古,慰以大道。余困吝之中,精神遐漂,靡所济集,聊欲系志于翰墨,得以乱思遗老也。惟六籍之学,先觉之士,释之辩之者既已详矣。儒家惟有《孟子》,闳远微妙,缊奥难见,宜在条理之科。于是乃述己所闻,证以经传,为之章句,具载本文,章别其指,分为上下,凡十四卷。[②]

从赵岐的这段论述来看,赵岐为《孟子》作注的原因主要包括:其一,虽然《孟子》的承传者众多,但是东汉时期对《孟子》的理解和使用非常混乱,亟需深得《孟子》旨意的人为之条理作传,而赵岐"少蒙义方,训涉典文",自信能担此任;其二,赵岐因耿直守节而身世偃蹇

---

① 此处所指仅是《孟子章句》的主体创作时间,其成书时间并无定论。参李峻岫.汉唐孟子学研究 [D].北京:北京大学,2006.
② 焦循.孟子正义 [M].北京:中华书局,1987:18—26.

的遭遇与孟子颇为相似,引起了他感情上对孟子的认同,而《孟子章句》的主体部分恰恰作于赵岐"遭屯离蹇""精神遁漂"的困境中,由此足见赵岐对孟子的精神认同;其三,《孟子》本身"闳远微妙,缊奥难见",具备为之作注的学术价值。

三、赵岐对孟子的推崇与评价

(一)"命世亚圣之大才":对孟子"亚圣"身份的判定

赵岐《孟子章句》的特点为"具载本文,章别其指",前后又分别有《孟子题辞》和《孟子篇叙》,前者介绍孟子其人其书和作者注《孟》原因,后者是对《孟子》七篇内容的总结和总括。《孟子章句》在唐代曾为陆善经所删改,又经过了宋代伪孙奭《孟子正义》的割裂,从此逐渐佚失[1],在清代经过了阮元、周广业、焦循等学者的辑校整理才见今日之面目。因此,了解赵岐对孟子其人其书评价的最可靠的途径,是未经增删的《孟子题辞》和《孟子篇叙》两个部分,这是赵岐对孟子其人其书看法的集中体现。在《孟子题辞》中,赵岐详细阐释了孟子的身世生平,并对孟子其人其书的地位和价值推崇备至,这是汉代对孟子其人其书地位的最高评价。今不惮其烦,录文于下:

> 孟,姓也。子者,男子之通称也。此书,孟子之所作也,故总谓之《孟子》。其篇目,则各自有名。

---

[1]《崇文总目·子部·儒家类》载陆善经《孟子注》云:"因删去赵岐章指与其注之繁重者,复为七篇。"(梅尧臣等撰.崇文总目[M].上海:商务印书馆,1937)钱大昕《十驾斋养新录》卷三:"南宋后伪《正义》出,托名孙奭所撰,尽删《章指》正文,乃剽掠其语散入《正义》。明国子监刊《十三经》承用此本,世遂不复见赵岐元本矣。"(钱大昕.十驾斋养新录[M].南京:江苏古籍出版社,2000)

孟子，邹人也。名轲，字则未闻也。邹本春秋邾子之国，至孟子时改曰邹矣。国近鲁，后为鲁所并；又言邾为楚所并，非鲁也。今邹县是也。

或曰："孟子，鲁公族孟孙之后，故孟子仕于齐，丧母而归葬于鲁也。三桓子孙，既以衰微，分适他国。"

孟子生有淑质，凤丧其父，幼被慈母三迁之教。长师孔子之孙子思，治儒术之道，通《五经》，尤长于《诗》《书》。

周衰之末，战国纵横，用兵争强，以相侵夺。当世取士，务先权谋，以为上贤，先王大道，陵迟堕废。异端并起，若杨朱、墨翟放荡之言，以干时惑众者非一。孟子闵悼尧、舜、汤、文、周、孔之业将遂湮微，正涂壅底，仁义荒怠，佞伪驰骋，红紫乱朱。于是则慕仲尼周流忧世，遂以儒道游于诸侯，思济斯民；然由不肯枉尺直寻，时君咸谓之迂阔于事，终莫能听纳其说。

孟子亦自知遭苍姬以讫录，值炎刘之未奋，进不得佐兴唐虞雍熙之和，退不能信三代之余风，耻没世而无闻焉，是故垂宪言以诒后人。仲尼有云："我欲托之空言，不如载之行事之深切著明也。"于是退而论集所与高第弟子公孙丑、万章之徒难疑答问，又自撰其法度之言，著书七篇，二百六十一章，三万四千六百八十五字。包罗天地，揆叙万类，仁义道德，性命祸福，粲然靡所不载。帝王公侯遵之，则可以致隆平，颂清庙；卿大夫士蹈之，则可以尊君父，立忠信；守志厉操者仪之，则可以崇高节，抗浮云。有风人之托物，二《雅》之正言，可谓直而不倨，曲而不屈，命世亚圣之大才者也。

孔子自卫反鲁，然后乐正，《雅》《颂》各得其所，乃删《诗》定《书》，系《周易》，作《春秋》。孟子退自齐、梁，述尧、舜之道而著作焉,此大贤拟圣而作者也。

七十子之畴,会集夫子所言,以为《论语》。《论语》者,《五经》之錧鎋,《六艺》之喉衿也。《孟子》之书,则而象之。卫灵公问陈于孔子,孔子答以俎豆;梁惠王问利国,孟子对以仁义。宋桓魋欲害孔子,孔子称:"天生德于予。"鲁臧仓毁鬲孟子,孟子曰:"臧氏之子,焉能使予不遇哉?"旨意合同,若此者众。

又有《外书》四篇:《性善》《辩文》《说孝经》《为政》。其文不能宏深,不与内篇相似,似非孟子本真,后世依放而托之者也。

孟子既没之后,大道遂绌,逮至亡秦,焚灭经术,坑戮儒生,孟子徒党尽矣!其书号为诸子,故篇籍得不泯绝。汉兴,除秦虐禁,开延道德,孝文皇帝欲广游学之路,《论语》《孝经》《孟子》《尔雅》皆置博士。后罢传记博士,独立《五经》而已。讫今诸经通义,得引《孟子》以明事,谓之博文。

孟子长于譬喻,辞不迫切,而意已独至。其言曰:"说《诗》者不以文害辞,不以辞害志;以意逆志,为得之矣。"斯言殆欲使后人深求其意,以解其文,不但施于说《诗》也。今诸解者,往往摭取而说之,其说又多乖异不同。孟子以来五百余载,传之者亦已众多。①

以上是《孟子题辞》的主体部分,赵岐对孟子的身世生平、著作特色进行了系统的描述。前文已经提及,赵岐最早赋予孟子以"亚圣"的称号,推崇孟子为孔子之后的第一人。从以上对孟子身世生平的描述上能够看出,赵岐对孟子作为孔子继承人的身份界定,不仅仅存在于学术方面,而是在其家世、学术渊源、身世遭遇等多个方面肯定了

---

① 焦循. 孟子正义 [M]. 北京:中华书局,1987:3—18.

孟子承继孔子的学术地位。

　　在孟子的里籍上，赵岐指出孟子为邹人的同时又涉出一笔，称"国近鲁，后为鲁所并"，这一论述看似闲笔，然而其中却已经从地域的角度界定了孟子与儒学之间天然的渊源关系。鲁国是孔子为代表的儒家思想的发源地，也是儒学影响最深厚的地方。不仅孔子弟子，孔门后学修习孔子学说，宣传儒家主张，而且鲁国的民众也都服膺儒学。《史记》称邹鲁地区"俗好儒，备于礼"[①]，《淮南子·齐俗训》称："鲁国服儒者之礼，行孔子之术"[②]，《庄子·田子方》也有"举鲁国而儒服"[③]的记载。儒家的著作同样为鲁人所习读。如鲁哀公二十一年鲁公与齐侯盟会时，齐人责备鲁国拘泥于儒家礼书，歌曰："鲁人之皋，数年不觉，使我高蹈。唯其儒书，以为二国忧。"[④]由此亦可见孔子与儒学在鲁国的重要影响。而孟子所在的邹国是受到儒学浸染最甚的地方。孟子自己就曾在书中明确表现出这种自豪感，称"近圣人之居若此其甚也"[⑤]。而赵岐则从立论之初就已经初步界定了孟子为孔子传人的基调。这一情况在后面更是被进一步证实。

　　赵岐从家世渊源的角度入手指出："孟子，鲁公族孟孙之后，故孟子仕于齐，丧母而归葬于鲁也。三桓子孙，既以衰微，分适他国。"即孟子本来就是鲁国贵族的后人，只是后来三桓势力衰微之后，迁居邹地而已。这一论述，同样指向孟子继承孔子之道的必然性。

　　赵岐在描述孟子的学术渊源时，尤其突出了孟子与孔子之间的

① 司马迁. 史记 [M]. 北京：中华书局，1982：3266.

② 刘安编，何宁撰. 淮南子集释 [M]. 北京：中华书局，1998：781.

③ 王先谦撰，沈啸寰点校. 庄子集解 [M]. 北京：中华书局，1987：180.

④ 杨伯峻编注. 春秋左传注 [M]. 北京：中华书局，1990：1717—1718.

⑤ 焦循. 孟子正义 [M]. 北京：中华书局，1987：1037.

学术承传渊源,这其中既包含了孟母的教养之功,也包含着孟子对孔子之孙子思的学术承传。而促使孟子展开其学术游说活动的动因正在于"尧、舜、汤、文、周、孔之业将遂湮微,正涂壅底,仁义荒怠,佞伪驰骋,红紫乱朱",即由于战国时代诸侯纷争,儒家所宣扬的王道制度被损害殆尽,于是孟子"慕仲尼周流忧世,遂以儒道游于诸侯,思济斯民",以孔子之业为己任,致力于对儒家思想制度的宣扬。赵岐此处的论述显然把孟子视为孔子之后的儒家学说的继任者,而这一判定与孟子的自我期许不谋而合。孟子曾构建出一个尧——舜——商汤——周文王——周公——孔子——孟子的圣人谱系[1],并把自己视为孔子之后的继任者,而赵岐却把这一承传谱系直接纳入对孟子学术生涯的描述中,使得孟子的这一期许得以实现,也使得孟子的"亚圣"身份来得自然而然。

除了学术上的承继,赵岐还通过对孔子与孟子身世遭遇的对比界定了两者身份的相似性。并且把孟子作《孟子》的功劳与孔子续作《诗》《书》为汉代立法一事相并列。《孟子》一书被提升至与《论语》相并列的地位,被视作"大贤拟圣而作",与作为"《五经》之錧鎋,《六艺》之喉衿"的《论语》"则而象之",其中同样蕴含着值得为帝王将相、守志士人所取法的寓意,甚至堪比《诗经》"有风人之托物,二《雅》之正言"。

赵岐以孟子比附孔子,以《孟子》一书比附《论语》,在汉代经学极盛的时代提出这一观点,可见赵岐对孟子其人其书的推崇。自从孔子作《春秋》为汉代立法的观点得到汉代社会的认同之后,孔子在汉代经学中便处于理所当然的独尊地位,为六经之权威。而孟子其

---

① 详细论述可参本书第四章第三节"韩婴对《孟子》的思想承传"。

人其书,则一直处于辅经的诸子之列,虽然司马迁等人曾经把孟子提升至仅次于孔子的地位,但是呼应这一观点者却寥寥无几。而处于东汉末年的赵岐,却在这一学术思潮的影响之下,从家世、学术渊源、生平遭际等多个方面比附了二者的相似之处,极力推举孟子至仅次于孔子的“亚圣”地位。在整个两汉时期,这种对孟子地位的多方面提升与阐释的记载,仅见此一例。虽然赵岐的比附多有牵强之处,但是由此我们却能看出赵岐对孟子地位的极力推重。

(二)“尤长于《诗》《书》”:对孟子《诗》学地位的认同

作为鲁诗学者,赵岐对孟子《诗》学地位的肯定和对孟子用《诗》说《诗》的《诗》学解读尤其应当引起我们的重视。赵岐在肯定孟子学术地位的同时,尤其肯定了孟子在《诗》学传承方面的地位。赵岐评价孟子:“通《五经》,尤长于《诗》《书》。”他明确指出孟子的学术所长在于《诗》《书》,这是继司马迁之后,鲁诗学者对于孟子《诗》学地位的再一次明确肯定。鲁诗学者对于孟子传《诗》功绩的多次明确肯定并非出于偶然,这体现出了汉儒对于孟子鲁诗《诗》学地位的一致认同。

再如,赵岐称《孟子》:“包罗天地,揆叙万类,仁义道德,性命祸福,粲然靡所不载。帝王公侯遵之,则可以致隆平,颂清庙;卿大夫士蹈之,则可以尊君父,立忠信;守志厉操者仪之,则可以崇高节,抗浮云。有风人之托物,二《雅》之正言,可谓直而不倨,曲而不屈,命世亚圣之大才者也。”在这一段对《孟子》学术地位推崇备至的评价中,赵岐把《孟子》比附于《诗》中之二《雅》,称《孟子》“有风人之托物,二《雅》之正言”,这一判定不仅肯定了《孟子》在《诗》学阐释过程中的辅经地位,甚至把《孟子》提升至与六经之首的《诗》的相类地位。而类似例子在《孟子章句》中并不鲜见。

四、《孟子章句》对孟子"以意逆志"观的采纳

赵岐对孟子的《诗》学地位的肯定不仅仅体现在行之于言语的方面,还有着更为深入的认同和体现,即《孟子章句》的训释体例也呈现出了接纳孟子《诗》学观的特点。

王应麟曾称赞说:"嫩哉,汉之尊经呼!儒五十三家,莫非贤传也,而《孟子》首置博士;九流百八十九家,莫非诸子也,而通义得述《孟子》。"[①]这一观点指出汉儒对孟子的最大推崇之一在于为《孟子》作注,而赵岐不仅作《孟子章句》,并且其章句设置也得益于对孟子"以意逆志"说的承传。

前文已经提及,赵岐所作《孟子章句》并非仅为满足其学术需要,也与其精神诉求和身世遭际相契合,是赵岐"系志于翰墨"的结果。这也就决定了赵岐注《孟》不会局限于字义训诂的层面上,也有以此浇心中块垒的目的。而对于选择这一阐释形式的原因,赵岐在彰明创作主旨的《孟子题辞》中有明确表述:

> 孟子长于譬喻,辞不迫切,而意已独至,其言曰:"说《诗》者不以文害辞,不以辞害志;以意逆志,为得之矣。"斯言殆欲使后人深求其意,以解其文,不但施于说《诗》也。今诸解者,往往摭取而说之,其说文多乖异不同。[②]

赵岐表示,孟子提出"以意逆志"的观点在于使后人深入探求其文中所蕴含的微言大义,而并非仅仅在于指导世人如何去解读《诗》。这

---

① 朱彝尊著,游均晶等点校.点校补正经义考(七)[M].台湾:"中央研究院"中国文哲研究所筹备处,1997:116.
② 焦循.孟子正义[M].北京:中华书局,1987:18.

一观点，又恰恰出现在赵岐叙述自己的注《孟》缘由之前，可见赵岐在《孟子题辞》中提出这一观点并非巧合，而是在阐释自己注疏《孟子》的指导思想，即在对《孟子》的注疏中贯彻"以意逆志"的思想，探求《孟子》背后所蕴含的微言大义。

（一）赵岐对"以意逆志"的理解

孟子的"以意逆志"说见于《孟子·万章上》：

> 咸丘蒙曰："舜之不臣尧，则吾既得闻命矣。《诗》云：'普天之下，莫非王土；率土之滨，莫非王臣。'而舜既为天子矣，敢问瞽瞍之非臣如何？"
>
> 曰："是诗也，非是之谓也。劳于王事，而不得养父母也。曰此莫非王事，我独贤劳也。故说诗者，不以文害辞，不以辞害志，以意逆志，是为得之。如以辞而已矣，《云汉》之诗曰：'周余黎民，靡有孑遗。'信斯言也，是周无遗民也……①

孟子弟子咸丘蒙以《大雅·云汉》询问孟子，如果按照诗中"普天之下，莫非王土；率土之滨，莫非王臣"的判定，那么舜为天子了，其父应不应该以臣道侍奉舜？面对这一疑问，孟子指出对诗的理解不应局限于字面，而应当深入推求字面背后的深层含义。并举例说，"周余黎民，靡有孑遗"一句如果仅从字面角度理解，其义则为周代子民没有一个留存下来的，显然与现实不符。对于其中的"以意逆志"说，赵岐解释为：

> 文，诗之文章，所引以兴事也。辞，诗人所歌咏之辞。志，诗人志所欲之事。意，学者之心意也。孟子言说诗者当本之志，不

---

① 焦循.孟子正义［M］.北京：中华书局，1987：637—638.

可以文害其辞,文不显乃反显也。不可以辞害其志。辞曰:"周余黎民,靡有孑遗。"志在忧旱,灾民无孑然遗脱不遭旱灾者,非无民也。人情不远,以己之意,逆诗人之志,是为得其实矣。王者有所不臣,不可谓皆为王臣,谓舜臣其父也。①

赵岐在这段论述中对孟子的"以意逆志"说进行了详细的阐释,而其中一处尤其应当引起重视。赵岐将"以意逆志"理解为"人情不远,以己之意,逆诗人之志,是为得其实矣"。今人张伯伟先生指出,赵岐对"以意逆志"的理解是基于人性论的角度,"逆"即是从自身角度开始的"推求"②。赵岐在《孟子题辞》中对"以意逆志"说的理解再次证明了这一思想倾向:"欲使后人深求其意,以解其文。"张伯伟先生认为此处赵岐的阐释深得孟子之旨,此言甚确。赵岐抓住了孟子"以意逆志"的精髓,即强调了阅读者在文本理解过程中的主体性作用③。换句话说,阅读者在文本阐释过程中的作用是第一位的,甚至要远远大于作者本人在文本阐释中所起到的作用。孟子提出这一观点在于确立《诗》学阐释者在诗义理解过程中的主体性地位;而赵岐也领会了孟子的这一阐释意图,把孟子的"以意逆志"说中所传达出的对阅读者的主体性作用扩展到了更为深广的文本阐释领域,并在《孟子章句》的正文之前明确地表明了自己对这一观点的赞同与承袭。而《孟子章句》的篇章特点,也确实显现出了这一特征。

---

① 焦循. 孟子正义 [M]. 北京:中华书局,1987:638.
② 张伯伟. 中国诗学研究 [M]. 沈阳:辽海出版社,1999:180.
③ 本书第四章第二节中"以意逆志,得孟子之一体"部分对此有详细分析,此处不赘。

（二）《孟子章句》的章指设置对"以意逆志"的体现

赵岐自述《孟子章句》的特点在于"具载本文,章别其指"。所谓"具载本文",即把经传连文,直接把传置于经后;而"章别其指",则是在每章末尾撰写章指,总括该章整体意义。虽然类似的做法在赵岐之前的经籍注释中也有出现,例如《毛诗序》《楚辞章句》的篇序等,但是明确冠以"章指"之名,并在每章最后分析该章旨意的做法却始于赵岐。清人周广业在评价《孟子章句》时指出:"章指者,隐括一章之大指也。董生言《春秋》文多数万,其指数千,知文必有指。赵氏因举以为例。"① 这一论断不仅是对赵岐以章指注《孟》的最好概括,也透露出赵岐设置章指的深层意图。"章指"一词最初源于董仲舒对《春秋》的理解,而汉儒重视《春秋》正是因为汉儒相信《春秋》之中蕴含着微言大义:"文多数万,其指数千。"这恰恰也是汉人专注于对经典的解读和阐释的原因之一。而周广业此处把赵岐作《孟子章句》与董仲舒阐释《春秋》相对比,显然已经窥破赵岐注《孟》的奥秘,即赵岐试图在《孟子章句》中阐发其中所蕴含的深层含义,或者以此为载体传达自己的个人思想观点。阮元在《孟子注疏校勘记序》中也称赞赵岐的这一设置说:"七篇之微言大义借是可推,且章别为指,今学者可分章寻求,于汉传注别开一例,功亦勤矣。"② 而上述学者所赞赏的章指设置,其理论根源正在于站在阅读者的角度上去推寻作者之深层含义的"以意逆志"说。

赵岐"以意逆志"的做法在其附于文后的《孟子篇叙》中得到了集中彰显,《孟子篇叙》是赵岐于《孟子章句》之后对《孟子》的整体

---

① 周广业. 孟子四考. 续修四库全书 [G]. 上海:上海古籍出版社,2002:102.
② 赵岐注,孙奭疏. 孟子注疏 [M]. 北京:北京大学出版社,2000:13.

总结：

> 孟子以为圣王之盛，惟有尧舜，尧舜之道，仁义为上，故以梁惠王问利国，对以仁义，为首篇也。

> 仁义根心，然后可以大行其政，故次之以公孙丑问管晏之政，答以曾西之所羞也。

> 政莫美于反古之道，滕文公乐反古，故次以文公为世子，始有从善思礼之心也。

> 奉礼之谓明，明莫甚于离娄，故次之以离娄之明也。

> 明者当明其行，行莫大于孝，故次以万章问舜往于田号泣也。

> 孝道之本，在于情性，故次以告子论情性也。

> 情性在内而主于心，故次以尽心也。

> 尽己之心，与天道通，道之极者也。是以终于尽心也。

> 篇所以七者，天以七纪，璇玑运度，七正分离，圣以布曜，故法之也。章所以二百六十有九者，三时之日数也。不敢比《易》当期之数，故取其三时。三时者，成岁之要时，故法之也。三万四千六百八十五字者，可以行五常之道，施七政之纪，故法五七之数而不敢盈也。

> 文章多少，拟其大数，不必适等，犹《诗》三百五篇而《论》曰"《诗》三百"也。章有大小，分章赋篇，篇趣五千，以卒其文，无所取法，犹《论》四百八十六章，章次大小，各当其事，亦无所法也。

> 盖所以佐明六艺之文义，崇宣先圣之指务，王制拂邪之隐栝，立德立言之程式也。

洋洋浩浩,具存乎斯文矣。①

以上引文主要分为两个部分,即对《孟子》七章的章指总括,以及对《孟子》篇章设置的原因分析。赵岐把孟子主要的思想主张归纳为仁义、礼、孝、性情、心等几个方面,并认为孟子的论述正是由此而展开。《孟子》介于语录体和传论之间,其中既有旨意明确者,也有连缀搜集者,赵岐对《孟子》七章的章指强作分类,其中不免有牵强附会之处。而对《孟子》篇章设置的原因分析则更多附会的成分,南宋林之奇《孟子讲义自序》就指出:"大抵求孟子之意者必求其言,至文字多寡,篇名先后,出于一时之偶然,不可泥也。"②不仅如此,赵岐还从数理的角度指出《孟子》分为七篇,正是与天上的"七纪"相合。而《孟子》的篇章设置又恰恰与三时的日数相当。而字数的多寡,又恰恰与五常之道相应。不可否认的是,孟子确实与阴阳五行观存在密切联系③,然而从数理的角度阐发《孟子》的创作意图却明显是站在汉儒的立场对孟子创作主旨的附会,因为其中充斥着的正是汉代学术界所流行的气运终始的五行观,而这一观点是在孟子之后由邹衍发扬光大的,孟子之时这一观点尚未发展开来。不过这也恰恰证明了赵岐在阐释《孟子》时所用的指导思想。

以上仅是选取一个方面观照赵岐的注《孟》倾向,赵注中"以意逆志"的特点虽然前贤并未道破,但是长久以来由此引发的流弊却广为学者诟病,例如朱熹便认为赵注"拙而不明"④,近人胡毓寰指责赵

① 焦循. 孟子正义 [M]. 北京:中华书局,1987:1041—1047.
② 转引自:周广业. 孟子四考. 续修四库全书 [G]. 上海:上海古籍出版社,2002:102.
③ 详细讨论参本书第三章第二节中的"阴阳五行与思孟渊源"。
④ 朱熹著,蔡靖德编,王星贤点校. 朱子语类 [M]. 北京:中华书局,1986:1218.

注"于义理方面确多肤泛之弊"①,今人黄俊杰先生虽肯定了赵岐注《孟》之功以及对孟子外王之学的光大发扬,但也认为赵岐在注《孟》中过于关注对政治意图的阐发而沦为了"政治化约论"②。但这些批判也恰恰证明了赵岐在注《孟》过程中对"以意逆志"做法的坚持。

---

① 胡毓寰.孟子注释之三部名作的批评[J].申报月刊.1934(12):85.
② 黄俊杰,CHUN–CHIEH HUANG. Mencian Morality in a Political Form:Chao Ch'i's Commentary on the Mencius and Its Place in Later Han Scholarship(孟子赵氏注及其在后汉儒学中的地位)[J].汉学研究.1982(1):258.

第三章　孟子与齐诗

　　"西汉时,今文经学流行于世,而就《三家诗》而言,乃以《齐诗》最为显赫,也以《齐诗》最能代表西汉今文经学的特色。"[①]张伯伟先生对于齐诗在西汉今文经学中的地位判断在一定程度上反映了多数学者的一致看法,即承认了齐诗在西汉今文经学中影响的广泛性及其在三家诗中所表现出的异调性质。而关于齐诗渊源问题的探讨,历来学者的观点也展现出了一定程度的相似性:汪中《述学·荀卿子通论》认为鲁、韩、毛三家诗同源异流、共祖荀子,但是对于齐诗渊源却不曾明言[②];庞俊先生在《齐诗为孟子遗学证》一文中首次指出齐诗与孟子的渊源关系,列出二十条证据证明齐诗为孟子遗学[③];蒙文通先生作《汉儒之学源于孟子考》力证今文经学与孟子的深厚渊源,由此齐诗与孟子的关系也自不待言[④];陈桐生先生撰文指出孟子是西汉今文经学的先驱人物[⑤];刘立志先生认为孟子与汉代《诗》学

① 张伯伟.汉儒以美刺说诗的新检讨[J].南京大学学报(哲学·人文·社会科学).1989(5):11—17.

② 汪中撰,戴庆钰,涂小马校点.述学[M].沈阳:辽宁教育出版社:2000.

③ 庞俊.齐诗为孟子遗学证[J].国立四川大学季刊.第一期:文学院专刊.1936.

④ 蒙文通.汉儒之学源于孟子考[J].论学.1937(3).

⑤ 陈桐生.论孟子对西汉今文经学的特殊贡献[J].孔子研究.2001(2):56—63;陈桐生.孟子是西汉今文经学的先驱[J].汕头大学学报.2002(2):44—50.

渊源极深,他的某些思想观点直接为汉代四家诗所继承①;王葆玹先生也明确指出齐学源于孟子,鲁学始于荀子②。由此可见,齐诗与孟子的关系已得到前贤时修的初步关注。然而以上诸家只是提出这一观点,对孟子与齐诗关系详作考证的不多。唯有庞俊先生列出二十条证据以证齐诗源于孟子,惜之行文过简,诸多证据多是简单涉及两者的相似之处,而缺少系统的分析和把握。鉴于相关讨论仍有许多待发之覆,笔者拟从地域文化因素及诗义、诗说和用诗方式等方面寻找二者的渊源关系,以期对孟子与齐诗的关系作进一步思考。

第一节 齐诗与孟子的地缘关系

一、齐诗的地域特性

汉代四家诗以齐诗的地域特征最为明显,这主要体现在如下几个方面:

首先,汉代今文经三家诗唯独韩诗得名于其传授者韩婴,而齐、鲁两家诗均得名于其最初授受者的籍贯:"汉兴,……言《诗》,于鲁则申培公,于齐则辕固生,燕则韩太傅"③,这一现象说明当时的人们已经意识到齐诗和鲁诗受地域影响明显,具有鲜明的地域文化特征。

其次,齐诗的承传过程也存在着明显的地域性特点,查考齐诗

---

① 刘立志.孟子与两汉〈诗〉学[J].盐城工学院学报(社会科学版).2002(1):1—4.
② 王葆玹.今古文经学新论[M].北京:中国社会科学出版社,1997:81—95.
③ 班固.汉书[M].北京:中华书局,1962:3593.

流传过程中的几个重要传人，他们的籍贯多集中在齐地或齐地附近的鲁地。齐诗的重要学者中，首倡者辕固生为齐人；夏侯始昌、白奇为鲁人，其余如后苍、翼奉、萧望之、匡衡分别是东海的郯、下邳、兰陵、承地人，均属齐地，直到匡衡之后，才出现了首位来自颍川的弟子满昌。而齐诗的后学者中，仅琅琊就有6位，其余各地共计6位[①]。可见，在很长一段时间里，齐诗的主要传播地点集中在齐地范围之内，接受者也以齐人为主。与齐诗相比，鲁诗在其传承之初便打破了地域性限制，鲁诗的传人并不仅限于鲁地，而是来自各个地方[②]。同时，齐诗对师法承传的重视[③]也使得齐诗的地域文化色彩可以得到充分保存。

再者，齐文化本身具有兼容并包的文化特质，"正以鲁固儒学之正宗，而齐乃诸子所萃聚也"[④]。而从学术文化传统看，"'齐学'不主故常，追求贯通风气"，富于变通精神，"他们的传授不仅仅局限于学者范围，而是迅速地转化为现实生活中的实用哲学，从而在两汉政治生活中占据了十分重要的地位"[⑤]。例如齐诗的诗说便吸纳了齐地的阴阳五行思想以辅助劝谏，这使得齐诗与韩诗、鲁诗的解《诗》方式存在着较大的差异，展示出了非常明显的齐学色彩。这意味着，对于有助于其学说发展的思想学说，齐诗均持一种兼容并包的态度。这

---

① 据《汉书》及刘立志先生的《汉代〈诗经〉学者图表统计》（刘立志.汉代《诗经》学史论[M].北京：中华书局，2007：182—190）。

② 刘立志.汉代《诗经》学史论[M].北京：中华书局，2007：182—190.

③ 汉儒说诗最重师法渊源，这点皮锡瑞的《经学历史》已有论及。其中又以齐诗为最，据《汉书·翼奉传》《汉书·匡衡传》等记载，齐诗学者在以诗为谏的过程中，经常会强调"闻之师曰"，以强调其师传家法，渊源有自。

④ 蒙文通.经学抉原[M].上海：上海人民出版社，2006：85.

⑤ 跃进.释"齐气"[J].文献.2008（1）：10—11.

也使得齐诗在出现之初,便具有将多种学说观点融于一身的特点。
而与齐地有着深厚渊源关系的孟子,其思想和学说也当在融汇的范
围之内。

二、孟子与齐地的关联

孟子与齐地以及齐文化的密切关联也不容忽视:

其一,齐国是孟子一生游历生活中的重要一站,孟子在齐的时间
前后达到数十年之久。孟子不仅对齐地的政治、文化有深入的了解,
而且也在齐国产生了重要的影响。最著名的例子莫过于《孟子·公
孙丑下》中所记载的孟子"劝齐伐燕"一事。最初齐国的沈同私下
向孟子请教燕国是否可伐,孟子给出了"可伐"的观点。因而伐燕
之后,人们多认为正是由于孟子的"劝齐伐燕",才造成了齐国对燕
国的攻伐。无论孟子与伐燕一事是否相关,这一记载就足以证明孟
子在当时的齐国具有举足轻重的作用,否则人们也不会把这种大事
归因于孟子与齐国臣子的一句谈论。另外,《孟子·尽心下》还曾记
载齐国大饥,陈臻对孟子说:"国人皆以夫子将复为发棠。"齐国人都
盼望着孟子再次分发粮食以救济百姓。这意味着分发粮食救济百姓
的事情,孟子曾不止一次在齐国实行过。这也证明,孟子在齐国不仅
曾身居高位,还曾对齐国政治产生过一定的影响。故而《后汉书》以
"齐卿孟子"称之并非偶然。

其二,孟子学术思想的形成以及流传与齐国的稷下学宫关系
密切。

稷下学宫是战国后期最重要的学术中心之一。当时的齐国已
经取代了鲁国,成为东方的政治文化中心,并且设立了稷下学宫,以
优厚的政治和经济待遇,勉励游齐的贤士著书立说,讲习议论。稷下

学宫吸引天下士人纷纷来齐,授徒讲学、相互争鸣,一时间这里融汇百家,成了诸子荟萃的学术园地、百家争鸣的讲坛和列国的文化中心。正如郭沫若所说:"周秦诸子的盛况是在这儿形成了一个最高峰的。"[①]而孟子所处的齐威、宣时期,又恰恰是稷下学宫发展最为迅速的时期。

　　孟子在齐达数十年之久,与稷下学宫具有密切关系,孟子之学也因此具有了齐学色彩,成为齐学的一个分支[②]。对此历代典籍多有记载,如《盐铁论·论儒》:"齐宣王褒儒尊学,孟轲、淳于髡之徒,受上大夫之禄,不任职而论国事,盖齐稷下先生千有余人。"[③]建安徐干《中论》:"昔齐桓公立稷下之官,设大夫之号,招致贤人而尊宠之,自孟轲之徒皆游于齐,楚春申君亦好宾客,敬待豪杰,四方并集,食客盈馆,且聘荀卿置诸兰陵。"[④]刘勰也在《文心雕龙·时序》中说:"惟齐、楚两国,颇有文学:齐开庄衢之第,楚广兰台之宫;孟轲宾馆,荀卿宰邑;故稷下扇其清风,兰陵郁其茂俗。"[⑤]指出了孟子对稷下学风产生的巨大影响。尽管有观点认为孟子不列于稷下[⑥],但是不可否认的是,孟子两次游齐都"正当稷卜盛时"。即使持孟子不列稷下观点的

---

① 郭沫若.中国古代社会研究(外二种)[M].郑州:河北教育出版社,2000:745.

② 李华.稷下学风与孟子之"辩"[J].东方论坛.2010(4):48—53.

③ 桓宽撰,王利器校注.盐铁论校注[M].北京:中华书局,1992:149.

④ 徐干.申鉴·中论·傅子[M].上海:上海古籍出版社,1990:44.

⑤ 刘勰著,陆侃如,牟世金译注.文心雕龙译注[M].济南:齐鲁书社,1995:527.

⑥ 自从钱穆先生在20世纪30年代的《孟子不列稷下考》中,提出孟子不列稷下的观点之后,关于孟子与稷下的关系就分为两派。认为孟子列于稷下,是稷下主要成员的学者仍然居多。还有一部分学者认为孟子不列稷下,如《稷下学宫资料汇编》、金受申《稷下派之研究》、白奚《稷下学研究:中国古代的思想自由与百家争鸣》。

学者,也不得不承认孟子与稷下有着密切的关系:"我们说孟子不是稷下先生,并不等于说孟子的思想同稷下学术没有关系。事实上,孟子久居于齐,同稷下先生们常有交往,难免要受到稷下学术的影响而反映到他的学说中来。"① 例如孟子学说中的民本思想就受到了齐国管仲学派的影响。而孟子的"浩然之气""养心莫善于寡欲"等观点,均可以在以稷下为代表的齐文化中找到原型。也正是因此,蒙文通先生在《经学抉原》中指出,尽管孟子将孔子的儒学传播到了齐地,但是孟子之学已并非原始儒学,而是沾染上了齐学色彩,成为齐学中的一个别派:"孟子为卿于齐, ……孔氏之学,于时遂流入于齐,别为齐学,与鲁人六艺之学有别。"②

与此同时,长期的论辩与争鸣使得稷下诸子对孟子学说也有不同程度的反映。稷下学宫奖励争辩、著述的传统,也使得孟子学说在齐国的留存和继续传播成为可能。

其三,孟子的弟子目前可考者多为齐人,这也为孟子思想在齐地的保存和流传奠定了基础。据《孟子·滕文公下》记载,孟子曾有大量弟子跟随,并一度达到"后车数十乘,从者数百人"的盛况。这些弟子为孟子思想的进一步传播准备了条件,而孟子的主要弟子又以齐人为多。《重纂三迁志》记载孟子弟子共十九人,宋代从祀孟庙的弟子共十八人③。其中有籍贯可考的弟子以齐人为最多,至少有七人:公孙丑、陈臻、高子、咸丘蒙、万章、浩生不害、盆成括。孟子的弟子中齐人占据

---

① 白奚. 稷下学研究:中国古代的思想自由与百家争鸣[M]. 北京:三联书店,1998:160.
② 蒙文通. 经学抉原[M]. 上海:上海人民出版社,2006:85.
③ 参济宁市政协文史资料委员会,邹县政协文史资料委员会. 孟子家世[C]. 北京:中国文史出版社,1991:7.

了相当大的比例,这为孟子思想在齐国的流传奠定了基础。孟子离开齐国之后,孟子的学说很可能经由他们而得以继续在齐地产生影响。

三、齐地对先秦思想及典籍的保存

前文已经提到,齐国的稷下学宫鼓励教授生徒和著书立说,这就为孟子学说的保存和流传创造了条件。稷下学者的交流,也使得孟子的学说在稷下学者的论述中得到不同程度的反映。而大量的齐人弟子,又使得孟子学说在齐国的留存和流传成为可能。与此同时,还有一点重要因素不容忽视,那就是齐鲁两地在保存先秦典籍和思想方面所起到的巨大作用。

西汉时期的经学大师多出于齐、鲁一带,这是西汉学术史的一个显著特点。这就意味着齐、鲁两地在保留先秦典籍和文化上具有其独到之处。对于这一现象,刘汝霖先生的解释相当精到:"当时儒家的人才,多出在现在的山东一带。一则邹鲁一带是儒家学派的策源地,东海兰陵又是荀卿的归宿之乡。先贤的流风遗泽,容易引起后人的模仿。近水楼台,自然是先受影响了。二则战国时代的战争,最激烈的地方,是在现在的河南一带,山东南部,很少见到兵戈。战国末年,别国人民,都是成千成万的死伤,而齐国却守局外中立四十余年,邹鲁诸国,受他的荫庇。所以这地方的文化不受摧残,得以从容发展,根深蒂固,虽有秦代短时间的禁学,影响并不甚大。到了天下太平,自然就会发展出来。所以,西汉一代经学大师,多出于齐鲁一带。"[①]由此可见,战国末期齐国全身于战火之外四十余年,使得各派

---

① 刘汝霖. 汉晋学术编年 (据商务印书馆1935年影印) [M]. 上海:上海书店, 1992:97.

的著述典籍在齐国得到了较为完好的保存。虽然有秦代的焚书坑儒之祸,但是从秦末汉初刘邦攻到鲁国时,"鲁中诸儒尚讲诵习礼,弦歌之音不绝"[①]的记载来看,先秦典籍文化在齐鲁两地得到了较好的保存和承传。所以《孟子》一书在孟子"徒党尽"的情况下尚能保存其"篇籍得不泯绝"[②]。由此可见,秦汉之际孟子的思想和著述在齐地得到较好的承传,并流传至汉代,是很有可能的。

以上仅是从地域关系上证明了齐诗传承孟子的可能性。而探求两者关系最有效的途径,无疑是从《诗》学范畴中寻找内证。

第二节　齐诗"四始""五际"与孟子渊源

以"四始""五际"说《诗》,是齐诗最具特点的说《诗》方式之一,后苍一派的翼奉又最为代表。关于其渊源,人们多将之归因于邹衍的五德终始说,然而深入探讨却会发现,孟子与此亦有密切渊源。蒙文通先生曾经点明:"汉之今文悉源于孟氏,而别有大义,犹未之及,则齐诗四始五际之义。"[③]通过探讨可见,前人不予欺也。

在汉代的鲁、齐、韩、毛四家诗中以齐诗的著述为最多。仅《汉书·艺文志》著录的就有《齐诗》二十八卷、《齐后氏故》二十卷、《齐孙氏故》二十七卷、《齐后氏传》三十九卷、《齐孙氏传》二十八卷、《齐杂记》十八卷,共计一百六十卷。而鲁诗共八十一卷,韩诗共七十八卷,毛诗共五十九卷。仅著述的数量就足以反映出西汉齐诗的繁荣。

---

① 班固. 汉书[M]. 北京:中华书局,1962:3592.
② 焦循. 孟子正义[M]. 北京:中华书局,1987:16.
③ 蒙文通. 汉儒之学源于孟子考[J]. 论学. 1937（3）:20.

然而，从四家诗的流传来看，又以齐诗失传为最早。《隋书·经籍志》谓："齐诗魏代已亡。"如今所见均是后人所辑录的遗说。宋代王应麟在其《诗考》中辑有鲁、齐、韩三家遗文，其中有齐诗十六条。清代，范家相、阮元、冯登府、丁晏、马国翰、王漠、连鹤寿、陈寿祺、陈乔枞、魏源、王先谦等人在齐诗辑佚方面作出了巨大努力，其中较有影响力的成果有陈乔枞的《齐诗遗说考》《齐诗翼氏学疏证》、范家相的《三家诗拾遗》、王先谦的《诗三家义集疏》等。齐诗只存遗说难以窥其全貌，甚至因此被称为"绝学"，但是从有限的辑佚资料中却能发现其与孟子存在种种联系，这主要表现在诗义承传及诗说渊源等诸多方面。

齐诗与孟子之间的思想渊源，在齐诗的首倡者辕固那里就已经有了明显的呈现，这也就是最为研究者所乐道的辕固和黄生之间关于"汤武受命"的争论：

辕固，齐人也。以治《诗》孝景时为博士，与黄生争论于上前。黄生曰："汤武非受命，乃杀也。"固曰："不然。夫桀纣荒乱，天下之心皆归汤武，汤武因天下之心而诛桀纣，桀纣之民弗为使而归汤武，汤武不得已而立，非受命（而）[为]何？"黄生曰："'冠虽敝必加于首，履虽新必贯于足。'何者？上下之分也。今桀纣虽失道，然君上也；汤武虽圣，臣下也。夫主有失行，臣不正言匡过以尊天子，反因过而诛之，代立南面，非杀而何？"固曰："必若云，是高皇帝代秦即天子之位，非邪？"于是上曰："食肉毋食马肝，未为不知味也；言学者毋言汤武受命，不为愚。"遂罢。[①]

───────────

① 班固.汉书[M].北京：中华书局，1962：3612.

黄生强调君臣的等级之分,认为汤武为弑君而立并非受命于天,而辕固则从民心角度出发,指出汤武受命乃民心所向,这一观点与孟子"贼仁者谓之贼,贼义者谓之残,残贼之人,谓之一夫。闻诛一夫纣矣,未闻弑君也"[①]的看法非常一致。这场"汤武受命"的争论也正是许多学者认定齐诗与孟子存在渊源关系的重要依据。

除此之外,齐诗区别于其他三家诗的特点之一在于以阴阳、五行观解《诗》的阐释方式,其诗说的具体表现为"四始""五际"说。另一个特点在于齐诗提出的性情理论中明确指出了《诗》中所含的"情"的因素,这在先秦至汉初儒家一以贯之的"诗言志"理论倾向中无疑具有了异调的特质。而在这两个核心层面上,齐诗也与孟子存在着渊源关系,然而前贤时修对此却关注较少。笔者试图联系孟子及思孟学派的思想及用诗方式等相关内容,对"四始""五际"说及性情说这两个齐诗诗论中的核心问题,作一些新的思考。

以阴阳五行说《诗》是齐诗的一个重要特点,而其阴阳五行思想最集中的表现便是齐诗"四始""五际"说的提出。

齐诗的四始说见于《诗汎历枢》:"《大明》在亥,水始也。《四牡》在寅,木始也。《嘉鱼》在巳,火始也。《鸿雁》在申,金始也。"[②]通过比较我们不难发现,齐诗"四始"说显然与鲁诗、毛诗迥异[③],鲁诗与毛

---

① 焦循. 孟子正义 [M]. 北京:中华书局,1987:145.
② 十三经注疏整理委员会. 毛诗正义 [M]. 北京:北京大学出版社,1999:19.
③ 鲁诗:"《关雎》之乱以为《风》始,《鹿鸣》为《小雅》始,《文王》为《大雅》始,《清庙》为《颂》始。"(王先谦. 诗三家义集疏 [M]. 北京:中华书局,1987)
　　毛诗:"是以一国之事,系一人之本,谓之风,言天下之事,形四方之风,谓之雅。雅者,政也,言王政之所由废兴也。政有大小,故有小雅焉,有大雅焉。颂者,美盛德之形容以其成功告于神明也。是谓四始,诗之至也。"(十三经注疏整理委员会. 毛诗正义 [M]. 北京:北京大学出版社,1999)

诗以《诗》中的具体篇章构建其"四始"理论,而齐诗则结合阴阳、五行思想来构建其"四始"说。

　　齐诗的"五际"说目前主要见于《汉书·翼奉传》的记载,翼奉在奏疏《因灾异应诏上封事》[①]中提到:"贤者见经,然后知人道之务,则《诗》《书》《易》《春秋》《礼》《乐》是也。《易》有阴阳,《诗》有五际,《春秋》有灾异,皆列终始,推得失,考天心,以言王道之安危。"应劭注"五际"曰:"君臣、父子、兄弟、夫妇、朋友也。"孟康注曰:"《诗内传》曰:'五际,卯、酉、午、戌、亥也。阴阳终始际会之岁,于此则有变改之政也。'"[②]两者的著述从伦理和阴阳终始两个方面对"五际"进行了注解。不过后世学者多认可孟康的理解,如陈乔枞便批评说:"应邵注《汉书》以君臣、父子、夫妇、兄弟、朋友称五际,失《齐诗》之旨矣。"[③]孔颖达的注疏也是基于阴阳五行说以解释"五际",曰:"亥为革命,一际也;亥又为天门出入候听,二际也;卯为阴阳交际,三际也;午为阳谢阴兴,四际也;酉为阴盛阳微,五际也。"可见学者多肯定"五际"说与阴阳五行说之间的关系。由此可知,齐诗的"五际"说同"四始"说一样,都是建构在阴阳五行基础之上的。同时,齐诗不仅在诗论上采用了阴阳五行说,其说《诗》也往往与阴阳五行观点相结合[④]。可见,阴阳五行学说是齐诗理论建构的一个重要平台。而齐诗的这一思想基础也与孟子存在一定的渊源关系。

---

① 《全汉文》将这篇奏疏定名为《因灾异应诏上封事》。
② 班固. 汉书 [M]. 北京:中华书局,1962:3172—3173.
③ 陈乔枞. 齐诗翼氏学疏证[A]. 王先谦主修. 清经解续编 [C]. 上海:上海书店,1988:101.
④ "由后苍传授给萧望之、翼奉、匡衡,说诗杂以阴阳五行与天人感应,则成为《齐诗》的重要特征。"(王长华,刘明.《诗纬》与《齐诗》关系考论 [J]. 文学评论. 2009〔2〕:53)

一、阴阳五行与思孟渊源

齐诗的"四始""五际"说以阴阳五行为基础。而齐诗的阴阳五行说，又多被认为是受邹衍"五德终始"理论影响的结果[1]，然而人们多忽视了孟子与阴阳五行思想之间的渊源关系。汉代今文三家诗中，齐诗与孟子的渊源关系最为明显。笔者认为，阴阳五行思想是秦汉孟子思想的重要组成部分，虽然现在已难窥其全貌，但从目前的记载中可以推知，先秦至两汉时期，孟子（或孟子一派）与阴阳五行思想曾有非常密切的关系。

在五行说上，虽然马王堆汉墓帛书和郭店楚墓竹简的出土已经解开了思孟五行说之谜[2]，关于思孟五行的概念也几乎成为定说[3]，但是从荀子的记载来看，思孟五行说的范围应当不止是目前所见到的内容。郭店楚简出土之前一些学者提出的重要观点，随着思孟五行说渐成为定论而逐渐淡出了人们的关照视野。然而在今天看来，其中一些观点对我们的研究仍然富有启发意义。如在1986年，李学勤先生曾在马王堆汉墓帛书出土以后撰文指出，子思的"五行"思

① 赵茂林.两汉三家诗研究 [M].成都:巴蜀书社,2006:339—341.
② 邢文《帛书周易研究》提到:"马王堆帛书出土以后,帛书整理小组首先解开思孟五行之谜。在1975年年中发稿的精装本《马王堆汉墓帛书[壹]》的注释中,马王堆汉墓帛书整理小组指出:《孟子·尽心下》:'仁之于父子也,义之于君臣也,礼之于宾主也,知之于贤者也,圣人之于天道也,命也。'由帛书可知此即思孟之'五行'说。"同时参庞朴先生的《马王堆汉墓解开了思孟五行说古谜》(庞朴.帛书五行篇研究 [M].济南:齐鲁书社,1980:1—22)
③ 李华,王志民.二十世纪以来大陆孟子与思孟学派研究综述 [A].山东师范大学齐鲁文化研究中心,美国哈佛大学燕京学社.儒家思孟学派论集 [C].济南:齐鲁书社,2008:446—447.

想与"金木水火土"五行存在联系,目前所见的五行观点并不足以涵盖思孟五行说的全部内容①。这一观点给我们以很大启示,它提醒我们不应因出土文献的影响而停止对思孟五行思想的探讨。思孟五行说的观点目前仍然存在一些尚未解决但值得关注的问题,如荀子对五行"僻违""幽隐""闭约"的批判,应当是对思孟学派五行思想特点的一个深入反映,但是从目前的五行观中,却看不到相关记载:"五行说在荀子眼中是'僻违''幽隐''闭约',联系荀子的一贯主张,此说当有费解的神秘性。……《非十二子》对各派学者的批评,均能深中要害,并无枝节的指摘,因此五行说必是思、孟学术的一项中心内容。"②从荀子的批判来看,思孟五行观点应与阴阳五行存在着一定关联,而且其中也应当存在附会人事的内容。虽然在《孟子》七篇和竹帛《五行》中难以找到相关记载,但也并非没有典籍以资佐证。

《汉书》中的一则记载非常值得引起我们的重视。《汉书·艺文志》中除了在儒家类中载有《孟子》十一篇,在阴阳家类书中还载有《孟子》一篇,且评价说:"阴阳者,顺时而发,推刑德,随斗击,因五胜,假鬼神而为助者也。"③班固这里所指的"阴阳家"具有"因五胜,假鬼神而为助者"的特点,对于"五胜",颜师古注曰:"五胜,五行相胜也。"④很显然,这里所著录的阴阳家《孟子》,其思想主旨应当是对阴阳五行思想的反映。同时,这一阴阳家《孟子》确是作为孟子的著述而著录的,而并非笔误或重名,理由如下。

其一,《汉书·艺文志》篇首即交代了其目录的来源:

① 李学勤.帛书《五行》与《尚书·洪范》[J].学术月刊.1986 (11):37—40.
② 李学勤.帛书《五行》与《尚书·洪范》[J].学术月刊.1986 (11):37—38.
③ 班固.汉书[M].北京:中华书局,1962:1760.
④ 班固.汉书[M].北京:中华书局,1962:1760.

至成帝时,以书颇散亡,使谒者陈农求遗书于天下。诏光禄大夫刘向校经传诸子诗赋,步兵校尉任宏校兵书,太史令尹咸校数术,侍医李柱国校方技。每一书已,向辄条其篇目,撮其指意,录而奏之。会向卒,哀帝复使向子侍中奉车都尉歆卒父业。歆于是总群书而奏其《七略》,故有《辑略》,有《六艺略》,有《诸子略》,有《诗赋略》,有《兵书略》,有《术数略》,有《方技略》。今删其要,以备篇籍。①

成帝时曾广泛搜集天下佚书,并由刘向领校秘书,广集众本,对当时先秦至汉代的存世典籍进行广泛而系统的整理。并且,每一部书点校完毕,汇总到刘向处,由其作最后的条理和编审。刘向去世之后,其子刘歆则根据刘向的书籍整理情况著成《七略》,而《汉书·艺文志》正是以《七略》为基础写定的。从这一过程可以看到,无论是刘向、刘歆的整理编订还是班固的采录,这一书录曾三次经由一人②做系统的整理统筹。这就意味着其书录应当具有一以贯之的连续性,而不应当出现书籍同名不同人的状况,即便有这种情形发生,也应有专门的注解或解释。由此可见,刘向、刘歆和班固均把儒家《孟子》十一篇和阴阳家《孟子》一篇视为出自一人之手。

其二,《艺文志》中存在同一人的著述被分别著录的情况(互著)。最明显的例子是对荀子的儒家书和赋的分别著录。《汉书》在儒家类中著录"《孙卿子》三十三篇",并在其后注曰:"名况,赵人,为

① 班固.汉书[M].北京:中华书局,1962:1701.
② 班固的《汉书》虽最终由其妹妹班昭补充完整,但当时《艺文志》已成,班昭并未涉及这一部分。

齐稷下祭酒,有列传。"① 而称其为"孙卿"的原因,师古注曰:"本曰荀卿,避宣帝讳,故曰孙。"② 而在杂赋的著录中,班固再次著录了"孙卿赋十篇"③。同一作者的著述因为分类的不同,而被放入了不同的类别中,唯一的差别是首次提及该作者时后面会有简介,而再次提及时便不再介绍。同样的情况还有贾谊、刘向的著述,也分别在儒家类和杂赋类中分别出现。可见由于分类的细化,同一作者的著述被分开放入不同类别在《艺文志》中已成定例,并且第二次提及者往往不再有所说明。孟子在儒家类和阴阳家类中的两次出现也与这一规律相符。在儒家类提及"《孟子》十一篇"的时候,班固曾有简单著录:"名轲,邹人,子思弟子,有列传。"④ 而在阴阳家类中,仅言"《孟子》一篇",由此可见,此处的"孟子"为对同一人的第二次提及可明。

其三,对于同名不同书的情况,《汉书·艺文志》也有明确区分,最明显的就是对《孙子兵法》和《孙膑兵法》的区分,班固按其活动地域将两者分为"吴孙子兵法"和"齐孙子"⑤,这再次证明了同名不同书的情况在《汉书·艺文志》中会有所区分,也证明了两处所言的"《孟子》"确应均为孟子著述,或者出于孟子,或者出于托名孟子的孟子后学之手。

《汉书·艺文志》把《孟了》一卷列入"阴阳家",无论这一卷内容是出于孟子之手还是出于孟子后学,都体现了汉儒对孟子的阴阳五行思想的肯定。而这也是孟子与阴阳五行思想存在密切关联的明

---

① 班固.汉书[M].北京:中华书局,1962:1725.
② 班固.汉书[M].北京:中华书局,1962:1782.
③ 班固.汉书[M].北京:中华书局,1962:1750.
④ 班固.汉书[M].北京:中华书局,1962:1725.
⑤ 班固.汉书[M].北京:中华书局,1962:1756—1757.

证。值得注意的是,这里的阴阳五行思想与我们目前所认可的思孟五行思想尚且存在一定的差距。思孟五行说中的五行是伦理意义上的,而阴阳五行观中的五行却具有"假鬼神而为助"的神秘性,恰恰与荀子关于孟子的五行说具有"僻违""幽隐""闭约"特点的判断相一致。

"阴阳家"《孟子》的著录仅见于《汉书·艺文志》,在《隋书·经籍志》中已经不得而见。因此,这单独析出的一卷至迟在隋代已经失传。陈来先生在对竹简《五行》篇和帛书《五行》篇作分析比较时曾得出观点,认为孟子作了《五行》的说文①。那么帛书《五行》中的说文,会不会就是《汉书》中著录的"阴阳家"《孟子》一卷? 从出现和亡佚的时间上看,两者存在一致之处。从篇幅上而言,可能性也比较大,《五行》篇的说部仅是帛书《五行》中的一个部分,而"阴阳家"所著录的《孟子》也仅存一卷,两处存在相合之处。但从其叙述的内容上来看,目前所见的《五行》篇却与《汉书》的著录存在较大差别,帛书《五行》篇以"仁、义、礼、智、圣"为其主要论述内容,与其他部分的牵涉较少,仅以目前所见内容,似乎与"假鬼神而为助"的阴阳家相差较大。因此,在没有新的文献证明之前,笔者认为《五行》篇之外,仍有署名"孟子"的阴阳五行类著述存在,并且其中所蕴含的阴阳五行思想得到了汉儒的认同,尤其得到了刘向这一汉代文献大家的认可。

这也意味着,我们对孟子五行思想的分析与体认不仅不能仅限于现存的《孟子》七篇,也不能仅限于目前所见的竹简和帛书《五

---

① 陈来. 竹帛《五行》篇为子思、孟子所作论——兼论郭店楚简《五行》篇出土的历史意义 [J]. 孔子研究. 2007(1):22—29.

行》,而应当以此为基础做更为广泛的探讨。正如李学勤先生所指出的,目前所未揭示出的"五行"思想可能远比我们所见到的要广泛得多。

所谓的"广泛",一方面在于对"五行"说的范围界定上,仅以"仁、义、礼、智、圣"界定思孟五行说可能过于简单,也无法涵盖思孟五行说的全部内容。于是邢文先生提出了"五行"两系说,他认为"思孟五行说"是两系的,"一为帛书思、孟'五行'说仁、义、礼、智、圣,一为《荀子》思、孟'五行'说天、地、民、神、时"①。这也反映出目前对思孟五行说的范围界定,使得我们不得不把一些本该列入思孟学派范围的内容排斥在研究视野之外,最具代表性的就是原始五行观从此被排除在思孟五行思想之外。章太炎先生曾指出,子思不仅与原始五行说之间存在着血脉联系,而且首开以五行附会人事之端:"古者《洪范》九畴,举五行,傅人事,义未彰著,子思始善傅会,旁有燕齐怪迂之士,侈搪其说以为神奇。耀世诬人,自子思始。宜哉!荀卿以为讥也。"②李学勤先生也通过对帛书《五行》与《尚书·洪范》的比较并结合《尚书·洪范》中已经出现了以"金、木、水、火、土"比照五种德行"肃、乂、哲、谋、圣"的情况指出,思孟五行说与《洪范》所代表的原始五行说存在着渊源关系:"《洪范》有五行、五事,然而并未明言二者的联系。子思的五行说则将作为元素的五行与道德范畴的五行结合为一,荀子指责之为'无类''无说''无解',是有道理的。《洪范》与古代数术传统有密切关系,其论卜筮等项,很可能是继承了商代的统治思想,有浓厚的神秘色彩。子思加以推衍,遂将神

① 邢文.帛书周易研究[M].北京:人民出版社,1997:221.
② 章太炎.章太炎全集(第四卷)[M].上海:上海人民出版社,1985:19.

秘理论导入儒家学说,为数术与儒学的融合开了先河。"① 另外,尽管
"不语怪力乱神"似为儒家通谊,然而从目前的思孟学派的著述中,
我们也能找到思孟学说与阴阳家相通的痕迹,如《中庸》提到:"至诚
之道,可以前知。国家将兴,必有祯祥;国家将亡,必有妖孽;见乎蓍
龟,动乎四体。祸福将至:善,必先知之;不善,必先知之。故至诚如
神。"② 这一推衍未来的理论与阴阳五行说的代表人物邹衍的"机祥
度制"观也非常相似。

　　另一方面,思孟五行说是五行思想发展过程中的一个阶段,并
非最终结果,其五行说没有完全固定下来。唯有持这一观点,关于
思孟五行中所出现的一些困难才能迎刃而解。例如,尽管学界几乎
均已认可"仁、义、礼、智、圣"为思孟五行说,但是在子思和孟子的
著述中,却并没有将"仁、义、礼、智、圣"五种观念并列提及的情况。
庞朴先生把"仁之于父子也,义之于君巨也,礼之于宾主也,知之于
贤者也,圣人之于天道也"中的"人"视为衍字,才得出了"仁、义、
礼、智、圣"观念存在于孟子思想之中的观点③。即便如此,也无法解
释《孟子》中除了"仁、义、礼、智、圣(人)",还存在着其他相似的
提法,如《孟子·离娄上》:"仁之实,事亲是也。义之实,从兄是也。
智之实,知斯二者弗去是也;礼之实,节文斯二者是也。乐之实,乐
斯二者,乐则生矣。"这里又用到了"仁、义、礼、智、乐"的表达方式。
目前所见资料足以表明,孟子的五行思想本身仍然处于一个发展的
过程,并未获得最终的确定。那么孟子的五行思想又是如何在后学

① 李学勤.帛书《五行》与《尚书·洪范》[J].学术月刊.1986(11):40.
② 朱熹.四书章句集注[M].北京:中华书局,1983:32.
③ 庞朴.马王堆帛书解开了思孟五行说之谜——帛书《老子》甲本卷后古佚书
　之一的初步研究[J].文物.1977(10):68.

手中得以完善的呢?《史记》中的记载引导我们把目光投向邹衍。

　　《史记·孟子荀卿列传》提到孟子"其后有邹子之属",此处的"邹子"正是邹衍,即战国后期的著名阴阳家。虽然邹衍以其"五德终始"说而闻名,但五德终始说其旨难明,故而此处仅从地缘关系和思想渊源上,探讨邹衍与孟子的相合之处。

　　首先在地缘关系和时间先后上,两者存在承继的可能性。孟子与齐文化的关系已见前述。邹衍为齐人,共同的地缘关系为其接受孟子学说提供了可能性,并且邹衍恰恰出现在孟子之后,据《史记·孟子荀卿列传》记载,孟子"其后有邹子之属"。因此,无论是在地缘关系、文化影响还是时间先后上,邹衍对孟子学说的接受均存在着很大的可能性。

　　其次,在思想上,孟子与邹衍存在共通之处。栾调甫在《梁任公五行说之商榷》中质疑梁启超提出的五行说为"仁、义、礼、智、信"的观点时就曾指出,邹衍五行说与思孟五行说存在渊源关系,五行说"盖始于子思、孟轲,而大成于邹衍。……若《甘誓》之'五行',当然为金、木、水、火、土"[1]。但是由于其对"五行"的判断存在偏颇,所以他的这一说法未被人们重视。然而,栾调甫的这一判断存在合理之处,邹衍之学与孟子之学确实存在较大相似性。其一,孟子之学本身已经融合了齐文化的成分,成为齐学的一个分支。对于这点,蒙文通先生在其《经学抉原》中已指出:"孟子为卿于齐,荀卿三为祭酒,……孔氏之学,于时遂流入于齐,别为齐学,与鲁人六艺之学有别。"[2]蒙文通先生指出,尽管孔子的儒术借孟子传播到了齐地,但是

---

① 栾调甫. 梁任公五行说之商榷[J]. 东方杂志. 1924 (15):92.
② 蒙文通. 经学抉原[M]. 上海:上海人民出版社,2006:85.

孟子之学在齐国经过齐文化的浸染又有了齐学的特征,从而成为齐学中的一个别派。关于孟子本身所具有的齐学特征具体表现在哪些方面,蒙文通却并未指出。不过,齐学中最具特点的就是稷下学宫中管子学派的治国思想及具有海岱地域特色的神仙方术思想。由此可见,孟子之学很有可能具备以上两个方面的内容,或者其中之一。其二,战国时期的儒家和阴阳家并非势如冰炭不可两立,而是存在着密切的渊源关系。这点不仅从子思、邹衍思想上的相似性上能看出来,而且邹衍的学说本身也体现出了儒家和阴阳家的共通之处。邹衍曾学习儒术,因其学说不为所用,才采取"五德终始"说来达到其游说目的,这点在《盐铁论·论儒》中有明文记载:"邹子以儒术干世主,不用,即以变化终始之论,卒以显名。"[①]同时,邹衍的"五德终始"说仍然保留着儒家倾向,其学说的指向性仍然归于"仁义"的目的,《史记·孟子荀卿列传》中记载邹衍之说:"其语闳大不经,必先验小物,推而大之,至于无垠。先序今以上至黄帝,学者所共术,大并世盛衰……然要其归,必止乎仁义节俭,君臣上下六亲之施始也滥耳。"[②]台湾学者郭梨华也提到,邹衍的五行思想与儒家思想更为接近而与纯言灾异的阴阳学说不同:"邹衍之学与后来纯言灾异阴阳不同者在于其要归止于'仁义'。今日虽然难明其'五德终始'之旨,但与其稍后之《韩非子·饰邪》所反映的纯以星相位置断言灾异当有所别。因此将水火木金土'五行'与仁义相联系至迟在邹衍时已有之。"[③]其三,虽然邹衍的五德终始说已经难窥其详,且思孟五行说的记载也并不完备,但是从对二者学说特点的比较中,也可以看到二者具有共通

① 桓宽撰,王利器校注.盐铁论校注[M].北京:中华书局,1992:150.
② 司马迁.史记[M].北京:中华书局,1982:2344.
③ 郭梨华.竹简《五行》的"五行"研究[EB/OL].中国简帛网,2010-05-05.

之处,荀子称思孟五行说:"略法先王而不知其统,犹然而材剧志大,闻见杂博。案往旧造说,谓之五行,甚僻违而无类,幽隐而无说,闭约而无解。"①这与邹衍"五德终始"所具有的"闳大不经""因载其祥度制,推而远之,至天地未生,窈冥不可考而原也"的特点非常相似。结合前面证明过的曾有阴阳家《孟子》的存在,可见,孟子学说中的阴阳五行主题与邹衍的"五德终始"说,二者在学说特点上存在着一定程度的相似性。

二、诗说的目的性指向:"言王道之安危"

前文已经提及,在孟子那里,《诗》与儒家的王道思想首次达成了密切结合。这一方面表现在孟子提出"王者之迹熄而诗亡,诗亡然后《春秋》作"的观点,传达出《诗》是王道载体的思想,即认为《诗》的创作流传是与王道制度的兴衰相一致的;另一方面,在具体的用《诗》过程,孟子也多把用《诗》与王道思想的宣扬结合在一起。如在《诗》的选择上,孟子明显偏重于主要言周朝王政制度的《大雅》。据《孟子》记载,孟子引《诗》28次,其中《大雅》21次,《小雅》3次,《颂》3次,《国风》2次。再如,孟子引《诗》常常与周朝的重要人物,尤其是文王密切联系在一起。孟子28次引《诗》,均涉及周朝重要人物,其中仅涉及文王就达10次,周公4次,而文王和周公恰恰是儒家王道思想最重要的代表人物。再者,孟子在述及自己王道观点的时候,往往引《诗》以证自己所言有据。《孟子》全书提及《诗》有35处,其中孟子自己用《诗》28处——孟子自述涉及《诗》12处,谈话中涉及16处。除回答弟子关于《诗》的相关问题涉及《诗》6处以外,

---

① 王先谦.荀子集解[M].北京:中华书局,1988:94.

其余10处均出现在与诸侯王的对话中,且是孟子为了增强自己王道主张的说服力而主动言《诗》。

反观齐诗"四始""五际"说,尽管其中蕴含着看似宏阔不经的阴阳五行理论,但其目的性指向与孟子的"诗载王道"思想却存在着很大的一致性,也体现出《诗》与王道政治思想密切相联的特点。翼奉对"五际"说的描述,便明确指出了这一特点:

> 臣闻之于师曰,天地设位,悬日月,布星辰,分阴阳,定四时,列五行,以视圣人,名之曰道。圣人见道,然后知王治之象,故画州土,建君臣,立律历,陈成败,以视贤者,名之曰经。贤者见经,然后知人道之务,则《诗》《书》《易》《春秋》《礼》《乐》是也。《易》有阴阳,《诗》有五际,《春秋》有灾异,皆列终始,推得失,考天心,以言王道之安危。[①]

"五际"说服膺于翼奉为"道"设定的传播系统,这个系统由两部分组成。一个是"道"的传播系统,即天道:日月、星辰、阴阳、四时、五行——王道(王治之象):州土、君臣、律历、成败——人道:《诗》《书》《易》《春秋》《礼》《乐》;另一个是传播者谱系,即天地——圣人——贤者。翼奉指出由天道、王道到人道是道的顺序传播过程,因而人们也可以通过"人道"范围内的《经》来反推"王治之象",即从《易》之阴阳,《诗》之五际,《春秋》之灾异来"言王道之安危"。由此可见,齐诗把"五际"说视为寻找王道思想的途径和手段之一,并规定了"言王道之安危"是"五际"说的最终目的。"四始""五际"说的具体设置,再次体现出了翼奉所言不虚。

[①] 班固.汉书[M].北京:中华书局,1962:3172.

（一）"四始""五际"说的用《诗》倾向

首先表现在"四始""五际"说用《诗》的倾向性选择上。前面已经提到,齐诗"四始"说见于《毛诗正义》孔颖达引《诗汎历枢》疏:"《大明》在亥,水始也。《四牡》在寅,木始也。《嘉鱼》在巳,火始也。《鸿雁》在申,金始也。"[①]"五际"说见于孟康对翼奉"五际"说的注文:"《诗内传》曰:'五际,卯、酉、午、戌、亥也。阴阳终始际会之岁,于此则有变改之政也。'"[②]陈乔枞引臧镛堂曰:"《诗内传》为《齐诗内传》。"[③]证明此确是齐诗说。同时《诗汎历枢》对五际说有进一步的解释:"卯、酉之际为革政,午、亥之际为革命,神在天门,出入候应。……卯,《天保》也;酉,《祈父》也;午,《采芑》也;亥,《大明》也。"孔颖达注疏曰:"亥为革命,一际也;亥又为天门出入候听,二际也;卯为阴阳交际,三际也;午为阳谢阴兴,四际也;酉为阴盛阳微,五际也。"[④]结合翼奉曾提到"五际之要《十月之交》篇","四始""五际"说共涉及《诗》九篇。其中,除《大明》为《大雅》中的一篇以外,其余八篇均为《小雅》中的篇什。这一用《诗》偏重于二《雅》的倾向,与孟子用《诗》重《雅》的倾向非常相似。而《诗》中的大小《雅》,主要涉及的内容又是西周王道政治。因此,从用《诗》的选择倾向性上来看,齐诗的"四始""五际"说涉及的《诗》篇范围,多与言王道政治内容的大小《雅》有关。连鹤寿也指出"四始""五际"所选用的诗篇皆属二《雅》,源于齐诗说密切联系王道:"十五《国风》,诸侯之风也。三《颂》,宗庙之乐也。唯二《雅》,皆述王者之命运政教,

① 毛亨传,郑玄笺,孔颖达疏.毛诗正义[M].北京:北京大学出版社,1999:19.
② 班固.汉书[M].北京:中华书局,1962:3173.
③ 陈乔枞.齐诗翼氏学疏证[M].上海:上海书店,1988:17.
④ 毛亨传,郑玄笺,孔颖达疏.毛诗正义[M].北京:北京大学出版社,1999:22.

'四始''五际'专以阴阳之终始际会推度国家之吉凶休咎,故止用二《雅》。"① 而这一用《诗》的倾向性特点与孟子的用《诗》选择存在很大的相似性。

(二)"四始""五际"设置中的"诗载王道"观

更重要的一点在于,"四始""五际"说将具体诗篇与西周王朝的王道制度发展过程相对照,以此展现西周由盛至衰的整个发展过程。这一思想倾向,恰恰是对孟子"王者之迹熄而诗亡"思想的进一步申发。孟子认为,王道制度消失之后,《诗》的创作也随之终止。这一理论便意味着《诗》的创作与王道制度的兴起、发展和衰落是相始终的。而齐诗的"四始""五际"说正是对这一思想的贯彻。与孟子不同的地方在于,齐诗把具体的诗篇与王道制度的兴衰相对应,以更具体的方式展现出了"诗载王道"的特点。"四始""五际"说与标志西周盛衰的重大历史事件存在密切关联,对于这点,王洲明先生曾有明文指出②;学者谭德兴则按照阴阳五行规律和天干地支的排列顺序,把"四始""五际"所对应的诗旨与事件用图表的形式表现出来。珠玉在前,笔者不惜掠美以引之:

表3—1　齐诗"四始""五际"设置意图③

四始	五际	诗旨	时期	事件
《大明》之三		文王受命作周	文王受命兴周	

① 转引自:陈乔枞.齐诗翼氏学疏证[M].王先谦主修.清经解续编[G].上海:上海书店,1988:101.
② 王洲明.汉代《齐诗》传授的特点[J].山东大学学报(哲学社会科学版).1995(2):67—76.
③ 谭德兴.《齐诗》"四始"、"五际"与汉代政治[J].贵州文史丛刊.2000(5):55.

续表

四始	五际	诗旨	时期	事件
	《大明》之三	文王受命作周	文王受命兴周	文王兴周于京
《四牡》之三		劳使臣	文王为西伯，三分天下有其二	
	《天保》之三	营洛邑，宗祀文、武	周公居摄	管蔡之乱
《嘉鱼》之三		美万物盛多，能备礼	成王盛世	
	《采芑》之三	宣王命将出师征伐	宣王初年	荆蛮、戎狄交侵
《鸿雁》之三		美宣王	宣王中期	
	《祈父》之三	刺宣王任将	宣王末年	司马不得人，周屡败于姜戎等
	《十月之交》之三	刺幽王	幽王	皇父擅权，褒姒特宠

　　"四始"强调阴阳更替的四个临界点，"五际"则强调阴阳终结和开始。"《齐诗》'四始'实际上展示了西周兴起、发展、繁荣、衰落的历史变化过程。并把这种社会历史的变化比附于自然界阴阳之气消涨的变化过程。《齐诗》在亥、寅、巳、申四个关键位置上配以反映周王朝历史进程的四个时期的诗篇，使整个西周历史的发展趋向一目了然。"① 同样，齐诗的"五际"说也存在着这种特点。从图表上可见，

---

① 谭德兴.《齐诗》"四始"、"五际"与汉代政治[J].贵州文史丛刊.2000（5）:54.

"五际"说之首《大明》篇,其诗旨在于讲文王受命,也正是说西周
的兴起;《天保》所言的周公居摄,平定管蔡之乱,又恰恰是西周王朝
由此走向兴盛的标志性事件;《采芑》所言,虽为宣王命令出师北伐
蛮夷,似乎证明着周朝武力的强大,但荆蛮、戎狄交相侵犯也预示了
周朝的衰微征兆;《祈父》篇所言,则已是周朝屡败于周边民族的事
实,可见周朝的衰落之像已经非常明显;《十月之交》所讽刺的幽王
专宠褒姒,已经是西周衰亡的标志性事件了。由此可见,"四始""五
际"说相互配合,按照时间顺序,反映了西周由兴起到兴盛再到逐渐
衰亡的整个发展过程。由此可见,齐诗的这一诗说理论,虽然结合了
多种学说,但其以诗对应西周王道社会兴衰的做法,在根本上却与孟
子"王者之迹熄而诗亡"的《诗》学思想相一致,均认为《诗》是王道
制度的载体和反映,并且其创作传播与王道制度的发展过程相始终。
唯一与孟子不同的地方在于,齐诗不仅把这一观点具体化,还通过具
体诗篇与西周社会发展的标志性事件相对应,由此展示出《诗》与
王道兴衰之间的一致性,又通过"四始""五际"说把这一理论固定
下来。

　　由此可见,无论是在《诗》的选择上偏向于二《雅》的选诗倾向,
还是在《诗》的编排上通过把具体的诗篇与西周的王朝兴衰相联以
传达出诗载王道的观念,齐诗均与孟子的"王者之迹熄而诗亡"的
《诗》学实践存在着密切的关系。此外,孟子的五行思想也与阴阳五
行说(齐诗"四始""五际"说的思想基础)存在一定联系。可见,齐
诗的"四始""五际"说无论是在其思想渊源上还是在《诗》学主张
上,均存在着对孟子的接受和发展。

第三节　诗义阐释对孟子的采纳

在诗义阐释上,齐诗与孟子多有相合之处。虽然目前今文经三家中,韩诗的著作保存最为完整,然而从诗义阐释与孟子的相合程度上来看,却以齐诗为最。据笔者统计,《孟子》引《诗》或化用《诗》共计37次,除去重复者,共涉及《诗》32处。以王先谦《诗三家义集疏》中的资料为主进行考察,齐诗诗义阐释与《孟子》相合之处就达23处(其中有明文证明相合的有18处,没有明证而王先谦认为"当合"的5处,也计入此列)。齐诗中未见者6处,不合者或因资料不全难以确指者仅有3处。由此可见,孟子对诗义的阐释,也多被齐诗采纳。

具体来看,其情况又主要分为三个方面:对《诗》的主旨理解与孟子相合;对诗义阐释与孟子相一致;不仅释义一致,用《诗》目的也与孟子用诗的主旨相一致。

一、诗旨理解相合

齐诗在对《诗》的主旨阐释上,多与孟子的阐释一致。

如孟子在《孟子·公孙丑上》中引《鸱鸮》中的"迨天之未阴雨,彻彼桑土,绸缪牖户。今此下民,或敢侮予"并解释说:"孔子曰:'为此诗者,其知道乎? 能治其国家,谁敢侮之。'"[1] 显然孟子此处把《鸱鸮》的诗旨理解为对"能治其国家"的强调与重视。先秦的典籍记载中,引用《鸱鸮》并对此有所阐释的,仅见《孟子》一处,但是四家

---

① 焦循.孟子正义[M].北京:中华书局,1987:224.

诗对此诗的理解却有不同。《毛诗序》阐释《鸱鸮》的诗旨在于周公摄政救急而成王不知周公之意,以为周公篡位,周公作此诗以说明自己的意图。鲁诗的解释与毛诗相似,也认为此诗为周公所作,向成王解释自己"当国"的意图:"武王崩,周公当国,管、蔡、武庚等率淮夷而反,周公乃奉成王命兴师东伐,遂诛管叔,杀武庚,放蔡叔,宁淮夷,东土二年而毕定。周公归报成王,乃为诗贻王,命之曰《鸱鸮》。"① 并且这一观点为《史记》所采用。而齐诗对此诗的解释与《孟子》的诗旨阐释最相合。齐诗阐释《鸱鸮》的主旨为:"《鸱鸮》《破斧》,冲人危殆。赖旦忠德,转祸为福,倾危复立。又曰:鸲鹠鸱鸮,治成遇灾。绥德安家,周公勤劳。"② 也就是说《鸱鸮》旨在颂扬周公的匡扶邦家之功,正是周公的努力,使得国家转危为安。齐诗把阐释此诗的立足点放在匡扶邦家之功上,而非放在周公解释"当国"的意图上。此处,齐诗对《诗》的解释与孟子的观点最为相合。

同样还有《孟子·梁惠王下》引《大雅·皇矣》:"诗云:'王赫斯怒,爰整其旅,以遏徂莒,以笃周祜,以对于天下。'"孟子解释此为颂美文王之勇:"此文王之勇也。文王一怒而安天下之民。"③ 孟子指出文王之"勇"是足以"安天下之民"的"大勇",结合孟子劝谏齐王施行仁政却被拒绝的前提,此处的文王之"大勇",所指应是文王足以安定天下的仁德。而齐诗说"直言此诗为陈文王之德"④。可见,齐诗在此处对《诗》的主旨的阐发,也与孟子相一致。

① 王先谦.诗三家义集疏[M].北京:中华书局,1987:526.
② 王先谦.诗三家义集疏[M].北京:中华书局,1987:526.
③ 焦循.孟子正义[M].北京:中华书局,1987:114.
④ 王先谦.诗三家义集疏[M].北京:中华书局,1987:852.

二、诗义阐释相同

齐诗在对诗义的阐释上,存在着大量与《孟子》相合的例子,此处不厌其详,兹列于下。

《孟子·梁惠王上》对《小雅·巧言》中的"他人有心,予忖度之"一句解释为"得吾心",即对自己想法的正确揣度。赵岐对此进一步解释说:"王喜悦,因称是《诗》以嗟叹孟子忖度知己心,戚戚然心有动也。"① 而齐诗对此一句的理解为:"《诗》云:'他人有心,予忖度之。'此言物莫无邻,察视其外,可以见其内也。"② "察视其外,可以见其内"正是对察看宣王言行,揣度其意图的概括性解释,两处理解相合。

《孟子·公孙丑上》将《大雅·文王有声》中的"自西自东,自南自北,无思不服"理解为"以德行仁者王,王不待大,汤以七十里,文王以百里。……以德服人者,中心悦而诚服也。如七十子之服孔子也。"③ 此处主要强调君主"以德行仁"的重要性,指出人心的归附才是真正的归附。齐诗对此的理解是:"舜执干戚而有苗服,文王底德而怀四夷。《诗》云:'镐京辟雍,自西自东,自南自北,无思不服。'普天之下,惟人面之伦,莫不引领而归其义。故画地为境,人莫之犯。……武王之伐殷也,执黄钺,誓牧之野,天下之士莫不愿为之

---

① 焦循. 孟子正义[M].北京:中华书局,1987:789.

② 见《春秋繁露·玉杯》。王先谦等清儒不仅把确定其师承源流的齐诗家的相关著述纳入齐诗的辑佚范围之内,也把齐学家的相关著作纳入齐诗范畴。《齐诗遗说考》《诗三家义集疏》等均持这种看法。董仲舒是齐学大师,他用阴阳五行说构建其理论范畴的特点也颇具齐学特征,因此,前贤把董仲舒用《诗》归入齐诗也有一定的道理,故而此处拟遵照前说,把《春秋繁露》涉及《诗》的部分纳入齐诗范畴,后面引用不再一一注明。

③ 焦循. 孟子正义[M].北京:中华书局,1987:964—965.

用。"① 也是以《诗》来传达圣王"以德行仁"而天下归附的观点,与孟子的诗义阐释一致。

《孟子·滕文公上》引用《豳风·七月》中的"昼尔于茅,宵尔索绹;亟其乘屋,其始播百谷"称"民事不可缓也"②。而齐诗中称"昔后稷封黍,公刘处豳,大王徙岐,文王作酆,武王治镐,其民有先王遗风,好稼穑,务本业,故《豳诗》言农桑衣食之本甚备。"③ 认为《豳风》言农事,与孟子对《豳风》的诗旨判断相同。并且对《豳风》中相关诗句的解释为:"古者,庶人春夏耕耘,秋冬收藏,昏晨力作,夜以继日。《诗》云:'昼尔于茅,宵尔索绹,亟其乘屋,其始播百谷。'非腰腊不休息,非祭祀无酒肉。"④ 主要强调百姓夜以继日地劳作,只有在寒冬腊月才能得到休息,这与"民事不可缓"的阐释相一致。

同样,在《孟子·离娄上》中,孟子把《大雅·假乐》中的"不愆不忘,率由旧章"解释为"遵先王之法"⑤。《春秋繁露·郊语篇》对此诗的解释是:"《诗》云:'不骞不忘,率由旧章。'旧章者,先圣人之故文章也。"⑥ 此处"文章"当作"制度"解。东汉杜林在其奏疏《上疏议郊祀故事》中引用《假乐》的一段话可以对此作注解:"《诗》云:'不

① 桓宽撰,王利器校注.盐铁论校注[M].北京:中华书局,1992:519.
② 焦循.孟子正义[M].北京:中华书局,1987:332.
③ 班固.汉书[M].北京:中华书局,1962:1311.注:班固师承班伯,为齐诗传人,属于辕固生—夏侯始昌—后苍—匡衡—师丹—班伯这一传承谱系。相关论证可参刘立志.汉代《诗经》学史论[M].北京:中华书局,2007:182—190.及左洪涛.今文《诗经》之《齐诗》传授考[J].浙江大学学报(人文社会科学版).2009(1):154—161.
④ 桓宽撰,王利器校注.盐铁论校注[M].北京:中华书局,1992:351.
⑤ 焦循.孟子正义[M].北京:中华书局,1987:484.
⑥ 苏舆撰,钟哲点校.春秋繁露义证[M].北京:中华书局,1992:397.

愆不忘,率由旧章。'明当尊用祖宗之故文章也。宜如旧制,以解天
下之惑。"①此处明确把"故文章"作"旧制"理解,董仲舒的"先圣人
之故文章"当也作"先圣人之旧制"理解。由此可见,齐诗对《假乐》
的理解与孟子相一致。

孟子对《小雅·北山》"普天之下,莫非王土;率土之滨,莫非王
臣"的诗义解释为:"是诗也,非是之谓也。劳于王事,而不得养父母
也。曰此莫非王事,我独贤劳也。"②以纠正其弟子对此诗的错误理
解。四家诗对此均有不同程度的接受,《毛诗序》直接引用《孟子》
中的相关段落为此作注,而齐诗在《北山》一诗的理解上也采纳了这
一观点。《盐铁论·地广》提到:"《诗》云:'莫非王事,而我独劳。'刺
不均也。"正是对"我独贤劳"的进一步阐发。班固《明堂诗》称:"普
天率土,各以其职;猗与缉熙,允怀多福。"③"普天率土"是化用了"普
天之下,莫非王土;率土之滨,莫非王臣"句,而"各以其职"是从相
反的角度对"我独贤劳"之事的阐发。

《孟子》对《魏风·伐檀》"不素餐兮"的解释为"君子居是国也,
其君用之,则安富尊荣;其子弟从之,则孝悌忠信",即"食功"。而
齐诗用到的《伐檀》几处,均围绕这一观点展开。《盐铁论·国疾》:
"今公卿处尊位,执天下之要,十有余年,功德不施于天下,而勤劳于
百姓,百姓贫陋困穷,而私家累万金。此君子所耻,而《伐檀》所刺
也。"④讲无功而食禄,正是"素餐",即《伐檀》所讥刺的内容。《春秋
繁露·仁义法》又曰:"'坎坎伐辐,彼君子兮,不素餐兮!'先其事,

① 严可均.全上古三代秦汉三国六朝文 [G].北京:中华书局,1958:1148.
② 焦循.孟子正义 [M].北京:中华书局,1987:637.
③ 范晔.后汉书 [M].北京:中华书局,1965:1371.
④ 桓宽撰,王利器校注.盐铁论校注 [M].北京:中华书局,1992:332.

后其食,谓治身也。"①"先其事,后其食",所讲依然是"食功"。《盐铁论·散不足》:"古者,君子夙夜孳孳思其德;小人晨昏孜孜思其力。故君子不素餐,小人不空食。"②"思其德"正是孟子对君子职能的界定,也与孟子的观点相合。由以上例子可见,在对《伐檀》的阐释上,齐诗与孟子相合。

对《柏舟》的理解上,孟子引"忧心悄悄,愠于群小"以喻孔子。此处赵岐注曰:"《诗·邶风·柏舟》之篇,曰'忧心悄悄',忧在心也。'愠于群小',怨小人聚而非议贤者也。……故曰孔子之所苦也。"③即言孟子引《诗》以喻孔子苦于小人的非议。王先谦评价说:"《孟子·尽心》篇引此二语以况孔子,最合诗恉。《荀子·宥坐》篇、《刘向传》上封事、《说苑·至公》篇、《韩诗外传》一、赵岐《孟子章句》十四引《诗》,皆推演之语,非《诗》本义。"④而齐诗说的解释为:"泛泛柏舟,流行不休。耿耿寤寐,心怀大忧。仁不逢时,复隐穷居。"⑤"心怀大忧""仁不逢时"的评价,与孔子的经历也非常相似。可见齐诗对于《柏舟》的理解与孟子的诗义阐释最为相近。

在对《小雅·小弁》和《邶风·凯风》的理解上,齐诗也与孟子的理解一致。据《孟子·告子下》记载,孟子评价《小弁》之怨为:"小弁之怨,亲亲也。亲亲,仁也。"⑥评价《凯风》的不怨为:"《凯风》,亲之过小者也。《小弁》,亲之过大者也。亲之过大而不怨,是愈

① 苏舆撰,钟哲点校.春秋繁露义证[M].北京:中华书局,1992:254.
② 桓宽撰,王利器校注.盐铁论校注[M].北京:中华书局,1992:351.
③ 焦循.孟子正义[M].北京:中华书局,1987:980.
④ 王先谦.诗三家义集疏[M].北京:中华书局,1987:132.
⑤ 王先谦.诗三家义集疏[M].北京:中华书局,1987:127.
⑥ 焦循.孟子正义[M].北京:中华书局,1987:818.

疏也。亲之过小而怨,是不可矶也。愈疏,不孝也。不可矶,亦不孝也。"① 齐诗对《小弁》的阐释与三家诗相合,亦释之为伯奇放流之作。《汉书·冯奉世传》赞有言:"谗邪交乱,贞良被害,自古而然。故伯奇放流,孟子宫刑,申生雉经,屈原赴湘,《小弁》之诗作,《离骚》之辞兴。经曰:'心之忧矣,涕既陨之。'冯参姊弟,亦云悲矣!"② 对于《凯风》,齐诗的解释为:"凯风无母,何恃何怙? 孤弱幼子,为人所苦。"③ 即以"无母"释之,这一解释,与赵岐对孟子此句的注释相合。正如王先谦按语所言:"赵用《鲁诗》,其为《孟子章句》,'母心不悦'云云,当本《鲁》训,亦与《齐》谊相通。"④

三、引《诗》意图一致

齐诗与孟子的渊源关系不仅表现在对孟子《诗》义和《诗》旨的承袭上,引《诗》意图也多与孟子引《诗》主旨相一致。这就意味着齐诗对孟子的承传已经不仅仅是简单的意义撷取,还有思想的承传。这一表现正是齐诗与孟子存在渊源关系的最有力证据。兹举数例。

《孟子·梁惠王上》在孟子与梁惠王的对话中引用了《大雅·灵台》:"经始灵台,经之营之,庶民攻之,不日成之。经始勿亟,庶民子来。王在灵囿,麀鹿攸伏;麀鹿濯濯,白鸟鹤鹤。王在灵沼,於牣鱼跃。"并解释说:"文王以民力为台为沼,而民欢乐之,谓其台曰灵台,谓其沼曰灵沼,乐其有麋鹿鱼鳖。古之人与民偕乐,故能乐也。"⑤ 其论述的重点在

---

① 焦循.孟子正义[M].北京:中华书局,1987:820.
② 班固.汉书[M].北京:中华书局,1962:3308.
③ 王先谦.诗三家义集疏[M].北京:中华书局,1987:155.
④ 王先谦.诗三家义集疏[M].北京:中华书局,1987:156.
⑤ 焦循.孟子正义[M].北京:中华书局,1987:45—49.

于通过《灵台》一诗证明在文王的德治教化下,百姓不以文王所役使为苦,反而乐于为王所用。孟子此处引《诗》意在劝谏梁惠王不应陶醉于眼前的台池鸟兽之乐,而应以民生为其考虑的首要问题。此处"与民偕乐"的观点,蕴含的主旨仍然是孟子一以贯之的民本思想。而《盐铁论》[1]在对《灵台》的理解和运用上就深得孟子之旨,与孟子的观点如出一辙:

> 夫牧民之道,除其所疾,适其所安,安而不扰,使而不劳,是以百姓劝业而乐公赋。若此,则君无赈于民,民无利于上,上下相让而颂声作。故取而民不厌,役而民不苦。《灵台》之诗,非或使之,民自为之。若斯,则君何不足之有乎?[2]

此处不仅在诗义阐释上与孟子相合,传达的思想主题也与孟子引《灵台》的目的一致。《盐铁论》将《灵台》阐释为在保民而治的情况下,能达到"取而民不厌,役而民不苦"的仁治目的,这一观点与孟子"以民力为台为沼,而民欢乐之"的说法相合。不仅如此,《盐铁论》引《灵台》的意图和传达的主旨也与孟子相似。《盐铁论》此处引《灵台》是为了强调其民本观点,认为治理百姓应当考虑到百姓的利益和疾苦,唯有如此,才能使得"百姓劝业而乐公赋"。尤其是此处所言"上下相让"的观点与孟子"与民同之"的观点非常相近,均

---

① 《汉书》有载,桓宽治《公羊春秋》,没有明言桓宽治齐诗,但二者皆属齐学范畴,且《汉书》称其博通,因此桓宽接触齐诗的可能性较大。王先谦等清儒均将桓宽归入齐诗家范畴,并将《盐铁论》所引《诗》视为齐诗而多有取用,学界对此亦无反对意见。因此笔者沿用前贤的做法,把《盐铁论》中的用《诗》情况纳入齐诗的讨论范畴。
② 桓宽撰,王利器校注.盐铁论校注[M].北京:中华书局,1992:192.

把百姓的苦乐放在与君主等同的位置上。唯有如此，才能达到《灵台》所言的百姓"乐公赋""役而民不苦"的仁政德化状态。可见此处虽然题为"牧民之道"，但其蕴含的民本主义仍然是与孟子相一致的。

齐诗对《大雅·公刘》和《大雅·绵》的理解也很有代表性：

> 曰："王如善之，则何为不行？"
>
> 王曰："寡人有疾，寡人好货。"
>
> 对曰："昔者公刘好货，《诗》云：'乃积乃仓，乃裹糇粮，于橐于囊，思戢用光，弓矢斯张，干戈戚扬，爰方启行。'故居者有积仓，行者有裹囊也，然后可以爰方启行。王如好货，与百姓同之，于王何有？"
>
> 王曰："寡人有疾，寡人好色。"
>
> 对曰："昔者太王好色，爱厥妃，《诗》云：'古公亶甫，来朝走马，率西水浒，至于岐下；爰及姜女，聿来胥宇。'当是时也，内无怨女，外无旷夫，王如好色，与百姓同之，于王何有？"①

《孟子·梁惠王下》引用《大雅·公刘》"乃积乃仓，乃裹糇粮，于橐于囊，思戢用光，弓矢斯张，干戈戚扬，爰方启行"，并解释为："昔者公刘好货……故居者有积仓，行者有裹囊也，然后可以爰方启行。王如好货，与百姓同之，于王何有？"孟子不仅指出诗中传达出了公刘好货的意图，而且着重指出公刘虽然好货，却能做到在利益上"与百姓同之"，孟子把他思想中的民本思想与诗义阐释结合在一起，指出与民同利才是《公刘》的诗旨所在。孟子的这一理解在齐诗中得到了

---

① 焦循.孟子正义[M].北京：中华书局，1987：137—139.

承传。《易林·家人之临》便采纳了孟子的这一用《诗》意图,称:"节情省欲,赋敛有度。家给人足,公刘以富。"①"节情省欲,赋敛有度"指的是不要过度劳民伤民,取用应当有所限制,才能使得自己和百姓均能衣食足用,公刘不与民争利,也达到了自己富足的目的。《易林》中"家给人足,公刘以富"与"王如好货,与百姓同之"所传达的意图是相一致的。无独有偶,《盐铁论·取下》在对《公刘》的运用上这一倾向表现得更为明显:"公刘好货,居者有积,行者有囊。大王好色,内无怨女,外无旷夫。文王作刑,国无怨狱。武王行师,士乐为之死,民乐为之用。若斯,则民何苦而怨,何求而讥?"②《盐铁论》也采纳了孟子对《公刘》的意义阐释用以证明其保民思想。不仅如此,查看《盐铁论》中的"公刘好货,居者有积,行者有囊。大王好色,内无怨女,外无旷夫"与上述《孟子》中的引文对照可知,此处显然是化用了孟子上述引《公刘》和《绵》以证明好货、好色不影响王道仁政施行的论述。因此,此处不仅在诗义上与孟子的阐释相一致,同时在用《诗》意图上也与孟子相同。因此王先谦评论说,此处桓宽用《诗》"皆本孟子为说"③,是很有道理的。

　　同样,孟子在滕国谈及如何治理国家时,涉及立庠序之教、改赋敛之法、行井田制度等一系列具体措施。在提到井田制度时,孟子引用《小雅·大田》中的"雨我公田,遂及我私"以证明这种土地制度在周代确实存在过。班固在《汉书·食货志》中运用《大田》的情况与孟子相类似,在列举了一系列王制政策下的政治经济举措之后,班固总结道:"此先王制土处民富而教之之大略也。……故民皆劝功乐

① 王先谦.诗三家义集疏[M].北京:中华书局,1987:898.
② 桓宽撰,王利器校注.盐铁论校注[M].北京:中华书局,1992:463.
③ 王先谦.诗三家义集疏[M].北京:中华书局,1987:898.

业,先公而后私。其《诗》曰:'有渰凄凄,兴云祁祁,雨我公田,遂及
我私。'"① 此处的《大田》之诗,不仅用来证明王道政策颇得民心,也
用来作为对先王"制土处民"政策的总结,这与孟子引《诗》证明周
朝的土地政策有相似之处。

　　另外,孟子引《诗》多用《大雅》,尤其是与文王之德相关的部
分,仅引用《大雅·文王》之诗就多达四次。对此,齐诗学者匡衡也
有所体会,他在《上疏言治性正家》中提到:"愿陛下详览统业之事,
留神于遵制扬功,以定群下之心。《大雅》曰:'无念尔祖,聿修厥德。'
孔子著之《孝经》首章,盖至德之本也。"② 此处以文王作为"至德之
本"的看法,也与孟子多次提及文王,并宣扬其德行的观点有一致
之处。

① 班固.汉书[M].北京:中华书局,1962:1123.
② 严可均.全上古三代秦汉三国六朝文[G].北京:中华书局,1958:317.

表3—2 齐诗与孟子诗义阐释异同对照表①

篇名	《诗经》引文	章节	孟子说解	齐诗释义	同	异	未见存疑
1	邶风·柏舟 忧心悄悄,愠于群小。	尽心下	士憎兹多口。……孔子也。	——			疑
2	齐风·南山 娶妻如之何?必告父母。	万章上	男女居室,人之大伦也。如告则废人之大伦,以恐父母,是以不告也。	取妻之道,必告父母,如树麻当先易治其田。	同		
3	魏风·伐檀 不素餐兮	尽心上	君子居是国也,其君用之,则安富尊荣,其子弟从之,则孝悌忠信。不素餐兮,孰大于是!	文学曰:"国有贤士而不用,非士之过,有国者之耻。孔子大圣也,诸侯莫能用,当小位于鲁,三月,不令而行,不禁而止,沛若时雨之灌万物,莫不兴起也。况乎位天下之本朝,而施圣主之德泽乎?今公卿处尊位,执天下之要,十有余年,功德不施于天下,而勤劳于百姓,百姓贫陋困穷,而私家累万金。此君子所耻,而《伐檀》所刺也。昔者,商鞅相秦,后礼让,先贪鄙,尚首功,务进取,无德于民,而严刑罚司国,俗日环而民滋怨,故惠王烹菹其身,以谢天下。当此之时,亦不能论事矣。今执政患儒贫贱而富贵,儒亦忧执政多患也。"	同	异	

① 《孟子》所依版本为焦循《孟子正义》,齐诗相关典籍的判定依照阮元《三家诗遗说考》,清王先谦《诗三家义集疏》的观点所录,后文不再一一注明。另外,为了保证表格的连贯性,除特别要注解的部分,不再一一注明出处。

续表

序号	篇名	《诗经》引文	章节	孟子说解	齐诗释义	同	异	未见存疑
					《盐铁论·国疾》古者，君子夙夜孳孳思其德；小人晨昏孳孳思其力。故君子不素餐，小人不空食。今世俗饰伪行诈，为民巫祝，以取厘谢，坚额健舌，或以成业致富，故悖事之人，释本相学。是以街巷有巫，闾里有祝。《盐铁论·散不足》 "坎坎伐辐，彼君子兮，不素餐兮！" 先其事，后其食，谓治身也。《春秋》刺上之过，而矜下之苦，小恶在外弗举，在我书而讥之。凡此六者，以仁治人，又治我，躬自厚而薄责于外，此之谓也。《春秋繁露·仁义法》			
4	豳风·七月	昼尔于茅，宵尔索绹，亟其乘屋，其始播百谷。	滕文公上	民事不可缓也。	古者，庶人春夏耕耘，秋冬收藏，昼尔索绹，昏晨力作，夜以继日。其乘屋，其始播百谷。《诗》云："昼尔于茅，宵尔索绹，亟其乘屋。"非腰腊不休息，非祭祀无酒肉。《盐铁论·散不足》	同		
5	豳风·鸱鸮	迨天之未阴雨，彻彼桑土，绸缪牖户，今此下民，或敢侮予？	公孙丑上	孔子曰："为此诗者，其知道乎？能治其国家，谁敢侮之。"	齐说曰："《鸱鸮》《破斧》，冲人危殆。赖日忠德，转祸为福，倾危复立。又曰：鸱鸮鸱鸮，治成遇灾。绥德安家，周公勤劳。"	同		

续表

篇名	《诗经》引文	章节	孟子说解	齐诗释义	同	异	未见存疑
6	小雅·伐木	出自幽谷，迁于乔木。	滕文公上	吾闻用夏变夷者，未闻变于夷者也。……吾闻出于幽谷，迁于乔木者，未闻下乔木而入于幽谷者。	君明臣贤，鸣求其友。显德之政，可以履事。（《易·夫之震》）王先谦注曰：此齐说，直云明君求友之事，故可以敷政显德也。		异	
7	小雅·车攻	不失其驰，舍矢如破。	滕文公下	如以利，则枉寻直尺而利，亦可为与？	"嘉《车攻》"（《后汉书·班固传》）	同		
8	小雅·正月	哿矣富人，哀此茕独。	梁惠王下	老而无妻曰鳏，老而无夫曰寡，幼而无父曰孤，老而无子曰独，此四者天下之穷民而无告者。文王发政施仁，必先斯四者。	—			未见
9	小雅·小弁	—	告子下	《小弁》之怨，亲亲也。亲亲，仁也。	谗邪交乱，贞良被害，自古而然。故伯奇放流，孟子宫刑，申生雉经，屈原悲湘，《离骚》之辞兴，《小弁》之诗作，冯参隙阋之，涕泣流连，母者扰弟，亦云悲矣。经曰："心之忧矣，"冯参隙阋之，涕泣流连，母者扰弟。"臣闻父者扰天，子死扰地，故天平地安，	同		

续表

篇名	《诗经》引文	章节	孟子说解	齐诗释义	同	异	未见存疑
				阴阳和调，物乃茂成；父慈母爱，室家之中，子乃孝顺。阴阳不和则万物夭伤，父子不和则室家夭亡。故室不父不子，君不君则臣不臣，虽有不善，吾岂得而食诸！昔者虞舜，孝之至也，而瞽瞍中子舜，伯奇被谤，伯奇放流，骨肉至亲，父子相疑。何者？积毁之所生也。由是观之，子无不孝，而父有不察。今皇太子为汉适嗣，承万世之业，体祖宗之重，亲则皇帝之宗子也。江充，布衣之人，闾阎之隶臣耳，陛下显而用之，衔至尊之命以迫蹴皇太子，造饰奸诈，群邪错缪，是以亲戚之路隔塞而不通。太子进则不得上见，退则困于乱臣，独冤结而亡告，不忍忿忿之心，起而杀充，恐惧逃亡，子盗父兵以救难自免耳，臣窃以为无邪心。《诗》云："营营青蝇，止于藩；恺悌君子，无信谗言；谗言罔极，交乱四国。"往者江充谗杀赵太子，天下莫不闻，其罪固宜。陛下不省察，深过太子，发盛怒，举大兵而求之，三公自将，智者不敢言，辩士不敢说，臣窃痛之。臣闻子胥尽忠而忘其号，比干尽仁而遗其身，忠臣竭诚不顾其患以陈其愚，唯陛下宽心慰意，少察所亲，毋患太子之非，亟罢甲兵，无令太子久亡。臣不胜惓惓，出一旦之命，待罪建章阙下。"书奏，天子感寤。（《汉书·武五子传》壶关三老茂上疏）			

续表

序号	篇名	《诗经》引文	章节	孟子说解	齐诗释义	同	异	未见存疑
10	小雅·巧言	他人有心，予忖度之。	梁惠王上	—	此言物莫无邻，察视其外，可以见其内也。(《春秋繁露·王杯》)	同		
11	小雅·大东	周道如底，其直如矢。君子所履，小人所视。	万章下	欲见贤人而不以其道，犹欲其入而闭之门也。夫义，路也；礼，门也。惟君子能由是路，出入是门也。	赋敛重数，政为民贼。杼轴空虚，去其家室。(《易林·复之兑》)(《否之礼》)(《晋之豫》)同 "谓大夫" 次历厉王世，然则非幽王诗也。(《汉书·古今人表》)		异	
12	小雅·北山	普天之下，莫非王土；率土之滨，莫非王臣。	万章上	是诗也，非是之谓也。劳于王事，而不得养父母也。	大夫曰："王者包含并覆，普爱无私，不为近重施，不为远遗恩。今俱是民也，安危劳佚不齐。独不当调邪？不念彼而独计此，斯亦好议矣？缘边之民，处寒苦之地，而中国恬卧者，以边郡为蔽捍也。是以圣王怀四方独苦，兴师推却胡、越，远寇安灾，散中国肥饶之余，以调边境，边境强，则中国安，中国安则晏然无事。何求而不默也？"(《盐铁论·地广》)于昭明堂，明堂孔阳，圣皇宗祀，穆穆煌煌。上帝宴飨，五位时序，谁其配之，世祖光武。普天率土，各以其职；猗与缋熙，允怀多福。(《后汉书·班固传·明堂诗》)	同		

续表

	篇名	《诗经》引文	章节	孟子说解	齐诗释义	同	异	未见存疑
13	小雅·大田	雨我公田，遂及我私。	滕文公上	夏后氏五十而贡，殷人七十而助，周人百亩而彻，其实皆什一也。……惟助为有公田。由此观之，虽周亦助也。	又曰"雨我公田，遂及我私"，下急上也。(《汉书·萧望之传》)		异	
14	大雅·文王	①③永言配命，自求多福。②周虽旧邦，其命惟新。④商之孙子，其丽不亿。上帝既命，侯于周服。侯服于周，天命靡常。殷士肤敏，祼将于京。	①公孙丑上②周虽旧邦，其命惟新上②滕文公上③④离娄上	①祸福无不自己求之者。②皆反求诸己，其身正而天下归之。③文王之谓也。④师文王，大国五年，小国七年，必为政于天下矣。	文王受天命而王天下，先郊乃敢行事，而兴师伐崇。(《春秋繁露·郊祀》)	同		

续表

篇名	《诗经》引文	章节	孟子说解	齐诗释义	同	异	未见存疑
15 大雅·绵	古公亶甫，来朝走马，率西水浒，至于岐下，爰及姜女，聿来胥宇。	梁惠王下	昔者大王好色，爱厥妃。……当是时也，内无怨女，外无旷夫。……	集微揆著若绵绵瓜瓞。人之初生。揆其始必将至著，王有天下也。（《初学记》文部引《诗含神雾》"集微揆著"）上中仁人："大王亶父，公祖子。"（《汉书·古今人表》）		异	
16 大雅·思齐	刑于寡妻，至于兄弟，以御于家邦。	梁惠王上	言举斯心加诸彼而已。故推恩足以保四海，不推恩无以保妻子。	—			未见
17 大雅·皇矣	王赫斯怒，爱整其旅，以遏徂莒，以笃周祜，以对于天下。	梁惠王下	此文王之勇也。文王一怒而安天下之民。	惟据鲁齐之说，皆直言此诗为陈文王之德。	同		
18 大雅·灵台	经始灵台，经之营之，庶民攻之，不日成之，经始勿亟，	梁惠王上	文王以民力为台为沼，而民欢乐之，谓其台曰灵台，谓其沼曰灵沼，乐其有麋鹿鱼鳖。	礼，天子有灵台，以候天地；诸侯有时台，以候四时。（《公羊义疏》何休注）"天子三，诸侯一。"（《公羊·庄三十一年》）天子有灵台以观四时施化，有圃台以观鸟兽鱼鳖。诸侯当有时台，囿台，以观天文，囿，以观鸟兽。诸侯卑，不得观天文，无灵台。（《太平御览》五百引许氏《五经异义·公羊说》）	同		

续表

篇名	《诗经》引文	章节	孟子说解	齐诗释义	同	异	未见存疑
	庶民子来。王在灵囿，麀鹿攸伏；麀鹿濯濯，白鸟鹤鹤。王在灵沼，於牣鱼跃。			登灵台，考休征。(班固《东都赋》)乃经灵台，经始勿亟。帝勤时登，爰考休征。三光宣精，五行布序。习习祥风，祁祁甘雨。百谷溱溱，庶卉蕃芜。(班固《灵台诗》)夫牧民之道，除其所苦，适其乐而乐之。若此，则君臣上下相让而颂声作。故取而颂而民乐之，非或使之，民自为之。《灵台》之诗，非或使之，民自为之。若斯，则君何不足之有乎？(《盐铁论·未通》)《(诗》)之灵台，《(书)》之作雒，镐京之制，商邑之度，于今复兴。(《汉书·王莽传上》)			
19	大雅·下武 永言孝思，孝思惟则。	万章上	孝子之至，莫大乎尊亲；尊亲之至，莫大乎以天下养。	—			未见
20	大雅·文王有声 自西自东，自南自北，无思不服。	公孙丑上	以德服人者，中心悦而诚服也。	"舜执干戚而有苗服，文王底德而怀四夷。《诗》云：'镐京辟雍，自西自东，自南自北，无思不服。'普天之下，人莫之犯。……武王伐纣之伦，莫不引领而归其义。故画地为境，誓牧之野，天下之士莫不愿为之用。"(《盐铁论·徭役》)	同		

续表

篇名	《诗经》引文	章节	孟子说解	齐诗释义	同	异	未见存疑
21 大雅·既醉	既醉以酒，既饱以德。	告子上	言饱乎仁义也，所以不愿人之膏粱之味也。令闻广誉施于身，所以不愿人之文绣也。	言君子飨燕，非专为酒肴，亦以观威仪，讲德美。（《礼记·坊记》郑玄注）	同		
22 大雅·假乐	不愆不忘，率由旧章。	离娄上	故曰徒善不足以为政，徒法不能以自行。……遵先王之法而过者，未之有也。	《诗》云："不愆不忘，率由旧章。"旧章者，先圣人之故文章也。率由，各有修从之也。此言先圣人之故文章者，虽不能深见而详知其则，犹不知其美誉之功矣。（《春秋繁露·郑语篇》）	同		
23 大雅·公刘	乃积乃仓，乃裹糇粮，于橐于囊。思戢用光，弓矢斯张，干戈戚扬，爰方启行。	梁惠王下	昔者公刘好货……故居者有裹囊，行者有裹囊也，然后可以爰方启行。	节情省欲，赋敛有度。家给人足，公刘以富。（《易林·家人之临》）公刘避夏桀于戎狄，变易风俗，民化其政。（《吴越春秋》）庆节立。（《吴越春秋》）昔公刘去邠，而德彰于夏。公刘卒，子庆节立。（《吴越春秋》）	同		

续表

	篇名	《诗经》引文	章节	孟子说解	齐诗释义	同	异	未见存疑
24	大雅·板	天之方蹶,无然泄泄。	离娄上	泄泄犹沓沓也。事君无义,进退无礼,言则非先王之道者,犹沓沓也。故曰责难于君谓之恭,陈善闭邪谓之敬,吾君不能谓之贼。	—			未见
25	大雅·荡	殷鉴不远,在夏后之世。	离娄上	欲为君尽君道,欲为臣尽臣道,二者皆法尧舜而已矣。不以舜之所以事尧事君,不敬其君者也。不以尧之所以治民治民,贼其民者也。……暴其民甚,则身弑国亡;不甚,则身危国削。名之曰幽厉,虽孝子慈孙,百世不能改也。	文学曰:"秦南禽劲越,北却强胡,竭中国以役四夷,人罢极而主不恤,国内溃而上不知,是以一夫倡而天下和,兵破陈涉,地夺诸侯,何嗣之所利?《诗》云:'雍雍鸣鹘,旭日始旦。'登得前利,不念后咎。秦知进取之利,而不知鸿门之难。齐知进取之便,不知干遂之患。周谨小而得大,秦欲大而亡小。是知一而不知十也。'殷鉴不远,在夏后之世。'语曰:'前车覆,后车戒。'矣。"(《盐铁论·结合》)赞曰:"……胡建临敌敢断,武昭于外。斩伐奸隙,军旅不队。梅福之辞,合于《大雅》,虽无旧典,尚有典刑。云敞之义,全性市门。遂从所闻,夏后得闻。监不远,再入大府,清则灌婴,何远之有?"(《汉书·杨胡朱梅云传》)	同		

续表

篇名	《诗经》引文	章节	孟子说解	齐诗释义	同	异	未见存疑
26	大雅·桑柔	①谁能执热,逝不以濯? ②其何能淑,载胥及溺。	①②离娄上	①今也欲无敌于天下而不以仁,是犹执热而不以濯也。 ②得天下有道,得其民,斯得天下矣。得其民有道,得其心,斯得民矣。……苟不志于仁,终身忧辱,以陷于死亡。《诗》云:"其何能淑,载胥及溺。"此之谓也。	—			未见
27	大雅·云汉	周余黎民,靡有孑遗。	万章上	信斯言也,是周无遗民也。	宣王忧旱。《春秋繁露》	同		

续表

	篇名	《诗经》引文	章节	孟子诠解	齐诗释义	同	异	未见存疑
28	大雅·蒸民	天生蒸民，有物有则。民之秉夷，好是懿德。	告子上	乃若其情，则可以为善矣，……孔子曰："为此诗者，其知道乎！故有物必有则，民之秉夷也，故好是懿德。"	"美宣王"，三家无异义。		异	
29	周颂·我将	畏天之威，于时保之！	梁惠王下	乐天者保天下，畏天者保其国。	周公相成王，王道大洽，制礼作乐，天子曰明堂辟雍，诸侯曰泮宫。郊祀后稷以配天，宗祀文王于明堂以配上帝。四海之内各以其职来助祭。(《汉书·郊祀志》)	同		
30	鲁颂·閟宫	①②戎狄是膺，荆舒是惩。(①②则莫我敢承。)	①②滕文公下	①周公方且膺之，子是之学，亦为不善变矣！②是周公所膺已。	——			未见

第四节　齐诗的经学特征与孟子的《诗》学定位

孟子对《诗》的定位倾向于强调《诗》与王道制度相联系。例如：孟子论《诗》称"王者之迹熄而诗亡"，肯定了《诗》对王道制度的承载作用；孟子用《诗》多倾向于选择以王道制度为主题的二《雅》；孟子引《诗》也常常涉及周朝的重要人物，例如其28次主动引《诗》的过程中，仅涉及文王就达10次之多。可见，孟子对《诗》的定位，传达出了明显的"政教"目的。而这一特点，恰恰是《诗》的经学化进程中一个重要阶段。正如一些学者所评价的："孟子的《诗》学观是《诗》最终走向经学化的一个重要桥梁。"① 对于孟子赋予《诗》的"政教"色彩，汉代四家诗均有不同程度的继承，而尤其以齐诗最为显著。

一、齐诗"匡扶邦家"的经学定位与孟子的"迹熄诗亡"说

齐诗明确赋予《诗》以经学目的，指出《诗》的作用在于"扶持邦家"："诗者，持也。在于敦厚之教，自持其心，讽刺之道，可以扶持邦家者也。"② 即认为《诗》是辅助施政教化的重要工具。从齐诗重要

---

① 叶文举. 从孔、孟、荀引诗、说诗看儒家《诗》的经学化进程[J]. 东疆学刊.
　2006（2）:33.
② 成伯瑒《毛诗指说》所引《诗含神雾》文，清殷元正编，陆若璩增订《集纬》，
　以及安居香山、中村璋八辑《纬书集成·诗含神雾》均有载，王先谦《诗三家
　义集疏》以为齐诗说。（日）安居香山，中山璋八辑. 纬书集成[G]. 石家庄:
　河北人民出版社,1994:460.

学者的相关论述中,也可看出齐诗对《诗》的"政教"作用一以贯之的强调。

翼奉是齐诗传承中的一个重要人物,他提出的"五际""六情"说成为齐诗区别于其他三家的标志性特点,在现存的文献记载中,又以翼奉对齐诗的《诗》学地位的界定最为明确。宣帝时,因地震水害频繁,宣帝下诏求直言极谏之士,翼奉在其奏议中提到:

> 臣闻之于师曰,天地设位,悬日月,布星辰,分阴阳,定四时,列五行,以视圣人,名之曰道。圣人见道,然后知王治之象,故画州土,建君臣,立律历,陈成败,以视贤者,名之曰经。贤者见经,然后知人道之务,则《诗》《书》《易》《春秋》《礼》《乐》是也。《易》有阴阳,《诗》有五际,《春秋》有灾异,皆列终始,推得失,考天心,以言王道之安危。至秦乃不说,伤之以法,是以大道不通,至于灭亡。①

由于这篇奏议的主要理论依据是齐诗的"五际"说,因此,在正式谏言之前,翼奉需要对《诗》在"政教"意义上的合理性立法,即对《诗》在"政教"方面的作用作出一个整体性的评价。唯有如此,翼奉以齐诗理论主导劝谏并达到扶持邦家的意图才能实现。而上述引文,正是翼奉对《诗》地位作用的一个整体性判断。翼奉明确指出,《诗》具有"言王道之安危"的政教作用。翼奉还指出,《诗》的"政教"性源于"道"——"经"的传承系统:日月、星辰、阴阳、四时、五行等自然现象中蕴含着"道",圣人通过"道"能够得知王治的具体措施,并通过"经"把这一经验传达给贤者。而"经"正是包括了《诗》在内

---

① 班固.汉书[M].北京:中华书局,1962:3172.

的儒家的六部重要典籍。这一传承体系的设定,实际上是对先秦儒家"诗以载道"观点的发挥和进一步细化,这一观点的核心部分,即《诗》对王道教化具有承载作用的观点,显然与孟子"迹熄诗亡"观所传达出来的"诗载王道"的观点相一致。

匡衡与翼奉同师,均受业于后苍,通过匡衡的论述,更容易看到齐诗对《诗》的政教地位的判定与孟子"迹熄诗亡"说之间的关联:

> 臣又闻之师曰:"妃匹之际,生民之始,万福之原。"婚姻之礼正,然后品物遂而天命全。孔子论《诗》以《关雎》为始,言太上者民之父母,后夫人之行不侔乎天地,则无以奉神灵之统而理万物之宜。故《诗》曰:"窈窕淑女,君子好仇。"言能致其贞淑,不贰其操,情欲之感无介乎容仪,宴私之意不形乎动静,夫然后可以配至尊而为宗庙主。此纲纪之首,王教之端也,自上世已来,三代兴废,未有不由此者也。愿陛下详览得失盛衰之效以定大基,采有德,戒声色,近严敬,远技能。①

匡衡指出,《关雎》为《诗》之首篇在于它是"纲纪之首,王教之端",也是"三代兴废"的根源。虽然匡衡引用《关雎》旨在提醒宣帝要警惕后妃势力的过度膨胀,但其传达出的《诗》学观点与孟子"王者之迹熄而诗亡"的观点非常相似。孟子把《诗》与王道制度密切相联,指出《诗》的发展与王道制度的盛衰相始终。而匡衡解释《关雎》作为《诗》之首篇的原因,也是从王道政教角度出发解释《关雎》所具有的重要意义。匡衡处理《诗》的政教意义的手法和孟子非常相似,不仅在突出《诗》的政教意义、弱化《诗》的原义方面与孟子对待

---

① 班固. 汉书 [M]. 北京:中华书局,1962:3342.

《诗》的态度相一致,也把《诗》与王道制度的终始过程联系在一起,这恰恰是重视《诗》的经学色彩的重要表现。并且,翼奉和匡衡均强调,他们对《诗》的政教地位的判断均"闻之师"。由此可见,对《诗》的政教性强调是齐诗的一个重要特征。

当然,齐诗在论《诗》用《诗》上与孟子的相似之处并不仅限于此,齐诗承袭孟子的最明显特征体现在其"以诗为谏"的用《诗》方式上。

二、齐诗"以诗为谏"的用《诗》方式与孟子"诗载王道"的政教观

由于孟子对《诗》的定位在于《诗》的政教作用,所以孟子的用《诗》目的显然不在于《诗》之本身,而是通过《诗》来辅助达成其劝谏或立说的目的。在《孟子》中,孟子主动用《诗》共28次,均是以《诗》来辅助证明自己的观点,而其与国君对话中用于辅助劝谏的情况就达10次之多,占据孟子用《诗》情况的三分之一。由此可见,在一定程度上,《诗》已经成为孟子辅助劝谏的工具,这也是《诗》的经学化特征的一个重要表现。在齐诗中,《诗》的政教性目的得到了进一步的展现,展现出了明显的"以诗为谏"的特色。齐诗的几位重要学者,如萧望之、匡衡和翼奉,在朝廷问对过程中,均把《诗》作为辅助劝谏的重要工具,其中又以匡衡最为明显,"及朝廷有政议,傅经以对,言多法义"① 已经成为他用《诗》和劝谏的主要特色。通观齐诗在朝廷奏议中的用《诗》情况,与孟子用《诗》存在着很大的相似性。这点在萧望之、匡衡等人的奏疏中都有表现。

① 班固. 汉书[M]. 北京:中华书局,1962:3341.

其一，在劝谏的过程中，《诗》往往被当作记载王道制度的史料来运用，以证明自己的观点渊源有自，而增强谏言的合理性。例如，面对征讨西羌而造成的边疆缺粮的情况，张敞建议实行让犯罪者上缴谷物以减免罪责的措施来救济边疆民众。对此萧望之明确提出了反对意见：

> 民函阴阳之气，有（仁）〔好〕义欲利之心，在教化之所助。尧在上，不能去民欲利之心，而能令其欲利不胜其好义也；虽桀在上，不能去民好义之心，而能令其好义不胜其欲利也。故尧、桀之分，在于义利而已。道民不可不慎也。……古者臧于民，不足则取，有余则与。《诗》曰"爰乃矜人，哀此鳏寡"，上惠下也。又曰"雨我公田，遂及我私"，下急上也。今有西边之役，民失作业，虽户赋口敛以赡其困乏，古之通义，百姓莫以为非。以死救生，恐未可也。陛下布德施教，教化既成，尧舜亡以加也。今议开利路以伤既成之化，臣窃痛之。①

萧望之明确反对开利路而伤教化的做法，他通过引用《小雅·鸿雁》和《小雅·大田》，借以证明古代帝王与民众之间存在上下互惠互信的和谐关系。通过《诗》中所载的"古之通义"与"今"之现状相对比，而指出"开利路以伤既成之化"的不合理性。在这里，《诗》承担了史书的教化承载功能，成为辅助劝谏的有力工具。

虽然"以三百篇为谏言"为汉《诗》通义，但齐诗的表现尤为明显，其中又以匡衡为最。《经义考》引朱倬曰："齐诗始于辕固而盛于

---

① 班固. 汉书 [M]. 北京：中华书局，1962：3275.

匡衡。"① 作为齐诗的重要代表人物,匡衡"以诗为谏"的特色非常明显,仅据《汉书》本传记载,他在上疏中涉及《诗》12篇。班固尤其强调了匡衡"及朝廷有政议,傅经以对,言多法义"的特点。匡衡引《诗》,很少泛论时事,而是多把《诗》落实到具体的当政者上,并由此与他的劝谏相结合。如在元帝初亡、成帝即位之时,匡衡上疏"戒妃匹,劝经学威仪之则"曰:

> 陛下秉至孝,哀伤思慕不绝于心,未有游虞弋射之宴,诚隆于慎终追远,无穷已也。窃愿陛下虽圣性得之,犹复加圣心焉。《诗》云"茕茕在疚",言成王丧毕思慕,意气未能平也,盖所以就文武之业,崇大化之本也。②

匡衡引《周颂·闵予小子》之诗,以言成王丧毕思慕而最终成就文武之业的情况,以勉励成帝在尽哀思、慎孝道之余,也应当以先贤为榜样,致力于王道之业。虽然匡衡引《诗》注重于"史",但是从上面的例子可以很明显地看出来,《诗》中所言之"史"密切联系于政治。类似的例子并不鲜见:

> 臣闻治乱安危之机,在乎审所用心。盖受命之王务在创业垂统传之无穷,继体之君心存于承宣先王之德而褒大其功。昔者成王之嗣位,思述文武之道以养其心,休烈盛美皆归之二后而不敢专其名,是以上天歆享,鬼神佑焉。其《诗》曰:"念我皇祖,

---

① 朱彝尊著,游均晶等点校.点校补正经义考(七)[M].台湾:"中央研究院"中国文哲研究所筹备处,1997:752.
② 班固.汉书[M].北京:中华书局,1962:3341.

陟降廷止。"言成王常思祖考之业,而鬼神佑助其治也。①

匡衡此处引《诗》的主要目的在于证明"继体之君心存于承宣先王之德而褒大其功"的观点。与汉代的创业皇帝相比,元帝是汉代的守成皇帝。因此,匡衡虽然强调王道,但是并没有选择与文王、武王有关的诗篇来辅助劝谏,而是选择了同样是守成君主的周成王的事迹。此处匡衡引《周颂·闵予小子》之诗,以言成王常念及文王、武王的德行,奉行先王之法,所以得到了上天及鬼神的保佑与辅助,由此来勉励元帝继承先王之业。类似的例子还有很多,限于篇幅,此处仅举两例以见一斑。以上内容足以证明齐诗引《诗》具有现实针对性。

《孟子》中也存在着大量"以诗为史"用于劝谏的现象,如孟子在与齐王的对话中,面对齐王"好货""好色"的推脱之词,孟子分别引用《大雅·公刘》和《大雅·绵》以言周朝的公刘好货而百姓因此得利、太王好色而国无怨女旷夫的事情,证明国君恩泽应当及于百姓的观点。虽然"以诗为史"用于劝谏的情况并非由孟子首开其端,但是这一用《诗》方式却经由孟子而固化成儒家用《诗》的一种特定模式。郑杰文先生曾就此指出,在儒家的传《诗》系统中《孟子》存在着鲜明的"以诗为史"的风格②,而这一风格又恰恰是孟子"诗载王道"观在用《诗》层面上的一个重要表现。由此可见,齐诗"以诗为谏"的传统当是渊源有自的。

其二,以诗为谏,体现了在用《诗》过程中对《诗》经学地位的肯定。与此同时,还有一种情况,即在谏言当中明确言及《诗》的经学地位并以此为谏。尽管这种情况在《孟子》中未曾出现——这也意

---

① 班固.汉书[M].北京:中华书局,1962:3338.
② 郑杰文.先秦《诗》学观与《诗》学系统[J].文学评论.2004(6):12.

味着齐诗具有了更为明显的经学化特点,然而,这一表现的根源仍然与孟子"诗载王道"的经学定位有关。如匡衡在劝谏成帝重视经学的时候,曾言:"臣闻六经者,圣人所以统天地之心,著善恶之归,明吉凶之分,通人道之正,使不悖于其本性者也。故审六艺之指,则人天之理可得而和,草木昆虫可得而育,此永永不易之道也。及《论语》《孝经》,圣人言行之要,宜究其意。"①匡衡此处论《诗》不仅是用来辅助劝谏,更重要的是把《诗》的重要性和经学特征直接表现在奏疏里。《诗》的经学特点不仅是辅助劝谏的一种手段,而且成为劝谏的直接目的。班固即指出,匡衡此处劝谏成帝的目的之一便在于"劝经学威仪",即强调经学的重要性,认为"君子慎始",劝谏成帝应当在即位之初便开始留心对《诗》等儒家经典的研习。不过匡衡立论的基础依然基于对"诗载王道"观点的认可,匡衡的观点与翼奉所设立的"道"——"经"之说存在着一致性,认为皇帝应当从经典中汲取"承亲之礼""临众之仪"等,以使得自己"举错动作,物遵其仪,故形为仁义,动为法则"②。即认为皇帝可以通过《诗》来了解王道政治的具体举措,并由此成为天下百姓的表率。

由此可见,在"以诗为谏"的层面上,齐诗与孟子存在着渊源关联。尽管孟子不曾在劝谏过程中直接明确《诗》的经学地位,相对而言,齐诗的政教意味较为明显,但这恰恰是二者处于《诗》的经学化过程中的不同阶段而造成的,也证明了二者在《诗》的经学化过程中的前后相继性。

---

① 班固. 汉书 [M]. 北京:中华书局,1962:3343.
② 班固. 汉书 [M]. 北京:中华书局,1962:3343.

第四章　孟子与韩诗

　　成书于西汉初年的《韩诗外传》(以下简称《外传》)杂采先秦百家,其渊源所自向来难以确指,《四库全书总目》称"其书杂引古事古语"①,所言甚确。但是历来人们所论,多局限于其与《荀子》的关系②,而忽略了《外传》对其他各家的采纳,尤其是《外传》体现出的尊孟倾向,目前鲜有论及。《外传》的作者韩婴不仅是汉代三家诗之一韩诗学派的创始人,也与汉代学术、思想发展关系密切。据《汉书》载,韩婴在文帝时为博士,传授《诗》《易》;景帝时任常山太傅,辅佐骄王;武帝时与董仲舒辩于朝廷,而仲舒不能难。由此可见,韩婴《诗》学的接受者包括了皇帝、皇子、朝中重臣和汉初官学诸生等一系列与汉初学术关系密切的人物,韩婴的学术倾向很有可能通过他们影响到汉代学术走向。韩婴的论著多已亡佚,目前仅存的《外传》似已无法反映韩婴及韩诗一派学术思想的全貌,但由于《外传》

---

① 永瑢等.四库全书总目·经部·诗类二[M].北京:中华书局,1965:136.
② 如严可均指出:"《韩诗外传》引《荀子》以说《诗》者四十余事,是韩婴亦荀子私淑弟子也。"(严可均.铁桥漫稿·荀子当从祀议[M].台北:新文丰出版公司,1988:25)汪中《述学·补遗》也曾提到:"其引《荀卿子》以说《诗》者四十有四。由是言之,《韩诗》,《荀卿子》之别子也。"(转引自:王先谦,荀子集解·考证下[M].北京:中华书局,1988:21)

为韩婴亲撰,我们可以通过对《外传》的把握,管窥韩婴及韩诗学派在学术方面对孟子的承传。这不仅对把握《孟子》在韩婴学术构成中的分量具有积极意义,而且对理清汉代《诗》学渊源,重新考察孟子在汉代《诗》学承传过程中的地位,也有一定的辅助作用。

第一节　韩诗与《外传》的尊孟倾向

一直以来,人们虽然注意到韩婴对孟子的推尊,但在对韩婴尊孟倾向的判定上,仅以《外传》对《荀子·非十二子》的去取为证。《四库全书总目》载:"其中引荀卿《非十二子》一篇,删去子思、孟子二条,惟存十子,其去取特为有识。"① 多数学者认为这种取舍反映了《外传》思想上的崇孟倾向,这似乎已经成为《外传》与孟子关系的公论。但是仅凭《外传》删去非孟论述,就得出韩婴尊孟的结论似乎有失偏颇。金德建就曾从汉文帝立《孟子》为博士的角度,来解释韩婴不毁孟子的原因②,借以反驳《外传》尊孟的观点。由此可见,考察《外传》对孟子推尊与否,不能仅停留于表面,而应从更深层面入手。

查考《外传》会发现,韩婴对孟子的推尊并不局限在上述一点,而是包含了多个角度:在称谓上对孟子采用敬称;率先给予孟子以"圣""贤"和"雅儒"的评价;对孟母教子之功多有赞誉;以及在汉代首次肯定了孟子在《诗》学上仅次于孔子的地位等。

---

① 永瑢等.四库全书总目·经部·诗类二 [M].中华书局,1965:136.
② 金德建.古籍丛考 [M].北京:中华书局1986:54.

一、以"子"敬称

《外传》的写作年代去先秦时代不远,仍然保留了当时的一些语言习惯,如对男子称"子"。这在先秦时代主要用于表尊敬,有以下两种情况。一种是对老师的敬称,例如《公羊传·隐公十一年》:"子沈子曰:'君弑,臣不讨贼,非臣也。'"何休注:"沈子称子冠氏上者,著其为师也。"①另一种是对男子的美称,如《穀梁传·宣公十年》:"秋,天王使王季子来聘。其曰王季,王子也;其曰子,尊之也。"范宁注曰:"子者人之贵称。"②总之,对男子以"子"相称主要是表示尊敬之意。再如,《荀子》中提到孟子4次,其中3次称"子",唯独在"非十二子"时称其为"孟轲"。由此可见,以称"子"与否来表达臧否态度应是当时习惯。

这种以称"子"与否来显示臧否态度的做法,在两汉中后期的文献中仍有保留。如在记载盐铁会议的《盐铁论》中,孟子的语言被贤良文学和御史大夫广为援引,支持孟子观点的贤良文学,在称引孟子的观点时无一处不称"孟子";而反对孟子观点的御史大夫虽也多次引用孟子的语言,却无一次不称"孟轲"。可见,仅以引文次数的多

---

①《十三经注疏》整理委员会整理. 十三经注疏·春秋公羊传注疏[M]. 北京:北京大学出版社,1999:65.
②《十三经注疏》整理委员会整理. 十三经注疏·春秋谷梁传注疏[M]. 北京:北京大学出版社,2000:230.

寡来判定对孟子的认同与否,有可能会失之偏颇①。而考察著述中对孟子以"子"敬称的情况,却能够比较准确地把握当时学者对孟子的真实态度。

查考汉代典籍对孟子的称谓能够发现,汉人多以"孟轲"和"孟子"混用,如《史记》《列女传》《汉书》《论衡》、扬雄的《解嘲》等,均出现了"孟子"与"孟轲"交互使用的情况。在一部典籍中全称"孟子"的情况则相对少见,仅有贾谊《新书》称"孟子"1次,董仲舒《春秋繁露》称"孟子"5次,刘向《说苑》《新序》分别出现6次和5次。而《外传》中却出现"孟子"15次,且无一处不称"子"以示尊敬,即便在"孟子出妻"的记载中,也没有改称"孟轲"。

另外,《外传》中姓氏后冠"子"的人物共有20位,均是圣哲、高儒和贤良之士。主要分以下几种情况:一为对老师的敬称,如帝喾的老师赤松子、教授孔子鼓琴的师襄子等人;二为圣哲的贤能弟子,如孔子的弟子曾子、闵子等;三为贤能国君如赵简子;四是有爵位且品格突出的贤臣,如微子、箕子、晏子等。可见,《外传》中的情况虽然更加细化,但在姓氏后称"子"以示尊敬的称谓方式却与前代一致,均

---

① 学界认为韩婴师法荀子,其主要依据便在于韩婴对《荀子》的称引次数上。其中最有代表性的观点如严可均指出:"《韩诗外传》引《荀子》以说《诗》者四十余事,是韩婴亦荀子私淑弟子也";汪中的《述学·补遗》:"其引《荀卿子》以说《诗》者四十有四。由是言之,《韩诗》,《荀卿子》之别子也。"然而,从上面《盐铁论》中的情况可以看到,仅从称引次数上判定推尊与师承关系,不免失之偏颇。韩婴在《外传》中称引、化用《孟子》39次,提及"孟子"15次,无不以"子"敬称;而对《荀子》的称引四十余次,不仅不以"荀子"敬称,甚至没有一次直接提到"荀卿"。同样的情况在《春秋繁露》中也有出现,董仲舒在援引《荀子》时也不具其名。韩婴等西汉学者在称引《孟子》《荀子》时,在称谓上不约而同地采取微妙的取舍,其背后的深层原因值得反思和探讨。

是对所述人物地位和贡献的肯定。并且《外传》的取舍非常严格,即便如国君、贤相,也并非仅因其尊位就被称"子",例如管仲便不在其列①。与韩婴的分类相对照,孟子不处于明君贤臣之位,而被以"子"敬称,当因其贤师和高儒身份。这再次表明了韩婴对孟子的推尊。

二、对孟子"圣""贤"地位的肯定

《外传》是目前可考的汉代文献里,最早评价孟子为"圣""贤"的著作。《外传》对孟子的评价出现了三次,分别是"雅儒"、圣人和"贤"人。

首先,孟子被置于"雅儒"之列。

《外传》卷五曾引述了《荀子·儒效篇》论俗儒、雅儒、大儒的评价:

> 故有俗人者,有俗儒者,有雅儒者,有大儒者。……逢衣博带,略法先王而不足于乱世,术谬学杂,……其衣冠行为已同于世俗,而不知其恶也。言谈议说已无异于老墨,而不知分。是俗儒者也。法先王,一制度,言行有大法,而明不能济法教之所不及,闻见之所未至,知之为知之,不知为不知,内不自诬,外不诬人,以是尊贤敬法,而不敢怠傲焉。是雅儒者也。……故人主用俗人,则万乘之国亡。用俗儒,则万乘之国存。用雅儒,则千里之国安。用大儒,则百里之地,久而三年,天下为一,诸侯为臣。

① 《外传》中共提及管仲23次,但从未称"子"。《外传》卷四中涉及对管仲的评价:"有大忠者,有次忠者,有下忠者,有国贼者。管仲之于桓公,可谓次忠也。"孔子曾盛赞管仲对齐国霸业的卓著贡献:"九合诸侯,不以兵车",而《外传》仅把管仲列为"次忠",可见韩婴对管仲的评价并不太高。《外传》不称管仲为"子",恰恰再次证明了《外传》用"子"的严苛。

用万乘之国则举错而定，一朝而白。《诗》曰："周虽旧邦，其命维新。"可谓白矣。文王亦可谓大儒已矣。①

在《荀子》对"俗儒"的判断标准中，"术谬学杂"句后尚有"不知法先王而一制度，不知隆礼义而杀《诗》《书》"一句；在"雅儒"的判断标准中，"一制度"之后尚有"隆礼义而杀《诗》《书》"一句。荀子称"雅儒"是"法后王"，而韩婴则称"雅儒"是"法先王"。从荀子的判断标准可知，强调"法先王"、重《诗》《书》的子思、孟子学派，恰恰是被归入了俗儒的范围的。韩婴却在叙述中略去以上两句，而强调"雅儒""法先王，一制度，言行有大法"的特点，这一改变，明显把"法先王"、重"《诗》《书》"的孟子纳入此列。并且，韩婴提到用"雅儒"的社会效果是"千里之国安"，这与孟子评价自己"王如用予，则岂徒齐民安，天下之民举安"②的说法似出一辙。由此可见，韩婴"雅儒"的范围中明确包含了孟子。虽然孟子被列为四类儒者中的第二等，但在韩婴眼里得以列于首位而被称为"大儒"的，是那些可以臣天下诸侯、"用万乘之国"的王者，如"文王"等。由此可见，在韩婴的排列等级中，孟子处于仅次于文王之类的"大儒"的儒者之列，可见此处韩婴对孟子的定位不为不高。

其次，孟子被定位为一个不遇其时的圣人。

《外传》卷六转述了《孟子》中孟子与淳于髡的一段对话：

孟子说齐宣王而不说。淳于髡侍。孟子曰："今日说公之君，公之君不说，意者其未知善之为善乎？"淳于髡曰："夫子亦

① 韩婴撰，许维遹校释.韩诗外传集释[M].北京：中华书局，1980：171—174.
② 焦循.孟子正义[M].北京：中华书局，1987：307.

诚无善耳。昔者瓠巴鼓瑟而潜鱼出听,伯牙鼓琴而六马仰秣。
鱼马犹知善之为善,而况君人者也?"孟子曰:"夫雷电之起也,
破竹折木,震惊天下,而不能使聋者卒有闻。日月之明,遍照天
下,而不能使盲者卒有见。今公之君若此也。"淳于髡曰:"不
然。昔者揖封生高商,齐人好歌。杞梁之妻悲哭,而人称咏。夫
声无细而不闻,行无隐而不形。夫子苟贤,居鲁而鲁国之削,何
也?"孟子曰:"不用贤,削何有也? 吞舟之鱼不居潜泽,度量之
士不居污世。夫蓺冬至必雕,吾亦时矣。《诗》曰:'不自我先,不
自我后。'非遭雕世者钦?"①

《孟子》书中的相关记载,却与《外传》截然不同:

> 淳于髡曰:"先名实者,为人也。后名实者,自为也。夫子在
> 三卿之中,名实未加于上下而去之,仁者固如此乎?"
>
> 孟子曰:"居下位,不以贤事不肖者,伯夷也。五就汤、五就
> 桀者,伊尹也。不恶污君,不辞小官者,柳下惠也。三子者不同
> 道,其趋一也。"
>
> "一者,何也?"
>
> 曰:"仁也。君子亦仁而已矣,何必同。"
>
> 曰:"鲁缪公之时,公仪子为政,子柳、子思为臣,鲁之削也滋
> 甚。若是乎贤者之无益于国也。"
>
> 曰:"虞不用百里奚而亡,秦穆公用之而霸,不用贤则亡,削
> 何可得与?"
>
> 曰:"昔者王豹处于淇而河西善讴,緜驹处于高唐而齐右善

① 韩婴撰,许维遹校释.韩诗外传集释[M].北京:中华书局,1980:217—218.

歌,华周、杞梁之妻善哭其夫而变国俗,有诸内必形诸外,为其事而无其功者,髡未尝睹之也。是故无贤者也,有则髡必识之。"

曰:"孔子为鲁司寇,不用,从而祭,燔肉不至,不税冕而行。不知者以为为肉也,其知者以为为无礼也。乃孔子则欲以微罪行,不欲为苟去,君子之所为,众人固不识也。"①

《孟子》记载的是淳于髡对孟子的质问,指责他在齐国上不能正其君、下不能济其民,占据官位却要毫无建树地离开,不具备"仁者"和"贤者"的能力。在淳于髡的步步追问下,孟子最后不得不以"君子之所为,众人固不识也"来含糊应对,即说自己的所作所为,很难向普通人解释清楚。这是《孟子》书中仅有的一次孟子被问得难以招架的记录。《外传》中对这一事件的记载却大有不同:尽管仍然是淳于髡的质疑,认为无法说服齐王是因孟子本身的"无善"和"不贤",但是在韩婴笔下,孟子却应对从容,在对话中占据上风,明确指出自己无法说动齐王,正如雷电难以震动聋者一样,并非自己不善不贤,而是接受者不才。并且韩婴借孟子之口明确了孟子在齐不遇的原因是所遇非时,遭遇"雕世"——"夫薮冬至必雕,吾亦时矣"。孟子的不遇完全是因为时机不当,而非孟子不贤。

《外传》中传达出的并不仅仅是对孟子的同情,还通过"时"这一概念肯定了孟子的圣人地位:"时"是《外传》及《孟子》用以评价圣人的概念。孟子在评价先世圣人时,曾将其最推崇的伯夷、柳下惠和孔子并称,而尤其以对孔子的评价最高:"伯夷,圣之清者也;伊尹,圣之任者也;柳下惠,圣之和者也;孔子,圣之时者也。孔子之谓集大

————————

① 焦循.孟子正义[M].北京:中华书局,1987:829—834.

成。"①孟子认为孔子是圣人的"集大成"者,称孔子为"圣之时者",取其"时止则止,时行则行"②之意,即认为孔子的圣贤之处在于他善于根据时机来决定进退,盛赞孔子是一个懂得进退的圣人。《外传》受孟子圣人观影响深刻,也常常将三者并称,甚至凡提及三者处,无论事迹还是评价都几乎完全照搬《孟子》。唯独在评价孔子的时候,《外传》与孟子有所不同:《外传》改称孔子为"圣之中者",强调孔子的圣贤之处在于其中庸态度,却把"时"这一孟子专门用于盛赞孔子的评价借来评价孟子,借其自辩称孟子的不遇"亦时矣",以称赞孟子"时止则止,时行则行",由此足见韩婴对孟子圣人地位的肯定。"时"这一词语评价对象的转换,无疑表明《外传》不仅承袭了孟子关于先圣的相关记载,也把孟子纳入了先圣范畴。

此处韩婴虽然没有明确指出自己所言就是孟子,但是,从韩婴的判断和对孟子时代诸子扰乱儒家正统思想传播的批评来看,韩婴所批判的十子,恰恰均与孟子同时。因此,韩婴所叙述的情况也应当正是孟子之时,即孟子所言的红紫乱朱、百家争鸣的时期;而韩婴所描述的"仁人"事迹,也恰恰与孟子的自述极为相似。可见,韩婴把孟子定位为维护尧舜之道、承传孔子之法的仁人。

三、对孟母教养之功的赞誉

有关孟母的记载最早见于《孟子》:《孟子·梁惠王下》有孟子葬母"后丧逾前丧"③之说;《孟子·公孙丑下》亦有孟子弟子充虞对孟

① 焦循. 孟子正义 [M]. 北京:中华书局,1987:672.
② 周振甫译注. 周易译注 [M]. 北京:中华书局,2013:196.
③ 焦循. 孟子正义 [M]. 北京:中华书局,1987:168.

子葬母"木若以美然"①的发问。但是首次真正对孟母事迹进行具体描述的是《外传》。《外传》卷九有孟母断织、杀豚取信的记载：

> 孟子少时诵，其母方织。孟辍然中止，乃复进。其母知其喧也，呼而问之曰："何为中止?"对曰："有所失复得。"其母引刀裂其织，以此诫之。自是之后，孟子不复喧矣。孟子少时，东家杀豚。孟子问其母曰："东家杀豚何为?"母曰："欲啖汝。"其母自悔失言。曰："吾怀妊是子，席不正不坐，割不正不食，胎教之也。今适有知而欺之，是教之不信也。"乃买东家豚肉以食之，明不欺也。《诗》曰："宜尔子孙承承兮。"言贤母使子贤也。②

与孟母杀豚取信的记载类似，《韩非子·外储说》中有曾子杀彘明不欺子的记载，其中，曾子批评其妻欺骗孩子，"母欺子，子而不信其母，非以成教也"③，这与孟母的自责"今适有知而欺之，是教之不信"颇相似。仅从时代远近而言，《韩非子》距曾子及孟子的时代尚近，其记载或许更为可信。再者，《韩非子》曾是秦代治国所依的重要典籍，它的保存应胜过其他了书，故而文献缺漏而造成以上差异的可能性极小。从这两点来看，《韩非子》中的记载当为杀豚取信故事的母题，而《外传》保留杀豚取信故事却换掉表彰对象以彰显孟母之贤的意图就非常明显了。同时，《外传》中孟母"怀妊是子，席不正不坐，割不正不食"的说法，在《论语》《墨子》中皆有出现，且均是记录孔子重礼守义的重要论断，却在此处被《外传》用到孟母身上，用以极称其贤。这种把先秦儒家两大圣贤事迹附会于孟母一身的做法，如

---

① 焦循.孟子正义[M].北京:中华书局,1987:277.
② 韩婴撰,许维遹校释.韩诗外传集释[M].北京:中华书局,1980:306.
③ 王先慎撰,钟哲点校.韩非子集解[M].北京:中华书局,1998:287.

若不是出于对孟子的推崇,似难解释。同时,韩婴尤其在文后强调说"贤母使子贤也",《外传》中赞美母教的内容并不只限于孟母,但在卷尾以"贤母使子贤"作结的却仅此一例①,这就更加明确了韩婴推尊孟母的目的所在。

第二节　韩婴《诗》学的宗孟特点

《外传》是韩婴传《诗》的重要著作。因此,从《诗》学传承的角度寻找其承传《孟子》的内证,似乎对了解二者的联系更有帮助。查考《外传》会发现,韩婴对孟子《诗》学的接受包含了多个角度:在韩诗的渊源上,肯定了孟子的《诗》学地位;在《诗》学观念与实践上,接受了孟子的"王者之迹熄而诗亡"②的《诗》学观;在引《诗》方式上,继承了孟子"引《诗》以证事"③的特点。

一、对孟子《诗》学渊源地位的肯定

在现有典籍中,对韩诗的师承问题皆无明载。一方面,或如有些

---

① 许维遹在《韩诗外传集释》卷九"田母善教子"的记载后也有"贤母使子贤"句,但许维遹在注释中注明:"黄本、杨本、程本同,元本、沈本、张本、毛本、刘本无'言贤母使子贤也'七字。"(韩婴撰,许维遹校释.韩诗外传集释[M].北京:中华书局,1980:307)可见在各版本中,不录的仍占多数;同时,屈守元的《韩诗外传笺疏》也不录此句。并且,《外传》中从未有无前后文引《诗》相同且论断也相同的先例。故而,此处所录"贤母使子贤"句应为衍文,当在讨论的范围之外。
② 焦循.孟子正义[M].北京:中华书局,1987:572.
③ 王先谦.诗三家义集疏·序例[M].北京:中华书局,1987:11.

学者的判断,源于《诗》学之传渊源众多①;另一方面,汉代三家诗相关典籍的严重亡佚,也使得关于流传谱系的记载付诸阙如。然而,汉代传经者最重师承家法,作为《诗》学著作,对《诗》的传播谱系的认定显然是《诗》学传授的一个重要方面,如毛诗即自谓是传自子夏,并有谱系流传。在目前保留的韩诗著作中,即便并无明言师承,在传《诗》的过程中也难免透露出其渊源所自。因此,在能提供确切证据的新的考古成果出现之前,判断韩诗师承的最审慎的做法,莫过于从韩诗的现存文献,即《外传》的记载中,寻找有关韩婴对《诗》学承传序列描述的蛛丝马迹,并由此追溯韩诗的《诗》学承传渊源。

在对韩诗师承渊源的考察中,韩婴两次借前贤之口说《诗》的记载尤其值得关注。其中一次是借孔子之口解释"《关雎》何以为《国风》始",另一次是借孟子之口解释"卫女何以编于《诗》"。

> 子夏问曰:"《关雎》何以为《国风》始也?"孔子曰:"《关雎》至矣乎!夫《关雎》之人,仰则天,俯则地,幽幽冥冥,德之所藏,纷纷沸沸,道之所行,虽神龙化,斐斐文章。大哉《关雎》之道也,万物之所系,群生之所悬命也,河洛出书图,麟凤翔乎郊。不由《关雎》之道,则《关雎》之事将奚由至矣哉?夫六经之策,皆归论汲汲,盖取之乎《关雎》。《关雎》之事大矣哉!冯冯翊翊,自东自西,自南自北,无思不服。子其勉强之,思服之。天地之间,生民之属,王道之原,不外此矣。"子夏喟然叹曰:"大哉《关雎》,乃天地之基地。"《诗》曰:"钟鼓乐之。"②

---

① 刘毓庆,郭万金.战国《诗》学传播中心的转移与汉四家《诗》的形成[J].文史哲.2005(1):85—90.

② 韩婴撰,许维遹校释.韩诗外传集释[M].北京:中华书局,1980:164—165.

　　高子问于孟子曰:"夫嫁娶者非己所自亲也,卫女何以编于《诗》也?"孟子曰:"有卫女之志则可,无卫女之志则怠。若伊尹于太甲,有伊尹之志则可,无伊尹之志则篡。夫道二,常之谓经,变之谓权。怀其常道而挟其变权,乃得为贤。夫卫女行中孝,虑中圣,权如之何?"《诗》曰:"既不我嘉,不能旋反。视我不臧,我思不远。"①

虽然这两次评《诗》没有在同一卷中出现,但是,在解《诗》的形式、诗篇的选择及人物的设定上,两者都存在着明显的前后相继的特点。

　　首先,在篇章与说《诗》人物的选择上,韩婴选择孔子言《关雎》,孟子说《载驰》。这体现了韩婴对孔子和孟子在《诗》学传承地位上的独特理解。

　　《关雎》为《国风》之始、《诗》之首篇,对《关雎》何以列于诗之首篇的理解会影响到对《诗》的整体定位。《外传》此篇的意义相当于《毛诗大序》在《毛诗序》中的作用,由解释《关雎》入手,但所谈论的却是对《诗》的整体价值的判定。孔子极言《关雎》的意义,把《关雎》定位为"王道之原"的做法,正是孔子以《诗》为教观点的反映。同时,由孔子解说《诗》之首篇的安排,也非常符合孔子在《诗》学传播方面的开创者身份。

　　孟子所解的"卫女",经考证是《载驰》中的许穆夫人②。许穆夫

① 韩婴撰,许维遹校释.韩诗外传集释[M].北京:中华书局,1980:34.
② 许维遹《韩诗外传集释》引陈乔枞语:"《外传》所谓卫女得编于《诗》,当即指《载驰》篇,故下引是诗之词。"引孙志祖云:"此盖指许穆夫人。初,许求许穆夫人,齐亦求之。懿公将与许,女因其傅母而言于卫侯。卫侯不听而嫁之于许。卒有翟难,而许不能救。事见《列女传》。故《外传》此下即引《载驰》之诗以证之。"(韩婴撰,许维遹校释.韩诗外传集释[M].北京:中华书局,1980:34)

人曾为国家利益而自求嫁于齐但却终未如愿。《载驰》是《国风·鄘风》中的一篇,其意义与价值虽不足与《关雎》相抗衡,但是卫女自求嫁娶的做法显然与儒家传统礼教观念不符,此事"得编于《诗》"似与"诗教"的宗旨相悖,如果不对此进行合理的解释,必然会使人们对选《诗》的标准和意义产生误解和质疑。因此,对"卫女何以编于《诗》"的解释,正是从具体而微处对《诗》的价值判定。面对这一问题,毛诗的处理方式是直接略去许穆夫人自求嫁娶事,而仅言其吊唁卫侯之心。而韩婴则借孟子之口说《诗》,借用了孟子的权变思想来解释卫女的行为,使卫女的行为得以合理化。

在篇章设置上,孔子言《诗》之首篇,这与孔子在《诗》学传播方面的开创者身份相合;而孟子则承孔子之绪,对《诗》中具有争议的篇章进行详解,这反映出孔子开其端、孟子扬其波的《诗》学传承谱系。韩婴虽没有明言其《诗》学的渊源所自,但是却通过在说《诗》过程中独选孔、孟二人的做法,把孟子置于一个仅次于孔子的《诗》学传承地位上。这表明了韩婴对孔、孟在《诗》学发展史上相承继的地位的判断以及对孟子在韩诗承传中渊源地位的肯定。

其次,在问《诗》弟子的选择上,也可见韩婴对《诗》学承传问题的审慎态度,以及相关记载的可靠性。子夏和高子均是孔、孟《诗》学传承过程中具有重要意义的人物。《论语》中曾有子夏问《诗》的记载:"'巧笑倩兮,美目盼兮,素以为绚兮。'何谓也?"[1]而子夏通过《诗》来阐释礼的做法颇合孔子之意,被孔子赞为:"起予者商也!始可与言《诗》已矣。"《孟子》中也有高子说《诗》的记载,高子曾称:"《小弁》,小人之诗。"公孙丑在向孟子问《诗》的时候对此曾有转述,

① 刘宝楠.论语正义[M].北京:中华书局,1990:89.

孟子批评高子言《诗》只看《诗》的本义而不与儒家的仁义思想相结合,存在固陋之处,因而曾批评高子说:"固矣夫,高叟之为诗也!"由此可见,韩婴所选择的问《诗》弟子,确是孔、孟《诗》学承传中的关键人物。因此,虽然这两处言《诗》的记载不见于其他典籍,极有可能是出于韩婴之手,但从篇章设置、人物选择以及《诗》学传承的安排上,却恰恰体现了韩婴对《诗》学承传问题的审慎态度和独特看法。

通过上述分析可见,《外传》的两处论《诗》并非巧合,而是确有其《诗》学发展承继性。它传达了韩婴对《诗》学承传问题的真实看法——尽管目前的资料还不足以让我们理清从孔子至韩婴之间的一个完整的传《诗》谱系,但是孟子在《诗》学传承中的重要地位和权威性得到了韩婴的认可。韩婴把孟子置于仅次于孔子的《诗》学传承地位是毋庸置疑的——在韩婴的《诗》学传承谱系中,孟子处于一个仅次于孔子的重要环节。再结合前文所论及的韩婴对孟子一以贯之的推崇态度,可以得出如下结论:孟子是韩诗《诗》学渊源中的一个重要环节,韩诗的渊源应溯及孟子。

二、《外传》释义与孟子多合

《四库全书总目》记载《外传》"杂引古事古语,证以诗词……所采多与周秦诸子相出入"①,这一判断指出了《外传》对先秦诸子的广泛采纳,以及在诗义解说上对先秦时期用《诗》情况的参考。同时先

---

① 永瑢等.四库全书总目·经部·诗类二[M].北京:中华书局,1965:136.

秦诸子对同一诗篇的解释并无定例①,但是《外传》的诗义阐释中与
孟子相合的成分却占据了较大的比例。由此,两者关系的密切程度
可见一斑。

　　据笔者统计,《孟子》中引《诗》或化用《诗》共计37次。比较
《外传》与《孟子》在《诗》义的理解和《诗》的意旨方面的解释,可
以看到:与孟子解《诗》相合者共计14处;不合者3处;《外传》中未
见用者9处;资料阙如,难以判断者(如资料缺失、难以确指,或者称
韩当与齐、鲁、毛三家某几家合者)共6处。由此可见,《外传》与孟
子解《诗》相合的情况较多。在与孟子相合的情况中,又主要分两种
情况:一种情况是,诗义阐释相一致;另一种情况是,对孟子在特定语
境下赋予《诗》的临时性含义也多有采纳。

―――――――――

① 参董治安先生的《关于战国时期"诗三百"的流传》《战国文献论〈诗〉引
〈诗〉综录》(董治安.先秦文献与先秦文学[M].济南:齐鲁书社,1994:46—
88)。董治安先生对先秦诸子典籍的用《诗》情况有详细统计,并指出,先秦
儒家以外的诸家引佚诗的情况,高于儒家著作。这就意味着虽有较为固定
的传本,但各家传本之间仍有不同。董先生还指出,法、道等家阐释《诗》义
存在着较强的随意性。吕艺在《孟子"以意逆志""知人论世"辨析》中也提
到:"孟子之时,不少人对《诗》的解释,本来就是主观臆测和随意想象。咸
丘蒙把《北山》诗与舜事牵连;后来韩非、《吕氏春秋》的大肆穿凿;以及《列
子·仲尼》篇说《周颂·思文》"立我蒸民,莫匪尔极"、《大雅·皇矣》的"不
识不知,顺帝之则",是尧以前的"古诗"等等,都是如此。"(吕艺.孟子"以意
逆志""知人论世"辨析[J].北京大学学报〔哲学社会科学版〕.1985〔2〕:41)
以上情况均与目前所见的先秦不同典籍对《诗》的同一章节的阐释往往不
同的现状相吻合。例如,同样是对"普天之下,莫非王土"句的解释,孟子的
解释是:"劳于王事,而不得养父母"(焦循.孟子正义[M].北京:中华书局,
1987:637),而《韩非子》中的解释却是舜的不仁不义:"信若诗之言也,是舜
出则臣其君,入则臣其父、妾其母、妻其主女也。"(王先慎撰,钟哲点校.韩非
子集解[M].北京:中华书局,2003:467)

(一)诗义阐释多有承继

在对引《诗》内容的理解上,《外传》中有8处内容与《孟子》中的用《诗》情况相一致。例如对《小雅·巧言》"他人有心,予忖度之"的理解。

> 齐桓公独与管仲谋伐莒,而国人知之。桓公谓管仲曰:"寡人独为仲父言,而国人知之何也?"管仲曰:"意者国中有圣人乎? 今东郭牙安在?"桓公顾曰:"在此。"管仲曰:"子有言乎?"东郭牙曰:"然。"管仲曰:"子何以知之?"曰:"臣闻君子有三色,是以知之。"管仲曰:"何谓三色?"曰:"欢忻爱说,钟鼓之色也。愁悴哀忧,衰绖之色也。猛厉充实,兵革之色也。是以知之。"管仲曰:"何以知其莒也?"对曰:"君东南面而指,口张而不掩,舌举而不下,是以知其莒也。"桓公曰:"善。"东郭先生曰:"目者,心之符也。言者,行之指也。夫知者之于人也,未尝求知而后能知也。观容貌,察气志,定取舍,而人情毕矣。"《诗》曰:"他人有心,予忖度之。"①

《外传》载齐桓公与管仲密谋伐莒,却不料国人尽知,管仲询问东郭牙,方知是东郭牙通过对齐桓公和管仲二人的察言观色,而推断出两人密谋伐莒之事。此处,引《诗》赞曰:"他人有心,予忖度之。"引此两句诗用以强调对方善于察言观色,可以成功揣度出别人的真实想法和用意。

先秦典籍中对此句的诗义阐释共有两例:一处是《孟子·梁惠王上》记载,在游说齐宣王时,孟子指出齐宣王以羊来代替牛衅钟,

---

① 韩婴撰,许维遹校释.韩诗外传集释[M].北京:中华书局,1980:133—134.

并非如国人所认为的出于吝啬,而是出于对牛的不忍之心。齐宣王听到后评价说:"《诗》云:'他人有心,予忖度之。'夫子之谓也。夫我乃行之,反而求之,不得吾心;夫子言之,于我心有戚戚焉。"①宣王引《诗》以盛赞孟子能够领会到自己的不忍之心,所言与自己"心有戚戚焉"。此处诗义是用以强调对方对说话者意图的成果揣度。另一处是《战国策》中黄歇游说秦襄王与楚交好而要提防韩、魏两国时说:"《诗》云:'他人有心,予忖度之。跃跃毚兔,遇犬获之。'今王中道而信韩、魏之善王也,此正吴信越也。"②黄歇此处用诗,是用以强调要提防对方的不良用心。通过相互对比,可以非常明显地看出,韩婴此处所用诗义,与《孟子·梁惠王上》中所用诗义相合,均是用以强调对他人说话意图的成功揣度。

再如对孟子《邶风·凯风》的说解继承。孟子在《孟子·告子下》比较了《小雅·小弁》和《邶风·凯风》"怨"的不同:

> 公孙丑问曰:"高子曰:《小弁》,小人之诗也。"
> 孟子曰:"何以言之?"曰:"怨。"
> 曰:"固哉,高叟之为诗也! 有人于此,越人关弓而射之,则己谈笑而道之,无他,疏之也。其兄关弓而射之,则己垂涕泣而道之,无他,戚之也。《小弁》之怨,亲亲也。亲亲,仁也。固矣夫,高叟之为诗也!"
> 曰:"《凯风》何以不怨?"
> 曰:"《凯风》,亲之过小者也。《小弁》,亲之过大者也。亲之过大而不怨,是愈疏也。亲之过小而怨,是不可矶也。愈疏,

① 焦循.孟子正义[M].北京:中华书局,1987:84.
② 刘向集录.战国策[M].上海:上海古籍出版社,1985:248.

不孝也。不可矶，亦不孝也。孔子曰：'舜其至孝矣！五十而慕。'"①

　　孟子指出："《凯风》，亲之过小者也。《小弁》，亲之过大者也。"四家诗普遍采纳了孟子对于《小弁》"亲之过大"的说解，如齐、鲁均解为对伯奇的放流，而《毛诗序》称："《小弁》，刺幽王也。太子之傅作焉。"②《毛诗传》更是直接引用了《孟子》此章作为对《小弁》的说解。各家的说解虽有不同，但是几种说法均提到因亲人之过失影响到国家的前途，故而与孟子所言的"亲之过大"应有所"怨"相符合。但是在对《凯风》的判断上，四家诗却出现了不同。毛诗认为："卫之淫风流行，虽有七子之母，犹不能安其室。"③而齐、鲁两家认为是孤儿苦于无母照顾，虽在"亲之过小"的层面上与孟子相合，但又与孟子所言的"不怨"不甚相合。此处的说解，唯《外传》最得孟子说《诗》旨意。孟子认为《凯风》是"亲之过小"，并且强调说不能因亲人的小过，而心生怨恨之心："亲之过小而怨，是不可矶也。"《外传》佚文④中有这样一则记载："子骞早丧母。父娶后妻，生二子，疾恶于骞，以芦花衣之。父察知之，欲逐后母。子骞启曰：'母在一子寒，母去三子单。'父善之而止。母悔改之，后至均平，遂成慈母。"⑤这一记载中虽

① 焦循. 孟子正义 [M]. 北京：中华书局，1987：817—820.
② 毛亨传，郑玄笺，孔颖达疏. 毛诗正义 [M]. 北京：北京大学出版社，1999：747.
③ 毛亨传，郑玄笺，孔颖达疏. 毛诗正义 [M]. 北京：北京大学出版社，1999：133.
④ 屈守元在辑录佚文的时候持相当审慎的态度，除非有足够的证据证明此为佚文，方才纳入佚文的行列；如果证据并不充分，则仅列出存疑，而不列入佚文的范围（详见《韩诗外传笺疏》第887—888页）。所以，相关佚文部分的来源应是可靠的，故而将此处纳入《外传》的叙述范围。
⑤ 韩婴撰，屈守元笺疏. 韩诗外传笺疏 [M]. 成都：巴蜀书社，2012：468.

然没有明确提到《凯风》，但是从其中所述的旨意上看，却与孟子对
《凯风》诗旨的界定如出一辙。清人魏源在论及《凯风》的时候，也以
孟子的诗说为标准，得出《凯风》应当是"事继母之诗"的结论："如
《毛序》所说，宜为千古母仪所羞道，……据《姜肱传》，明此为事继
母之诗，或其母未能慈于前母之子，故《孟子》与《小弁》被后母谗将
见杀者，分过之小大，复以舜事后母例伯奇之事。"① 魏源通过《孟子》
推出《凯风》的题旨与《外传》的记载主题相合，这再一次证明在对
《凯风》的理解上，《外传》的理解与孟子最合。

　　类似的情况还有多处，以下举例说明。

　　孟子引"不愆不忘，率由旧章"以说明"遵先王之法"②、效法先
人的重要性。《外传》卷五引此以证明"必学然后可以安国保民"③ 的
论断。子夏在回答哀公问题时强调"五帝有师"④，也就是说，即便是
今人所效法的先王，他们在治理国家的时候也对前代之法有所遵循。
韩婴此处对"不愆不忘，率由旧章"的理解和运用与孟子相合。

　　孟子在《孟子·梁惠王下》对"畏天之威，于时保之"的理解是：
"乐天者保天下，畏天者保其国。"⑤ 但对此没有更为详细的解释。《外
传》卷三载周文王时地动，改行重善而免；殷时谷生于汤庭，汤行善
政而谷亡⑥。卷八载梁山崩、壅河道，晋君素服哭祠，河道始通⑦。这两
次均引"畏天之威，于时保之"以证。非常明显，韩婴对"畏天之威，

① 王先谦.诗三家义集疏[M].北京：中华书局，1987：155.
② 焦循.孟子正义[M].北京：中华书局，1987：484.
③ 韩婴撰，许维遹校释.韩诗外传集释[M].北京：中华书局，1980：195.
④ 韩婴撰，许维遹校释.韩诗外传集释[M].北京：中华书局，1980：195.
⑤ 焦循.孟子正义[M].北京：中华书局，1987：112.
⑥ 韩婴撰，许维遹校释.韩诗外传集释[M].北京：中华书局，1980：80—83.
⑦ 韩婴撰，许维遹校释.韩诗外传集释[M].北京：中华书局，1980：288—289.

于时保之"的理解,正是从"畏天者保其国"的角度生发出来的。韩婴采用了灾异说,强调国君用行仁政、做善事等方式表达对天的敬畏才能免除灾祸、保全社稷。韩诗对"畏天之威,于时保之"的理解显然是从孟子的解释中申发出来的。

再者,《外传》卷八解释"昼尔于茅,宵尔索绹。亟其乘屋,其始播百谷"为"为之若此其不易也,若之何其休也"①,以言农事的重要和艰难,这与孟子言"民事不可缓"②以强调农事的重要性相合。《外传》卷八,韩婴引用《小雅·大田》的首句"有渰凄凄,兴云祁祁"以描述儒家理想中周朝太平之世的盛世景象③,与孟子引"雨我公田,遂及我私"以证明周朝社会存在井田制度相合。《外传》卷五引"殷鉴不远,在夏后之世",强调对禹、汤、桀、纣的存亡教训的借鉴:"夫明镜者所以照形也;往古者所以知今也。"④这与孟子言幽、厉"暴其民,甚则身弑国亡,不甚则身危国削"⑤,强调应吸取前世存亡教训的诗义阐释相合。

(二) 特定释义亦多采纳

韩诗中还出现一种情况,即《外传》不仅仅是在诗义阐释上与孟子相合,而且其整篇的论述主旨也与孟子用《诗》篇章的主旨一致。这也就意味着,韩婴对于孟子的《诗》说,不仅继承了其赋予《诗》具有广泛适用性的解释,而且对孟子在特定语境下赋予《诗》的临时性含义,也有所继承。

---

① 韩婴撰,许维遹校释.韩诗外传集释 [M].北京:中华书局,1980:294.
② 焦循.孟子正义 [M].北京:中华书局,1987:332.
③ 韩婴撰,许维遹校释.韩诗外传集释 [M].北京:中华书局,1980:292.
④ 韩婴撰,许维遹校释.韩诗外传集释 [M].北京:中华书局,1980:187.
⑤ 焦循.孟子正义 [M].北京:中华书局,1987:491.

孟子曰:"乃若其情,则可以为善矣,乃所谓善也。若夫为不善,非才之罪也。恻隐之心,人皆有之。羞恶之心,人皆有之。恭敬之心,人皆有之。是非之心,人皆有之。恻隐之心,仁也。羞恶之心,义也。恭敬之心,礼也。是非之心,智也。仁义礼智,非由外铄我也,我固有之也,弗思耳矣。故曰求则得之,舍则失之,或相倍蓰而无算者,不能尽其才者也。《诗》曰:'天生蒸民,有物有则。民之秉夷,好是懿德。'孔子曰:'为此诗者,其知道乎! 故有物必有则,民之秉夷也,故好是懿德。'"①

子曰:"不知命,无以为君子。"言天之所生,皆有仁义礼智顺善之心。不知天之所以命生,则无仁义礼智顺善之心。无仁义礼智顺善之心,谓之小人。故曰:"不知命,无以为君子。"《小雅》曰:"天保定尔,亦孔之固。"言天之所以仁义礼智,保定人之甚固也。《大雅》曰:"天生蒸民,有物有则。民之秉彝,好是懿德。"言民之秉德以则天也。不知所以则天,又焉得为君子乎? ②

《孟子·告子上》提到人有仁、义、礼、智四心,这四种向善之心并非源于后天,而是源于天性。因而,孟子引用《大雅·烝民》中的"天生蒸民,有物有则。民之秉夷,好是懿德"以证明万物皆有法则,而人的好善之心,正是源于天性。并进一步借孔子之言以证明自己所言不虚。可见孟子在此处引《诗》正是为了强调自己的性善理论。所以,这里所好之"德",便具有了特指的意味,正是孟子在前面所说的"恻隐之心,仁也。羞恶之心,义也。恭敬之心,礼也。是非之心,

① 焦循.孟子正义[M].北京:中华书局,1987:752—758.
② 韩婴撰,许维遹校释.韩诗外传集释[M].北京:中华书局,1980:219.

智也",即仁、义、礼、智这四种顺善之心。因此,把"德"解释成仁、义、礼、智明显是在这一语境下的特殊用法。

韩婴把孟子称"德"为"仁义礼智"四种顺善之心的特定用法,如实反映在了《外传》卷六的论述中。除了在语言表达方式上与《孟子·告子上》略有不同外,韩婴所言几乎与孟子的说法完全一致。韩婴提到:"天之所生,皆有仁义礼智顺善之心",即认为仁、义、理、智这四种顺善之心源于天生,并提到"民之秉德以则天也",这正是强调民之所以具有"德",恰恰是源于天性。韩婴此处对"天生蒸民,有物有则。民之秉夷,好是懿德"的理解与孟子似出一辙。

这种情况在《外传》中并非特例,例如韩婴对《大雅·文王有声》的理解和运用也与孟子存在着高度的相似性:

> 以德行仁者王,王不待大,汤以七十里,文王以百里。以力服人者,非心服也,力不赡也。以德服人者,中心悦而诚服也。如七十子之服孔子也。《诗》云:"自西自东,自南自北,无思不服。"此之谓也。[①]

孟子提到如何王天下时指出,"德"是取民心、王天下的基础;而以力得到天下只是因为人民暂时屈从于武力,并非真的被征服。孟子引用《大雅·文王有声》中称颂文王德高望重、万民归附的一段话"自西自东,自南自北,无思不服"以强调万民对有德之王的归附,正如孔子弟子对孔子德行的景仰一样。《外传》卷四对于此诗的理解与孟子相似:

> 礼者,治辩之极也,强国之本也,威行之道也,功名之统也。王公由之,所以一天下也。不由之,所以陨社稷也。是故坚甲利

---

① 焦循. 孟子正义 [M]. 北京:中华书局,1987;221—222.

兵不足以为武,高城深池不足以为固,严令繁刑不足以为威,由其道则行,不由其道则废。昔楚人蛟革犀兕以为甲,坚如金石,宛如钜铍,惨若蜂虿,轻利刚疾,卒如飘风,然兵殆于垂沙,唐子死,庄跻起,楚分为三四者,此岂无坚甲利兵也哉?其所以统之非其道故也。汝淮以为险,江汉以为池,缘之以方城,限之以邓林,然秦师至于鄢郢,举若振槁然。是岂无固塞限险也哉?其所以统之者非其道故也。纣杀比干而囚箕子,为炮烙之刑,杀戮无时,群下愁怨,皆莫冀其命,然周师至而令不行乎左右。其岂无严令繁刑也哉?其所以统之者非其道故也。若夫明道而均分之,诚爱而时使之,则下之应上如影响矣。有不由命者,然后俟之以刑。刑一人而天下服,下不非其上,知罪在己也。是以刑罚竞消而威行如流者,无他,由是道故也。《诗》曰:"自东自西,自南自北,无思不服。"如是则近者歌讴之,远者赴趋之,幽间僻陋之国莫不趋使而安乐之,若赤子之归慈母者,何也?仁刑义立,教诚爱深,礼乐交通故也。《诗》曰:"礼仪卒度,笑语卒获。"①

韩婴此段论述可以说是对《孟子·公孙丑上》中观点的详细阐释。韩婴首先强调了"以力服人"的弊端,认为"坚甲利兵不足以为武,高城深池不足以为固,严令繁刑不足以为威",并举楚人尚武却为秦吞并和商代尚刑却被周朝取代的例子,用以证明无论是武力还是严刑,这些以力服人的做法均难以维持长久的统治,"其所以统之非其道故也",因为这些做法都没有遵循正道。那么何为其"道"呢?韩婴指出,国君治理天下应当"仁刑义立,教诚爱深,礼乐交通",即把仁义当作统治的刑罚来用,以仁义取代过去的刑罚;以义来作为武力,即

---

① 韩婴撰,许维遹校释.韩诗外传集释[M].北京:中华书局,1980:137—139.

取代武力;以诚、爱教导民众,强调对礼乐的重视。这恰恰是孟子所宣扬的德教思想,即"以德服人"的做法。唯有通过这种方式才能达到"近者歌讴之,远者赴趋之,幽间僻陋之国莫不趋使而安乐之"这种万民归附、邻邦景仰的状态,即诗中所言的"自东自西,自南自北,无思不服"。可见,在这里韩婴已经偏离了《诗》之本义,而是基于孟子对该诗的理解来展开议论,阐发自己对相关诗句的解释。

再者,《孟子·万章下》提到,孟子弟子咸丘蒙问孟子,舜如何处理其与父亲关系的问题。孟子引用《大雅·下武》"永言孝思,孝思惟则"[①],称"孝子之至,莫大乎尊亲;尊亲之至,莫大乎以天下养",以此解答像舜这种称王天下的王者应当如何处理"孝"的问题。《外传》卷五对这一解释作了进一步的深化,同样引《大雅·下武》以阐释君上与"孝"的关系:

> 上不知顺孝,则民不知反本。君不知敬长,则民不知贵亲。……故君子修身及孝,则民不倍矣。敬孝达乎下,则民知慈爱矣。好恶喻乎百姓,则下应其上如影响矣。是则兼制天下,定海内,臣万姓之要法也,明王圣主之所不能须臾而舍也。[②]

韩婴对孟子的观点有所深化,就君主与"孝"及"天下"的关系作了进一步强调。与孟子有所不同的是,孟子所言的"以天下养"应理解为:君主以天下侍奉父母;但是韩婴在这里却强调说,"明王圣主"之"孝"不仅是垂范万民的表率,也是达成"制天下"目的的一条重要法则。韩婴修改了孟子所设定的得天下以养父母("孝")的步骤,而

---

① 焦循.孟子正义[M].北京:中华书局,1987:641.
② 韩婴撰,许维遹校释.韩诗外传集释[M].北京:中华书局,1980:179—180.

指出:要先养父母("孝")才能得天下。很明显,尽管对孟子所持观点有所反驳,但此处韩婴对《大雅·下武》的理解仍然是从孟子的阐释中申发出来的。

同样的例子还有《外传》卷四对《大雅·桑柔》"其何能淑,载胥及溺"的理解,也是从批判违背仁道做法的角度出发,将之与当时的社会现状相联系,解为:"令民相伍,有罪相伺,有刑相举,使构造怨仇,而民相残,伤和睦之心,贼仁恩,害上化,所和者寡,欲败者多,于仁道泯焉。"① 这与孟子对想称王于天下却不施行仁道者的批判,传达的意图相合。此处不再一一赘述。

以上是仅从对《诗》的阐释和理解的角度,分析了韩婴与孟子解释的诸多相合之处。实际上,在对所引之《诗》的篇章题旨的理解上,《外传》与孟子也有多处相合。不过,因这一部分的讨论涉及《外传》以外韩诗的相关内容,故而相关论述将放入韩诗与孟子整体关系的讨论中。

三、对孟子"诗载王道"观的承传

清人王先谦评价说,通过《外传》可以"考《风》《雅》之正变,知王道之兴衰"②。此言甚确,他指出了《外传》中《诗》与王道观念密切相联的现象。而这一现象的源头,无疑要追溯到孟子"王者之迹熄而诗亡"的《诗》学观。

(一)孟子:"王者之迹熄而诗亡"

孟子在其"王者之迹熄而诗亡,诗亡然后《春秋》作"③的观点

① 韩婴撰,许维遹校释.韩诗外传集释[M].北京:中华书局,1980:143—144.
② 王先谦.诗三家义集疏[M].北京:中华书局,1987:11.
③ 焦循.孟子正义[M].北京:中华书局,1987:572.

中,首次把《诗》与儒家的王道观密切结合起来,提出《诗》是"王者之迹",即西周王道政治载体的观点。结合孟子对《春秋》的定位,这一论断的深层意义可明。孟子论述《春秋》的创作原因为:"世衰道微,邪说暴行有作,臣弑其君者有之,子弑其父者有之,孔子惧,作《春秋》。《春秋》,天子之事也。"① 把《春秋》定位为孔子在乱世用以记载王道的拨乱反正之作,此段下尹氏注所言甚确:"言孔子作《春秋》,亦以史之文载当时之事也,而其义则定天下之邪正,为百王之大法。"② 由此可见,《春秋》不仅具备史书的记录功能,还兼具教化、"为百王法"的功能。孟子"诗亡然后《春秋》作"的判断,恰恰表明了《诗》与《春秋》在功能上的承继性,因而《诗》不仅是王道教化的载体,同时还具有"为百王法"的教化功能。与孔子视《诗》为礼乐载体的观点相比,孟子对《诗》的教化作用作了进一步的提升,更进一步地强调了《诗》与王道教化的密切关系。

在具体的用《诗》过程中,孟子也把这一观点贯彻始终。首先,在《诗》的选择上,孟子明显偏重于主要言周朝王政制度的《大雅》。据《孟子》记载,孟子引《诗》28次,其中《大雅》21次,《小雅》3次,《颂》3次,《国风》2次。其次,孟子引《诗》常常与周朝的重要人物,尤其是文王密切联系在一起:孟子28次引《诗》,均涉及周朝重要人物,其中仅涉及文王就达10次,周公4次,而文王和周公恰恰是儒家王道思想最重要的代表人物。再次,孟子在述及王道观点的时候,往往引《诗》以证自己所言有据。经统计,《孟子》全书提及《诗》有35处,其中孟子自己用《诗》28处——孟子自述涉及《诗》12处,谈话中

① 焦循. 孟子正义 [M]. 北京:中华书局,1987:452.
② 朱熹. 四书章句集注 [M]. 北京:中华书局,1983:295.

涉及《诗》16处。除回答弟子关于《诗》的相关问题涉及《诗》6处以外,其余10处均出现在与诸侯王的对话中,且是孟子为了增强自己王道主张的说服力而主动言《诗》。在相关记载中,我们能够看到孟子宣扬王道主张时灵活用《诗》的情况,如:

> 王曰:"寡人有疾,寡人好色。"
> 对曰:"昔者太王好色,爱厥妃,《诗》云:'古公亶甫,来朝走马,率西水浒,至于岐下;爰及姜女,聿来胥宇。'当是时也,内无怨女,外无旷夫,王如好色,与百姓同之,于王何有?"①

孟子游说齐王,被其以"好色"难行王政来搪塞。于是,孟子选用了《大雅·绵》,巧妙地把周太王"好色"与齐王"好色"联系在一起,强调齐王也可以像周太王古公亶父那样,推己"好色"之心,泽加于民,而天下大治。此外,孟子在对待齐王的"好货""好勇"等问题上采用了同样的方法,把公刘好货和文王之勇与齐王相联系,强调齐王应当效法前王、施行王政。孟子用《诗》多选在向诸侯王推行王道思想的场合。从这种用《诗》的倾向性选择上可见孟子对"迹熄诗亡"观的贯彻,即始终把用《诗》与王道思想密切结合。

　　傅斯年在谈及西汉《诗》学发展状况时,曾对孟子"诗载王道"观的影响有如下评价:"从孟子起,《诗经》超过了孔子的'小学教育'而入儒家的政治哲学。孟子说,'王者之迹熄而《诗》亡,《诗》亡然后《春秋》作。'这简直是汉初年儒者的话了。"②傅斯年的论述明确指出,孟子《诗》学所承载的儒家王道教化意义,对汉代儒家传《诗》

---

① 焦循.孟子正义[M].北京:中华书局,1987:139.
② 傅斯年.诗经讲义稿[M].北京:中国人民大学出版社,2004:7—8.

产生了深远的影响。

（二）韩婴:《关雎》为"王道之原"

《外传》在《诗》的说、解过程中体现出的明显的王道倾向,正是接受孟子"王者之迹熄而诗亡"观点的表现。

其一,在对《诗》的定位上,韩婴表现出把传《诗》意图与宣扬王道目的密切结合的倾向性。

韩婴结合孟子的《诗》论观点提出,《关雎》为"王道之原"[①]。在"《关雎》何以为《国风》始"章,韩婴借孔子之口极言《关雎》的王道教化意义,称:"夫六经之策,皆归论汲汲,盖取之乎《关雎》。……生民之属,王道之原,不外此矣。"[②]强调《关雎》不仅是六经所传达的教化思想的源头,并且关乎王道的初始意义。同时,前文也已论及,虽然此章所论是《关雎》,但是对"《关雎》何以为《国风》始"的解释,关系到对《诗》整体价值的判断。重视"终""始","慎始敬终",是儒家思想的重要组成部分,孟子与韩婴,分别从王道终始的角度界定了《诗》的意义和价值。孟子的"王者之迹熄而诗亡"从王道之终的角度,界定了《诗》对王道的承载意义;而韩婴的《关雎》为"王道之原"则从王道初始的角度,界定了《诗》对王道的承载作用。由此,韩婴在"诗载王道"观点上对孟子的前后承继关系可知。同时,作为一部传《诗》著作,对《诗》的价值意义的界定,实际上便已传达出其传《诗》的意图和目的。因此韩婴提出的《关雎》为"王道之原"的观点,正是他对自己传《诗》目的和教化意图的最直接表述。由此可见,韩婴不仅肯定了《诗》密切关涉王道的说法,并且把王道思想的

---

① 韩婴撰,许维遹校释. 韩诗外传集释 [M]. 北京:中华书局,1980:165.

② 韩婴撰,许维遹校释. 韩诗外传集释 [M]. 北京:中华书局,1980:164—165.

传播作为其传《诗》的一个重要目的。

与上述观点互为佐证的是,在秦亡原因的总结上,韩婴再一次传达出类似看法:"自周室衰坏以来,王道废而不起,礼义绝而不继。秦之时,非礼义,弃《诗》《书》,略古昔,大灭圣道,专为苟妄,以贪利为俗,以告猎为化,而天下大乱。"① 西汉前期,鉴于秦二世而亡的事实,汉朝知识分子吸取秦亡教训,为汉王朝寻找长治久安之计。因此,对秦亡经验的总结,具有明显的干预现实的政治意义。在这种情况下,韩婴再次肯定了《诗》在王道承传上不容忽视的重要价值。韩婴指出,秦朝灭亡的根本原因是不行王道,而王道不施的一个显著表现正是"非礼义,弃《诗》《书》",即对《诗》《书》这些承载王道典籍的弃绝。此处韩婴同样把王道的废毁与《诗》教传统的消亡相结合,传达出"诗载王道"的思想倾向。

其二,韩婴又把"诗载王道"的思想,融入自己的说《诗》过程,把传《诗》实践与王道思想的宣扬密切结合在一起。

王先谦对《外传》能够"考《风》《雅》之正变,知王道之兴衰"②的评价正是基于此而言的。在《外传》中,我们经常可以看到《诗》旨与王道思想相结合的例子:

> 夫贤君之治也,温良而和,宽容而爱,刑清而省,喜赏而恶罚。移风崇教,生而不杀,布惠施恩,仁不偏与。不夺民力,役不逾时,百姓得耕,家有收聚,民无冻馁,食无腐败。士不造无用,雕文不粥于肆。斧斤以时入山林。国无佚士,皆用于世。黎庶欢乐衍盈,方外远人归义,重译执贽,故得风雨不烈。《小雅》曰:

---

① 韩婴撰,许维遹校释.韩诗外传集释 [M].北京:中华书局,1980:183—184.
② 王先谦.诗三家义集疏·序例 [M].北京:中华书局,1987:11.

"有渰凄凄,兴云祁祁。"以是知太平无飘风景雨明矣。①

此段引诗为《小雅·大田》。《毛诗序》称此章的目的是"刺幽王"②,而韩婴此处传达出的诗旨与毛诗相反,与孟子引用此诗的旨义相同。孟子在滕国宣扬如何治理国家的理念时,曾强调井田制度在达成王政理想方面具有重要作用,为了证明井田制度曾在周代施行,孟子引《小雅·大田》称:"《诗》云:'雨我公田,遂及我私。'惟助为有公田。由此观之,虽周亦助也。"③孟子采用了断章取义的方法,仅取《小雅·大田》中涉及周代井田制度的一句,用以佐证自己的观点,使得王道理想的宣扬和诗旨阐发达到了密不可分的状态。韩婴在此章也是通过断章取义的方式,选用《小雅·大田》中描述和风细雨的一节,以证明贤君治下的太平盛世没有"飘风景雨"的情形。在此章中,诗的本义被弱化成对贤君治下的太平盛世的记载,而韩婴描述的太平盛世的具体状况却给以最多篇幅的展现。韩婴这一处理《诗》旨与王道思想关系的做法与孟子的解《诗》方法显现出一脉相承的特点,王道理想与《诗》旨阐发相得益彰。类似的情况还有:

> 太平之时,民行役者不逾时,男女不失时以偶,孝子不失时以养。外无旷夫,内无怨女。上无不慈之父,下无不孝之子。父子相成,夫妇相保。天下和平,国家安宁。人事备乎下,天道应乎上。故天不变经,地不易形,日月昭明,列宿有常。天施地化,阴阳和合,动以雷电,润以风雨,节以山川,均其寒暑。万民育生,各得其所,而制国用。故国有所安,地有所主。圣人刳木为

---

① 韩婴撰,许维遹校释.韩诗外传集释[M].北京:中华书局,1980:291—292.
② 毛亨传,郑玄笺,孔颖达疏.毛诗正义[M].北京:北京大学出版社,1999:846.
③ 焦循.孟子正义[M].北京:中华书局,1987:342.

舟,刳木为楫,以通四方之物,使泽人足乎木,山人足乎鱼,余衍之财有所流。故丰膏不独乐,硗确不独苦。虽遭凶年饥岁,禹汤之水旱,而民无冻饿之色。故生不乏用,死不转尸,夫是之谓乐。《诗》曰:"於铄王师,遵养时晦。"①

韩婴此处引诗为《周颂·酌》。《毛诗序》对此诗的解释为:"言能酌先祖之道,以养天下也。"②此处的《诗》旨与毛诗相似而略有不同,虽然均是对遵先王之道的赞美,但是韩婴解《诗》的着眼点集中在对先王之道的具体描述上。韩婴把这一个理想制度具体描述为民无冻饿,国泰民安,万物各得其所的"太平之时"。这一理想与孟子所言的"明君制民之产,必使仰足以事父母,俯足以畜妻子,乐岁终身饱,凶年免于死亡"③的先王之道非常相似,因此韩婴屡次言及的"太平之时""贤君之治",应与孟子托言的周代制度一样,均是儒家理想中的王道社会,王道理想与《诗》旨的阐发在此再次融合为一。

通过以上两例的对比可以看出,与毛诗深入阐发《诗》旨的做法不同,韩婴仅取《诗》中符合王道美政理想的章节用以佐证自己对王道制度的描述,通过这种选择,达成《诗》旨阐发与王道理想的结合。

作为一部辅助解《诗》的著作,《外传》继承了孟子"迹熄诗亡"的《诗》学观,将《诗》作为王道社会的重要载体。在汉初《诗》的经学化尚未最后完成的时候,这一价值定位尤显重要。这不仅表明韩婴传《诗》的目的之一在于对王道思想的承载与传播,也标志着汉代

① 韩婴撰,许维遹校释.韩诗外传集释[M].北京:中华书局,1980:102—103.
② 毛亨传,郑玄笺,孔颖达疏.毛诗正义[M].北京:北京大学出版社,1999:1368.
③ 焦循.孟子正义[M].北京:中华书局,1987:94.

《诗》的经学化历程中的重要一步,《诗》的王道教化作用已经成为韩诗传播和说解的最重要意图。此后,毛诗在此基础上又有进一步扩展,几乎把每一首诗都与具体的史事相联,以明其王道教化作用所在,由此完成了汉代《诗》的经学化最关键的一步。

四、"以意逆志,得孟子之一体":"推诗人之意,作《内》《外传》"

孟子在《孟子·万章上》提出了一个重要的《诗》学观点,即"故说诗者,不以文害辞,不以辞害志,以意逆志,是为得之"①。这一观念对汉儒解《诗》具有深远影响,如董仲舒的"诗无达诂"说就是对孟子"不以文害辞,不以辞害志"的发展,这点张伯伟先生已有详尽阐述,此处不赘②。韩婴也深受孟子这一观点的影响,《外传》"不专解《诗》"的特点正是韩婴在解《诗》实践中继承孟子"不以文害辞,不以辞害志"观点的表现。

对孟子"以意逆志"说的具体理解,历来是学者的争诟之端。仅最近几十年,关于"以意逆志"的不同解释就已多达数十种。因此,如果要寻求汉儒对孟子此说的理解,最可靠的方式不是依据今人的判断,而应是从孟子和汉儒的相关著述中寻找讯息。

孟子"以意逆志"的观点,是在向弟子解释如何理解《诗》旨的时候提出的:

> 咸丘蒙曰:"舜之不臣尧,则吾既得闻命矣。《诗》云:'普天之下,莫非王土;率土之滨,莫非王臣。'而舜既为天子矣,敢问

---

① 焦循.孟子正义[M].北京:中华书局,1987:638.
② 张伯伟.中国《诗》学研究[M].沈阳:辽海出版社,2000:173—201.

瞽瞍之非臣如何？"

　　曰："是诗也，非是之谓也。劳于王事，而不得养父母也。曰此莫非王事，我独贤劳也。故说诗者，不以文害辞，不以辞害志，以意逆志，是为得之。如以辞而已矣，《云汉》之诗曰：'周余黎民，靡有孑遗。'信斯言也，是周无遗民也。孝子之至，莫大乎尊亲；尊亲之至，莫大乎以天下养。为天子父，尊之至也。以天下养，养之至也。《诗》曰：'永言孝思，孝思惟则。'此之谓也。《书》曰：'祇载见瞽瞍，夔夔齐栗，瞽瞍亦允若。'是为父不得而子也。"①

咸丘蒙根据《小雅·北山》中的"普天之下，莫非王土；率土之滨，莫非王臣"句发问，如果天下之人都是天子的臣民，那么舜为天子，他的父亲瞽瞍是不是舜的臣子？孟子提醒咸丘蒙对该诗不应作此理解，"是诗也，非是之谓也"，并且指出诗中传达出的是"劳于王事，而不得养父母"的感叹。之后又以《大雅·云汉》中"周余黎民，靡有孑遗"为例，强调对诗的说解不应只抓住其中的只字片语，作断章取义式的理解，而应深入了解诗背后所希望传达的旨意，对诗有一个整体性的关照。

（一）"逆"：对读《诗》者主体地位的强调

　　赵岐对孟子"以意逆志"说的解释为："文，诗之文章，所引以兴事也。辞，诗人所歌咏之辞。志，诗人志所欲之事。意，学者之心意也。孟子言说诗者当本之志，不可以文害其辞，文不显乃反显也。不可以辞害其志。辞曰：'周余黎民，靡有孑遗。'志在忧旱，灾民无孑然遗脱不遭旱灾者，非无民也。人情不远，以己之意，逆诗人之志，是

---

① 焦循. 孟子正义 [M]. 北京：中华书局，1987：637—641.

为得其实矣。"① 张伯伟先生曾有孟子"以意逆志"说源于人性论的
观点。他认为赵岐把"以意逆志"解释成"人情不远,以己意逆诗人
之志"的说法,是颇得孟子说《诗》之意的。并且认为"逆"正是《孟
子》中的"推""求",也就是"推己之意"和"求放心"的做法②。这一
观点非常具有启发性。以此为基础,我们可以发现孟子"以意逆志"
说的提出是对前人诗论的一个重大发展——孟子率先强调了在领会
《诗》旨方面,读《诗》者的主体性作用。

　　虽然孔子言《诗》多涉及诗教问题,上海博物馆藏的楚简竹书
《孔子诗论》也展现出了对诗旨的传达,但是在《诗》与"志"的关系
上,他们的理论却落后于说《诗》实践的发展。《尚书》称"诗言志",
与孟子同时而稍后的庄子也有"《诗》以道志"的说法,可见,《诗》与
"志"之密不可分是得到了当时的普遍认同的。在2000年发现的楚
简竹书《孔子诗论》中,对此又有更为详细的描述:"诗亡(无)隐志,
乐亡(无)隐情,文亡(无)隐意""隐志必有以抒也"。《孔子诗论》
被学界界定为汉代以前、孔子后期的《诗》论作品,其与思孟学派的
关联,也是学者多有关心又悬而未定的问题③。这至少表明了《诗》论
的出现当在孟子之前,恰恰是联系孔子到孟子之间的诗论发展环节。
《孔子诗论》明确提到"诗亡(无)隐志"的说法,认为《诗》中之"志"
是直接表现在《诗》中,而不必去刻意推求的。并进一步指出"隐志
必有以抒也",这是对"诗言志"说法的进一步明确,即再次强调《诗》
中之志是显而易见的,而且即便有所"隐"也会通过一定的方式"抒"

---

① 焦循. 孟子正义 [M]. 北京:中华书局,1987:638.
② 张伯伟. 中国《诗》学研究 [M]. 沈阳:辽海出版社,2000:180.
③ 刘毓庆. 楚竹书《孔子诗论》与孔门后学的《诗》学倾向 [J]. 北京师范大学学
　报(社会科学版). 2004(4):44—48.

发出来。《孔子诗论》在这里暗示，《诗》中之"志"完全可以通过作品寻找出来，但是对于了解《诗》中之"志"的具体方式，《孔子诗论》及其之前的著作均没有详言。在《孟子》中，孟子率先详言了推求《诗》中之意的方式，即"逆"。孟子此说对前代观点又有了新的发展，为说《诗》过程增加了一个重要环节，即强调了读《诗》者，即今天我们所说的"作品接受者"的作用。孟子率先指出，在对《诗》的理解过程中，存在着"己"与"诗人"两方面的立场，他率先从理论上强调了读《诗》者，即赵岐所言之"己"在理解《诗》义上的主体性地位——通过读《诗》者的"逆"，即"推""求"的方式了解《诗》，强调了《诗》的阅读者的重要性。这就意味着，读《诗》者和作《诗》者在对《诗》意的理解上处于一种并列关系，即他们在理解《诗》旨上具有地位的平等性，这就使得理解《诗》旨的主体由过去单纯的作《诗》者，变成了作《诗》者、读《诗》者相并列的状态。读《诗》者的主体性和能动性地位由此得到了彰显，他们可以通过自身的经验和"意"来推求诗人之"志"。这也就为汉代传《诗》者基于不同的立场和学术背景展开对《诗》的意义迥异的阐释活动提供了理论依据。可以说，汉代《诗》分数家，阐释又各有不同，正是孟子的"以意逆志"说导夫先路。

（二）"志"：对《诗》背后的王道仁义思想的推求

同时孟子所言之"志"正是"仁义"①，也就是孟子所宣扬的王道

---

① 《孟子·尽心上》记载齐王子与孟子的对话："王子垫问曰：'士何事？'孟子曰：'尚志。'曰：'何谓尚志？'曰：'仁义而已矣。'"（焦循.孟子正义［M］.北京：中华书局，1987：926—927）由此可见孟子所言之"志"，所指代的正是他的"仁义"观点。持此看法者主要有张伯伟的《孟子"以意逆志"说的现代意义》（张伯伟.中国《诗》学研究［M］.沈阳：辽海出版社，2000：173—201）以及刘立志的《孟子与两汉〈诗〉学》（刘立志.孟子与两汉《诗》学［J］.盐城工学院学报［社会科学版］.2002〔1〕）等。

仁义思想,这与孟子的"王者之迹熄而诗亡",认为《诗》对王道仁政
思想具有承载所用的观点是相辅相成的。结合孟子的"王者之迹熄
而诗亡,诗亡然后《春秋》作"的观点,《诗》与《春秋》的并列,意味
着《诗》如《春秋》一样,存在着"微言大义",需要后人的推求。从
上文中可以看出,孟子所要求"逆"的,正是《诗》背后所承载的王道
仁义思想的教化意义,这也就是汉代《诗》学中所着力彰显的诗教作
用。这也使得虽然汉代《诗》学阐释各异,但是其解释诗旨的最终旨
归却是一致的,即注重《诗》的王道教化作用。这也使得汉儒对《诗》
的诗教意义的阐释远远超过对《诗》之本义的阐释,呈现出不重训
诂、着重于推求《诗》背后教化意义的特点。铃木虎雄对汉儒说《诗》
的评价也可以证明上述观点:"诸家诗说在首倡者之间本已有不同,
至其门流转承师说,又各自联系当时事说诗,则更失作诗之原意。这
些学说,可以说很多都是说诗家的推测。"①

赵岐在《孟子题辞》中对汉代解《诗》者的批评,恰恰证明了汉
儒解《诗》失之原意正是源于对孟子"以意逆志"说的继承:"孟子长
于譬喻,辞不迫切,而意已独至,其言曰:'说《诗》者不以文害辞,不
以辞害志;以意逆志,为得之矣。'斯言殆欲使后人深求其意,以解其
文,不但施于说《诗》也。今诸解者,往往摭取而说之,其说又多乖异
不同。"②赵岐指出,汉儒虽以孟子此说为指导,但却仅得孟子"以意
逆志"说之一端,偏重于"己"意的推求,往往摭取而说《诗》,以至于
对《诗》的解释往往"乖异不同",与《诗》之本义产生了巨大的差距。
赵岐处于东汉末年,正是韩诗等三家诗影响渐弱、毛诗始盛的时代。

① (日)铃木虎雄著,许总译. 中国诗论史 [M].南宁:广西人民出版社,1989:33.
② 焦循. 孟子正义 [M]. 北京:中华书局,1987:18.

因此,他对当时汉儒言《诗》偏失的批评,恰恰如实地反映出了汉儒说《诗》过程中对孟子"以意逆志"说的接受。

而韩诗作为始于西汉、盛于东汉,三家诗学影响较大的一支,同样展现出对孟子"以意逆志"说的承袭。

首先,《外传》的撰写即以孟子的"以意逆志"思想为指导。

班固在《汉书·儒林传》中融汇《史记》记载:"(韩)婴推诗人之意,而作《内》《外传》数万言,其语颇与齐、鲁间殊,然归一也。"[①]此处的"推诗人之意"正是强调了韩婴站在自己的立场上对作《诗》者意图的推求,班固对韩婴作《内》《外传》动机的描述,与孟子强调读《诗》要"以意逆志""以己之意逆诗人之志"的观点颇为一致,这恰恰是对韩婴采取"以意逆志"的方法作《内》《外传》的明证。同时,前文也曾提到,韩婴在传《诗》过程中,把王道仁义思想与传《诗》过程相融合,这就意味着《外传》所推求的"意"包含了对王道仁政思想的宣扬。这与孟子所言"志"为仁义,所推求的是诗人背后的王道仁义主旨的观点也颇为一致。由此可见,《外传》的创作是以孟子的"以意逆志"的《诗》学思想作指导的。

同时,从班固的《外传》与"齐、鲁间殊"的判断中,我们也可以推知,《外传》呈现出的不同于齐、鲁两家诗不重训诂,而只关注《诗》旨阐发的特点,是其说《诗》过程中承袭孟子"以意逆志"说的具体表现。

其次,其中最具有标志性意义的,就是韩婴对"此之谓也"的说《诗》格式的继承。

《外传》中出现"此之谓也"的情况达到了15次。之前有观点认

① 班固.汉书[M].北京:中华书局,1962:3613.

为,《外传》中的这一格式化倾向源于荀子对"此之谓也"的大规模运用。然而,查看孟子与弟子咸丘蒙说《诗》的片段会发现,"此之谓也"的格式。正是孟子"以意逆志"观点在说《诗》过程中的具体化表现。为了叙述的方便,此处再次引之。

> 咸丘蒙曰:"舜之不臣尧,则吾既得闻命矣。《诗》云:'普天之下,莫非王土;率土之滨,莫非王臣。'而舜既为天子矣,敢问瞽瞍之非臣如何?"
>
> 曰:"是诗也,非是之谓也;劳于王事,而不得养父母也。曰此莫非王事,我独贤劳也。故说诗者,不以文害辞,不以辞害志,以意逆志,是为得之。如以辞而已矣,《云汉》之诗曰:'周余黎民,靡有孑遗。'信斯言也,是周无遗民也。孝子之至,莫大乎尊亲;尊亲之至,莫大乎以天下养。为天子父,尊之至也。以天下养,养之至也。《诗》曰:'永言孝思,孝思惟则。'此之谓也。《书》曰:'祗载见瞽瞍,夔夔齐栗,瞽瞍亦允若。'是为父不得而子也。"①

孟子在此章中传达出其"以意逆志"的观点,其中有两处语句值得特别关注,一句是"是诗也,非是之谓也",一句是"诗曰:……,此之谓也"。这两句出现的情况是,咸丘蒙把"普天之下,莫非王土;率土之滨,莫非王臣"错误地领会成"舜既为天子矣,敢问瞽瞍之非臣",即舜为天子,而其父亲却不臣于舜。面对咸丘蒙对于诗旨的错误领会,孟子评价说:"是诗也,非是之谓也。"其后,孟子指出对《诗》的理解应当采用"以意逆志"的方式,通过以"永言孝思,孝思惟则"阐释

---

① 焦循. 孟子正义 [M]. 北京:中华书局,1987:637—641.

"孝",示范了"以意逆志"的正确方式,并由此作结:"此之谓也。"由此可见,无论是"非是之谓也"还是"此之谓也",均是孟子在"以意逆志"的解《诗》过程中的产物。这两句话正是孟子"以意逆志"观点运用在解《诗》过程的标志,并已经具备了格式化的倾向。而且《孟子》中曾多次把"此之谓也"用于诗句之后,以证明对《诗》旨判断的正确性。

《外传》中出现"此之谓也"的情况达到15次之多。可见,韩婴已经把孟子的这一格式化倾向切实运用到了《诗》的说解过程中。兹举数例:

> 王子比干杀身以成其忠,尾生杀身以成其信,伯夷、叔齐杀身以成其廉。此四子者,皆天下之通士也。岂不爱其身哉?为夫义之不立,名之不显,则士耻之,故杀身以遂其行。由是观之,卑贱贫穷,非士之耻也。夫士之所耻者,天下举忠而士不与焉,举信而士不与焉,举廉而士不与焉。三者存乎身,名传于世,与日月并而不息,天不能杀,地不能生,当桀纣之世,不之能污也。然则非恶生而乐死也,恶富贵好贫贱也,由其理尊贵及己而仕,不辞也。孔子曰:"富而可求也,虽执鞭之士,吾亦为之。如不可求,从吾所好。"故厄穷而不悯,劳辱而不苟,然后能有致也。《诗》曰:"我心匪石,不可转也。我心匪席,不可卷也。"此之谓也。[①]
>
> 古者天子左五钟,右五钟。将出,则撞黄钟,而右五钟皆应之。马鸣中律,驾者有文,御者有数。立则磬折,拱则抱鼓,行步中规,折旋中矩。然后太师奏升车之乐,告出也。入则撞蕤宾,而左五钟皆应之,以治容貌。容貌得则颜色齐,颜色齐则肌肤

---

① 韩婴撰,许维遹校释.韩诗外传集释[M].北京:中华书局,1980:9—10.

安。蕤宾有声,鹄震马鸣,及保介之虫,无不延颈以听。在内者皆玉色,在外者皆金声。然后少师奏升堂之乐,即席告入也。此言音乐相和,物类相感,同声相应之义也。《诗》云:"钟鼓乐之。"此之谓也。①

枯鱼衔索,几何不蠹?二亲之寿,忽如过客。树木欲茂,霜露不使。贤士欲养,二亲不待。故曰:家贫亲老,不择官而仕也。《诗》曰:"虽则如毁,父母孔迩。"此之谓也。②

昔者周道之盛,邵伯在朝,有司请营邵以居。邵伯曰:"嗟!以吾一身而劳百姓,此非吾先君文王之志也。"于是出而就蒸庶于阡陌陇亩之间而听断焉。邵伯暴处远野,庐于树下,百姓大悦,耕桑者倍力以劝。于是岁大稔,民给家足。其后,在位者骄奢,不恤元元,税赋繁数,百姓困乏,耕桑失时。于是诗人见邵伯之所休息树下,美而歌之。《诗》曰:"蔽芾甘棠,勿剪勿伐,召伯所茇。"此之谓也。③

例一中韩婴引用了"我心匪石,不可转也。我心匪席,不可卷也",认为贤士应当具备"厄穷而不悯,劳辱而不苟"的品质,并且韩婴引用"此之谓也"以证明其所引《邶风·柏舟》中四句的诗旨在于强调士节的不可移易。韩婴这一对诗人意旨的推求得到了一定程度上的认可,如《说苑》便在引此诗之后解释说:"此士君子之所以越众也。"④也是以此来解释君子的操守。这在一定程度上证明了韩婴"以意逆

① 韩婴撰,许维遹校释. 韩诗外传集释[M]. 北京:中华书局,1980:16.
② 韩婴撰,许维遹校释. 韩诗外传集释[M]. 北京:中华书局,1980:16—17.
③ 韩婴撰,许维遹校释. 韩诗外传集释[M]. 北京:中华书局,1980:30.
④ 韩婴撰,屈守元笺疏. 韩诗外传笺疏[M]. 成都:巴蜀书社,2012:18.

志"的成功。同样,韩婴推求诗人之意,认为"钟鼓乐之"是阐释音乐中声音的相合,"言音乐相和,物类相感,同声相应之义也";认为"虽则如焜,父母孔迩"所传达的诗旨是父母尚在时,应当抓紧时间尽孝;而解释"蔽芾甘棠,勿剪勿伐,召伯所茇",则认为该诗传达了人们对召伯不忍因自己而劳役百姓的赞美。

　　尤其在第四个例子中,韩婴"推诗人之意"的痕迹非常明显,诗人的身份甚至直接出现在文中。周道盛时,有司要为召伯营建府第,但是召伯却不愿因自己一人而劳烦百姓,认为这与文王之志相违背,于是在田野间听讼断案,在野外结庐居住。百姓因召伯的爱民之心而备受感激,努力耕作,并大获丰收。而后的当权者却不懂得体恤百姓,横征暴敛,使得百姓困乏,不能根据农时而耕作。在这种情况下,诗人看到了当年召伯当权时所休息的大树,作《甘棠》以赞美召伯对百姓的体恤。韩婴提到因为召伯和后继当权者对待百姓的不同态度,诗人作诗赞美召伯。在这里,韩婴不仅推求了诗人作诗的旨意,而且直接把诗人放入对诗的阐释过程中,以证明诗人作此诗的动因和目的。可见,"于是诗人见召伯之所休息树下,美而歌之……此之谓也"正是韩婴"推诗人之意",即推求诗人作诗意图的最明显、最有力的证据。

　　另外,"此之谓也"的格式在《外传》卷一出现得较为集中,有6次之多。在篇首大量使用"此之谓也"的格式,也是韩婴有意识地学习孟子"以意逆志"的另一表现。随着行文的逐渐深入,对《诗》旨把握的娴熟,对这种格式化的追求便不再那么急迫。因此,《外传》卷一中大量出现的"此之谓也"也可以辅助证明,韩婴无论是在说《诗》的出发点还是在说《诗》过程中,均对孟子"以意逆志"的思想有所贯彻。

但是韩婴所推求的《诗》旨往往与《诗》的原义多有出入。如《邶风·柏舟》多认为是讲贞女守节;"钟鼓乐之"所在的《关雎》篇,多认为是男子对女性的追求;《周南·汝坟》中的"虽则如焜,父母孔迩"也并非表达对父母年岁的担忧。这也正是人们判断《外传》所言之《诗》"与经义不相比附"的原因之一。因此后人虽然承认《外传》采用了"以意逆志"的方式,但却往往只承认韩婴仅得孟子"以意逆志"意图之一端。如薛应旂说:"韩婴《外传》虽未尽能以意逆志,而变动不居,犹有古之遗焉。"① 李慈铭在《越缦堂读书记》中也说:"予尝谓《外传》词旨虽隽永可味,然在汉人著作中,经术最疏浅。所引大事,尤多乖谬。较刘子政《说苑》《新序》,更不可信。其诠《诗》与《内传》往往不符。盖以意逆志,仅得孟子之一体者也。"② 然而,通过上述分析可见,无论是班固对韩婴解《诗》"颇与齐、鲁间殊"的判断,还是赵岐对汉儒解《诗》"多乖异不同"的指责,抑或后世研究者对《外传》"以意逆志,仅得孟子之一体"的批评,实际上恰恰反映了《外传》在解《诗》方面对孟子"以意逆志"观点的承袭。韩婴专注于寻求《诗》背后所蕴含的深义,而对《诗》的本义不作深入的阐释,更不重视文字、训诂的做法,恰恰是其把孟子"以意逆志"说用于说《诗》实践的表现,体现了他在说《诗》过程中对孟子"以意逆志"说的忠诚承袭。

五、对孟子用《诗》方式的采纳

班固在《汉书·儒林传》中,对韩诗传《诗》方式的独特性特书

---

① 朱彝尊著,游均晶等点校.点校补正经义考(七)[M].台湾:"中央研究院"中国文哲研究所筹备处,1997:754.
② 转引自刘毓庆.历代诗经著述考(先秦—元代)[M].北京:中华书局,2002:43.

一笔："婴推诗人之意，而作《内》《外传》数万言，其语颇与齐、鲁间殊，然归一也。"[①]班固指出，虽然同为传《诗》著作，但与齐、鲁两家相比，韩婴传《诗》颇"殊"。这里的"殊"，正是指韩诗在传《诗》方式上的不同。齐、鲁两家以解释《诗》旨为主，而韩诗却呈现出"引《诗》以证事"的特点，似乎脱离了解《诗》的本旨。韩诗的这一特点历来备受争议，甚至因此被一些学者认为并非传《诗》著作，如王先谦称《外传》"或引《诗》以证事，或引事以明《诗》，使为法者章显，为戒者著明……"[②]四库馆臣则认可王世贞的评价："王世贞称《外传》引《诗》以证事，非引事以明《诗》，其说至确"，并对此进一步引申说："今《内传》解《诗》之说已亡，则《外传》已无关于诗义。"[③]

　　上述三种观点对《外传》的质疑主要集中在它的"引《诗》以证事"的解《诗》特点上。然而，韩诗这种不同于其他几家诗的特点，恰恰源于对孟子引《诗》方式的继承。对《外传》不关《诗》义的评价，反而证明了它与孟子间传《诗》风格的联系。

　　傅斯年曾评价孟子论《诗》目的不在《诗》的传播本身："孟子论《诗》甚泰甚侈，全不是学《诗》以为言。"[④]此言甚确，他指出了孟子不专传《诗》的《诗》学倾向。孟子有其确定的思想体系，他的解《诗》归根到底还是为其思想服务的。孟子的著述目的并不在言《诗》，而是借《诗》来证明自己的观点，以辅助其王道思想的宣扬，孟子把《诗》作为建构其思想整体的一个部分。因此孟子用《诗》虽多合《诗》义，但也不免出现为了辅助自己思想而故意曲解《诗》义的

① 班固.汉书[M].北京:中华书局,2005:3613.
② 王先谦.诗三家义集疏·序例[M].北京:中华书局,1987:11.
③ 永瑢等.四库全书总目[M].北京:中华书局,1965:136.
④ 傅斯年.诗经讲义稿[M].北京:中国人民大学出版社,2004:8.

情况。如：

> 王曰："寡人有疾,寡人好色。"
>
> 对曰："昔者太王好色,爱厥妃,《诗》云:'古公亶甫,来朝走马,率西水浒,至于岐下;爰及姜女,聿来胥宇。'当是时也,内无怨女,外无旷夫,王如好色,与百姓同之,于王何有?"①

诗出《大雅·绵》。原诗记叙周太王古公亶父迁于岐下,与妻子姜氏女一起选择居住地的情景。这首诗并没有"好色"的含义,与齐宣王喜好女色的"好色"迥然有别。孟子偷换概念,把周太王的"好色"与齐王的"好色"巧妙联系在一起,强调齐王可以推己"好色"之心及于人,与百姓同之,使内无怨女、外无旷夫,而天下大治。在这里诗的意义被孟子故意曲解,并从中得出推一己之乐以及众人的看法。可见,孟子曲解《诗》义是为找到《诗》与现实问题的结合点,以达到他的游说目的。再如：

> 孟子曰："欲贵者,人之同心也。人人有贵于己者,弗思耳。人之所贵者非良贵也。赵孟之所贵,赵孟能贱之。《诗》云:'既醉以酒,既饱以德。'言饱乎仁义也,所以不愿人之膏粱之味也。令闻广誉施于身,所以不愿人之文绣也。"②

此诗出于《大雅·既醉》,是一篇祭者给祖先的祝词,"德"当作恩惠讲。但在这里,孟子将之曲解为"言饱乎仁义也,所以不愿人之膏粱之味也",以达到辅助自己的论述目的。

---

① 焦循.孟子正义[M].北京:中华书局,1987:139.
② 焦循.孟子正义[M].北京:中华书局,1987:796—797.

详读《外传》会发现，其中"引《诗》以证事"的特征也非常明显：

> 古者八家而井田。方里为一井。广三百步，长三百步为一里，其田九百亩。广一步，长百步为一亩。广百步，长百步为百亩。八家为邻，家得百亩。余夫各得二十五亩。家为公田十亩，余二十亩共为庐舍，各得二亩半。八家相保，出入更守，疾病相忧，患难相救，有无相贷，饮食相招，嫁娶相谋，渔猎分得，仁恩施行，是以其民和亲而相好。《诗》曰："中田有庐，疆場有瓜。"①

韩婴在述及古代井田制度的时候，为了阐述井田制度的合理性，而引用了《小雅·南山》中的一节，以证明井田中间设有庐舍，八家各种私田、共享公田的情况。韩婴此处的引用并没有顾及诗的主旨，而是仅取其中一节符合自己论述话题的部分，用以佐证其言有据。同时，为了便于论述，韩婴也会曲解《诗》义，以辅助自己的观点。如：

> 楚狂接舆躬耕以食。其妻之市未返。楚王使使者赍金白镒造门，曰："大王使臣奉金百镒，愿请先生治河南。"接舆笑而不应。使者遂不得辞而去。妻从市而来，曰："先生少而为义，岂将老而遗之哉？门外车轶何其深也？"接舆曰："今者王使使者赍金百镒，欲使我治河南。"其妻曰："岂许之乎？"曰："未也。"妻曰："君使不从，非忠也。从之，是遗义也。不如去之。"乃夫负釜甑，妻戴纴器，变易姓字，莫知其所之。《论语》曰："色斯举矣，翔而后集。"接舆之妻是也。《诗》曰："逝将去汝，适彼乐土。适

---

① 韩婴撰，许维遹校释.韩诗外传集释[M].北京：中华书局，1980：143.

彼乐土,爰得我所。"①

此诗引自《魏风·硕鼠》,原是对重敛的痛恨和对统治者"不修其政,贪而畏人"的嘲讽。但在《外传》这里断章取义,取二者字面上的联系,以《诗》来强调归隐生活的乐趣,这与《硕鼠》的本义已大相径庭。可见,《外传》在这里引《诗》显然不是为了解释《硕鼠》,而是借《硕鼠》中的经典句子以证明自己观点的合理性。诗义所占据的比例已经变得微乎其微,即便去掉所引之诗,也不影响全文的完整性。在《外传》中,这种引《诗》以佐证自己立论的做法并不在少数,阐释《诗》义的意图较为明显的内容,反而屈指可数,成为《外传》中的"异类"。

孟子"引《诗》以证事"的特点,服膺于他王道思想的传播,所以,即便孟子不专解《诗》,也并不会因此而遭到诟病。但是,作为西汉三家诗之一的韩诗,传《诗》显然是其主要的学术宗旨,并且韩婴还曾因传《诗》而于汉文帝时被立为博士,在这种情况下《外传》却固守孟子所开创的"引《诗》以证事"的解《诗》方式,难免会弱化其传《诗》的意义,而凸显其言事的意图,这无疑会引起后世学者的诸多质疑。不过从编排体例上来看,"《外传》采辑前人论说、故事是围绕着所选《诗经》语句进行的……所引《诗》句不仅是组织篇章材料的纲领,而且也是章次编排的主要串线,其所记杂说故事全被《诗》句纵横交织的网络所覆盖,其说解和阐发《诗经》的性质是十分明显的"②。因此,从体例编排上看,韩婴对孟子的"引《诗》以证事"的说

---

① 韩婴撰,许维遹校释.韩诗外传集释[M].北京:中华书局,1980:56—57.
② 汪祚民.《韩诗外传》编排体例考[J].陕西师范大学学报(哲学社会科学版).2003(3):104.

《诗》方式的采纳,仍然是为其传《诗》的目的服务。

班固对于《外传》"殊"于齐、鲁二家诗,但在传《诗》意义上又与二家"归一"的判定可谓慧眼独具。既指出了《外传》在传《诗》形式上继承孟子而异于三家诗的特点,也指出了《外传》所采纳的这种形式,并不妨害其传《诗》的意义。

以上仅是从《诗》学渊源、《诗》论传承、说《诗》范式三个角度对韩诗与孟子《诗》学承传关系的简要考察。另外,《外传》采用的"传曰《诗》云"的说诗范式与孟子"子曰《诗》云"的说《诗》方式也存在着承继性。在具体诗义阐释上,韩婴对孟子观点有所采纳,同时还把《孟子》中的具体内容纳入了韩诗的说《诗》范畴。以上诸多方面均有助于证明《韩诗外传》在《诗》学上对孟子的承传,此处不再一一详述。

第三节　韩婴对孟子的思想承传

《外传》一向被认为不专解《诗》,甚至有学者提出应当把韩诗当作子书而不是解《诗》著作来看,这至少在一定程度上表明了《外传》的思想价值不亚于它的传《诗》之功。而在思想方面,韩婴对《孟子》也多有采纳。

一、对王道观的承传

前文已经述及韩婴采纳了孟子"迹熄诗亡"的观点,把王道思想纳入其说《诗》范畴之中。此处从思想承袭的角度,将《外传》在王政思想上对孟子的继承作详细分析。

孟子的王道思想,主要表现为孟子游说诸侯时所宣扬的托名先王之道的王道政治思想,即"王政"。在与齐宣王的对话中,宣王问"王政",孟子首先明确表示自己宣扬的王政是承自文王而来,之后才提出自己的具体施政举措:"昔者文王之治岐也,耕者九一,仕者世禄,关市讥而不征,泽梁无禁,罪人不孥。……"①尽管王政问题历来是儒家学者着重关注的问题,孟子托名先王的王政思想也并非独创,但孟子的最大贡献在于其对王政问题的具体化。

孟子的王政思想,主要包括保民、省刑、薄税、井田、重贤等几个方面。详考《外传》会发现,《外传》不仅也涉及这几个方面,而且所言多源自《孟子》。

(一)"养生丧死无憾,王道之始也"

孟子王政思想的首要表现是保民思想。在孟子看来,保民是达成王道的最根本要求。孟子曾提出"保民而王,莫之能御"的观点,并在与梁惠王的对话中明确提到"王道之始"在于使民"养生丧死无憾",其具体措施为:

> 不违农时,谷不可胜食也。数罟不入洿池,鱼鳖不可胜食也。斧斤以时入山林,材木不可胜用也。谷与鱼鳖不可胜食,材木不可胜用,是使民养生丧死无憾也。养生丧死无憾,王道之始也。五亩之宅,树之以桑,五十者可以衣帛矣。鸡豚狗彘之畜,无失其时,七十者可以食肉矣。百亩之田,勿夺其时,数口之家可以无饥矣。谨庠序之教,申之以孝悌之义,颁白者不负戴于道路矣。七十者衣帛食肉,黎民不饥不寒,然而不王者,未之有也。②

---

① 焦循. 孟子正义 [M]. 北京:中华书局,1987:133.

② 焦循. 孟子正义 [M]. 北京:中华书局,1987:54—59.

这是孟子王政思想的重要组成部分。相似论述在《孟子》文中多次出现,为了证明这一举措与王道的关系,孟子一再强调这并非自己独创而是源于文王,如孟子在《尽心上》言及文王之政时,就提及上述几点,并强调"文王之民"正是生活在这种王道政治下。孟子的保民举措主要包括两个方面:"不违农时",林渔有度,使民免于饥寒;重视庠序的教化作用,使民老有所养。而使民"养生丧死无憾"、以孝悌教化百姓是关键,这里面既包括了养生、丧死所需的物质条件,还强调了对礼乐教化的规定。尽管早在《尚书》中就已出现过"民惟邦本,本固邦宁"的重民思想,孟子也多次强调这一保民做法源自文王,但从现存文献记载中看,最早提出上述具体措施的人却是孟子。虽然荀子批评孟子"略法先王而不知其统",指责孟子对先王的效法不得要领,但是却接受了孟子的观点,并对之进行了详细解说:

> 圣王之制也,草木荣华滋硕之时则斧斤不入山林,不夭其生,不绝其长也;鼋鼍、鱼鳖、鳅鳝孕别之时,罔罟毒药不入泽,不夭其生,不绝其长也;春耕、夏耘、秋收、冬藏四者不失时,故五谷不绝而百姓有余食也;污池、渊沼、川泽谨其时禁,故鱼鳖优多而百姓有余用也;斩伐养长不失其时,故山林不童而百姓有余材也。①

荀子将孟子所言的不违农时、林渔有度的保民举措进行了进一步拓展:不仅强调了山林梁泽要林渔有时,以保证百姓衣食足用,还特别提出要林渔有时,以使得万物"不夭其生,不绝其长"。在荀子看来,保证万物的生长既是保民的前提,也是"圣王之制"的目的之一。这就是说,荀子将孟子保民的王政举措,进一步扩展为不仅保民温饱,

---

① 王先谦撰,沈啸寰,王星贤点校. 荀子集解[M]. 北京:中华书局,1988:165.

且保万物生长的"圣王之制"。这是对孟子王政思想的一个发展。

尽管研究者多言《外传》出于《荀子》,甚至汪中的《述学》因《外传》所记与《荀子》相同处较多,而将之称为"《荀卿子》之别子"。但通过比较可以发现:《外传》虽与《荀子》在表述上有相似之处,但在思想上体现的却是对孟子的完整继承:

> 夫贤君之治也,温良而和,宽容而爱,刑清而省,喜赏而恶罚。移风崇教,生而不杀,布惠施恩,仁不偏与。不夺民力,役不逾时,百姓得耕,家有收聚,民无冻馁,食无腐败。士不造无用,雕文不鬻于肆。斧斤以时入山林。国无佚士,皆用于世。黎庶欢乐衍盈,方外远人归义,重译执贽,故得风雨不烈。《小雅》曰:"有弇凄凄,兴云祁祁。"以是知太平无飘风景雨明矣。①

《外传》将孟子的保民思想定位为"贤君之治"或是受到荀子"圣王之制"的影响,但以上两者皆脱胎于孟子的"文王之道",不应仅凭时间的先后判定其承继关系。再者,荀子虽对孟子思想有所发挥,但对孟子的保民思想却仅取其一端,单言温饱问题。而《外传》却深得孟子之旨:不仅言及保民问题的具体举措,如不违农时、林渔有度、不夺民力,以保证人民的温饱,使得"家有收聚,民无冻馁"等;并且强调了教化问题,指出要"移风崇教"以减刑罚。这与孟子的教化以保民的观点相一致。另外,韩婴把这种保民以使百姓得温饱的生活作为"无飘风景雨"的"太平"理想,这与孟子托名文王的王政思想也是相一致的。综上所述,韩婴的保民思想正是对孟子思想的深入归纳与总结,尽管语句有所差别,但是却体现出了思想承传的一致性。

---

① 韩婴撰,许维遹校释. 韩诗外传集释 [M]. 北京:中华书局,1980:291—292.

　　另外，韩婴曾多次提到"山林泽梁，以时入而不禁"的保民举措。并且在"时"上又有所发挥：

　　　　太平之时，民行役者不逾时，男女不失时以偶，孝子不失时以养。外无旷夫，内无怨女。上无不慈之父，下无不孝之子。父子相成，夫妇相保。天下和平，国家安宁。人事备乎下，天道应乎上。故天不变经，地不易形，日月昭明，列宿有常。天施地化，阴阳和合，动以雷电，润以风雨，节以山川，均其寒暑。万民育生，各得其所，而制国用。故国有所安，地有所主。圣人刳木为舟，剡木为楫，以通四方之物，使泽人足乎木，山人足乎鱼，余衍之财有所流。故丰膏不独乐，硗确不独苦。虽遭凶年饥岁，禹汤之水旱，而民无冻饿之色。故生不乏用，死不转尸。夫是之谓乐。《诗》曰："於铄王师，遵养时晦。"①

韩婴屡言的"太平之时"与孟子的"文王之时"相对，均是指儒家理想中的王道社会。韩婴不仅提到王道政治下行役以时、孝养以时的问题，而且把男女婚配以时的问题也纳入保民范围，这种"外无旷夫，内无怨女"的情况恰恰是孟子所描述的周古公亶甫治下所达到的治世情形。韩婴的太平理想，不仅包括基本温饱得到满足（"泽人足乎水，山人足乎鱼，余衍之财有所流"），而且在遇到"凶年饥岁"时，百姓也能"无冻饿之色"。这种"生不乏用，死不转尸"的理想与孟子所言的"养生丧死无憾"的王政思想非常一致："明君制民之产，必使仰足以事父母，俯足以畜妻子，乐岁终身饱，凶年免于死亡……然而不王者，未之有也。"两者均把保民作为王道政治的基本要求。

---

① 韩婴撰，许维遹校释. 韩诗外传集释[M]. 北京：中华书局，1980：102—103.

让百姓"生不乏用,死不转尸",使得百姓最基本温饱有所保证,构成了韩婴理想社会的一个重要的组成部分。对这一问题的数次强调,反映了韩婴对保民而王思想的认同与重视。

(二)"省刑罚,薄税敛","仁政之大目也"

孟子的另一王政思想是"省刑罚,薄税敛"。朱熹曰:"省刑罚,薄税敛,此二者仁政之大目也。"指出了这两点在孟子王道思想中所占据的主导地位,这也是孟子对保民思想的进一步拓展,对此韩婴亦有承传。

1. 省刑罚

孟子的"省刑罚"并非不讲刑罚,而是提倡以教化减少人们受到刑罚的可能。礼乐教化又是建立在人们温饱得以满足的基础之上的。孟子在与齐宣王的对话中对这一观点有详细阐释:

> 无恒产而有恒心者,惟士为能;若民,则无恒产,因无恒心。苟无恒心,放辟邪侈,无不为已。及陷于罪,然后从而刑之,是罔民也。焉有仁人在位,罔民而可为也? 是故明君制民之产,必使仰足以事父母,俯足以畜妻子,乐岁终身饱,凶年免于死亡,然后驱而之善,故民之从之也轻。①

在孟子看来,没有"恒产"是造成人们犯罪的根源,统治者不能做到使他们有恒产,就无异于逼迫他们犯罪。等到他们犯罪之后再施以刑罚,无异于是对人民的陷害。因此,首先让百姓有恒产,满足温饱之后再施之以教化,才是最好的减少犯罪的方法。在孟子的观点里,解决温饱并施以教化,可以减少违法犯禁之事的发生。如果以上两

---

① 焦循. 孟子正义 [M]. 北京:中华书局,1987:93—94.

点都没有做到,仅以刑罚来减少犯罪的发生,无异于对人民的陷害。可见,孟子的"省刑罚"强调了制民之产和施以教化两方面的内容。其中,孟子尤其注重教化对治理人民的重要作用,如他还曾提出"善政不如善教之得民也",即强调善于教化比善于管理更得民心。

孟子的这一观点被《外传》接受,韩婴省刑罚的思想,也着重强调了教化的作用,主张通过施行教化来减少犯禁之事的发生。"季孙之治鲁"章集中反映了韩婴的这一观点:

> 季孙之治鲁也,众杀人而必当其罪,多罚人而必当其过。子贡曰:"暴哉治乎!"季孙闻之,曰:"吾杀人必当其罪,罚人必当其过,先生以为暴,何也?"子贡曰:"夫奚不若子产之治郑? 一年而负罚之过省,二年而刑杀之罪亡,三年而库无拘人。故民归之如水就下,爱之如孝子敬父母。子产病将死,国人皆吁嗟曰:'谁可使代子产死者乎?'及其不免死也,士大夫哭之于朝,商贾哭之于市,农夫哭之于野。哭子产者,皆如丧父母。今窃闻夫子疾之时,则国人喜,活则国人皆骇。以死相贺,以生相恐,非暴而何哉? 赐闻之,扦法而治谓之暴,不戒致期谓之虐,不教而诛谓之贼,以身胜人谓之责。责者失身,贼者失臣,虐者失政,暴者失民。且赐闻居上位行此四者而不亡者,未之有也。"于是季孙稽首谢曰:"谨闻命矣。"《诗》曰:"载色载笑,匪怒伊教。"①

这一章明显源于孟子"及陷于罪,然后从而刑之,是罔民也"的思想。子贡批评季孙,杀人则追究其罪责、有过错就要惩罚的举措为严刑峻法。季孙表示疑惑,子贡指出子产治理郑国,善于运用教化,使得负

---

① 韩婴撰,许维遹校释.韩诗外传集释[M].北京:中华书局,1980:109—110.

罚、刑杀等违法犯禁之事不再发生,官府也没有拘系的犯人,所以深得民心,这才是真正的善治。而季孙的做法却是:"托法而治谓之暴,不戒致期谓之虐,不教而诛谓之贼,以身胜人谓之责。"不重视教化使得百姓远离犯禁之事,只是依托刑法,对犯禁之民施以严刑,这是一种不负责任、丧失民心的暴虐行为,最终会因"失政""失民"而导致国家灭亡。韩婴"省刑罚"的思想主要强调了孟子通过教化以轻刑罚的观点,并在此基础上结合孟子的民贵君轻思想进一步指出,不重视教化而靠刑戮治民的行为最终会失掉民心,继而亡国。

2. 薄税敛

与"省刑罚"相并列的另一思想是"薄税敛"。主要包含了什一之税、关市讥而不征两个方面,即减少农业赋税,促进商业繁荣。这是孟子在其游说过程中所着力强调的问题。据《孟子》载,孟子曾向宋国和齐国宣扬过这一观点。例如宋国大夫戴盈之曾问孟子:"什一,去关市之征,今兹未能。请轻之,以待来年。"说明孟子曾向宋国推荐过这一观点,但并没有得到施行。孟子在与齐宣王讨论王政问题的时候,也把薄税敛作为王政的首要内容:

> 王曰:"王政可得闻与?"
>
> 对曰:"昔者文王之治岐也,耕者九一,仕者世禄,关市讥而不征,泽梁无禁,罪人不孥。老而无妻曰鳏,老而无夫曰寡,老而无子曰独,幼而无父曰孤,此四者天下之穷民而无告者。文王发政施仁,必先斯四者。《诗》云:'哿矣富人,哀此茕独。'"①

孟子提到的文王之政中,把"耕者九一""关市讥而不征"等"薄税

---

① 焦循. 孟子正义 [M]. 北京:中华书局,1987:133—136.

敛"问题放在王政问题的最前面以示强调,并紧随其后强调了"泽梁无禁"的问题。"泽梁无禁"、使百姓温饱得以满足是孟子"制民之产"举措的一个重要方面。把"薄税敛"与"泽梁无禁"并列放于"王政"问题之首,强调了减轻百姓负担、让百姓拥有恒产的重要性,这体现了孟子对保民的重视。《外传》对此有完整继承:

> 王者之法,等赋正事,田野什一,关市讥而不征,山林泽梁,以时入而不禁。相地而衰正,理道而致贡,万物群来,无有流滞,以相通移,近者不隐其能,远者不疾其劳,虽幽间僻陋之国,莫不趋使而安乐之。夫是之谓王者之法,等赋正事。《诗》曰:"敷政优优,百禄是道。"①

韩婴把薄税敛直接称为"王者"之事。他的王者之等赋的内容不仅包括农业取什一之税和关市讥而不征,也把孟子"泽梁无禁"的观点一并纳入,强调"山林泽梁,以时入而不禁",甚至连顺序都与孟子一致。尽管"泽梁无禁"似不应纳入王者之等赋的范围,但这却表明:韩婴对孟子思想的继承并非仅限于文献,而是看到了孟子所提倡的"泽梁无禁"与"薄赋敛"问题在保民思想上的一致性。

相似论述在孟子之后、韩婴之前的荀子那里也有提及。查考《荀子·王制》,发现韩婴在语言的选择上与《荀子》更为相似:

> 王者之等赋、政事,财万物,所以养万民也。田野什一,关市几而不征,山林泽梁以时禁发而不税,相地而衰政,理道之远近而致贡,通流财物粟米,无有滞留,使相归移也。四海之内若一家,故近者不隐其能,远者不疾其劳,无幽间隐僻之国莫不趋使

① 韩婴撰,许维遹校释.韩诗外传集释[M].北京:中华书局,1980:123—124.

而安乐之。夫是之谓人师,是王者之法也。①

但是,荀子似乎没有完全理解孟子将"泽梁无禁"与轻赋税相并列的目的,而是认为"薄税敛"的范围应包括山林梁泽,所以提出减免山林梁泽赋税的观点。虽然仅是只字之差,但与孟子、韩婴将薄税敛与制民之产相并列以强调保民重要性的观点,在意义上已相距天壤。尽管在语言上韩婴似乎与荀子更为相似,但通过上述分析可知,《外传》在思想上却是承袭孟子的。屈守元先生在论及此章时曾评价说,"此《传》之义当以《孟子》解之,其义与《荀子》不全同也"②,或许正是基于此点而言的。

(三)"夫仁政必自经界始"

井田制度,也是孟子王政思想的一个重要方面。孟子的"夫仁政必自经界始",所言即是井田制度。

> 夫仁政必自经界始。经界不正,井地不钧,谷禄不平。是故暴君污吏,必慢其经界。经界既正,分田制禄,可坐而定也。夫滕壤地褊小,将为君子焉,将为野人焉;无君子莫治野人,无野人莫养君子。请野九一而助,国中什一使自赋,卿以下必有圭田,圭田五十亩,余夫二十五亩。死徙无出乡,乡田同井,出入相友,守望相助,疾病相扶持,则百姓亲睦。方里而井,井九百亩,其中为公田,八家皆私百亩,同养公田,公事毕,然后敢治私事,所以别野人也。此其大略也。若夫润泽之,则在君与子矣。③

---

① 王先谦撰,沈啸寰,王星贤点校.荀子集解[M].北京:中华书局,1988:160.
② 韩婴撰,屈守元笺疏.韩诗外传笺疏[M].成都:巴蜀书社,2012:178.
③ 焦循.孟子正义[M].北京:中华书局,1987:348—362.

以上是孟子在滕国宣扬如何治理国家时的一段论述,强调了井田制度在达成王政理想方面所具有的重要作用。徐复观曾言,古代确有井田制,但将其理想化为保障农民生活的最好制度,则始于孟子①。然而,孟子的井田制度不仅是一种保障生活的土地制度,还是一种有助于百姓亲睦的途径("出入相友,守望相助,疾病相扶持"),这体现了孟子王政思想的一个更高要求。

孟子的这一观点不仅被文帝时的博士采入《王制》,《外传》亦特别提出:

> 古者八家而井田。方里为一井。广三百步,长三百步为一里,其田九百亩。广一步,长百步为一亩。广百步,长百步为百亩。八家为邻,家得百亩。余夫各得二十五亩。家为公田十亩,余二十亩共为庐舍,各得二亩半。八家相保,出入更守,疾病相忧,患难相救,有无相贷,饮食相招,嫁娶相谋,渔猎分得,仁恩施行,是以其民和亲而相好。《诗》曰:"中田有庐,疆场有瓜。"今或不然。令民相伍,有罪相伺,有刑相举,使构造怨仇,而民相残,伤和睦之心,贼仁恩,害上化,所和者寡,欲败者多,于仁道泯焉。《诗》曰:"其何能淑,载胥及溺。"②

孟子所言的井田制度,无论是作为单纯的土地政策还是有助于百姓亲睦的途径,都得到了《外传》的推崇。《外传》叙述井田制比孟子更详,在土地制度上详细论述了面积和具体分配情况。在社会理想上,尤其推崇井田对百姓和谐亲睦的作用,并将其优点进一步发挥为:

---

① 徐复观.徐复观论经学史二种 [M].上海:上海书店出版社,2002:286.
② 韩婴撰,许维遹校释.韩诗外传集释[M].北京:中华书局,1980:143—144.

"八家相保,出入更守,疾病相忧,患难相救,有无相贷,饮食相招,嫁娶相谋,渔猎分得,仁恩施行,是以其民和亲而相好。"而且也把当时社会上仁道不施的原因归结为井田制的消失。由此可见,韩婴完全接受了孟子在井田问题上所承载的王政思想。

以上论及的是孟子与韩婴在王政思想承传上最具代表性的部分。韩婴对孟子的继承并非仅限于此,如对孟子尊贤使能、圣人观念等问题的承传也应纳入讨论范围,但因前人已经有所涉及,此处不再赘述。

王道思想是儒家思想的中心环节,述"三代之德"、宣扬王政也是孟子学术的重要组成部分。但在"以攻伐为业"的战国时代,孟子的王政思想无法找到适合的土壤。韩婴曾评价孟子观点的无法施行是因为遭遇"雕世"、所遇非时,也正是基于此而言。汉代初建,政策上多承秦制,思想上也是百家并存。西汉知识分子具有强烈的"为汉立法"的意识,他们着手总结秦朝二世而亡的教训,并在先秦论著中寻找长治久安的途径。在这种情况下,韩婴在《外传》中把《诗》与王道密切结合,并在王政思想上表现出了强烈的宗孟倾向,这就说明了韩婴更认同孟子所构建的社会理想。相比较而言,荀子对韩婴的影响则相对较弱。这也提醒我们,在《外传》思想渊源上过于强调荀子而忽视孟子的观点,需要重新审视。

二、对圣人观的承袭

韩婴的圣人观较为驳杂,融合了先秦诸家的思想。如韩婴对孔子的一段描述是:"孔子抱圣人之心,彷徨乎道德之域,逍遥乎无形之乡"[1],显然是用道家的逍遥思想来描述孔子的圣人之心。与此同

---

[1] 韩婴撰,许维遹校释. 韩诗外传集释[M].北京:中华书局,1980:165.

时,韩婴圣人思想与儒家也有较大关联,尤其对孟子的圣人观多有
吸收。

(一) 尊崇圣字

孟子对儒家圣人观的发展多有贡献。"圣"不仅是子思、孟子的
五行思想"仁、义、礼、智、圣"中的一个重要构成部分①,在孟子的论
述中,"圣"又被赋予了尊崇意味。洪迈的评价颇为中肯:"自孔子赞
《易》、孟子论善信之前,未甚以圣为尊崇,虽《诗》《书》《礼》经所载
亦然也。"②洪迈认为,从《尚书》开始,就有了对"圣"字的运用,但是
"圣"字本身并没有特殊含义。《诗经》《左传》中的"圣"字也"混
于诸字中,了无所异"③,只有到了孔子、孟子那里,"圣"字才开始有
了尊崇的意味。然而《论语》中仅提到"圣"字8次,《孟子》中提到
"圣"字却达到53次之多,可见孟子已经将"圣"这一概念广泛应用
于其思想。孟子还对他的"圣"给予了明确界定:"可欲之谓善,有诸
己之谓信,充实之谓美,充实而有光辉之谓大,大而化之之谓圣,圣而
不可知之之谓神。"④在孟子的判断标准中,"圣"仅次于"神"而居于
第二位。但事实上,在《孟子》中,从未出现过用"神"对人进行评价
的状况。所以,"圣"在孟子那里是对人的最高评价标准。另外,孟

---

① 马王堆汉墓帛书整理小组在1975年发稿的精装本《马王堆汉墓帛书［壹］》
注释中指出:"《孟子·尽心下》:'仁之于父子也,义之于君臣也,礼之于宾主也,
智之于贤者也,圣人之于天道也,命也。' 由帛书可知此即思孟之'五行'说。"
庞朴先生在《马王堆帛书解开了思孟五行说之谜——帛书〈老子〉甲本卷后古
佚书之一的初步研究》中明确指出,思孟五行说就是"仁、义、礼、智、圣"。
② 洪迈撰,孔凡礼点校.容斋随笔［M］.北京:中华书局,2005:605.
③ 洪迈撰,孔凡礼点校.容斋随笔［M］.北京:中华书局,2005:605.
④ 焦循.孟子正义［M］.北京:中华书局,1987:994.

子对"圣人"的概念也有很高的价值界定:"圣人,人伦之至也"[1],"圣人百世之师也"[2],并且认为圣人是与儒家最高理想天道相关联的:"仁之于父子也,义之于君臣也,礼之于宾主也,知之于贤者也,圣人之于天道也"[3],由此足以看出孟子对"圣人"的推崇程度。

与孟子极力推崇"圣"的态度相类似,韩婴也把"圣"作为一个最高的评价标准。韩婴明确把人分作四等,分别是民、士人、君子和圣人。

> 传曰:以从俗为善,以货财为宝,以养性为已至道,是民德也,未及于士也。行法而志坚,不以私欲害其所闻,是劲士也,未及于君子也。行法而志坚,好修其所闻以矫其情,言行多当,未安谕也,知虑多当,未周密也,上则能大其所隆也,下则开道不若已者,是笃厚君子,未及圣人也。若夫修百王之法,若别白黑,应当世之变,若数一二,行礼要节,若性四支,因化立功,若推四时,天下得序,群物安居,是圣人也。《诗》曰:"明昭有周,式序在位。"[4]

韩婴虽然没有如孟子那样在哲学意义上对"圣"有所界定,却通过分类,界定了圣人所代表的最高价值判断标准。

(二)"古圣人"谱系的建构

孟子的圣人观主要包括两个方面的内容。首先,孟子创造出了一个圣人系统;其次,孟子提出"人皆可以为尧舜"的观点,认为可以通过后天的努力达到圣人的境界。在这两个方面上,韩婴的圣人思

---

① 焦循.孟子正义[M].北京:中华书局,1987:490.

② 焦循.孟子正义[M].北京:中华书局,1987:976.

③ 焦循.孟子正义[M].北京:中华书局,1987:991.

④ 韩婴撰,许维遹校释.韩诗外传集释[M].北京:中华书局,1980:84—86.

想均与孟子颇为相似。孟子曾经构建出一个圣人系统：

> 孟子曰："由尧舜至于汤五百有余岁，若禹、皋陶则见而知之，若汤则闻而知之。由汤至于文王五百有余岁，若伊尹、莱朱则见而知之，若文王则闻而知之。由文王至于孔子五百有余岁，若太公望、散宜生则见而知之，若孔子则闻而知之。由孔子而来至于今百有余岁，去圣人之世若此其未远也，近圣人之居若此其甚也，然而无有乎尔，则亦无有乎尔！"①

这个圣人系统包括了孟子之前的"古圣人"：尧、舜、汤、文王、孔子。孟子在《孟子·滕文公下》为自己的"好辩"作辩解的时候，再一次提及这一系统中的三个重要人物，即孟子所希望继承其功绩的"三圣"："禹抑洪水而天下平，周公兼夷狄、驱猛兽而百姓宁，孔子成《春秋》而乱臣贼子惧。"②把孟子的圣人系统略加整理，可见其中主要包括了尧、舜、禹、汤、文王、周公、孔子等。这一圣贤系统的提出，代表了孟子对儒家道统传承谱系的理解，焦循因此评价说："古之精通《易》理，深得伏羲、文王、周公、孔子之旨者莫如孟子。"③并且认为孟子的思想主要是源于对这些圣人的承袭："至于道性善，称尧舜，则于通德类情，变通神化，已洞然于伏羲、神农、黄帝、尧、舜、文王、周公、孔子之道……"④这一圣人谱系对后世影响深远，人们最常提及的是韩愈在此基础上提出的"道统"观，并认为最早关注孟子这一思想的汉代学者是司马迁，《史记》中对孟子"五百年而有圣者出"的思想

---

① 焦循. 孟子正义 [M]. 北京：中华书局，1987：1034—1037.

② 焦循. 孟子正义 [M]. 北京：中华书局，1987：459.

③ 焦循. 孟子正义 [M]. 北京：中华书局，1987：目录7.

④ 焦循. 孟子正义 [M]. 北京：中华书局，1987：9.

就曾有所继承。

然而,在《史记》之前的《外传》中已经出现了相似论述:

> 哀公问于子夏曰:"必学然后可以安国保民乎?"
>
> 子夏曰:"不学而能安国保民者,未之有也。"
>
> 哀公曰:"然则五帝有师乎?"
>
> 子夏曰:"臣闻黄帝学乎大填,颛顼学乎禄图,帝喾学乎赤
> 松子,尧学乎务成子附,舜学乎尹寿,禹学乎西王国,汤学乎贷子
> 相,文王学乎锡畴子斯,武王学乎太公,周公学乎虢叔,仲尼学乎
> 老聃。此十一圣人,未遭此师,则功业不能著乎天下,名号不能
> 传乎后世者也。"《诗》曰:"不愆不忘,率由旧章。"①

在这段对话中,子夏提出了圣人皆有师承的观点,其中提到黄帝、颛顼、帝喾、尧、舜、禹、汤、文王、武王、周公、仲尼十一位圣人。与孟子所列的谱系相比较,韩婴列出的从尧、舜到孔子的圣人序列几乎与孟子完全一致。

韩婴对孟子圣人思想的继承不仅体现在圣人谱系上的一致性上,在对"古圣人"之"圣"的具体描述上,韩婴也与孟子非常相似。除了上述"古圣人",在《孟子》中出现频率较高的圣人还包括伯夷、柳下惠、伊尹等。在对他们的评价上,韩婴几乎完全照搬了孟子的观点:

---

① 韩婴撰,许维遹校释. 韩诗外传集释[M]. 北京:中华书局,1980:195—196.

表4—1 《孟子》与《外传》圣人谱系比对表

	《孟子·万章下》②	《外传》卷三
伯夷	伯夷目不视恶色,耳不听恶声,非其君不事,非其民不使,治则进,乱则退。横政之所出,横民之所止,不忍居也。思与乡人处,如以朝衣朝冠坐于涂炭也。当纣之时,居北海之滨,以待天下之清也。故闻伯夷之风者,顽夫廉,懦夫有立志。	伯夷、叔齐目不视恶色,耳不听恶声。非其君不事,非其民不使。横政之所出,横民之所止,弗忍居也。思与乡人居,若朝衣朝冠,坐于涂炭也。故闻伯夷之风者,贪夫廉,懦夫有立志。
柳下惠	柳下惠不羞污君,不辞小官,进不隐贤,必以其道,遗佚而不怨,厄穷而不悯,与乡人处,由由然不忍去也,尔为尔,我为我,虽袒裼裸裎于我侧,尔焉能浼我哉!故闻柳下惠之风者,鄙夫宽,薄夫敦。	至柳下惠则不然。不羞污君,不辞小官。进不隐贤,必由其道。厄穷而不悯,遗佚而不怨。与乡人居,愉愉然不去也。虽袒裼裸裎于我侧,彼安能浼我哉?故闻柳下惠之风者,鄙夫宽,薄夫厚。
孔子	孔子之去齐,接淅而行。去鲁,曰:"迟迟吾行也,去父母国之道也。"可以速而速,可以久而久,可以处而处,可以仕而仕,孔子也。	至乎孔子去鲁,迟迟乎其行也,可以去而去,可以止而止,去父母国之道也。
整体评价	孟子曰:"伯夷,圣之清者也;伊尹,圣之任者也;柳下惠,圣之和者也;孔子,圣之时者也。孔子之谓集大成。集大成也者,金声而玉振之也。金声也者,始条理也;玉振之也者,终条理也。始条理者,智之事也。终条理者,圣之事也。智,譬则巧也。圣,譬则力也。由射于百步之外也,其至,尔力也。其中,非尔力也。"	伯夷,圣人之清者也。柳下惠,圣人之和者也。孔子,圣人之中者也。《诗》曰:"不竞不絿,不刚不柔。"中庸和通之谓也。

在这个表格中,我们能够清楚地看出,韩婴在对伯夷、柳下惠和孔子的描述上,大量参考了孟子的叙述,甚至几乎完全承袭了孟子对三者的评价,仅在个别字句上有所脱漏。在对伯夷、柳下惠的评价

---

①《孟子·公孙丑上》《孟子·尽心下》中也有相似论述,此处取《万章下》为例。

上，韩婴与孟子完全一致，称"伯夷，圣之清者也"，"柳下惠，圣之和者也"。韩婴与孟子最大的不同表现在对孔子的评价上：孟子极力推崇孔子，认为孔子是"时"圣，因"其时行则行，时止则止，孔子集先圣之大道，以成己之圣德"①，方才成为圣贤中的"集大成"者；而韩婴对孔子并没有表现出特别的推崇，认为孔子是"中"圣，强调孔子之"圣"在于他"中庸和通"的处世态度。尽管两种论述仍有关联，但这一不同也表现了韩婴对孟子圣人观的批判性接受。

韩婴虽然在此段论述中没有展现出对孔子之圣的特别关照，但在《外传》的相关论述中展现出对孔子之"圣"的高度推崇。

> 齐景公谓子贡曰："先生何师?"对曰："鲁仲尼。"曰："仲尼贤乎?"曰："圣人也，岂直贤哉!"景公嘻然而笑曰："其圣何如?"子贡曰："不知也。"景公悖然作色。曰："始言圣人，今言不知，何也?"子贡曰："臣终身戴天，不知天之高也。终身践地，不知地之厚也。若臣之事仲尼，譬犹渴操壶杓，就江海而饮之，腹满而去，又安知江海之深乎?"景公曰："先生之誉，得无太甚乎?"子贡曰："臣赐何敢甚言，尚虑不及耳。臣誉仲尼，譬犹两手捧土而附泰山，其无益亦明矣。使臣不誉仲尼，譬犹两手把泰山，无损亦明矣。"景公曰："善! 岂其然? 善! 岂其然?"《诗》曰："民民翼翼，不测不克。"②

> 孔子出卫之东门，逆姑布子卿，曰："二三子使车避。有人将来，必相我者也。志之。"姑布子卿亦曰："二三子引车避。有圣人将来。"孔子下步，姑布子卿迎而视之五十步，从而望之五十

---

① 焦循.孟子正义 [M].北京:中华书局,1987:672.
② 韩婴撰,许维遹校释.韩诗外传集释 [M].北京:中华书局,1980:286.

步。顾子贡曰:"是何为者也?"子贡曰:"赐之师也,所谓鲁孔丘也。"姑布子卿曰:"是鲁孔丘欤? 吾固闻之。"子贡曰:"赐之师何如?"姑布子卿曰:"得尧之颡,舜之目,禹之颈,皋陶之喙。从前视之,盎盎乎似有土者。从后视之,高肩弱脊。循循固得之转广一尺四寸,此惟不及四圣者也。"子贡吁然。[①]

在齐景公与子贡的对话中,子贡明确提到孔子并不仅仅是贤人,还是"圣人",并且描述孔子之"圣",如天之高、地之厚、江海之深。景公认为子贡对孔子的赞美过于夸张,但子贡却认为自己恐怕仍然没有完全地描述出孔子之"圣"来。此处韩婴借子贡之口对孔子之"圣"的赞美并不亚于孟子的评价。在《外传》卷九中,姑布子卿不仅称孔子是"圣人",而且把孔子与尧、舜、禹、皋陶相比较,称孔子"得尧之颡,舜之目,禹之颈,皋陶之喙",即着眼于面容的描摹而比附孔子的德行之美兼具四圣的特点。这一评价与孟子以"集大成"极言孔子之"圣"的判断有异曲同工之妙。

当然,以上相合之处均是行诸文字的,在圣人观的深层把握上韩婴也与孟子存在着一致之处:韩婴并没有把圣人神圣化,而是强调"学"的重要性,认为通过后天的习得也能够达到圣人的标准,这与孟子"人皆可以为尧舜"的观点也非常相似。

(三)"人皆可以为尧舜"

在圣人产生的外在条件上,韩婴所持观点与孟子一致,均认为圣人的产生不受时间和地域的限制:

孟子曰:"舜生于诸冯,迁于负夏,卒于鸣条,东夷之人也。

---

① 韩婴撰,许维遹校释.韩诗外传集释[M].北京:中华书局,1980:323.

文王生于岐周,卒于毕郢,西夷之人也。地之相去也千有余里,世之相后也千有余岁,得志行乎中国,若合符节,先圣后圣,其揆一也。"①

　　舜生于诸冯,迁于负夏,卒于鸣条,东夷之人也。文王生于岐周,卒于毕郢,西夷之人也。地之相去也,千有余里,世之相后也,千有余岁,然得志行乎中国,若合符节。孔子曰:"先圣后圣,其揆一也。"《诗》曰:"帝命不违,至于汤齐。"②

比较上述两则论述,其差别在《外传》去掉了"孟子曰",而把"先圣后圣,其揆一也"的论断放到孔子身上。尽管《外传》这种让孔子替孟子代言的做法是否出于有意,现在已难以确知,但是有一点可以肯定,就是《外传》对于"先圣后圣"这一观点存在着强调与认可。这强调了圣人之所以为圣人主要不在于外部条件,而在于其自身的诉求。这一段论述正是源于孟子"人皆可以为尧舜"的观点。

　　曹交问曰:"人皆可以为尧舜,有诸?"

　　孟子曰:"然。"

　　"交闻文王十尺,汤九尺,今交九尺四寸以长,食粟而已,如何则可?"

　　曰:"奚有于是? 亦为之而已矣。有人于此,力不能胜一匹雏,则为无力人矣。今曰举百钧,则为有力人矣。然则举乌获之任,是亦为乌获而已矣。夫人岂以不胜为患哉? 弗为耳。徐行后长者谓之弟,疾行先长者谓之不弟。夫徐行者,岂人所不能

---

① 焦循. 孟子正义 [M]. 北京:中华书局,1987:537—540.
② 韩婴撰,许维遹校释. 韩诗外传集释 [M]. 北京:中华书局,1980:114.

哉？所不为也。尧舜之道，孝弟而已矣。子服尧之服，诵尧之
言，行尧之行，是尧而已矣。子服桀之服，诵桀之言，行桀之行，
是桀而已矣。"①

孟子在与曹交的对话中称"人皆可以为尧舜"。尽管孟子对"圣人"
推崇备至，但是这一论述却表明，他对圣人采取了一种平视的态度。
孟子的这一论述不仅消解了圣人的神秘性，而且指出通过模仿和学
习，人人均能达到圣人之道："子服尧之服，诵尧之言，行尧之行，是尧
而已矣。"

与孟子的观点相似，韩婴同样强调了圣人之"圣"是通过学习达
到的。韩婴在《外传》卷三子夏答哀公问中，提出了"五帝皆有师"
的观点，认为前文所提及的"十一圣人，未遭此师，则功业不能著乎
天下，名号不能传乎后世者也"②。韩婴认为，即便是圣人也是有老师
对他们进行教授与引导的，他们的功业"著乎天下"，名号"传乎后
世"，均有赖于老师的指导。这一观点的提出，不仅消解了圣人的神
秘性，也强调了学习在达成圣人之"圣"的过程中起到的重要作用。
无独有偶，《外传》还有"孔子学鼓琴于师襄子"③的记载，孔子师于
师襄子，并最终超越他而达到"持文王之声，知文王之为人"的境界。
这同样强调了"学"在达成圣道方面的重要性。

与孟子有所不同的是，韩婴认为士人可以通过"学"到达君子
的境界，但却无法成为圣人。前文曾经提到，韩婴把人分为俗人、士
人、君子、圣人四个等级。圣人是其中的最高境界。在韩婴的叙述

---

① 焦循.孟子正义[M].北京:中华书局,1987:810—816.
② 韩婴撰,许维遹校释.韩诗外传集释[M].北京:中华书局,1980:196.
③ 韩婴撰,许维遹校释.韩诗外传集释[M].北京:中华书局,1980:175.

中,多能看到士人通过学变成君子的论述,却不见君子通过学到达圣人的记载。如"虽有良玉,不刻镂则不成器,虽有美质,不学则不成君子"①,"士必学问,然后成君子"②,"虽有善道,不学不达其功"③,"君子务为学也"④。可见,在韩婴的眼里,圣人之道是要通过学习达成的,但却并非人人均能达成圣道。士人通过"学"只能达到君子的境界。在这一观点上,虽然韩婴对孟子的圣人思想有所继承,但同时又与孟子有所不同,转而坚持圣人所具有的神圣性。

三、对士人观的继承

钱穆先生在评价孟子在汉宋之学中的地位时指出:"志善治,必自孔子上溯之周公;为真儒,乃自孔子下究之孟轲。"⑤所谓"为真儒",讲的正是对士人人格精神的建构。钱穆认为孟子思想中最核心的部分,在于对士人人格精神的建构与强调。这一观点是否失之偏颇暂且不论,但是这至少指出了士人精神的建构问题是孟子思想中的一个重要组成部分,也是最能体现出孟子思想特色的部分。

"士志于道"是孔子最早为士人立下的规定。而孟子不仅详细规定了士人的责任在于"尚志",即对"仁义"之道的坚守,同时对士人人格的构建和坚守也提出了具体的规定。孟子坚信"士"是文化的"先觉"者,负有特殊的历史使命,不仅"尚志",还要"自任以天下

① 韩婴撰,许维遹校释. 韩诗外传集释[M]. 北京:中华书局,1980:295.
② 韩婴撰,许维遹校释. 韩诗外传集释[M]. 北京:中华书局,1980:296.
③ 韩婴撰,许维遹校释. 韩诗外传集释[M]. 北京:中华书局,1980:98.
④ 韩婴撰,许维遹校释. 韩诗外传集释[M]. 北京:中华书局,1980:158.
⑤ 钱穆. 中国学术思想史论丛(5)[M]. 合肥:安徽教育出版社,2004:199.

之重","以此道觉此民"①,即承担着传承道统和教化的重任。但与此同时,士人对"道"的坚守也常常遭遇到挑战,遇到富贵、威武等多方面的诱惑与压力,在这种情况下,不事农桑、不任公卿之职,生活很容易陷入困顿的士人,便不得不面临"道"与富贵、生死、权势之间的选择。尤其是战国后期,纵横之士充盈天下,屈志辱身以求富贵的情况比比皆是。在这种情况下,士人精神的坚守对于道统的传承,无疑具有非常重要的现实意义。

到了汉代,士人的情况出现了变化,大一统的环境下,已经容不得他们的游说活动。淮南王因广招四方之士而被诛杀就是朝廷禁绝游士的一个非常明显的信号。但是,士人却开始进入汉代的统治阶层内部,而对社会发生切实的作用:"不但郡县举孝廉改以'士'为对象,太学中博士弟子更成为入仕的重要途径。从此汉代郎、吏由'士'出身便制度化了。"②先秦以来"士"的参政要求,在汉代得到了实现。但这也意味着,汉代的士人面临着政统与道统的双重重担。这种情况下,对士人人格精神的要求并不亚于先秦时代。因此,战国时代孟子对士人人格的规定和要求,在汉代依然具有现实意义,韩婴在士人人格方面对孟子的继承,也说明了这一问题。

(一)士人人格的构建:"立天下之正位"

孟子在批判纵横之士屈志降身的妾妇之道之后,提出士人应当遵循"大丈夫"之道:"居天下之广居,立天下之正位,行天下之大道,得志与民由之,不得志独行其道,富贵不能淫,贫贱不能移,威武不能屈,此之谓大丈夫。"③张岱年先生在解释这段话的时候,特别标

① 焦循.孟子正义[M].北京:中华书局,1987:671.
② 余英时.士与中国文化·新版序[M].上海:上海人民出版社,2003:5.
③ 焦循.孟子正义[M].北京:中华书局,1987:419.

出"志""位""道"三个字提醒我们注意,所谓的"大丈夫",要"有一个明确的志愿,有一个正当的位置,有一个基本的原则"①。这提醒我们:孟子对士人的规定,不仅包括对"道"的传承和对"志"的坚守,也包括对"位"的强调,把"位"看作影响"士人"人格建构的一个基本问题之一。这里的"位"并非职位或官位,而应理解成士人立身处世的立足点,即与"道""志"相符合的坚守和坚持。

韩婴在这一点上深得孟子之旨,他不仅指出士人应当符合"志""道""位"三个方面的原则,而且提出,对"正位"的坚持是这三者中最重要的一点:

> 传曰:所谓士者,虽不能尽乎道术,必有由也。虽不能尽乎美善,必有处也。言不务多,务审其所谓,行不务多,务审其所由而已。行既已尊之,言既已由之,若肌肤性命之不可易也。《诗》曰:"我心匪石,不可转也。我心匪席,不可卷也。"②

这段论述正是在孟子基础上的进一步发挥,韩婴所言的"尽乎道术""尽乎美善",恰恰与孟子的"道"与"志"相合。韩婴指出,士人在"道"上可以做得不够完备,可以在"志"上不必尽善尽美,但是所作所为却必须符合"志"与"道"的最基本的要求,也就是"必有由""必有处",必须是在"道"与"志"的指导下进行的,而不能脱离了"道"与"志"的大范围。这一观点可以说正是对孟子的"居天下之广居,立天下之正位,行天下之大道"的具体而微的解释。韩婴突出强调了士人应当有所处,并通过引用"我心匪石,不可转也。我心

---

① 张岱年.思想、文化、道德[M].成都:巴蜀书社,1992:55.
② 韩婴撰,许维遹校释.韩诗外传集释[M].北京:中华书局,1980:12—13.

匪席,不可卷也",强调了士人应当对"正位"有所坚持。然而,无论是"处"还是"位",均是"道"与"志"的外化,这种对正位的坚持,其本身依然源于对士人之"志"与"道"的坚守。

(二)士人人格的坚守:"不以贫富、贵贱、死生动其心"

"无恒产而有恒心者,唯士为能",这是孟子对士人的界定,同时孟子在回答王子垫的"士何事"的疑问时再次提到,士的职业就是"尚志",即"居仁由义"。这两点不仅界定了士人的主要职责所在,也暗示了不事农耕、不在仕途的士人,没有固定的衣食来源,极易陷入生活的窘境①。并且士人又承担着传播"仁义"之道的重任。因此,如何处理富贵、生死、权势与守"道"的关系,常常是当时的士人所必须面临的现实抉择。因此在面对一切窘境的时候,做到对"仁义"之道的坚守,就是一个合格的士人所应当具备的最基本素质。

因此,孟子针对有可能出现的几种情况对士人的人格精神提出了要求,强调士人人格的不可移易:"富贵不能淫,贫贱不能移,威武不能屈。此之谓大丈夫。"并且又对富贵、贫贱、威武的具体情形下,士人的选择有所界定。孟子指出,士人在面临富贵利禄的时候,如果"非义""非道",便不应对此有所留恋:"非其义也,非其道也,禄之以天下,弗顾也。系马千驷,弗视也。非其义也,非其道也,一介不以与人,一介不以取诸人。"②孟子又选取了面临生死抉择这一极端例子,来强调如何在困境下,达成对"义"的坚守,这就是古今熟诵的"舍生取义"章:

> 孟子曰:"鱼,我所欲也。熊掌,亦我所欲也。二者不可得

---

① 徐复观.两汉思想史(第三卷)[M].上海:华东师范大学出版社,2001:20—22.
② 焦循.孟子正义[M].北京:中华书局,1987:653.

兼,舍鱼而取熊掌者也。生,亦我所欲也。义,亦我所欲也。二
者不可得兼,舍生而取义者也。生亦我所欲,所欲有甚于生者,
故不为苟得也。死亦我所恶,所恶有甚于死者,故患有所不辟
也。如使人之所欲莫甚于生,则凡可以得生者,何不用也! 使
人之所恶莫甚于死者,则凡可以辟患者,何不为也! 由是则生
而有不用也,由是则可以辟患而有不为也,是故所欲有甚于生
者、所恶有甚于死者,非独贤者有是心也,人皆有之,贤者能勿丧
耳……"①

孟子指出,当遭遇"生"与"义"的困境时,应当"舍生取义",这可
以说是对士人坚守之"义"的一个极高的界定。汉代扬雄对孟子人
格的阐释,表明了汉儒对孟子这一规定的理解:"请问'孟轲之勇',
曰:'勇于义而果于德,不以贫富、贵贱、死生动其心,于勇也,其庶
乎!'"②"不以贫富、贵贱、死生动其心",恰恰是对孟子士人人格精神
的高度总结。

韩婴完整地继承了孟子对士人人格精神的规定,不仅注意到士
人节操与"义"的关系,也尤其强调了士人人格的不可移易:"士不能
勤苦,不能轻死亡,不能恬贫穷,而曰我能行义,吾不信也。"③这正是
从劳苦、死生、贫富三个方面,强调勤苦于身,轻视死亡和坚守贫困生
活,是士人"守义""行义"的前提。韩婴借子路之口所言的这段话,
与孟子的大丈夫精神非常类似。

不仅如此,韩婴在士人如何处理"义"与贫富、生死等具体问题

---

① 焦循. 孟子正义 [M]. 北京:中华书局,1987:783—784.
② 扬雄著,汪荣宝撰,陈仲夫点校. 法言义疏 [M]. 北京:中华书局,1987:419.
③ 韩婴撰,许维遹校释. 韩诗外传集释 [M]. 北京:中华书局,1980:66.

的关系上,所传达出的看法也与孟子相类:

> 原宪居鲁,环堵之室,茨以蒿莱,蓬户瓮牖,揉桑而为枢,上漏下湿,匡坐而弦歌。子贡乘肥马,衣轻裘,中绀而表素,轩车不容巷而往见之。原宪楮冠黎杖而应门,正冠则缨绝,振襟则肘见,纳履则踵决。子贡曰:"嘻! 先生何病也?"原宪仰而应之曰:"宪闻之,无财之谓贫,学而不能行之谓病。宪贫也,非病也。若夫希世而行,比周而友,学以为人,教以为己,仁义之匿,车马之饰,衣裘之丽,宪不忍为之也。"子贡逡巡,面有惭色,不辞而去。原宪乃徐步曳杖歌《商颂》而反,声满于天地,如出金石。天子不得而臣也,诸侯不得而友也。故养身者忘家,养志者忘身。身且不爱,孰能忝之?《诗》曰:"我心匪石,不可转也。我心匪席,不可卷也。"①

韩婴在此章极力描写了原宪生活上的窘境,他所居住的地方破陋不堪:"环堵之室,茨以蒿莱,蓬户瓮牖,揉桑而为枢,上漏下湿。"他的穿戴也无一处不残破:"正冠则缨绝,振襟则肘见,纳履则踵决。"然而他在精神上却怡然自得、"坐而弦歌"。子贡问原宪为什么达到这种窘境时,原宪指出自己的目的在于学能成行,即达成仁义教化目的,不愿意以仁义换取富贵生活:"仁义之匿,车马之饰,衣裘之丽,宪不忍为之也。"这种固守贫穷而不失其志的做法,与孟子所言"非其义也,非其道也,禄之以天下,弗顾也"的士人节操何其相似。

韩婴同样指出士人在面临诸如生死、富贵等选择困境时,所应当作出的选择:

① 韩婴撰,许维遹校释.韩诗外传集释[M].北京:中华书局,1980:11—12.

王子比干杀身以成其忠,尾生杀身以成其信,伯夷、叔齐杀身以成其廉。此四子者,皆天下之通士也。岂不爱其身哉? 为夫义之不立,名之不显,则士耻之,故杀身以遂其行。由是观之,卑贱贫穷,非士之耻也。夫士之所耻者,天下举忠而士不与焉,举信而士不与焉,举廉而士不与焉。三者存乎身,名传于世,与日月并而不息,天不能杀,地不能生,当桀纣之世,不之能污也。然则非恶生而乐死也,恶富贵好贫贱也,由其理尊贵及己而仕,不辞也。孔子曰:"富而可求也,虽执鞭之士,吾亦为之。如不可求,从吾所好。"故厄穷而不悯,劳辱而不苟,然后能有致也。《诗》曰:"我心匪石,不可转也。我心匪席,不可卷也。"此之谓也。①

韩婴以比干、尾生、伯夷、叔齐为例,指出他们慷慨赴死,是因为"义之不立,名之不显,则士耻之,故杀身以遂其行"。这与孟子所言的当"生"与"义"发生冲突时,士人应当"舍生取义"的观点如出一辙,韩婴在这里也是以生死这一极端的情况来强调士人人格的不可移易。在这一基础上,韩婴进一步指出,"舍生取义"是士人人格坚守过程中所面临的一种极端情况,放弃富贵和生命而选择卑贱的生活和地位上的窘境也并不意味着士人"恶生而乐死也,恶富贵好贫贱也",而是因为获取富贵和生死的前提条件与士人所坚守的"义"不相符合。而在富贵与"义"的前提相符的情况下,富贵的生活也不应为士人所排斥:"由其理尊贵及己而仕,不辞也。"此处正是从相反的角度对孟子"非其义也,非其道也,禄之以天下,弗顾也"的进一步说明。并且韩婴在结尾处引"我心匪石,不可转也。我心匪席,不可卷也",再次强调了士人人格坚守的重要性。

———————————

① 韩婴撰,许维遹校释.韩诗外传集释[M].北京:中华书局,1980:9—10.

与这一思想相表里的是,韩婴又化用了《孟子》中的"志士不忘
在沟壑,勇士不忘丧其元"以强调士人人格坚守的重要性。"志士不
忘在沟壑,勇士不忘丧其元"在《孟子》中的两次出现,均是孟子以
此向弟子解释自己不肯"枉尺直寻"、就见诸侯的原因。这段话体现
出一种士人应当具有的品质:即任何时候都不应放弃士人应有的节
操和立场,即便以生命为代价。而《外传》运用了这一典故,并保留
了它的含义:

> 子路曰:"向也由与巫马期薪于韫丘之下,陈之富人有处师
> 氏者,脂车百乘,觞于韫丘之上。由谓巫马期曰:'使子无忘子
> 之所知,亦无进子之所能,得此富,终身无复见夫子,子为之乎?'
> 巫马期喟然仰天而叹,阘然投镰于地,曰:'吾尝闻之夫子,勇士
> 不忘丧其元,志士仁人不忘在沟壑。子不知予与? 试予与? 意
> 者其志与?'由也心惭,故先负薪归。"①

子路提出了给巫马期以富贵,而使其离开孔子,不再施行其道的假
设,问巫马期作何选择。巫马期在此处引用了"志士不忘在沟壑,勇
士不忘丧其元",以证明自己的品格不会因富贵而移易。这一论述,
仍然是对孟子坚守士人品格观点的进一步发挥。

(三) 不同境遇下的抉择:"穷则独善其身,达则兼善天下"

孟子所提到的"大丈夫"的士人观,即"居天下之广居,立天下
之正位,行天下之大道。得志与民由之,不得志独行其道。富贵不能
淫,贫贱不能移,威武不能屈。此之谓大丈夫"。这包含了三个层面
的内容,即对"正位"的追求,对士节的坚守,和如何处理"穷""达"

---

① 韩婴撰,许维遹校释.韩诗外传集释[M].北京:中华书局,1980:69—70.

的问题。

战国时期,游士的衣食和地位,均仰仗重视他的国君或诸侯的给予。他们不事农桑之业,不任公卿之职。在战国养士之风盛行的情况下,如果得到了国君的重视,便会立刻显贵,如孟子在齐国就一度达到"后车数十乘,从者数百人"①的状态。而如果不为所用,处境便会非常狼狈,如苏秦最初游说秦王而不为所用,生活极度困窘,不仅资用散尽、形容枯槁,而且为家人所冷落:"黑貂之裘弊,黄金百斤尽,资用乏绝,去秦而归。羸縢履跻,负书担橐,形容枯槁,面目犁黑,状有归色。归至家,妻不下纴,嫂不为炊,父母不与言。"②由此可见,在战国时代,士人能不能被国君和诸侯所用,其"穷""达"之间的对比非常强烈。到了汉代,情况有所变化,士人的"穷""达"决定于皇帝一人之手,东方朔的《答客难》对这一前后差别的论述非常深刻:"彼一时也,此一时也,……夫苏秦、张仪之时,周室大坏,诸侯不朝,力政争权。"③当时,"得士者强,失士者亡,故谈说行焉。身处尊位,珍宝充内,外有廪仓,泽及后世,子孙长享"④。而汉代却不再如此,士人已经不可能再像游士那样,有机会选择不同的国家为之服务:"今则不然。圣帝流德,天下震慑,诸侯宾服,连四海之外以为带,安于覆盂,动犹运之掌。"士人的穷达荣辱完全掌握在皇帝的手里:"尊之则为将,卑之则为虏;抗之则在青云之上,抑之则在深泉之下;用之则为虎,不用则为鼠。"⑤即便是苏秦、张仪生活在这个时代,连获得侍郎

① 焦循.孟子正义[M].北京:中华书局,1987:427.
② 刘向集录.战国策[M].上海:上海古籍出版社,1985:85.
③ 班固.汉书[M].北京:中华书局,1962:2864.
④ 班固.汉书[M].北京:中华书局,1962:2865.
⑤ 班固.汉书[M].北京:中华书局,1962:2865.

的职位都实属妄想。秦汉以来的士人环境均涉及一个重要问题,即士人的"穷达"受制于时主好恶的情况非常明显。而坚守"正道"不肯有所移易的士人,势必会遇到为人主赏识或不为人主重用的情况。这样就涉及一个非常重要的问题,即如何在"穷"与"达"不同的环境下履行士人的职责。

对此,孟子的观点非常明确:"天下有道,以道殉身;天下无道,以身殉道。"赵岐对这一句的解释深得孟子之旨,称:"此章言穷达卷舒,屈伸异变者也。孟子言天下有治道之时,则当以道从身,以施其功实也,以其身显而道彰也。天下无治道之时,则当以身从道,而卷藏守伏也,以其道藏则身伏也。未闻于此无道之时,以道从人,而饕富贵也。"①也就是说,如果所守之道为人主所用,则以其道施用于天下;如果不为所用,则独守其道,而不能以道从人来博取富贵。这一观点与《论语》的"天下有道则见,无道则隐"②意义相近。孟子又进一步指出,应当根据不同的情况,履行士人的不同职责,称:"古之人得志泽加于民,不得志修身见于世,穷则独善其身,达则兼善天下。"③"得志与民由之,不得志独行其道。"④孟子指出,得到任用,则以"道"施用于天下万民;不为所用,便以"道"来完善自己的人格,这便是在不同的境遇下士人应当作出的不同选择。"济世"和"修身",是士人在不同的处境下所面临的不同任务。

与孟子相比,韩婴对孟子兼济、独善的观点有所继承,"宜于时

---

① 阮元校刻.十三经注疏(清嘉庆刊本)[M].北京:中华书局,2009:6029.
② 刘宝楠.论语正义[M].北京:中华书局,1990:303.
③ 焦循.孟子正义[M].北京:中华书局,1987:890—891.
④ 焦循.孟子正义[M].北京:中华书局,1987:419.

则达,厄于穷则处"①,但是他更偏重于探讨士人遭遇"穷""达"两种不同处境的原因,并由此寻找"达"的途径。韩婴把贤士圣人"穷""达"的原因,多归结于"时",即机遇。如韩婴曾称孟子不为时主重用的原因是"遭雕世":"夫蓺冬至必雕,吾亦时矣。"②即把士人的"穷"归结为时机的不符合。在提到钟子期死后,伯牙不再鼓琴之时,韩婴又评价说:"非独鼓琴如此,贤者亦有之。苟非其时,则贤者将奚由得遂其功哉?"③此处同样用"时"即机遇来解释贤者得到重用的原因。而最具代表性的例子,是对孔子困于陈蔡的解释:

> 孔子困于陈、蔡之间,即三经之席,七日不食,藜羹不糝,弟子有饥色,读《诗》《书》习礼乐不休。

> 子路进谏曰:"为善者,天报之以福。为不善者,天报之以祸。今夫子积德累仁,为善久矣。意者尚有遗行乎,奚居之隐也?"

> 孔子曰:"由来!汝小人也,未讲于论也。居,吾语汝。子以知者为无罪乎,则王子比干何为刳心而死?子以义者为听乎,则伍子胥何为抉目而悬吴东门?子以廉者为用乎,则伯夷、叔齐何为饿于首阳之山?子以忠者为用乎,则鲍叔何为而不用,叶公子高终身不仕,鲍焦抱木而立,子推登山而燔?故君博学深谋,不遇时者众矣。岂独丘哉?贤不肖者材也。遇不遇者时也。今无有时,贤安所用哉?故虞舜耕于历山之阳,立为天子,其遇尧也。傅说负土而版筑,以为大夫,其遇武丁也。伊尹故有莘氏僮也,

---

① 韩婴撰,许维遹校释. 韩诗外传集释 [M]. 北京:中华书局,1980:7.
② 韩婴撰,许维遹校释. 韩诗外传集释 [M]. 北京:中华书局,1980:218.
③ 韩婴撰,许维遹校释. 韩诗外传集释 [M]. 北京:中华书局,1980:311.

负鼎操俎调五味,而立为相,其遇汤也。吕望行年五十,卖食棘津,年七十屠于朝歌,九十乃为天子师,则遇文王也。管夷吾束缚自槛车,以为仲父,则遇齐桓公也。百里奚自卖五羊之皮,为秦伯牧牛,举为大夫,则遇秦缪公也。虞丘名闻于天下,以为令尹,让于孙叔敖,则遇楚庄王也。伍子胥前功多,后戮死,非知有盛衰也,前遇阖闾,后遇夫差也。夫骥罢盐车,此非无形容也,莫知之也。使骥不得伯乐,安得千里之足?造父亦无千里之手矣。夫兰茝生于茂林之中,深山之间,不为人莫见之故不芬。夫学者非为通也。为穷而不困,忧而志不衰,先知祸福之终始,而心无惑焉。故圣人隐居深念,独闻独见。夫舜亦贤圣矣,南面而治天下,惟其遇尧也。使舜居桀、纣之世,能自免于刑戮之中,则为善矣,亦何位之有?桀杀关龙逢,纣杀王子比干,当此之时,岂关龙逢无知,而王子比干不慧乎哉?此皆不遇时也。故君子务学,修身端行而须其时者也。子无惑焉。"《诗》曰:"鹤鸣九皋,声闻于天。"①

这是韩婴对士人境遇问题最全面的一段解释。孔子困于陈、蔡之间,其弟子子路问孔子应当作何选择,是继续走拯济苍生的道路,还是就此隐居。孔子并没有直接回答子路,而是举了比干、伍子胥、伯夷、叔齐、鲍叔牙、叶公子高、鲍焦、介子推等一系列贤者不为所用的例子,指出他们的悲剧在于没有良好的机遇,而史上的贤君能臣之所以有丰功伟绩,与他们遇到了知遇之人有关。所以孔子提出"君子务学,修身端行而须其时"的观念。这一观点非常重要,他明确地体现出了韩婴对士人不同境遇的看法。从中可见,韩婴并不反对士

---

① 韩婴撰,许维遹校释. 韩诗外传集释 [M]. 北京:中华书局,1980:242—245.

人的"兼善"和"独善"的做法。但是在孟子那里,"兼善"和"独善"是两相并列,且不分孰轻孰重的,是在不同境遇下士人的不同抉择。而韩婴却指出,君子的修身端行、独善其身的做法,实际上是在等待"时",等待兼善天下的机会。"独善其身"仅仅是在士人不遇其时的时候,一种等待时机的权宜性选择。韩婴不仅指出了士人在不同境遇中应当选择的做法,而且进一步明确了士人的首要任务。

当然,韩婴对孟子的承袭并不限于以上几点,如韩婴对孟子性情思想的发挥也是人们的重要关注点之一。韩婴在人性论上,采纳了孟子的性善论的观点。这点在历来的相关研究中已被多次提及,如臧琳评价韩婴在人性论上对孟子的采纳称:"孟子之后,程、朱以前,知性善者,韩君一人而已。"[1] 前人对此所言甚详,故此处不再叠床架屋。只是以此说明,无论是在思想上,还是在《诗》学上,韩婴对孟子的承传远比我们所能罗列的丰富。

第四节　韩诗学者对孟子的接受与承传

"汉人能自立成一家,往往有书以名其学。"[2] 姚振宗在《后汉书·艺文志》中的这一论断,指出了通过相关典籍来深入了解韩诗的必要性和重要性。上面三节主要是从《外传》入手,探讨了韩诗与孟子的承继关系。然而,韩诗的相关著作远不止一部《外传》,仅韩婴所著就有《韩诗内传》《韩诗外传》。《汉书·艺文志》所著录的有

---

① 韩婴撰,屈守元笺疏. 韩诗外传笺疏 [M]. 成都:巴蜀书社,2012:3.
② 二十五史补编编委会编. 二十五史补编 [M]. 北京:中华书局,1955:2314.

《韩诗经》二十八卷,《韩故》三十六卷,《韩内传》四卷,《韩外传》六卷,《韩说》四十一卷。《后汉书》中著录的相关著作又包括:薛汉《韩诗章句》,杜抚《诗题约义通》,张匡《韩诗章句》,赵晔《诗切》《历神渊》。《蜀志》录有杜琼《韩诗章句》。《新唐书》又录有《韩诗》卜商《序》韩婴《注》二十二卷,《外传》十卷,卜商《集序》二卷,《翼要》十卷。《张彦远名画记》录有《韩诗图》十四卷。由此可见,仅从《外传》入手,似难由此全面概括韩诗与孟子之间的深层联系。然而,韩诗的著述虽然一度非常丰富,但到了隋代,韩诗著作虽存,却已经失去了传承之人。据《隋书·经籍志》载:"齐诗魏代已亡,鲁诗亡于西晋,韩诗虽存,无传之者。"[①] 到了宋代,对韩诗著作的探讨便只能从其他典籍的记载中找寻了,如朱熹就对门人说《文选》注中多有韩诗说:"汉三家诗佚久矣,然齐鲁虽亡,韩诗尤难见于他书。朱子语门人《文选》注多韩诗说。"[②] 不过,清人的辑佚为我们在文献上提供了很大的便利,相关成果中较有代表性的如宋绵初的《韩诗内传征》,陈乔枞的《韩诗遗说考》,马国翰、沈清瑞等的《韩诗故》,王先谦的《诗三家义集疏》等,虽然多为只字片语或断章残句,但这使得我们对韩诗的进一步探讨变得可能。同时,清人对三家诗的辑佚,往往是从三家诗学者的著述中寻讨的,这也提醒我们,在典籍难征的情况下,我们可以从韩诗后世学者的身上,对韩诗与孟子的整体关系作一管窥。

一、诗说对孟子的继承

虽然目前已经无法看到系统性的韩诗著述,但从韩诗相关学者

---

① 皮锡瑞撰,周予同注释.经学历史 [M].北京:中华书局,1959:304.
② 宋绵初.韩诗内传征 [M].上海:上海古籍出版社,2002:81.

的《诗》义理解中,我们也能够发现他们的诗义阐释存在着受孟子影响的痕迹。其中最明显的一处是韩诗学者对"不素餐"的理解与孟子的诗义阐释完全一致。

《孟子》中出现过两次弟子对孟子生存状态的质疑,他们对不事农桑、不任公卿却能获得显贵的士人生活表示难以理解,继而怀疑士人的真正作用和价值:

> 公孙丑曰:"《诗》曰'不素餐兮',君子之不耕而食,何也?"
>
> 孟子曰:"君子居是国也,其君用之,则安富尊荣;其子弟从之,则孝悌忠信。不素餐兮,孰大于是!"①
>
> 彭更问曰:"后车数十乘,从者数百人,以传食于诸侯,不以泰乎?"
>
> 孟子曰:"非其道,则一箪食不可受于人;如其道,则舜受尧之天下,不以为泰。子以为泰乎?"
>
> 曰:"否。士无事而食,不可也。"
>
> 曰:"子不通功易事,以羡补不足,则农有余粟,女有余布;子如通之,则梓匠轮舆,皆得食于子。于此有人焉,入则孝,出则悌,守先王之道,以待后之学者,而不得食于子。子何尊梓匠轮舆而轻为仁义者哉?"
>
> 曰:"梓匠轮舆,其志将以求食也。君子之为道也,其志亦将以求食与?"
>
> 曰:"子何以其志为哉? 其有功于子,可食而食之矣。且子食志乎,食功乎?"
>
> 曰:"食志。"

---

① 焦循. 孟子正义[M]. 北京:中华书局,1987:925—926.

曰："有人于此,毁瓦画墁,其志将以求食也,则子食之乎?"

曰："否。"

曰："然则子非食志也,食功也。"①

这两次谈话传达的意图相同,均是孟子弟子对君子"后车数十乘,从者数百人,以传食于诸侯"的"不耕而食""无事而食"的生存状态的质疑。尤其是公孙丑的质疑语气最为强烈,直接引用《魏风·伐檀》中的"不素餐兮"来批评这种"不耕而食"生活并不合理、有违先贤之意。而孟子则从士人存在的价值和意义入手,详细解释了君子"不素餐"的意义,"君子居是国也,其君用之,则安富尊荣;其子弟从之,则孝悌忠信",这恰恰是"不素餐"的最重要的表现。由于两处对话所传达的意义相同,我们也可以从孟子对彭更的解答中,寻找"不素餐"的确切含义。孟子在与彭更的对话中提到了"食功",即士人与从事"梓匠轮舆"之业的人一样,均是因为有"功"而被人奉养,其区别只不过是"梓匠轮舆"之人的功劳在于伐木造车,而士人的意义和价值在于"为仁义"。结合这两处的论述,孟子对"不素餐"的解释可明,即君子"食功",得其位而用,施教于万民,因有功被奉养,即是"不素餐"。

查考研习韩诗的几位学者所引的"不素餐"的语境和语义,可以发现,韩诗后学对"不素餐"的理解均与孟子的观点一致。

韩婴之后,教授韩诗最著名的汉儒是蔡义(亦作"蔡谊"),曾授韩诗于昭帝。王吉与食子公又受韩诗于蔡义,因此韩诗的家学流传中又有王、食之学。王吉不仅是韩诗的重要传人,也是把韩诗的影响推向最盛的主要人物,朱倬就曾指出:"韩诗始于韩婴,而盛于王

---

① 焦循. 孟子正义 [M]. 北京:中华书局,1987:427—430.

吉。"①《汉书·王吉传》记录了王吉呈给宣帝的一则奏疏,其中涉及对《伐檀》的理解:

> 舜、汤不用三公九卿之世而举皋陶、伊尹,不仁者远。今使俗吏得任子弟,率多骄骜,不通古今,至于积功治人,亡益于民,此《伐檀》所为作也。宜明选求贤,除任子之令。外家及故人可厚以财,不宜居位。②

王吉这段奏议③的主旨是希望宣帝能够选举贤能。他指出当权的官吏子弟不能"积功治人",对百姓无益,这正是《伐檀》之诗所讽刺的无功于民、素餐于位的现象。应当选举贤人能士,让他们"居位"。对于在治国安民方面不能有所成就的"外家""故人",可以多给他们钱财,但不能让他们居于高位。王吉所引《伐檀》的主旨在于强调让治民有"功"者"居位",这与孟子所言的君子"居是国"而施恩泽于万民、因其"功"而为国君所礼遇的"不素餐"的思想完全一致。

对《伐檀》的理解与孟子相合的例子,并非只此一处孤证。恰恰相反,目前所见的韩诗后学中,对《伐檀》的理解均与孟子相合。三

---

① 宋绵初. 韩诗内传征 [M]. 上海:上海古籍出版社,2002:83.
② 班固. 汉书 [M]. 北京:中华书局, 1962:3065.
③ 据《汉书》记载,王吉的这段奏议不仅没有得到宣帝的重视,反而因此被宣帝疏远:"上以其言迂阔,不甚宠异也。吉遂谢病归琅邪。"(班固. 汉书 [M]. 北京:中华书局, 1962:3065)这一遭遇与孟子颇具相似之处,《史记·孟子荀卿列传》记载孟子的遭遇是:"梁惠王不果所言,则见以为迂远而阔于事情。"(司马迁. 史记 [M]. 北京:中华书局,1982:2343)

国时期的曹植①在其《求自试表》中，仍然延续着孟子对《伐檀》的这一解释：

> 臣闻士之生世，入则事父，出则事君；事父尚于荣亲，事君贵于兴国。故慈父不能爱无益之子，仁君不能畜无用之臣。夫论德而授官者，成功之君也；量能而受爵者，毕命之臣也。故君无虚授，臣无虚受；虚授谓之谬举，虚受谓之尸禄，《诗》之"素餐"所由作也。昔二虢不辞两国之任，其德厚也；旦、奭不让燕、鲁之封，其功大也。今臣蒙国重恩，三世于今矣。正值陛下升平之际，沐浴圣泽，潜润德教，可谓厚幸矣。而窃位东藩，爵在上列，身被轻暖，口厌百味，目极华靡，耳倦丝竹者，爵重禄厚之所致也。退念古之授爵禄者，有异于此，皆以功勤济国，辅主惠民。今臣无德可述，无功可纪，若此终年无益国朝，将挂风人"彼其"之讥。是以上惭玄冕，俯愧朱绂。②

李善在《文选·曹子建求自试表》的注释中以《韩诗》解释说："何谓素餐？素者，质也。人但有质朴，而无治民之材，名曰素餐。"③可见韩诗中以有无治民之才作为判断是否"素餐"的根本标准，这与孟子的"食功"之说相合。从曹植对"素餐"的理解中，能够更清楚地看到，

---

①《三国志·陈思王植传》："陈思王植字子建。年十岁余，诵读《诗》《论》及辞赋数十万言，善属文。"（陈寿. 三国志［M］. 北京：中华书局，1982：557）但并未言及曹植所治何《诗》。王先谦的《诗三家义集疏》以曹植为韩诗家，称"曹植、鱼豢皆韩诗家"（王先谦. 诗三家义集疏［M］. 北京：中华书局，1987：410）。查考王先谦所列曹植对《诗》义的阐释，确实多与韩诗相合，故此处取王先谦的说法。

② 陈寿. 三国志［M］. 北京：中华书局，1959：565—566.

③ 高步瀛选注. 魏晋文举要［M］. 北京：中华书局，1989：19.

韩诗中对"素餐"的阐释与孟子关系密切。由于立嗣之争失败,曹植一直处于被曹丕父子压制的境遇下,因此常有才能无所施展之感:"植常自愤怨,抱利器而无所施。"在太和二年的《求自试表》中,曹植再一次表达了他渴望建功立业的要求,文中曹植指出自己身居高位却无功于天下,恰恰是"素餐""尸禄":"窃位东藩,爵在上列,身被轻暖,口厌百味,目极华靡,耳倦丝竹者,爵重禄厚之所致也。……今臣无德可述,无功可纪,若此终年无益国朝,将挂风人'彼其'之讥。"曹植以"素餐"形容自己"无德可述,无功可纪"的现状,这恰恰与孟子"食功"的说法一致。

同样,鱼豢在《三国志·魏书三》秦朗的记载之后注曰:"为上者不虚授,处下者不虚受,然后外无《伐檀》之叹,内无尸素之刺,雍熙之美著,太平之律显矣。而佞幸之徒,但姑息人主,至乃无德而荣,无功而禄,如是焉得不使中正日朒,倾邪滋多乎!"①对《伐檀》作"无德而荣,无功而禄"的理解亦与孟子对"素餐"的看法相一致。

由此可见,无论是《文选》注中所引韩诗对"素餐"的解释,还是王吉、曹植、鱼豢对"素餐""伐檀"的理解,均与孟子对"素餐"的解释相合。先秦时期引用《魏风·伐檀》并对其作出解释的典籍,仅见《孟子》一例②。由此,韩诗对《伐檀》中"素餐"的释义应当采自孟子,这点应当是无疑的。

虽说孤例难证,但这是由于韩诗的相关典籍仅存只字片语,难以对此进行一个系统的把握。结合前文提到的《外传》中对孟子诗说的大量承袭,我们也可以推知,韩诗对孟子《诗》说的承袭当不止一处。

---

① 陈寿. 三国志 [M]. 北京:中华书局,1959:101.
② 据董治安先生《战国文献论〈诗〉引〈诗〉综录》的统计(董治安. 先秦文献与先秦文学 [M]. 济南:齐鲁书社,1994:64—88)。

由此得出《孟子》是韩诗诗说的取材渊源的结论,当不为过。

二、著述与孟子的牵涉

除了在诗说上对孟子有所承袭,韩诗学者的著述也与孟子多有牵涉。由于《诗》学论著多已不传,因此已经无法从著作本身判断相关的韩诗著作是否对孟子有所采纳,但是在韩诗学者的其他著述中却能找到他们承袭孟子的痕迹。从他们的相关著述中出现的接受孟子的情况推测,韩诗的未见著述采纳《孟子》的可能性也非常大。

赵晔,字长君,会稽山阴人。曾跟随当时有名的韩诗学者杜抚学习韩诗二十年:"诣杜抚受《韩诗》,究竟其术。积二十年,绝问不还","晔著《吴越春秋》《诗细》《历神渊》。蔡邕至会稽,读《诗细》而叹息,以为长于《论衡》"[①]。据《后汉书·儒林传》记载,赵晔的著述有《吴越春秋》《诗细》《历神渊》三种,后两种被古今学者列入韩诗著述的范畴,惜已不传,而《吴越春秋》却得以流传至今。查考《吴越春秋》,对孟子的承继计有四处,分别是:化用了孟子讲仁政时所言的"民归之,如水之就下",称贤君仁政能够使得"四方之民归之若水";采纳了齐景公嫁女于吴的故事;采纳了《孟子》中的尧帝时治理洪水的记载;在舜禅位于禹,禹传位于益,而人们多归附于禹之子启的记载上,与《孟子》几乎完全一致。作为一部史传性著作,在重要史料方面对《孟子》多有取用,这即已证明赵晔对《孟子》的重视。同时,赵晔的《诗细》被许多典籍记录为《诗谱》,例如曾朴认为"细"乃"谱"之误[②],《经义考》认为:"赵氏晔《诗细》,《七录》作《诗谱》

① 范晔. 后汉书 [M]. 北京:中华书局,1965:2575.
② 二十五史补编编委会编. 二十五史补编·补后汉书艺文志并考 [M]. 北京:中华书局,1955:2498.

二卷,佚。"①《隋书·经籍志》也提到:"梁有《韩诗谱》二卷……汉有道征士赵晔撰,亡。"而今人刘毓庆则认为赵晔作《诗细》,《诗谱》乃《诗细》之讹②。历代众多学者以《诗细》为《韩诗谱》恐非偶然,很有可能《诗细》在著述方式上多与郑玄的《毛诗谱》相同,而有此误。而郑玄的《毛诗谱》正是在孟子"知人论世"的观点影响下而作的。通过以上两点推断,赵晔的《诗》学著作中当亦有孟子影响的因素,只是典籍不征,难以判断其所受影响的大小而已。

据《隋书·经籍志》载,侯苞作《韩诗翼要》十卷。此书已佚,今有王谟、马国翰、王仁俊等辑本,但已难窥其详,对孟子的承袭更无从谈起。但是,从侯苞的生平来看,侯苞的著述当与《孟子》有所关联。据《汉书》记载:"雄……家素贫,耆酒,人希至其门。时有好事者载酒肴从游学,而巨鹿侯芭常从雄居,受其《太玄》《法言》焉。……天凤五年卒,侯芭为起坟,丧之三年。"③侯苞与扬雄的师徒关系非常密切,曾长期伴随扬雄居住,学习《法言》《太玄》,并且在扬雄去世之后,为扬雄负土筑坟,守坟三年。扬雄是汉代极力推崇孟子的一个重要人物,他在《法言》中大力推崇孔、孟,把孟子提高到孔子的地位,称:"诸子者,以其知异于孔子也。孟子异乎? 不异。"④从而指出了孟子与孔子在学术上的一致性。并且,扬雄又以孟子传人的身份自居:"古者杨、墨塞路,孟子辞而辟之,廓如也。后之塞路者有矣,窃自比

---

① 朱彝尊著,游均晶等点校.点校补正经义考(七)[M].台湾:"中央研究院"中国文哲研究所筹备处,1997:339.

② 刘毓庆.历代诗经著述考(先秦—元代)[M].北京:中华书局,2002:50.

③ 班固.汉书[M].北京:中华书局,1962:3585.

④ 扬雄著,汪荣实撰,陈仲夫点校.法言义疏[M].北京:中华书局,1987:498.

于孟子。"①把孟子作为自己的榜样和导向,并且对孟子人格精神也非常的推崇。据姚振宗《隋书经籍志考证》记载,侯苞又著有《法言注》,阐发扬雄《法言》意旨②。可见长期师事扬雄的侯苞,其《诗》学著录中受孟子影响的可能也非常大,然而由于典籍的缺失,这一观点也只能是一种推测。

郑玄,字康成,东汉末年著名经学家。郑玄在《诗》学上最大的贡献是在今文经三家诗的基础上注释毛诗,并最终使得毛诗渐渐取代了三家诗的地位并流传至今。然而,他最初习《诗》,却是从韩诗开始的。郑玄的《毛诗笺》对孟子多有承袭,他的《诗谱》也受到孟子"知人论世"的影响,这两部分将在毛诗的相关章节详述,此处不赘。《隋书·经籍志》和两唐《志》均著录郑玄注《孟子》七卷,今亦不传。因此我们也无法从中判断郑玄在早期的韩诗承传中,受孟子的影响是否明显。不过据王应麟判断,郑玄注释三礼的时候,还尚未学习毛诗,因此注释三礼时所用的是韩诗:"郑康成先通韩诗,故注三礼与毛诗异。"③这也就意味着从郑玄三礼的注疏中能够得到郑玄用韩诗的部分资料。在郑玄的二礼注中,有一个例子值得重视:郑玄在注《周礼》时以《诗》证王者之事,同时,又引《孟子》以证《诗》。《周礼·秋官·大行人》:"凡诸侯之王事,辨其位,正其等,协其礼,宾而见之。"郑玄注曰:"王事,以王之事来也。《诗》云:'莫敢不来王。'《孟子》曰:'诸侯有王。'"④此处郑玄引《诗》证"王事"之"王"是"朝见王"的意思,同时又以《孟子》辅助证明《诗》中的"来王"者正是

① 扬雄著,汪荣宝撰,陈仲夫点校.法言义疏[M].北京:中华书局,1987:81.
② "所著又有《法言注》,见本志子部儒家类,又有《太玄注》,见王涯《说玄》。"
③ 宋绵初.韩诗内传征[M].上海:上海古籍出版社,2002:84.
④ 孙诒让撰,王文锦,陈玉霞点校.周礼正义[M].北京:中华书局,2015:3599.

诸侯。《诗》与《孟子》两相佐证以证明"王事"为朝见王者之事。由此可见,即便到了东汉末期,韩诗在诗义阐释的时候引用《孟子》以证的传统依然存在。

三、对孟子士人观的践行

前文已经提到,韩婴在士人观上继承了孟子的观点。对于孟子的士人观,韩诗学者不仅在理论上有所继承,并且在生活中也有所践行。

其中最有代表性的人物,是东汉时期的刘宽。据谢承《后汉书》记载:"宽少学欧阳《尚书》、京氏《易》,尤明《韩诗外传》。星官、风角、算历,皆究极师法,称为通儒。"[1] 有两点值得注意:一是诸经之中,刘宽"尤明《韩诗外传》",即对韩诗的体悟最为深刻;一是刘宽"究极师法",极其注重师法传承。从时人对刘宽的评价可知,刘宽一生的行事风格与孟子对士人人格的要求颇为相合。在东汉中平二年二月所作的《太尉刘宽碑》中,我们能够清楚地看到时人[2]对刘宽一生行事风格的描述:

> 公讳宽,字文饶,弘农华阴人也。……公托受纯和之气体,有乐道宁俭之性,疾雕饰,尚朴素,轻荣利,重谦让。幼与同好镌坟典于茅庐,是以根经纬,综精微,海童冠而不倦。伉浮云之志,三公莫能致之。……遵洙泗之业,有悔仕思初之计。三府并

① 范晔.后汉书[M].北京:中华书局,1965:886.
② 关于此碑文作者有两种说法,一为蔡邕所作,一为桓麟所作。《全后汉文》把此碑文录于桓麟名下,并作按语称:"《隶释》有刘宽两碑,前碑桓麟撰,据《艺文类聚》知之;后碑蔡邕撰,据《文选·王仲宣诔》注知之。"笔者依从《全后汉文》中的观点。

招,博士征,皆辞疾不就。司隶举茂材,大尉举有道,公车征拜议
郎司徒长史,入登侍中,宣美顾问。延熹八年地震,有诏询异。公
以演沉渐,对当帝心,转拜尚书,齐密机喉,王命惟允。迁东海相,
以德兴化,泽臻民物。复迁南阳太守,壹行质省简易之教,推贞谅
以示下,显众善以厉否,恻隐之诚,通乎神人,故能去鞭扑,如获其
情,弗用刑,如弭其奸。①

刘勰在《文心雕龙》中评价诔碑文具有如实记录的特点:"论其人也,
暧乎若可觌"②,"写实追虚,碑诔以立。铭德慕行,文采允集"③。即碑
文具有再现碑文主人容仪、事迹的写实性特点。因此,此处对刘宽的
评价应是时人对其一生的如实总结。文中提到刘宽"遵洙泗之业",
"洙泗"所指正是洙水与泗水流经的邹鲁地区,即孔子和孟子的桑
梓之邦,而"遵洙泗之业"正是指刘宽在儒学上承袭了"醇乎醇"的
孔子、孟子之学。时人对刘宽行事风格的评价是:"公托受纯和之气
体……伉浮云之志,三公莫能致之。"这一描述则与孟子所言的大丈
夫精神非常相似。在具体行事上,刘宽以仁道治理郡县,以仁教代替
刑罚,即便惩罚,"但用蒲鞭罚之,示辱而已"④。刘宽"迁东海相"后,
"以德兴化,泽臻民物"。由此可见,刘宽的为政之道与孔子的"为政
以德"的思想非常契合。

　　关于韩诗后学与孟子的关系,由于史籍难征,因此很难对此进行
系统性的把握,以上仅是从诗说、著述和人格精神方面进行的探讨。

_____

① 严可均.全上古三代秦汉三国六朝文 [G].北京:中华书局,1958:624.
② 刘勰著,陆侃如,牟世金译注.文心雕龙译注 [M].济南:齐鲁书社,1995:204.
③ 刘勰著,陆侃如,牟世金译注.文心雕龙译注 [M].济南:齐鲁书社,1995:208.
④ 范晔.后汉书 [M].北京:中华书局,1965:887.

尽管例证不多,但从牵涉的范围和内容看,足以证明韩诗后学对孟子的关注和承袭绝非偶然。这也表明,韩诗与孟子的渊源关系远比我们目前所能看到的丰富。

第五章　孟子与毛诗

与鲁、齐、韩三家诗不同,毛诗虽然在汉初已经产生,但长期不入官学,主要以私学的形式在民间流传。班固在总结西汉《诗》学承传过程时,主要言及鲁、齐、韩三家,而于毛诗仅一笔带过:"三家皆列于学官。又有毛公之学,自谓子夏所传,而河间献王好之,未得立。"[①] 不过毛诗并非一直流传于民间,也曾数次被短暂地纳入官方视野。西汉初年,河间献王首置毛诗为博士,为毛诗的传播初步奠定了基础。正如马宗霍先生所指出的:"然河间献王学举'六艺',尝立《毛氏诗》《左氏春秋》博士,而膺博士之选者,即毛公与贯公,则此二家虽曰私学,在当时已显矣。"[②] 据《汉书·儒林传》记载,西汉平帝时期,毛诗曾被纳入官学:"平帝时,又立《左氏春秋》《毛诗》、逸《礼》、古文《尚书》,所以网罗遗失,兼而存之,是在其中矣。"[③] 不过这一次,毛诗很快就成为政治纷争的牺牲品:"王莽、刘歆所为,尤不足论。光武兴,皆罢之。此数经,终汉世不立。"[④] 东汉初年,毛诗再次被纳入官方视野,虽然并非列入官学,但却成为毛诗在汉代

---

① 班固. 汉书 [M]. 北京:中华书局,1962:1708.

② 马宗霍. 中国经学史 [M]. 上海:上海书店,1984:41.

③ 班固. 汉书 [M]. 北京:中华书局,1962:3621.

④ 皮锡瑞撰,周予同注释. 经学历史 [M]. 北京:中华书局,2004:50.

地位得到确认的一个重要标志:"(章帝) 令 (贾逵) 撰《齐》《鲁》《韩诗》与《毛氏》异同。……八年,乃诏诸儒各选高才生,受《左氏》《穀梁春秋》《古文尚书》《毛诗》,由是四经遂行于世。"① "(毛诗)至章帝建初中,仍诏高才生受《古文尚书》《毛诗》《穀梁》《左氏春秋》,则虽不立学官,固已网罗遗逸,博存众家矣。"② 此时毛诗的独到特点引起了官方的关注,并首次获得了与鲁、齐、韩三家诗相等程度的重视。这也可以看出,虽然毛诗长期流传于民间,不能"设博士,置弟子"而只能采取"自相传授"③ 的方式,然而有汉一代,毛诗的流传和影响却不绝如缕。因此,考察毛诗产生影响的时间不应从四家并立的东汉时期算起,而应追溯至毛诗产生的西汉初年。

关于毛诗的渊源流传,目前可见的最早观点源于三国时期吴国的两位学者,一为徐整,一为陆玑。《经典释文序录》在述及毛诗先秦时的传播世系时分别列举了两人的观点:

> 《毛诗》者,出自毛公,河间献王好之。徐整云:子夏授高行子,高行子授薛仓子,薛仓子授帛妙子,帛妙子授河间人大毛公,毛公为《诗故训传》于家,以授赵人小毛公。小毛公为河间献王博士,以不在汉朝,故不列于学。一云:子夏传曾申,申传魏人李克,克传鲁人孟仲子,孟仲子传根牟子,根牟子传赵人孙卿子,孙卿子传鲁人大毛公。④

---

① 范晔. 后汉书 [M]. 北京:中华书局,1965:1239.
② 马宗霍. 中国经学史 [M]. 上海:上海书店,1984:6.
③ 洪湛侯. 诗经学史 [M]. 北京:中华书局,2002:108.
④ 陆德明. 经典释文 (卷一) [M]. 北京:中华书局,1983:10.

前说所引源于徐整《诗谱序》，后说引自陆玑《毛诗草木鸟兽虫鱼
疏》。徐整所列的谱系为：

　　　　子夏——高行子——薛仓子——帛妙子——大毛公——小
　　毛公

而陆玑所列的谱系为：

　　　　子夏——曾申——李克——孟仲子——根牟子——孙卿
　　子——大毛公

虽然两人身处的时间地域相距不大，但列出的毛诗谱系却大有出入。
二人均公认毛诗的传授始于子夏，传至汉代大毛公，然而中间的谱系
却没有任何相关之处。这也引发了后世关于毛诗渊源的众多争议。
而在毛诗典籍保存相对完备的情况下，从典籍入手考镜源流，不啻为
一种审慎态度。

　　从东汉末年开始，毛诗逐步取代了鲁、齐、韩三家诗而长期占据
《诗》学传播的主导地位[1]，三家诗至此而逐渐式微并至失传，而毛诗
的相关论著却保存相对完备并得以流传至今。现在通行的毛诗著作
《毛诗正义》，正是在汉代《毛诗序》《毛诗故训传》和郑玄《毛诗传
笺》的基础上由唐人孔颖达正义后流传至今的。《汉书·艺文志》中

————————

① 《经典释文序录》有载："郑玄作《毛诗笺》，申明毛义，难三家，于是三家遂
　 废矣。"

著录的《毛诗故训传》三十卷和《毛诗》二十九卷①,被认为是今日
所见《毛诗正义》的底本。除此之外,汉代有关毛诗的论述还有谢曼
卿撰《毛诗训》②,卫宏撰《毛诗序》③,郑众撰《毛诗传》④,贾逵撰《毛
诗传》《诗异同》⑤《毛诗杂义难》⑥,马融撰《毛诗传》⑦,郑玄撰《毛诗

---

① 据《汉书·艺文志》著录,三家诗皆为二十八卷,唯独毛诗多出一卷为二十九
卷,故而多有学者猜测,这多出来的一卷即为《毛诗序》。但是由于《汉
书·艺文志》中所著录的《毛诗》二十八卷被认为已经亡佚,因此这一猜测
仍然没有落实。出于谨慎的态度,在新的资料出现之前,此处仍从前说。

② 《后汉书·儒林列传》载:"九江谢曼卿善《毛诗》,乃为其训。"陆玑的《毛诗
草木鸟兽鱼虫疏》也提到:"时九江谢曼卿亦善毛诗,乃为其训。"

③ 《后汉书·儒林列传》:"宏从曼卿受学,因作《毛诗序》,善得《风雅》之旨,于
今传于世。"然而此处卫宏所撰的《毛诗序》是否流传至今、署名子夏的《毛
诗序》,一直以来,都是困扰学界的千古聚讼之端。然而力主卫宏作《诗序》
的学者中有一条重要论据,即"汉世文字未有引《诗序》者,惟魏黄初四年有
曹共公远君子近小人之语,《诗序》至此始行"。然而清儒丁晏却考得"汉世
文字引《诗序》凡十有五"(《毛郑诗释录》卷四《诗序证文》,《丛书集成》续
编本)。陈子展、冯浩菲、刘毓庆(陈子展.诗经直解·论《诗序》的作者[M].
上海:复旦大学出版社,1983;冯浩菲.论《毛诗序》的形成及作者[M].第
三届诗经国际学术研讨会论文集[C].香港:天马图书有限公司,1998;刘毓
庆.《诗序》与孟子[M].第五届诗经国际学术研讨会论文集[C].北京:学苑
出版社,2001)等先生亦力辩《诗序》非卫宏作,其论辩有力,可成定论。故
而此处采纳卫宏另作《诗序》的观点。

④ 《后汉书·儒林列传》:"中兴后,郑众、贾逵传《毛诗》,后马融作《毛诗传》,郑
玄作《毛诗笺》。"

⑤ 《后汉书·贾逵传》:"逵数为帝言《古文尚书》与经传《尔雅》诂训相应,诏
令撰《欧阳》《大小夏侯》《尚书古文》同异。逵集为三卷,帝善之。复令撰
《齐》《鲁》《韩诗》与《毛氏》异同。"

⑥ 《后汉书·儒林列传》:"马融作《毛诗传》。"《隋书·经籍志》:"梁有《毛诗杂
义难》十卷,汉侍中贾逵撰,亡。"

⑦ 《隋书·经籍志》:"梁有《毛诗》十卷,马融注,亡。"

笺》①《毛诗谱》②《毛诗音》③，荀爽撰《诗传》④ 等。其中除郑玄《毛诗笺》尚存，《毛诗谱》残存以外，其余各家均已亡佚⑤。相关的辑佚材料，夏传才先生曾有详细论及，此处不赘⑥。

　　无论是从汉儒的选择，还是从目前所留存的版本来看，《毛诗序》《毛诗故训传》与《毛诗笺》都是最能代表汉代毛诗风格的作品。三者刚好贯穿了整个两汉《诗》学的发展时期，能有效地反映整个汉代毛诗发展的总体状态。虽然汉代毛诗的学者众多，著述颇丰，但此处论述的重点仍然停留在《毛诗序》《毛诗故训传》与《毛诗笺》上。不过，虽然这三者共同构成了今本《毛诗》的主要部分，但是由于毛

① 《后汉书·儒林列传》："中兴后，郑众、贾逵传《毛诗》，后马融作《毛诗传》，郑玄作《毛诗笺》。"《隋书·经籍志》："《毛诗》二十卷，汉河间太傅毛苌撰，郑氏笺。"《经典释文序录》："郑玄作《毛诗笺》，申明毛义，难三家，于是三家遂废矣。"

② 孔颖达《毛诗正义》录《毛诗谱》，并为之正义曰："郑于三《礼》《论语》为之作序，此《谱》亦是序类，避子夏序名，以其列诸侯世及《诗》之次，故名'谱'也。《易》有《序卦》，《书》有孔子作《序》，故郑避之，谓之为'赞'。赞，明也，明己为注之意。此《诗》不谓之'赞'，而谓之'谱'，谱者，普也，注序世数，事得周普，故《史记》谓之'谱牒'是也。"标明《诗谱》作者为郑玄。

③ 《隋书·经籍志》载："梁有《毛诗音》十六卷，徐邈等撰。"《旧唐书·经籍志》载："《毛诗诸家音》十五卷，郑玄等注。"前贤时修多据此而认定郑玄有《毛诗音》，今已不见其书，故在无新证证明其说为非之前，从前人观点。

④ 荀悦《汉纪》载荀爽"著《诗传》"，但没有详言所著何家，此处据刘毓庆先生《历代诗经著述考》及刘立志先生《汉代〈诗经〉学研究》观点，归入毛诗。

⑤ 清人马国翰《玉函山房辑佚书》对上述佚书有部分辑佚。

⑥ 夏传才.《诗经》出土文献和古籍整理[J].河北师范大学学报（哲学社会科学版），2005（1）：74.

诗学者并不特别重视《诗》学家传①,而且三者在产生的时间、诗旨理解、对具体诗义的阐释上也有相悖之处,因而此处将三者分而论之。

第一节 "毛诗诸序与孟子多合"②

一、《毛诗序》简考

相较于鲁、齐、韩三家诗而言,毛诗的研究占有明显的文本优势。这不仅体现在毛诗有完整的《诗》学论著留存,同时还体现在《毛诗》在文本上比三家诗多出一卷署名"子夏"的《诗序》。根据《汉书·艺文志》记载,四家诗中唯独《毛诗》是二十九卷,比鲁、齐、韩三家多出一卷《诗序》。王引之的《经义述闻》在其"毛诗经二十九卷"条说:"《毛诗》经文当为二十八卷,与鲁、齐、韩三家同。其序别为一卷,则二十九卷矣。"③

历代学者均力图证明《诗序》并非毛诗一家所独有。例如王引之根据《唐书·艺文志》中的著录"《韩诗》二十二卷,卜商序,韩婴注"指出《韩诗》亦有序,另外四库馆臣、朱彝尊《经义考》、魏源《诗古微》和王先谦的《诗三家义集疏》也力主"四家诗皆有序"。而近

---

① 《毛诗传》中的一些诗义阐释与《诗序》相悖,郑玄笺注《毛诗传》时也屡有新见。汉末王肃则反对郑玄的《诗》学思想而为毛诗另作笺注。与严守师传家法的三家诗相比,毛诗学派呈现出了学术上的开放特点。
② 欧阳修.诗本义·序问[A].张元济等.四部丛刊三编(卷一四)[C].上海:商务印书馆,1935—1936年影印本.
③ 王引之.经义述闻(一)[M].上海:上海古籍出版社,2017:430.

年来陆续出土的《阜阳汉简》与《孔子诗论》更是为这一观点提供了实证①。然而不可否认的是，《诗序》与《毛诗》之间的密切关联仍然不容忽视。正如宋儒程大昌的评价："三家不见古序，故无以总测篇意，《毛诗》惟有古序，以该括章旨，故诂训所及，会全诗以归一贯。"②诚为确见。因此，虽然其余三家皆有诗序，但如果简单把现有《诗序》归到汉代四家诗名下，也未免失之草率。而且，《毛诗》中的一个重要构成部分即目前所见之《诗序》，故而此处依然把《诗序》列入毛诗的范畴进行观照。

（一）《诗序》的产生时间

关于《诗序》的作者，历来聚讼不绝。《四库全书总目·诗序》曾列举了最具代表性的十二种说法，称其为"说经之家第一争诟之端"：

> 《诗序》之说，纷如聚讼。以为《大序》子夏作，《小序》子夏、毛公合作者，郑玄《诗谱》也。以为子夏所序《诗》即今《毛诗序》者，王肃《家语注》也。以为卫宏受学谢曼卿、作《诗序》者，《后汉书·儒林传》也。以为子夏所创，毛公及卫宏又加润益者，《隋书·经籍志》也。以为子夏不序《诗》者，韩愈也。以为子夏惟裁初句，以下出于毛公者，成伯玙也。以为诗人所自制者，王安石也。以《小序》为国史之旧文，以《大序》为孔子作者，明道程子也。以首句即为孔子所题者，王得臣也。以为毛《传》初行尚未有《序》，其后门人互相传授，各记其师说者，曹粹

① 相关论述可参：洪湛侯.诗经学史 [M].北京：中华书局，2002：153—154；常森.《诗》的崇高与汩没：两汉《诗经》学研究 [D].北京：北京大学，1999；陈桐生.《孔子诗论》研究 [M].北京：中华书局，2004.
② 王先谦.诗三家义集疏 [M].北京：中华书局，1987：12.

中也。以为村野妄人所作，昌言排击而不顾者，则倡之者郑樵、王质，和之者朱子也。①

然而关于《诗序》作者的异说远轶于此：朱彝尊《经义考》中罗列有关《诗序》的说法四十二处②；洪湛侯先生总结前人所列的主要说法，得十八种异说；刘毓庆先生对各家收罗之数亦有统计，认为所有异说"恐不下二十余种"③。这些异说最早的可以上溯至孔子，下至汉末卫宏，其中主子夏者为多。由于异说颇多，故而《诗序》的创作时间也就难以确定。其大致范围应当在战国中期到汉代末年这数百年的时间。阜阳汉简《诗经》与上博简《孔子诗论》的整理出现，使得《诗序》创作时间的范围大大缩小，最早论及的子夏作《诗序》说又重新回归学者的视野。关于《诗序》的创作时间，目前学界的主要意见倾向应当早于汉代初年，而晚于战国中期，主要有如下几种代表观点：或主张《诗序》产生于汉代以前，但却应当归入汉代《诗》学探讨范围之中④；或主张子夏说⑤；或主张孟子及其后学作《诗序》说⑥；另有

① 永瑢等. 四库全书总目 [M]. 北京：中华书局，1965：119.
② 朱彝尊著，游均晶等点校. 点校补正经义考（七）[M]. 台湾："中央研究院"中国文哲研究所筹备处，1997：693—736.
③ 刘毓庆. 历代诗经著述考（先秦—元代）[M]. 北京：中华书局，2002：15.
④ 常森.《诗》的崇高与泪没：两汉《诗经》学研究 [D]. 北京：北京大学，1999：25.
⑤ 江林昌. 上博竹简《诗论》的作者及其与今传本《毛诗序》的关系 [J]. 文学遗产，2002（2）：4—15；刘毓庆，郭万金. 从文学到经学——先秦两汉诗经学史论 [M]. 上海：华东师范大学出版社，2009：72.
⑥ 王承略. 论《诗序》的主体部分可能始撰于孟子学派 [A]. 诗经研究丛刊（第三辑）[C]. 北京：学苑出版社：137—158；刘毓庆.《诗序》与孟子 [M]. 第五届诗经国际学术研讨会论文集，北京：学苑出版社，2001：93—108.

主张创作于汉代之前而为汉儒所增益的观点等。

目前四家诗皆有《序》,且四家《诗序》的同源关系已渐被落实①。此外,产生于战国时期的《孔子诗论》也为《诗序》的产生时间提供了一个相对明晰的坐标。因此,保守来看,战国中期至汉初之前的这段时间应当是《诗序》产生的一个相对确切的时间坐标。

(二)孟子与《诗序》关系的初步梳理

以上坐标区间的儒家《诗》学承传者主要有三位:子夏、孟子、荀子②。其中子夏创作《诗序》一说虽历来为人们所质疑,但均居于主流地位。虽然从未有观点涉及荀子创作《诗序》,然而在毛诗的承传谱系中,荀子却赫然在列。从目前的观点来看,似乎孟子与《诗序》的关系相去最远。

当然,关于孟子与《诗序》的关系,前人也曾有所论及。欧阳修《诗本义》卷一四曾说:"今考《毛诗》诸《序》与孟子说《诗》多合,故吾于《诗》常以《序》为证也。"③朱彝尊《曝书亭集》也提出相同的看法:"《毛诗》之序本乎子夏,子夏习《诗》而明其义,又能推原国史,明乎得失之故,试稽之《尚书》《仪礼》《左氏内外传》《孟子》,其说无不合。"④清儒刘宝楠则直接提出孟子作《诗序》的观点:"《孟子列传》:'退而与万章之徒,序《诗》《书》,述仲尼之意。'按:《诗》《书》序与《孟子》多合,岂孟子作序而后儒增润之与?此虽孤证,姑存一说。

---

① 马银琴. 从汉四家诗说之异同看《诗序》的时代 [J]. 文史.2000(2).
② 《史记》述及战国儒家《诗》学授受中的主要人物时,尤其推举子夏与孟子;而汉儒又多把《诗》学承传渊源附会至荀子。故而此处吸纳汉儒的观点,列此三人。
③ 朱彝尊著,游均晶等点校. 点校补正经义考(七)[M]. 台湾:"中央研究院"中国文哲研究所筹备处,1997:696.
④ 曹顺庆. 两汉文论译注 [M]. 北京:北京出版社,1988:48.

丁氏晏曰:《毛郑诗释序》以《诗序》为子夏作而孟子述之。"① 而20世纪30年代,王大韬曾有《诗序的作者——孟子》一文力证前说,并列举《诗序》与孟子的相合之处予以佐证。王承略②、刘毓庆③ 先生也主此论。然而由于典籍难征,如此有限的例子和推论很难使得这千古聚讼骤然平息。但是以上前贤时修的努力却有一个共同的指向,那就是孟子与《诗序》之间的关联确实不容我们忽视。

幸而大地献宝,20世纪下半叶一系列重要考古成果的陆续出土与面世,使得《诗序》与孟子的关系得以渐露端倪,而其中最应当引起我们重视的便是《诗序》情志说与孟子的性情、礼乐思想的关联④。笔者无意为诸多说法之中再添一种新的猜测,仅就两者的相通之处作一系统梳理。希望由此证明,《诗序》与孟子之间确实存在不容忽视的血脉关系。

二、"发乎情":《诗大序》情志说与思孟学派性情思想的精神契合

《毛诗序》在其首章《关雎》之前,有一段对《诗》的主旨和价值

---

① 刘宝楠. 愈愚录 [M]. 上海:上海古籍出版社,2002:230.
② 王承略. 论《诗序》的主体部分可能始撰于孟子学派 [A]. 诗经研究丛刊(第三辑)[C]. 北京:学苑出版社.137—158.
③ 刘毓庆.《诗序》与孟子 [M]. 第五届诗经国际学术研讨会论文集 [C]. 北京:学苑出版社,2001:93—108.
④ 对于这一问题,刘宁先生在《论毛诗诗教观与思孟学派的联系》中已经首作了尝试。为了证明这一观点,作者重新界定了毛诗的《诗》学主旨,认为毛诗善于"以情说诗"。诚然毛诗中确实存在着"情"的因素,然而这种情却并非自然人情,而被赋予了道德因素。学界所公认的毛诗"重志抑情"的主流看法,仍有其不可撼动的地位。因此,在这一前提下所得出的结论,似有难以服众之嫌,然而其筚路蓝缕之功却不容忽视。

的整体概括,即"发乎情,止乎礼义"。而其中最值得引起重视的部分在于其多次提到了"情"。这一观点引起了不少学者的重视,尤其是在汉代《诗》学观念多以经世致用的王道思想为《诗》学主旨时①,毛诗中对"情"这一概念的提及,无疑具有不同寻常的学术价值。这被认为是毛诗的纲领所在,而这恰恰也是帮助我们解开《诗序》与孟子关联的密匙。

(一)《毛诗序》的"情"本因素

对于"情",有观点认为源于楚地以屈原为代表的抒情传统②,也有观点认为源于《孔子诗论》中情志并重说的影响③。近些年上博简《孔子诗论》、阜阳汉简《诗经》、郭店楚墓竹简等典籍的重见天日,为我们理解毛诗的情志说及其思想渊源提供了难得的契机。结合学界关于出土文献的研究成果,梳理先秦时期的《诗》学和思想发展进路,我们能够发现:《毛诗序》中的情志观与孟子的性情思想存在着不容忽视的关联,甚至对于一些关键问题的处理,也与孟子的性情观

---

① 汉代明确提及《诗》中蕴含着"情"的因素的,除毛诗外,齐诗学者翼奉也曾提出《诗》有"五际六情"的观点,然而他所言的"情"却与自然人情相去甚远。《汉书·翼奉传》"《诗》有五际"说下应劭注为:"君臣、父子、兄弟、夫妇、朋友也。"可见此处所指"六情",主要倾向于情的道德伦理性,而非自然之情。而《汉书·翼奉传》"观情以律"下张晏注曰:"情谓六情,廉贞、宽大、公正、奸邪、阴贼、贪狼也。律,十二律也。"此处更非普通的道德情感。同一篇中,翼奉提到了对"六情"的解释,其按照方位分为"好、怒、恶、喜、乐、哀",与阴阳五行说相对应,亦非普通的道德人情,称:"北方之情,好也;好行贪狼,申子主之。东方之情,怒也;怒行阴贼,亥卯主之。……南方之情,恶也;恶行廉贞,寅午主之。西方之情,喜也;喜行宽大,巳酉主之。……上方之情,乐也;乐行奸邪,辰未主之。下方之情,哀也;哀行公正,戌丑主之。"
② 顾易生,蒋凡.先秦两汉文学批评史 [M].上海:上海古籍出版社,1990:402.
③ 陈桐生.《孔子诗论》研究 [M].北京:中华书局,2004:212—213.

若合符契。

> 诗者,志之所之也,在心为志,发言为诗。情动于中而形于言,言之不足,故嗟叹之,嗟叹之不足,故永歌之,永歌之不足,不知手之舞之、足之蹈之也。情发于声,声成文谓之音。治世之音,安以乐,其政和。乱世之音,怨以怒,其政乖。亡国之音,哀以思,其民困。故正得失,动天地,感鬼神,莫近于诗。先王以是经夫妇,成孝敬,厚人伦,美教化,移风俗。故诗有六义焉:一曰风,二曰赋,三曰比,四曰兴,五曰雅,六曰颂。上以风化下,下以风刺上,主文而谲谏,言之者无罪,闻之者足以戒,故曰风。至于王道衰,礼义废,政教失,国异政,家殊俗,而变风、变雅作矣。国史明乎得失之迹,伤人伦之废,哀刑政之苛,吟咏情性,以风其上。达于事变而怀其旧俗者也。故变风发乎情,止乎礼义。发乎情,民之性也;止乎礼义,先王之泽也。是以一国之事,系一人之本,谓之风。言天下之事,形四方之风,谓之雅。雅者,正也,言王政之所由废兴也。政有小大,故有小雅焉,有大雅焉。颂者,美盛德之形容,以其成功,告于神明者也。是谓四始,《诗》之至也。①

"情"这一概念在《诗序》中被多次提及,几乎贯穿于《诗序》始终。"情"的出现包括了两种情况。其一是把"情"作为《诗》之产生的最初出发点,所谓:"情动于中而形于言,言之不足,故嗟叹之,嗟叹之不足,故永歌之,永歌之不足,不知手之舞之、足之蹈之也。情发于声,声成文谓之音。治世之音,安以乐,其政和。乱世之音,怨以怒,其政

---

① 毛亨传,郑玄笺,孔颖达疏.毛诗正义[M].北京:北京大学出版社,1999:6—19.

乖。亡国之音,哀以思,其民困。故正得失,动天地,感鬼神,莫近于诗。先王以是经夫妇,成孝敬,厚人伦,美教化,移风俗。""情"的第二次出现同样被认为是《诗》的触发点和起点,不过这次并非就《诗》而论,而主要是局限于《变风》《变雅》。并且为人们所津津乐道的"发乎情,止乎礼义"的观点,也正是在这个前提下所提出的:"至于王道衰,礼义废,政教失,国异政,家殊俗,而变风、变雅作矣。国史明乎得失之迹,伤人伦之废,哀刑政之苛,吟咏情性,以风其上,达于事变而怀其旧俗者也。故变风发乎情,止乎礼义。发乎情,民之性也;止乎礼义,先王之泽也。"

关于毛诗中对"情"的认识,目前的观点主要集中于两个方面:一种观点认为,这体现了"重志抑情"的《诗》学传统;也有观点指出,这意味着毛诗存在"情志合一"的阐释倾向①。抛去一切先入为主的观点,首先从《诗序》本身的论述来看其对"情"的定位。

第一次所言之"情",可以简化为如下两个图示:

　　①情 —— 言——嗟叹之——永歌之 (乐)——手之舞之、足之蹈之 (舞)

　　②情——声 (乐)——音 (诗)——正得失,动天地,感鬼神——先王以是经夫妇,成孝敬,厚人伦,美教化,移风俗 (教化)

第二次关于《变风》《变雅》的论述,可以简化如下:

---

① 杜维明主编.思想·文献·历史 [M].北京:北京大学出版社,2008:280—296.

③情——礼义（发乎情……止乎礼义）

原始的《诗》学观点具有诗、乐、舞密不可分的特点,而通过前两处的图示可以看到,《毛诗序》中仍然保留着诗、乐、舞相结合的观点,这可以说是对先秦早期诗乐结合传统的延续。把《毛诗序》与先秦的诗乐传统相比,会发现两者在论及诗乐教化传统时,存在着极大差别。《毛诗序》把诗乐教化根源无一例外归因于"情",即"情"不仅是音乐和诗歌的起点,也是诗乐教化传统的起点。可见,《诗序》这三处涉及诗乐的观点的最大相似之处正如《诗序》自己所论,即"发乎情"。然而这一特点却鲜见于先秦诗乐系统:

> 《诗》言志,歌永言,声依永,律和声。
>
> 大师掌六律六同,以合阴阳之声。……皆文之以五声,……皆播之以八音,……教六诗:曰风,曰赋,曰比,曰兴,曰雅,曰颂,以六德为之本,以六律为之音。①
>
> 诵诗三百,弦诗三百,歌诗三百,舞诗三百。②

先秦时期的诗乐观点,或者不提及"情",或者把"情"作为诗乐教化的结果,从以上所列的先秦诗观念中却能看出,虽然先秦时期的诗乐一体观念非常明确,诗教与乐教总是密不可分,然而,"情"在诗乐系统中却鲜见论及,即使有涉及"情"的部分,也并非把其作为《诗》的产生本体来看待,而是把其作为诗乐教化的衍生品和结果,例如:

---

① 孙诒让撰,王文锦,陈玉霞点校. 周礼正义[M]. 北京:中华书局,1987:1832—1846.

② 吴毓江撰,孙启志点校. 墨子校注[M]. 北京:中华书局,1993:705.

《关雎》,乐而不淫,哀而不伤。①

这一论断源于《论语》中所记载的孔子对《诗》的探讨,此处虽然把音乐和情感并举,涉及“情”的因素,然而此处所言之情,不过是已成之《诗》的副产品,而并非被视为诗乐的起源。

即便是略早于《孟子》而出现的《孔子诗论》②,虽然其论《诗》多以“情”“志”并举,非常注重对《诗》中自然人性与道德情感的阐发③,但是在其论及“情”的地位时,也依然是把“情”作为诗乐传统的结果而非缘起来看待。《孔子诗论》第1简记载:

诗亡(无)离志,乐亡(无)离情,文亡(无)离言④

由此可见,“情”在先秦诗乐传统中,虽然也有一席之地,但其与《诗》之发生本身的关联却很少得到关注。《孔子诗论》的产生已经到了略早于孟子的战国时代中期,虽然其重视对“情”的阐发,但也没有到达把“情”置于《诗》的产生缘起的地步。那么《诗序》中所出现的“情”的主体性作用和渊源性特点,其渊源何自呢? 郭店楚墓竹简的发现,让人们开始关注早期儒家思想中的性情思想,以子思、孟子

---

① 刘宝楠. 论语正义 [M]. 北京:中华书局,1990:116.

② 陈桐生.《孔子诗论》研究 [M]. 北京:中华书局,2004:88—96.

③ 例如《孔子诗论》第22简《宛丘》称:“洵有情,而亡望,吾善之。”第18简:“《杕杜》,则情喜其至也。”均是以情论诗,把对自然人情的抒发与对诗篇旨意的阐释结合在一起。

④ 是《诗论》开宗明义之论,也是《诗论》的纲要。“诗亡离志”与《礼记·孔子闲居》之“志之所至,诗亦至焉”相协,而“乐亡离情”则点明了孔子对“诗”与“情”关系的认识。

为代表的思孟学派①的性情观也开始得到了学界的承认②。分析思孟学派中的相关论述，可以发现《毛诗序》与思孟学派之间确实存在着密切的关联，这种关联不仅仅体现于时间上的承继性、地域学术渊源③，更重要的是，《毛诗序》与孟子的性情说之间存在着密切关联。

（二）"情"本思想溯源：思孟学派中"情"本思想的初现

李学勤先生曾精辟地指出，《孔子诗论》"涉及性、情、德、命之

---

① "思孟学派"是对由子思、孟子所代表的一支儒家学术派别的统称，《荀子·非十二子》中最早把子思、孟子并称，作为一个学派进行批判，"思孟学派"由此而得名，但是在先秦时期，并不存在"思孟学派"一说，这一名称源于后世的追加。由于先秦相关典籍的亡佚，关于思孟学派一直缺乏确证，这一观点也常被人们质疑。而马王堆汉墓帛书以及郭店楚墓竹简的发现，其中简、帛《五行》篇的陆续问世，有力证实了荀子在《非十二子》中对子思、孟子的批评，即"按往旧造说，谓之五行"是言之有据的，从而也就证明了这一学派的真实存在。相关论述，可参看李学勤、庞朴先生在《郭店楚简研究》中的专门论述（《中国哲学》编辑部，国际儒联学术委员会编. 中国哲学（第二十辑）[G]. 沈阳：辽宁教育出版社，1999）。梁涛先生亦有《思孟学派考述》（梁涛. 思孟学派考述 [J]. 中国哲学史. 2002〔3〕）一文可参。

② 蒙培元先生最早论及早期儒家思想中存在着"情"的成分，然而这一观点直至郭店楚墓竹简面世之后，才得到了学界的一致认可。

③ 《诗序》的产生时间，目前学术界多倾向于界定在子夏至汉初这一时期，而通过上述分析可见，其中对"情"的彰显力度之强，也远胜于《孔子诗论》。而"情"在先秦诗乐传统中，是一个渐渐被重视的过程。根据这一发展过程判断，《诗序》中的这一思想应当产生于《孔子诗论》之后。因此，这一观点产生的时间区间便缩小为《孔子诗论》（子思之后、孟子之前）至汉初这段时期。而在这一时期范围之内，首倡"情"本思想的，也正是孟子。因此，从时间上来看，此说成立。而从地域上来看，《诗》的传播，经历了秦代焚书、项羽大火两次困厄，而此时各地礼乐消歇，唯有刘邦入鲁时，鲁国礼乐不衰，儒生"弦歌不绝"；而孟子又恰恰是邹鲁地区的一位大儒，其也是儒家《诗》学传播的重要学者，因此，从地域学术渊源上，《诗序》与孟子之间，也存在着学术承传的极大可能。

说,可与同出《性情论》(郭店简《性自命出》)等相联系"①。产生于
《孟子》及《诗序》之间的郭店楚简,已经初步显露出其与《诗序》
"情"说之间的关联。《郭店楚简·性自命出》一篇,被认为是思孟学
派的作品。考古学研究业已证明,《性自命出》以及整个竹简的产生
时间在孔子之后、孟子之前②,而在其关于《诗》的论述中,以"情"为
本的思想端倪已经可以窥见一斑:

诗、书、礼、乐,其始出,皆生于人。诗,有为为之也。书,有
为言之也。礼乐,有为举之也。圣人比其类而论会之,观其先后
而逆顺之,体其义而节文之,理其情而出入之,然后复以教。教,
所以生德于中者也。礼作于情,或兴之也,当事因方而制之。其
先后之序则宜道也。或序为之节则文也。致容貌,所以文节也。
君子美其情,贵[其义],善其节,好其容,乐其道,悦其教,是以
敬焉。

凡声,其出于情也信,然后其入拨人之心也厚。闻笑声,则
鲜如也斯喜。闻歌谣,则陶如也斯奋。听琴瑟之声,则悸如也斯
叹。观《赉》《武》,则齐如也斯作。观《韶》《夏》,则勉如也斯
敛。咏思而动心,喟如也。其居次也久,其反善复始也慎,其出

① 李学勤.诗论的体裁和作者[A].上海大学古代文明研究中心,清华大学思想
研究所编.上博馆藏战国楚竹书研究[C].上海:上海书店出版社,2002:54.
② 另外还可参看杜维明、庞朴、李学勤诸位先生的论述;杜维明.郭店楚简与先
秦儒道思想的重新定位[A].《中国哲学》编辑部,国际儒联学术委员会编.
中国哲学(第二十辑)[C].沈阳:辽宁教育出版社,1999:1—6;庞朴.孔孟之
间——郭店楚简中的儒家心性说[A].《中国哲学》编辑部,国际儒联学术委
员会编.中国哲学(第二十辑)[C].沈阳:辽宁教育出版社,1999:22—35;李
学勤.先秦儒家著作的重大发现[A].《中国哲学》编辑部,国际儒联学术委
员会编.中国哲学(第二十辑)[C].沈阳:辽宁教育出版社,1999:13—17.

入也顺,始其德也。

凡古乐动心,益乐动指,皆教其人者也。《赉》《武》乐取,《韶》《夏》乐情。①

上述表述可以用图示的方式表示如下:

人——诗书礼乐（诗、书、礼、乐,其始出,皆生于人）

情——礼（礼作于情）

情——声（声其出于情）

可见,在《性自命出》这篇简文中,已经体现出与《诗序》较为一致的观点倾向,"情"在诗乐系统中的发生作用开始得到了关注:首先,"诗、书、礼、乐,其始出,皆生于人"的看法,虽然尚未提到"情"字,但是已经涉及人的主体性作用而为"情"的本体说张目;而"礼作于情""声其出于情"的观点,虽然较之《诗序》片面而生涩,但是已经足以彰显出思孟学派最早重视"情"的主体性作用的努力。和《诗序》中所提及的三次情本论相比较:

情——言——嗟叹之——永歌之（乐）——手之舞之、足之蹈之（舞）

情——声（乐）——音（诗）——正得失,动天地,感鬼神——先王以是经夫妇,成孝敬,厚人伦,美教化,移风俗（教化）

情——礼义（发乎情……止乎礼义）

能够很清楚地看出,相较于《诗序》,《性自命出》中对"情"的论述

① 刘钊. 郭店楚简校释 [M]. 福州:福建人民出版社,2005:88—89.

显得质朴而生涩。但是一些关键性的因素却都已经显现出来,例如
"情——声",即"情"对"声"的生发作用,也就是对音乐源于自然
人情的判断,二者几乎一致;而对于人在诗书礼乐中主导性作用的论
述,也存在相似之处,虽然《性自命出》没有提到"情"在诗乐传统中
的主导性作用,但是却指出了作为产生自然情感主体的人与诗书礼
乐之间的密切关联。值得注意的是,虽然二者均提到情与礼之间的
关系,但在对这一问题的理解上,二者却存在着较大的不同:《性自命
出》认为"礼"源于自然人情;而《诗序》却认为,礼是用来节制自然
人情的,而并非自然人情的产物。

(三)"情"本思想确立:《孟子》"情"本思想的集中彰显

通过如上比较能够发现,虽然《诗序》与思孟学派的著作《性自
命出》之间多有差别,但是两者在对"情"的主体性地位的强调上却
存在着一致之处,而《诗序》与思孟学派之间的渊源关系也由此端倪
初现。而如果参照《孟子》中对"情"的界定,这种渊源关联便清晰
可辨了:

> 孟子曰:"仁之实,事亲是也。义之实,从兄是也。智之实,
> 知斯二者弗去是也。礼之实,节文斯二者是也。乐之实,乐斯二
> 者。乐则生矣,生则恶可已也。恶可已,则不知足之蹈之,手之
> 舞之。"[1]

孟子在《离娄上》的观点非常值得引起我们的重视,孟子不仅将仁、
义、礼、乐并称,而且明确指出了乐教的重要作用。在表述上,仁、义、
智、礼、乐虽然以并列的形式出现,但仔细分析却可发现,这五德最终

---

[1] 焦循.孟子正义[M].北京:中华书局,1987:532—533.

统一于仁、义；智是对仁、义的知见和不离不弃；礼是对仁、义两种感情的节制；乐则源于对仁、义二者的喜好。这五德最终的归属均为仁、义。仁、义、礼、智、乐（信）的五德观向来呈现出一种并列存在的状态，而在此处却是由仁、义统辖智、礼、乐三者。历来为儒家所称道的礼、乐成为从属于孟子仁义哲学的重要因素。

而此处最应注意的是孟子对乐的社会价值的分析："乐之实，乐斯二者。乐则生矣，生则恶可已也。恶可已，则不知足之蹈之，手之舞之。"孟子在这里指出了乐的社会功能及其与礼义的关联。孟子指出，乐生于对仁义的喜悦，其导致的结果是"恶可已"，即恶的停止。性善是孟子心性论的主要观点，"恶"是与心性之"善"截然对立的概念。"恶可已"即是通过乐的教化作用，压制人性中恶的成分，而使得善的成分得以彰显①。在这种情况下，便能达到"不知足之蹈之，手之舞之"的快乐欣喜的礼乐教化效果。显然，孟子在对乐的教化效果的阐释中，融入了心性论思想。用图示的形式表示便是：

仁义——乐——恶可已——不知足之蹈之，手之舞之

在孟子看来，乐教的最大功效并非扬善，而在于止恶，并由此达成教化目的。而这种乐教的根源，源于对仁义的喜好。而仁义又源于何处呢？孟子在另外的篇章中对此有清晰的规定：

---

① 值得注意的是，孟子的这种通过乐教来止恶的观点，恰恰可以通过广罗先秦旧闻的《礼记·乐记》来解释："先王耻其乱，故制《雅》《颂》之声以道之，使其声足乐而不流，使其文足论而不息，使其曲直、繁瘠、廉肉、节奏足以感动人之善心而已矣，不使放心邪气得接焉。"《乐记》指出，制定《雅》《颂》之声的最终目的在于"感动人之善心而已矣，不使放心邪气得接焉"。而这恰恰与孟子"恶可已"的思想相互照应，这也再次证明孟子的这一判断与诗乐传统密切相连的关系。

　　人皆有不忍人之心。先王有不忍人之心,斯有不忍人之政矣;以不忍人之心,行不忍人之政,治天下可运之掌上。所以谓人皆有不忍人之心者,今人乍见孺子将入于井,皆有怵惕恻隐之心,非所以内交于孺子之父母也,非所以要誉于乡党朋友也,非恶其声而然也。由是观之:无恻隐之心,非人也;无羞恶之心,非人也;无辞让之心,非人也;无是非之心,非人也。恻隐之心,仁之端也。羞恶之心,义之端也。辞让之心,礼之端也。是非之心,智之端也。人之有是四端也,犹其有四体也;有是四端而自谓不能者,自贼者也。①

　　孟子曰:“乃若其情,则可以为善矣,乃所谓善也。若夫为不善,非才之罪也。恻隐之心,人皆有之。羞恶之心,人皆有之。恭敬之心,人皆有之。是非之心,人皆有之。恻隐之心,仁也。羞恶之心,义也。恭敬之心,礼也。是非之心,智也。仁义礼智,非由外铄我也,我固有之也,弗思耳矣。故曰求则得之,舍则失之,或相倍蓰而无算者,不能尽其才者也。《诗》曰:‘天生蒸民,有物有则。民之秉夷,好是懿德。’孔子曰:‘为此诗者,其知道乎! 故有物必有则,民之秉夷也,故好是懿德。’”②

　　君子所性,仁义礼智根于心。③

孟子在这两处提出的“四端说”,被认为是孟子性情说的根源④。在《公孙丑上》,孟子举了孺子入井的例子,即见到一个小孩快要掉到井

---

① 焦循.孟子正义 [M].北京:中华书局,1987:232—235.
② 焦循.孟子正义 [M].北京:中华书局,1987:752—758.
③ 焦循.孟子正义 [M].北京:中华书局,1987:906.
④ 蒙培元、杨泽波、梁涛等诸位先生均持此论,此处不再一一论述。

里,任何人都会因此而生出恻隐之心。这种恻隐之心并非出于某些功利性的追求,例如希望由此结交孩子的父母,或者希图得到乡民的赞赏,而是纯粹出于内心的感情需要。所以孟子由此提出:"恻隐之心,仁之端也。羞恶之心,义之端也。辞让之心,礼之端也。是非之心,智之端也。"即指出人的四种本能情感,是仁、义、礼、智四德产生的根源。并且这一观点在《孟子》中被反复强调,在另一次相似的论述中,孟子明确指出,"情"是四德的基础,仁、义、礼、智取之人情:"乃若其情,则可以为善矣,乃所谓善也。""恻隐之心,仁也。羞恶之心,义也。恭敬之心,礼也。是非之心,智也。"可以图示如下:

> 恻隐之心——仁
> 羞恶之心——义
> 辞让之心——礼
> 是非之心——智

或者表示为:

> 情（四心:恻隐之心、羞恶之心、辞让之心、是非之心）——
> 德（四端:仁、义、礼、智）

经过上述分析,孟子性情观的脉络可明。孟子明确指出:"情"即自然人情,是一切道德因素的根源;而礼乐教化效果,又源于对仁、义这两种最基本的道德因素的认同。可以图示为:

> 情（四心）——德（四端）仁义——乐——恶可已——足之
> 蹈之,手之舞之

相较于《性自命出》①中对"情"的界定,孟子此处把"情"置于一个
更高的道德起点上,"情"已经确定无疑地成为孟子性情论最根本的
哲学基础,也是孟子仁义体系的根源。可以说对"情"的价值的重视
和彰显,至孟子时已经被推向了极致。

　　而比较《性自命出》、孟子的性情论和《诗序》中"发乎情"观点的
思想脉络谱系,我们能够发现,虽然后两者一则为探讨哲学渊源,一则
为描述《诗》学发展进路,然而其脉络谱系之间却存在着惊人的相似:

《性自命出》:
　　　　人——诗书礼乐
　　　　情——礼
《孟子》:
　　　　情(四心)——德(四端)仁义——乐——恶可已——足之
蹈之,手之舞之
《毛诗序》:
　　　　情——言——嗟叹之——永歌之(乐)——手之舞之、足之
蹈之

《孟子》所描述的为以"情"为根源而生发的性情观进路。其中"情"
是人的自然人情,即恻隐之心、羞恶之心等。以"情"为出发点,而
延伸出仁、义、礼、智等种种德行之端,由于对仁义的重视,恶的因素

---

① 关于《性自命出》与《孟子》之间性情论之间的关联,已由蒙培元先生于无
意间一语道破:"诗、书、礼、乐与仁、义、礼、智,虽然所指不同,但是皆取之人
情,这一思路则是相同的。""不仅礼出于情,仁、义、礼、智皆出于人情。……
而仁、义、礼、智'取之人情'之说,与后来孟子之说直接有关。"(蒙培元.《性
自命出》的思想特征及其与思孟学派的关系[J].甘肃社会科学.2008〔2〕:41)

被抑制,乐的社会功能得以彰显,最终达到"不知足之蹈之,手之舞之"①的境界。而《孟子》中所涉及的最重要的三点,即"情""乐""舞",《毛诗序》均有提及,并且同样是始于人之最基本的自然情感,通过乐的形式,最终以手舞足蹈的形式而展现。不过不可否认的是,由于二者所论一为哲学,一为诗,所以二者仍然存在着巨大差别。而且孟子的思想脉络虽然清晰,但是其表述却较分散,不如《毛诗序》所论那样清晰畅然,不过这也恰恰从一个侧面证明,孟子的观点较为早出,尚未形成系统的表述形式。

而且前文已经叙及,在时间承继性、地域学术渊源诸多方面,二者也存在着承传的可能性。所以从二者在情本说的相似性和时间、地域学术渊源的可能性等诸多方面判断,《毛诗序》中《诗》"发乎情"的观点,应当与孟子的性情论思想中的情本论观点存在渊源关系。

三、"言王政之废兴":《诗序》"诗载王道"观与孟子的异趣同旨

刘毓庆先生在《从文学到经学——先秦两汉诗经学史论》中提到:"《诗序》对后世最大的影响,在于它对《诗》的政治性解读,并由

---

① 孟子此处所言的"足之蹈之,手之舞之",并非简单的指代自然感情的流露,还与礼乐教化密切相关,清儒全祖望《经史问答》对此的解释可谓中的之论:"古来圣人,言语中极言孝弟之量者,始于孔子。……而最发明之者为孟子,曰:'人人亲其亲,长其长,而天下平',曰'达之天下',曰'尧舜之道,孝弟而已',而尤畅其说于是章,综罗五德,至于治礼作乐之实,不外乎此。……如此解节文,解手舞足蹈,方有实地。"(焦循. 孟子正义 [M]. 北京:中华书局,1987:533—534)

此而建立的以'美刺'为核心的评价体系。"①这一论断虽然指出了《诗序》的政治化倾向,然而却忽视了早在诗乐舞一体的时代,《诗》便与乐舞一起承载着政治教化意义。

（一）缘起:"声歌之学渐微"——《诗》、乐分离,《诗》的文本价值得以彰显

早期的《诗》学传播与乐舞密不可分,这点已经成为学界共识。例如《尚书·舜典》中记载:"诗言志,歌永言,声依永,律和声。"便指出了《诗》与声律之间密不可分的关联。《周礼·春官宗伯》:"大师掌六律六同,以合阴阳之声……教六诗:曰风,曰赋,曰比,曰兴,曰雅,曰颂。以六德为之本,以六律为之音。"也体现了《诗》本身便需配合六律的特点。虽然孔子指斥其身处的时代礼崩乐坏,然而孔墨之时,《诗》乐结合依然是《诗》传播的主要形式②。

考察先秦时期的相关文献我们能够发现,早在诗乐舞一体的时代,《诗》便已经在诗乐教化系统中承担起了相应的政教意义。而最明显的例子便是季札入鲁观乐,在对《诗》的评价中已经蕴含了王道政教性的解读。据《左传·襄公二十九年》记载,吴公子季札入鲁而请观周乐,乐工为之歌《周南》《召南》《邶》《鄘》《卫》等十二国风,并及《雅》《颂》:

> 使工为之歌《周南》《召南》,曰:"美哉! 始基之矣,犹未也。然勤而不怨矣。"为之歌《邶》《鄘》《卫》,曰:"美哉,渊乎! 忧而

① 刘毓庆,郭万金. 从文学到经学——先秦两汉诗经学史论[M]. 上海:华东师范大学出版社,2009:162.
②《墨子·公孟》提到:"诵诗三百,弦诗三百,歌诗三百,舞诗三百。"孔子论《诗》也往往兼论诗乐,例如孔子评价《关雎》:"师挚之始,《关雎》之乱,洋洋乎盈耳哉!"就是从音乐的角度来评价的。

不困者也。吾闻卫康叔、武公之德如是,是其卫风乎!"为之歌《王》,曰:"美哉! 思而不惧,其周之东乎!"为之歌《郑》,曰:"美哉! 其细已甚,民弗堪也,是其先亡乎!"为之歌《齐》,曰:"美哉,泱泱乎,大风也哉! 表东海者,其大公乎! 国未可量也。"为之歌《豳》,曰:"美哉,荡乎! 乐而不淫,其周公之东乎!"为之歌《秦》,曰:"此之谓夏声。夫能夏则大,大之至也,其周之旧乎!"为之歌《魏》,曰:"美哉,沨沨乎! 大而婉,险而易行,以德辅此,则明主也。"为之歌《唐》,曰:"思深哉! 其有陶唐氏之遗民乎! 不然,何忧之远也。非令德之后,谁能若是?"为之歌《陈》,曰:"国无主,其能久乎?"自《郐》以下无讥焉。为之歌《小雅》,曰:"美哉! 思而不贰,怨而不言,其周德之衰乎? 犹有先王之遗民焉。"为之歌《大雅》,曰:"广哉,熙熙乎! 曲而有直体,其文王之德乎?"为之歌《颂》,曰:"至矣哉! 直而不倨,曲而不屈,迩而不偪,远而不携,迁而不淫,复而不厌,哀而不愁,乐而不荒,用而不匮,广而不宣,施而不费,取而不贪,处而不底,行而不流,五声和,八风平,节有度,守有序,盛德之所同也。"见舞《象箾》《南籥》者,曰:"美哉! 犹有憾。"见舞《大武》者,曰:"美哉! 周之盛也,其若此乎?"见舞《韶濩》者,曰:"圣人之弘也,而犹有惭德,圣人之难也。"见舞《大夏》者,曰:"美哉! 勤而不德,非禹其谁能修之?"见舞《韶箾》者,曰:"德至矣哉! 大矣,如天之无不帱也,如地之无不载也,虽甚盛德,其蔑以加于此矣。观止矣! 若有他乐,吾不敢请已!"[1]

乐工为季札演奏《风》《雅》《颂》,以及周代的乐舞。从季札对《风》

---

[1] 左丘明. 春秋左传集解 [M]. 上海:上海人民出版社,1977:1121—1122.

《雅》《颂》的评价中,已经可以看出其中蕴含着对诗乐舞的政治性解读。季札对乐舞的评价,均与王道兴衰密切结合。例如《大武》"美哉！周之盛也",即指出《大武》是对周朝盛世之景的反映。值得重视的是,季札对配乐之《诗》的评价,完全与王道制度的兴衰密切结合在了一起。例如季札听闻《邶》《鄘》《卫》后,赞美说："美哉,渊乎！忧而不困者也。吾闻卫康叔、武公之德如是,是其卫风乎！"显然此处是以音乐的旋律之美比照卫康叔武公的德行之美。季札评价《豳》是对周公德行东渐①的赞美,也是把《诗》乐与王道制度结合在一起。再如评价《小雅》是描述周德的衰微,而《大雅》是对周公的赞美等,无不是对诗乐舞的政治化解读。

不过值得注意的是,在这种诗乐舞一体的诗乐传统中,《诗》的文本本身并不具备完整的政治教化意义,其政教作用是依托于音乐、舞蹈的共同配合而实现的②。正如赵敏俐先生所指出的："我们现在所见的《颂》诗并不是周代宗庙祭祀艺术的全部,而只是其文字部分。这种文字在整个祭祀艺术中只承担演唱中的语言说明或者抒情等一部分功能,它只有与音乐和舞蹈结合才能体现出祭祀艺术全部的

---

① 关于《豳风》的地域有诸多争论,不过据顾炎武、张履祥、傅斯年、徐中舒多数学者考证:《豳风》正是"鲁风",即鲁地民歌(郭克煜.鲁国史 [M].北京:人民出版社,1994:410—412)。而周公分封至鲁国之后,鲁国在建国之时,就采取"变其俗,革其礼"的建国方针,鲁国当地的风俗习惯从此被周典、周礼所代替,因此周代社会文化形态在鲁国得以延续。而上述对"周公之东"的赞美,所叙述的,恰恰是对周公所代表的周代的礼仪制度东渐至鲁的赞美。

② 例如《礼记·乐记》评价《清庙》,便主要立足于《清庙》音乐形式上的美感,和由此传达出的政教意图:"《清庙》之瑟,朱弦而疏越,一倡而三叹,有遗音者矣。"

意义。"①

  然而,"春秋之后,周道寖坏,聘问歌咏不行于列国"②,随着战国红紫乱朱、礼崩乐坏的加剧,配乐可唱的《诗》也逐步失传。至汉代,能够演唱的《诗》已经屈指可数,《大戴礼记·投壶》:"凡《雅》二十六篇:其八篇可歌,歌《鹿鸣》《狸首》《鹊巢》《采蘩》《采蘋》《伐檀》《白驹》《驺虞》,八篇废不可歌;七篇《商》《齐》,可歌也;三篇闲歌。"《诗》、乐的逐步分离,势必会对《诗》产生新的要求,那就是由乐教所承载的王道政教意义,势必会转移至《诗》,由《诗》来承担原本乐、舞中所具有的仪式感与庄严感。由此,对《诗》的文本本身的要求势必会随之增加,针对《诗》的文本的《诗》学阐释的重要性随之引起人们的重视。

  《通志》详细描述了《诗》、乐分离的过程:

    当汉之初,去三代未远,虽经生学者不识诗,而太乐氏以声歌肄业,往往仲尼三百篇,瞽史之徒,例能歌也。奈义理之说既胜,则声歌之学日微,东汉之末,礼乐萧条,虽东观石渠议论纷纭,无补于事。曹孟德平刘表,得汉雅乐郎杜夔,夔老矣,久不肄习,所得于三百篇者,惟《鹿鸣》《驺虞》《伐檀》《文王》四篇而已,余声不传。太和末又失其三,左延年所得惟《鹿鸣》一篇,每正旦大会,太尉奉璧,群臣行礼,东庙雅乐常作者是也。古者歌《鹿鸣》必歌《四牡》《皇皇者华》,三诗曰节,故曰工歌《鹿鸣》之三,而用《南陔》《白华》《华黍》三笙以赞之,然后首尾相承,节奏有属。今得一诗而如此用,可乎?应知古诗之声为可贵也。

————————

① 赵敏俐.乐歌传统与《诗经》的文体特征[J].学术研究.2005 (9):142.
② 班固.汉书[M].北京:中华书局,1962:1383.

至晋室,《鹿鸣》一诗,又无传矣。自《鹿鸣》一篇绝,后世不复闻诗矣。①

郑樵指出,汉代初年,诗教与乐教之间已经出现了明显的分离。虽然部分《诗》篇尚能入乐,然而《诗》、乐共同承载政教内容的乐教盛况已经式微,而对《诗》本身的文本意义的重视开始彰显。郑樵敏锐地意识到,乐教式微正是对《诗》的文本阐释得以重视的一个重要契机。

而由战国至汉初,在诗教与乐教逐步脱离的过程中,如何把这些由诗乐舞所共同承担的政教意义由《诗》来承载,并完成《诗》的乐教价值向《诗》学价值的转化,这在当时对于选择《诗》作为其政治教科书的儒家学者来说是一个不容忽视的课题。在这一过程中,儒家各个学派均有不同的尝试,其中孟子最早指出了《诗》中所蕴含的王道政治意义,把原本主要由乐舞所承载的政教意义②,赋予了《诗》的文本本身。

---

① 郑樵撰,王树民点校. 通志二十略·乐略［M］. 北京:中华书局,1995:883—884.

② 关于乐教与诗教的相互配合关系,赵敏俐先生曾从《诗》的文本格式入手,指出《诗》在文本和阐释上所存在的一些不足,以及所缺失的形式感与仪式感,最终会由相应的配乐和舞蹈进行补足:"像《周颂·清庙》这样的诗之所以单章而又简短,一个重要的原因是宗庙音乐本身所追求的风格就是简单、迟缓、凝重、肃穆。简单,就不需要有长诗来配乐;迟缓,对语言本身的节奏要求就不会过高;凝重,要求诗的语言不能华丽;肃穆,则要求在缓慢迟重的演唱中再加入深沉的感叹式的合唱。演唱《清庙》时的乐器也正好与之相配,'朱弦而疏越',所以才形成了特殊的颂诗体。"(赵敏俐. 乐歌传统与《诗经》的文体特征［J］. 学术研究,2005〔9〕:142)

（二）表现："义理之说既胜"——孟子率先赋予《诗》之文本以王道政教意义

前文已经提及，孔子、墨子论《诗》，依然倾向于《诗》、乐并提。这种《诗》、乐并提的情况在儒家之外的各家，直至战国末年依然有所论及①。就儒家而言，儒家内部也呈现出不同的发展进路。这一问题，已经引起了相关学者的重视。例如陈桐生先生指出，《孟子》和上博简《孔子诗论》分别代表了不同的《诗》学发展进路：一者是以《孟子》为代表，倾向于阐释《诗》中所具有的王道政教意义；一者是以《孔子诗论》为代表，重视对《诗》中性情思想的阐发②。刘毓庆先生则指出，战国时期的儒家《诗》说存在着四种不同的价值取向：子思所代表的道德化《诗》学阐释倾向；公孙尼子所代表的诗乐一体的《诗》学思想；孟子所代表的王道政治思想；以及荀子所代表的先秦"诗传"的《诗》学解读方式③。从两位学者的分类上，已经能够看出，战国时期儒家学派中已经出现了不同的阐释倾向，无论从哪种角度分类，孟子对王道政教意义的阐发在当时的儒家《诗》学传播中，都

①《管子·内业》论《诗》，依然坚持《诗》乐舞并提的观点："是故止怒莫若诗，去忧莫若乐，节乐莫若礼。"在这种思想的影响下，《诗》仅仅被视为一种简单的记录，诚然这种论述或许更接近周代的《诗》的本质，然而却与汉代以后的《诗》学观点相距甚远；略晚于孟子的《庄子》，不仅记载"文王有《辟雍》之乐，武王、周公作《武》"，并且提到曾子歌《诗》的情况："曾子居卫，……曳纵而歌《商颂》，声满天地，若出金石。"《韩非子·外储说左上》也曾提到"舜鼓五弦之琴，歌《南风》之诗而天下治"的诗乐思想。《吕氏春秋》杂取百家之说，然而其对《诗》的主要论断，依然停留在《诗》的音乐性本质上："涂山氏之女……实始作为南音。周公及召公取风焉，以为《周南》《召南》。"
② 陈桐生.《孔子诗论》研究[M].北京：中华书局，2004：212—213.
③ 刘毓庆，郭万金.从文学到经学——先秦两汉诗经学史论[M].上海：华东师范大学出版社，2009：108—149.

在先秦儒家诗传中占据着重要的位置。

通观战国时期的儒家《诗》学传播体系,能够明显地看出:其一,在《诗》乐分离的观点上,子思、孟子一派走得最为坚决和彻底,成书于子思之后、孟子之前的上博简《孔子诗论》依然存在着对乐教的重视①;其二,公孙尼子对《诗》的解读依然是《诗》乐结合的解读方式②;其三,荀子所论之《诗》,更倾向于《诗》所具有的乐教意义,而对《诗》的文本阐释,持反对态度③,目前可见的子思学派的相关著述④中,却丝毫不见对《诗》乐结合问题的论及⑤;而孟子论《诗》,不仅从不提及《诗》乐结合的思想,并且于诸家之中,最先把原来乐教中所蕴含的王道政教思想赋予了《诗》。虽然孟子很少言及乐教,然而先秦时期《诗》乐结合过程中所蕴含的政教意义,却主要通过这种

---

① "孟子不谈乐教,而竹书受《性情论》影响而重视乐教。"(陈桐生.《孔子诗论》研究[M].北京:中华书局,2004:93)

② 这一部分,刘毓庆等先生的《从文学到经学》所言甚详,此处不赘(刘毓庆,郭万金.从文学到经学——先秦两汉诗经学史论[M].上海:华东师范大学出版社,2009:125—131)。

③ 《荀子》是孟子之后引《诗》最多者,也是距离汉代最近的儒家学者之一,人们多把汉代《诗》学的渊源溯源至荀子,然而荀子尤其反对对诗义的阐发,甚至指出"善为《诗》者不说""隆礼义而杀《诗》《书》"的观点。并把不重视礼义而只重视《诗》的文本意义阐发的儒生讥刺为陋儒:"上不能好其人,下不能隆礼,安特将学杂识志,顺《诗》《书》而已耳,则末世穷年,不免为陋儒而已。"

④ 关于子思学派的引《诗》评《诗》情况,董治安先生在其《战国文献论〈诗〉引〈诗〉综录》中有系统梳理(董治安.先秦文献与先秦文学[M].济南:齐鲁书社,1994:64—88),刘毓庆先生也有《子思学派著作引〈诗〉称〈诗〉表》(刘毓庆,郭万金.从文学到经学——先秦两汉诗经学史论[M].上海:华东师范大学出版社,2009:116—124)。

⑤ 较少涉及《诗》乐结合的话题,恰恰从一个侧面证明了,在《诗》乐分离之后,对《诗》的文本意义阐发的重视。

方式流传下来。

关于孟子《诗》学中的王道政教倾向,前面几个章节的论述中已经间或论及。此处仅把相关部分作一集中论述,而不再详作分析。

首先,孟子在对《诗》的定位上,体现出了鲜明的王道政教倾向。孟子提出了"王者之迹熄而诗亡,诗亡然后《春秋》作"的《诗》学观点。在这一观点中,孟子明确把《诗》视为王道制度的承载者,使得《诗》与王道盛衰密切联系在一起。

其次,孟子在《诗》学阐释过程中,创造性地提出了"以意逆志"的《诗》学阐释观点。这一《诗》学观点的提出,不仅有效地解决了《北山》之诗中"普天之下,莫非王土"的文本阐释问题①,最重要的是还标志着说《诗》者主体性地位的确立。在一定程度上,《诗》不再是《诗》的创作者的意图表达,而主要成为传达《诗》学阐释者观念和意图的途径与工具。对说诗者主体地位的确定,使得在《诗》的文本阐释中赋予其以王道政教意义变得理所当然。

再次,在对《诗》的使用场合和意义赋予上,孟子也多侧重于对王道政治的集中阐发,王道制度的宣扬与诗义阐释经常若合符契地

---

① "普天之下,莫非王土"的阐释歧义,很能说明《诗》的文本阐释过程中由备受质疑到经典化地位确立的过程。例如《韩非子》便针对此诗对《诗》的权威地位提出了质疑,认为诗中所言不可尽信:"《诗》云:'普天之下,莫非王土,率土之滨,莫非王臣。'信若诗之言也,是舜出则臣其君,入则臣其父,妾其母、妻其主女也。"这一观点,与孟子弟子咸丘蒙的观点类似。而《吕氏春秋》中则从把《诗》视为信史的角度指出,《北山》之诗,源于舜的自作:"舜自为诗曰:'普天之下,莫非王土,率土之滨,莫非王臣。'"而孟子则从修辞学的角度,指出对《诗》的阐释应当采取"以意逆志"的态度,选择符合说诗者旨意的部分,虽然这一论调看似消解了《诗》作为史料的权威性,然而也正是这一观点的提出,恰到好处地消解了《诗》乐结合过程中《诗》的文本中所存在的一些过分修辞的内容,从而巩固了《诗》在诗义阐释过程中的权威性。

结合在一起^①。其一,孟子引《诗》常常与对周朝的重要人物的赞美结合在一起,其中仅涉及文王就达10次之多,涉及周公4次,而文王和周公恰恰是儒家王道思想的最重要代表人物。其二,孟子在述及自己王道观点的时候,往往引《诗》以证自己所言有据。孟子自己用《诗》28处,其中有10次在与诸侯王的对话过程中引《诗》,以证明自己的观点。

而其中最应当引起注意的是孟子在《诗》的选择上。孟子明显偏重于主要言周朝王政制度的《大雅》,据《孟子》统计,孟子主动引《诗》28次,其中仅引《大雅》就达21次,以《孟子》中对《大雅》的引用为例,其中所论,无不与王道政教主题关涉密切,如下表所示:

表5—1　孟子引用《大雅》题旨统计

章节	篇名	《诗经》引文	谈话主题	孟子说解
梁惠王上	灵台	《诗》云:"经始灵台,经之营之,庶民攻之,不日成之。经始勿亟,庶民子来。王在灵囿,麀鹿攸伏;麀鹿濯濯,白鸟鹤鹤。王在灵沼,於牣鱼跃。"	与民偕乐	文王以民力为台为沼,而民欢乐之,谓其台曰灵台,谓其沼曰灵沼,乐其有麋鹿鱼鳖。
梁惠王上	思齐	《诗》云:"刑于寡妻,至于兄弟,以御于家邦。"	德何如,则可以王矣?……言举斯心加诸彼而已。故推恩足以保四海,不推恩无以保妻子	古之人所以大过人者,无他焉,善推其所为而已矣。
梁惠王下	采薇	文王事混夷	仁者为能以大事小	文王事混夷

① 具体论述可参第一章第一节第三部分"继往圣,开来学"。

续表

章节	篇名	《诗经》引文	谈话主题	孟子说解
梁惠王下	皇矣	《诗》云:"王赫斯怒,爰整其旅,以遏徂莒,以笃周祜,以对于天下。"	"交邻国有道乎?"(王请无好小勇)	此文王之勇也。文王一怒而安天下之民。
梁惠王下	公刘	《诗》云:"乃积乃仓,乃裹糇粮,于橐于囊,思戢用光,弓矢斯张,干戈戚扬,爰方启行。"	"王政可得闻与?"(王如好货,与百姓同之)	昔者公刘好货
梁惠王下	绵	《诗》云:"古公亶甫,来朝走马,率西水浒,至于岐下;爰及姜女,聿来胥宇。"	王如好色,与百姓同之	昔者太王好色,爱厥妃。……当是时也,内无怨女,外无旷夫
公孙丑上	文王有声	《诗》云:"自西自东,自南自北,无思不服。"	以德行仁者王	以德服人者,中心悦而诚服也。
公孙丑上	文王	《诗》云:"永言配命,自求多福。"	今国家闲暇,及是时,般乐怠敖,是自求祸也。	祸福无不自己求之者。
滕文公上	文王	《诗》云:"周虽旧邦,其命惟新。"	滕文公问为国(设为庠序学校以教之)	文王之谓也。子力行之,亦以新子之国。
离娄上	假乐	《诗》云:"不愆不忘,率由旧章。"	行先王之道	徒善不足以为政,徒法不能以自行。……遵先王之法而过者,未之有也。
离娄上	板	《诗》曰:"天之方蹶,无然泄泄。"	是以惟仁者宜在高位。不仁而在高位,是播其恶于众也。	泄泄犹沓沓也。事君无义,进退无礼,言则非先王之道者,犹沓沓也。故曰责难于君谓之恭,陈善闭邪谓之敬,吾君不能谓之贼。

续表

章节	篇名	《诗经》引文	谈话主题	孟子说解
离娄上	荡	《诗》云："殷鉴不远，在夏后之世。"	欲为君尽君道，欲为臣尽臣道，二者皆法尧舜而已矣。	孔子曰："道二，仁与不仁而已矣。(《论语》未见) 暴其民，甚则身弑国亡，不甚则身危国削。名之曰幽厉，虽孝子慈孙，百世不能改也。"
离娄上	文王	《诗》云："永言配命，自求多福。"	行有不得者，皆反求诸己，其身正而天下归之。	行有不得者，皆反求诸己，其身正而天下归之。
离娄上	文王	《诗》云："商之孙子，其丽不亿，上帝既命，侯于周服。侯服于周，天命靡常，殷士肤敏，裸将于京。"	夫国君好仁，天下无敌。	师文王，大国五年，小国七年，必为政于天下矣。……"仁不可为众也。夫国君好仁，天下无敌。"
离娄上	桑柔	《诗》云："谁能执热，逝不以濯。"	夫国君好仁，天下无敌。	今也欲无敌于天下而不以仁，是犹执热而不以濯也。
离娄上	桑柔	《诗》云"其何能淑，载胥及溺。"	得天下有道，得其民，斯得天下矣。得其民有道，得其心，斯得民矣。得其心有道，所欲与之聚之，所恶勿施，尔也。	苟不志于仁，终身忧辱，以陷于死亡。
万章上	云汉	《云汉》之诗曰："周余黎民，靡有孑遗。"	故说诗者，不以文害辞，不以辞害志，以意逆志，是为得之。	信斯言也，是周无遗民也。
万章上	下武	《诗》曰："永言孝思，孝思惟则。"	故说诗者，不以文害辞，不以辞害志。以意逆志，是为得之。	孝子之至，莫大乎尊亲；尊亲之至，莫大乎以天下养。

章节	篇名	《诗经》引文	谈话主题	孟子说解
告子上	烝民	《诗》曰:"天生蒸民,有物有则。民之秉夷,好是懿德。"	仁义礼智,非由外铄我也,我固有之也,弗思耳矣。	孔子曰:"为此诗者,其知道乎!故有物必有则,民之秉夷也,故好是懿德。"
告子上	既醉	《诗》云:"既醉以酒,既饱以德。"	欲贵者,人之同心也。人人有贵于己者,弗思耳。	言饱乎仁义也,所以不愿人之膏粱之味也。令闻广誉施于身,所以不愿人之文绣也。
尽心下	绵	"肆不殄厥愠,亦不殒厥问"	士憎兹多口	(言)文王也。

通过表中所列"孟子说解"的部分,我们能够较为清晰地看到,孟子对《大雅》诸诗的释义,无不归结到王道政教的思想层面上来。例如《孟子·梁惠王上》,孟子在回答梁惠王的问话时,引《大雅·文王》中的"经始灵台,经之营之,庶民攻之,不日成之。经始勿亟,庶民子来。王在灵囿,麀鹿攸伏;麀鹿濯濯,白鸟鹤鹤。王在灵沼,於牣鱼跃",以此指出文王之治的根源,在于善待百姓而与民偕乐:"文王以民力为台为沼,而民欢乐之,谓其台曰灵台,谓其沼曰灵沼,乐其有麋鹿鱼鳖。"① 这种阐释过程已经彻底摆脱了乐、舞的辅助与限制,而直接诉诸言语,从而开始了从字面意义上展开对《大雅》阐释的进程。

孟子这种着重于《诗》的文本阐释的做法,具有一个明显的标志性特征,那就是释义中常常会有与《诗》中的字词相重合的部分。而

① 焦循. 孟子正义 [M]. 北京:中华书局,1987:45—47.

这恰恰是脱离乐舞的政教化阐释而着眼于文本的政教阐释的一个标志性特点。例如孟子在阐释《板》中的"天之方蹶，无然泄泄"时，首先从字词的阐释入手指出："泄泄犹沓沓也。事君无义，进退无礼，言则非先王之道者，犹沓沓也。故曰责难于君谓之恭，陈善闭邪谓之敬，吾君不能谓之贼。"①同样的情况还出现在孟子对《既醉》的阐释中，孟子就"既醉以酒，既饱以德"句指出："言饱乎仁义也，所以不愿人之膏粱之味也。令闻广誉施于身，所以不愿人之文绣也。"②孟子把《诗》中讲述有关宴饮快乐的诗句，与仁义给人的心理满足感相结合，从而完成了对诗句的比附和对《诗》的政教意义的赋予。同样，孟子在阐释"周虽旧邦，其命惟新"一句时，则抓住了一个"新"字，来阐释诗中所蕴含的文王推行王道政教的巨大意义。

此外，孟子同样采用了直接赋予《诗》以王道政教意义的方式来阐发诗旨。例如孟子在阐释《绵》"肆不殄厥愠，亦不殒厥问"时，直接提到"（言）文王也"③，而这种做法恰恰又是《诗》乐舞结合时期的阐释方式，即注重诗旨的阐发。唯一不同的是，孟子此处的阐释，同样摆脱了乐舞的局限，而把阐释的主体直接限定于《诗》。

通过以上的论述能够清楚地看到，在战国至汉初这段时间，儒家学者着力于彰显《诗》中蕴含的王道政教意义，并身体力行地践行这一观点的，唯孟子独然。而乐舞仪式中所蕴含着的政教意义和庄严特点，也通过孟子在《诗》学定位、诗义阐释等多个方面对《诗》之文本的政教意义的赋予而得以流传。孟子的这一选择直接影响到了汉代《诗》学阐释的经学化历程，其表现之一就是《毛诗序》中

---

① 焦循.孟子正义[M].北京：中华书局，1987：489.

② 焦循.孟子正义[M].北京：中华书局，1987：797.

③ 焦循.孟子正义[M].北京：中华书局，1987：980.

对《诗》的王道政教阐释与孟子对《诗》的定位之间存在着很大的相似。

（三）影响："见盛衰之由"——《诗序》对《诗》的王道政教意义的多层解读

前文已经提到，孟子"王者之迹熄而诗亡"的思想是通过指出王道制度的终结和《诗》的诗教意义结束相始终的关系，把《诗》的发展与王道制度的盛衰密切结合在了一起。这一观点在《毛诗序》中得到了系统的体现和贯彻。尽管《诗序》对《诗》的乐用意义仍有关注，但同时也非常重视阐发《诗》中所蕴含的王道政教意义。

1.《诗大序》对《诗》关兴衰的整体价值定位

《诗大序》在对《诗》的整体价值定位上，多次体现出《诗》与王道制度密切相关的思想。《诗大序》首先从《诗》乐结合的角度，指出了不同的政教结果之下会对应各不相同的《诗》乐风格：

> 治世之音，安以乐，其政和。乱世之音，怨以怒，其政乖。亡国之音，哀以思，其民困。[1]

这一界定从关乎王道的兴、盛、衰的三个角度，对应了《诗》乐的三种不同风格，虽然仍是从《诗》乐结合的角度立论，但这一观点从整体上指出了《诗》的发展与王道盛衰之间的相互影响作用。与这一思想相表里的是，《诗序》中尤其点出了变风变雅的创作背景，正是由于王道制度的衰微：

> 王道衰，礼义废，政教失，国异政，家殊俗，而变风、变雅

---

[1] 毛亨传，郑玄笺，孔颖达疏.毛诗正义[M].北京：北京大学出版社，1999:8.

作矣。①

与"王者之迹熄而诗亡"的观点相比较,发现二者有明显不同:孟子是从王道制度的终结入手,指出诗歌创作的结束;而《诗序》则是从王道衰微的角度入手,指出《诗》的创作主旨的转向。虽然二者的论述在时间段的选取上存在差别,但所传达的意图却是一致的,那就是《诗》对王道制度的承载意义的肯定。

不仅如此,《诗序》还于《风》《雅》《颂》中着重点出了《雅》与王道废兴之间的密切关联:

> 雅者,正也,言王政之所由废兴也。政有小大,故有小雅焉,有大雅焉。颂者,美盛德之形容,以其成功,告于神明者也。②

先秦时期对于《风》《雅》《颂》的整体评价并不鲜见,季札有从《诗》乐结合的角度对《雅》《颂》的评价③,上博简《孔子诗论》也有从文本意义的角度对《雅》《颂》的判断:

> 孔子曰:此命也夫! 文王虽欲也,得乎? 此命也,志也,文王受命矣!《颂》,旁德也,多言厚,其乐安而迟,其歌伸而引,其思深而远,至矣。《大雅》,盛德也,多言[……《小雅》,德]也,多言难而怨湛者也,衰也,小矣。《邦风》其纳物也博,观人俗焉,大敛

---

① 毛亨传,郑玄笺,孔颖达疏. 毛诗正义[M]. 北京:北京大学出版社,1999:14.

② 毛亨传,郑玄笺,孔颖达疏. 毛诗正义[M]. 北京:北京大学出版社,1999:17—18.

③《左传·襄公二十九年》:"思而不贰,怨而不言,其周德之衰乎? 犹有先王之遗民也。""熙熙乎,曲而有直体,其文王之德乎?"

材焉。其言文，其声善。……①

竹简是现今出土的战国晚期实物，因为藏身地下，所载内容没有遭遇秦火之祸以及后儒的整理修订，其中所论应当能够真实地反映出战国末期对《风》《雅》《颂》的理解。虽然《孔子诗论》关于《雅》的评价存在阙文②，但从现有部分可以看出，《孔子诗论》更加重视《雅》诗对"德"的强调。作为战国末期《诗》学理论的一个重要坐标，相对晚出的《诗序》更为重视《雅》诗所蕴含的王道政教因素。在《诗》与王道盛衰密切相关的整体定位上，《诗序》明确指出了《雅》与王道制度之间的密切关联。而这一细节再次昭示了《诗序》与《孟子》之间的关联：战国诸子在《诗》的引用过程中，以孟子引用《雅》的频率为最高。如下表所示：

表5—2　战国文献引用《雅》诗综录

战国文献	引《雅》次数	引《诗》总数	比例统计
论语	2	8	25%
墨子	7	12	58%

① 《孔子诗论》上下留白的简2、简3记载了孔子对《诗经》中《风》《小雅》《大雅》《颂》四大部分的总评。原文参照了马承源先生的《上海博物馆藏战国楚竹书》（马承源. 上海博物馆藏战国楚竹书〔一〕[M]. 上海：上海古籍出版社，2001：127—135），相关文字及简序的编排则按廖名春先生《上海博物馆藏诗论简校释》一文所认定的顺序（廖名春. 上海博物馆藏诗论简校释[J]. 中国哲学史，2002〔1〕：9—19）。
② 简2、3论《颂》与《邦风》的部分完整无缺；论《大雅》的文字计有7字，加上缺简部分，论《大雅》共计40余字；《小雅》部分缺1字。

续表

战国文献	引《雅》次数	引《诗》总数	比例统计
子思派著作①	48	75	64%
孟子	27	35	77%
荀子②	60	87	69%
庄子	0	1	0
晏子春秋	13	20	65%
管子	1	3	33%
商君书	0	0	0
吕氏春秋	11	20	55%

　　从目前所见战国时期的著作比较中可见,《孟子》引用《雅》诗虽然并非最多,然而其引用《雅》诗的频率却是那个时代的诸子之最。更为重要的是,孟子所引《雅》诗无不与其王道制度主题的阐发密切相关。前文已证,不再赘言。这也就意味着,孟子对《诗》的王道政教意义的《诗》学定位也主要是针对《雅》诗而提出的。而相对晚出的《诗序》很可能在《诗》学定位上,受到了孟子的影响。

　　不仅如此,《诗小序》对《雅》的主旨描述,也与《诗大序》中《雅》诗关乎王道兴衰的《诗》学定位一脉相承。《诗序》对《大雅》与《小雅》的阐释,分别从不同的角度诠释了孟子"王者之迹熄而诗亡"的观点。

---

① 刘毓庆,郭万金. 从文学到经学——先秦两汉诗经学史论 [M]. 上海:华东师范大学出版社,2009:116—124.

② 《荀子》至《吕氏春秋》的统计参《战国文献论〈诗〉引〈诗〉综录》(董治安. 先秦文献与先秦文学 [M]. 济南:齐鲁书社,1994:64—88)。

2.《大雅》诸序对周朝王道兴衰的历史化架构

《诗·大雅》共计三十一篇,其中相对应的三十一篇《诗序》在诗旨阐释时,无不与王道制度密切相关,这点早已为人们所熟知。把《诗序》中的这些阐释连缀在一起,我们能够发现《诗序》在每一篇的诗旨阐发上都与关涉周朝王道兴衰的人、事件密切相连。把《诗序》对《大雅》的阐释连缀起来统而观之,还能发现三十一篇《大雅》恰恰对应了周朝初建至衰落的整个发展历史。这从另一个角度再次诠释了《大雅》设置的王政意图。

表5—3 《诗序》视野下《大雅》设置的王政意图

篇名	《诗序》阐释	牵涉人物	事件
文王	文王受命作周也。	文王	文王受命
大明	文王有明德,故天复命武王也。	文王	
緜（绵）	文王之兴,本由大王也。	文王	
棫朴	文王能官人也。	文王	
旱麓	受祖也。周之先祖,世修后稷、公刘之业。大王、王季,申以百福干禄焉。	周先祖大王、王季	周之先祖世修后稷、公刘之业
思齐	文王所以圣也。	文王	文王受命
皇矣	美周也。天监代殷莫若周。周世世修德莫若文王。	文王	
灵台	民始附也。文王受命,而民乐其有灵德,以及鸟兽昆虫焉。	文王	
下武	继文也。武王有圣德,复受天命,能昭先人之功焉。	武王	武王昭先人之功
文王有声	继伐也。武王能广文王之声,卒其伐功也。	武王	
生民	尊祖也。后稷生于姜嫄,文、武之功起于后稷,故推以配天焉。	后稷姜嫄	

篇名	《诗序》阐释	牵涉人物	事件
行苇	忠厚也。周家忠厚,仁及草木,故能内睦九族,外尊事黄耇,养老乞言,以成其福禄焉。	——	周家忠厚,仁及草木,太平之世
既醉	大平也。醉酒饱德,人有士君子之行焉。	——	
凫鹥	守成也。太平之君子,能持盈守成,神祇祖考安乐之也。	——	
假乐	嘉成王也。	成王	成王求贤任能,厚德于民
公刘	召康公戒成王也。成王将莅政,戒以民事,美公刘之厚于民,而献是诗也。	成王公刘	
泂酌	召康公戒成王也。言皇天亲有德,飨有道也。	成王	
卷阿	召康公戒成王也。言求贤用吉士也。	成王	
民劳	召穆公刺厉王也。	厉王	厉王乱政,天下无纲纪文章
板	凡伯刺厉王也。	厉王	
荡	召穆公伤周室大坏也。厉王无道,天下荡荡,无纲纪文章,故作是诗也。	厉王	
抑	卫武公刺厉王,亦以自警也。	厉王	
桑柔	芮伯刺厉王也。	厉王	
云汉	仍叔美宣王也。宣王承厉王之烈,内有拨乱之志,遇灾而惧,侧身修行,欲销去之。天下喜于王化复行,百姓见忧,故作是诗也。	宣王	宣王继起,承厉王之烈,天下复平
崧高	尹吉甫美宣王也。天下复平,能建国亲诸侯,襃赏申伯焉。	宣王	
烝民	尹吉甫美宣王也。任贤使能,周室中兴焉。	宣王	
韩奕	尹吉甫美宣王也。能锡命诸侯。	宣王	
江汉	尹吉甫美宣王也。能兴衰拨乱,命召公平淮夷。	宣王	
常武	召穆公美宣王也。有常德以立武事,因以为戒然。	宣王	

续表

篇名	《诗序》阐释	牵涉人物	事件
瞻卬	凡伯刺幽王大坏也。	幽王	幽王大坏
召旻	凡伯刺幽王大坏也。旻,闵也,闵天下无如召公之臣也。	幽王	

通过上表可以看出,按照《诗序》对《大雅》的阐释,《大雅》三十一篇恰恰对应着王道制度由初兴到衰落的整个发展过程。除了昭示祖先之德的《旱麓》出现在文王时代,可以调整至文王受命之前,《诗序》对《大雅》的整篇阐释,恰恰诠释了周朝从始建、初兴、兴盛、中衰、复兴到衰亡的发展过程。而其中标志着周朝兴衰的重要人物:大王、文王、武王、成王、厉王、宣王和幽王,又恰恰与周朝发展的各个关键转折点相照应。与鲁诗刻意构建"四始"的做法相比,《诗序》此处完全依照着《大雅》的篇章顺序设置,把整个西周的王道政教的历史进程编织在诗义阐释的过程之中。这一篇章设置方式,开郑玄作《诗谱》、通过以具体诗篇和西周历史相对应而进行王道政教阐释的先声。

《诗序》对《大雅》的阐释及其篇章设置的独特性,均可窥见其以《雅》牵涉王道兴衰的阐释意图。

3.《小雅》诸序对王道衰落原因的简笔勾勒

与《诗序》对《大雅》的王道政教定位相对应,《诗序·六月序》提出的"废缺论"则通过对《诗》义的分析勾勒出王道衰落的原因。可以说这是对孟子"王者之迹熄而诗亡"观的一个全新的阐释角度,即不仅把《诗》视为王道政教发展历史的重要载体,还把《诗》中所蕴含的主旨与对王道衰落原因的探讨结合在一起:

  《鹿鸣》废则和乐缺矣。《四牡》废则君臣缺矣。《皇皇者华》废则忠信缺矣。《常棣》废则兄弟缺矣。《伐木》废则朋友缺矣。《天保》废则福禄缺矣。《采薇》废则征伐缺矣。《出车》废则功力缺矣。《杕杜》废则师众缺矣。《鱼丽》废则法度缺矣。《南陔》废则孝友缺矣。《白华》废则廉耻缺矣。《华黍》废则蓄积缺矣。《由庚》废则阴阳失其道理矣。《南有嘉鱼》废则贤者不安,下不得其所矣。《崇丘》废则万物不遂矣。《南山有台》废则为国之基队矣。《由仪》废则万物失其道理矣。《蓼萧》废则恩泽乖矣。《湛露》废则万国离矣。《彤弓》废则诸夏衰矣。《菁菁者莪》废则无礼仪矣。《小雅》尽废,则四夷交侵,中国微矣。①

  《六月序》的这段论述,甚至可以看作从王迹渐熄的角度对孟子"王者之迹熄而诗亡"观点的独特阐释。虽然二者之关联早已被清儒郝敬所道破:"毛公此序历举《鹿鸣》诸诗所由废,一以见世道兴衰之由,一以见圣人删诗正乐之意,故孟子曰,'《诗》亡然后《春秋》作',《诗》与《春秋》相终始,非徒为声乐而已,毛公所以有功于《诗》也。"②但郝敬却没有发现,《六月序》所言,不仅仅是对工迹止熄原因的分析,还包含着对王者之迹"熄"的过程的整体勾勒。

  《诗序》在《六月序》中,把具体的"王者之迹"的缺失与具体《诗》教活动的废亡一一对应起来。例如《鹿鸣》代表了《诗》教中上下和乐的部分,而《鹿鸣》中《诗》教作用的废止也就意味着"王者之迹"中以《诗》和乐部分的消失。以下所论均是如此,随着具体的《诗》篇所对应的君臣之敬、忠信思想、兄弟之悌、朋友之义,以及

---

① 毛亨传,郑玄笺,孔颖达疏. 毛诗正义[M].北京:北京大学出版社,1999:631.
② 郝敬.诗经通义·卷六[M].文渊阁本四库全书本.

孝、友、廉、耻等诸多关涉"王者之迹"的重要因素的一点点消失,周朝的王道制度所对应的种种美政理想不复存在,其统治的根基也由此而动摇。正如《六月序》中所描述的,随着这些王政因素的逐渐消失,周朝的统治也岌岌可危,而逐步走上了"恩泽乖""万国离""诸夏衰""无礼仪""四夷交侵,中国微"的道路。《六月序》不仅仅是对周朝渐衰原因的综合分析,而且通过对《诗》旨的阐发而勾勒出了"王者之迹"逐步而"熄"的整体过程。

四、诸序"援据《孟子》"

除了在《诗》学定位上的相似,《诗序》与《孟子》的关联还体现在《诗序》对《孟子》的引用上。由于《诗序》与《孟子》之间的契合之处颇多,历代学者对此均有重视。例如欧阳修在《诗本义》卷一四中便曾明言两者之间的关联:"今考《毛诗》诸序,与孟子说《诗》多合,故吾于《诗》常以《序》为证也。"①而朱彝尊在《曝书亭集》中同样指出了《诗序》存在着对《孟子》的采纳:"《毛诗》之序本乎子夏,子夏习诗而明其义,又能推原国史,明乎得失之故,试稽之《尚书》《仪礼》《左氏内外传》《孟子》,其说无不合。"②然而前人所论多为概述,而对于《诗序》对《孟子》的具体承袭却很少涉及,此处就将《诗序》对《孟子》的承袭之处一一梳理如下。

(一)原文采录

这首先表现在《诗序》中的部分阐释直接源于《孟子》。例如《北山序》对《北山》诗旨的概括:"役使不均,己劳于从事,而不得养

① 欧阳修.诗本义·序问[A].张元济等.四部丛刊三编(卷一四)[C].上海:商务印书馆,1935—1936影印上海涵芬楼本.
② 曹顺庆主编.两汉文论译注[M].北京:北京出版社,1988:48.

其父母焉。"这显然是取材于《孟子·万章上》孟子与弟子咸丘蒙论《诗》的部分：

> 咸丘蒙曰："舜之不臣尧，则吾既得闻命矣。《诗》云：'普天之下，莫非王土；率土之滨，莫非王臣。'而舜既为天子矣，敢问瞽瞍之非臣如何？"
>
> 曰："是诗也，非是之谓也。劳于王事，而不得养父母也。曰此莫非王事，我独贤劳也。故说诗者，不以文害辞，不以辞害志，以意逆志，是为得之……"[①]

面对咸丘蒙关于《北山》旨意的误读，孟子明确指出，《北山》的诗旨是诗人对劳于王事而无暇顾及父母的抱怨。关于《北山》一诗的阐释，在先秦典籍中曾有数次涉及。《左传·昭公七年》《战国策·东周策》《荀子·君子》《吕氏春秋·慎人》《韩非子·忠孝》对《北山》的诗旨都有不同的解释：荀子认为这体现了君王独尊的地位；韩非子据此反驳儒家的君臣伦常关系；《吕氏春秋》则把《诗》视为信史，指出《北山》之诗源于舜的自作等。而《诗序》唯独于此选择了《孟子》中的诗义阐释。由于此处《诗序》中对《孟子》的援据非常明显，后人在指出《诗序》与《孟子》的承传关系时，多据此例。钱大昕与吴承志均曾就此而明确指出《诗序》与《孟子》之关联。钱大昕在《十驾斋养新录》中提到："《孟子》说《北山》之诗云：劳于王事而不得养父母，即《小序》说也。"吴承志于《横阳札记》中就此案语说："《关雎序》'哀窈窕而无伤善之心'，本《论语》'哀而不伤'之文。为此说《序》，恐亦作者援据《孟子》，非《孟子》述《序》也。……此《传》诂

---

① 焦循.孟子正义[M].北京：中华书局，1987:637—641.

'我从事独贤'云:'贤,劳也',正本《孟子》。《序》例当亦相同。"①

    不过,这种情况在《诗序》中并非特例,《诗序》对《大雅·灵台》的理解,也与孟子的诗义阐释非常相似:

> 文王以民力为台为沼,而民欢乐之,谓其台曰灵台,谓其沼曰灵沼,乐其有麋鹿鱼鳖。②

> 民始附也。文王受命,而民乐其有灵德,以及鸟兽昆虫焉。③

《孟子》中对《灵台》的阐释源于梁惠王与孟子的对话,孟子建议梁惠王与民同乐,并援引《灵台》以证明文王之政中曾经有与民同乐的先例。孟子此处对《灵台》的诗义阐释,有一部分是出于辅助其观点推行的目的而临时赋予的,这也就意味着其对《灵台》的阐释存在着一定程度的随意性。然而,《诗序》在阐释《灵台》诗旨的时候,同样强调了民众因文王而乐的部分。

    再如对《大雅·公刘》的阐释。孟子称《公刘》是人们对公刘善于经营、百姓温饱无忧的赞美:"昔者公刘好货……故居者有积仓,行者有裹囊也,然后可以爰方启行。"④而《诗序》同样指出《公刘》"美公刘之厚于民"⑤的颂美本质。同样的情况再如对《大雅·绵》的理解,两者均指出这源于对周朝始祖大王的赞美。《大雅·既醉》中对

---

① 转引自刘毓庆,郭万金. 从文学到经学——先秦两汉诗经学史论 [M]. 上海:华东师范大学出版社,2009:103.

② 焦循. 孟子正义 [M]. 北京:中华书局,1987:47.

③ 毛亨传,郑玄笺,孔颖达疏. 毛诗正义 [M]. 北京:北京大学出版社,1999:1038.

④ 焦循. 孟子正义 [M]. 北京:中华书局,1987:137.

⑤ 毛亨传,郑玄笺,孔颖达疏. 毛诗正义 [M]. 北京:北京大学出版社,1999:1109.

"醉酒饱德"的阐释均与仁义道德之行相联等,此处不再一一列举。

(二) 诗旨相合

《诗序》与《孟子》更为深层的渊源关系还体现在前者在诗旨上对《孟子》多有取法。

例如对《邶风·柏舟》中"忧心悄悄,愠于群小"的理解,孟子称此诗所言为"士憎兹多口"①,正如孔子遭遇小人;而《诗序·邶风序》则指出此诗"言仁而不遇"②,恰恰与孔子的身世遭遇相合。在对诗旨的理解上,两者相合。

再如对《魏风·伐檀》的理解:

> 君子居是国也,其君用之,则安富尊荣;其子弟从之,则孝悌忠信。不素餐兮,孰大于是！③
>
> 《伐檀》,刺贪也。在位贪鄙,无功而受禄,君子不得进仕尔。④

孟子在回答弟子对自己的质疑时指出,士人在一国推行孝悌忠信思想,使得该国政治平顺、国家安宁,恰恰是对这个国家政治的最大贡献。《诗序》则从对"无功而受禄"的做法的批判入手,指出《伐檀》中所传达的士人应当有所作为的诗旨。类似的例子还有对《大雅·荡》的理解:

> 欲为君尽君道,欲为臣尽臣道,二者皆法尧舜而已矣。不以

---

① 焦循.孟子正义[M].北京:中华书局,1987:979.
② 毛亨传,郑玄笺,孔颖达疏.毛诗正义[M].北京:北京大学出版社,1999:113.
③ 焦循.孟子正义[M].北京:中华书局,1987:926.
④ 毛亨传,郑玄笺,孔颖达疏.毛诗正义[M].北京:北京大学出版社,1999:369.

舜之所以事尧事君,不敬其君者也。不以尧之所以治民治民,贼其民者也……暴其民,甚则身弑国亡,不甚则身危国削。名之曰幽厉,虽孝子慈孙,百世不能改也。[①]

《荡》,召穆公伤周室大坏也。厉王无道,天下荡荡,无纲纪文章,故作是诗也。[②]

孟子通过《大雅·荡》提出"法尧舜"的概念,认为前王的纲纪文章为后世取法的根源,否则会像幽王、厉王一样,使得百姓涂炭、身死国亡。这一观点在《诗序》中得到如实的反映。《诗序》虽然并不主张法先王,但是却指出不可不重视纲纪文章,厉王的身死国危正是忽视纲纪文章的警示。孟子在阐释《荡》的时候尤其突出了纲纪与厉王,而这两个关键点在《诗序》中一样被强调,并且对诗旨的整体把握与孟子相同。

不仅如此,两者在对《诗》中所涉人物的判定上也多有相合。例如对于《大雅·文王》,孟子明确指出此言"文王之谓也"。《诗序》同样指出,此诗所言为"文王受命作周也"。类似的例子还有《大雅·绵》源于对大王的赞美,《大雅·思齐》源于对文王的赞美等。

(三) 言语化用

除此之外,《诗序》在诗义阐释的时候,甚至直接取用《孟子》中的语句,并且所引部分与诗义阐释本身也非常贴合。除《北山》的全文引用以外,其他仅引用《孟子》语句相对明显的地方还有两处。虽然这一情况并不多见,但这也从一个侧面再次证明了《诗序》的作者

---

① 焦循. 孟子正义 [M]. 北京:中华书局,1987:491.
② 毛亨传,郑玄笺,孔颖达疏. 毛诗正义 [M]. 北京:北京大学出版社,1999:1154.

或整理者对《孟子》的熟稔。

其一，对"仕者世禄"的引用：

> 昔者文王之治岐也，耕者九一，仕者世禄，关市讥而不征，泽梁无禁，罪人不孥。老而无妻曰鳏，老而无夫曰寡，老而无子曰独，幼而无父曰孤，此四者天下之穷民而无告者。文王发政施仁，必先斯四者。《诗》云："哿矣富人，哀此茕独。"①

> 《裳裳者华》，刺幽王也。古之仕者世禄。小人在位则谗谄并进，弃贤者之类，绝功臣之世焉。②

其二，对"播其恶于众"的引用：

> 圣人既竭目力焉，继之以规矩准绳，以为方员平直，不可胜用也。既竭耳力焉，继之以六律正五音，不可胜用也。既竭心思焉，继之以不忍人之政，而仁覆天下矣。……是以惟仁者宜在高位；不仁而在高位，是播其恶于众也。③

> 《载驱》，齐人刺襄公也。无礼义故，盛其车服，疾驱于通道大都，与文姜淫，播其恶于万民焉。④

这两次对《孟子》的引用中，前者与《孟子》完全一致，后者虽然稍有出入，不过襄公恰恰符合"不仁而在高位"的判断，而"众"与"万民"也仅仅是表述上的差别。值得注意的是，两处不仅引用了《孟子》中的语言，而且对所引部分的理解也与孟子的理解相合。在对"播其

---

① 焦循.孟子正义[M].北京:中华书局,1987:133—136.

② 毛亨传,郑玄笺,孔颖达疏.毛诗正义[M].北京:北京大学出版社,1999:859.

③ 焦循.孟子正义[M].北京:中华书局,1987:485—486.

④ 毛亨传,郑玄笺,孔颖达疏.毛诗正义[M].北京:北京大学出版社,1999:352.

恶于众"的理解上,《诗序》不仅采纳了孟子的语句,而且也一并吸纳了孟子的观点。孟子指出,唯有仁德之人适合居于高位,而不仁之人居于高位,恰恰使得不仁不义的恶行传播得更为迅速。《诗序》此处便是接续此说,把这一观点具体到襄公身上。这也侧面证明了《诗序》与《孟子》间确实存在的借鉴关系。

前文已经提及,有关《诗序》作者的说法已经不下四十种,笔者无意再为此争讼另添新说,也无意推翻前人关于《诗序》与荀子关系密切的评价。并且,《诗序》虽然对《孟子》多有承袭,但也并非若合符契。以对《孟子》的承袭为例,《诗序》对《孟子》的征引占据了绝大比例,但是仍然有一部分诗义阐释与《孟子》不同,甚至相悖,这也恰恰证明了《诗序》博采众家之长而不专主一家的特点。因此,根据诸多相合,把《诗序》的作者简单归到孟子一人名下,试图使得千古聚讼就此平息,未免有操之过急之嫌。不过,以上大量证据却足以表明,《诗序》无论是在价值定位、诗义阐释还是《诗》学渊源①上,确实均与孟子存在着不容忽视的关联。据此而认为《孟子》是《诗序》的重要取法对象和主要源头之一,这样的观点却是足够中肯的。

---

① 《诗序》的征引范围并非仅限于《孟子》一书,对《左传》《尚书》《论语》均有承袭。然而《诗序》看似无意地把《孟子》与儒家诸多经典相并列,在一定程度上也佐证了其对《孟子》的重视与地位的提升。除此之外,亦有学者指出,《毛诗·丝衣序》中曾引高子解诗之言,而据考证高子正是孟子的弟子,这也为《诗序》与孟子之间的渊源关联又添新证(刘毓庆.《诗序》与孟子[A].第五届诗经国际学术研讨会论文集[C].北京:学苑出版社,2002:93—108)。

表5—4　《诗序》与《孟子》诗义阐释异同对照表

	篇名	《诗经》引文	对应章节	孟子说解	《诗序》释义	同	异
1	邶风·柏舟	忧心悄悄，愠于群小。	尽心下	士憎兹多口。……（言）孔子也。	《柏舟》，言仁而不遇也。卫顷公之时，仁人不遇，小人在侧。	同	
2	齐风·南山	娶妻如之何？必告父母。	万章上	男女居室，人之大伦也。如告则废人之大伦，以怼父母，是以不告也。	《南山》，刺襄公也。鸟兽之行，淫乎其妹。大夫遇是恶，作诗而去之。		异
3	魏风·伐檀	不素餐兮	尽心上	君子居是国也，其君用之，则安富尊荣；其子弟从之，则孝悌忠信。不素餐兮，孰大于是！	《伐檀》，刺贪也。在位贪鄙，无功而受禄，君子不得进仕尔。	同	
4	豳风·七月	昼尔于茅，宵尔索绹，亟其乘屋，其始播百谷。	滕文公上	民事不可缓也。	《七月》，陈王业也。周公遭变，故陈后稷先公风化之所由，致王业之艰难也。	同	
5	豳风·鸱鸮	迨天之未阴雨，彻彼桑土，绸缪牖户。今此下民，或敢侮予。	公孙丑上	"为此诗者，其知道乎？能治其国家，谁敢侮之。"	《鸱鸮》，周公救乱也。成王未知周公之志，公乃为诗以遗王，名之曰《鸱鸮》焉。（事见《周书·金縢》）		异

	篇名	《诗经》引文	对应章节	孟子说解	《诗序》释义	同	异
6	小雅·伐木	出自幽谷，迁于乔木。	滕文公上	吾闻用夏变夷者，未闻变于夷者也。……吾闻出于幽谷，迁于乔木者，未闻下乔木而入于幽谷者。	《伐木》，燕朋友故旧也。自天子至于庶人，未有不须友以成者，亲亲以睦，友贤不弃，不遗故旧，则民德归厚矣。		异
7	小雅·车攻	不失其驰，舍矢如破。	滕文公下	如以利，则枉寻直尺而利，亦可为与？	《车攻》，宣王复古也。宣王能内修政事，外攘夷狄，复文、武之境土，修车马，备器械，复会诸侯于东都，因田猎而选车徒焉。	同	
8	小雅·正月	哿矣富人，哀此茕独。	梁惠王下	老而无妻曰鳏，老而无夫曰寡，老而无子曰独，幼而无父曰孤，此四者天下之穷民而无告者。文王发政施仁，必先斯四者。	《正月》，大夫刺幽王也。		异
9	小雅·小弁	——	告子下	《小弁》之怨，亲亲也。亲亲，仁也。	《小弁》，刺幽王也。大子之傅作焉。	同	
10	小雅·巧言	他人有心，予忖度之。	梁惠王上	——	《巧言》，刺幽王也。大夫伤于谗，故作是诗也。		异

续表

	篇名	《诗经》引文	对应章节	孟子说解	《诗序》释义	同	异
11	小雅·大东	周道如厎，其直如矢，君子所履，小人所视。	万章下	欲见贤人而不以其道，犹欲其入而闭之门也。夫义，路也。礼，门也。惟君子能由是路，出入是门也。	《大东》，刺乱也。东国困于役，而伤于财，谭大夫作是诗以告病焉。		异
12	小雅·北山	普天之下，莫非王土；率土之滨，莫非王臣。	万章上	是诗也，非是之谓也。劳于王事，而不得养父母也。	《北山》，大夫刺幽王也。役使不均，己劳于从事，而不得养其父母焉。	同	
13	小雅·大田	雨我公田，遂及我私。	滕文公上	夏后氏五十而贡，殷人七十而助，周人百亩而彻，其实皆什一也。……惟助为有公田。由此观之，虽周亦助也。	《大田》，刺幽王也。言矜寡不能自存焉。		异
14	大雅·文王	周虽旧邦，其命惟新。	滕文公上	文王之谓也。	《文王》，文王受命作周也。	同	
15	大雅·绵	古公亶甫，来朝走马。率西水浒，至于岐下。爰及姜女，聿来胥宇。	梁惠王下	昔者太王好色，爱厥妃……当是时也，内无怨女，外无旷夫……	《绵》，文王之兴，本由大王也。	同	
16	大雅·思齐	刑于寡妻，至于兄弟，以御于家邦。	梁惠王上	举斯心加诸彼而已。故推恩足以保四海，不推恩无以保妻子。	《思齐》，文王所以圣也。	同	

续表

	篇名	《诗经》引文	对应章节	孟子说解	《诗序》释义	同	异
17	大雅·皇矣	王赫斯怒，爰整其旅，以遏徂莒，以笃周祜，以对于天下。	梁惠王下	此文王之勇也。文王一怒而安天下之民。	《皇矣》，美周也。天监代殷莫若周。周世世修德，莫若文王。	同	
18	大雅·灵台	经始灵台，经之营之。庶民攻之，不日成之。经始勿亟，庶民子来。王在灵囿，麀鹿攸伏。麀鹿濯濯，白鸟鹤鹤。王在灵沼，於牣鱼跃。	梁惠王上	文王以民力为台为沼，而民欢乐之，谓其台曰灵台，谓其沼曰灵沼，乐其有麋鹿鱼鳖。	《灵台》，民始附也。文王受命，而民乐其有灵德，以及鸟兽昆虫焉。	同	
19	大雅·下武	永言孝思，孝思惟则。	万章下	孝子之至，莫大乎尊亲；尊亲之至，莫大乎以天下养。	《下武》，继文也。武王有圣德，复受天命，能昭先人之功焉。		异
20	大雅·文王有声	自西自东，自南自北，无思不服。	公孙丑上	以德服人者，中心悦而诚服也。	《文王有声》，继伐也。武王能广文王之声，卒其伐功也。	同	
21	大雅·既醉	既醉以酒，既饱以德。	告子上	言饱乎仁义也，所以不愿人之膏粱之味也。令闻广誉施于身，所以不愿人之文绣也。	《既醉》，太平也。醉酒饱德，人有士君子之行焉。	同	

续表

	篇名	《诗经》引文	对应章节	孟子说解	《诗序》释义	同	异
22	大雅·假乐	不愆不忘，率由旧章。	离娄上	徒善不足以为政，徒法不能以自行。……遵先王之法而过者，未之有也。	嘉成王也。	同	
23	大雅·公刘	乃积乃仓。乃裹糇粮，于橐于囊，思戢用光，弓矢斯张，干戈戚扬，爰方启行。	梁惠王下	昔者公刘好货……故居者有积仓，行者有裹囊也，然后可以爰方启行。	《公刘》，召康公戒成王也。成王将莅政，戒以民事，美公刘之厚于民，而献是诗也。	同	
24	大雅·板	天之方蹶，无然泄泄。	离娄上	泄泄犹沓沓也。事君无义，进退无礼，言则非先王之道者，犹沓沓也。	《板》，凡伯刺厉王也。	同	
25	大雅·荡	殷鉴不远，在夏后之世。	离娄上	欲为君尽君道，欲为臣尽臣道，二者皆法尧舜而已矣。不以舜之所以事尧事君，不敬其君者也。不以尧之所以治民治民，贼其民者也。……暴其民，甚则身弑国亡，不甚则身危国削。名之曰幽厉，虽孝子慈孙，百世不能改也。	《荡》，召穆公伤周室大坏也。厉王无道，天下荡荡，无纲纪文章，故作是诗也。	同	
26	大雅·桑柔	其何能淑，载胥及溺。	离娄上	得天下有道，得其民，斯得天下矣。得其民有道，得其心，斯得民矣。……苟不志于仁，终身忧辱，以陷于死亡。《诗》云："其何能淑，载胥及溺。"此之谓也。	《桑柔》，芮伯刺厉王也。	同	

续表

	篇名	《诗经》引文	对应章节	孟子说解	《诗序》释义	同	异
27	大雅·云汉	周余黎民，靡有孑遗。	万章上	信斯言也，是周无遗民也	《云汉》，仍叔美宣王也。宣王承厉王之烈，内有拨乱之志，遇灾而惧，侧身修行，欲销去之。天下喜于王化复行，百姓见忧，故作是诗也。		异
28	大雅·烝民	天生蒸民，有物有则。民之秉彝，好是懿德。	告子上	乃若其情，则可以为善矣，乃所谓善也。若夫为不善，非才之罪也。……求则得之，舍则失之，或相倍蓰而无算者，不能尽其才者也。	《烝民》，尹吉甫美宣王也。任贤使能，周室中兴焉。		异
29	周颂·我将	畏天之威，于时保之。	梁惠王下	乐天者保天下，畏天者保其国。	《我将》，祀文王于明堂也。		异
30	鲁颂·閟宫	①②戎狄是膺，荆、舒是惩。（则莫我敢承。）	①②滕文公	①周公方且膺之，子是之学，亦为不善变矣！②是周公所膺也。	《閟宫》，颂僖公能复周公之宇也。	同	

第二节 《毛诗故训传》对孟子的吸纳

一、《毛诗故训传》小考

今人所称之《毛诗传》是对毛公撰写的《毛诗故训传》的简称。然而在汉代,成于汉儒之手并以《毛诗传》名书的作品并不只有毛公一家,还有郑众、贾逵、马融所撰的《毛诗传》,以及荀爽所撰的《诗传》等,不过均已亡佚。目前流传至今被广为接受,并构成《毛诗正义》一部分的《毛诗传》,正是对成于毛公之手的《毛诗故训传》的特指。但此处为了与之前的《毛诗传》以示区分,故而均以全称《毛诗故训传》代之。

(一)《毛诗故训传》的作者与产生时间

关于《毛诗故训传》的作者,素来有三种看法:一种观点认为作于周秦之际的毛亨;一种观点认为作丁河间献王时期的毛苌;还有观点认为并非成于一人之手,而是在周秦两汉之际经由多人增益。

主张大毛公毛亨作《毛诗故训传》的观点不仅出现最早,也历来最为学界所认同。《四库全书总目》曾罗列前人诸多观点,通过深入比较辨析,力主《毛诗故训传》作于毛亨:

> 《汉书·艺文志》:《毛诗》二十九卷,《毛诗故训传》三十卷。然但称毛公,不著其名。《后汉书·儒林传》始云:"赵人毛长传《诗》,是为《毛诗》。"其长字不从"艹"。《隋书·经籍志》载《毛诗》二十卷,"汉河间太守毛苌传,郑氏笺",于是《诗传》始称毛

苌。然郑玄《诗谱》曰:"鲁人大毛公为训诂,传于其家,河间献王得而献之,以小毛公为博士。"陆玑《毛诗草木虫鱼疏》亦云:"孔子删《诗》授卜商,商为之序,以授鲁人曾申,申授魏人李克,克授鲁人孟仲子,仲子授根牟子,根牟子授赵人荀卿,荀卿授鲁国毛亨,毛亨作《训诂传》以授赵国毛苌。时人谓亨为大毛公,苌为小毛公。"据是二书,则作《传》者乃毛亨,非毛苌,故孔氏《正义》亦云大毛公为其《传》,由小毛公而题毛也。《隋志》所云,殊为舛误。而流俗沿袭,莫之能更。朱彝尊《经义考》乃以《毛诗》二十九卷题毛亨撰,注曰"佚",《毛诗训故传》三十卷题毛苌撰,注曰"存"。意主调停,尤为于古无据。今参稽众说,定作《传》者为毛亨。以郑氏后汉人,陆氏三国吴人,并传授《毛诗》,渊源有自,所言必不诬也。①

《四库全书总目》指出《后汉书·儒林传》《隋书·经籍志》、郑玄《诗谱》、陆玑《毛诗草木鸟兽虫鱼疏》、孔颖达《毛诗正义》等诸多典籍均认可《毛诗故训传》作于毛亨。

亦有观点主张《毛诗故训传》作于小毛公毛苌。最早提出这一观点的是荀悦的《汉纪》:"赵人有毛公为河间献王博士,作《诗传》,自谓得子夏所传。由是为《毛诗》,(未)列于学官。"②其中为"河间献王博士"的毛公,正是小毛公毛苌。此外,《新唐书·艺文志》《宋史·艺文志》等均认同这一观点。

除以上两种观点之外,亦有观点主张《毛诗故训传》并非作于一人之手,而是源于后世学者的不断增益。例如《经义考》中录有李樗

① 永瑢等.四库全书总目[M].北京:中华书局,1965:119—120.
② 荀悦撰,张烈点校.两汉纪[M].北京:中华书局,2002:435.

的观点曰："毛诗所传非成于一人之手，如《鱼丽》之诗曰：'文、武以《天保》以上治内，《采薇》以下治外。'既以为文、武之诗矣。而《常棣》之诗又曰：'宴兄弟也，闵管、蔡之失道，故作常棣焉。'此又成王之诗也，非一人所作甚明。"① 李樗认为《毛诗故训传》中诗义阐释相互矛盾的现象，恰恰是《毛传》并非成于一人之手的有力证据。王国维先生在《书〈毛诗故训传〉后》也持论相同："故训与传固不必为一人所作，例以齐、韩、鲁三家之学固可知也。"② 今人刘毓庆先生也主张这一观点，他根据《毛诗故训传》中所隐含的战国时期的离乱伤痛之情难以出于汉人之手的情况指出："从现存《毛传》的情况推测，《故训传》当非成于一、二人之手，乃是毛氏这一传《诗》系统的经师，在长期的历史过程中，不断修正完善的基本教科书，毛亨、毛苌只是其主要完成者而已。"③ 由于史料不征，目前我们尚无判定《毛诗故训传》作者的直接证据，所以最审慎的做法无疑是接纳前说，而非仓促确定某一观点。与此同时，《毛诗故训传》中解说矛盾的情形也确乎存在。在这种情况下，刘毓庆先生的观点是最为中肯的，即在肯定毛亨、毛苌对于《毛诗故训传》有主要贡献的同时，也承认《毛诗故训传》的最终成书是一个不断增益的过程。如果采取这一观点，那么《毛诗故训传》的成书时间就可以上溯至周秦之际，而其渐成定稿的时间则应在西汉初年。

---

① 朱彝尊著，游均晶等点校.点校补正经义考（七）[M].台湾："中央研究院"中国文哲研究所筹备处，1997：759.
② 王国维.观堂集林[M].石家庄：河北教育出版社，2001：610.
③ 刘毓庆，郭万金.从文学到经学——先秦两汉诗经学史论[M].上海：华东师范大学出版社，2009：420.

（二）河间献王的文化政策：《毛诗故训传》采纳孟子的学术背景

《毛诗故训传》的《诗》学渊源素来存在诸多争议。例如三国时期徐整的《诗谱序》及陆玑的《毛诗草木鸟兽虫鱼疏》，均把毛诗共同的源头归于子夏。而子夏之后的毛诗流传谱系，两位同在吴国的学者观点却截然不同：徐整认为毛诗的远源为子夏，之后经由高行子、薛仓子、帛妙子三传而至大毛公；而陆玑则认为毛诗源于子夏，中间经历了曾申、李克、孟仲子、根牟子、孙卿子而五传至大毛公。这两种观点究竟孰是孰非，千年而下一直没有定论。甚至也有观点根据《毛诗故训传》中多次涉及孟子学派的人物和《孟子》中的相关语句，而认定孟子是《毛诗故训传》的源头之一。然而仅凭有限的字面意义的承袭就作此判断，未免失之仓促。毛传长期流传于民间，其师承的广泛性使我们根本没有办法一一确指其来源。通过对《毛诗故训传》的深入探源发现，在《毛诗故训传》的成书和流传过程中，无疑有一件事情对其影响深远，那就是河间献王对先秦典籍的搜集和整理工作。

1. "修学好古"：河间献王对先秦旧典的搜集与整理

河间献王的文化政策对毛诗的影响，不仅包括了立毛诗博士、率先肯定毛诗的学术地位等方面，对于毛诗诗说的增益、《诗》学观点的构建等诸多方面也有深远影响。孟子与毛诗的关联虽然并非由此而定，但毫无疑问，河间献王的一系列学术政策却为毛诗学者深入接触《孟子》等先秦典籍提供了一个重要途径。

《汉书·河间献王传》中记载了河间献王刘德对先秦典籍的重视情况，但是历来人们所论多着眼于毛诗得以立为博士等表面问题，却忽视了其中所蕴含的深层学术关联：

河间献王德以孝景前二年立,修学好古,实事求是。从民得善书,必为好写与之,留其真,加金帛赐以招。繇是四方道术之人不远千里,或有先祖旧书,多奉以奏献王者,故得书多,与汉朝等。是时,淮南王安亦好书,所招致率多浮辩。献王所得书皆古文先秦旧书,《周官》《尚书》《礼》《礼记》《孟子》《老子》之属,皆经传说记,七十子之徒所论。其学举六艺,立《毛氏诗》《左氏春秋》博士。修礼乐,被服儒术,造次必于儒者。山东诸儒多从而游。①

首先,这段论述介绍了河间献王对先秦典籍的态度和搜集整理办法。"修学好古,实事求是",描述了河间献王醉心于古籍古学,且凡事必求真求实的特点。也正是这种特点,使得河间献王得以收集散落于民间的大量先秦善本书籍,且所得文献之多,足以与当时的朝廷藏书相匹敌。不仅如此,如此众多的典籍全部为"古文先秦旧书",其中颜师古尤其标明这批古书的时代特点:"先秦,犹言秦先,谓未焚书之前。"在秦火之后文化凋敝的汉代初年,其珍贵程度可想而知。而作为一介藩王,其所搜集的先秦旧典的数目之众也确实令人叹为观止。于此之中,班固尤其点出河间献王收集到了当时极不易见的珍贵典籍,《周官》《尚书》《孟子》等均赫然在列。这种先秦典籍的丰富性,无疑为重视于"故训"即先秦旧说的《毛诗故训传》,提供了珍贵的《诗》说来源。

2."学举六艺":河间献王尊儒重儒的文化政策

河间献王所推行的"其学举六艺,……修礼乐,被服儒术,造次必于儒者"等一系列的尊儒重儒政策,也使得当时河间之地汇集了

---

① 班固.汉书[M].北京:中华书局,1962:2410.

大量儒生——"山东诸儒多从而游",河间一时成为当时重视儒术的文化学术中心之一。这种重视儒术的学术大环境,也为《毛诗故训传》在编写和增益过程中纳入儒家因素奠定了一定的基础,其中自然也包括《孟子》在内。

不独如此,河间献王并不仅仅专注于对先秦典籍的搜集,还对先秦儒家典籍进行了系统的整理和遴选,而这一系列的工作,小毛公均得以全程参与。这也使得小毛公对儒家诸子典籍的深入了解成为必然:

> 武帝时,河间献王好儒,与毛生等共采《周官》及诸子言乐事者,以作《乐记》,献八佾之舞,与制氏不相远。其内史丞王定传之,以授常山王禹。禹,成帝时为谒者,数言其义,献二十四卷记。刘向校书,得《乐记》二十三篇,与禹不同,其道寖以益微。[①]

其中的"毛生"所指正是小毛公毛苌。河间献王喜好儒书,并选择儒家典籍中的《周官》与诸子典籍中言及音乐的部分辑成《乐记》一书。虽然这一典籍至刘向时已经失传,但这一辑校的过程却为毛诗学者深入研读先秦旧典提供了绝佳机会:如果说河间献王的文献搜集工作为小毛公一窥先秦旧典提供了客观条件,那么河间献王与毛苌共同遴选先秦典籍以成《乐记》的过程,就使得毛苌深入了解包括《孟子》在内的儒家典籍成为必然。

3. 遗籍"未盛行而先与之合":《毛诗故训传》所引旧典与河间献王藏书的高度契合

河间献王对文献的搜集和整理工作恰恰处于《毛诗故训传》的

---

① 班固.汉书[M].北京:中华书局,1962:1712.

产生和流传过程中,这为毛诗对儒家典籍的进一步深入了解和广泛吸纳奠定基础。而在这一过程之中,《孟子》等儒家典籍被纳入毛诗的《诗》学阐释视野也在情理之中。正如前面所说,虽然这并非毛诗采纳先秦旧典的唯一途径,但在秦火之后、汉初学术凋敝的整体大环境之下,河间一处却是一个相对独立的儒家文化学术的绿洲,其影响作用不容轻视。而《毛诗故训传》在其渊源承传过程中也无疑受到了这种影响,《毛诗故训传》中先秦儒家旧典的大量出现就是明证。

《毛诗故训传》的文本广泛采纳先秦《诗》说的特点,前贤时修早已有所重视。例如郑樵曾明确提出"毛公时,《左传》《孟子》《国语》《仪礼》未盛行而先与之合"的特点:

> 今观其书,所释《鸱鸮》与《金縢》合,释《北山》《烝民》与《孟子》合,释《昊天有成命》与《国语》合,释《硕人》《清人》《皇矣》《黄鸟》与《左氏》合,而序《由庚》六篇与《仪礼》合,当毛公时《左氏传》未出,《孟子》《国语》《仪礼》未甚行,而毛公之说先与之合,不谓之源流了夏可乎?汉兴,三家盛行,毛最后出,世人未知毛公之密,其说多从齐、鲁、韩,迨至魏、晋,有《左氏》《孟子》《国语》诸书证之,然后学者舍三家而从毛氏。①

郑樵明确地意识到,在汉初典籍散佚严重的情况下,仅以民间力量来完成对先秦诸多典籍的承袭显然并非易事。而郑樵所列的典籍与河间献王所整理的典籍目录"《周官》《尚书》《礼》《礼记》《孟子》《老子》"相合也有十之六七。这也从侧面证明了,河间献王对于《毛诗故训传》承袭《孟子》等先秦儒家典籍功不可没。

---

① 转引自魏源. 诗古微 [M]. 上海:上海古籍出版社,2002:17.

不独如此,孙志祖《读书脞录》中还有《毛传逸典》之目,并盛赞《毛诗故训传》征引逸典之宝贵。关于《毛诗故训传》征引先秦旧典的详细情况,前贤时修时有论及,此处不厌其详,罗列如下。

夏炘《读诗札记·毛传》中曾详细列举《毛诗故训传》采纳《大学》《中庸》《孟子》《论语》《礼记》《考工记》的情况,并于其中明确肯定了程子所提出的毛苌论《诗》"最得圣贤之意"的观点:

> 程子曰:毛苌最得圣贤之意。今按:《关雎传》曰:"夫妇有别则父子亲,父子亲则君臣敬,君臣敬则朝廷正,朝廷正则风化成。"与《大学》相表里。《旱麓》篇"不闻亦式,不谏亦入"传曰:"言性与天合也。"与《中庸》言"文王之德纯一不已"相表里。《四牡传》曰:"思归者,私恩也;靡盬者,公义也;伤悲者,情思也。无私恩,非孝子也;无公义,非忠臣也。君子不以私害公,不以家事辞王事。"其言忠厚恻怛,可以教孝教忠,非深明《诗》《礼》之意者,不能为此言。他如《小弁传》引《孟子》之说,《素冠传》引子夏、闵子除丧见夫子之言,其余以《大学》《论语》说《诗》(见《淇澳》《伐柯》《柏舟》《无衣》《七月》《常棣》《抑》等篇),不一而足。
>
> 《葛覃传》与《昏义》合,《采薇》《葛屦传》与《曾子问》合,《简兮传》与《祭统》合,《子衿》《候人》与《玉藻》合,《扬之水》《生民》《既醉传》与《郊特牲》合,《葛生传》与《内则》合,《七月传》与《月令》合,《东山传》与《文王世子》合,《采芑》《吉日》《小旻》《縣传》与《曲礼》合,《行苇》《那传》与《明堂位》《射义》合,《泂酌传》与《孔子间居》合,《瞻卬传》与《祭义》合。他如《素冠》《鱼丽》《车攻》《巷伯》诸传所引,今不知所出,盖

古书之亡者多矣。"

又曰:"(《考工记》) 则其为秦以前书亦灼然可知。按《终南》《无衣》《縣》《行苇》诸传所引,俱与《考工记》合,则毛公犹及见之也。①

不仅如此,《毛诗故训传》对于《春秋》三传和《国语》的取法也相当频繁。据谭德兴先生统计,《毛诗故训传》在说《诗》过程中仅引用《春秋》三传和《国语》的情况就多达48条②。

刘毓庆先生也指出《毛诗故训传》承袭《国语》的详细状况:"《国语·周语下》解释《昊天有成命》曰:'夙夜,恭也;基,始也;命,信也;宥,宽也;密,宁也;缉,明也;熙,广也;亶,厚也;肆,固也;靖,和也。'而《毛传》曰:'二后,文武也;基,始;命,信;宥,宽;密,宁也。缉,明;熙,广;亶,厚,肆,固;靖,和也。'几乎一字不差,全承《国语》。"甚至进一步指出:"《毛传》是先秦儒家《诗》说的终结性成果。"③

以上所列并没有穷尽《毛诗故训传》征引古籍的全部情况,但通过这种简单列举也不难看出,陈奂先生对于《毛诗故训传》"多记古文,倍详前典"④的评价所言非虚。而《毛诗故训传》这种"多记古文,倍详前典"的特点与河间献王"修学好古,实事求是"的学术文化政策的密切关联也确然可证。由此可见,《毛诗故训传》的《诗》说来源并非专主一家,而是建立在广泛吸收先秦儒家《诗》说的基础

---

① 夏炘. 读诗札记[M]. 清咸丰三年刻本.
② 谭德兴. 汉代《诗》学研究[M]. 贵阳:贵州人民出版社,2003:101.
③ 刘毓庆,郭万金. 从文学到经学——先秦两汉诗经学史论[M]. 上海:华东师范大学出版社,2009:424.
④ 陈奂. 诗毛氏传疏·序[M]. 北京:中国书店,1984:2.

之上的。

因此,把毛诗渊源归于一家,无论《孟子》还是其他典籍,多多少少均存在着一定的片面性,可以说毛诗与先秦儒家典籍多有关涉。《孟子》之于毛诗也是同样的道理,《汉书》尤其标举了河间献王搜集的典籍之中存在《孟子》,从《毛诗故训传》对先秦儒家典籍的承袭特点来看,虽然《孟子》不是毛诗唯一重视的典籍,但却也是最重视的典籍之一。目前孟子与毛诗的关联虽也为许多学者所注意,然而佐证二者关联的资料中,大家所津津乐道的证据主要有两处:其一,《毛诗故训传》在阐释《小弁》时完全采纳了《孟子》中的内容;其二,毛诗引用先秦诸子的话解诗的情况共有三次,分别涉及仲梁子、孟仲子和高子,而孟仲子与高子又恰恰被证明与孟子存在师承关系[1]。不过详细探究《孟子》与《毛诗故训传》,会发现二者的联系并不仅限于此,而是存在着多个层面的契合。

二、故:"最得圣贤之意"——《毛诗故训传》与孟子的《诗》学渊源

《毛诗故训传》兼具故、训、传三种体例,三者相互关联,又各有侧重。而不同的侧重点之间,又与孟子具有各自不同的关联。《汉

---

[1]《毛诗故训传》中于《维天之命传》引孟仲子曰:"大哉!天命之无极,而美周之礼也。"《閟宫传》引:"孟仲子曰:是禖宫也。"关于孟仲子的身份,孔颖达引《诗谱》注疏曰:"孟仲子者,子思弟子,盖与孟轲共事子思,后学于孟轲。著书论《诗》,毛氏取以为说。"而《孟子·公孙丑下》赵岐对孟仲子的身份则界定为:"孟仲子,孟子之从昆弟,从学于孟子者也。"两处皆认同孟仲子为孟子弟子的观点。除此之外,《丝衣序》还曾涉及高子:"《丝衣》,绎宾尸也。高子曰:灵星之尸也。"此处的高子,便被认为是《孟子》中的高子,不过也有观点认为是高行子。

书·艺文志》载汉《诗》著作十三种：有重于故者，如《鲁故》《齐后氏故》《齐孙氏故》《韩故》；有重于传者，如《齐后氏传》《齐孙氏传》《韩氏传》《韩内传》《韩外传》等；而唯独《毛诗故训传》兼具故、训、传三体。《毛诗故训传》这种独特的体例特征引起了人们的重视，甚至有学者推断，毛诗得以流传至今的原因之一便在于其阐释体例的特别。这种说法是否可靠，目前难有定论，然而这却提醒我们从体例特征入手探讨《毛诗故训传》的必要性。深入比较发现，故、训、传所对应的不同特征，均与孟子关系密切。

（一）"故"字释义："备详前典"

《毛诗故训传》以"故"为首。关于"故"的释义，学界多认为与"诂"通，也就是着重于《诗》中字义的训诂阐释。由此所谓"故训"也就是"诂训"，言及《毛诗故训传》时也常常以《毛诗诂训传》来代替。这种观点以马瑞辰最为代表。例如"而单词则为诂，重语则为训，诂第就其字之义旨而证明之，训则兼其言之比兴而训导之"，"盖诂训第就经文所言者而诠释之"[①]。这种看法也颇能解释后世多以《毛诗诂训传》代称《毛诗故训传》的原因[②]。

---

① 马瑞辰. 毛诗传笺通释［M］. 北京：中华书局，1989：4—5.

② 《毛诗故训传》最初确实采用"故"字，此点《汉书·艺文志》班班可考。然而后世却多改"诂"字，着重于其训诂作用，故而相传毛公所传的《毛传》又被称为《毛诗诂训传》，并且以两种名称共同传世。北京大学出版社版的《毛诗正义》"'故训'，旧本多作'故'，今或作'诂'，音古，又音故"后附注释，仍然主张取"故"字："'诂'，唐石经、小字本、相台本同。阮校：'案此正义本也。正义云"今定本作故"。《释文》本作"故"，云"旧本多作故，今或作诂"。考《汉书·艺文志》作"故"，与《释文》引旧本及樊、孙等《尔雅》本皆为释故合，当以《释文》本、定本为长。'"不过，对于这种改"故"为"诂"的做法，颜师古在《汉书·艺文志》"鲁故"条下就已提出批判，称："故者，通其指义也。它皆类此。今流俗毛诗改故训传为'诂'字，失真耳。"

　　然而以"诂"字取代"故",却掩盖了《毛诗故训传》本身所蕴含的更为深刻的内涵,那就是"故"还代表着"故旧"和"本来"之义,也就是对先秦旧说的承袭与参考。详细梳理《毛诗故训传》中"故"的释义能够发现,"故"所蕴含的意义不仅限于字义训诂,同时还包括了更为重要的一层内涵,那就是"旧有之言",即前贤之说。例如孔颖达在《关雎诂训传》后的注疏中指出:

　　"诂训传"者,注解之别名。……《尔雅》所释十有九篇,独云诂、训者,诂者古也,古今异言,通之使人知也;训者道也,道物之貌,以告人也。《释言》则《释诂》之别,故《尔雅序篇》云:《释诂》《释言》,通古今之字,古与今异言也。……然则"诂训"者,通古今之异辞,辨物之形貌,则解释之义尽归于此。《释亲》已下,皆指体而释其别,亦是诂训之义,故唯言诂训,足总众篇之目。今定本作"故",以《诗》云"古训是式",《毛传》云"古,故也",则"故训"者,故昔典训。依故昔典训而为传,义或当然。①

孔颖达以《尔雅》为例,指出《尔雅》命名为"诂训"的原因在于对字义阐释的重视。而毛诗以"故训"命名,则源于其中包含着"古训",即"故昔典训"之意。孔颖达正是通过对《毛诗故训传》名称的阐释与辨析,指出"故训"之中所包含的并非仅仅是对字义的注解,同时还包括了对先秦旧说的承袭。

　　孔氏之说并非臆断,《毛诗故训传》与郑玄的《毛诗笺》均曾明确指出"故"的确切含义,并且以注重古义为"故"的正解。《烝民》"古训是式,威仪是力。天子是若,明命使赋"句后,《毛诗故训传》解

---

① 毛亨传,郑玄笺,孔颖达疏.毛诗正义[M].北京:北京大学出版社,1999:1—2.

释"古训"为："古，故。训，道。"这一释义释"古"为"故"，所谓"古训"即"故训"。而郑玄在这一注解下进一步阐释说："故训，先王之遗典也。式，法也。力犹勤也。勤威仪者，恪居官次，不解于位也。是顺从行其所为也。显明王之政教，使群臣施布之。"①郑玄的这一释义虽然出现在对具体诗篇的笺注之后，然而其蕴含的意义却不容小觑。这对我们了解《毛诗故训传》的主旨和《诗》学定位具有重要的启发作用。郑玄指出"故训"为"先王之遗典"，"式"为"法"。而对"古训是式"的释义便可以由此理解为：故训承载着先王的遗典，其中所蕴含的政教内容应为后世所效法承袭，而其最终的目的却在于"显明王之政教，使群臣施布之"，也就是通过故训寻找其中所蕴含的政教举措。这一阐释既可以视为郑玄对"古训是式"一句的诗义解读，也可以视作对《毛诗故训传》的《诗》学地位和价值的综合判断。

从这一角度来看，《毛诗故训传》取"故"字统领全篇，并非仅仅从字义阐释的角度着眼，而是服膺于其"故训"的整体主旨，包含着毛诗《诗》学定位的深层意义，即通过对古代先王遗典的采纳、释义，而记录并承载先王的治国依据与准则。由此可见，毛诗学者所言之"故训"并非仅限于字义阐释，也并非对先秦古义的简单承袭，而是着重于选择蕴含着先秦遗典的经典。这一定位与《毛诗故训传》重视先秦儒家旧典的倾向也是若合符契的。

而这种把《诗》视为先王之法的《诗》学定位，与孟子的"王者之迹熄而诗亡"的观点具有不容忽视的渊源关联。

① 毛亨传，郑玄笺，孔颖达疏. 毛诗正义[M]. 北京：北京大学出版社，1999：1220.

（二）"显明王之政教"的阐释意图与孟子的"迹熄诗亡"观

前文已经有所论及,孟子"王者之迹熄而诗亡"的《诗》学观点,其最大的创获在于明确肯定了《诗》对王道制度的承载作用,即《诗》为儒家王道理想社会的重要载体。齐、鲁、韩三家诗均在不同程度上受到了孟子这一观点的影响。而《毛诗故训传》无论在《诗》学阐释意图还是在阐释实践中也都体现出了其对孟子这一《诗》学定位的独特理解,那就是重视对《诗》中蕴含的先秦古义的记载与探寻,并由此寻找其中所蕴含的政教意图,以为当世之鉴。

这一倾向性特点在小毛公与河间献王共同制定《乐记》的时候就已经显现出来。

> 武帝时,河间献王好儒,与毛生等共采《周官》及诸子言乐事者,以作《乐记》,献八佾之舞,与制氏不相远。①

毛苌在与河间献王整理先秦旧典的时候,首先从中选取先秦典籍中记载乐教的部分作《乐记》。众所周知,乐教是先秦时期教化活动中最常用的方式之一,也是周朝教化制度的关键内容。正是因为这样,孔子在言及周朝制度的废毁时,称之以"礼崩乐坏",以礼乐的废弛寓意王道制度的衰微。河间献王等人选择整理先秦典籍而成《乐记》,由此可以看出他们对儒家所宣扬的政治教化制度的向往。不仅如此,河间献王与毛公等人所整理的《乐记》在最大程度上还原了先秦的乐教情况:"与制氏不相远。"据《汉书·礼乐志》记载,制氏是汉代鲁地著名乐家,世世代代为乐官,"以雅乐声律世世在大乐

---

① 班固.汉书[M].北京:中华书局,1962:1712.

官"①,这就意味着制氏所言之乐最得乐教之正传,而河间献王等人所作之《乐记》也具有同样的特点。这种对先秦乐教最大程度的还原,体现了他们对先秦时期礼乐制度的真切向往。

不独如此,孟子曾称"王者之迹熄而诗亡,诗亡然后《春秋》作",《诗》与《春秋》共同被赋予了承载王道兴衰的政教意义②。而河间献王所列的博士恰恰是言《诗》的毛诗与言《春秋》的《左传》,相信这一设置并非巧合,在这一设置中应当蕴含着探寻王道兴衰的目的。

在这样一个学术背景之下,《毛诗故训传》采纳孟子的"迹熄诗亡"观用以阐释便在情理之中。前文已经提及,《毛诗故训传》通过对"故训"的界定,已经于诗义阐释之中蕴含了探求王道制度的《诗》学目的。不独如此,这一"诗载王道"的《诗》学定位在《毛诗故训传》的具体阐释过程之中也有所表现。仅以数例为证。

《车攻传》"田车既好,田牡孔阜。东有甫草,驾言行狩"句,《毛诗故训传》解曰:"田者,大芟草以为防,或舍其中。褐缠旃以为门,裘缠质以为槸,间容握,驱而入,击则不得入。之左者之左,之右者之右,然后焚而射焉。天子发然后诸侯发,诸侯发然后大夫、士发。天子发抗大绥,诸侯发抗小绥,献禽于其下,故战不出顷,田不出防,不逐奔走,古之道也。"③前面所言均从诗义本身的角度阐发,而释文最后明确指出,以上所言为"古之道",即古代既有的军事制度。

① 班固.汉书[M].北京:中华书局,1962:1043.
② 具体分析可参第一章第一节第三部分"继往圣,开来学"及第四章第二节第三部分"对孟子'诗载王道'观的承传".
③ 毛亨传,郑玄笺,孔颖达疏.毛诗正义[M].北京:北京大学出版社,1999:648—649.

　　《毛诗故训传》所涉先秦遗典非常广泛,不仅包括军事、田猎,甚至后宫妃嫔的管理等内容也有所涉及①。而诸多古制之中,《毛诗故训传》对于关乎王道制度的部分尤其重视。

　　《大雅·文王》"周虽旧邦,其命惟新"句,《毛诗故训传》解曰:"乃新在文王也。"② 这一阐释与《孟子》中传达出的观点颇为类似。滕文公询问孟子应当如何治理国家,孟子主张"设为庠序学校以教之"③。为了佐证自己的这一观点,孟子引用"周虽旧邦,其命惟新"句并释之曰:"文王之谓也。子力行之,亦以新子之国。"④ 即由此勉励滕文公大刀阔斧地改革教化制度,如文王一样给国家带来新的面貌。回头再看《毛诗故训传》对"乃新在文王也"的解释,显然与孟子密切相关。不仅在释义上相似,并且其传达的重视文王之政的法先王思想也与孟子颇为一致。

　　再如《齐风·卢令》中"卢令令,其人美且仁"句,《毛诗故训传》释之曰:"言人君能有美德,尽其仁爱,百姓欣而奉之,爱而乐之。顺时游田,与百姓共其乐,同其获,故百姓闻而说之,其声令令然。"⑤《秦风·无衣》,《毛诗故训传》释之曰:"上与百姓同欲,则百姓乐致其死。"⑥ 这两处所传达出的正是孟子所主张的"与民同乐"的观点。

----

① 见《毛诗传笺·静女》:"古者后夫人必有女史彤管之法,史不记过,其罪杀之。后妃群妾以礼御于君所,女史书其日月,授之以环,以进退之。生子月辰,则以金环退之。当御者,以银环进之,着于左手;既御,着于右手。事无大小,记以成法。"
② 毛亨传,郑玄笺,孔颖达疏.毛诗正义[M].北京:北京大学出版社,1999:957.
③ 焦循.孟子正义[M].北京:中华书局,1987:343.
④ 焦循.孟子正义[M].北京:中华书局,1987:347.
⑤ 毛亨传,郑玄笺,孔颖达疏.毛诗正义[M].北京:北京大学出版社,1999:348.
⑥ 毛亨传,郑玄笺,孔颖达疏.毛诗正义[M].北京:北京大学出版社,1999:431.

再如《小雅·鱼丽》中"鱼丽于罶，鲿鲨"句，《毛诗故训传》释之曰：

> 太平而后微物众多，取之有时，用之有道，则物莫不多矣。古者不风不暴，不行火。草木不折，不操斧斤，不入山林。豺祭兽然后杀，獭祭鱼然后渔，鹰隼击然后罻罗设。是以天子不合围，诸侯不掩群，大夫不麛不卵，士不隐塞，庶人不数罟，罟必四寸，然后入泽梁。故山不童，泽不竭，鸟兽鱼鳖皆得其所然。①

比较《孟子·梁惠王上》中关于王者之政的一段阐释，就会发现这一观点显然也是渊源有自的：

> 不违农时，谷不可胜食也。数罟不入洿池，鱼鳖不可胜食也。斧斤以时入山林，材木不可胜用也。谷与鱼鳖不可胜食，材木不可胜用，是使民养生丧死无憾也。养生丧死无憾，王道之始也。②

《毛诗故训传》的诗义阐释并非简单地阐释《诗》的原始含义，而是同时强调《诗》所蕴含着的王道政教意图。如果说"周虽旧邦，其命惟新"的阐释还注重与诗相联系的话，那么《卢令》《无衣》《鱼丽》的阐释则几乎完全脱离了诗的本义，而着重于王道政教意图的强调。尤其是《鱼丽》篇的阐释，不仅是对孟子保民政策的进一步深化和强调，也是对"太平"盛世之下民生政策的理想描述和完整表达。类似例子不胜枚举。

从这一角度反观《孟子》在《毛诗故训传》中的地位与作用，我们能够发现，在毛诗传承者眼中，《孟子》不单单是毛诗释义的资料

---

① 毛亨传，郑玄笺，孔颖达疏. 毛诗正义 [M]. 北京：北京大学出版社，1999：605—606.
② 焦循. 孟子正义 [M]. 北京：中华书局，1987：54—55.

来源,也是蕴含王道制度、治国之策的范本。更为重要的是,《孟子》的"迹熄诗亡"说又被作为《毛诗故训传》的《诗》学阐释意图,影响着《毛诗故训传》的阐释走向。由此可见,《孟子》虽然并非《毛诗故训传》的唯一渊源,但却是多方面影响《毛诗故训传》的一部重要先秦典籍。而唯有在理解了这一情况的基础上,才能对《毛诗故训传》中承袭《孟子》字义阐释、诗说与思想诸多方面的问题有一个全面而整体的把握。

三、训:"解释经旨,贵于显明"

(一)"训"字释义:"道物之貌以告人"

"训"是一种特殊的解释方法。郝懿行在《尔雅义疏》中提到:"训之为言顺也,顺其意义而道之。"①孔颖达在《关雎诂训传》中解释道:"训者道也,道物之貌,以告人也。……'诂训'者,通古今之异辞,辨物之形貌,则解释之义尽归于此。"②例如《思齐传》"肃肃,敬也",《执竞传》"斤斤,明察也","简简,大也"③,《常武传》"明明然,察也","翼翼,敬也",《氓传》"晏晏,和柔也"④,《云汉传》"业业,危也"⑤,《有客》"一宿曰宿,再宿曰信"⑥等,均见于《尔雅·释训》。不过《毛诗故训传》的"训"与《尔雅》还是存在一定差别的,那就是《毛诗故训传》在释义的过程中更加注重结合诗篇本身的意义进行

① 郝懿行撰. 尔雅义疏[M]. 上海:上海古籍出版社,1983:531.
② 毛亨传,郑玄笺,孔颖达疏. 毛诗正义[M]. 北京:北京大学出版社,1999:2.
③ 毛亨传,郑玄笺,孔颖达疏. 毛诗正义[M]. 北京:北京大学出版社,1999:1308.
④ 毛亨传,郑玄笺,孔颖达疏. 毛诗正义[M]. 北京:北京大学出版社,1999:234.
⑤ 毛亨传,郑玄笺,孔颖达疏. 毛诗正义[M]. 北京:北京大学出版社,1999:1198.
⑥ 毛亨传,郑玄笺,孔颖达疏. 毛诗正义[M]. 北京:北京大学出版社,1999:1341.

阐发。如下表所示：

表5—5　《毛诗故训传》与《尔雅·释训》释义比较

来源	诗句	《毛诗故训传》	《尔雅·释训》
《周颂·执竞》	钟鼓喤喤	喤喤,和也。	喤喤,乐也。
《周颂·执竞》	降福穰穰	穰穰,众也。	穰穰,福也。
《周颂·常武》	赫赫明明,王命卿士。南仲大祖,大师皇父。	赫赫然,盛也。明明然,察也。	赫赫,迅也。明明,察也。
《周颂·载芟》	载获济济,有实其积	济济,难也。	济济,容止也。
《大雅·云汉》	旱既太甚,则不可沮。赫赫炎炎,云我无所。	炎炎,热气也。	炎炎,熏也。
《大雅·云汉》	旱既太甚,则不可推。兢兢业业,如霆如雷。	兢兢,恐也。业业,危也。	兢兢,戒也。业业,危也。

　　例如《执竞传》"钟鼓喤喤,磬筦将将,降福穰穰。降福简简,威仪反反。既醉既饱,福禄来反"一句,《毛诗故训传》对"喤喤"释义曰:"喤喤,和也。"[①]而《尔雅·释训》的解释却是:"喤喤,乐也。"《尔雅》的释义着重于钟鼓、磬筦所发出的声音,因此以"乐"释之是非常相合的;而《毛诗故训传》却以"和"释之,"和"指声音上下高低的协调,着重于音律的和谐相调。相较而言,《毛诗故训传》的释义更贴近于诗的本义,显示出阐释的进一步深入。再如对"穰穰"的阐释,《尔雅·释训》承接前文"降福"而解释为"福"。《毛诗故训传》则从整体考虑阐释为众,所以以"降福穰穰"一句可以解释为降福于百姓。整句诗可以理解为鼓乐齐奏、谐和动听的声音泽被百姓、降福于

---

① 毛亨传,郑玄笺,孔颖达疏.毛诗正义[M].北京:北京大学出版社,1999:1308.

民。类似情况多有出现,例如《常武》一诗,《毛诗故训传》训"赫赫"为"盛",便显然比训为"迅"更高一筹。而后世诸家解释至此,也往往对《释训》之义加以引申以期与《毛诗故训传》相合,这恰恰再次证明了《毛诗故训传》的释义与《诗》的契合程度之高。例如孔颖达疏引孙炎"赫赫,显著之迅"、郭璞"盛疾之貌"的释义,就是为了证明《释训》所训实则也是"赫赫为盛之意",与《毛诗故训传》一致。孔颖达又调和两者对于"济济"的不同释义,试图使得《释训》所训的"容止"能贴合《毛诗故训传》所训之"难":"在田获刈,不得有济济之容,但容止济济者,必举动安舒,此刈者以禾稠难进,不能速疾,故亦以济济言之。言难者,笺申之云:'穗众难进也。'"①而这种调和二者的努力,也恰恰证明了《毛诗故训传》在释义上更接近于诗义的特征。同样的情况还有训"炎炎"为"热气"以示旱灾严重,训"兢兢"为"恐"以示对社稷安危的忧虑等。以上数例均可证明,毛诗的释义更看重于诗的整体阐释效果,而并非单纯的字句阐释。

从这一角度看,前人对《毛诗故训传》中"训"的评价所言非虚,马瑞辰《毛诗传笺通释·毛诗诂训传名义考》中"训则兼其言之比兴而训导之""盖诂训第就经文所言者而诠释之"②的观点可谓确见,虽然对字词句义的阐释说明是"训"的主要特点,然而"训"最核心的目的却在于通过对字义的阐释而理解全篇诗义。从这一角度反观《毛诗故训传》与《孟子》的关联,能够发现两者在诗义阐释的取向和特征上均存在着一致之处。

---

① 毛亨传,郑玄笺,孔颖达疏. 毛诗正义[M]. 北京:北京大学出版社,1999:1359.
② 马瑞辰. 毛诗传笺通释[M]. 北京:中华书局,1989:4—5.

（二）《毛诗故训传》："文简而义赡"

释义精练、简明，是《毛诗故训传》的一个显著特征，这一特征历来为人们所盛赞。例如李清臣指出《毛诗故训传》具有"简而深"的特点："释诗者莫若毛、郑，毛之说简而深，此河间献王所以高其学也。"① 张士元认为《毛诗故训传》虽然简单但却注释精当、"字寡义精"："毛公……所作《诗传》，字寡义精，盖亦孔门相传之遗意也。"② 陈奂更是盛赞毛诗释义虽简但却深得题旨、语言醇正而道理精深，并认为这是毛诗居群经之首的重要原因之一："《毛诗》多记古文，倍详前典，或引申，或假借，或互训，或通释，或文生上下而无害，或辞用顺逆而不违。要明乎世次得失之迹，而吟咏情性，有以合乎诗人之本志。……文简而义赡，语正而道精，洵乎为小学之津梁，群书之钤键也。"③ 而陈澧和任泰则从文本的角度，详细分析《毛诗故训传》"简奥"的具体表现。陈澧指出：

> 毛传简而精，人皆知之矣。其精而奥者，如《葛覃》"施于中谷"，传云："施，移也。"澧案：《说文》："施，旗儿。""旖，旗旖施也。""移，禾相倚移也。"此经"施"字，乃旖施之"施"；传"移"字，乃倚移之"移"，皆柔曲猗那之貌。传训"施"为"移"，葛藟之形状如绘也。故读《毛传》者，不可不读《说文》。更有甚简奥者。《载芟》篇"载获济济"，传云："济济，难也。"乍读之，几不可解。读郑笺云"难者，穗众难进也"，而后明其意。谓禾穗粗

① 朱彝尊著，游均晶等点校.点校补正经义考（七）[M].台湾："中央研究院"中国文哲研究所筹备处，1997：758.
② 张士元.嘉树山房外集·读毛诗[M].清光绪四年刻本.
③ 陈奂.诗毛氏传疏·序[M].北京：中国书店，1984：2.

大稠密,获者难入于其中。此形容丰年景象,令人解颐矣。[①]

陈澧举例指出,在《载芟》篇,《毛诗故训传》训"载获济济"中的"济济"为"难也",毛公通过一个"难"字指出了谷穗的稠密沉实,使得人们难于入田收取。不过这种释义的极简倾向却并不影响阅读者的理解,甚至只着一字而尽得风流,无怪乎前代学者多对毛诗的这一特点津津乐道。任泰在《质疑》中也称赞说:"《毛传》甚略,然意自可通。如'国虽靡止',《传》云:'言小也。'不解'靡膴','靡止'意明,'靡膴'亦明矣。'职思其外',《传》云:'礼乐之外。'不解'其居','其外'意明,'其居'亦明矣。"

(三)《孟子》:"解释经旨,贵于简明"

关于毛诗释义的简明特点,前人所论珠玉在前,莫能置喙。不过,对于《毛诗故训传》的这种"简而精"特征的成因,除了从时代特色的角度泛泛而论者以外,很少有人进行过深入关注。诚然,由于《毛诗故训传》的作者、时代问题并不确定,从这一角度似乎只能限于泛泛而论。然而通观先秦诸子典籍却会发现,先于《毛诗故训传》出现的《孟子》,其诗义阐释的精简同样为前人所盛赞。洪迈曾比较先秦诸子解释经旨的特点,并尤其指出了《孟子》诗义阐释的简明现象:

> 解释经旨,贵于简明,惟孟子独然。其称《公刘》之诗:"乃积乃仓,乃裹糇粮,于橐于囊,思戢用光,弓矢斯张,干戈戚扬,爰方启行。"而释之之词但云:"故居者有积仓,行者有裹囊也,然后可以爰方启行。"其称《烝民》之诗:"天生烝民,有物有则,

① 陈澧. 东塾读书记 [M]. 北京:三联书店,1998:105.

民之秉夷,好是懿德。"而引孔子之语以释之,但曰:"故有物必有则,民之秉夷也,故好是懿德。"用两"故"字,一"必"字,一"也"字,而四句之义昭然。彼训"曰若稽古"三万言,真可覆酱瓿也。[①]

在洪迈看来,先秦诸子对经旨的释义中,唯独《孟子》能做到"贵于简明"。释义精当而不赘言,这是《孟子》诗义阐释的重要特点,也是优于后世动则万言的诗义阐释特点的。

(四)《毛诗故训传》与《孟子》的释义方法比较

当然,仅凭对《毛诗故训传》与《孟子》诗义阐释"简明"特点的相似,尚不足以证明二者的密切关联。不过,为达到释义的简明,两者在具体释义过程中所运用的手段也颇为相近,这种手法的相似性却颇能证明二者共同具有的"简明"特点并非巧合。

其一,通过简单调整用字顺序或增添关键字词,在尽量保留诗中原有语句的基础上,最大程度地传达出诗中希望传达的观点。例如《孟子》对《烝民》"天生蒸民,有物有则,民之秉夷,好是懿德"一句的阐释,仅添加了两个"故"字,一个"必"字,一个"也"字,便把诗义中所蕴含的意义解释清楚,并最大程度地贴合诗的原义:"故有物必有则,民之秉夷也,故好是懿德。"对《大雅·既醉》"既饱以德"的阐释也具有同样的特点,孟子以"饱乎仁义"解释"既饱以德"。而类似的情况在《毛诗故训传》中也时有出现。例如对《日月》中的"日居月诸,出自东方"一句,《毛诗故训传》训曰:"日始月盛,皆出东方。"[②]只是置换了其中几个字,最大程度地兼顾了诗的原有格式和

① 洪迈撰,孔凡礼点校.容斋随笔[M].北京:中华书局,2005:9.
② 毛亨传,郑玄笺,孔颖达疏.毛诗正义[M].北京:北京大学出版社,1999:125.

意义。再如对《关雎》"窈窕淑女,琴瑟友之"句训为"宜以琴瑟友乐之"①,《柏舟传》训"我心匪石,不可转也。我心匪席,不可卷也"为"石虽坚,尚可转。席虽平,尚可卷"②,《鹊巢》训"之子于归,百两成之"为"能成百两之礼也"③,《汉广》训"汉有游女,不可求思"曰"汉上游女,无求思者"④,类似例子不胜枚举。

其二,跳过对字、句的释义,而直接表明题旨。这是《孟子》诗义阐释中最常遇到的情况。《孟子》中涉及三十首诗的诗义阐释,而其中以直接标明题旨的形式出现的就有如下九处:

表5—6 《孟子》中"标明题旨"释义情况统计

来源	谈话主题	谈话人物	《诗经》篇目	诗句	《孟子》释义
梁惠王上	德何如,则可以王矣?……言举斯心加诸彼而已。故推恩足以保四海,不推恩无以保妻子。	齐宣王	大雅·思齐	刑于寡妻,至于兄弟,以御于家邦。	古之人所以大过人者,无他焉,善推其所为而已矣。
梁惠王下	惟仁者为能以大事小	齐宣王	周颂·我将	畏天之威,于时保之。	乐天者保天下,畏天者保其国。
梁惠王下	王请无好小勇	齐宣王	大雅·皇矣	王赫斯怒,爰整其旅,以遏徂莒,以笃周祜,以对于天下。	此文王之勇也。文王一怒而安天下之民。

① 毛亨传,郑玄笺,孔颖达疏. 毛诗正义 [M].北京:北京大学出版社,1999:26.
② 毛亨传,郑玄笺,孔颖达疏. 毛诗正义 [M].北京:北京大学出版社,1999:115.
③ 毛亨传,郑玄笺,孔颖达疏. 毛诗正义 [M].北京:北京大学出版社,1999:65.
④ 毛亨传,郑玄笺,孔颖达疏. 毛诗正义 [M].北京:北京大学出版社,1999:53.

续表

来源	谈话主题	谈话人物	《诗经》篇目	诗句	《孟子》释义
公孙丑上	以德行仁者王	？	大雅·文王有声	自西自东，自南自北，无思不服。	以德服人者，中心悦而诚服也。
滕文公上	滕文公问为国	滕文公	豳风·七月	昼尔于茅，宵尔索绹，亟其乘屋，其始播百谷。	民事不可缓也。
滕文公上	滕文公问为国	滕文公	大雅·文王	周虽旧邦，其命惟新。	文王之谓也。子力行之，亦以新子之国。
滕文公上	今也南蛮鴃舌之人，非先王之道，子倍子之师而学之，亦异于曾子矣。	陈相	鲁颂·閟宫	戎狄是膺，荆、舒是惩。	周公方且膺之，子是之学，亦为不善变矣！
尽心下	士憎兹多口	貉稽	邶风·柏舟	忧心悄悄，愠于群小。	（言）孔子也。
尽心下	士憎兹多口	貉稽	大雅·绵	肆不殄厥愠，亦不陨厥问。	（言）文王也。

　　在对以上诗句的释义中，孟子已经离开了对诗句本身的释义而倾向于直接揭示题旨。例如：孟子释《大雅·文王》的"周虽旧邦，其命惟新"一句，直接断言曰："文王之谓也"①；释《柏舟》与《绵》中的"忧心悄悄，愠于群小""肆不殄厥愠，亦不陨厥问"两句，直接释之曰"（言）孔子也""（言）文王也"②；释《七月》"昼尔于茅，宵尔索

① 焦循．孟子正义 [M].北京：中华书局，1987：347.

② 焦循．孟子正义 [M].北京：中华书局，1987：979—980.

绚,亟其乘屋,其始播百谷"[1],也绕开了字句分析而释曰"民事不可缓也"[2]。然而必须指出的是,孟子的诗义阐释与他所面临的话语环境密切相关,在以上所出现的诸多释义过程中,仅有一次谈话对象不详,其余八次均是在言谈过程中出现的,这也就决定了孟子需要在最短的时间内用最为有效的方式达成其劝谏目的。在这种情况下,利用《诗》的权威性而传达出孟子所希望强调的观点便成为最直接和有效的手段,也正因为这样,对《诗》中字词的训诂要求便因此而降低,而对《诗》的题旨的阐释便成为孟子面对的首要问题。所以孟子直接标明诗句题旨,或临时赋予其与谈话主旨相关的特定含义,是增强其游说效果的必然要求。也就是说,孟子在诗句阐释中重视主旨阐释而轻视字义阐释的特点,服膺于其游说目的。

作为整体阐释《诗》的毛诗,显然不会面临这一特定而真实的语言环境。但是在其诗义阐释过程中,也多次出现这种释义方式,即完全忽略对诗句的训诂,而直接表明该句的阐释主旨,类似情况不胜枚举。今择其要者,罗列如下。

表5—7 《毛诗故训传》以题旨释《诗》简表

篇名	诗句	《毛诗故训传》释义
邶风·终风	终风且霾,惠然肯来。	言时有顺心也。
邶风·旄丘	何其处也? 必有与也。	言与仁义也。
邶风·静女	爱而不见,搔首踟蹰。	言志往而行止。
邶风·新台	鱼网之设,鸿则离之。	言所得非所求也。

---

[1] 毛亨传,郑玄笺,孔颖达疏. 毛诗正义 [M]. 北京:北京大学出版社,1999:505.
[2] 焦循. 孟子正义 [M]. 北京:中华书局,1987:332.

续表

篇名	诗句	《毛诗故训传》释义
鄘风·氓	不见复关,泣涕涟涟。	言其有一心乎君子,故能自悔。
鄘风·有狐	有狐绥绥,在彼淇侧。心之忧矣,之子无服。	言无室家,若人无衣服。
王风·子衿	一日不见,如三月兮。	言礼乐不可一日而废。
齐风·载驱	鲁道有荡,齐子岂弟。	言文姜于是乐易然。
曹风·鸤鸠	其仪一兮,心如结兮。	言执义一则用心固。
豳风·东山	其新孔嘉,其旧如之何?	言久长之道也。
小雅·车攻	驾彼四牡,四牡奕奕。	言诸侯来会也。
小雅·车攻	四黄既驾,两骖不猗。	言御者之良也。
小雅·车攻	不失其驰,舍矢如破。	言习于射御法也。
小雅·正月	瞻彼阪田,有菀其特。	言朝廷曾无桀臣。
小雅·十月之交	高岸为谷,深谷为陵。	言易位也。
小雅·谷风	习习谷风,维风及雨。	兴也。风雨相感,朋友相须。
小雅·谷风	将安将乐,女转弃予。	言朋友趋利,穷达相弃。
小雅·何草不黄	何人不将? 经营四方。	言万民无不从役。
大雅·大明	文定厥祥	言大姒之有文德也。
大雅·大明	造舟为梁,不显其光?	言受命之宜,王基乃始于是也。天子造舟,诸侯维舟,大夫方舟,士特舟。造舟然后可以显其光辉。
大雅·旱麓	鸢飞戾天,鱼跃于渊。	言上下察也。
大雅·思齐	不闻亦式,不谏亦入。	言性与天合也。

续表

篇名	诗句	《毛诗故训传》释义
大雅·荡	小大近丧，人尚乎由行。	言居人上欲用行是道也。
鲁颂·有駜	有駜有駜，駜彼乘牡。夙夜在公，在公饮酒。	言臣有余敬，而君有余惠。

在以上所列的例子中，《毛诗故训传》均完全绕开了对诗句字词意义的训诂，而直接以题旨释义。例如，对于在《小雅·车攻》中连续出现的三处诗句"驾彼四牡，四牡奕奕""四黄既驾，两骖不猗""不失其驰，舍矢如破"，《毛诗故训传》均避开了对其中关键字、词的释义，而直接从诗句主旨的角度把握为："言诸侯来会也""言御者之良也""言习于射御法也"①。值得注意的是，此处虽然避开了字、词阐释，然而其对整个诗句的旨意把握却是极为精当的，而且与整个诗篇的含义也若合符契。再如《邶风·静女》中对"爱而不见，搔首踟蹰"一句的释义，训为"志往而行止"②，这一释义把女子等待情人的焦急而又神往，同时又严守礼制的种种复杂心态描摹尽致，足当"文简而义赡"之誉。类似的例子还有，如训《鄘风·有狐》"有狐绥绥，在彼淇侧。心之忧矣，之子无服"句为："无室家，若人无衣服"③，以言家室之重要；训《曹风·鸤鸠》"其仪一兮，心如结兮"句为"执义一则用心固"④，以言心意之坚定；训《小雅·何草不

① 以上见毛亨传，郑玄笺，孔颖达疏. 毛诗正义[M]. 北京：北京大学出版社，1999：652—653.
② 毛亨传，郑玄笺，孔颖达疏. 毛诗正义[M]. 北京：北京大学出版社，1999：173.
③ 毛亨传，郑玄笺，孔颖达疏. 毛诗正义[M]. 北京：北京大学出版社，1999：246.
④ 毛亨传，郑玄笺，孔颖达疏. 毛诗正义[M]. 北京：北京大学出版社，1999：476.

黄》"何人不将？经营四方"句为"万民无不从役"①，以言劳役范围
之广；训《大雅·大明》"文定厥祥"为"大姒之有文德"②，以言文王
之母大姒的德行兼具；等等。在这些情况中，虽然没有直接关注于
字、句训诂，但是其所训之义与诗句乃至全诗的题旨若合符契。

毛诗训释中还有一种情况尤其值得注意，那就是毛诗所训之义
不仅与字句毫无关联，甚至与诗的字面意义毫无关涉，而毛诗却通过
释义的赋予而传达出其对诗篇主旨的全新理解。这一做法与孟子在
诗义阐释中临时赋予其政教意义的相关做法有异曲同工之妙。例如
《王风·子衿》中有"一日不见，如三月兮"一句，毛诗称"礼乐不可
一日而废"，赋予缺失的宾语以"礼乐"的含义。

这一做法，与孟子在游说梁惠王正面看待"礼乐"思想时，临时
赋予《大雅·公刘》以"公刘好货"的主旨具有相似之处。同样的情
况，在《毛诗故训传》中曾有多次出现，例如《小雅·谷风》就被《毛
诗故训传》赋予了朋友由相需到相弃的主题，"习习谷风，维风及雨"
句，释之为"兴也。风雨相感，朋友相须"；"将安将乐，女转弃予"句，
释之为"言朋友趋利，穷达相弃"③。通过对这两句的释义，《毛诗故训
传》对《谷风》的理解和定位便基本明朗。再如《鲁颂·有駜》被《毛
诗故训传》通过诗句的阐释而赋以君臣相处之义，"有駜有駜，駜彼乘
牡。夙夜在公，在公饮酒"句，毛公释以"臣有余敬，而君有余惠"④。

① 毛亨传，郑玄笺，孔颖达疏. 毛诗正义 [M]. 北京：北京大学出版社,1999:948.
② 毛亨传，郑玄笺，孔颖达疏. 毛诗正义 [M]. 北京：北京大学出版社,1999:970.
③ 毛亨传，郑玄笺，孔颖达疏. 毛诗正义 [M]. 北京：北京大学出版社,1999:773.
④ 毛亨传，郑玄笺，孔颖达疏. 毛诗正义 [M]. 北京：北京大学出版社,1999:
  1394.

再如《大雅·旱麓》中的"鸢飞戾天,鱼跃于渊",训为"上下察也"①,把鸟飞鱼跃的场景与治理国家的方式联系到一起。

诚然,《毛诗故训传》的这一做法与诗本身的大量留白关系密切,正是因为其中一些关键内容没有在诗中直接言及,所以为《毛诗故训传》按照其思想倾向进行阐释提供了机会。但不可否认的是,《毛诗故训传》恰恰是通过"训"的方式,运用诗中的留白而在释义过程中传达自己的观点。然而"孟子之讲《诗》《书》,尤注重引申其中之意义"②,服膺于其思想推行的整体目的,所以直接点明题旨、释义清晰明了,是其游说活动的特殊需要。但是作为系统阐释《诗》的《毛诗故训传》,对诗的意义的阐释应是其首要任务,然而《毛诗故训传》通过对诗句的阐释而赋予《诗》以王道政教意图,这种做法很难说与孟子毫无关联。

因此,《毛诗故训传》所具有的释义简明的特征——如果不计当时书写方式的困难和承载方式的简陋等客观因素的制约,以及其释义过程所运用的具体手段,与孟子的诗义阐释均有很大相似。且从产生时间上来看,《毛诗故训传》略晚于《孟子》。从以上因素综合来看,《毛诗故训传》多具有释义简明的特点,当与《孟子》有所关联。

四、传:"孟子之后,知其解者,莫如毛公"

(一)"传"字释义:"并经文所未言者而引申之"

前文已经论及,四家诗中唯独《毛诗故训传》兼顾故、训、传三体。虽然从功用上而言,故训与传差别不大,但是阐释范围却大相径

---

① 毛亨传,郑玄笺,孔颖达疏. 毛诗正义[M]. 北京:北京大学出版社,1999:1006.

② 冯友兰. 中国哲学史[M]. 北京:中华书局,1961:142.

庭。对此,马瑞辰《毛诗传笺通释·毛诗诂训传名义考》辨析甚明:"盖诂训第就经文所言者而诠释之,传则并经文所未言者而引申之,此诂训与传之别也。……训故不可以该传,而传可以统训故,故标其总目为'诂训传',而分篇则但言'传'而已。"① 孔颖达也提到:"'诂训传'者,注解之别名。……传者,传通其义也。……依故昔典训而为传,义或当然。"② 可见,三者相互关联又各有侧重,"故"偏重古义;"训"着重于字、词的解释;而"传"则着重于诗义的阐发与引申,也兼顾故、训的相应功能。

而从诗义的引申阐发角度观照《毛诗故训传》与《孟子》能够发现,在这一角度上二者之间的关联表现得更为直接和明显。《孟子》不仅是其取材来源之一,在思想上《毛诗故训传》与《孟子》也不乏相近之处。明儒郝敬曾评价说:"子贡、子夏之后,善言《诗》者莫如孟子;孟子之后,知其解者,莫如毛公。"③ 此言甚确,这一论述不仅指明了关系《诗》学发展的重要人物,也间接言明了《毛诗故训传》在诗义阐释方面与《孟子》的渊源关联。详言之,主要体现在如下几个方面。

(二) 对孟子《诗》学正传地位的肯定

《孟子》与《毛诗故训传》的关联之中,最为研究者所津津乐道的,是《毛诗故训传》在阐释《小雅·小弁》《大雅·文王》《大雅·绵》以及《大雅·板》中的相关语句时,不仅与《孟子》的阐释相同,而且直接袭用了《孟子》中的原文。相关情况参见下表:

---

① 马瑞辰.毛诗传笺通释[M].北京:中华书局,1989:4—5.
② 毛亨传,郑玄笺,孔颖达疏.毛诗正义[M].北京:北京大学出版社,1999:1—2.
③ 郝敬.毛诗原解[M].上海:上海古籍出版社,2002:232.

表5—8 《毛诗故训传》《孟子》同文表

篇名	诗句	《毛诗故训传》释义	《孟子》原文
小雅·小弁	我躬不阅,遑恤我后。	念父,孝也。高子曰:"《小弁》,小人之诗也。"孟子曰:"何以言之?"曰:"怨乎。"孟子曰:"固哉夫高叟之为诗也。有越人于此,关弓而射我,我则谈笑而道之,无他,疏之也。兄弟关弓而射我,我则垂涕泣而道之,无他,戚之也。然则《小弁》之怨,亲亲也。亲亲,仁也。固哉夫高叟之为诗。"曰:"《凯风》何以不怨?"曰:"《凯风》,亲之过小者也;《小弁》,亲之过大者也。亲之过大而不怨,是愈疏也;亲之过小而怨,是不可矶也。愈疏,不孝也。不可矶,亦不孝也。孔子曰:'舜其至孝矣,五十而慕。'"	公孙丑问曰:"高子曰:'《小弁》,小人之诗也。'"孟子曰:"何以言之?"曰:"怨。"曰:"固哉!高叟之为诗也!有人于此,越人关弓而射之,则己谈笑而道之,无他,疏之也。其兄关弓而射之,则己垂涕泣而道之,无他,戚之也。《小弁》之怨,亲亲也。亲亲,仁也。固矣夫,高叟之为诗也!"曰:"《凯风》何以不怨?"曰:"《凯风》,亲之过小者也。《小弁》,亲之过大者也。亲之过大而不怨,是愈疏也。亲之过小而怨,是不可矶也。愈疏,不孝也。不可矶,亦不孝也。孔子曰:'舜其至孝矣!五十而慕。'"(《孟子·告子下》)
大雅·文王	周虽旧邦,其命惟新。	乃新在文王也。	文王之谓也。子力行之,亦以新子之国。(《孟子·滕文公上》)
大雅·绵	古公亶父,陶复陶穴,未有家室。	古公处豳,狄人侵之,事之以皮币,不得免焉;事之以犬马,不得免焉;事之以珠玉,不得免焉。乃属其耆老而告之曰:"狄人之所欲者,吾土地也。吾闻之,君子不以其所养人而害人,二三子何患乎无君?"去之,逾梁山,邑乎岐山之下。豳人曰:"仁人之君,不可失也。"从之如归市。陶其土而复之,陶其壤而穴之。室内曰家,未有寝庙,亦未敢有家室。	昔者大王居邠,狄人侵之,事之以皮币,不得免焉;事之以犬马,不得免焉;事之以珠玉,不得免焉。乃属其耆老而告之曰:"狄人之所欲者,吾土地也。吾闻之也,君子不以其所以养人者害人。二三子何患乎无君,我将去之。"去邠,逾梁山,邑于岐山之下居焉。邠人曰:"仁人也,不可失也。"从之者如归市。或曰:"世守也,非身之所能为也,效死勿去。"(《孟子·梁惠王下》)

续表

篇名	诗句	《毛诗故训传》释义	《孟子》原文
大雅·板	天之方蹶，无然泄泄。	蹶，动也。泄泄，犹沓沓也。	泄泄犹沓沓也。事君无义，进退无礼，言则非先王之道者，犹沓沓也。（《孟子·离娄上》）

　　其相似程度之高，已经无须再为相关释义是否源于《孟子》作更深度的探讨，尤其是对《小弁》的释义，《毛诗故训传》中甚至明确把高子与孟子论《诗》的整个过程纳入阐释过程之中。虽然《毛诗故训传》在用字上与《孟子》有相异之处①，但这却并不妨碍对两者关系的整体判定。

　　鉴于以上《毛诗故训传》对《孟子》的因袭，甚至有学者据此提

---

①《毛诗故训传》中有两处用字与《孟子》相异：《孟子》中的"疏"《毛诗故训传》中用作"踈"，《孟子》中的"邪"《毛诗故训传》用作"幽"。"疏"古通"踈"，"邪"古通"幽"。四家诗在用字上也多有异文。用字的相异只能证明《毛诗故训传》所使用的版本与今日所见《孟子》的版本略有不同，却无法否认二者之间的确然联系；再者，虽然两者在一些虚词的使用上有差别，然而由于先秦典籍的流传时有前后、地有南北，且限于物质条件，当时的文字载体十分有限，承传上的差异基本可以忽略不计；最后，即便是《孟子》本身，对于同一引文也会出现异文的情况，例如：

　　《书》曰："汤一征，自葛始。"天下信之，东面而征西夷怨，南面而征北狄怨，曰："奚为后我？"民望之，若大旱之望云霓也。归市者不止，耕者不变，诛其君而吊其民，若时雨降，民大悦。《书》曰："徯我后，后来其苏。"（《孟子·梁惠王下》）

　　汤始征，自葛载，十一征而无敌于天下，东面而征西夷怨，南面而征北狄怨，曰："奚为后我？"民之望之，若大旱之望雨也。归市者弗止，芸者不变，诛其君，吊其民，如时雨降，民大悦。《书》曰："徯我后，后来其无罚。"（《孟子·滕文公下》）

　　在《孟子》中，汤王征葛的事件出现过两次，而且其总体叙述相（转下页）

出"《毛诗》显然属于孟子一派的解《诗》体系"①的观点。诚然,《毛诗故训传》的《诗》学意图与孟子的《诗》学定位存在一致之处,且对孟子的诗义阐释有直接的承袭,从这些角度来看,其与孟子之间的关联是毋庸置疑的。然而由此判定《毛诗故训传》为孟子一派则未免仓促。因为前文已经提及,除孟子之外,《毛诗故训传》对先秦儒家典籍均有重视与承袭,仅凭释义的相同尚不足以判定其儒家《诗》学的承传派别。然而不容否认的是,以上证据却足以证明《毛诗故训传》对孟子儒家《诗》学正传地位的肯定。

《毛诗故训传》这几处诗义阐释所选的均是《大雅》或《小雅》中的篇章,其《诗》学阐释的着重点在于从史学的角度来探寻《诗》中所对应的周朝社会发展的史实,探寻其背后所承载的王道意义。而关于周朝始祖古公亶父以及周朝初创者周文王的相关阐释,《毛诗故训传》毫不犹疑地选取《孟子》对相关篇章的阐释,这体现了《毛诗故训传》对于孟子儒家《诗》学正传地位的认同与肯定。由此可见,《毛诗故训传》不仅在《诗》学定位、阐释特征上与孟子关联密切,在具体的诗义阐释上也对《孟子》有所承袭。这再次证明,虽然《孟子》并非

(接上页)当一致。然而其中对《书》的两次征引却有不同:一为"汤一征,自葛始",而另一处为"汤始征,自葛载";一为"后来其苏",另一处为"后来其无罚"。虽然这些差别对其意义的传达并无实质性的影响,但也证明当时典籍使用的不规范性非常普遍——当然必须承认,这种不规范性受到了种种条件的制约,例如典籍稀有难见、《孟子》本身在成书和传抄过程中的错讹等等——但是,在同一部书中对同一典籍的征引多有异文出现,却足以证明秦汉时期对典籍使用的规范性要求不强。从这一角度反观《毛诗故训传》对《孟子》的承袭会发现,仅存在异文和虚词使用不同的征引,已经足以为两者之间的关联提供实证。

① 刘毓庆,郭万金. 从文学到经学——先秦两汉诗经学史论[M]. 上海:华东师范大学出版社,2009:425.

《毛诗故训传》的唯一来源,但却是《毛诗故训传》的重要来源之一。不独如此,在王道思想上《毛诗故训传》也对孟子的观点有所认同,而这种认同往往通过对《孟子》中相关语句袭用的方式体现出来。

(三)对孟子王道思想主张的认同

《毛诗故训传》在阐释诗义的过程中,对《孟子》中的语句多有引用。相关情况胪列如下:

表5—9　《毛诗故训传》引用《孟子》情况统计表①

篇名	诗句	《毛诗故训传》释义	《孟子》原文
齐风·卢令	卢令令,其人美且仁。	卢,田犬。令令,缨环声。言人君能有美德,尽其仁爱,百姓欣而奉之,爱而乐之。顺时游田,与百姓共其乐,同其获,故百姓闻而说之,其声令令然。	古之人与民偕乐,故能乐也。(《孟子·梁惠王上》)乐民之乐者,民亦乐其乐;忧民之忧者,民亦忧其忧。乐以天下,忧以天下,然而不王者,未之有也。(《孟子·梁惠王下》)
秦风·无衣	岂曰无衣?与子同袍。	上与百姓同欲,则百姓乐致其死。	
豳风·七月	春日载阳,有鸣仓庚。女执懿筐,遵彼微行,爰求柔桑。	仓庚,离黄也。懿筐,深筐也。微行,墙下径也。"五亩之宅,树之以桑。"	五亩之宅,树之以桑,五十者可以衣帛矣。鸡豚狗彘之畜,无失其时,七十者可以食肉矣。百亩之田,勿夺其时,数口之家可以无饥矣。(《孟子·梁惠王上》)
小雅·鸿雁	爰及矜人,哀此鳏寡。	矜,怜也。老无妻曰鳏,偏丧曰寡。	老而无妻曰鳏,老而无夫曰寡,老而无子曰独,幼而无父曰孤,此四者天下之穷民而无告者。文王发政施仁,必先斯四者。《诗》云:"哿矣富人,哀此茕独。"(《孟子·梁惠王下》)

———————

① 诗义阐释中直接引用的部分,此处不纳入统计范畴。

续表

篇名	诗句	《毛诗故训传》释义	《孟子》原文
小雅·小弁	何辜于天?我罪伊何?	舜之怨慕,日号泣于旻天,于父母。	万章问曰:"舜往于田,号泣于旻天,何为其号泣也?"孟子曰:"怨慕也。"(《孟子·万章上》)
大雅·绵	虞芮质厥成,文王蹶厥生。	质,成也。成,平也。蹶,动也。虞、芮之君,相与争田,久而不平,乃相谓曰:"西伯仁人也,盍往质焉?"乃相与朝周。入其竟,则耕者让畔,行者让路;入其邑,男女异路,班白不提挈;入其朝,士让为大夫,大夫让为卿。二国之君,感而相谓曰:"我等小人,不可以履君子之庭。"乃相让,以其所争田为闲田而退。天下闻之而归者四十余国。	五亩之宅,树之以桑,五十者可以衣帛矣。鸡豚狗彘之畜,无失其时,七十者可以食肉矣。百亩之田,勿夺其时,数口之家可以无饥矣。谨庠序之教,申之以孝悌之养,颁白者不负戴于道路矣。七十者衣帛食肉,黎民不饥不寒,然而不王者,未之有也。(《孟子·梁惠王上》)
大雅·皇矣	执讯连连,攸馘安安。是类是祃,是致是附,四方以无侮。	附,附其先祖为之立后。尊其尊而亲其亲。	道在迩而求诸远,事在易而求诸难。人人亲其亲、长其长,而天下平。(《孟子·离娄上》)
大雅·民劳	民亦劳止,汔可小安。惠此中国,国无有残。	贼义曰残。	贼仁者谓之贼,贼义者谓之残,残贼之人,谓之一夫。闻诛一夫纣矣,未闻弑君也。(《孟子·梁惠王下》)
大雅·常武	不留不处,三事就绪。	诛其君,吊其民,为之立三有事之臣。	归市者不止,耕者不变,诛其君而吊其民,若时雨降,民大悦。《书》曰:"徯我后,后来其苏。"(《孟子·梁惠王下》)归市者弗止,芸者不变,诛其君,吊其民,如时雨降,民大悦。《书》曰:"徯我后,后来其无罚!"(《孟子·滕文公下》)

　　纵观《毛诗故训传》承袭《孟子》语句的部分,无一例外,均与孟子的王道政教思想密切相关。孟子对儒家理想的王道制度的描述,被《毛诗故训传》通过纳入诗义阐释的方式而予以认同。例如孟子曾向梁惠王、齐宣王两次宣扬"与民同乐"的思想,其中最为人们所熟知的部分有"古之人与民偕乐,故能乐也"①"乐民之乐者,民亦乐其乐;忧民之忧者,民亦忧其忧。乐以天下,忧以天下,然而不王者,未之有也"②等与民同乐的观点,是孟子民本思想中最具代表性的观点,孟子不仅要求统治者采取适当的经济措施保障人民的温饱,并且要求统治者切实从百姓的角度出发,以其所乐为己之乐,以其所忧为己之忧。这是孟子对统治者执政目的的最高要求。这一思想至唐代依然为人们所津津乐道,经范仲淹而发展成为"先天下之忧而忧,后天下之乐而乐"的观点。不过远在范仲淹之前,孟子的这一思想就为《毛诗故训传》所注意并多次提及。在《齐风·卢令》"卢令令,其人美且仁"句后,《毛诗故训传》释曰:"君能有美德,尽其仁爱,百姓欣而奉之,爱而乐之。顺时游田,与百姓共其乐,同其获,故百姓闻而说之,其卢令令然。"③此处不仅把孟子所倡导的与民同乐的观点完整地阐释出来,甚至敏锐地察觉到与民同乐是仁政思想的一个重要组成部分,故而在释义之初便把国君具有美德、能行仁爱之政的观点率先置于与民同乐的观点之前。而对《秦风·无衣》"岂曰无衣? 与子同袍"的阐释,则化用孟子"乐民之乐者,民亦乐其乐;忧民之忧者,民亦忧其忧"④的观点而为"上与百姓同欲,则百姓乐致其死"⑤,以强

① 焦循.孟子正义［M］.北京:中华书局,1987:49.
② 焦循.孟子正义［M］.北京:中华书局,1987:119.
③ 毛亨传,郑玄笺,孔颖达疏.毛诗正义［M］.北京:北京大学出版社,1999:348.
④ 焦循.孟子正义［M］.北京:中华书局,1987:119.
⑤ 毛亨传,郑玄笺,孔颖达疏.毛诗正义［M］.北京:北京大学出版社,1999:431.

调如果统治者能与民同乐,则百姓也愿与其共忧的思想。

本章第二节分析指出,《毛诗故训传》的阐释倾向之一在于寻找"先王之遗典",阐发诗中蕴含的王道政教制度。而在《毛诗故训传》看来,《孟子》显然具备了这一特征,《孟子》中涉及王道政教问题的相关部分,在《毛诗故训传》中往往能找到与之相应的阐释。例如孟子曾描述儒家理想政治中制民之产的具体措施和预期结果为:"五亩之宅,树之以桑,五十者可以衣帛矣。鸡豚狗彘之畜,无失其时,七十者可以食肉矣。百亩之田,勿夺其时,数口之家可以无饥矣。谨庠序之教,申之以孝悌之养,颁白者不负戴于道路矣。七十者衣帛食肉,黎民不饥不寒,然而不王者,未之有也。"① 除去与之相似的观点,仅言语与其相同之处,《毛诗故训传》就出现了两处:"五亩之宅,树之以桑"② 和"班白不提挈"③。《毛诗故训传》并非简单引用,而是把相关部分有机地融合进对王道政教理想的描述中,孟子所言的"颁白者不负戴于道路"是制民之产措施施行的结果之一,而《毛诗故训传》的"班白不提挈"则是早期周文王治下的盛世景象的表现之一。再如对尊亲敬长的阐发、对鳏寡孤独的护佑、对安定民众所实施的措施等部分的描述,《毛诗故训传》对《孟子》均有采纳。

不容否认的是,孟子屡次引《诗》用《诗》,服膺于其推行王道制度的游说目的。而《毛诗故训传》也把《诗》作为王道政教、先王遗典的载体。《毛诗故训传》对《孟子》中涉及王道政教观点的语句屡次承袭,恰恰证明了其对孟子王道制度的深切认同。

① 焦循. 孟子正义 [M]. 北京:中华书局,1987:55—59.
② 毛亨传,郑玄笺,孔颖达疏. 毛诗正义 [M]. 北京:北京大学出版社,1999:494.
③ 毛亨传,郑玄笺,孔颖达疏. 毛诗正义 [M]. 北京:北京大学出版社,1999:994.

第三节　郑玄《笺》《谱》"专用孟子之法以治《诗》"

　　毛诗最终得以取代鲁、齐、韩三家诗而盛传于世,与郑玄《毛诗传笺》及《毛诗谱》在东汉末年的盛行有很大关系[①],对此皮锡瑞先生甚至有"郑《诗笺》行而鲁、齐、韩之《诗》不行"[②]之叹。正是由于郑玄整齐百家之言,把四家《诗》学融汇于一处,才最终奠定了毛诗之学的学术地位,同时把汉代《诗》学的发展推向了极致。

　　然而查考郑玄这两部最具代表性的《诗》学典籍却会发现,郑玄的《诗》学主张与阐释方式均与孟子存在着极大关联。这一特点,早在20世纪初便已经被王国维先生所道破:"及北海郑君(玄)出,乃专用孟子之法以治《诗》。其于《诗》也,有谱、有笺。谱也者,所以论古人之世也。笺也者,所以逆诗人之志也。"[③]此言一出,后世追随者甚众。然而查考诸家所论,往往仅限于文本而难以跳出王国维先生所设之藩篱,故而笔者绕开这一定见,选择从孟子与毛诗经学地位确立这一角度来关照郑玄承继孟子的表现及意义。

---

① 汉代后期,治毛诗者甚众,据《后汉书·儒林传》《贾逵传》等记载,当时仅研究毛诗且为毛诗作传的就有谢曼卿、卫宏、郑众、贾逵、马融、荀爽等人。然而在当时产生影响最大的却是郑玄所著的《毛诗传笺》。

② 皮锡瑞著,周予同注释. 经学历史 [M]. 北京:中华书局,2004:101.

③ 王国维.《玉溪生诗年谱会笺》序 [A]. 王国维文集(第一卷)[C]. 北京:中国文史出版社,1997:76.

一、郑玄对孟子的推尊

郑玄,字康成,北海高密人,是东汉末年《诗》学成就及经学成就最大的学者。即便是学主汉代今文经学而对郑玄融合今古文经学的做法颇有非议的皮锡瑞,也不得不为其学术成就所折服,在言及郑玄的经学传承之功时对其再三致意:"郑君康成,以博闻强记之才,兼高节卓行之美;著书满家,从学盈万。当时莫不仰望,称伊、雒以东,淮、汉以北,康成一人而已。咸言先儒多阙,郑氏道备。自来经师未有若郑君之盛者也。"①皮锡瑞再三强调郑玄为汉代经师中成就最高者的评价,并非虚言。郑玄的经学成就,不仅赢得了时人的广泛敬重②,同时,直接决定了汉代经学的发展走向:"汉时经有数家,家有数说,学者莫知所从;郑君兼通今古文,沟合为一;于是经生皆从郑氏,不必更求各家。郑学之盛在此,汉学之衰亦在此。"③郑玄的学术被称为"郑学","郑学"的出现是汉代经学发展的极致,今古文经学由此得以汇融。同时"郑学"的出现也意味着汉代《诗》学四家并立时代的结束,齐鲁韩三家由此逐渐中衰,而毛诗逐渐盛行于世。从这一角度来看,郑玄不仅是东汉后期标举经学风向的人物,也是汉代《诗》学发展进程中的一个关键环节。然而查考郑玄的著述,这样一个关键人物,却对孟子多有推尊。

---

① 皮锡瑞著,周予同注释.经学历史 [M].北京:中华书局,2004:95
② 据《后汉书·郑玄传》记载,当时权倾一时的大将军何进对其青眼有加,设几杖相待以示礼遇;北海孔融下命把郑玄所住的地方命名为"郑公村"以示敬意。而黄巾军"见玄皆拜,相约不敢入县境"。而汉代普通的经师不会被如此礼遇,由此可见郑玄当时的影响之广与身份之尊。
③ 皮锡瑞著,周予同注释.经学历史 [M].北京:中华书局,2004:95.

其一，郑玄是汉代五家为《孟子》作注的学者之一①。虽然郑玄的《孟子注》今已难见全貌②，但我们仍然可以由此推论出郑玄对孟子的推崇。郑玄遍注群经、著述甚夥，达"百余万言"，然而从郑玄著述的范围来看，郑玄的注疏非常集中，主要是经学类典籍："《周易》《尚书》《毛诗》《仪礼》《礼记》《论语》《孝经》《尚书大传》《中候》《乾象历》，又著《天文七政论》《鲁礼禘祫义》《六艺论》《毛诗谱》《驳许慎五经异义》《答临孝存周礼难》，凡百余万言"③，以及《孟子》七卷④。郑玄的著述始终围绕着五经释义展开，而于此之中，郑玄又为当时尚不列入经学的《孟子》作注。郑玄的这一做法应当引起我们的重视，这应当是对《孟子》仅次于经学地位的肯定⑤。

其二，郑玄在对《周易》《三礼》《毛诗》等经学典籍的注疏中，也存在着对《孟子》的大量称引，而这恰恰是对孟子与经学关联的高度肯定。焦循就曾明确指出郑玄在作《毛诗笺》的过程中对《孟子》的诸多采纳："郑康成注《礼》笺《诗》……皆引之。"⑥清代学者马国翰将郑玄"注诸书中所引《孟子》及隐括《孟子》义者"三十余条辑录成卷，定名为《孟子郑氏注》。根据其中所辑录的部分来看，郑玄对《孟子》的引用，主要集中在对《三礼》《尚书大传》《毛诗传笺》的注疏中。在郑玄引用《孟子》原文以辅助阐释的情况中，仅以上三部便占据了三十余

---

① 除郑玄《孟子注》外还包括赵岐《孟子章句》、程曾《孟子章句》、高诱《孟子章句》、刘熙《孟子注》。
② 马国翰的《玉函山房辑佚书》就辑郑玄《孟子注》一卷。
③ 范晔. 后汉书 [M]. 北京：中华书局，1965：1212.
④ 因《隋书·经籍志》《旧唐书·经籍志》《新唐书·艺文志》对此皆有著录，故而该书应当是在唐代之后亡佚。
⑤ 相关论述亦可参看第一章第三节中"汉代孟子的学术地位"部分的相关论证。
⑥ 焦循. 孟子正义 [M]. 北京：中华书局，1987：18.

条引文中的二十八次之多。究其原因，或许可以从郑玄对待《诗》《礼》关系的态度中窥见一斑。郑玄曾经指出"礼其初起，盖与诗同时"①，这一观点道出了《诗》《礼》之间的渊源关联。不仅如此，郑玄还多采用以《礼》笺《诗》的做法，以辅助对《诗》的阐释。由此类推，郑玄以《孟子》笺注五经，恰恰是对《孟子》与经学之间深层关联的肯定与认可。

其三，郑玄在言及孟仲子的《诗》学渊源时，还对孟子的《诗》学正传者身份予以了正面肯定。孟仲子是孟子的主要弟子之一，而在《毛诗故训传》中，却有两次称引到孟仲子。值得注意的是，《毛诗序》与《毛诗故训传》中称引前人之说的情况出现了五次，涉及四人，而孟仲子就占据了两条之多。一次是在《閟宫》"閟宫有恤，实实枚枚"下引《毛诗故训传》"孟仲子曰是禖宫也"；另一次是《维天之命》"维天之命，於穆不已，於乎不显文王之德之纯"下引"孟仲子曰，大哉，天命之无极而美，周之礼也"。对于孟仲子的身份，郑玄不仅直言其与孟子的关系，并且尤其强调了其与孟子的《诗》学授受渊源。在《诗谱》中郑玄说："孟仲子者，子思弟子，盖与孟轲共事子思，后学于孟轲，著书论《诗》，毛氏取以为说。"②郑玄的这寥寥数言，就已经简笔勾勒出了"孟子——孟仲子——毛公"这样一个《诗》学承传谱系。通过郑玄在《诗谱》中对孟仲子的身份定位，其对孟子《诗》学正传身份的认可也可见一斑。

此外，从郑玄的自许来看，也与孟子颇有相合之处。孟子曾构建了一个由尧舜到孔子的圣人系统，并把自己纳入其中。而郑玄对自己也有同样的期待，在其《孝经注》序中，他指出了自己"述夫子之

---

① 毛亨传，郑玄笺，孔颖达疏. 毛诗正义 [M].北京:北京大学出版社,1999:5.
② 毛亨传，郑玄笺，孔颖达疏. 毛诗正义 [M]. 北京:北京大学出版社,1999:
1284.

志"的期盼。不仅如此,郑玄甚至直接以孔子自许,在应劭提出"北面称弟子"的请求时,郑玄则以孔子自况称:"仲尼之门考以四科,回、赐之徒不称官阀。"①在经学贡献上,郑玄所起到的作用之巨,也使得时人将其与孔子并称。后人的评价中不乏肯定郑玄承传孔门之学功绩的论述,例如葛洪直接提出"孔、郑之门"②的说法,江总亦有"若夫德行博敏,孔室四科;经术深长,郑门六艺"③的观点。以继承孔门之学为己任的自我期待,以及共同承继儒学之功的期许,构成了郑玄推崇孟子的心理基础。

以上种种均提醒我们,在孟子身殁近五百年之后,郑玄在其《诗》学传承中仍然坚持着对《孟子》的贯彻并非偶然。

二、"逆诗人之志":《毛诗传笺》与孟子政教《诗》学的最终确立

据考证,郑玄"先注《周官》,次《礼记》,次《礼经》,次《古文尚书》,次《论语》,次《毛诗》,最后乃注《易》"④。丁晏在《汉郑君年谱》中也认为郑玄最后笺《诗》:"郑君注《礼》在前,《论语》次之,笺《诗》又次之。"⑤刘毓庆先生认为这体现了郑玄对《诗》的重视⑥,此言甚确。值得注意的是,在这一汇聚郑玄毕生心血和寄托的《毛诗传笺》

① 范晔.后汉书[M].北京:中华书局,1965:1211.
② 马总.意林[M].北京:中华书局,1991:96.
③ 欧阳询撰,王绍楹校.艺文类聚·陶贞白先生集序[M].上海:上海古籍出版社,1982:1000.
④ 黄以周.儆季杂著·答郑康成学业次第问[M].清光绪二十一年刻本.
⑤ 丁晏.汉郑君年谱[M].北京:北京图书馆出版社,1999:708.
⑥ 刘毓庆,郭万金.从文学到经学——先秦两汉诗经学史论[M].上海:华东师范大学出版社,2009:459.

中,不仅对孟子的诗义阐释、《诗》学主张有全然的贯彻,而且对孟子赋予《诗》之文本的政教意义作了进一步的完善,孟子政教《诗》学在汉代的影响,至此发展至顶峰。

（一）诗义阐释对《孟子》的延续

《毛诗传笺》对《孟子》的承袭,首先体现在诗义阐释对《孟子》的采纳上。据统计,《孟子》中对《诗》的直接引用有35次,其中涉及《诗》30篇。这30篇中,郑玄《毛诗传笺》涉及的有28处,其中又有22处与《孟子》的释义相合,全相异者仅6处。郑玄在诗义阐释上对《孟子》的采纳频率,甚至远远高于"多与孟子相合"的《毛诗序》[①]。郑玄相距孟子已经近五百年,且中间经历了汉代经学由昌明到极盛的时代变迁,其间经分数家,而数家又各有师传,在这样一个四家诗学相继为盛,经学发展承传经历巨大变迁的过程中,无论是从诗说的释义、典籍的齐备,还是从其他各个方面来看,郑玄似乎都完全没有必要像先贤一样从《孟子》中钩沉诗义。然而事实却是,郑玄不仅继承了先贤的传统而对《孟子》的诗义阐释多有承传,甚至对《孟子》诗义的重视与承袭远较先贤为盛。作为贯通今古文经学、在汉代末年影响深远的经学大师和《诗》学巨擘,郑玄对《孟子》诗义的重视与承袭,无疑意味着在汉代以来的整个《诗》学发展过程中,汉代《诗》学对孟子《诗》学释义的高度肯定,以及对孟子《诗》学正传身份的终极认可。

首先,《毛诗传笺》承袭《孟子》诗义的表现之一,在于其对孟子的诗义多有接纳和深入阐发,而在语句上却极少援引《孟子》中的相

[①]《毛诗序》与《孟子》相合者有19处,据第五章第一节中《〈诗序〉与〈孟子〉诗义阐释异同对照表》的统计。

关语句。这一特征与《毛诗故训传》对《孟子》的因袭存在相似之处,应当是毛诗援引《孟子》释义过程中一以贯之的特点,故而此处不再重复分析并一一指陈两者之间的具体相合,而仅把两者释义相合之处通过表格对比的方式呈现①。

其次,《毛诗传笺》与《孟子》的相合,有些甚至是跳过毛诗《序》《传》而直接取义于《孟子》,这是《毛诗传笺》承袭《孟子》诗义的一个突出表现。郑玄在释义过程中,虽然采撷三家而规整毛诗,却并不拘泥于毛诗陈说。"注《诗》宗毛为主。毛义若隐略,则更表明,如有不同,即下己意,使可识别。"②郑玄在述及他的注《诗》特点时明确指出:虽然以毛诗为主,但如果遇到不同之处"即下己意",通过自己的分析判断指陈《诗》的释义,使之晓畅易懂。这也就意味着《毛诗传笺》不仅对毛诗有所传承,同时又具有着自己的判断和特色。因此,在这种情况下,郑玄越过毛诗《序》《传》而直接承袭孟子的部分就尤其值得关注,这如实反映了郑玄的《诗》学主张和取向。例如对于《齐风·南山》"娶妻如之何?必告父母",《毛诗故训传》的释义为:"《南山》,刺襄公也。鸟兽之行,淫乎其妹。大夫遇是恶,作诗而去之。"也就是以谏言美刺的角度,指出其整体意义。而郑玄却抛弃了这种释义,回归诗的本义:"取妻之礼,议于生者,卜于死者,此之谓告。"与孟子的释义相比较,这恰恰是与孟子的观点一脉相承:"男女居室,人之大伦也。如告则废人之大伦,以怼父母,是以不告也。"孟子指出,娶妻这种终身大事应当征得父母的同意,但是如果父母不良善如舜之父母,也不能违背人伦。郑玄从礼义的角度指出了这一观

---

① 可参表5—10《〈毛诗传笺〉与〈孟子〉诗义阐释异同对照表》。
② 毛亨传,郑玄笺,孔颖达疏.毛诗正义[M].北京:北京大学出版社,1999:4.

点的合理性。再如对《大雅·文王有声》的"自西自东,自南自北,无思不服"理解,《毛诗故训传》的释义为"武王作邑于镐京",即从王道制度初建的角度来理解此句。郑玄的释义则是"武王于镐京行辟雍之礼,自四方来观者,皆感化其德,心无不归附者"。郑玄虽然同样从武王地位的初立入手,但是其最终的落脚点却是对武王德化思想的强调,郑玄着重指出,武王最终得到天下在于其德化之功,并非武力征伐,其获胜的秘钥源于天下百姓的心之所向。郑玄的这一释义正是源于孟子的德化思想,孟子在对此诗释义中曾明确提出"以德服人者,中心悦而诚服也"观点,由此以强调王道教化在一统天下过程中的重要性。从这一角度来看,郑玄的释义正与孟子如出一辙。在对《孟子》的释义承袭方面而言,我们甚至可以得出这样的结论:在毛诗《序》《传》承袭《孟子》的情况下,郑玄便沿用毛诗的观点;而在两者存在出入的情况下,郑玄"即下己意",抛弃毛诗而选择《孟子》中的观点。从这一角度来看,郑玄的《诗》学渊源不仅要溯源于三家诗学[①],而更应该直接追溯至孟子。

此外,郑玄不仅在释义上承袭《孟子》,并且发现了孟子性情思想与《诗》之间的深层关联。前文曾经述及《大雅·烝民》一诗中的"天生烝民,有物有则。民之秉夷,好是懿德"是孟子性情思想的理论来源[②],不仅孟子的性善思想由此生发,孟子的仁、义、礼、智四端说也正是由此提出的。

[①] 清儒陈奂的《郑氏笺考征》梳理了郑玄的《诗》学渊源,主要是从对三家诗的具体采撷入手的,并没有向更远处溯源。

[②] 关于《大雅·烝民》为孟子性情思想的理论基石的观点,可参看第一章第一节第三部分中的"性理之学"的相关论述。

乃若其情，则可以为善矣，乃所谓善也。若夫为不善，非才之罪也。恻隐之心，人皆有之。羞恶之心，人皆有之。恭敬之心，人皆有之。是非之心，人皆有之。恻隐之心，仁也。羞恶之心，义也。恭敬之心，礼也。是非之心，智也。仁义礼智，非由外铄我也，我固有之也，弗思耳矣。故曰求则得之，舍则失之，或相倍蓰而无算者，不能尽其才者也。《诗》曰："天生蒸民，有物有则。民之秉夷，好是懿德。"孔子曰："为此诗者，其知道乎！故有物必有则，民之秉夷也，故好是懿德。"①

孟子指出，人性的良善源于天生，而种种不同的人性特征，又恰恰是通过"情"得以外化的。孟子指出人情具有恻隐、羞恶、恭敬、是非等四种表现，而这正是仁、义、礼、智四种人性的外化。孟子通过证明人情天生的良善表现从而证明人性的良善。而《大雅·烝民》又恰恰是这一切的基础。而在阐释《烝民》时，郑玄也正是从同样的角度出发的：

天之生众民，其性有物象，谓五行仁、义、礼、智、信也。其情有所法，谓喜、怒、哀、乐、好、恶也。然而民所执持有常道，莫不好有美德之人。②

首先，郑玄以"天之生众民"肯定了性情之善源于天生的观点；其次，郑玄尤其强调，人性虽然难以观察，但并非不能捉摸，"仁、义、礼、智、信"正是人性的几大特征，而"仁、义、礼、智、信"又恰恰通过"情"

① 焦循.孟子正义[M].北京:中华书局,1987:752—758.
② 毛亨传,郑玄笺,孔颖达疏.毛诗正义[M].北京:北京大学出版社,1999:1218.

的途径得以外化表现出来,也就是"喜、怒、哀、乐、好、恶"。虽然郑玄以"仁、义、礼、智、信"的五行观来解释孟子的"仁、义、礼、智"的"四端"说;以"喜、怒、哀、乐、好、恶"六情说取代了孟子的"恻隐、羞恶、恭敬、是非"的"四情"说,然而通观其思想路径与思维模式,却与孟子的观点如出一辙。可见,郑玄不仅意识到《大雅·烝民》是孟子性情思想的哲学根基,也认同并推崇这一观点。而这恰恰表明了郑玄对《孟子》的继承已经摆脱了简单诗义承袭的初级阶段,而进入思想契合的更高层面上来。

　　不过,郑玄对《孟子》的《诗》学承继并不仅仅局限于这些行诸文字的部分,他还在《毛诗传笺》中完整地承袭了孟子的《诗》学观点。

表5—10 《毛诗传笺》与《孟子》诗义阐释异同对照表

篇名	《诗经》引文	章节	孟子说解	《毛诗传笺》释义	同	异
邶风·柏舟	忧心悄悄,愠于群小。	尽心下	士憎兹多口。……(言)孔子也。	不遇者,君不受己之志也。君近小人,则贤者见侵害。……群小,众小人在君侧者。	同	
齐风·南山	娶妻如之何,必告父母。	万章上	男女居室,人之大伦也。如告则废人之大伦,以怼父母,是以不告也。	取妻之礼,议于生者,卜于死者,此之谓告。	同	
魏风·伐檀	不素餐兮	尽心上	君子居是国也,其君用之,则安富尊荣;其子弟从之,则孝弟忠信。不素餐兮,孰大于是!	彼君子者,斥伐檀之人,仕有功乃肯受禄。	同	

续表

篇名	《诗经》引文	章节	孟子说解	《毛诗传笺》释义	同	异
豳风·七月	昼尔于茅，宵尔索绹，亟其乘屋，其始播百谷。	滕文公上	民事不可缓也。	女当昼日往取茅归，夜作绞索以待时用。……亟，急。乘，治也。十月定星将中，急当治野庐之屋。其始播百谷，谓祈来年百谷于公社。	同	
豳风·鸱鸮	迨天之未阴雨，彻彼桑土，绸缪牖户。今此下民，或敢侮予。	公孙丑上	为此诗者，其知道乎？能治其国家，谁敢侮之。	绸缪犹缠绵也。此鸱鸮自说作巢至苦如是，以喻诸臣之先臣，亦及文、武未定天下，积日累功，以固定此官位与土地。……我至苦矣，今女我巢下之民，宁有敢侮慢欲毁之者乎？意欲恚怒之。以喻诸臣之先臣，固定此官位土地，亦不欲见其绝夺。	同	
小雅·伐木	出自幽谷，迁于乔木。	滕文公上	吾闻用夏变夷者，未闻变于夷者也。……吾闻出于幽谷，迁于乔木者，未闻下乔木而入于幽谷者。	言昔日未居位，在农之时，与友生于山岩伐木，为勤苦之事，犹以道德相切正也。……迁，徙也。谓乡时之鸟出从深谷，今移处高木。		异
小雅·车攻	不失其驰，舍矢如破。	滕文公下	如以利，则枉寻直尺而利，亦可为与？	御者之良，得舒疾之中。射者之工，矢发则中，如椎破物也。		异

续表

篇名	《诗经》引文	章节	孟子说解	《毛诗传笺》释义	同	异
小雅·正月	哿矣富人，哀此茕独。	梁惠王下	老而无妻曰鳏，老而无夫曰寡，老而无子曰独，幼而无父曰孤，此四者天下之穷民而无告者。文王发政施仁，必先斯四者。	民于今而无禄者，天以荐瘥夭杀之，是王者之政又复椓破之。言遇害甚也。……此言王政如是，富人已可，惸独将困也。	同	
小雅·小弁	——	告子下	《小弁》之怨，亲亲也。亲亲，仁也。	念父，孝也。大子念王将受谗言不止。我死之后，惧复有被谗者，无如之何，故自决云："我身尚不能自容，何暇乃忧我死之后也？"	同	
小雅·大东	周道如厎，其直如矢。君子所履，小人所视。	万章下	欲见贤人而不以其道，犹欲其入而闭之门也。夫义，路也。礼，门也。惟君子能由是路，出入是门也。	此言古者天子之恩厚也，君子皆法效而履行之。其如砥矢之平，小人又皆视之，共之无怨。		异
小雅·北山	普天之下，莫非王土；率土之滨，莫非王臣。	万章上	是诗也，非是之谓也。劳于王事，而不得养父母也。	此言王之土地广矣，王之臣又众矣。何求而不得，何使而不行。……王不均大夫之使，而专以我有贤才之故，独使我从事于役。自苦之辞。	同	

续表

篇名	《诗经》引文	章节	孟子说解	《毛诗传笺》释义	同	异
小雅·大田	雨我公田，遂及我私。	滕文公上	夏后氏五十而贡，殷人七十而助，周人百亩而彻，其实皆什一也。……惟助为有公田。由此观之，虽周亦助也。	幽王之时，政烦赋重，而不务农事，虫灾害谷，风雨不时，万民饥馑，矜寡无所取活，故时臣思古以刺之。……古者阴阳和，风雨时，其来祁祁然而不暴疾。其民之心，先公后私。今天主雨于公田，因及私田尔。此言民怙君德，蒙其余惠。	同	
人雅·文王	①③永言配命，自求多福。②周虽旧邦，其命惟新。④商之孙子，其丽不亿。上帝既命，侯于周服。侯服于周，天命靡常。殷士肤敏，祼将于京。	①公孙丑上②滕文公上③④离娄上	①祸福无不自己求之者。③行有不得者，皆反求诸己，其身正而天下归之。②文王之谓也。④师文王，大国五年，小国七年，必为政于天下矣。	①③王既述修祖德，常言当配天命而行，则福禄自来。②文王初为西伯，有功于民，其德著见于天，故天命之以为王，使君天下也。崩谥曰"文"。……大王聿来胥宇而国于周，王迹起矣，而未有天命，至文王而受命。言新者，美之也。④商之孙子，其数不徒亿，多言之也。至天已命文王之后，乃为君于周之九服之中。言众之不如德也。……殷之臣壮美而敏，来助周祭，其助祭自服殷之服。明文王以德不以强。	同	

续表

篇名	《诗经》引文	章节	孟子说解	《毛诗传笺》释义	同	异
大雅·思齐	刑于寡妻，至于兄弟，以御于家邦。	梁惠王上	举斯心加诸彼而已。故推恩足以保四海，不推恩无以保妻子。	寡妻，寡有之妻，言贤也。御，治也。文王以礼法接待其妻，至于宗族。以此又能为政治于家邦也。	同	
大雅·皇矣	王赫斯怒，爰整其旅，以遏徂旅。以笃周祜，以对于天下。	梁惠王下	此文王之勇也。文王一怒而安天下之民。	天视四方，可以代殷王天下者，维有周尔。世世修行道德，维有文王盛尔。……赫，怒意。斯，尽也。五百人为旅。对，答也。文王赫然与其群臣尽怒曰："整其军旅而出，以却止徂国之兵众。"以厚周当王之福，以答天下乡周之望。	同	
大雅·灵台	经始灵台，经之营之。庶民攻之，不日成之。经始勿亟，庶民子来。王在灵囿，麀鹿攸伏。麀鹿濯濯，白鸟鹤鹤。王在灵沼，於牣鱼跃。	梁惠王上	文王以民力为台为沼，而民欢乐之，谓其台曰灵台，谓其沼曰灵沼，乐其有麋鹿鱼鳖。	文王应天命，度始灵台之基趾，营表其位。众民则筑作，不设期日而成之。言说文王之德，劝其事，忘己劳也。观台而曰灵者，文王化行似神之精明，故以名焉。……亟，急也。度始灵台之基趾，非有急成之意，众民各以子成父事而来攻之。……攸，所也。文王亲至灵囿，视牝鹿所游伏之处。言爱物也。……鸟兽肥盛喜乐，言得	同	

篇名	《诗经》引文	章节	孟子说解	《毛诗传笺》释义	同	异
				其所。……灵沼之水,鱼盈满其中皆跳跃,亦言得其所。		
大雅·下武	永言孝思,孝思惟则。	万章下	孝子之至,莫大乎尊亲;尊亲之至,莫大乎以天下养。	长我孝心之所思。所思者,其维则三后之所行,子孙以顺祖考为孝。	同	
大雅·文王有声	自西自东,自南自北,无思不服。	公孙丑上	以德服人者,中心悦而诚服也。	武王于镐京行辟雍之礼,自四方来观者,皆感化其德,心无不归附者。	同	
大雅·既醉	既醉以酒,既饱以德。	告子上	言饱乎仁义也,所以不愿人之膏粱之味也。令闻广誉施于身,所以不愿人之文绣也。	成王祭宗庙,旅酬下遍群臣,至于无算爵,故云醉焉。乃见十伦之义,志意充满,是谓之"饱德"。		异
大雅·假乐	不愆不忘,率由旧章。	离娄上	徒善不足以为政,徒法不能以自行。……遵先王之法而过者,未之有也。	成王之令德,不过误,不遗失,循用旧典之文章,谓周公之礼法。	同	
大雅·公刘	乃积乃仓,乃裹餱粮,于橐于囊,思戢用光。弓矢斯张,干戈戚扬,爰方启行。	梁惠王下	昔者公刘好货……故居者有积仓,行者有裹囊也,然后可以爰方启行。	厚乎公刘之为君也,不以所居为居,不以所安为安。邠国乃有疆场也,乃有积委及仓也。安安而能迁,积而能散,为夏人迫逐己之故,不忍斗其民,乃裹粮食于囊橐之中,弃其余而去,思在和其民人,	同	

续表

篇名	《诗经》引文	章节	孟子说解	《毛诗传笺》释义	同	异
				用光大其道,为今子孙之基。……干,盾也。戈,句子戟也。爰,曰也。公刘之去邠,整其师旅,设其兵器,告其士卒曰:"为女方开道而行。"明己之迁,非为迫逐之故,乃欲全民也。		
大雅·板	天之方蹶,无然泄泄。	离娄上	泄泄犹沓沓也。事君无义,进退无礼,言则非先王之道者,犹沓沓也。故曰责难于君谓之恭,陈善闭邪谓之敬,吾君不能谓之贼。	天,斥王也。王方欲艰难天下之民,又方变更先王之道。臣乎,女无宪宪然,无沓沓然,为之制法度,达其意以成其恶。……辞,辞气,谓政教也。王者政教和说顺于民,则民心和定。此戒语时之大臣。	同	
大雅·荡	殷鉴不远,在夏后之世。	离娄上	欲为君尽君道,欲为臣尽臣道,二者皆法尧舜而已矣。不以舜之所以事尧事君,不敬其君者也。不以尧之所以治民治民,贼其民者也。……暴其民,甚则身弑国亡,不甚则身危国削。名之曰幽厉,虽孝子慈孙,百世不能改也。	此言殷之明镜不远也,近在夏后之世。谓汤诛桀也,后武王诛纣,今之王者何以不用为戒!	同	

续表

篇名	《诗经》引文	章节	孟子说解	《毛诗传笺》释义	同	异
大雅·桑柔	①谁能执热，逝不以濯？②其何能淑，载胥及溺。	①②离娄上	①今也欲无敌于天下而不以仁，是犹执热而不以濯也。②得天下有道，得其民，斯得天下矣。得其民有道，得其心，斯得民矣。……苟不志于仁，终身忧辱，以陷于死亡。《诗》云："其何能淑，载胥及溺。"此之谓也。	①我语女以忧天下之忧，教女以次序贤能之爵，其为之当如手持热物之用濯，谓治国之道当用贤者。②女若云此于政事何能善乎？则女君臣，皆相与陷溺于祸难。	同	
大雅·云汉	周余黎民，靡有孑遗。	万章上	信斯言也，是周无遗民也	周之众民，多有死亡者矣。今其余无有孑遗者。言又饿病也。	同	
大雅·烝民	天生蒸民，有物有则。民之秉夷，好是懿德。	告子上	乃若其情，则可以为善矣，乃所谓善也。若夫为不善，非才之罪也。恻隐之心，人皆有之。羞恶之心，人皆有之。恭敬之心，人皆有之。是非之心，人皆有之。恻隐之心，仁也。羞恶之心，义也。恭敬之心，礼也。是非之心，智也。仁义礼智，非由外铄我也，我固有之也，弗思耳矣。故曰求则得之，舍则失之，或相倍蓰而无	秉，执也。天之生众民，其性有物象，谓五行仁、义、礼、智、信也。其情有所法，谓喜、怒、哀、乐、好、恶。然而民所执持有常道，莫不好有美德之人。……监，视；假，至也。天视周王之政教，其光明乃至于下，谓及众民也。天安爱此天子宣王，故生樊侯仲山甫使佐之。言天亦好是懿德也。《书》曰："天聪明，自我民聪明。"	同	

续表

篇名	《诗经》引文	章节	孟子说解	《毛诗传笺》释义	同	异
			算者,不能尽其才者也。……孔子曰:"为此诗者,其知道乎!故有物必有则,民之秉夷也,故好是懿德。"			
周颂·我将	畏天之威,于时保之。	梁惠王下	乐天者保天下,畏天者保其国。	早夜敬天,于是得安文王之道。	同	
鲁颂·闳宫	①②戎狄是膺,荆舒是惩,(则莫我敢承。)	①②滕文公	①周公方且膺之,子是之学,亦为不善变矣。②是周公所膺也。	僖公与齐桓举义兵,北当戎与狄,南艾荆及群舒,天下无敢御之。		异

(二)"以喻说诗"与"以意逆志"

虽然王国维先生指出了《毛诗传笺》存在着"逆诗人之志"[①]的特点,后世学者对此也多有认同,然而查考目前所见的成果,却发现大家普遍忽略了《毛诗传笺》中的一个重要现象:《毛诗传笺》中存在着明显的以"兴喻"说《诗》的特点,而深入探讨这一特点可以发现,这恰恰源于郑玄对孟子"以意逆志"说的切实践行。

1.《毛诗传笺》中的"以喻说诗"现象

如果说《毛诗故训传》以"独标兴体"著称,那么郑玄则是把"兴"的深层意义最终落到实处的学者。据统计,《诗》305篇中,郑玄以"喻"释义的部分便达到84篇之多,占据了近三分之一的篇幅。

---

① 王国维.《玉溪生诗年谱会笺》序 [A]. 王国维文集 (第一卷) [C]. 北京:中国文史出版社,1997:76.

郑玄通过"喻"的方式,在《毛诗故训传》以"兴"言《诗》的基础上——赋予《诗》之所"兴"的具体内容。如下表所示:

表5—11　《毛诗传笺》"以喻说诗"简表①

篇名	诗句	《毛诗故训传》说解	《毛诗传笺》说解
王风·扬之水	扬之水,不流束薪。	兴也。	兴者,喻平王政教烦急,而恩泽之令不行于下民。
终南	终南何有?有条有梅。	兴也。	问何有者,意以为名山高大,宜有茂木也。兴者,喻人君有盛德,乃宜有显服,犹山之木有大小也,此之谓"戒劝"。
东门之池	东门之池,可以沤麻。	兴也。	于池中柔麻,使可缉绩作衣服。兴者,喻贤女能柔顺君子,成其德教。
狼跋	狼跋其胡,载疐其尾。	兴也。跋,躐;疐,跲也。老狼有胡,进则躐其胡,退则跲其尾,进退有难,然而不失其猛。	兴者,喻周公进则躐其胡,犹始欲摄政,四国流言,辟之而居东都也。退则跲其尾,谓后复成王之位而老,成王又留之,其如是圣德无玷缺。
蓼萧	蓼彼萧斯,零露湑兮。	兴也。	兴者,萧,香物之微者,喻四海之诸侯,亦国君之贱者;露者,天所以润万物,喻王者恩泽不为远国则不及也。
鸿雁	鸿雁于飞,肃肃其羽。	兴也。大曰鸿,小曰雁。	鸿雁知辟阴阳寒暑。兴者,喻民知去无道,就有道。
斯干	秩秩斯干,幽幽南山。	兴也。秩秩,流行也。干,涧也。幽幽,深远也。	兴者,喻宣王之德,如涧水之源,秩秩流出无极已也。国以饶富,民取足焉,如于深山。

---

① 郑玄《毛诗传笺》中以兴喻说诗的情况共有84篇之多,限于篇幅难以一一尽列,此处仅选择其中的十余篇汇成简表,以作示例。

续表

篇名	诗句	《毛诗故训传》说解	《毛诗传笺》说解
大东	有饛簋飧,有捄棘匕。	兴也。饛,满簋貌。飧,熟食,谓黍稷也。捄,长貌。匕所以载鼎实。棘,赤心也。	飧者,客始至,主人所致之礼也。凡飧饔饩,以其爵等,为之牢礼之数陈。兴者,喻古者天子施予之恩,于天下厚。
菀柳	有菀者柳,不尚息焉。	兴也。菀,茂木也。	有菀然枝叶茂盛之柳,行路之人,岂有不庶几欲就之止息乎?兴者,喻王有盛德,则天下皆庶几愿往朝焉。忧今不然。
黍苗	芃芃黍苗,阴雨膏之。	兴也。芃芃,长大貌。	兴者,喻天下之民如黍苗然,宣王能以恩泽育养之,亦如天之有阴雨之润。
桑柔	菀彼桑柔,其下侯旬。捋采其刘,瘼此下民。	兴也。菀,茂貌。旬,言阴均也。刘,爆烁而希也。瘼,病也。	桑之柔濡,其叶菀然茂盛,谓蚕始生时也。人庇阴其下者,均得其所。及己将采之,则叶爆烁而疏,人息其下则病于爆烁。兴者,喻民当被王之恩惠,群臣恣放,损王之德。

在对具体诗篇的旨意赋予上,虽然《毛诗故训传》中"独标兴体",但是仔细观察却会发现,它仅仅是表明诗篇中具有"兴"的成分,但是因何而"兴",以及如何而"兴",均未言明。例如《王风·扬之水》《东南》诸篇之中,《毛诗故训传》仅仅指出其中蕴含着"兴"的成分,而其后的诸篇,在指明"兴也"之后,仅有只言片语的阐释。深入分析却可以发现,阐释内容只是"故训",也就是训诂,并非对诗的主旨的发挥和深入理解。例如《狼跋》篇,释义为:"兴也。跋,躐;疐,跲也。老狼有胡,进则躐其胡,退则跲其尾,进退有难,然而不失其猛。"[①]即对诗句中的"跋""疐"两字进行了具体的阐释,并从诗的

———————————

① 毛亨传,郑玄笺,孔颖达疏. 毛诗正义 [M]. 北京:北京大学出版社,1999:536.

文本意义的角度指出"狼跋其胡,载疐其尾",代表了狼在前进与后退的时候,存在进退两难的现象。然而该诗所"兴"的是什么?又是如何表现的?这些问题均难以找到答案。再如《鸿雁》篇,也仅仅是在标明"兴也"之后,阐释了"鸿雁""大曰鸿,小曰雁"①,而《鸿雁》的诗旨是如何表现的,我们同样不得而知。

而《毛诗传笺》的"以喻说诗"则恰恰是针对《毛诗故训传》的这一特征而言的。《狼跋》之后,郑玄在《毛诗故训传》的释义基础上指出:"兴者,喻周公进则躐其胡,犹始欲摄政,四国流言,辟之而居东都也。退则跆其尾,谓后复成王之位而老,成王又留之,其如是圣德无玷缺。"②郑玄明确对"兴"的内容进行了阐发,认为《狼跋》正是通过狼的进退维谷来比喻周公所遭遇的两难选择:进而摄政,则不得不面对篡位的流言;而退,又面临着成王的挽留。如何选择,正如狼所面临的困境一样。同样,在对《鸿雁》的阐释上,郑玄指出"鸿雁知辟阴阳寒暑"③,也就是说鸿雁能辨别寒暑从而决定迁徙的时间,这一特征恰恰如百姓的选择一样,离开无道之君而到有道之国。由此,《鸿雁》一诗所蕴含的深层的王道政教意义可明。类似的情况在郑玄84次以喻说诗的过程中均有出现。而"兴者,喻……"的句式正是郑玄"以喻说诗"的标志性特点。诗中所蕴含的深层意义正是通过这种方式得到了系统的阐发。

2."以喻说诗"探源:郑玄对"以意逆志"的实践

郑玄在《毛诗传笺》中84次"以喻说诗"的情况并非偶然,而是出于对孟子"以意逆志"的《诗》学观点的深入践行。无论是郑玄的

---

① 毛亨传,郑玄笺,孔颖达疏.毛诗正义[M].北京:北京大学出版社,1999:661.
② 毛亨传,郑玄笺,孔颖达疏.毛诗正义[M].北京:北京大学出版社,1999:536.
③ 毛亨传,郑玄笺,孔颖达疏.毛诗正义[M].北京:北京大学出版社,1999:661.

《诗》学定位还是郑玄"以喻说诗"的解《诗》方法,均证明了这点。

其一,从《诗》学定位看,郑玄肯定了诗义阐释过程中阅读者的主体性作用。

本书在第四章中讨论孟子"以意逆志"说时曾经提到,孟子"以意逆志"说包含了两个层面的意义:首先是对阅读者的主体性地位的肯定;其次是对《诗》中王道政教内容的推求。换而言之,"以意逆志"是站在阅读者的角度上,来探讨《诗》背后所蕴含的王道政教意义。

从郑玄的《诗》学定位来看,郑玄的《诗》学定位中与"以意逆志"的思想若合符契。首先,郑玄肯定了《诗》中蕴含着诗人的创作深意,《诗》是作者隐藏深意以试图与阅读者的情志达成沟通的作品。郑玄在《六艺论》中提到:

> 诗者,弦歌讽喻之声也。自书契以兴,朴略尚质,面称不为谄,目谏不为谤,君臣之接如朋友然,在于恩诚而已。斯道稍衰,奸伪以生,上下相犯。及其制礼,尊君卑臣,君道刚严,臣道柔顺。于是箴谏者希,情志不通,故作诗者以诵其美而讥其过。①

郑玄明确地把《诗》定位为具有讽诵功能的"弦歌讽诵之声",认为在《诗》以前,君臣关系融洽如朋友,可以直抒胸臆、坦诚交流,世衰道微之后,君臣之间因地位的尊卑、身份的阻隔,相应的交流变得举步维艰,所以《诗》随之而生,即通过赋予美刺意义的方法来使得作《诗》者与读《诗》者之间的情志得以沟通。从对《诗》功能的强调上,郑玄对《诗》的定位已经初步契合孟子"以意逆志"的观点。

不仅如此,郑玄同时又强调了自身的主体性特征在诗义阐释过

---

① 毛亨传,郑玄笺,孔颖达疏.毛诗正义[M].北京:北京大学出版社,1999:5.

程中的主体性作用。虽然这种主体性出现在郑玄创作《毛诗传笺》
的过程中,但是这种释义过程,也恰恰应当纳入广泛阅读体验的范畴
之内。郑玄指出自己"注《诗》宗毛为主。毛义若隐略,则更表明。
如有不同,即下己意,使可识别"。郑玄是《毛诗》的注释者,理应谨
守汉儒"疏不破注"的注疏传统,然而郑玄却是按照自己的意向展开
其注疏过程。"如有不同,即下己意",也就是说毛诗的释义与三家释
义出现矛盾的时候,郑玄并不谨遵毛诗的诗旨,而是根据自己的理解
来进行注疏与判定。这同样源于对阅读者的主体性地位的强调。由
此可见,郑玄注疏《毛诗传笺》可谓深得孟子"以意逆志"观的精髓,
即不仅强调了《诗》中蕴含着政教深意,并且在其阅读注疏过程中,
高度彰显并贯彻了这一主体性特征。

其二,从诗义阐释来看,"以喻说诗"正是对"以意逆志"的践行。

郑玄的《毛诗传笺》中大量出现"兴者,喻……"的句式。而这
一句式恰恰是郑玄践行"以意逆志"说的符号与标志。例如郑玄对
《东门之池》"东门之池,可以沤麻"的释义:"于池中柔麻,使可缉绩
作衣服。兴者,喻贤女能柔顺君子,成其德教。"[1]这 ·释义大体可以
分为三个部分:首先是对"东门之池,可以沤麻"一句的字面意义理
解为"于池中柔麻,使可缉绩作衣服",也就是使得麻在池塘中变得
柔顺,从而可以纺线织布;第二部分是"喻"字,也就是比喻之义;第
三部分是郑玄对深层意义的阐发与探求,即"贤女能柔顺君子,成其
德教",认为贤良女子能使得君子性情柔和,有助于德教的完成。而
这恰恰是从柔顺桑麻的意义引申出来的。如果用现代汉语的概念界
定的话,这三个部分正是"本体""比喻词""喻体"。郑玄84次"以

---

[1] 毛亨传,郑玄笺,孔颖达疏.毛诗正义[M].北京:北京大学出版社,1999:445.

喻说诗"的情况中,这一现象一直贯穿始终。再如《鸿雁》篇,郑玄就"鸿雁于飞,肃肃其羽"一句解释为"鸿雁知辟阴阳寒暑。……兴者,喻民知去无道,就有道"①。郑玄首先指出,诗的本义在于强调"鸿雁知辟阴阳寒暑",也就是鸿雁知道季节寒暑的变迁而随之迁徙。然后郑玄又指出诗的兴喻意义在于比喻百姓像鸿雁知道冷暖一样,知道趋吉避凶,向往有道之邦而极力避开无道的统治。再如郑玄对《斯干》"秩秩斯干,幽幽南山"的释义:"兴者,喻宣王之德,如涧水之源,秩秩流出无极已也。国以饶富,民取足焉,如于深山。"②郑玄指出深层目的在于强调宣王德行。宣王的德行如涧水一样源源不断没有穷已,而国家的富饶如深山一样取之不尽。虽然此处本体与喻体的结合方式与前者有所不同,但是依然没有脱离从诗的本义中,通过"喻"的方式来推求诗中所隐含的王道政教意义的模式。

不仅如此,郑玄对其"以喻说诗"的做法,在理论上有明确的阐述:

> 赋之言铺,直铺陈今之政教善恶。比,见今之失,不敢斥言,取比类以言之。兴,见今之美,嫌于媚谀,取善事以喻劝之。③

郑玄对赋比兴的理解分别是:赋,是直接言明政教善恶的作品,也就是说诗的字面意义,便是诗的作者所希望传达的意义;比、兴,却是作者因为不敢直陈善恶,而通过其他事情类比以暗示善恶的作品。尤其是郑玄对"比"的阐释,已可窥见其以兴、喻言《诗》的直接出发

---

① 毛亨传,郑玄笺,孔颖达疏.毛诗正义[M].北京:北京大学出版社,1999:661.
② 毛亨传,郑玄笺,孔颖达疏.毛诗正义[M].北京:北京大学出版社,1999:681.
③ 孙诒让撰,王文锦,陈玉霞点校.周礼正义[M].北京:中华书局,1987:1842—1843.

点:"兴,见今之美,嫌于媚谀,取善事以喻劝之。"据郑玄阐释,所谓兴,正是由于希望褒扬君王的美德而碍于阿谀之嫌,所以通过选择同样美好的事情,通过"喻"的方式以类比判断。

从这一角度考察郑玄对"兴""喻"的理解,可以发现郑玄对"兴""喻"的判定正与孟子的"志"与"逆"的设置若合符契:孟子的"以意逆志"说同样肯定《诗》中存在着未尽之意,"以意逆志"包含了读者之"意"与诗人之"志"两个层面的内容。所以才需要后世学者在阅读前人典籍时,进行分析判断,以寻找其中所蕴含的深意。对于这一过程,孟子称之为"逆",即从读者的角度逆推诗人作诗的深层含义。而郑玄则凭借一个"喻"字,联结了"逆"的过程。即通过本体与喻体相结合的方式,完成了对读者之"意"向诗人之"志"的推求与转换。换而言之,郑玄已经替读者把诗中的深意推求出来。而这种联结作者之"志"与读者之"意"的过程,恰恰就是郑玄"以喻说诗"的过程。

综上可见,无论是从方式选择还是从郑玄对"兴""喻"的阐释上来看,《毛诗传笺》均展现了郑玄"以喻说诗"的做法与孟子"以意逆志"说之间的深层关联。前贤称郑玄"专用孟子之法以治诗"[①]"古来说诗之精无过孟氏,能得孟氏意者无过毛公。毛传之简,毛传之所微,所以为善逆诗人之志也,……经读之当,以郑氏为优"[②],皆非虚言。

(三)"以礼笺《诗》"对孟子《诗》学礼教意义的重新赋予

前文曾经提到,在《诗》、乐、舞的分化过程中,《诗》由孟子之手

① 王国维.《玉溪生诗年谱会笺》序[A].王国维文集(第一卷)[C].北京:中国文史出版社,1997:76.
② 包世荣.毛诗礼征·熊遇泰序[M].上海:上海古籍出版社,2002:99.

而摆脱乐、舞的辅助,独行于世。这是孟子对汉代《诗》的经学化进程的贡献之一。不过由于孟子着重强调了《诗》之文本的王道政教思想,而把由《诗》、乐、舞所共同承担的礼教思想从诗义阐释的范畴中剥离出去,这虽然使得文本之《诗》的政教意义得以彰显,但也造成了诗义阐释与礼的背离。尽管我们不得不承认,孟子在诗义阐释中对礼乐教化内容的弃绝①,是文本之《诗》得以彻底摆脱乐舞束缚的一个必经阶段,然而汉代《诗》学的发展却深受孟子影响,汉儒的诗义阐释往往更着重于王道政教意义的阐发而对礼教思想较少涉及。因此,由孔子所开创的"述礼乐""备王道"的诗教意义,在汉代便仅存王道教化内容之一端。

虽然汉代四家诗学者也曾在不同程度上强调了《诗》中的礼教成分,然而只言片语的阐释很难造成根本上的改变。礼教思想回归《诗》学阐释的努力,直到郑玄的《毛诗传笺》才终于变为现实。郑玄把礼教意义的阐发大规模地纳入诗义阐释,从而使得由孔子所开创的"述礼乐"与"备王道"的诗教观点在汉代最终得以并行于世,文本之《诗》的礼教意义也得到了赋予。郑玄的这种努力,正是对孟子弃绝诗义阐释中的礼教内容的一次反拨。从此,诗义阐释兼及王

---

① 在《诗》、乐、舞分离的过程中,孟子对《诗》的礼乐思想的弃绝最为明显,甚至《孟子》本身都很少涉及礼乐内容。然而这种情况在先秦儒家学派中却是特例,荀子的诗义阐释中便存在着对《诗》的礼乐意义的广泛的及概括性的强调。这一方面说明了孟子的这一《诗》学观点在问世之初其影响并不深远;同时说明了,在《诗》、乐、舞分离的过程中,儒家各派均有不同的探索。然而最终诸家在汉代的影响均没有孟子的影响那样广泛(例如刘毓庆先生在其《从文学到经学》一书中,便把当时儒家的《诗》学承传倾向分为子思代表的道德派、公孙尼子代表的诗乐派、孟子代表的王道派,以及由荀子所代表的经典派等)。

政和礼教内容的经学特征得以在汉代末年最终确立。汉代《诗》学也终于在《诗》、乐、舞分离之后,独立承担起了"述礼乐""备王道"的双重诗教意义。

对孟子《诗》学王政倾向的反拨,也就是对《诗》的礼教思想的重新赋予,郑玄是通过"以礼笺《诗》"的方式完成的。

其一,郑玄"以礼笺《诗》"的前提,是对《诗》的王道政教意义的肯定。虽然郑玄着力强调《诗》的礼教意义,但他并没有否认汉代数百年以来对《诗》的王道政教意义的阐释。据《刘后主志》所载诸葛亮言:"先帝亦言:吾周旋陈元方、郑康成间,每见启告治乱之道备。"① 由此可见,郑玄经学传承的首要目的,依然在于宣扬王道致治之法。而正如陈澧所言,郑玄的这些王道政教主张均在其注疏之作中体现出来:"郑君启告昭烈治乱之道,其语惜乎不传,然诸经郑注言治乱之道亦备矣。启告昭烈之语,必有在其内者矣。"② 此言非虚,郑玄传经的王道目的不仅从郑玄创作《诗谱》的原因中可窥见一斑③,而且从郑玄倾注最大寄托与热情的《毛诗传笺》中也可以发现,其中对王道政教意义的赋予几乎俯拾皆是。例如释《大东》"有饛簋飧,

① 常璩. 华阳国志 [M]. 北京:中华书局,1985:95.
② 陈澧. 东塾读书记 [M]. 北京:三联书店,1998:276.
③ 郑玄《诗谱序》对《诗》的界定为"吉凶之所由,忧娱之萌渐,昭昭在斯,足作后王之鉴"(毛亨传,郑玄笺,孔颖达疏. 毛诗正义 [M]. 北京:北京大学出版社,1999:9)。由此可见,郑玄同样满怀着通过诗义阐释而宣扬王道致治思想的《诗》学目的。而在《周礼·大师》的郑玄注中,郑玄再次强调了其《诗》学的王道政教目的:"雅,正也,言今之正者,以为后世法。颂之言诵也,容也,诵今之德,广以美之。"(孙诒让撰,王文锦,陈玉霞点校. 周礼正义 [M]. 北京:中华书局,1987:1843)

有捄棘匕",郑玄曰:"喻古者天子施予之恩,于天下厚。"①即通过类比的方式以主人待客之热情强调圣人天子广施恩泽于天下的情形。又如释《菀柳》"有菀者柳,不尚息焉",郑玄曰:"有菀然枝叶茂盛之柳,行路之人,岂有不庶几欲就之止息乎?兴者,喻王有盛德,则天下皆庶几愿往朝焉。忧今不然。"②即以行人愿意寻求柳树荫蔽而比拟天下百姓愿就圣德之君,此处仍然是通过诗义阐释而强调仁政的重要意义。再如《黍苗》"芃芃黍苗,阴雨膏之",郑玄同样强调应当施行仁政、泽被百姓:"天下之民如黍苗然,宣王能以恩泽育养之。"③类似的例子难以尽指,此处不再赘言。

其二,郑玄又采用了"以礼笺《诗》"的做法,通过诗义阐释赋予《诗》以礼教内容,从而完成了《诗》与礼的最终结合,并使得《诗》最终独立承担起了原来由《诗》、乐、舞所承担的全部政教思想和礼乐教化意义。关于郑玄"以礼笺《诗》"的做法,清儒包世荣曾作《毛诗礼征》十卷,详细指陈《毛诗传笺》中的笺注与礼的关系。今仅取数例以证。

《葛屦》"好人提提,宛然左辟,佩其象揥"句,郑玄注曰:"新妇至,慎于威仪。如是使之,非礼。"④这一注疏源于《仪礼·士昏礼》中的记载:"妇至,主人揖妇以入。及寝门,揖入,升自西阶,媵布席于奥。夫人于室,即席,妇尊西,南面。媵御沃盥交。"⑤郑玄在此简笔勾勒出了当时的社会礼仪,同时初步确定了《诗》与礼之间的联系。

---

① 毛亨传,郑玄笺,孔颖达疏. 毛诗正义 [M]. 北京:北京大学出版社,1999:780.
② 毛亨传,郑玄笺,孔颖达疏. 毛诗正义 [M]. 北京:北京大学出版社,1999:910.
③ 毛亨传,郑玄笺,孔颖达疏. 毛诗正义 [M]. 北京:北京大学出版社,1999:921.
④ 毛亨传,郑玄笺,孔颖达疏. 毛诗正义 [M]. 北京:北京大学出版社,1999:363.
⑤ 崔记维校点. 仪礼 [M]. 沈阳:辽宁教育出版社,2000:7.

　　再如《小雅·大田》"来方禋祀,以其骍黑,与其黍稷。以享以祀,以介景福",《毛诗故训传》的释义为:"骍,牛也。黑,羊豕也。"[①]从中可以看到周代祭祀时采用牛羊、黍稷祭祀的现象。然而具体的祭祀过程,我们却无从得知。郑玄此处的笺注为:"成王之来,则又禋祀四方之神,祈报焉。阳祀用骍牲,阴祀用黝牲。"[②]而其依据在于《周礼·地官·牧人》中的记载:"凡阳祀,用骍牲毛之;阴祀,用黝牲毛之,望祀,各以其方之色牲毛之。"[③]郑玄根据《周礼》中的相关记载,合理地阐释了《诗》中所提及的周代祭祀礼仪。同样的情况还有郑玄以《周礼·大宗伯》阐释《周颂·维清》"肇禋"的情况。此处郑玄直接在释义过程中标明理论出处:"文王受命,始祭天而枝伐也。《周礼》以禋祀祀昊天上帝。"[④]这种阐释方法使得诗句与《周礼》中的记载紧密地结合在一起,诗中的语言因而找到了根据,《周礼》中的礼仪也得到了佐证。在这里,《诗》所承载的不仅仅是王道,也蕴含了周代的礼仪与礼教思想。

　　郑玄"以礼笺《诗》"中最具代表性,也最为学者所称道的例子,在于其对《采蘋》一诗的诗旨阐释:

　　　　女子十年不出,姆教婉娩听从,执麻枲,治丝茧,织纴组纫,学女事以共衣服。观于祭祀,纳酒浆笾豆菹醢,礼相助奠。十有五而笄,二十而嫁。此言能循法度者,今既嫁为大夫妻,能循其

---

① 毛亨传,郑玄笺,孔颖达疏. 毛诗正义 [M]. 北京:北京大学出版社,1999:852—853.

② 毛亨传,郑玄笺,孔颖达疏. 毛诗正义 [M]. 北京:北京大学出版社,1999:853.

③ 孙诒让撰,王文锦、陈玉霞点校. 周礼正义 [M]. 北京:中华书局,1987:916.

④ 毛亨传,郑玄笺,孔颖达疏. 毛诗正义 [M]. 北京:北京大学出版社,1999:1288.

为女之时所学所观之事以为法度。①

郑玄直接把《礼记·内则》中关于女子出嫁之前的教育的相关记载纳入诗旨的阐释，并由此指出，《采蘋》的诗旨在于强调女子出嫁前后的举止容仪皆有法度一事，《采蘋》一诗从而具有了全然的礼教意义。

从包世荣所列之分类中，我们大体可以窥见郑玄"以礼笺《诗》"的过程中所涉及的礼教范畴：郊天、大享明堂、大蜡、灵星、方丘、社稷、山川、籍田、巡狩、告祭、冠礼、昏礼、封建、聘问、乡饮酒、田猎、射礼、饮食、衣服等38类内容，范围所及不仅涉及三《礼》，而且几乎包含了礼仪制度中的各个方面。由此，郑玄"以礼笺《诗》"的礼教目的也可窥见一斑。郑玄正是通过这种方法，把被孟子及汉代学者所忽视的礼教的成分重新赋予《诗》中，以重新确立《诗》对礼的承载关系。从而《诗》不仅承载着王道政教意义，同时还是礼乐制度的重要载体。虽然郑玄"以礼笺《诗》"的方法曾经引起了后世学者的广泛非议，而这也恰恰证明了这一做法影响之深广。同时我们也不得不承认，《诗》的教化意义的最终完成和确立，被孟子所弃绝的礼教意义的重新获取，也正有赖于此。

三、"论古人之世"：《毛诗谱》对孟子"迹熄诗亡"观的整体贯彻

孟子"王者之迹熄而诗亡"的观点，贯穿了汉代《诗》学发展的整个过程。从鲁诗的"四始说"，韩婴的"《关雎》为国风始"，齐诗的"四始""五际"说，到《毛诗序》对《雅》《颂》的篇章设置，四家诗学对《诗》的经学化意义的核心界定均与孟子的"王者之迹熄而诗亡"

---

① 毛亨传，郑玄笺，孔颖达疏. 毛诗正义 [M]. 北京：北京大学出版社，1999：71.

观点相始终。郑玄在整齐四家诗说的过程中,也对孟子的"迹熄诗亡"说予以高度重视。《诗谱》的篇章分布、"正变"思想以及对各个分谱的阐释,无不贯彻着对"王者之迹熄而诗亡"观的理解。

(一)《诗谱》断代与王道终始

关于《诗谱》的定位和得名,郑玄在《诗谱序》中曾经明确提出了他的观点:

> 吉凶之所由,忧娱之萌渐,昭昭在斯,足作后王之鉴,……太史《年表》自共和始,历宣、幽、平王而得《春秋》次第,以立斯《谱》。欲知源流清浊之所处,则循其上下而省之;欲知风化芳臭气泽之所及,则傍行而观之,此《诗》之大纲也。举一纲而万目张,解一卷而众篇明,于力则鲜,于思则寡,其诸君子亦有乐于是与。①

郑玄指出,《诗》的设置意图蕴含了王道发展的种种盛衰变迁,足以让后世君主引以为鉴。《诗谱》正是在这个基础上,依据《史记》与《春秋》中的记载,以王道世系的发展而排列《诗》篇次第,从而使得《诗》的排列顺序与王道制度发展的盛衰一一对应。孔颖达也指出,序次世系、指陈得失是《诗谱》的主要创作方式:"此《谱》亦是序类,避子夏序名,以其列诸侯世及《诗》之次,故名'《谱》'也。"②从对《诗谱》的意义阐释上我们能够看出,《诗谱》的主要任务在于将《诗》三百一一考订世系、判定源流、标明得失,以示其王道政教意图。由此可见,世系的安排和《诗》的排列谱系是把握《诗谱》思想倾向的

---

① 毛亨传,郑玄笺,孔颖达疏. 毛诗正义 [M]. 北京:北京大学出版社,1999:9.
② 毛亨传,郑玄笺,孔颖达疏. 毛诗正义 [M]. 北京:北京大学出版社,1999:9.

首要着眼点。

结合表5—12《〈毛诗谱〉周王世次与风雅正变对照表》,统计《诗谱》中《诗》三百的时代分布情况,可以发现:《诗》三百篇在整个王道社会的发展过程中并不是平均分布的,而是重点集中在几个时代——文王之世,成王之世,幽王时期和平、桓公时期。与文王时代相对应的诗有37篇;与成王时代所对应的诗最多,达到60篇;幽王时期有诗42篇;桓王时期35篇;而康王、昭王、穆王、共王时代,竟然没有一首诗与之相对应。查考这四处诗篇最为集中的时代,恰恰对应了周朝王道制度发生重大转变的几个关键时期:文王之世,是周朝的初建时期,也是王道制度从初建到兴盛的一个关键时期,因此,这一时代的诗的分布相对集中;成王之世,是西周的极盛时代,《史记·周本纪》载有"成、康之际,天下安宁,刑错四十余年不用"①,由此可见统治之清明,与之相对应的是,此时的诗篇最多,达到60篇;成王之后,诗的大规模出现便到了幽王时期,幽王是西周王朝的终结时期,也是王道制度的衰微时代,据《史记》载,幽王不仅宠幸奸佞,并且尽失民心,使得"国人皆怨",最终落得身死国破的结果。幽王之后,诗篇的再次集中出现在平、桓时期,相关诗篇分别达到32篇和35篇。据《史记·周本纪》载,周平王迁都洛邑,从此王室中衰、诸侯并起:"平王立,东迁于洛邑,辟戎寇。平王之时,周室衰微,诸侯强并弱,齐、楚、秦、晋始大,政由方伯。"②

反观诗篇所集中的部分,我们能够清楚地看到,这恰恰与周朝王道制度的初立、极盛、衰落、灭亡这样几个时代发展变化的关键转折

---

① 司马迁. 史记[M]. 北京:中华书局,1982:134.

② 司马迁. 史记[M]. 北京:中华书局,1982:149.

点一一对应。这种设置方式与鲁诗"四始",齐诗的"四始""五际"设置,以及《毛诗序》的《大雅》诸篇的时代排列,存在着异曲同工之妙:均是通过诗篇对应王道盛衰的标志性事件,来预示诗与王道发展过程的密切关联。虽然在具体的设置上,郑玄与四家诗的《诗》学设置相去甚远,然而从《诗》学精神上来看,《毛诗谱》的这种排列方式,恰恰是融合四家,并上承孟子"迹熄诗亡"观的直接表现。

此外,《毛诗谱》对《诗》的产生和消失的时间界定,同样与孟子的"迹熄诗亡"说若合符契。孟子通过"迹熄诗亡"观指出,《诗》的产生与消失,恰恰与西周王道制度的开始和结束的过程相一致。而从郑玄对《诗》三百的排列和分布来看,有商一代仅有诗3篇,到文王时期,诗的出现呈现出第一个高峰,而这恰恰是儒家学者所津津乐道的文王之治时期。《诗》最后出现的年代是定王时期,定王之后无诗出现。虽然定王之后,东周王室仍有传人,然而定王时代实际上已经是东周的没落时期了。郑玄据《史记》而排列《诗谱》,据《史记·周本纪》记载,定王即位之初,诸侯便已经攻入了洛阳,甚至已有问鼎之意,东周的王政已经面临着实际意义上的灭亡:"定王元年,楚庄王伐陆浑之戎,次洛,使人问九鼎。王使王孙满应设以辞,楚兵乃去。"① 从郑玄排列《诗》的初现和消失的过程上来看,这种排列再次体现出了《诗》的发展传播与王政的发展密切相连、共为始终的"迹熄诗亡"观。

---

① 司马迁.史记[M].北京:中华书局,1982:115.

表5—12 《毛诗谱》周王世次与风雅正变对照表①

（商）周王世系		正			变			合计
		风	雅	颂	风	雅	颂	
商	太甲			1				1
	沃丁等四君							0
	大戊			1				1
	仲丁等十二君							0
	武丁			3				3
周	文王	23	14					37②
	武王	2	4					6③
	成王		22	31	7			60④
	康王							0
	昭王							0
	穆王							0
	共王							0
	懿王					5		5
	孝王							0
	夷王				1			1
	夷厉之际				4			4

① 此表是在参考《郑玄诗谱所列三百篇世次一览表》以及《郑玄诗谱三百篇作诗年代表》的基础上制成（糜文开，裴普贤. 诗经欣赏与研究〔第3册〕[M]. 台北：三民书局，1979：536—571）。

② 郑玄《诗谱序》："文、武之德，光熙前绪，以集大命于厥身，遂为天下父母，使民有政有居。其时《诗》，风有《周南》《召南》，雅有《鹿鸣》《文王》之属。及成王，周公致太平，制礼作乐，而有颂声兴焉，盛之至也。"

③ 《史记·周本纪》："武王即位，太公望为师，周公旦为辅，召公、毕公之徒左右王，师修文王绪业。"

④ 《史记·周本纪》："成王少，周初定天下，周公恐诸侯畔周，公乃摄行政当国。管叔、蔡叔群弟疑周公，与武庚作乱，畔周。周公奉成王命，伐诛武庚、管叔，放蔡叔。以微子开代殷后，国于宋。……成、康之际，天下安宁，刑错四十余年不用。"

续表

（商）周王世系	正			变			合计
	风	雅	颂	风	雅	颂	
厉王				2	9		11①
共和				1			1
宣王				5	20		25
幽王					42		42②
平王				32			32③
桓王				35			35④
庄王				15			15⑤
釐王				4			4⑥
惠王				9			9⑦
襄王				4	13		17⑧
顷王							0

① 《史记·周本纪》："厉王即位三十年，好利，近荣夷公。……王行暴虐侈傲，国人谤王。……王怒，得卫巫，使监谤者，以告则杀之。其谤鲜矣，诸侯不朝。三十四年，王益严，国人莫敢言，道路以目。"

② 《史记·周本纪》："幽王以虢石父为卿，用事，国人皆怨。石父为人佞巧，善谀好利，王用之。又废申后，去太子也。申侯怒，与缯、西夷犬戎攻幽王。幽王举烽火征兵，兵莫至。遂杀幽王骊山下，虏褒姒，尽取周赂而去。"

③ 《史记·周本纪》："平王立，东迁于洛邑，辟戎寇。平王之时，周室衰微，诸侯强并弱，齐、楚、秦、晋始大，政由方伯。"

④ 《史记·周本纪》："桓王三年，郑庄公朝，桓王不礼。……十三年，伐郑，郑射伤桓王，桓王去归。"

⑤ 《史记·周本纪》："庄王四年，周公黑肩欲杀庄王而立王子克。……王杀周公。王子克奔燕。"

⑥ 《史记·周本纪》："釐王三年，齐桓公始霸。"

⑦ 《史记·周本纪》："惠王即位，夺其大臣园以为囿，故大夫边伯等五人作乱，谋召燕、卫师，伐惠王。惠王奔温。"

⑧ 《史记·周本纪》："惠王十年，赐齐桓公为伯。"

（商）周王世系	正			变			合计
	风	雅	颂	风	雅	颂	
匡王							0
定王				2			2[①]

（二）《诗》之正变与王道兴衰

郑玄的王道正变说，从另一个角度体现了郑玄对"迹熄诗亡"的理解。郑玄以《诗》的正、变来预示王道的兴、衰：王道初兴而正风正雅始作；王道中衰而变风变雅出现；王道衰落，则变风变雅盛行而正风正雅亡绝。

这一倾向首先从上表中可以窥见一斑。文王、武王时期，43篇诗均是正风正雅，而这恰恰与文、武的王道初建、兴盛之功密切相联。成王时期是西周发展的盛世，"成康之际，天下安宁，刑错四十余年不用"[②]，正所谓"文、武之隆，贵在成、康"[③]。这一时期，正诗的出现达到了顶峰，计53篇。其中仅颂诗就占据了32篇。"颂者，美盛德之形容。"颂诗的大量出现，是对文武之时的追思与赞美。与此同时，变风在成王时代首次出现，究其原因或许与康王晏起相关。根据鲁诗学者的观点，康王晏起一事是周朝衰落的一个标志性事件，或者说是周朝王道发展的一个转折点。周康王沉于女色、一朝晚起的事件就已经开始隐含周朝衰败的征兆。故而在成康之世首次出现了变风。从成王时代风、雅、颂的分布，尤其是正风大量涌现且变风继起的情

---

① 《史记·周本纪》："定王元年，楚庄王伐陆浑之戎，次洛，使人问九鼎。王使王孙满应设以辞，楚兵乃去。"

② 司马迁. 史记[M]. 北京：中华书局，1982：134.

③ 王充著，刘盼遂集解. 论衡集解[M]. 北京：古籍出版社，1957：259.

况上,我们能够清楚地看到《诗》的正、变与王道的兴衰紧密相合。成、康之后,正风正雅从此亡绝,而仅有变风变雅传世,其中变风变雅集中出现于幽、平、桓时期,而这恰恰是西周衰落与平王东迁的飘零之世,周王室内不能安民、外不能攘夷,王道衰落而正风亡绝。变风的最后出现,在定王之时,即定王即位之初,诸侯便直接攻入洛邑而萌生了问鼎之意,周代的王祚就此亡绝,此后变风变雅也随之消失。

郑玄在《诗谱序》中对自己创作意图的表露,恰恰可以看作是对上述排列方式的全面阐释:

> 文、武之德,光熙前绪,以集大命于厥身,遂为天下父母,使民有政有居。其时《诗》,风有《周南》《召南》,雅有《鹿鸣》《文王》之属。及成王,周公致大平,制礼作乐,而有颂声兴焉,盛之至也。本之由此风、雅而来,故皆录之,谓之《诗》之正经。后王稍更陵迟,懿王始受谮亨齐哀公。夷身失礼之后,《邶》不尊贤。自是而下,厉也幽也,政教尤衰,周室大坏,《十月之交》《民劳》《板》《荡》勃尔俱作。众国纷然,刺怨相寻。五霸之末,上无天子,下无方伯,著者谁赏? 恶者谁罚? 纪纲绝矣。故孔子录懿王、夷王时诗,讫施于陈灵公淫乱之事,谓之变风、变雅。以为勤民恤功,昭事上帝,则受颂声,弘福如彼;若违而弗用,则被劫杀,大祸如此。吉凶之所由,忧娱之萌渐,昭昭在斯,足作后王之鉴,于是止矣。①

郑玄指出周代发展的初兴、兴盛、衰落、灭亡的重要阶段,正是文武、成康、幽厉、懿夷时代,《诗》的正变恰恰与之密切相关。郑玄最后指

① 毛亨传,郑玄笺,孔颖达疏.毛诗正义[M].北京:北京大学出版社,1999:6—9.

出《诗》的分布与正变排列，传达出了王道变迁的全部过程："吉凶之
所由，忧娱之萌渐，昭昭在斯。"

如果说孟子的"迹熄诗亡"说规定了《诗》的发展与王道兴衰之
间的密切关联，以《诗》之初现对应王道初兴、以《诗》的亡绝对应王
道衰落，并由此赋予了《诗》以王道制度的承载意义的话，那么郑玄的
《诗谱》可以说是对孟子这一《诗》学观点的多方贯彻：《诗谱》不仅通
过《诗》三百的分布，暗含了王道兴衰的整体趋势；并且通过《诗》的
正、变分布，对应了王道发展的每个过程，《诗》之正、变与王道兴衰变
化高度契合。郑玄整齐百家之言，以三家诗注毛诗的意图在《诗谱》
的创作上得到展现，《诗谱》的创作正是郑玄在四家诗的"四始"基础
上，对孟子"迹熄诗亡"说的一次系统总结和整体贯彻。

郑玄是汉代《诗》学的集大成者，也是汉代经学的最后一位代表
性学者[①]，其倾注了毕生心血的《毛诗传笺》及《毛诗谱》，不仅全然
贯彻了孟子的《诗》学观点，并且完善了孟子创立的王道政教《诗》
学阐释体系。作为汉代《诗》学的集大成者，郑玄在《诗》学上对孟
子的肯定和继承，代表了汉代四家诗学者对孟子在汉代《诗》学发展
整体过程中地位与作用的高度肯定与认可。

[①] 皮锡瑞先生在《经学历史》中指出，郑（玄）学之盛，预示着汉学之衰。郑玄
之后，汉代四家诗并立的情况便逐渐消失："汉时经有数家，家有数说，学者莫
知所从。郑君兼通今古文，沟合为一，于是经生皆从郑氏，不必更求各家。郑
学之盛在此，汉学之衰亦在此。"（皮锡瑞著，周予同注释. 经学历史 [M]. 北
京：中华书局，2004：142）从这个角落上来看，郑玄不仅是汉代经学的集大成
者，也是汉代经学发展的绝响。

结语　孟子与汉代《诗》学关系重估

——从"祖荀"到"宗孟"

关于汉代四家诗的《诗》学渊源，人们多习惯将之溯源至荀子，甚至在此基础上提出了"宋人之学为直接孟氏，汉人之学为源于荀卿"[1]的观点。然而，深入探讨汉代《诗》学的发展历程和内在特质，我们会发现孟子也是汉代四家诗取法仿效的主要对象，孟子在汉代《诗》学发展中的地位与价值应当予以重新估量。

一、传统"祖荀"观——读《诗》"不知荀义，是数典而忘祖也"

由于时间相近以及学脉渊源[2]，荀子素来被学界视为汉代四家

---

① 蒙文通先生在《汉儒之学源于孟子考》中，曾经指出学界中长期存在着荀子影响汉代学术的定见，这一观点认为，汉儒之学导源于荀子，而宋儒之学直接承继孟子学说："孟与荀比肩而弘孔子之传。……汉儒之学多渊源荀卿，论学之精微，不逮宋贤。后世言学，每以宋人之学为直接孟氏，而以汉人之学为源于荀卿。晚世之言大抵若是也。"(蒙文通.汉儒之学源于孟子考[J].论学.1937〔3〕:14)

② 秦汉典籍记载诸经师传，多把源头追溯至孔子弟子子夏，如《春秋》公羊、穀梁传等。《后汉书·徐防传》中也有"《诗》《书》《礼》《乐》定自孔子，发明章句始于子夏，其后诸家分析，各有异说"的记载。清人陈玉澍《卜子(转下页)

诗的直接导源,甚至被视作汉代五经之学的直接源头。这一观点始于两汉,盛于清代,并相沿至今。

(一)汉宋"祖荀"说:"毛公亲事荀卿"

典籍中最早言及荀子与四家诗关系的是《汉书·楚元王传》,其中提到鲁诗学者申培公是荀子的再传弟子:"(楚元王)少时尝与鲁穆生、白生、申公俱受《诗》于浮丘伯。伯者,孙卿门人也。"[①]虽然这一论述仅仅肯定了申公与荀子的学术渊源,并没有明言申公对荀子《诗》学的承袭,但此论却开后世《诗》学"祖荀"说先河,后世学者论及鲁诗乃至四家诗渊源时,无不据此溯源至荀子。如南宋范处义的《诗补传》便据此称:"《鲁诗》出于浮丘伯,乃荀卿门人,……则荀卿……乃《鲁诗》之源流也。"[②]

有关荀子为汉《诗》渊源的明文记载始于三国时代,陆德明《经典释文》记载了三国时代关于毛诗源流的两种看法:一种是吴国太常卿徐整提出的子夏四传至大毛公的观点;而另一种则是吴人陆玑提出的子夏五传至大毛公、荀子为大毛公的直接师承对象的观点。陆玑和徐整生活在同一时代、同一地域,两说并存的现象证明关于毛诗谱系的判定在当时已经有所争议,孰是孰非难断。不过唐代以后,由陆玑发端的毛诗传自荀子的说法却逐渐占据上风,影响渐为广泛。

(接上页)年谱自序》则直言汉儒之学导源于子夏:"无曾子则无宋儒之道学,无卜子则无汉儒之经学。"这一观点与"宋人之学为直接孟氏,汉人之学为源于荀卿"的看法正相表里。孟子素来被认为是曾子后学,而荀子被看作子夏门人。刘立志先生总结前说,提出了相似观点:"可以说是荀子直接影响了汉代经学,或可谓子夏对后世的影响是通过一个中介人物——荀子达成的。"(刘立志.荀子与两汉《诗》学[J].中国文学研究,2001〔2〕:15)

① 班固.汉书[M].北京:中华书局,1962:1921.

② 范处义.诗补传·篇目[M].台北:商务印书馆,1986:25.

唐人孔颖达在《毛诗正义》中便曾考证了毛诗与荀子在释义上的具体关联，并由此得出了"毛公亲事荀卿"①的结论，对此宋人林岊②、王应麟均与孔颖达持见相同。

汉宋之间《诗》学的"祖荀"观主要集中于鲁诗、毛诗渊源上，并未涉及荀子与四家诗之间的整体关联。在清代，对荀子诗学传承地位的关注与彰显发展至极致，清儒不仅高度重视荀子为鲁、毛渊源的传统观点，还进一步把荀子与汉代诗学的关联扩展到四家诗，并出现了荀子传经的说法。

（二）清儒"祖荀"说："汉人之学为源于荀卿"

清代学者论及鲁诗渊源时无不据《汉书》记载溯源于荀子。例如四库馆臣在《诗序·提要》中提到："申培师浮丘伯，浮丘伯师孙卿，是《鲁诗》距孙卿亦再传。"③清人王先谦引陈乔枞在《鲁诗遗说考》中的观点称："《鲁诗》授受源流，《汉书》章章可考。……是申公之学出自荀子。"④范家相《诗沈》亦云："浮丘伯受《诗》于荀子。"⑤汪中及皮锡瑞同样坚持"《鲁诗》亦荀子所传"⑥的观点。

同时，毛诗源于荀子的观点也得到了清儒的承传：汪中的《荀卿子通论》曾明确指出："《毛诗》，荀卿子之传也"⑦；陈奂在《诗毛氏传疏》中屡次提及"毛传正本荀子"⑧的看法；俞樾在述说作《荀子诗

① 毛亨传，郑玄笺，孔颖达疏. 毛诗正义 [M]. 北京：北京大学出版社，1999：447.
② 林岊. 毛诗讲义 [M]. 台北：商务印书馆，1986：97.
③ 诗序·提要 [M]. 台北：商务印书馆，1986：3.
④ 王先谦. 诗三家义集疏 [M]. 北京：中华书局，1987：6.
⑤ 范家相. 诗沈 [M]. 清光绪十三年墨润堂刻本，1887.
⑥ 皮锡瑞著，周予同注释. 经学历史 [M]. 北京：中华书局，2004：29.
⑦ 转引自：王先谦. 荀子集解·考证下 [M]. 北京：中华书局，1988：21.
⑧ 陈奂. 诗毛氏传疏 [M]. 北京：中国书店，1984：3.

说》之缘由时则把这一观点推向极致："是荀卿传《诗》实为《毛传》所自出。……今读《毛传》而不知荀义,是数典而忘祖也。"①

继鲁诗、毛诗之后,清儒又把韩诗的渊源追溯至荀子,这一观点发端于汪中。汪中在述及汉代四家诗渊源时曾提到:"《韩诗》之存者,《外传》而已,其引《荀卿子》以说《诗》者四十有四。由是言之,《韩诗》,《荀卿子》之别子也。"②皮锡瑞发挥汪说称"《韩诗》亦与《荀子》合"③。此后,韩诗源于荀子的观点被后世学者广为接受。

此外,清代学者不仅肯定了荀子对汉代四家诗的影响,并且从经学发展的角度对荀子与汉代《诗》学的关系进行了整体界定。清儒汪中在《荀卿子通论》中对荀子的经学传承功绩有一个总评:"荀卿之学,出于孔氏,而尤有功于诸经。"④由此,汉代《诗》学传承于荀子自不待言。皮锡瑞也指出汉代五经之学均与荀子密切相关,而四家诗更与荀子存在直接渊源:"荀卿传经之功甚巨。……《毛诗》为荀子所传。……《鲁诗》亦荀子所传。……《韩诗》亦与《荀子》合。……荀子能传《易》《诗》《礼》《乐》《春秋》,汉初传其学者极盛。"⑤严可均也曾作《荀子当从祀议》表彰荀子传经之功:"荀子非但传《礼》传《乐》也,又传《诗》传《春秋》。"⑥

蒙文通先生"汉人之学为源于荀卿"⑦的观点在清代广为盛行,从以上所列各家的观点来看,此说成为确论。

① 俞樾.曲园杂纂卷五[M].清光绪二十五年刻本.
② 转引自:王先谦.荀子集解·考证下[M].北京:中华书局,1988:21.
③ 皮锡瑞著,周予同注释.经学历史[M].北京:中华书局,2004:29.
④ 转引自:王先谦.荀子集解·考证下[M].北京:中华书局,1988:21.
⑤ 皮锡瑞.经学历史[M].北京:中华书局,2004:29.
⑥ 严可均.严可均集[M].铁桥漫稿.杭州:浙江古籍出版社,2013:105.
⑦ 蒙文通.汉儒之学源于孟子考[J].论学.1937(3):14.

（三）近人"祖荀"说："荀子影响两汉《诗》学既深且巨"

荀子为汉《诗》渊源的观点不仅在清代大行于世,同时得到了近现代学者的普遍认可。例如刘师培先生在《经学教科书》中提到："《诗经》之学,由孔子授子夏,六传而至荀卿,荀卿授《诗》浮丘伯,为《鲁诗》之祖;复以《诗经》授毛亨,为《毛诗》之祖。"[①] 刘师培又作《毛诗荀子相通考》,采掇荀子言《诗》资料二十二条以证"荀义合于毛诗者十之八九",并指出《大序》"情发于声,声成文谓之音"的观点与荀子相同,甚至提出荀子"为《毛诗》之祖"[②]。

此外,刘汝霖先生《汉晋学术编年》中的《鲁诗传授表》首列荀卿,范文澜先生在《群经概论》第四章《诗》中亦持论相同,孙筱在《两汉经学与社会·经学的传承与经说》中也把荀卿列在鲁诗传授表之首。

关于荀子与韩诗渊源的关系,近现代学者同样继承了前人之说。金德建先生统计《外传》与《荀子》相合者达五十八条,并由此肯定了两者的渊源[③]。而徐复观先生则从《外传》的《诗》学释义角度找寻内证[④]。此外,刘立志[⑤]、房瑞丽[⑥]等先生同样认同韩诗与《荀子》的诗传关系。

今人马积高先生甚至明确指出了荀子在汉代四家诗发展过程

---

① 刘师培. 刘申叔遗书[M]. 南京:江苏古籍出版社,1997:2076.

② 刘师培. 刘申叔遗书[M]. 南京:江苏古籍出版社,1997:351—353.

③ 金德建. 韩诗外传的流传及其渊源[A]. 林庆彰主编. 诗经研究论集（二）[C].台北:学生书局,1988:475—482.

④ "他（韩婴）在《外传》中引用《荀子》凡五十四次,其深受荀子的影响,可无疑问。"（徐复观. 两汉思想史〔第三卷〕[M]. 上海:华东师范大学出版社,2001:5）

⑤ 刘立志. 汉代《诗经》学史论[M]. 北京:中华书局,2007:36.

⑥ 房瑞丽.《韩诗外传》传《诗》论[J]. 文学遗产. 2008（3）:18—25.

中所起到的链条作用,其功劳之巨甚至已足以越过子夏,而直接担当从孔子《诗》学到汉代四家诗之间的发展承传环节:"子夏的《诗》学经数传而至荀子,再由荀子而衍为《毛诗》《鲁诗》《韩诗》是可能的。但是,荀子的《诗》学是否传自子夏,对我们来说,并不十分重要……因此,我们既可假定从孔子到汉人四家诗的过程中有子夏这个环节,也可忽略这个环节,而直接探讨荀子与孔子《诗》学的关系。"① 刘立志先生同样明确指出:"荀子影响两汉《诗》学既深且巨。"②

通过梳理汉晋至今有关汉代四家诗渊源的探讨能够发现,前人述及汉代四家诗渊源的过程中,存在着明显的重荀轻孟现象:荀子为汉代四家诗渊源一说,沿袭者久、承传者众,其根深蒂固似乎已经难以撼动③,甚至前人曾有读《诗》而不知《荀子》"是数典而忘祖"之叹。这一定见使得人们在诗义溯源、诗的经学化历程的判定上,对荀子的作用多有肯定,却相对忽视和弱化了汉代《诗》学发展的另一重要环节,即孟子对汉代《诗》学发展的贡献。孟子多被简单视作孔荀

① 马积高.荀学源流[M].上海:上海古籍出版社,2000:152.
② 刘立志.荀子与两汉《诗》学[J].中国文学研究.2001(2):15.
③ 徐复观先生曾就汪中把四家诗均溯源至荀子的做法提出了异议,但最终也不得不承认在汉代初年荀子影响汉代学术甚远:"按汪氏之论,除《鲁诗》出自荀卿,确有根据;《韩诗外传》,不仅引《荀子》者四十四,其引诗之例,亦出自《荀子》,余多为牵附之谈不可尽信。而《荀子》书中,涉及《春秋》者仅为《公羊传》,不能谓荀卿曾传授《穀梁》与《左氏传》)。但西汉在武帝以前,荀子的影响甚大,则确系事实。"(徐复观.中国经学史的基础[M].台北:学生书局,1982:36)赵伯雄先生也发现了《荀子》引《诗》与《毛诗》释义的不一致之处,但又指出这一现象并不影响对两者渊源关联的判断:"显然《毛诗》于荀子确有师从关系,然而在个别地方,《毛诗》对《诗》的理解与《荀子》又有明显的区别,……《毛传》出自荀卿,个别解说却与荀义不同,这种情况是正常的。"(赵伯雄.《荀子》引《诗》考论[J].南开大学学报.2000〔2〕:16)

之学的联结者以及汉代《诗》的经学化进程的中间环节，很少有人对孟子与汉代《诗》学的直接关联作出细致而深入的整体评价，甚至还有学者指出孟子与汉代学术全无关联①。

然而经过笔者的深入探讨发现，事实并非如前贤时修所断定的那样。虽然汉代《诗》学对荀子不乏承传，然而其承传主要体现在诗义相合方面②，而影响汉代《诗》学发展至深的诸多关键因素却均与孟子密切相关。

二、汉代《诗》学中"宗孟"现象——"虽云枝叶扶疏，实亦波澜莫二"

透过笼罩于荀子身上的层层光环，深入探讨孟子与汉代《诗》学

① 例如在清代非常盛行的孟子开宋学之端、荀子开汉学之端的观点："宋人之学为直接孟氏，而以汉人之学为源于荀卿。"（蒙文通. 汉儒之学源于孟子考[J]. 论学. 1937〔3〕：14）

② 古今学者在言及荀子与四家诗的具体关联时，多从诗义阐释的相合入手，而这也往往成为人们判断四家诗源于荀子的主要依据。例如刘师培先生便是通过对荀子与毛诗诗义阐释的比对，发现荀子言《诗》的二十二条资料中"合于毛诗者十之八九"（刘师培. 刘申叔遗书[M]. 南京：江苏古籍出版社，1997：351—353），从而得出了毛诗与荀子相通的结论；而首先提出韩诗源于荀子一说的汪中，也是从诗义阐释的角度寻找内证，认为："《韩诗》之存者，《外传》而已，其引《荀卿子》以说《诗》者四十有四。由是言之，《韩诗》，《荀卿子》之别子也。"（转引自：王先谦. 荀子集解·考证下[M].北京：中华书局，1988：21）这一做法得到了清儒严可均、皮锡瑞和今人徐复观、朱金发、刘立志诸位先生的广泛认同。例如徐复观先生对韩诗与荀子关联的判定便完全延续了汪中的论述理路："他（韩婴）在《外传》中引用《荀子》凡五十四次，其深受荀子的影响，可无疑问。"（徐复观. 两汉思想史〔第三卷〕[M]. 上海：华东师范大学出版社，2001：5）虽然刘立志先生也意识到这种从诗义阐释角度寻找四家《诗》学渊源的做法未免牵强，然而对于相关结论却同样抱持肯定态度。

的关联,能够发现:在关乎汉代《诗》学发展的核心问题上,包括经学化历程、阐释路径的选择、核心价值体系的构建以及思想渊源等诸多方面,汉代《诗》学发展体现出了鲜明的宗孟倾向。

(一) 从"诗"到"经":汉《诗》的经学化基调赖孟子而定

从汉代《诗》学发展的经学化道路来看,诸多学者均倾向于把荀子视作先秦儒家《诗》的经学化发展的最后环节以及汉代《诗》的经学价值确立的最初阶段①。诚然,荀子的礼学思想及其对《诗》的大规模引用②,对于《诗》的经典地位的最终确立③贡献匪浅。然而深入探究汉代《诗》学发展的经学化历程,我们却能够清楚看到,汉代《诗》的经学化发展历程主要是沿着孟子所规定的《诗》学道路进行的。

---

① 除了清儒和近现代学者对于荀子"有功于诸经"的判断,近些年来较有代表性的观点还有刘立志先生的《荀子与两汉〈诗〉学》以及叶文举的《从孔、孟、荀引诗、说诗看儒家〈诗〉的经学化进程》(刘立志. 荀子与两汉《诗》学[J]. 中国文学研究. 2001〔2〕:15—19;叶文举. 从孔、孟、荀引诗、说诗看儒家《诗》的经学化进程[J]. 东疆学刊. 2006〔2〕:31—36)

② 董治安先生曾指出:"《荀子》全书引诗论学或证事计八十二条,论诗十二条,数量之多,为战国诸子之冠。"(董治安. 先秦文献与先秦文学[M]. 济南:齐鲁书社,1994:56)

③ 《荀子·劝学篇》曾经提出"诵经"的说法,而其中所列经书正是《书》《诗》《礼》《乐》《春秋》,这种提法与汉代的五经《易》《诗》《书》《礼》《春秋》的提法已经非常相近。诸多学者据此认定汉代五经之学与荀子的密切关联。最具代表性的如刘毓庆先生便曾据此指出:"在《诗》学史上,荀子最大的贡献,应该在于他对孔子所建立的经典体系与文化学统的巩固与强化。"(刘毓庆,郭万金. 从文学到经学——先秦两汉诗经学史论[M]. 上海:华东师范大学出版社,2009:141)然而在荀子之前,庄子已经有此判断;且郭店楚简的出土,又把五经之说出现的时间进一步提前。故而从《荀子》中言及五经而判断两者承传关系的观点已不再成立。

　　五经之中,唯独《诗》的体式最为特别,其他四经均以文本形式出现,而《诗》的教化意义的彰显却一度要依赖于乐、舞的共同配合。而随着战国时期礼崩乐坏现象的加剧,乐、舞逐渐缺失,如何把原来由三者共同承载的教化意义集于《诗》之一体,这对继承孔门《诗》学、把《诗》奉为圭臬的儒家学者而言是一个重大课题。在这一过程中,儒家内部的不同学派均有不同尝试,根据其倾向的不同大致可以分为两大派别:其中一部分学者仍然坚持旧有的诗乐结合的传统,重视对《诗》的教化功能的阐发,相关著作和学者以《孔子诗论》①、公孙尼子②和荀子为代表;而另一部分学者则避谈乐教,而选择从《诗》的文本出发寻找其中所蕴含的教化意义,这主要以思孟学派的子思和孟子为代表,而其中子思一派的学者更加注重对《诗》的道德内涵的解读③,孟子则最早赋予《诗》之文本以王道政教意义④。

　　孟子对《诗》之文本的政教意义的赋予,主要是通过以下方式完成的:

　　首先,孟子通过"迹熄诗亡""知人论世""以意逆志"的《诗》学观确立了《诗》的文本阐释方式:"迹熄诗亡"观把《诗》的创作纳入

---

① 陈桐生先生便曾指出《孔子诗论》对乐教非常重视:"孟子不谈乐教,而竹书受《性情论》影响而重视乐教。"(陈桐生.《孔子诗论》研究[M].北京:中华书局,2004:93)

② 公孙尼子对《诗》的解读同样采用《诗》、乐结合的方式,刘毓庆、郭万金两位先生在《公孙尼子与战国诗乐理论》中对此论述甚详,此处不赘(刘毓庆,郭万金.从文学到经学——先秦两汉诗经学史论[M].上海:华东师范大学出版社,2009:125—131)。

③ 刘毓庆,郭万金.从文学到经学——先秦两汉诗经学史论[M].上海:华东师范大学出版社,2009:125—131.

④ 李华.论《孟子》对文本之《诗》王道政教意义的赋予[J].湖南人文科技学院学报,2011(2):20—24.

王道盛衰的历史序列中,视《诗》为王道制度的承载者和反映者,从而对《诗》的解读和对王道盛衰的关注便被紧密关联在一起[①];"知人论世"观指出了《诗》是对作者创作背景和创作意旨的如实反映,从而对王道盛衰和作者创作意图的关注便被纳入《诗》的文本阐释范畴之中[②];"以意逆志"的阐释方法又确立了说《诗》者的主体性地位,从此《诗》不再仅仅是创作者意旨的表达,也成为传达阐释者意图的重要途径和工具,这同时意味着阐释者可以根据自己的立场和现实的需要而赋予《诗》以王道政教主旨。从西方文学接受理论的角度来看,孟子对《诗》之文本的王道政教价值的界定,涵盖了《诗》之文本从产生背景、作者意图、文本价值和读者立场等所有的传播层面和传播环节。以上每一个环节均与王道政教密切相关,这为后世解读者从任何一个环节发现和阐释《诗》的政教价值提供了可能性。

其次,在具体的《诗》学实践过程中,孟子又高度关注《诗》的字句释义,这种直接诉诸文本的阐释方式使得《诗》得以摆脱乐、舞的辅助与限制,凭借文本释义而拥有了独立的政教意义。乐、舞仪式中所蕴含着的政教意义和庄严特点,也由此得以借助文本之《诗》流传于世。

孟子对《诗》的文本价值的重视与政教意义的彰显曾引起了荀子的极大不满,他的一些代表性的《诗》学观点正与孟子针锋相对:

---

① 李华. 孟子诗学主张在汉代的影响——以《韩诗外传》对孟子"《诗》载王道"观的承袭为例 [J]. 绵阳师范学院学报,2011(3):44—46.

② 相关内容,常森、洪湛侯、刘毓庆诸位先生在其论著中均有详细阐释,此处不赘。分见:常森.《诗》的崇高与沦没:两汉《诗经》学研究 [D]. 北京:北京大学,1999:240—250;洪湛侯. 诗经学史 [M]. 北京:中华书局,2002:80—83;刘毓庆,郭万金. 从文学到经学:先秦两汉诗经学史论 [M]. 上海:华东师范大学出版社,2009:137—140.

上不能好其人，下不能隆礼，安特将学杂识志，顺《诗》《书》而已耳。则末世穷年，不免为陋儒而已。……不道礼宪，以《诗》《书》为之，譬之犹以指测河也，以戈舂黍也，以锥餐壶也，不可以得之矣。①

故有俗人者，有俗儒者，有雅儒者，有大儒者。……逢衣浅带，解果其冠，略法先王而足乱世术，缪学杂举，不知法后王而一制度，不知隆礼义而杀《诗》《书》……是俗儒者也。②

荀子不仅反对《诗》的承传授受，把传授《诗》《书》的儒生归入"陋儒"之列，而且明确提出了"隆礼义""杀《诗》《书》"的观点。关于荀子"杀《诗》《书》"的观点，董治安先生以"反对死守《诗》《书》章句"③释之，诚为中的之言。这意味着荀子反对从文本角度解读《诗》《书》的做法，而依然坚持着《诗》、乐结合的传统《诗》学阐释路径。

然而值得注意的是，汉儒在承袭前人之说时，绕开了在时间上相距较近且学说流传在汉代较为广泛的荀子，而直接上承孟子。由孟子所创建的注重文本政教意义阐发的《诗》学诠释方式不仅被汉代四家诗学者全然接受，并且在汉代《诗》经学化进程中也多有展现：

其一，四家诗对《诗》的文本价值的重视。

据记载，《诗》流传至汉代可以和乐而歌者几乎百不存一，然而这却丝毫没有影响到《诗》在汉代的蓬勃发展。究其原因，这与汉代《诗》学承袭孟子余续、高度重视《诗》的文本价值密切相关。

---

① 王先谦撰，沈啸寰，王星贤点校.荀子集解[M].北京：中华书局，1988：14—17.
② 王先谦撰，沈啸寰，王星贤点校.荀子集解[M].北京：中华书局，1988：138—141.
③ "(荀子)反对死守诗书词句，要求学用合一，即强调礼义实践的重要性。"（董治安.先秦文献与先秦文学[M].济南：齐鲁书社，1994：46—63）

汉代四家诗对《诗》之文本释义的关注，为《诗》的经学价值的获得准备了必要条件。查考汉代四家诗的诗义阐释能够发现，汉代四家诗对《诗》的关注呈现出鲜明的注重训诂的特色，其中尤以鲁诗和毛诗为代表：四家诗中最早出现的鲁诗，便非常关注《诗》的字义训诂，这种对《诗》之文本的重视正与孟子一脉相承①；毛诗的《诗》学阐释表现与鲁诗极为相似，其代表著作之一《毛诗故训传》便是从对《诗》的字、词、句、篇的释义层层着手的，甚至其阐释内容与方式亦与孟子多有相合②；韩诗虽不着重对《诗》中字词的训诂，但其释义也是从《诗》的基本单位即《诗》句入手的③；四家诗中，唯独齐诗相关释义传世最少，然而其诗义阐释也多从字句入手，并与孟子多有相合。

其二，四家诗对《诗》的政教功能的彰显。

孟子对《诗》的定位和运用，充满了王道政教性的价值指向，而汉儒解《诗》用《诗》的王道政教意图也多与孟子有关联。首先，孟子"王者之迹熄而诗亡"的王道《诗》学定位，均被四家诗纳入其核心《诗》学价值体系之中。从鲁诗到郑玄，不约而同地把《诗》对王道政教的承载作为《诗》义解读的第一要义。鲁诗的"四始"说是鲁诗乃至整个汉代四家诗的纲领性观点，《诗》的经学化意义正是由此得以初步确定的。然而通观鲁诗的"四始"设置却会发现，鲁诗"四

① 李华. 鲁诗诗义阐释中的绍孟倾向——鲁诗渊源新探[J]. 华北电力大学学报（社会科学版），2011（2）:85—90.
② 李华. "孟子之后，知其解者，莫如毛公"——论《毛诗故训传》对《孟子》的诗学承袭[J]. 怀化学院学报，2011（4）:65—68.
③ 李华. "以意逆志，得孟子之一体"——以《韩诗外传》为例看孟子对汉《诗》经学化的影响[J]. 湖南工程学院学报（社会科学版），2011（1）:44—47.

始"恰好对应了周代王道发展从初兴、兴盛到中衰、没落的四个阶段，这正是对孟子"王者之迹熄而诗亡"观的切实反映[①]。作为鲁诗乃至汉代四家诗中的纲领性观点，鲁诗"四始"说对孟子的承袭，足以在一定程度上反映出孟子的"迹熄诗亡"说在汉代《诗》的经学化进程中的基础性作用。此外，齐诗的"四始""五际"说同样是以《诗》对应王道盛衰的具体过程，虽然表现形式有异，但在对孟子的承袭上却与鲁诗殊途同归。韩诗《关雎》"为王道之原"的观点，《毛诗序》中《风》《雅》《颂》各序的排列顺序[②]，《毛诗故训传》的诗义阐释意图，郑玄《毛诗谱》的整体旨归，无不与孟子的"迹熄诗亡"说密切相关。而以上所列，又恰恰是决定汉代《诗》学经世致用特征的核心价值观念。由此可见，汉代《诗》学对王道政教阐释倾向的重视，与孟子对《诗》的王道政教意义的价值定位密切相关。

其次，汉代四家诗对《诗》的王道政教性定位的延续，不仅决定了汉代《诗》学政教释义特点，也开汉代四家诗"以《诗》为谏"的经世致用之端。鲁诗"以美刺言诗""以三百五篇谏"的用《诗》方式，齐诗"匡扶邦家"的经世致用意图，《毛诗序》的《诗序》设置和郑玄《毛诗传笺》《毛诗谱》的阐释目的，不仅体现出浓重的经世致用意图，而且均与孟子密切相关。

汉代四家诗在《诗》的政教阐释方面对孟子的承袭难以一一尽指，但以上所列已经足以表明，汉代四家诗对《诗》的文本释义的高度重视、对《诗》的经世致用价值的附会与阐发，无不是遵从孟子的《诗》学理路而来的。由此可见，孟子开汉代《诗》的经学化释义的

---

① 李华. 论鲁诗"四始"设置的经学意图 [J]. 文艺评论，2011（4）：8—12.

② 李华. "见世道盛衰之由"——论《诗序》对《诗》的王道政教意义的多层解读 [J]. 临沂大学学报，2011（2）：91—94.

评价并非虚言①。

(二)"政教"与"性情"：汉《诗》双重阐释路径由孟子而开

汉代《诗》学发展，重政教亦重性情②，关于其政教化释义渊源，学界普遍将其归结至孟子；然而汉代《诗》学重性情的渊源何在，却素来是学界争讼之端。

汉代《诗》学的重情特点主要表现在两个方面：一是对《诗》中性情意义的阐发，这一特点导源于《孔子诗论》已成定见③；一是对《诗》的"情"本思想定位，这主要表现为齐诗的《诗》"原情性"说④

---

① 陈澧《东塾读书记》卷三《孟子》中评价孟子对《诗》的贡献在于开以政治言《诗》之端："政治之学，皆出于《诗》《书》，是乃孟子之学也。"（陈澧. 东塾读书记 [M]. 北京：三联书店，1998：47）顾颉刚先生也称孟子"乱断诗"，开汉人"信口开河"与"割裂时代"的先声（顾颉刚. 古史辨第三册 [M]. 上海：上海古籍出版社，1981：360—364）。此说虽不无过激之处，却在客观上指出了孟子与汉代《诗》学的经世致用特点的密切关系，承认了孟子对汉代《诗》学乃至整个后世《诗》学发展的影响。

② 笔者认为，对汉代《诗》与"情"的关系不应一概而论，而应根据其不同的立足点进行分别讨论。汉代对《诗》与"情"的关系定位，大致可以简单分两种，一种是《诗》中有情的思想，其主要观点为《诗》中蕴含着"情"的因素；另一种是"情"为《诗》本的观点，其主要观点为"发乎情"，即"情"是《诗》的创作起点。这两种观点虽均与"情"相关，却大相径庭、各有渊源：前者把"情"作为《诗》的衍生物和直接表现，其渊源为《孔子诗论》；而后者却把"情"作为《诗》的逻辑起点，其思想渊源在于思孟学派，尤其是孟子的性情观。

③ 陈桐生.《孔子诗论》研究 [M]. 北京：中华书局，2004：213.

④《汉书·翼奉传》记载翼奉上书曰："故诗之为学，情性而已。"这一说法明确规定了《诗》与性情之间的密切关联；而匡衡对《诗》的"情"本因素的阐发更为明确，据《汉书·匡衡传》记载，匡衡在其奏议中曾明确提出了《诗》"原情性"的观点："《诗》始《国风》，《礼》本《冠》《婚》。始乎《国风》，原情性而明人伦。""原"即"发源、导源"义，"原性情"即"《诗》源于性情"之义，而这恰与毛诗"发乎情"的观点相似。

和毛诗的《诗》"发乎情,止乎礼义"①的观点,这种"情"本思想不仅是汉代《诗》的性情化阐释的重要组成部分,也开后世"诗缘情"观点的萌蘗之端。关于"发乎情"说思想渊源,目前学界的主要指向包括:《荀子》②、上博简中的《孔子诗论》以及郭店楚墓竹简中的《性自命出》。

深入探讨以上三种观点可以发现:《毛诗序》中的《诗》"止乎礼义"一说,其与荀子"以礼节情"的思想确实渊源可判,然而"发乎情,止乎礼义"的核心即"情"本思想,却与荀子没有直接关联;而《孔子诗论》中虽不乏以"情"解《诗》的部分,然而它对"情"的定位却与"发乎情"的观点截然相反。《孔子诗论》认为"情"是通过《诗》传达和表现出来的,是《诗》的阐释终点;而毛诗却认为《诗》"发乎情","情"是《诗》的根本导源,也是《诗》的创作起点。虽然两种观点均肯定了《诗》与"情"的关联,然而两者的立足点却截然不同,不可等而视之。故而也不应把"发乎情"的观点简单归因于《孔子诗

---

① 李华."发乎情,止乎礼义"——论《诗大序》情志说与思孟学派性情思想的精神契合[J].贵州社会科学,2015(6):91—95.
② 荀子的以礼节情观。如《荀子·儒效》有:"故《风》之所以为不逐者,取是以节之也。《小雅》之所以为《小雅》者,取是而文之也。《大雅》之所以为《大雅》者,取是而光之也。《颂》之所以为至者,取是而通之也。"《诗大序》有:"变风发乎情,止乎礼义。发乎情,民之性也,止乎礼义,先王之泽也。……颂者,美盛德之形容,以其成功告于神明者也。"刘师培先生认为,这正是《诗序》与《荀子》相通之证(刘师培.刘申叔遗书[M].南京:江苏古籍出版社,1997:351)。

论》①。三者之中,唯有郭店楚简中的《性自命出》明确提出过"道生于情"的"情"本观点,这种对"情"的导源意义的强调,已经初开毛诗"发乎情"的思想之端。不过人们却忽视了在《性自命出》与毛诗"发乎情"的观点之间还有一个更为关键的联结环节:郭店楚简的《性自命出》被认为是子思、孟子学派的代表性作品,而孟子的性情思想又主要发展了《性自命出》的"情"本观②。深入探讨孟子的情本观能够发现,孟子的性善说正是毛诗"发乎情"观点的直接导源。

笔者通过梳理孟子性情思想的情本根源,得出了孟子性情思想的整体发展脉络如下:

---

① 学界目前盛行的观点是:《孔子诗论》为汉儒以"情"言《诗》渊源。这一观点以陈桐生等先生为代表,例如陈先生曾经明确指出汉代《诗》学的两大来源:"一是以孟子为代表的北方《诗》学,其主要学术建树是……将《诗三百》看成是一部王道政治教化的历史;另一是以上博简《孔子诗论》为代表的南方《诗》学,它的理论品格表现为从哲学高度充分重视诗歌抒发性情的功能,其创新点体现在……初步呈现'发乎情,止乎礼义'的理论倾向。"(陈桐生.《孔子诗论》研究[M]. 北京:中华书局,2004:213)笔者认为,不应把"发乎情"的观点简单归因于《孔子诗论》:"发乎情"和抒发性情是两个截然不同的概念,一个以"情"为起点,而一个以"情"为终点,然而陈桐生先生此处却把二者混为一谈。《孔子诗论》对于《诗》的性情阐释的贡献,主要体现在对《诗》中性情因素的解读上;而"发乎情"的观点却另有渊源,其主要源于思孟学派性情思想中的"情"本观,其对孟子性情思想承继的渊源脉络痕迹尤为清晰可见。故而笔者认为,孟子不仅开汉儒以政治之学言诗之端,也是汉代《诗》学以"情"为本、以"情"言《诗》的重要源头之一,其主要表现便在于孟子是《诗》"发乎情"的观点的直接渊源。

② 蒙培元先生便曾明确指出《性自命出》"不仅礼出于情,仁、义、礼、智皆出于人情。……而仁、义、礼、智'取之人情'之说,与后来孟子之说直接有关"(蒙培元.《性自命出》的思想特征及其与思孟学派的关系[M]. 山东师范大学齐鲁文化研究中心,美国哈佛大学燕京学社. 儒家思孟学派论集[C]. 济南:齐鲁书社,2008:27)。

情——仁、义——乐——足之蹈之手之舞之①

这一脉络与《毛诗序》"发乎情"的观点关联密切：

情——言——嗟叹之——永歌之（乐）——手之舞之足之蹈之

比较孟子性情论中的"情"本思想和《诗序》中"发乎情"的思想脉络谱系，我们能够发现，虽然两者一为哲学功能探讨，一为《诗》学价值描述，然而两者脉络谱系上的渊源关联却清晰可辨。孟子所描述的是以"情"为根源而生发出仁义之端，并继而影响至乐，最终外化至手舞足蹈的乐教结果的性情观进路。孟子的"情"本思想主要由三个重要元素构成：即"情""乐""舞"，然而这三种元素在《毛诗序》中也均有出现，其发展进路几乎与孟子的"情"本思想若合符契。两者在内在思想发展进路上的高度相似提醒我们，《毛诗序》"发乎情"的观点所体现的，正是自郭店楚简《性自命出》至孟子性情思想中一以贯之的"情本观"。孟子的"情"本思想正是《毛诗序》"发乎情"思想的直接导源。

除了从文本角度对二者的关联给予内证，笔者又从《孟子》的《诗》学主张、《诗》学流布和毛诗的《诗》学渊源角度，进一步确定了

---

① 孟子此处所言的"足之蹈之手之舞之"并非简单的指代自然感情的流露，同时还与礼乐教化密切相关，清儒全祖望《经史问答》对此的解释可谓中的之论："古来圣人，言语中极言孝弟之量者，始于孔子。……而最发明之者为孟子，曰：'人人亲其亲，长其长，而天下平'，曰'达之天下'，曰'尧舜之道，孝弟而已'，而尤畅其说于是章，综罗五德，至于制礼作乐之实，不外乎此。……如此解节文，解手舞足蹈，方有实地。"（焦循．孟子正义［M］．北京：中华书局，1987：533—534）

毛诗的性情观承传孟子的可能性：首先，从孟子《诗》学思想的流布范围来看，毛诗最早出现于河间献王治下，河间献王的管辖范围囊括了后来的河间、广川、渤海三郡，而此处正毗邻齐鲁故地，受孟子及其徒属影响的可能性较大；其次，从《毛诗序》本身入手也能发现其与《孟子》相合的诸多内证。这也再次证明了《毛诗序》"发乎情"的观点与孟子"情"本说的高度契合绝非偶然，而应是与《孟子》存在着确然的渊源关联。

汉《诗》的性情思想中影响最巨、泽被最远者，正是《毛诗序》"发乎情"的"情"本观，笔者虽然仅取毛诗一端，但这也足以证明汉代《诗》学阐释对"情"的重视与孟子的"情"本思想之间密切的渊源关联。

从以上分析来看，汉代《诗》学重"情"的阐释理路，与荀子关系较浅而与孟子关联密切。由此可见，不仅汉代《诗》学的政治化、经学化阐释途径由孟子而开，汉代《诗》学对"情"的重视同样以孟子为导源。

（三）"四始"设置与"迹熄诗亡"：四家诗的核心价值体系对孟子《诗》学观的全然贯彻

荀子与四家诗的关联，主要体现在诗义阐释的诸多相合上。而孟子与四家诗不仅在诗义阐释上多有相合，更为重要的是四家诗的核心《诗》学价值体系的构建与孟子的"迹熄诗亡"说密切相关。

《诗》分四家，四家对《诗》的核心价值界定表现各不相同。鲁诗是以"四始"说的形式表现出来的，《史记·孔子世家》中所载的"《关雎》之乱以为《风》始，《鹿鸣》为《小雅》始，《文王》为《大雅》始，《清庙》为《颂》始"，正是鲁诗《诗》学价值的核心之义。齐诗的《诗》学定位则糅合了阴阳五行思想，表现为"四始""五际"："《大明》

在亥,水始也。《四牡》在寅,木始也。《嘉鱼》在巳,火始也。《鸿雁》在申,金始也。"[1]"卯酉之际为革政,午亥之际为革命,神在天门,出入候听。卯,《天保》也。酉,《祈父》也。午,《采芑》也。亥,《大明》也。"[2] 韩诗虽然没有"四始"说传世,却也有《关雎》"为王道之原"的判断。毛诗则以《毛诗序》"雅者,正也,言王政之所由废兴也"[3]的判断和郑玄的《毛诗谱》为代表。尽管四家诗对《诗》的核心价值界定表现各异,但是其最终旨归却是一致的:从鲁诗到郑玄,不约而同地把《诗》对王道政教的承载作为《诗》义解读的第一要义。

鲁诗的"四始"说是鲁诗乃至整个汉代四家诗的纲领性观点[4],《诗》的经学化意义正是由此得以初步确定的。然而通观鲁诗的"四始"设置却会发现,鲁诗"四诗"的设置恰好对应了周代王道发展从开始、发展到鼎盛、衰落的四个关键阶段,这一设置意图与孟子的"迹熄诗亡"说若合符契,"迹熄诗亡"观也正是通过西周王道社会的发展阶段与《诗》的传播过程相对应,而确定了《诗》对王道制度的承载与依附关系。

虽然表现有异,齐诗的"四始""五际"说在对孟子的承袭上与鲁诗殊途同归,同样是以具体《诗》篇对应王道盛衰的具体发展过

---

① 毛亨传,郑玄笺,孔颖达疏.毛诗正义[M].北京:北京大学出版社,1999:19.

② (日)安居香山,中山璋八辑.纬书集成[G].石家庄:河北人民出版社,1994:480.

③ 毛亨传,郑玄笺,孔颖达疏.毛诗正义[M].北京:北京大学出版社,1999:17.

④ "解开《鲁诗》'四始'之谜……可以理清从先秦到汉代儒家诗论发展的脉络。""'四始说'是区分先秦《诗》学和汉代《诗》学的分水岭:在此之前是先秦的赋诗断章,在此之后说诗走向体系化。"(陈桐生.从《鲁诗》"四始说"到《毛诗序》[A].第四届诗经国际学术研讨会论文集[C].北京:学苑出版社,2000:294)

程,以展现其《诗》承载王道思想的核心意图。

尽管韩诗并没有"四始"说传世,然而《关雎》"为王道之原"的观点,同样是以《诗》之首篇对应了王道社会发展的源头,其《诗》学意图与孟子以王道终结对应《诗》的传播终结的做法并无二致。

此外,《毛诗序》与《毛诗谱》对《诗》的核心价值定位也体现出与鲁、齐、韩三家诗相似的特点:《诗·大雅序》的诗旨阐释无不与王道制度密切相关,这点早已为人们所熟知;然而,把《诗序》中的这些阐释连缀在一起,我们能够发现《诗序》对三十一篇《大雅》的旨意阐发恰恰对应了周朝初建至衰落的整个发展历史。

《毛诗谱》的创作意图也集中体现了这一特点,根据《诗谱》中《诗》三百的时代分布可以发现,三百篇在整个王道社会的发展过程中并不是平均分布的,而是重点集中在几个时代:文王之世,成王之世,幽王时期和平、桓公时期,而这恰恰对应了关乎周朝王道制度发生重大转变的几个关键时期。郑玄《诗谱》的时代设置再次集中体现了孟子的"迹熄诗亡"思想。

四家诗的核心价值体系,决定了汉代《诗》学的发展方向和整体发展路径,四家诗不约而同把"迹熄诗亡"说纳入各自核心价值体系的做法,不仅说明了四家诗对于孟子"王者之迹熄而诗亡"观的一致认同,也意味着四家诗对孟子《诗》学正传地位的高度认可与肯定。如果说荀子构成了四家诗释义的主要来源,那么孟子则与四家诗的核心《诗》学价值体系息息相关。从这一角度来看,荀子与四家诗的关联更多行之于表层,而孟子则深入四家诗发展的核心环节。

(四)"五行"与"性理":思孟五行与汉代四家诗的思想渊源

荀子曾在《荀子·非十二子》中对子思、孟子及其后学进行了严厉批判:

略法先王而不知其统,犹然而材剧志大,闻见杂博。案往旧造说,谓之五行,甚僻违而无类,幽隐而无说,闭约而无解。案饰其辞,而祗敬之曰:此真先君子之言也。子思唱之,孟轲和之。世俗之沟犹瞀儒,嚾嚾然不知其所非也,遂受而传之,以为仲尼、子游为兹厚于后世,是则子思、孟轲之罪也。①

荀子批判子思、孟子的一个重要原因在于子思、孟子学派提出的思孟五行说,荀子指出思孟五行"幽隐""闭约"、改造前说而贻误后学。不过思孟五行说是否存在,以及究竟内容为何,相关问题困扰了学界多年却一直没有定见。然而随着马王堆汉墓帛书《五行》和郭店楚简《五行》篇的相继出土,这一系列疑问随之得到了解答:思孟五行观不仅包含着原始阴阳五行思想的成分,同时以"仁、义、礼、智、圣"的性理思想为主体②。

值得注意的是,汉代四家诗的主要思想构成,均在不同层面上与这种被荀子大加诟病的思孟五行说密切相关:首先,思孟五行思想

① 王先谦撰,沈啸寰,王星贤点校.荀子集解[M].北京:中华书局,1988:94—95.
② 目前大陆学界普遍倾向于认同思孟五行说即为"仁义理智圣",但是任继愈先生曾对此提出了质疑(任继愈.中国哲学发展史:先秦卷[M].北京:人民出版社,1983:198)。现就职于美国三立大学的邢文先生则提出了"思孟五行两系说",他认为思孟五行说是由两个部分构成的:"一为帛书思、孟'五行'说仁、义、礼、智、圣,一为《荀子》思、孟'五行'说天、地、民、神、时。"(邢文.帛书周易研究[M].北京:人民出版社,1997:209)笔者认同邢文先生把"仁、义、礼、智、圣"作为思孟五行说的主要构成部分的观点,然而却并不完全认同其对"思孟五行两系说"的具体判定。此处借用邢文先生"五行两系说"的说法,但认为思孟两系既包括了"仁、义、礼、智、圣",又包括了原始五行说的阴阳五行成分,即思孟五行说既有"五行"又有"性理",此为笔者所认同的"两系"。

中的原始阴阳五行思想,开齐诗以阴阳五行言《诗》之端,是其阴阳五行思想的远源;其次,汉代四家诗的性理思想也以思孟五行中的"仁、义、礼、智"思想为其直接导源,并突出表现为韩诗的性善观、齐诗的"六情说"和毛诗"发乎情"的思想观点。

由此可见,被荀子所批判的思孟五行说使得"世俗之沟犹瞀儒,嚾嚾然不知其所非也,遂受而传之"的情况不仅在战国后期曾有出现,在汉代四家诗中也相当普遍。如此来看,《外传》在引用《荀子》批判十二子的原文时,略去荀子批判子思、孟子的相关内容也并非偶然,而是源于其在学术倾向和学术渊源上对思孟五行说的接续与认同。

孟子与汉代四家诗的关联不仅体现于《诗》学承传方面,还体现于被荀子所诟病的思想层面。虽然孟、荀学派的关系并非势如冰炭、不可两立,但是这一现象却再次传达出孟子与四家诗的脉络联系比荀子更为紧密的重要信息。

(五)"杂花生树":四家诗学者对孟子的多方蹈袭

虽然四家诗学者均曾明确肯定了孟子与荀子善言《诗》的学术特点,然而打破就《诗》论《诗》的模式,从更广泛的学术发展角度来看,汉代四家诗与孟子的关联要比与荀子的关联更为深远和广泛。

其一,四家诗学者的著述风貌从孟子处获益匪浅。

首先,四家诗的《诗》学著述存在着承袭孟子的部分。例如韩婴"推诗人之意而作《内》《外传》"的做法源于对孟子的"以意逆志"观的承袭。而郑玄的《毛诗传笺》和《毛诗谱》的创作源于对孟子"知人论世"和"迹熄诗亡"的全然贯彻。

其次,汉代研习四家诗的学者在其与《诗》没有明显牵涉的著作中,对孟子也多有蹈袭,其中尤其以司马迁的《史记》和赵岐的《孟子章句》表现最为明显。据史料记载，司马迁所习为鲁诗，然而在《诗》之外，司马迁的《史记》在史料选择和创作意图上均受到了孟子的直接影响。同样的情况在赵岐身上也有出现，其注疏之作《孟子章句》打破了汉儒注疏的惯例，采用了"章别其指"的全新训释方式，即在每章末尾撰写章指，总括该章整体意义，标明孟子创作意旨。根据赵岐在《孟子章句》中的明文表述可知，这种冠以"章指"之名、在每章最后推求作者旨意的章指设置，正是其在注疏体例上对孟子"以意逆志"《诗》学观点的全然贯彻。

通过以上诸例可以明显看出，孟子对汉代四家诗的影响不仅限于《诗》之内部，而是已经渗入《诗》学之外，深深影响到了四家诗学者的著述风貌。这是孟子之外的其他诸子难以企及的。

其二，四家诗学者在士人精神方面也对孟子多有蹈袭。

尽管学界多把孟子士人精神产生影响的时间断定在东汉末年士人自觉意识出现以后，但是，查考典籍却会发现，在汉初出现的《外传》中就已经出现了对孟子士人精神问题的系统性涉及①；此外，汉代四家诗学者所体现出的士人品格也与孟子的士人观念多有相合之处②。

其三，有汉一代，关于《孟子》的注疏之作出现了五部，且其中两部成于四家诗学者之手。与之相较，终汉一世，关于《荀子》的注疏没有出现一部，更遑论出于四家诗学者之手的注疏。这也在一定程度上体现出了四家诗学者对孟、荀的不同重视程度。

---

① 李华. 论孟子士人精神在汉代的影响——以《韩诗外传》对孟子士人精神的继承为例 [J]. 沈阳大学学报，2011（1）：32—36.
② 李华. 韩诗渊源考论——以韩诗后学对孟子的承传为例 [J]. 五邑大学学报（社会科学版），2011（1）：36—40.

此外,虽然汉代四家诗学者对荀子的《诗》学释义多有承袭,然而不容忽视的是,四家诗在《诗》学阐释上,包括原文引用、诗旨相合、言语化用等诸多方面,对孟子也均有不同程度的蹈袭与接续,甚至其征引的频率远在荀子之外的先秦其他诸子之上。综上可见,虽然汉代四家诗在承袭孟子时表现各异,但其最终的指向却是一致的,即通过不同的角度对孟子《诗》学贡献的再三致意。

三、"荀皮孟骨"——汉代《诗》学渊源的一个合理解说

经过深入探讨汉代四家诗的经学化历程等诸多方面,笔者发现汉代《诗》学的发展进程不仅体现了"祖荀"特点,同时具有鲜明的"宗孟"倾向。

前贤之说不可遽废,荀子为汉诗渊源的观点绵延至今,自然有其存在的道理,汉代四家诗的诗义承袭多与《荀子》相合即为明证。不过"宗孟"与"祖荀"这两种倾向却并不矛盾。经过考察发现,"祖荀"与"宗孟"虽然看似判若参商,实则异流同源,它们对汉代《诗》学的影响体现在不同层面上:就荀子而言,汉代《诗》学主要在诗义阐释上大量吸纳了他的观点,这一特点在汉代四家诗中均表现得非常明显,后人对荀子《诗》学正宗地位的判定也主要着眼于此;较之荀子,汉儒对孟子的诗义阐释似乎重视不足,然而透过这一表面现象深入探究汉代《诗》学的发展进程却会发现,孟子对汉代《诗》学的影响却是根本和深远的,这主要包括:汉代《诗》学的发展进程赖孟子而定;汉代《诗》学发展重政教亦重性情的阐释路径由孟子而开;汉代四家诗的核心《诗》学价值均源于对孟子的承袭;四家诗的思想,包括阴阳五行、仁政、性情观等均在不同程度上受到了孟子的影响;再者,四家《诗》学者的著述也因孟子受益良多。此外孟子在诗

义阐释等各个方面也与四家诗密切相连。对于汉代《诗》学发展进程中这种以荀子为体、以孟子为用,外在遵荀学而内在遵孟学的现象,笔者以"荀皮孟骨"①名之,如此或许才能给汉代《诗》学渊源问题一个更为中肯的评价。

综上可见,孟子也是影响汉代《诗》学发展至深至远的重要导源。

---

① "荀皮孟骨"的提法,源于当今荀子学研究中的一个通行观点,即"荀骨孟皮"。当今荀子学研究领域极力推崇"荀骨孟皮"的观点,其中以刘又铭等荀学研究大家为代表。刘又铭先生认为中国数千年来的学术发展,走的是荀学路线:"从两汉到隋唐五代将近一千两百年中,儒学不管是不是主流,基本上是荀学的路线。"(刘又铭. 当代新荀学的基本理念 [A]. 儒林第四辑 [C]. 济南:山东大学出版社,2008:4)刘又铭先生将这种学术发展遵循荀子的路线称之为"荀骨",认为这代表了学术发展的根本渊源和方向。虽然这一观点主要是针对宋明以后儒学发展中的扬孟抑荀现象提出的,但是这一概念恰恰可以概括历代学者在汉代《诗》学渊源问题上过分着眼于荀子的影响而忽略孟子作用的现象。故而笔者此处提出与"荀骨孟皮"相反的观点,认为汉代诗学发展所遵循的,正是表面遵荀学而内在遵孟学的发展理路,将之称为"荀皮孟骨"现象。

参考文献

（按作者姓氏拼音排序）

【A】

艾兰(美).早期中国历史思想与文化[M].北京:商务印书馆,2011.

艾兰(美).湮没的思想——出土竹简中的禅让传说与理想政制[M].北京:商务印书馆,2016.

安徽大学汉字发展与应用中心.安徽大学藏战国竹简(一)[M].北京:中西书局,2019.

安居香山(日),中山璋八(日)辑.纬书集成[G].石家庄:河北人民出版社,1994.

安作璋,熊铁基.秦汉官制史稿[M].济南:齐鲁书社,1985.

【B】

白奚.稷下学研究:中国古代的思想自由与百家争鸣[M].北京:三联书店,1998.

班固.汉书[M].北京:中华书局,1962.

本杰明·史华兹(美),程钢译.古代中国的思想世界[M].南京:江苏人民出版社,2008.

本田成之(日).中国经学史[M].上海:上海书店出版社,2001.

【C】

曹道衡,刘跃进.先秦两汉文学史料学[M].北京:中华书局,2005.

曹峰."色"与"礼"的关系——《孔子诗论》、马王堆帛书《五行》、《孟子·告子下》之比较[J].孔子研究,2006（6）.

常森.简帛《五行》篇与孟子之学[J].中国典籍与文化,2009（3）.

常森.论简帛《五行》与《诗经》学之关系[J].文学遗产,2009（6）.

陈复.商周交会在齐国:齐文化与齐学术的研究[M].台北:花木兰文化出版社,2009.

陈奂.诗毛氏传疏[M].北京:中国书店,1984.

陈奂.郑氏笺考征[M].上海:上海古籍出版社,2002.

陈来.郭店楚简《性自命出》与上博藏简《性情论》[J].孔子研究,2002（2）.

陈来.竹帛《五行》篇为子思、孟子所作论——兼论郭店楚简《五行》篇出土的历史意义[J].孔子研究,2007（1）.

陈来.古代宗教与伦理:儒家思想的根源[M].北京:三联书店,2009.

陈来.古代思想文化的世界——春秋时代的宗教、伦理与社会思想[M].北京:北京大学出版社,2017.

陈澧.东塾读书记[M].北京:三联书店,1998.

陈良运.中国诗学体系论[M].北京:中国社会科学出版社,1992.

陈梦家.五行之起源(附表)[J].燕京学报,1938（24）.

陈梦家.汉简缀述[M].北京:中华书局,1980.

陈平原.百家争鸣与诸子遗风——秦汉散文论稿之二[J].文学遗产,1997（5）.

陈乔枞.齐诗翼氏学疏证[M].上海:上海书店,1988.

陈乔枞.诗经四家异文考[M].上海:上海古籍出版社,2002.

陈乔枞.诗纬集证[M].上海:上海古籍出版社,2002.

陈寿祺,陈乔枞.三家诗遗说考[M].上海:上海古籍出版社,2002.

陈苏镇.《春秋》与"汉道"——两汉政治与政治文化研究 [M]. 北京:中华书局, 2011.

陈桐牛. 论孟子对西汉今文经学的特殊贡献 [J]. 孔子研究, 2001 (2).

陈桐生. 天柱断裂之后——战国文人心态史 [M]. 河北:河北教育出版社, 2001.

陈桐生.《孔子诗论》研究 [M]. 北京:中华书局, 2004.

陈雄根. "孟子深于《易》"论 [J]. 岭南学报, 2015 (3).

陈致. 从礼仪化到世俗化:《诗经》的形成 [M]. 上海:上海古籍出版社, 1998.

陈致. Material Virtue:Ethics and the Body in Early China[J]. 中国文哲研究集刊, 2009 (34).

陈柱. 诸子概论 [M]. 上海:商务印书馆, 1932.

程复心. 孟子年谱 [M]. 北京:中华书局, 1985.

程颢, 程颐. 二程集 [M]. 北京:中华书局, 1981.

程金造. 史记索隐引书考实 [M]. 北京:中华书局, 1998.

程千帆. 先唐文学源流论略(之二) [J]. 湖北大学学报(哲学社会科学版), 1981 (2).

程亚林, 黄鸣. 楚竹书《诗论》在先秦诗论史上的地位 [J]. 武汉大学学报(人文科学版), 2002 (05).

池田知久(日)著, 曹峰译. 池田知久简帛研究论集 [M]. 北京:中华书局, 2006.

褚斌杰. 诗经全注 [M]. 北京:人民文学出版社, 1999.

崔灏. 四书考异 [M]. 上海:上海古籍出版社, 2002.

崔述. 洙泗考信录 [M]. 上海:商务印书馆, 1937.

崔述. 洙泗考信余录 [M]. 上海:商务印书馆, 1937.

【D】

戴维. 诗经研究史 [M]. 湖南教育出版社, 2001.

戴震.孟子字义疏证[M].北京:中华书局,1982.

岛森哲男(日).马王堆出土儒家古佚书考[J].东方学,1978,第56辑(7).

邓骏捷.刘向校书考论[M].北京:人民出版社,2012.

丁冠之,蔡德贵.试论秦汉齐学的内容[J].烟台大学学报(哲学社会科学版),
　　1996(3).

丁原明.两汉的孟学研究及其思想价值[J].文史哲,2000(2).

董治安.以《诗》观赋与引《诗》入赋——两汉《诗》学史札记之一[J].河北师
　　范大学学报(哲学社会科学版),2002(3).

董治安主编.两汉全书[M].济南:山东大学出版社,2009.

董仲舒撰,朱方舟整理,朱维铮审阅.春秋繁露[M].上海:上海书店出版社,
　　2012.

杜维明.孟子:士的自觉[A].国际儒学研究(第一期)[C].北京:人民出版社,
　　1995.

杜维明.郭店楚简与先秦儒道思想的重新定位[C].沈阳:辽宁教育出版社,
　　1999.

조동욱(韩).孟子"四端說'의 易學的 考察[J].仙道文化,2011(10).

【E】

二十五史补编编委会编.史记两汉书三史补编[M].北京:北京图书馆出版社,
　　2005.

【F】

范尔梅.孟子札记[M].上海:上海古籍出版社,2002.

范文澜.群经概论[M].北京:朴社,1933.

范晔.后汉书[M].北京:中华书局,1965.

方诗铭,王修龄.古本竹书纪年辑证[M].上海:上海古籍出版社,1981.

方玉润.诗经原始[M].北京:中华书局,1986.

冯登府.三家诗遗说[M].上海:上海古籍出版社,2002.

傅斯年.诗经讲义稿[M].北京:中国人民大学出版社,2004.

【G】

甘肃省文物考古研究所等.居延新简[M].北京:文物出版社,1990.

高亨.周易大传今注[M].济南:齐鲁书社,1979.

高华平.先秦诸子与楚国诸子学[M].北京:北京师范大学出版社,2016.

高木智见(日).先秦社会与思想:试论中国文化的核心[M].上海:上海古籍出版社,2011.

高文.汉碑集释(修订本)[M].开封:河南大学出版社,1997.

葛剑雄.中国移民史[M].福州:福建人民出版社,1997.

葛立斌.战国出土文献称引《诗》条缀[J].广东教育学院学报,2009(1).

葛兆光.中国思想史[M].上海:复旦大学出版社,2001.

葛兆光.古代中国文化讲义[M].上海:复旦大学出版社,2012.

葛志毅.两汉经学与古代学术体系的转型[J].北京大学学报(哲学社会科学版),1994(2).

葛志毅.孟子学统与战国文化[J].陕西师范大学学报(哲学社会科学版),1995(2).

龚鹏程.论韩诗外传[A].汉代文学与思想学术研讨会论文集[C].台北:文史哲出版社,1990.

顾颉刚.五德终始说下的政治和历史[J].清华大学学报(自然科学版),1930(1).

顾颉刚.汉代学术史略[M].北京:人民出版社,2008.

顾史考(美).郭店楚简先秦儒书宏微观[M].上海:上海古籍出版社,2012.

顾易生,蒋凡.先秦两汉文学批评史[M].上海:上海古籍出版社,1990.

谷中信一(日)著,孙敏霞译.先秦秦汉思想史研究[M].上海:上海古籍出版社,2018.

郭沫若.十批判书[M].北京:东方出版社,1996.

郭齐勇.再论"五行"与"圣智"[J].中国哲学史,2001(3).

郭彧.京氏易源流[M].北京:华夏出版社,2007.

国家文物局古文献研究所编著.马王堆汉墓帛书[M].北京:文物出版社,1980.

过常宝.制礼作乐与西周文献的生成[M].北京:中国社会科学出版社,2015.

【H】

韩婴撰,许维遹集释.韩诗外传集释[M].北京:中华书局,1980.

郝大维,安乐哲.汉哲学思维的文化探源[M].南京:江苏人民出版社,1999.

何儒育.从"五行"到"四端"——孟子心性理论对"五行"心观之继承与发展蠡测[J].有凤初鸣年刊,2007(3).

何志华,陈雄根.先秦两汉典籍引《孟子》资料汇编[M].香港:香港中文大学出版社,2007.

洪迈撰,孔凡礼点校.容斋随笔[M].北京:中华书局,2005.

洪湛侯.诗经学史[M].北京:中华书局,2002.

胡秉虔.汉西京博士考[M].上海:商务印书馆,1936.

胡建军."齐诗"源流考[J].聊城大学学报(社会科学版),2008(2).

胡平生,李天虹.长江流域出土简帛与研究[M].武汉:湖北教育出版社,2004.

胡毓寰.孟子七篇源流及其注释[J].学术世界,1936,1(12).

湖北省荆沙铁路考古队.包山楚简[M].北京:文物出版社,1991.

湖南省博物馆,复旦大学出土文献与古文字研究中心.长沙马王堆汉墓简帛集成(全7册)[M].北京:中华书局,2014.

桓宽撰,王利器校注.盐铁论校注[M].北京:中华书局,1992.

黄 俊 杰. Mencian Morality in a Political Form:Chao Ch'i's Commentary on the Mencius and Its Place in Later Han Scholarship(孟子赵氏注及其在后汉儒学中的地位)[J].汉学研究,1982,1(1).

黄俊杰.中国孟学诠释史论[M].北京:社会科学文献出版社,2004.

黄朴民,王子今,孙家洲,等.中国文化发展史[M].济南:山东教育出版社,2013.

黄位清.诗异文录[M].上海:上海古籍出版社,2002.

黄振民.诗经研究[M].台北:正中书局,1982.

【J】

济宁市政协文史资料委员会,邹县政协文史资料委员会.孟子家世[M].北京:中国文史出版社,1991.

江林昌.由古文经学的渊源再论《诗论》与《毛诗序》的关系[J].齐鲁学刊,2002(2).

蒋伯潜.诸子通考[M].浙江:浙江古籍出版社,1985.

焦循.孟子正义[M].北京:中华书局,1987.

荆门市博物馆.郭店楚墓竹简[M].北京:文物出版社,1998.

【K】

柯马丁(美).秦始皇石刻:早期中国的文本与仪式[M].上海:上海古籍出版社,2015.

【L】

郎擎霄.孟子学案[M].上海:上海书店,1992.

劳承万.孔孟儒学的诗学方向[J].南京师范大学文学院学报,2003(1).

栾调甫.梁任公五行说之商榷[J].东方杂志,1924,21(15).

李春青.诗与意识形态[M].北京:北京大学出版社,2005.

李调元辑.逸孟子[M].上海:上海古籍出版社,2002.

李华,王志民.二十世纪以来大陆孟子与思孟学派研究综述[A].山东师范大学齐鲁文化研究中心,美国哈佛大学燕京学社.儒家思孟学派论集[C].济南:齐鲁书社,2008.

李峻岫.汉唐孟子学述论[M].济南:齐鲁书社,2010.

李零.中国方术考[M].北京:东方出版社,2001.

李零.简帛古书与学术源流[M].北京:三联书店,2004.

李梅,郑杰文.秦汉经学学术编年[M].南京:凤凰出版社,2015.

李锐.仁义礼智圣五行的思想渊源[J].齐鲁学刊,2005(6).

李锐.同文与族本——新出简帛与古书形成研究[M].北京:中西书局,2017.

李学勤.帛书《五行》与《尚书·洪范》[J].学术月刊,1986(11).

李学勤.简帛佚籍与学术史[M].南昌:江西教育出版社,2001.

李学勤.清华简《厚父》与《孟子》引《书》[J].深圳大学学报(人文社会科学版),2015,32(3).

李昱东.西汉前期政治思想的转变及其发展——从黄老思想向独尊儒术的演变[M].台北:花木兰文化出版社,2009.

李泽厚.由巫到礼 释礼归仁[M].北京:三联书店,2015.

梁启超.梁启超论孟子遗稿[J].学术研究,1983(5).

梁漱溟.中国文化要义[M].上海:学林出版社,1987.

梁涛.荀子对思孟"五行"说的批判[J].中国文化研究,2001(2).

梁涛.简帛《五行》新探——兼论《五行》在思想史中的地位[J].孔子研究,
　　2002（5）.

梁涛.郭店竹简与思孟学派[M].北京:中国人民大学出版社,2008.

廖名春.郭店楚简《五行》篇校释札记[J].中国哲学史,2001（3）.

廖名春.郭店楚简引《诗》论《诗》考[EB/OL].www.bamboosilk.org,url,
　　2010-01-12.

廖群.先秦两汉文学考古研究[M].北京:学习出版社,2007.

林丽娥.先秦齐学考[M].台北:商务印书馆,1992.

林庆彰.中国经学研究的新视野[M].台北:万卷楼图书股份有限公司,2012.

铃木虎雄(日).中国诗论史[M].南京:广西人民出版社,1989.66.

刘安.淮南子集解[M].北京:中华书局,1998.

刘宝楠.论语正义[M].北京:中华书局,1990.

刘德增."鲁学"初论[J].齐鲁学刊,1991（2）.

刘立志.汉代《诗经》学史论[M].北京:中华书局,2007.

刘宁.论毛诗诗教观与思孟学派的联系[A].思想·文献·历史:思孟学派新
　　探[C].北京:北京大学出版社,2008.

刘培桂.孟子林庙历代石刻集[M].济南:齐鲁书社,2005.

刘汝霖.汉晋学术编年[M].上海:上海书店,1992.

刘师培.刘申叔遗书[M].南京:江苏古籍出版社,1997.

刘向,刘歆撰,姚振宗辑录,邓骏捷校补.七略别录佚文 七略佚文[M].上海:上
　　海古籍出版社,2008.

刘向撰,向正鲁校证.说苑校证[M].北京:中华书局,1987.

刘勰撰,陆侃如,牟世金译注.文心雕龙译注[M].济南:齐鲁书社,1996.

刘玉建.两汉象数易学研究[M].南宁:广西教育出版社,1996.

刘毓庆.《诗序》与孟子[A].第五届诗经国际学术研讨会论文集[C].北京:中

国诗经学会,2001.

刘毓庆.历代诗经著述考(先秦—元代)[M].北京:中华书局,2002.

刘毓庆,郭万金.从文学到经学——先秦两汉诗经学史论[M].上海:华东师范
大学出版社,2009.

刘跃进.秦汉文学编年史[M].北京:商务印书馆,2006.

刘跃进.秦汉文学地理与文人分布[M].北京:中国社会科学出版社,2012.

刘跃进,程苏东.早期文本的生成与传播[M].北京:中华书局,2017.

刘钊.郭店楚简校释[M].福州:福建人民出版社,2005.

柳诒徵.中国文化史[M].北京:中国社会科学出版社,2008.

泷州资言(日)考证,水泽利忠(日)校补.史记会注考证附校补[M].上海:上
海古籍出版社,1986.

卢云.汉晋文化地理[M].西安:陕西人民教育出版社,1991.

陆九渊著,钟哲点校.陆九渊集[M].北京:中华书局,1980.

陆侃如,冯沅君.中国诗史[M].天津:百花文艺出版社,1991.

陆威仪(美)著,王兴亮译.早期中华秦国:秦与汉[M].北京:中信出版社,
2016.

陆晓光.中国政教文学之起源[M].上海:华东师范大学出版社,1994.

罗福颐.汉鲁诗镜考释[J].文物,1980(6).

罗新慧.从郭店楚简看孔、孟之间的儒学变迁[J].中国哲学史,2000(2).

吕绍刚.《周易》的哲学精神:吕绍纲易学文选[M],2005.

吕思勉.秦汉史[M].上海:上海古籍出版社,1983.

【M】

马承源.上海博物馆藏战国楚竹书(一至四)[M].上海:上海古籍出版社,2001.

马端林.文献通考[M].北京:中华书局,1986.

马国翰.玉函山房辑佚书[M].上海:上海古籍出版社,1990.

马衡.汉石经集存[M].北京:科学出版社,1957.

马瑞辰.毛诗传笺通释[M].北京:中华书局,1989.

马森.中国文化的基层架构[M].台北:联经出版事业股份有限公司,2012.

马世远.两汉《尚书》学研究[M].北京:中国社会科学出版社,2014.

马银琴.两周诗史[M].北京:社会科学文献出版社,2006.

马宗霍.中国经学史[M].上海:上海书店,1984.

毛亨撰,郑玄笺,孔颖达疏.毛诗正义[M].北京:北京大学出版社,1999.

蒙培元.《性自命出》的思想特征及其与思孟学派的关系[J].甘肃社会科学,
    2008(2).

蒙文通.汉儒之学源于孟子考[J].论学,1937(3).

蒙文通.经学抉原[M].上海:上海人民出版社,2006.

孟广均纂,陈锦,孙葆田重纂.重纂三迁志[M].成都:四川大学出版社,2005.

糜文开,裴普贤.诗经欣赏与研究(续集)[M].台北:三民书局,1988.

牟复礼(美).中国思想之渊源[M].北京:北京大学出版社,2016.

牟宗三.《孟子》讲演录[J].鹅湖月刊,1984,30(10).

【P】

庞俊.齐诗为孟子遗学证[J].国立四川大学季刊,1935(1).

庞朴.帛书《五行篇》校注[J].中华文史论丛,1979(4).

庞朴.孔孟之间——郭店楚简中的儒家心性说[A].中国哲学(第20辑)[C].沈
    阳:辽宁教育科学出版社.1999.

庞朴主编.中国儒学[M].上海:东方出版中心,1997.

彭华.阴阳五行研究(先秦篇)[M].长春:吉林人民出版社,2011.

皮锡瑞.今文尚书考证[M].北京:中华书局,1989.

皮锡瑞著,周予同注释.经学历史[M].北京:中华书局,2004.

骈宇骞,段书安.二十世纪出土简帛综述[M].北京:文物出版社,2004.

【Q】

钱存训.书于竹帛:中国古代的文字记录[M].上海:上海书店出版社,2006.

钱大昕著,方诗铭等校点.廿二史考异[M].上海:上海古籍出版社,2004.

钱大昭.汉书辨疑[M].上海:商务印书馆,1936.

钱穆.先秦诸子系年[M].北京:商务印书馆,2002.

钱穆.两汉经学今古文评议[M].北京:商务印书馆,2005.

钱泳.汉碑大观[M].北京:中国书店,1984.

清华大学出土文献研究与保护中心.清华大学藏战国竹简(壹至拾)[M].北京:中西书局,2010–2020.

屈守元.韩诗外传笺疏[M].成都:巴蜀书社,1996.

屈万里.诗经诠释[M].台北:联经出版事业公司,1983.

【R】

阮元.三家诗补遗[M].上海:上海古籍出版社,2002.

【S】

山东邹县地方史志编撰委员会.邹县旧志汇编[M].济宁:山东邹县地方史志编撰委员会办公室,1986.

上海大学古代文明研究中心,清华大学思想文化研究所.上博馆藏战国楚竹书研究[M].上海:上海书店出版社,2002.

十三经注疏整理委员会整理.十三经注疏[M].北京:北京大学出版社,1999.

睡虎地秦墓竹简整理小组.睡虎地秦墓竹简[M].北京:文物出版社,1990.

司马迁.史记[M].北京:中华书局,1982.

宋翔凤.孟子赵注补正[M].上海:上海古籍出版社,2002.

苏秉琦.中国文明起源新探[M].香港:商务印书馆,1997.

孙筱.两汉经学与社会[M].北京:中国社会科学出版社,2002.

孙星衍撰,陈抗,盛冬玲点校.尚书今古文注疏[M].北京:中华书局,1986.

【T】

谭德兴.汉代《诗》学研究[M].贵阳:贵州人民出版社,2003.

汤因比(英).历史研究[M].上海:上海人民出版社,1966.

汤志钧.两汉经学与政治[M].上海:上海古籍出版社,1994.

唐君毅.中国哲学原论[M].香港:东方文学会,1974.

唐晏.两汉三国学案[M].北京:中华书局,1986.

腾兴建.清华简与《书序》研究[J].孔子研究,2017(4).

藤田胜久(日)著,曹峰,广濑熏雄(日)译.《史记》战国史料研究[M].上海:上
    海古籍出版社,2008.

【W】

汪桂海.汉代官文书制度[M].桂林:广西教育出版社,1999.

王爱和著,金蕾(美),徐峰译.中国古代宇宙观与政治文化[M].上海:上海古
    籍出版社,2018.

王伯祥,周振甫.中国学术思想演进史[M].上海:上海书店,1990.

王承略.论《毛诗》在两汉今古文斗争中的地位和命运[J].山东大学学报(哲
    学社会科学版),2001(2).

王符著,汪继培笺,彭铎校正.潜夫论笺校正[M].北京:中华书局,1985.

王国维.观堂集林[M].北京:中华书局,1959.

王国维.古史新证[M].北京:清华大学出版社,1994.

王礼卿.四家诗旨会归[M].台中:青莲出版社,1995.

王利器.郑康成年谱[M].济南:齐鲁书社,1983.

王仁俊.玉函山房辑佚书续编三种[M].上海:上海古籍出版社,1989.

王肃注,太宰纯增注.孔子家语[M].上海:上海古籍出版社,1990.

王先谦.诗三家义集疏[M].北京:中华书局,1987.

王先谦撰,沈啸寰,王星贤点校.荀子集解[M].北京:中华书局,1988.

王先谦撰,沈啸寰点校.庄子集解[M].北京:中华书局,1999.

王应麟.汉书艺文志考证[M].北京:北京图书馆出版社,2006.

王应麟著,张三夕,杨毅点校.汉制考[M].北京:中华书局,2011.

王长华,刘明.《诗纬》与《齐诗》关系考论[J].文学评论,2009(2).

王志民主编.孟子文献集成[M].济南:山东人民出版社,2016.

王中江.儒家经典诠释学的起源[J].学术月刊,2009,41(7).

王洲明.诗赋论稿[M].济南:山东大学出版社,2006.

魏忠强.孟子的"五经"系统说[J].东岳论丛,2011(2).

【X】

夏传才.《诗经》出土文献和古籍整理[J].河北师范大学学报(哲学社会科学版),2005(1).

夏含夷(美).重写中国古代文献[M].上海:上海古籍出版社,2012.

夏含夷(美).兴与象——中国古代文化史论集[M].上海:上海古籍出版社,2012.

夏炘.读诗劄记[M].上海:上海古籍出版社,2002.

向世陵.郭店竹简"性""情"说[J].孔子研究,1999(1).

萧公权.中国政治思想史[M].北京:商务印书馆,2011.

萧华荣.中国诗学思想史[M].上海:华东师范大学出版社,1996.

谢昆恭.先秦知识分子的历史述论——以《诗经》、《尚书》、《左传》、《国语》为
　　中心[M].台北:花木兰文化出版社,2010.

信 广 来.Mencius and Early Chinese thought[M].Stanford:Stanford University
　　Press,1997.

邢义田.地不爱宝:汉代的简牍[M].北京:中华书局,2011.

邢义田.天下一家:皇帝、官僚与社会[M].北京:中华书局,2011.

徐澄宇.诗经学纂要[M].上海:中华书局,1935.

徐复观.两汉思想史[M].上海:华东师范大学出版社,2001.

徐公持.论诗纬[J].求是学刊,2003,30(3).

徐国荣.名士精神与汉魏之际孟子地位之沉浮[J].孔子研究,2002(5).

徐建委.文本革命:刘向、《汉书·艺文志》与早期文本研究[M].北京:中国社
　　会科学出版社,2017.

徐平章.荀子与两汉儒学[M].台北:文津出版社,1988.

徐芹庭.易经源流:中国易经学史[M].北京:中国书店,2008.

徐天麟.西汉会要[M].上海:上海古籍出版社,1977.

许倬云.汉代农业:早期中国农业经济的形成[M].南京:江苏人民出版社,
　　2012.

许倬云.中国文化的精神[M].北京:九州出版社,2018.

荀悦.两汉纪[M].北京:中华书局,2017.

【Y】

严耕望.战国学术地理与人才分布[A].中华文化复兴运动推行委员会主编.
　　中国史学论文集第3辑[C].台北:幼狮文化事业公司,1983.

严耕望.中国政治制度史纲[M].上海:上海古籍出版社,2013.

严可均.全上古三代秦汉三国六朝文[M].北京:中华书局,1956.

扬·阿斯曼德(德),金寿福,黄晓晨译.文化记忆——早期高级文化中的文字、回忆和政治身份[M].北京:北京大学出版社,2015.

杨昶.汉石经《鲁诗》残碑校史一则[J].文献,2006(3).

杨东莼.中国学术史讲话[M].上海:上海书店,1990.

杨海文.孟子与汉代思想史的散点透视[J].齐鲁学刊,1998(3).

杨海文.《孟子》传记博士问题的学术史考察[J].中国哲学史,2006(4).

杨红旗.以意逆志说《诗》与诗教传统[J].广州大学学报(社会科学版),2008(6).

杨建祥.孟子"善用《易》"辨[J].대동철학,2005(32).

杨侃.两汉博闻[M].上海:商务印书馆,1935.

杨宽.战国史[M].上海:上海人民出版社,2016.

杨向奎.五行说的起源及其演变(中国哲学史纲中之一章)[J].文史哲,1955(11).

杨泽波.孟子性善论研究[M].北京:中国社会科学出版社,1995.

杨振红.出土简牍与秦汉社会[M].桂林:广西师范大学出版社,2009.

姚小鸥.诗经三颂与先秦礼乐文化[M].北京:北京广播学院出版社,2000.

叶维廉.中国诗学[M].北京:三联书店,1992.

影山辉国(日).思孟五行说——その多样なる解释と庞朴说[J].日本东京大学教养学部.人文科学科纪要,1985,第81辑(3).

尤锐(以).展望永恒的帝国:战国时代的中国政治思想[M].上海:上海古籍出版社,2013.

尤信雄.六十年来之孟子学[M].六十年来之国学[C].台北:正中书局,1972.

于茀.金石简帛诗经研究[M].北京:北京大学出版社,2004.

余英时.士与中国文化[M].上海:上海人民出版社,2003.

余英时.论天人之际[M].北京:中华书局,2014.

俞绍宏.上海博物馆藏楚简校注[M].北京:中国社会科学出版社,2016.

俞樾.群经平议[M].上海:上海古籍出版社,2002.

虞万里.吐鲁番雅尔湖旧城出土《毛诗》残纸考释[J].孔子研究,1993（1）.

袁行霈,严文明主编.中华文明史[M].北京:北京大学出版社,2006.

袁长江.先秦两汉诗经研究论稿[M].北京:学苑出版社,1999.

跃进.释"齐气"[J].文献,2008（1）.

【Z】

张秉楠.稷下钩沉[M].上海:上海古籍出版社,1991.

张伯伟.孟子以意逆志说的现代意义[A].中国诗学研究[C].沈阳:辽海出版
社,1999.

张岱年.思想、文化、道德[M].成都:巴蜀书社,1992.

张丰乾.论子思学派之《诗》学[J].中国哲学史,2008（1）.

张光直(美) 著,刘静,乌鲁木加甫译.艺术、神话与祭祀[M].北京:北京出版
社,2017.

张家山二四七号汉墓竹简整理小组.张家山汉墓竹简(二四七号墓)[M].北
京:文物出版社,2006.

张金吾.两汉五经博士考[M].上海:商务印书馆,1937.

张岂之主编.中国儒学思想史[M].西安:陕西人民出版社,1990.

张强.《孔子诗论》与《鲁诗》考论[J].社会科学战线,2008（12）.

张栻.癸巳孟子说[M].台北:商务印书馆,1983.

张涛,陈婉莹.《周易》经传与先秦阴阳家[J].理论学刊,2015（11）.

张西堂.诗经六论[M].上海:商务印书馆,1957.

张政烺.张政烺论易丛稿[M].北京:中华书局,2011.

章权才.两汉经学史[M].广州:广东人民出版社,1990.

章太炎.章太炎全集[M].上海:上海人民出版社,1985.

章学诚.文史通义[M].上海:上海书店,1988.

赵伯雄.《荀子》引《诗》考论[J].南开学报(哲学社会科学版),2000(2).

赵茂林.两汉三家《诗》研究[M].四川:巴蜀书社,2006.

赵敏俐.20世纪出土文献与中国文学研究[J].文学前沿,2000(1).

赵敏俐.乐歌传统与《诗经》的文体特征[J].学术研究,2005(9).

赵沛霖.诗经研究反思[M].天津:天津教育出版社,1989.

赵岐注,孙奭疏.孟子注疏[M].北京:北京大学出版社,2000.

赵善诒.韩诗外传补正[M].长沙:商务印书馆,1938.

赵翼.陔余丛考[M].北京:商务印书馆,1957.

赵翼.廿二史劄记[M].北京:中国书店,1984.

赵缊.从汉代经学的沿革看"齐—鲁—道"之变[J].中国哲学史,1995(1).

郑晨寅.孟子知《易》说综论[J].孔子研究,2016(3).

郑杰文.先秦《诗》学观与《诗》学系统[J].文学评论,2004(6).

中国社会科学院考古研究所编.居延汉简(甲乙编)[M].北京:中华书局,1980

中华文化通志编委会编,许道勋,徐洪兴撰.经学志[M].上海:上海人民出版
　　社,1998.

钟肇鹏.谶纬与齐文化[J].管子学刊,1993(3).

周广业.孟子四考[M].上海:上海古籍出版社,2002.

周振鹤.西汉政区地理[M].北京:人民出版社,1987.

朱伯崑.易学哲学史[M].北京:昆仑出版社,2005.

朱维铮.中国经学史十讲[M].上海:复旦大学出版社,2002.

朱熹.四书章句集注[M].北京:中华书局,1983.

朱彝尊.孔子门人考.孔子弟子考.孟子弟子考[M].上海:商务印书馆,1939.

朱彝尊著,游均晶等点校.点校补正经义考(七)[M].台湾:"中央研究院"中国文哲研究所筹备处,1997—2000.

左洪涛.《诗经》之《鲁诗》传授考[J].山东师范大学学报(人文社会科学版),2003(2).

左丘明撰,杜预注,孔颖达疏.春秋左传正义[M].北京:中华书局,1985.